Les procédures alternatives aux poursuites : une autre justice pénale

Logiques Juridiques

Collection dirigée par Gérard Marcou

Le droit n'est pas seulement un savoir, il est d'abord un ensemble de rapports et pratiques que l'on rencontre dans presque toutes les formes de sociétés. C'est pourquoi il a toujours donné lieu à la fois à une littérature de juristes professionnels, produisant le savoir juridique, et à une littérature sur le droit, produite par des philosophes, des sociologues ou des économistes notamment.

Parce que le domaine du droit s'étend sans cesse et rend de plus en plus souvent nécessaire le recours au savoir juridique spécialisé, même dans des matières où il n'avait jadis qu'une importance secondaire, les ouvrages juridiques à caractère professionnel ou pédagogique dominent l'édition, et ils tendent à réduire la recherche en droit à sa seule dimension positive. À l'inverse de cette tendance, la collection « Logiques juridiques » des éditions L'Harmattan est ouverte à toutes les approches du droit. Tout en publiant aussi des ouvrages à vocation professionnelle ou pédagogique, elle se fixe avant tout pour but de contribuer à la publication et à la diffusion des recherches en droit, ainsi qu'au dialogue scientifique sur le droit. Comme son nom l'indique, elle se veut plurielle.

Dernières parutions

Jean-Pierre FOFÉ DJOFIA MALEWA, *L'Administration de la preuve devant la Cour pénale internationale. Règles procédurales et méthodologiques*, 2015.
Elena-Alina OPREA, *Droit de l'Union européenne et lois de police*, 2015.
Daniel LEVY, *Les abus de l'arbitrage commercial international*, 2015.
Boris BARRAUD, *L'État. Entre fait et droit*, 2015.
Panagiota PERRAKI, *La protection de la vie personnelle du salarié en droit comparé et européen. Étude comparative des droits français, hellénique, britannique et européen*, 2015.
Hatem M'RAD, *La gouvernance : entre le citoyen et le politique*, 2015.
Gabriel ECKERT et Jean-Philippe KOVAR (dir.), *L'interrégulation*, 2015.
Sébastien EVRARD, *Les Tables de la loi : de l'argile au numérique. La diffusion des la règle de droit à travers les âges*, 2014.
Laura TALLET-PREUD'HOMME, *L'articulation des voies de droit dans le contentieux de la commande publique à l'initiative des tiers au contrat*, 2014.
Guillaume MALLEN, *L'appréhension des pratiques restrictives par les autorités françaises et européennes de la concurrence, Analyse des pratiques contractuelles abusives entre professionnels à l'épreuve du droit des pratiques anticoncurrentielles,* 2014
Philippe SEGUR, *C'était la démocratie*, 2014.
Laurie SCHENIQUE, *La Réforme de la phase préparatoire du procès pénal*, 2014.
Valérie DA SILVA, *De l'incapacité à la protection en matière personnelle*, 2014.

Franck Ludwiczak

Les procédures alternatives aux poursuites : une autre justice pénale

Préface d'Alain Prothais

L'Harmattan

5-7, rue de l'Ecole-Polytechnique, 75005 Paris

http://www.harmattan.fr
diffusion.harmattan@wanadoo.fr
harmattan1@wanadoo.fr

ISBN : 978-2-343-01647-4
EAN : 9782343016474

Au Professeur Alain Prothais,
À Françoise Lombard

Préface

par **Alain PROTHAIS†**
Professeur agrégé des Facultés de droit
Directeur de l'Institut de criminologie de Lille
Directeur du Centre de recherche « Droit, Éthique et Liberté »
(CER-DEL)

Une autre justice pénale: alternative, altération, altérité ?

Telle est l'interrogation qui finit par habiter le lecteur au terme de l'ouvrage que Franck Ludwiczak a choisi de consacrer aux procédures alternatives aux poursuites pénales. L'une des caractéristiques de ce travail est, en effet, de procéder très progressivement afin de parvenir, pierre après pierre de la démonstration, à une véritable réflexion s'appuyant sur les bases posées préalablement avec précaution et le plus solidement possible.

Le premier mérite de l'auteur est d'avoir entrepris une étude d'ensemble des multiples et diverses procédures qui en avaient grand besoin. Il y avait bien quelques travaux monographiques partiels, une accumulation de textes récents souvent commentés sous l'angle de leur utilité pratique, mais point de vision suffisamment synthétique. Bref, il s'agissait d'une matière plutôt complexe voire confuse. L'envie de l'auteur – ce dont on ne peut que le louer – était donc initialement d'y voir plus clair, de comparer les différents mécanismes institués, de dégager les lignes directrices sous-jacentes.

Il lui fallait commencer par délimiter son sujet, c'est-à-dire énoncer la définition même du concept de procédures alternatives aux poursuites. Celle retenue, en partie inspirée d'une formule du Doyen Carbonnier relative à la médiation, peut paraître technique, mais elle doit être assez précise pour permettre de les distinguer des procédures accélérées de jugement comme la comparution sur reconnaissance préalable de culpabilité ou l'ordonnance pénale. Les premières, les *procédures alternatives aux poursuites* (PAP), consistent à régler les litiges d'origine infractionnelle qui « auraient dû être résolus par un juge de l'espèce traditionnelle », « par l'organe disposant de ce pouvoir avant tout déclenchement de l'action publique », précisément afin d'éviter celui-ci. Les secondes, les *procédures de poursuite alternative* (PPA) ne sont finalement que des procédures alternatives à la poursuite classique, c'est -à-dire lorsque le ministère public déclenche l'action publique en mettant en œuvre « une procédure simplifiée dérogeant aux règles classiques de poursuite ». Voilà une observation conceptuelle qui, dès le départ, suscite l'intérêt.

Pour ménager son lecteur, Franck Ludwiczak opte pour une démarche très méthodique en deux temps principaux. En premier lieu, il lui faut approfondir chacune des différentes institutions apparues successivement, en les rapprochant, pour mieux en comprendre la spécificité respective : ainsi en va-t-il de la médiation pénale à l'injonction thérapeutique en passant par la composition et la transaction pénales ou l'amende forfaitaire notamment. Cela permettra, en second lieu, d'en tirer les conséquences profondes, au-delà des préoccupations immédiates du législateur, afin de mettre en lumière qu'il ne s'agit pas seulement d'évolutions, de péripéties, mais d'une véritable mutation de notre procédure pénale.

Le second grand mérite de cet ouvrage est de montrer que cette question des alternatives aux poursuites n'est pas du tout subsidiaire, subalterne ou mineure. Il n'y a pas de procédure pénale noble, objet de toutes les attentions, car la procédure criminelle comme la procédure d'instruction sont finalement – et heureusement – assez exceptionnelles. Les alternatives aux poursuites représentent une très grande part des affaires poursuivables. C'est donc la justice pénale quotidienne, la réalité pratique de la procédure pénale, l'image de la justice pénale pour beaucoup de nos concitoyens. Ce travail d'analyse, de synthèse et de réflexion contribue dès lors fortement à donner à cette matière ses lettres de noblesse.

Le point de départ tient dans la nécessité, qui est apparue au législateur contemporain, de trouver des solutions nouvelles pour faire face aux difficultés concrètes de poursuite. On a beaucoup parlé de mesures de « désengorgement » des juridictions pénales comme s'il s'agissait d'un problème de plomberie. Dans une certaine urgence, pour répondre à des impératifs de circonstances, le législateur récent a donc eu tendance à juxtaposer des instruments nouveaux, en les ajoutant les uns aux autres, plutôt qu'à s'efforcer de perfectionner les précédents. En témoignent les articles 41-1 et suivants du Code de procédure pénale qui, réforme après réforme, sont devenus pratiquement illisibles pour les non-initiés. À tout le moins, une réécriture des textes ne s'imposerait-elle pas ?

On comprend dès lors très bien qu'en première partie, Franck Ludwiczak ait éprouvé le besoin de clarifier beaucoup de choses, de mettre de l'ordre, ce qu'il nomme « ordonnancement » des PAP, expression qui désigne à la fois remédiation au désordre régnant et édification d'une certaine organisation par agencement des pièces du puzzle. Devant l'ampleur des difficultés à vaincre, le parti pris de l'auteur est celui de l'humilité, en adoptant notamment une méthode délibérément identique de dissection des diverses alternatives aux poursuites. À cet effet, il a dû fabriquer lui-même, sur mesure, les critères d'étude comparative comme, par exemple, « la force de subordination au parquet », « le degré de négociation existant », « les compétences des autorités de poursuite et de celles d'exécution », « les conséquences sur l'opportunité des poursuites ».

Ce travail de clarification passe par un effort de classification qui s'avère le plus accompli de tout ce qui a déjà été tenté en l'occurrence. Ainsi, la catégorie des « alternatives sanctionnatrices » se subdivise en « admonestatives » et « répressives », celle des « alternatives réparatrices » en « restitutives » et « rétributives ». À cet égard, les tableaux typologiques récapitulatifs joints en annexes sont particulièrement éloquents et précieux. Cela amène l'auteur à des choix terminologiques qui peuvent prêter à discussion mais qui font progresser le débat scientifique indispensable.

C'est sur la base de cette approche, toute de prudence et de sérieux, que peut s'appuyer la réflexion, en seconde partie, sur les conséquences réelles de ce développement considérable des PAP, puisqu' il s'agit rien moins que de mutations profondes de notre justice pénale. On saisit mieux pourquoi l'auteur a pris plus de soin que d'ordinaire pour décrypter les institutions elles-mêmes, afin de pouvoir ensuite faire preuve d'esprit critique quant aux orientations qu'elles traduisent. Pour parler de « dérive », de « dévoiement » ou de « dénaturation » de façon crédible, pour exprimer des doutes sur l'indépendance et l'impartialité, pour s'interroger sur le pouvoir décisif du ministère public, sur la place croissante de la victime, sur la fonction résiduelle du juge, ne faut-il pas préalablement se livrer à de solides analyses juridiques ?

Non sans avoir démystifié des idées fausses mais répandues comme celle de la contractualisation ou du consensualisme en procédure pénale, du fait qu'il ne peut y avoir de véritable consentement lorsque l'on est menacé de poursuites, l'auteur entreprend de revisiter la notion d'ordre public, au fondement même de toute la matière pénale. Cette notion, en effet, se transforme, se diversifie, se privatise en intégrant des intérêts privés. Des distinctions aussi traditionnelles que celles entre ordre public et intérêt privé, entre répression et réparation, entre solution pénale et solution civile vont en s'estompant.

L'idée de Franck Ludwiczak d'organisation des PAP en système légal graduel, c'est-à-dire s'articulant en deux degrés en cas d'échec et constituant une autre façon de prévenir la réitération ou persistance dans le comportement délictueux, la non désistance, pour employer l'expression criminologique à la dernière mode nord-américaine, paraît fort éclairante.

Si les lecteurs peuvent ne pas adhérer tous à la démonstration en sa totalité, on s'accordera avec l'auteur sur ce que l'essor des PAP, s'inscrivant désormais dans une politique de réponse pénale systématique, « ne se limite pas à assurer le désencombrement des juridictions pénales mais se propose de remplir l'ensemble des rôles traditionnellement dévolus à ces dernières ». Il s'agit bien de l'avènement d'une autre justice pénale, dont chacun reste finalement libre d'apprécier les mérites et les défauts grâce à tout ce que réunit cet ouvrage qui fourmille d'informations et d'idées.

LISTE DES PRINCIPALES ABRÉVIATIONS

A.J.D.A.	Actualité juridique de droit administratif
A.J.Pénal	Actualité juridique pénal, édition Dalloz
A.J.P.F.	Actualité juridique personne et famille
al.	Alinéa
Arch.pol.crim.	Archives de politique criminelle
art.	article
Bull. civ.	Bulletin des arrêts de la Cour de cassation (chambres civiles)
Bull. crim.	Bulletin des arrêts de la Cour de cassation (chambre criminelle)
Bull.inf.C.cass.	Bulletin d'information de la Cour de cassation
CA	Cour d'appel
CAA	Cour administrative d'appel
C.civ.	Code civil
C.conso.	Code de la consommation
C.const.	Conseil constitutionnel
CE	Conseil d'Etat
CEDH	Cour européenne des droits de l'homme
C.envir.	Code de l'environnement
CESDH	Convention européenne de sauvegarde des droits de l'homme et des libertés fondamentales
Cf.	confer
C.for.	Code forestier
C.G.I.	Code général des impôts
chron.	chronique
civ.	civil(e)
coll.	collection
crim.	chambre criminelle de la Cour de cassation
C.pén.	Code pénal
C.pr.pén.	Code de procédure pénale
C.santé pub.	Code de la santé publique
C.trav.	Code du travail
D.	Recueil Dalloz
dactyl.	dactylographié(e)
déc.	décision

D.G.C.C.R.F.	Direction générale de la concurrence, de la consommation et de la répression des fraudes
(dir.)	sous la direction de…
doctr.	doctrine
DP	Dalloz périodique
Droit pénal	Revue Droit pénal
éd.	édition
fasc.	Fascicule
Gaz.pal.	Gazette du Palais
H.A.L.D.E.	Haute autorité de lutte contre les discriminations et pour l'égalité des chances
in	dans
I.N.A.V.E.M.	Institut national d'aide aux victimes et de médiation
infra	au dessous
I.R.	informations rapides
J.-Cl.	Juris-Classeur
JCP G.	Juris-Classeur périodique - la semaine juridique - édition générale
JO	Journal Officiel de la République Française (lois et décrets)
JOAN	Journal Officiel de la République Française (débats Assemblée nationale)
Juris-Data	Banque de données juridiques Juris-Data
L.G.D.J.	Librairie Générale de Droit et de Jurisprudence
L.P.A.	Les petites affiches
L.P.F.	Livre des procédures fiscales
n°	numéro
not.	notamment
obs.	observations
O.P.E.L.	Office Parlementaire d'Evaluation de la Législation
p.	page
PUF	Presses Universitaires de France

rapp.	Rapport
R.D.P.C.	Revue de droit pénal et de criminologie
Rép.pén.	Répertoire pénal Dalloz
Rev.sc.crim.	Revue de science criminelle et de droit pénal comparé
R.F.D.A.	Revue française de droit administratif
R.G.D.P.	Revue générale des procédures
R.J.F.	Revue de jurisprudence fiscale
RTD. Com.	Revue trimestrielle de droit commercial.
S.	Recueil Sirey
s.	suivant
somm.	sommaire
spéc.	spécialement
supra	au-dessus
t.	tome
V.	voir
vol.	volume

SOMMAIRE

« Les hommes voudraient transiger avec la justice, sortir de son cercle pour un jour, pour un obstacle, et rentrer ensuite dans l'ordre. Ils voudraient la garantie de la règle et le succès de l'exception. »

(**B. Constant**, *De l'Esprit de conquête*, 1813, p. 225)

Introduction générale

INTRODUCTION GÉNÉRALE

1. Les modes de résolution extrajudiciaire des litiges sont de plus en plus fréquemment utilisés. Il est communément admis que leur développement résulte de l'émergence de contentieux de masse encombrant les tribunaux, lesquels souffrent d'une insuffisance de moyens humains et financiers mis à la disposition de l'appareil judiciaire.

Ainsi a-t-il été envisagé de créer des « circuits de dérivation[1] » desquels participe le concept de déjudiciarisation[2] et devant avoir pour effet de rapprocher les justiciables entre eux en les encourageant à devenir eux-mêmes acteurs de la résolution de leurs différends. Cependant, la possibilité pour les particuliers de décider du mode de gestion de leur conflit n'est pas nouvelle. En effet, l'idée d'une justice non-étatique est largement admise. Le droit civil permet, en vertu de l'article 2059 du Code civil, de recourir au compromis, c'est-à-dire de consentir à une convention par laquelle les parties décident de confier la solution de leur litige à un ou plusieurs arbitres distincts du juge étatique. De la même manière, le dernier alinéa de l'article L. 721-3 du Code de commerce (C.com)[3] reconnaît le droit pour les commerçants de recourir à l'arbitrage. Toutefois, l'arbitrage ne constitue pas à proprement parler un évitement du juge puisque l'arbitre, juge choisi par les parties, dispose toujours d'un rôle juridictionnel.

2. La notion de déjudiciarisation dispose ainsi d'un sens spécifique car elle suppose une résolution du litige dans des formes différentes de celles du recours à la saisine de la juridiction normalement compétente. Il s'agit alors précisément d'un phénomène de déjuridictionnalisation dont les avantages avancés sont ceux d'une résolution plus rapide, moins coûteuse et rapprochant les justiciables afin de parvenir à la paix sociale. Appliqué aux contentieux en matière pénale, ce concept a pu constituer un complément à celui de dépénalisation issu notamment du mouvement de défense sociale[4] visant à lutter contre les causes de la délinquance tout en

---

[1] H. Haenel, Justice de proximité. Premier bilan, *Pouvoirs*, 1995, n°74, p. 93 ; J. Pradel, *Procédure pénale*, Cujas, 2011, n° 593.

[2] A. Jeammau, Judiciarisation/Déjudiciarisation, *in*, L. Cadiet, *Dictionnaire de la Justice*, Dalloz, 1ère éd. 2004, p. 675 et s.

[3] Ordonnance n°2006-673 du 8 juin 2006 portant refonte du Code de l'organisation judiciaire et modifiant le Code de commerce, le code rural et le Code de procédure pénale, art. 2, *JO* 9 juin 2006, p. 8710.

[4] M. Ancel, *La défense sociale nouvelle*, 3e éd. Cujas, 1981.

limitant le prononcé de peines privatives de liberté afin de favoriser la réadaptation du délinquant. En droit pénal, à l'origine, la dépénalisation a contribué à un accroissement des pouvoirs du juge pénal dans le prononcé de la peine. Ainsi, c'est avec l'avènement des aménagements dans le prononcé de la peine et les sanctions substitutives à l'emprisonnement que la dépénalisation a produit ses premiers effets. Dès la loi Béranger du 26 mars 1891, le juge pénal a pu aménager la peine d'emprisonnement en l'assortissant du sursis à son exécution. Plus tard, les premières peines alternatives à l'emprisonnement sont apparues avec les lois du 17 juillet 1970[5] et du 11 juillet 1975[6] élargissant le champ d'application du sursis et créant la dispense ou l'ajournement de peine. La dépénalisation ayant permis le désengorgement des prisons, ce mouvement a également permis la prise de conscience d'un problème se situant plus en amont et résidant dans l'engorgement des tribunaux répressifs.

3. La solution consistant à promouvoir l'usage de modes extrajudiciaires de résolution des litiges, c'est-à-dire avant la mise en œuvre de toute poursuite, a constitué une mutation importante de la justice pénale en France. Cependant, l'existence de processus non juridictionnels de résolution du conflit, né de la commission d'une infraction, mis en œuvre en l'absence de toute poursuite, n'est pas réellement novatrice et préexiste même à notre procédure pénale classique. Ainsi, la pratique de la transaction en droit pénal constitue une solution ancienne permettant d'éviter le passage devant la justice traditionnelle. La mutation annoncée de la justice pénale résulte également de l'influence des modèles étrangers confirmant la possibilité de désencombrer les tribunaux par la voie d'une autre justice.

4. En outre, l'engorgement des tribunaux a favorisé une dévalorisation de l'institution aux yeux des justiciables. En effet, le trop grand nombre de classements sans suite a été longtemps synonyme d'impunité[7]. Dès lors, les procédures alternatives ont pu apparaître comme un moyen de réconcilier

---

[5] Loi n° 70-643 du 17 juillet 1970 tendant à renforcer la garantie des droits individuels des citoyens, *JO* du 19 juillet 1970, p. 6751.

[6] Loi n° 75-624 du 11 juillet 1975 modifiant et complétant certaines dispositions de droit pénal, *JO* du 13 juillet 1975, p. 7219.

[7] Le classement sans suite est en effet défini généralement comme l'abandon de l'action publique par le parquet résultant de l'exercice de son pouvoir d'opportunité des poursuites. J. Pradel, Classement sans suite, *in* G. Lopez et S. Tzitzis, *Dictionnaire des sciences criminelles*, Dalloz, 1ère éd. 2004, p. 129 et s.

les justiciables avec l'appareil judiciaire, mais aussi entre eux en privilégiant des modes de réponse fondés sur la conciliation[8].

L'introduction de la réparation du dommage causé à la victime comme sanction de la violation d'une règle de conduite indispensable à la conservation de l'ordre social a facilité une considération plus importante des intérêts de la victime dans le traitement de l'infraction. Cette prise en compte de la réparation du dommage causé à la victime, proche des objectifs du droit civil, n'est toutefois pas la seule forme de processus alternatif en France. En effet, d'autres processus mis en œuvre avant toute décision sur l'action publique, définie comme celle exercée au nom de la société par le ministère public ayant pour objet l'application des peines[9], permettent d'aboutir à une véritable répression de l'auteur de l'infraction sans passage devant le juge pénal traditionnel.

5. La diversité des procédures alternatives à la poursuite pénale n'est pas sans provoquer certaines interrogations. Si ces modes de gestion des contentieux pénaux offrent une place inédite à l'auteur et à la victime dans la résolution du litige, ils ont également entraîné une redistribution des rôles dans le traitement de l'infraction. Contribuant à l'amenuisement de l'influence du juge pénal, les procédures alternatives vont servir l'accroissement des pouvoirs du procureur de la République[10] et l'intervention d'acteurs nouveaux.

6. L'ensemble des mutations résultant de l'apparition des procédures alternatives à la poursuite pose en définitive la question des conséquences de leur introduction en procédure pénale. Ces processus se cantonnent-ils à un but de désencombrement des tribunaux ? Se contentent-ils de n'être que des modes de gestion des contentieux ? Ou au contraire, amorcent-ils une transformation plus profonde des principes procéduraux en matière pénale ? Cependant, avant d'étudier précisément chaque procédure alternative et de tenter de percevoir les conséquences de ces dernières en procédure pénale, il faut, à titre préliminaire, s'attacher à l'étude des sources des modes alternatifs (I) et à l'examen des interrogations qui découlent de l'introduction de ces processus en matière pénale (II).

---

[8] Y. Desdevises, Conciliation et médiation, *in,* L. Cadiet, *dictionnaire de la justice, op.cit.*, p. 191 et s.

[9] Plus précisément, il s'agit de l'action exercée au nom de la société, en principe par un corps spécial de magistrats, qui a pour objet l'application de la loi pénale à l'auteur du fait réputé délictueux et la réparation du dommage causé à la société (G. Cornu, Vocabulaire juridique, 6e éd., 2004). V. également, F. Molins, Action publique, *Rép.pén. Dalloz.*

[10] V. F. Molins, Ministère public, *Rép.pén. Dalloz.*

§ I - Les sources des procédures alternatives à la poursuite pénale

7. Les modes de résolution des différends en matière pénale avant toute saisine du juge répressif peuvent *a priori* apparaître comme appartenant à un phénomène récent résultant d'une volonté de désencombrement des tribunaux. Pourtant, l'existence des processus alternatifs de règlement amiable des conflits pénaux se révèle plus ancienne et démontre une certaine pérennité historique de la pratique transactionnelle pénale. De plus, la diversité des modes alternatifs de résolution des litiges en matière pénale que l'on sera amené à étudier n'est pas un phénomène isolé et propre à l'appareil judiciaire français. Au contraire, la législation étrangère a pu, en complément de la constance historique de la pratique transactionnelle en France, contribuer à l'essor de réponses pénales variées[11] complétant le principe d'opportunité des poursuites[12].

A - Les précédents historiques pérennes

8. Deux phases de l'histoire du droit pénal permettent de comprendre le caractère pérenne des procédures assurant la résolution du litige issu de la commission d'une infraction en marge de toute poursuite. La première d'entre elles, avant l'apparition de la procédure inquisitoire, résulte des coutumes de l'ancien régime permettant qu'il soit mis fin au litige indépendamment de toute action répressive.

Précédant toute reconnaissance et toute gestion par l'autorité étatique, la possibilité de transiger sur la commission d'une infraction était largement répandue en raison de la méfiance populaire envers la justice de l'Etat[13]. En effet, malgré des progrès importants au cours du Moyen Âge, les justices royale et seigneuriale restent encore largement éloignées des justiciables, en particulier dans le milieu rural[14] dans lequel existe une forte imprégnation communautaire. A cette époque, la saisine du juge étatique ne correspond pas totalement aux mentalités de ces communautés villageoises de tradition

---

[11] P-E. Herzog, Alternate dispute resolution, *in* L. Cadiet, *Dictionnaire de la Justice,* Dalloz, 1ère éd. 2004, p. 27

[12] J. Pradel, Opportunité des poursuites, *in* G. Lopez et S. Tzitzis, *Dictionnaire des sciences criminelles, op. cit.*, p. 669 et s. ; P. Lemoine, Ministère public *J.-Cl. procédure pénale*, Fasc.30, n°96 et s.

[13] R. Muchembled, *Violence et justice dans le monde rural (15e-17e)* p. 114 et s. ; *L'invention de l'homme moderne,* p. 31 et s.

[14] J-P. Goutton, *La sociabilité villageoise dans l'ancienne France*, Paris, Hachette, 1979.

encore fortement orale contrastant avec les procédures principalement écrites des procédures judiciaires[15].

Ainsi, en pratique, la commission d'un crime faisait l'objet d'un compromis mis en œuvre par la voie d'une transaction ou d'une médiation dans le but de rétablir la paix troublée et d'en garantir la stabilité. Bien qu'éloigné des pratiques judiciaires de l'époque, le recours aux processus transactionnels constituait une avancée de la lutte contre les pratiques de vengeance privée. En effet, la transaction se voyait chargée d'un rôle d'apaisement des tensions entre les personnes privées devant ainsi garantir la paix dans la communauté considérée. Le processus de compromis faisait souvent intervenir un tiers indépendant dont la mission consistait à permettre aux deux parties d'aboutir à une solution librement acceptée et à un resserrement des liens sociaux. Il s'agissait dans la plupart des cas d'un notable de la communauté, civil ou religieux, mais bien souvent homme de loi.

Malgré un recours à la « paix à partie » largement usité et apparaissant comme contraire à l'autorité de l'Etat, ce dernier n'a pas pour autant cherché à le combattre pour lui substituer la justice du Prince. Au contraire, ce système se voyait reconnu par les autorités elles-mêmes délivrant des lettres de rémission, véritables décisions de ne pas poursuivre, dès lors que le différend se trouvait résolu par une voie transactionnelle.

9. Partant, sans être institutionnalisée, la technique de la transaction en matière criminelle constituait un mode régulier de résolution des conflits en matière pénale. Elle comportait l'avantage d'être une justice de proximité, peu coûteuse et permettant d'éviter les craintes liées à la saisine de l'appareil judiciaire. Toutefois, cette justice transactionnelle n'était pas exempte de critiques. En effet, elle ne protégeait pas d'un marchandage favorisant la partie la plus puissante désireuse d'« acheter » son crime[16]. Egalement, les formes variées de médiation ou de transaction entretenaient l'idée d'un certain arbitraire pouvant être considéré comme un réel déni de justice.

10. Résultant d'une reconnaissance implicite, la transaction en matière pénale fit, dans une seconde phase, l'objet d'une véritable consécration lors de la rédaction de l'ordonnance de 1670[17] proclamant pourtant la toute-

---

[15] *Idem.*

[16] N. Castan, *Justice et répression en Languedoc à l'époque des lumières*, Paris, Flammarion, 1980, p. 15 et suivantes.

[17] A. Esmein, *Histoire de la procédure criminelle en France*, Paris, 1978, p. 177 et suivantes ; Isambert, Decrusy et Taillandier, *Recueil général des anciennes lois françaises depuis 420 jusqu'à la Révolution* de1789, Paris, 1829, tome 18, p. 418.

puissance de la justice royale retenue face aux justices seigneuriales et amorçant largement l'entrée de notre procédure pénale dans son âge inquisitoire. L'article 19 du titre XXV de l'ordonnance du 26 août 1670 permet ainsi de composer pour toutes sortes de crimes ou de délits. Cette possibilité, à première vue contraire au principe d'une justice de type inquisitoire, constituera un moyen efficace de lutter contre l'arbitraire des justices déléguées et de voir préservés à cette occasion les droits de la défense souvent bafoués.

Malgré le principe énoncé par cette disposition, l'ordonnance de 1670 restreint le domaine de la médiation à certaines infractions seulement. Parfois appelée *Code Louis*, lorsqu'elle est associé à l'ordonnance de 1667 en matière civile, celle criminelle de 1670 distingue les crimes capitaux et ceux punis d'une peine afflictive et infamante d'une part, de ceux non punis d'une telle sanction, d'autre part.

11. D'après ce texte, chacune des deux catégories d'infractions peut faire l'objet d'une transaction[18]. Toutefois, le texte en nuance les effets en fonction du type de crime ou de délit. Ainsi, lorsque l'infraction commise est un crime capital ou un délit puni de peines afflictives et infamantes, la victime ou ses héritiers sont admis à transiger avec l'auteur, mais la transaction n'a que des effets limités et n'éteint pas la possibilité pour les procureurs du roi ou les procureurs seigneuriaux de poursuivre. Cet effet relatif de la transaction se rencontre à l'occasion de la commission de crimes atroces tels que l'assassinat, le duel ou encore la rébellion à la justice. Les infractions portant préjudice à l'honnêteté publique, telles que le crime d'adultère, ou atteignant la sûreté du commerce, comme le crime de faux, emportent les mêmes effets. Cependant, pour ces deux dernières catégories, la possibilité d'une transaction n'est ouverte, de façon exceptionnelle, qu'à condition d'homologation par la partie publique.

Pour toutes les infractions non sanctionnées par une peine afflictive et infamante, la possibilité de transiger est largement ouverte et entraîne des effets radicaux sur la poursuite. Ainsi, la transaction conclue fera obstacle à toute action des procureurs royaux ou seigneuriaux contre l'auteur de crimes et de délits ne portant atteinte qu'à des intérêts particuliers.

---

[18] Art. 19 du titre XXV de l'ordonnance du 26 août 1670 : « *Enjoignons à nos procureurs et à ceux des seigneurs, de poursuivre incessamment ceux qui seront prévenus de crimes capitaux ou auxquels il écherra peine afflictive, nonobstant toutes transactions et cessions de droits faites par les parties ; et à l'égard de tous les autres, seront les transactions exécutées, sans que nos procureurs ou ceux des seigneurs puissent en faire aucune poursuite* ».

12. S'inscrivant pleinement dans la distinction consacrée par l'ordonnance de 1670 entre grand criminel (ou extraordinaire) et petit criminel (ou ordinaire), l'essentiel de la pratique de la transaction ou de la médiation relevait essentiellement des contentieux de l'ordinaire résultant des infractions dont la réparation n'intéresse que les particuliers telles que les injures verbales, les « injures réelles » c'est-à-dire les coups n'entraînant pas de lésions importantes, les affaires de gravidation (grossesses illégitimes considérées à cette époque comme des offenses à la famille), ou encore les voies de fait contre la propriété suivies de menaces ou de violences.

13. Entièrement reconnu comme un mode d'extinction de la poursuite, le recours à la transaction s'amoindrira à l'occasion de la commission d'infractions graves avec l'apparition, au XVIe siècle, du ministère public. Jusqu'alors, les procureurs du Roi et les procureurs fiscaux n'étaient que des hommes d'affaires. Leur métier d'avocat va progressivement évoluer vers une véritable fonction publique dont le premier emploi sera de veiller à la poursuite des délits passibles de l'amende et la confiscation constituant des sources de revenus non négligeables pour le Roi et les seigneurs.

Leur rôle de répression n'apparaîtra que plus tard, lors de la naissance de la procédure *« per inquisitionem »* du droit canonique, afin de pallier la méfiance de l'Eglise envers le dénonciateur prompt à exciter le juge. Ils obtiendront alors le pouvoir de provoquer le juge à se saisir d'office puis seront reconnus accusateurs publics.

14. Toutefois, une séparation nette entre partie publique et partie privée au procès pénal ne s'en suivra pas pour autant[19]. Le ministère public devenu dénonciateur de tous les crimes met le juge en mouvement soit seul, soit en se joignant à la partie privée. Cette dernière hypothèse laissera sauve la pratique transactionnelle malgré l'avènement de cet acteur central de la procédure pénale. Un tel accroissement des pouvoirs des représentants du ministère public né de l'évolution législative et jurisprudentielle, contre tout trouble à l'ordre public consécutif à la commission d'infractions peut apparaître *a priori* comme peu compatible avec la persistance de la pratique transactionnelle.

---

[19] C'est avec la grande ordonnance de Philippe Le Bel du 23 mars 1303 que les procureurs prêteront serment de rendre un juste jugement à toutes les personnes. Ainsi, selon J.-P. Dinthillac (Rôle et attributions du procureur de la République, *Rev.sc.crim.*, 2002, p. 265) les « gens du Roi », comme les juges, ont pour mission de se préoccuper de rechercher la vérité, ce qui est « source d'ambiguïté dont nous ne sommes pas encore aujourd'hui totalement sortis », V. également, J. Pradel, Le ministère public, autorité omnipotente ou colosse aux pieds d'argile, *Rev.pénit.*, 2001, p. 464.

15. Néanmoins, tel n'a pas été le sens de l'histoire de la procédure pénale pour deux raisons. La première résulte de l'entrée en vigueur du Code de 1808. Celui-ci fut synonyme de suppression de la faculté jusque-là ouverte à la victime partie privée et à l'administration de déclencher les poursuites par leur plainte. Celles-ci ont recouvré ce pouvoir depuis l'entrée en vigueur du Code de procédure pénale (C.pr.pén.) de 1958[20], sans amoindrir le rôle essentiel du parquet.

La seconde provient de la naissance du principe de l'opportunité des poursuites. Bien que le Code d'instruction criminelle de 1808 n'ait confié une place centrale qu'au magistrat instructeur, les représentants du ministère public ont su se départir peu à peu du rôle limité de partie au procès défendant la permanence de la société, en obtenant la faculté de classer sans suite, puis d'exercer un pouvoir d'admonestation de l'individu leur permettant de s'immiscer dans la fonction du juge du siège et de contribuer ainsi à la mission de prévention, incombant, parallèlement à celle de répression, à la justice pénale[21]. Cette faculté de gestion de l'action publique a permis la création de la première mesure d'évitement de la poursuite visant non la réparation du préjudice causé à la victime de l'infraction mais la prévention de la réitération du fait délictuel.

16. En marge d'une procédure criminelle stricte, le recours à la transaction, largement assimilable à une pratique de médiation[22], a pu constituer un terrain favorable à l'essor de processus alternatifs à la poursuite pénale en droit français. Cependant, l'existence de pratiques anciennes, servant parfois de modèle de justice à une époque où le pouvoir de l'Etat était encore faible, ne constitue pas la seule source de création des procédures alternatives à la poursuite pénale. En effet, les modes alternatifs de résolution des conflits pénaux intégrés à notre procédure pénale actuelle s'inspirent des pratiques découlant de l'observation des droits étrangers.

B - Les exemples étrangers comparés

17. Les sources des procédures alternatives à la poursuite peuvent aussi être découvertes dans l'apport des législations étrangères. On observe que le développement de ces processus se fonde sur deux axes distincts, l'un purement répressif, l'autre ayant un objectif réparateur.

---

[20] Art. 1er à 2-20 C.pr.pén.

[21] C. Bruschi, *Parquet et politique pénale depuis le XIXe siècle*, Ronéo, 2001.

[22] C. Odoux, *La médiation pénale au XVIIIe siècle*, rapport de recherche de DEA théorie du droit et science judiciaire, dactyl., CHJ Lille II, 1992.

La première orientation des sources étrangères de procédures alternatives est purement répressive et privilégie la possibilité de sanctionner un individu sans passage devant un juge de jugement[23]. Ainsi, la procédure de l'amende administrative née du droit allemand a inspiré celle de l'amende forfaitaire instituée par le décret-loi du 28 décembre 1926[24]. A l'époque, le législateur entendait confier le traitement des contraventions de petite voirie aux agents chargés de la constatation de ces infractions. Ainsi, le litige résultant de la commission de l'infraction se voyait résolu par le paiement immédiat, par le contrevenant entre les mains de l'agent verbalisateur, d'une amende éteignant l'action publique. En conséquence, toute une partie des infractions contraventionnelles échappait légalement à la connaissance du juge pénal qui demeurait compétent pour les contraventions de grande voirie. La distinction fondée sur la gravité de la contravention commise fut maintenue avec la loi du 30 décembre 1985 qui limite le domaine de la procédure de l'amende forfaitaire à certaines contraventions des quatre premières classes, alors que, pour le reste, c'est la procédure de l'ordonnance pénale créée par la loi du 3 janvier 1972, faisant intervenir un juge, qui permet le traitement de l'ensemble des contraventions[25].

18. Le développement des procédures alternatives ne se limite pas en procédure pénale française à un objectif purement répressif. Certains processus s'inspirent d'une philosophie différente fondée sur la réparation du dommage résultant de l'infraction dont l'exemple topique est celui de la médiation pénale[26].

Consacré par le législateur par une loi du 4 janvier 1993, ce processus alternatif à la mise en œuvre de l'action publique est initialement le résultat de la pratique des parquets inspirée, elle aussi, des expériences et législations étrangères. Ce second objectif repose sur une volonté de

---

[23] On entendra par juge de jugement l'organe juridictionnel chargé classiquement de trancher les litiges lors d'une instance pénale afin de le distinguer du magistrat du parquet qui, par la mise en œuvre des procédures alternatives, acquiert un pouvoir de sanction indépendamment de toute saisine du juge pénal. V. B. Bouloc, Etude de la loi n°2004-204 du 9 mars 2004 portant adaptation de la justice aux évolutions de la criminalité, *Rev.sc crim.*, 2005, p. 107.

[24] S. 1929, législ., p. 1983 ; J.H. Robert, Amendes et indemnités forfaitaires, J.-*Cl. Procédure pénale*, Fasc.20; M. Delmas-Marty, *Les grands systèmes de politique criminelle*, Thémis, Paris, PUF, 1992, p. 279.

[25] A l'exception des contraventions au droit du travail (art. 524, 1° C.pr.pén.).

[26] L. Monnet-Placidi, Médiation pénale, *in* G. Lopez et S. Tzitzis, *Dictionnaire des sciences criminelles, op.cit.*, p. 611 et s. ; V. également, P-E Herzog, Alternate dispute resolution, *in,* L. Cadiet, *Dictionnaire de la Justice, op.cit.*,p. 27 et s.

rétablissement des liens sociaux troublé par la commission de l'infraction en privilégiant la réparation du préjudice subi par la victime. Le point de départ de la « *restaurative justice*[27] » dans sa forme actuelle en droit français provient des expériences de médiation pratiquées aux Etats-Unis et au Canada dès 1969. Pour autant, l'étude comparée des législations en la matière a permis de déterminer une naissance antérieure d'une justice fondée sur la négociation au travers des exemples de pays de tradition consensuelle tels que la Chine ou le Japon[28]. Dès 1954, le gouvernement de la République populaire de Chine consacre le recours à la technique de la conciliation, utilisée depuis les années 1930, pour des litiges variés, concernant des domaines *a priori* civils comme les différends dans les relations familiales, de voisinage ou en matière d'habitation, mais aussi en matière pénale, s'agissant des petits délits tels que les vols ou encore les coups et blessures. La mission des conciliateurs, élus par le peuple, est particulièrement large. Outre la recherche d'une solution négociée du litige, le conciliateur doit prévenir toute dégradation des liens renoués grâce à la conciliation, y compris les premiers risques de discorde afin de préserver la paix sociale.

La conciliation fut également utilisée au Japon, dès 1876. Le processus fait intervenir un juge qui, dès 1922, préside le bureau de conciliation composé de deux autres membres citoyens nommés par le tribunal dans le but de régler des conflits essentiellement familiaux. La procédure allie à un formalisme allégé, la demande pouvant être orale et le ministère d'avocat n'étant pas obligatoire, un traitement rapide et peu coûteux des litiges, reposant sur l'accord des parties auquel la loi reconnaît la force d'un jugement.

19. Fondée sur le constat de la nécessité d'un désengorgement des tribunaux répressifs, la justice consensuelle moderne est née des multiples expériences de médiation mises en œuvre aux Etats-Unis et au Canada. La recherche de modalités consensuelles à la résolution des conflits a pu paraître surprenante s'agissant de sociétés « hyper-judiciarisées » desquelles découle une forte propension conflictuelle pour les citoyens américains[29].

---

[27] R. Cario, *Justice restaurative, in* G. Lopez et S. Tzitzis, *Dictionnaire des sciences criminelles*, Dalloz, 1ère éd. 2004, p. 570 et s. ; F. Carsola, le concept de « *restaurative justice* », *Rev.pénit.*, 2000, p. 32 et s.

[28] J. Vérin, Le règlement extrajudiciaire des litiges, *Rev.sc.crim.*, 1982, p. 174 et s.

[29] N. Rouland, *Aux confins du droit*, Paris, Odile Jacob, 1991, p. 104 ; J. Vérin, La médiation pénale à San Fransisco, à New York et à Kitchener (Ontario), *Rev.sc.crim.* 1983, p. 293.

Cependant, aux Etats-Unis, la place importante faite au « *bargaining* », c'est-à-dire au marchandage, et à la négociation dans la résolution des conflits constitue un terrain favorable à la médiation en matière pénale d'autant que, comme le rappelle M. Vérin[30], les avocats américains disposent de pouvoirs importants et d'un rôle bien moins lié au système judiciaire que leurs homologues de certains pays européens, tels que la Suède, l'Allemagne ou la France : ils peuvent notamment entendre personnellement les témoins avant ou après la citation en justice et transiger à tout moment.

20. A l'instar des exemples chinois et japonais, la pratique de la transaction permet aux Etats-Unis d'apporter une solution de bon sens dès lors que les enjeux du litige sont faibles ou que les justiciables ne disposent que de moyens limités. Si le recours à une justice informelle, ou « *soft Justice* », est connue aux Etats-Unis depuis 1880[31], avec la multiplication des juridictions arbitrales notamment en matière commerciale, les innovations résultent d'expérimentations telle celle pionnière du *Community Dispute Résolution Program* de Philadelphie en 1969, dont le but est de désamorcer les conflits nés de la commission d'une infraction de faible gravité entre un délinquant et une victime disposant de relations suivies[32]. Ces expériences se sont rapidement multipliées et diversifiées dans les années qui suivirent. Ainsi, peut-on citer la mise en œuvre, dès 1970, du *Colombus Night Prosecutor Program* et du *Bronx Neighbourhood Youth Diversion Program*, en 1971, à New-York, ou encore, du *Minnesota Restitution Center*, en 1972, et du *Victim Offender Reconciliation Program* (V.O.R.P.), en 1974, à Kitchener, en Ontario (Canada)[33]. Malgré l'ampleur de ce mouvement de justice restauratrice, les premières expériences reposaient sur des initiatives diverses et fonctionnaient selon des modalités différentes. Les premières expériences de médiation, entre 1969 et 1974, supposaient une démarche informelle, tantôt totalement indépendante du système judiciaire et issue d'initiatives privées, tantôt plus en lien avec l'appareil judiciaire de l'Etat.

Parfois mises en œuvre par des mouvements religieux, à l'image de l'expérience de Kitchener encouragée par l'Eglise mennonite, parfois résultant d'initiatives laïques, ces pratiques tendent toutes, pour l'essentiel, à l'intervention d'un membre de la communauté lors de rencontres informelles entre l'auteur de l'infraction et la victime afin de les concilier.

---

[30] J. Vérin, Le règlement extrajudiciaire des litiges, *op.cit.*

[31] N. Rouland, *op.cit.*, p. 103.

[32] J. Vérin, La médiation pénale à San Francisco, à New York et à Kitchener (Ontario), *op.cit.*

[33] J. Faget, *La médiation pénale, essai de politique pénale*, Eres, 1997.p. 41 ; R. Cario, La justice restaurative : vers un nouveau modèle de justice pénale ?, *A.J. Pénal*, 2007, p. 372.

Les premières expériences en lien avec le système judiciaire, comme le V.O.R.P. financé par l'administration pénitentiaire, mettaient en œuvre la médiation pénale sur initiative du juge pénal. Le processus intervenait comme une mesure de probation. L'objectif était à la fois l'indemnisation du préjudice subi par la victime, l'atténuation du sentiment de victimation et la prise de conscience par l'auteur de la gravité de la faute commise par lui ainsi que du préjudice subi par le tiers[34]. D'autres expériences postérieures, comme celle des *Community Boards* de San Francisco en 1976, étaient plus éloignées du système de justice pénale et ont trouvé à se développer dans l'esprit de ferveur démocratique animant certaines populations américaines. L'expérience des *Community Boards* se focalisait sur la recherche d'une réappropriation de la justice par les membres de la communauté à l'occasion des litiges de voisinage, familiaux ou scolaires.

21. D'abord simples expériences ne bénéficiant pas de l'aval des pouvoirs étatiques, certaines vont être consacrées rapidement par l'Etat considéré. C'est l'exemple de l'Etat de New-York qui, par une loi du 27 juillet 1981[35], organisa une liaison étroite entre les initiatives privées de médiation et les services officiels de la justice permettant une multiplication des centres de médiation, comme celui de *Brooklin*, gérés de façons diverses par des organismes privés, religieux, de charité ou éducatifs. Là encore, le domaine de la médiation pénale est celui des infractions de faible gravité telles que les troubles de voisinage, les litiges familiaux ou encore les vols, les menaces et les coups et blessures. On citera également la diversification des activités du V.O.R.P. de Kitchener en 1979 qui créa, avec l'aide du financement du ministère de la justice canadien, le service de médiation communautaire (C.M.S.)[36], orienté vers la résolution des litiges de voisinage et familiaux nés de la commission d'infractions pénales et de la réconciliation d'un auteur et d'une victime en lien de connaissance.

22. Toutes expériences confondues et quels que soient les liens avec les pouvoirs publics, l'objectif de la médiation pénale demeure la résolution des litiges entre individus disposant d'un lien social préexistant afin de parvenir à une paix sociale pérenne. Correspondant aux mentalités des populations d'Amérique du nord, ces expériences ont rapidement traversé ce continent pour parvenir en Europe. C'est ainsi que la Grande Bretagne, Etat de tradition anglo-saxonne le plus proche de l'esprit américain, va la

---

[34] J. Faget, *op.cit.*p. 43

[35] J. Vérin, *op.cit.*, p. 295.

[36] *Community Médiation Center.*

première expérimenter la médiation pénale comme alternative au traitement purement judiciaire de la délinquance.

Le système judiciaire de la Grande Bretagne, essentiellement accusatoire et offrant une large possibilité de négociation, a constitué un terrain favorable à l'introduction de la médiation pénale. Deux types d'expériences de médiation ont pu y être recensés dès 1977[37]. Une première forme de médiation a été observée dans les villes d'Exeter, Cumbria et Sandwell. Ces expériences fonctionnaient en liaison avec les services de police et s'apparentaient déjà à des formes d'alternative à l'exercice des poursuites pénales. Elles étaient essentiellement axées sur la lutte contre la délinquance des mineurs pour les infractions de faible gravité. Les services de police, en concertation avec des travailleurs sociaux, jouaient un rôle important d'orientation vers la médiation s'agissant des litiges issus d'actes de délinquance mineure et passagère dans le but d'éviter la stigmatisation consécutive à la mise en œuvre des poursuites. Cependant, ces expériences ont montré leurs limites quant à la prise en compte insuffisante de l'objectif de reconstruction et de prise en charge des intérêts de la victime. D'autres expériences ont pu apparaître plus satisfaisantes. La médiation était alors exercée en relation avec les tribunaux et privilégiait le sort de la victime. Toutefois, ces expériences, menées notamment à Coventry, Leeds ou Wolverhampton, ne constituaient pas à proprement parler des mesures d'évitement des poursuites puisqu'elles se voyaient mises en œuvre par le magistrat chargé de la poursuite après la décision sur la culpabilité de l'auteur de l'infraction[38]. L'évaluation de ces expériences a permis de découvrir une prise en compte plus importante des troubles causés à la victime même si l'indemnisation du préjudice subi nécessite une intervention accrue de l'avocat dès lors que cela repose sur la négociation avec l'auteur des faits[39]. Si elle vise essentiellement à la réparation du dommage subi par la victime, la médiation pénale conserve néanmoins des liens étroits avec l'aspect pénal du litige. Il est dès lors apparu de l'enseignement de ces pratiques que la médiation ne peut être effectuée que si la culpabilité de l'auteur a été judiciairement reconnue. Cependant, lorsqu'elle s'effectue dans un cadre judiciaire, la médiation pénale montre son efficacité sur le prononcé de la sanction pénale, les juges tenant compte de l'exécution volontaire par l'auteur de l'infraction d'une réparation des dommages subis par la victime.

---

[37] M-C. Desdevises, L'évaluation des expériences de médiation entre délinquants et victimes : l'exemple britannique, *Rev.sc.crim.*, 1993, p. 45.

[38] Mais avant la décision sur la peine.

[39] M-C. Desdevises, *op.cit.*, p. 59.

23. Au-delà des expériences de médiation pénale tant aux Etats-Unis qu'en Grande Bretagne, les différents pays européens ont progressivement, dans le courant des années 1990, introduit dans leurs législations ce nouveau mode de résolution des conflits en matière pénale. Ainsi, l'Angleterre et l'Autriche en 1988, l'Allemagne en 1990 ou encore l'Espagne en 1992 ont adopté la médiation pénale dans leur législation mais essentiellement pour le traitement des infractions commises par les mineurs. Après un programme pilote mené à Leuven, le législateur belge consacra, quant à lui, la médiation pénale pour majeur par une loi du 10 février 1994[40].

24. Si les institutions européennes, et notamment le Conseil de l'Europe, ont formulé des recommandations pour promouvoir la médiation pénale comme mode de traitement des infractions pénales et de règlement des conflits de nature pénale[41], celle-ci, supposant établie pour son application la culpabilité de l'auteur des faits, a largement contribué à l'introduction de l'idée de dépénalisation par la négociation dans la procédure pénale. Ainsi, au-delà de la médiation pénale, les législateurs des pays européens ont multiplié les procédures fondées sur la négociation, qu'elles supposent ou non la mise en œuvre de poursuites. Ceci a permis un rapprochement des modes de traitement juridictionnel des législations de culture procédurale inquisitoire à ceux du modèle américain reposants sur une large possibilité de marchandage quant à l'issue du procès[42].

25. Ainsi, dès 1988 et l'entrée en vigueur du Code de procédure pénale, le législateur italien a introduit, par la procédure du « *pattegiamento* », la possibilité pour le parquet et l'auteur des faits de demander au juge de prononcer le quantum de la peine préalablement négocié entre eux à hauteur d'une réduction maximale d'un tiers de la peine encourue. Le même type de procédure existe également au Portugal, à l'article 344 du Code de procédure pénale de 1987, pour les infractions punies de moins de cinq ans d'emprisonnement, et en Espagne, depuis une loi organique du 28 décembre 1988, le « jugement de conformité » étant applicable pour les infractions punies de moins de six ans de prison. L'Allemagne, quant à elle, reconnaît la possibilité, admise par la jurisprudence, de transiger sur la peine

---

[40] Le législateur belge a réaffirmé son attachement aux procédures de médiation en promulguant, le 25 juin 2005, une loi relative à la médiation réparatrice dont l'objectif est de privilégier l'apaisement et la réparation du dommage causé à la victime.

[41] Notamment la recommandation n°(99) 19 sur la médiation pénale, du Conseil de l'Europe adoptée par le Conseil des ministres le 15 septembre 1999.

[42] O. Dufour, Le « plaider-coupable » à la française inquiète le monde judiciaire, *LPA,* 25 mai 2004, p. 3.

en l'échange d'aveu, à condition que l'accord soit consigné par écrit à toutes les parties présentes à l'audience[43]. Par ailleurs, l'article 153 a StPO (Code de procédure pénale) permet au parquet de renoncer temporairement aux poursuites et d'imposer à l'auteur de l'infraction une mesure de dédommagement du préjudice causé à la victime, de payer une somme d'argent à un établissement d'intérêt public ou au trésor public, d'effectuer d'autres prestations d'intérêt public ou encore, d'exécuter des obligations alimentaires[44].

26. Qu'il s'agisse de procédures essentiellement de nature administrative ou plus proches du mode traditionnel de jugement des infractions pénales, les innovations étrangères ont contribué, pour une large part, à la création en droit français de procédures permettant la cessation du conflit naissant de la violation de la loi pénale. Cependant, l'intégration en France d'une justice pénale alternative, en dehors de toute saisine du juge de jugement, s'est vue facilitée par l'effectivité d'une justice informelle en matière civile ou administrative qui, sans toujours être réellement indépendante de toute saisine du juge, a contribué au désengorgement des juridictions civiles et a inspiré les multiples procédures alternatives en matière pénale.

C - Les multiples procédures instituées

27. Inspiré par les législations étrangères, le droit français a consacré le recours à des modes informels de résolution des différends extra pénaux entre personnes privées ou avec les administrations. Cela a constitué un courant favorable à l'instauration de diverses procédures alternatives à la poursuite pénale. Fondés sur l'idée de négociation, les objectifs recherchés par le recours à des sources internes de justice informelle influent sur la création des processus alternatifs de règlement des litiges et contribuent à la diversité des réponses pénales.

1 - En dehors du droit pénal

28. L'idée initiale de régler les différends par l'intervention d'un tiers indépendant et impartial est sans nul doute issue du droit administratif

---

[43] Sénat, Etudes de législations comparées, *Le plaider coupable*, mai 2003.

[44] J. Pradel, Le ministère public, autorité omnipotente ou colosse aux pieds d'argile, *Rev.pénit.*, 2001, p. 470. C. Saas, Les procédures simplifiées de traitement des délits en France et en Allemagne : Un jugement sans procès ?, *Rev. Pénit.* 2008, p. 17 et s.

consacrant, par la loi du 3 janvier 1973, le recours à la médiation elle-même née de la pratique du droit international public. Inspiré largement de l'*Ombudsman* suédois, le médiateur de la République, dont les compétences ressortissent du Défenseur des droits depuis les lois du 29 mars 2011[45], peut être saisi par tout particulier qui estime pouvoir se plaindre du mauvais fonctionnement d'une administration ou d'un organisme investi d'une mission de service public. Si la réclamation formulée paraît justifiée, le médiateur peut former des recommandations afin de régler les difficultés au besoin en équité si la situation du requérant l'exige. Le recours aux modalités informelles de règlement des différends en droit public s'est d'ailleurs élargi avec la création des délégués du médiateur de la République, en 1978, mais aussi en se spécialisant avec l'instauration en France du médiateur du cinéma, par la loi n°82-652 du 29 juillet 1982. Celui-ci est chargé d'une mission de conciliation préalable en matière de litiges relatifs à la diffusion des œuvres cinématographiques trouvant leur source dans les situations de monopole ou de position dominante ou encore dans toute situation ayant pour effet de restreindre la diffusion d'une telle œuvre[46]. On citera encore l'article 13 de la loi n°87-1127 du 31 décembre 1987 portant réforme du contentieux administratif, instaurant des procédures préalables de conciliation avant tout recours contentieux contre l'administration.

Ainsi, l'introduction en droit administratif du recours à la médiation et à la conciliation ne s'est pas uniquement faite en dehors de l'intervention du juge administratif mais aussi à l'occasion même d'un litige porté devant le juge naturel de l'administration. Cette distinction se retrouve en droit privé à propos de contentieux civils.

29. A l'instar du droit administratif, le recours à la conciliation en matière civile est intervenu assez tôt avec le décret n°78-381 du 20 mars 1978[47]. Né du « vide judiciaire »[48] créé par la disparition du juge de paix, le conciliateur civil, nommé pour une durée d'un an par le premier président de la cour d'appel et renouvelable pour cinq ans, peut être saisi sans forme par tout

[45] Loi organique n° 2011-333 du 29 mars 2011 et loi n° 2011-334 du 29 mars 2011 relative au défenseur des droits, JO 30 mars 2011, p. 5497 et 5504.

[46] J. Vincent, S. Guinchard, G. Montagnier et A. Varinard, *Institutions judiciaires*, Dalloz, 8e éd., 2005, n°38.

[47] Décret n°78-381 du 20 mars 1978 relatif aux conciliateurs de justice (JO du 23 mars 1978, p. 1265) modifié par les décrets n°96-1091 du 13 décembre 1996 et n°2000-344 du 19 avril 2000.

[48] J. Vincent, S. Guinchard, G. Montagnier et A. Varinard, *Institutions judiciaires*, *op.cit.*, n°608.

particulier, personne physique ou morale, sur tous litiges de nature civile portant sur des droits dont les justiciables ont la libre disposition[49]. Il peut aussi, en vertu de l'article 5 du décret, être saisi par l'autorité judiciaire. Sa mission est de parvenir à un accord amiable total ou partiel entre les parties au conflit. En cas d'accord, un constat sera signé par le conciliateur et les parties qui conserveront toutes deux un exemplaire.

Selon certains auteurs[50], le conciliateur peut être considéré comme un véritable auxiliaire de justice dès lors que la charge de conciliation des parties à un conflit appartient initialement au juge de jugement lui-même que celui-ci peut, en vertu de l'article 5 du décret précité, déléguer à un intermédiaire indépendant.

30. Le droit privé a consacré et étendu, à partir de la loi n°95-125 du 8 février 1995[51], d'autres modalités de règlement des litiges par la recherche d'un accord amiable entre les parties à un procès préalablement pendant devant une juridiction[52]. La mise en œuvre de ces procédures de conciliation ou de médiation[53], dont l'objectif est de parvenir au désengorgement des tribunaux par la conclusion d'un accord amiable, reste facultative dans la plupart des cas, même si le législateur a pu la concevoir comme devenant un préalable obligatoire à la poursuite de la procédure engagée[54].

Ainsi, la mise en œuvre d'une médiation sera facultative pour le juge civil saisi en matière de contentieux familial. S'agissant des questions relatives à l'autorité parentale et au divorce, le code civil (C.civ.), en vertu de ses articles 373-2-10[55] et 255[56], permet au juge aux affaires familiales de désigner un médiateur familial afin de rechercher un accord amiable entre les parties pouvant ensuite être homologué par le juge[57].

31. Au-delà des modes facultatifs de règlement amiable, des tentatives de conciliation obligatoires préalables à toute poursuite de la procédure ont

---

[49] Ce qui exclut les différends portant sur l'état des personnes et la capacité de ces dernières.

[50] J. Vincent, S. Guinchard, G. Montagnier et A. Varinard, *op.cit.*, n°35 et 611.

[51] Loi n°95-125 relative à l'organisation des juridictions et à la procédure civile, pénale et administrative, JO du 9 février 1995, p 2175.

[52] R. Martin, Quand le grain ne meurt... de conciliation en médiation, *JCP G.*, 1996, I, 3977.

[53] Les deux missions étant étroitement liées et confondues dans leur objectifs, J. Vincent, S. Guinchard, G. Montagnier et A. Varinard, *op.cit*, n°616 et s.

[54] M. Olivier, La conciliation et la médiation judiciaires en matière civile, *Gaz.Pal.*, 1996, 2, Doctr., p. 1257 et s.

[55] Issu de la loi n°2002-305 du 4 mars 2002 relative à l'autorité parentale, JO 5 mars 2002, p. 4161.

[56] Issu de la loi n°2004-439 du 26 mai 2004 relative au divorce, JO 27 mai 2004, p. 9319.

[57] V. Bull. inf. C. cass., hors-série n°4, 2006, p. 6.

été prévues. Ainsi en est-il en matière civile ou encore de contentieux individuels relatifs au contrat de travail. En effet, en matière civile, dans les cas où il peut mettre en œuvre une mission de médiation effectuée par un tiers indépendant et impartial, le Code prévoit l'obligation pour le juge aux affaires familiales de rechercher l'accord des parties en procédant lui-même à une tentative de conciliation[58]. De même, l'article L. 1411-1[59] (anc. art. L. 511-1) du Code du travail (C.trav.) institue, en matière de contentieux individuels relatifs au contrat de travail, une tentative obligatoire de conciliation effectuée par les conseils de prud'hommes eux-mêmes avant tout jugement des différends portés devant eux[60].

32. Outre les modes informels ou non-juridictionnels de règlement des litiges, le droit civil conçoit la voie contractuelle comme un mode de règlement des conflits. En effet, en son article 2044, le Code civil énonce la possibilité pour les parties de recourir à la transaction afin de mettre fin contractuellement à tout différend par les parties[61]. Enfin, on constatera également que le droit administratif consacre de façon élargie le recours à la transaction s'agissant des conflits nés entre l'administration et les particuliers sur le fondement des mêmes dispositions civilistes[62].

33. Le souci de désengorgement judiciaire en matière civile a favorisé une utilisation large des modes alternatifs. En effet, ces derniers peuvent intervenir tant au cours d'une procédure déjà pendante devant la juridiction qu'en l'absence de toute saisine préalable de la juridiction. A l'inverse, la même recherche du désencombrement des tribunaux répressifs a entraîné un développement de procédures alternatives intervenant en amont de tout déclenchement de l'instance pénale. Poursuivant ainsi l'objectif de déjudiciarisation, défini comme devant alléger la tâche du juge dans la gestion des contentieux, le législateur a pu s'inspirer des processus alternatifs du droit civil ou du droit administratif pour traiter des litiges prenant leur source dans la violation de la loi pénale.

---

[58] Art. 373-2-10 al. 1er C.civ., en matière de contentieux relatifs à l'exercice de l'autorité parentale issu de la loi n°2002-305 du 4 mars 2002 relative à l'autorité parentale (JO du 5 mars 2002, p. 4161) et art. 252, issu de la loi n°2004-439 du 26 mai 2004 relative au divorce (JO du 27 mai 2004, p. 9319).

[59] Depuis l'ordonnance n°2007-329 du 12 mars 2007 relative au Code du travail, JO 13 mars 2007, p. 4740.

[60] F. Ruellan, Les modes alternatifs de résolution des conflits : Pour une justice plurielle dans le respect du droit, *JCP G.*, 1999, I.135.

[61] Art. 2044 al. 1er C.civ. : « *La transaction est un contrat par lequel les parties terminent une contestation née, ou préviennent une contestation à naître* ».

[62] A. Lyon-Caen, Sur la transaction en droit administratif, *A.J.D.A.*, 1997, p. 48.

2 - En matière pénale

34. S'agissant des contentieux pénaux, c'est-à-dire ceux résultant de la violation de la loi pénale, les processus alternatifs de règlement des litiges ont, dans un objectif initial de désengorgement des juridictions répressives, contribué à la naissance d'une justice consacrant largement l'évitement du juge pénal, à tout le moins dans l'exercice de sa mission traditionnelle. Le fondement de cette nouvelle justice pénale a pu être trouvé dans le principe d'opportunité des poursuites de l'article 40 du Code de procédure pénale[63] (C.pr.pén.). Cette disposition, laissant aux seuls représentants du parquet le soin de décider du traitement à apporter à la commission d'une infraction dont il a connaissance, se limitait, à l'origine, à un choix binaire entre mise en œuvre des poursuites pénales et classement sans suite. Cependant, cet article 40 C.pr.pén. a servi de fondement à un nombre important d'absences de suite judiciaire à la commission d'infractions, c'est-à-dire de classements sans suite, décrédibilisant ainsi l'institution judiciaire[64].

35. En effet, l'interprétation de ce texte a favorisé la création par les parquets de processus dits de la troisième voie qui, en assortissant le classement sans suite d'une obligation mise à la charge de l'infracteur, ont permis de dépasser le simple choix binaire évoqué. L'essor des procédures de classement sous condition a contribué à la naissance d'un arsenal pénal important, s'ajoutant aux processus pénaux préexistants d'évitement du juge répressif, afin d'accroître la célérité de la justice pénale et de favoriser l'apport d'une réponse pénale plus adaptée aux contentieux qu'ils visent à régler[65].

D'ailleurs, les procédures alternatives pénales ne résultent pas du seul Code de procédure pénale et, si ce dernier rassemble aujourd'hui la plupart d'entre elles, celles-ci ne se trouvent pas concentrées en une seule disposition. Ce constat révèle le caractère polymorphe des procédures alternatives à la poursuite pénale dû essentiellement aux circonstances de leur naissance et à l'esprit empirique dont a fait preuve le législateur dans sa volonté de les intégrer à l'arsenal juridique répressif. L'avènement des

---

[63] Art. 40 al. 1er C.pr.pén.: « *Le procureur de la République reçoit les plaintes et les dénonciations et apprécie la suite à leur donner* ».

[64] On recensait en effet dans le milieu des années 1980 plus de 80% de classements sans suite purs et simples (D. Luciani, Les alternatives aux poursuites pénales, Les modes alternatifs de règlement des litiges, *in* P. Chevalier, Y. Desdevises, P. Milburn, *Les voies nouvelles d'une autre justice*, La documentation française, 2003, p. 117 et s.).

[65] J. Pradel, La procédure pénale française à l'aube du troisième millénaire, D. 2000, Chron., p. 1 et s.

procédures alternatives comme mode de réponse à la délinquance résulte d'un triple mouvement législatif de création, de consécration et de promotion de ses nouvelles réponses pénales[66].

36. Une première phase de création de ces procédures est intervenue à l'occasion de luttes contre des formes précises de délinquance. La volonté affichée par le législateur n'était pas encore totalement liée à l'objectif de désengorgement de tribunaux pénaux mais visait, en grande partie, à l'apport d'une réponse pénale adaptée à la forme de délinquance considérée. C'est en quelque sorte dans l'inconscience du législateur que les premières formes de procédures alternatives à la poursuite pénale ont été introduites en droit français.

Un premier processus peut tout d'abord être découvert à l'occasion du décret-loi du 28 décembre 1926 puis des lois n°72-5 du 3 janvier 1972 et n°85-1407 du 30 décembre 1985, lesquels ont consacré la procédure de l'amende forfaitaire[67]. L'objectif consistait à lutter contre la délinquance contraventionnelle essentiellement dans le domaine de la circulation routière. Cependant, la loi du 30 décembre 1985 précitée, fixait déjà un objectif de désencombrement des tribunaux de police. Toutefois, il faut préciser que le chapitre II bis du titre III du Code de procédure pénale relatif à l'amende forfaitaire contient une seconde procédure créée par un décret-loi du 30 juin 1934. Celle-ci permet l'arrêt de toute poursuite en matière de contravention à la police des chemins de fer par le paiement entre les mains de l'agent de l'exploitant d'une indemnité forfaitaire. Cette procédure a été expressément qualifiée de transaction par la loi du 30 décembre 1985.

37. Ensuite, un deuxième processus visant à éviter l'instance pénale afin de lutter efficacement contre une forme précise de délinquance ressortit de la loi n°70-1320 du 31 décembre 1970 relative aux mesures sanitaires de lutte contre la toxicomanie et à la répression du trafic et à l'usage illicite de substances vénéneuses. Ce texte a créé la mesure d'injonction thérapeutique que l'on nommera plus tard « alternative thérapeutique ». Cette procédure insérée dans l'article L. 628 du Code de la santé publique (C. santé pub.), devenu, depuis l'ordonnance n°2000-548 du 15 juin 2000, l'article L. 3423-1 du même Code, consiste à permettre au délinquant, consommateur de stupéfiants, d'éviter les poursuites pénales moyennant le respect d'obligations sanitaires.

---

[66] Cf Annexe n°3 : Tableau chronologique de la législation sur les procédures alternatives.
[67] Articles 529 à 530-1 C.pr.pén.

38. Enfin, d'autres procédures alternatives peuvent être découvertes au travers des moyens dont disposent certaines administrations pour réprimer les infractions qui leur causent un préjudice. S'il leur est permis, en vertu de l'article 1er al. 1er C.pr.pén., de déclencher de manière autonome l'action publique en vue de l'application des peines, ces administrations privilégient le règlement transactionnel des litiges trouvant leur origine dans la commission d'une infraction pénale spéciale souvent incriminée hors le Code pénal (C.pén.). Par une loi du 29 décembre 1977[68], le législateur a étendu, au travers de l'article 16 de celle-ci, la possibilité pour ces administrations de transiger sur l'action publique, l'acte transactionnel ayant, en vertu des dispositions des articles 2044 et suivants du Code civil, autorité de chose jugée. Ainsi, en matière douanière et fiscale, la transaction constitue le mode privilégié d'extinction des litiges et peut intervenir à tout moment, y compris après le déclenchement de l'action publique, pour les infractions de natures contraventionnelle et délictuelle. Cependant, il convient dès à présent de préciser que les effets d'une transaction conclue avant ou après le prononcé d'un jugement, mais après le déclenchement de l'action publique sont moins radicaux que la transaction alternative aux poursuites. En effet, seule cette dernière permet l'évitement du juge répressif et le prononcé d'une peine d'emprisonnement. A l'inverse, la transaction advenue pendant l'instance pénale n'empêchera que le prononcé de l'amende et des autres pénalités. Le domaine de la transaction résultant d'un préjudice causé à une administration est particulièrement large. Outre les matières douanière et fiscale, ce mode extrajudiciaire de résolution des litiges peut aussi être observé en matière forestière, sur le fondement de l'article L. 161-25 (ancien article 153-2) du Code forestier (C.for.), ou encore en matière de pêche maritime (décret du 2 août 1989).

39. Une deuxième phase législative a consacré les initiatives des parquets visant le désengorgement des tribunaux et participant à l'apport d'une réponse pénale adaptée à des contentieux particuliers. La volonté de lutter contre le trop grand nombre de classements sans suite purs et simples décrédibilisant l'autorité judiciaire et diminuant la confiance des justiciables en l'appareil judiciaire a, en effet, été initiée par les magistrats du parquet au travers de leur mission d'appréciation de l'opportunité des poursuites pénales. C'est ainsi que la médiation pénale a été intégrée dans la pratique de certains parquets. Proche des mesures de conciliation civile, instituées

---

[68] Loi n°77-1453 du 29 décembre 1977 accordant des garanties de procédure aux contribuables en matière douanière et fiscale, *JO* 30 décembre 1977, p. 6279.

par le décret précité du 20 mars 1978, cette mesure, initialement appelée conciliation pénale[69], permet au magistrat du parquet de décider du classement sans suite de l'infraction dès lors que l'auteur des faits admet le règlement du litige par le biais d'un processus visant à la conciliation et faisant intervenir un tiers indépendant et impartial. Toutefois, cette possibilité n'est ouverte que lorsqu'un dommage est causé à une victime identifiée. De plus, elle suppose la reconnaissance par l'auteur de la commission de l'infraction. Cette mesure, réservée aux faits de nature délictuelle ou contraventionnelle causant essentiellement un dommage à la victime, fait entrevoir la réparation civile comme un mode de réponse pénale à part entière pour certaines infractions commises dans un contexte particulier résultant de la relation sociale préexistante entre la victime et l'auteur. L'objectif principal de cette mesure consiste à favoriser le rétablissement de la paix sociale et à éviter à la fois la stigmatisation de l'auteur par la mise œuvre d'un procès pour des faits peu graves et la victimation. Des premières expériences d'usage de cette mesure conciliatrice, dont l'essor est dû essentiellement au développement des associations d'aide aux victimes et de la politique de la ville, se sont révélées de nombreuses pratiques dont les modalités variaient d'un parquet à un autre.

40. Ainsi a-t-il été possible de bâtir très tôt une classification des procédures de médiation[70] en distinguant les expériences favorisant une médiation de type judiciaire, dans laquelle le procureur de la République lui-même joue le rôle de médiateur, des types de médiations dites sociétales, avec ou sans contrôle judiciaire. Si la dernière forme de médiation n'est pas utilisée en matière pénale car elle se déroule sans aucune intervention d'un magistrat, c'est la médiation pénale sous contrôle judiciaire qui sera la plus employée et servira de modèle au législateur. Cette modalité de la médiation est celle qui correspond pour l'essentiel à l'expérience du procureur G. Apap au parquet de Valence, faisant intervenir un médiateur indépendant, choisi par lui au sein d'associations d'aide aux victimes, et devant rendre compte de son activité. La médiation pénale judiciaire, encore appelée médiation retenue, a été écartée, même si elle a pu être pratiquée entre 1984 et 1991 par certains parquets tels celui de Pontoise ou de Nanterre. La doctrine l'a d'ailleurs qualifiée de procédure hérétique[71] en ce qu'elle faisait intervenir

[69] G. Apap, La conciliation pénale à Valence, *Rev.sc.crim.*, 1990, p. 633.
[70] C. Lazerges, Essai de classification des procédures de médiation, *Arch.pol.crim.*, 1992, p. 17 et s.
[71] M. Guilbot et S. Rojare, La participation du ministère public à la médiation, *Arch.Pol.Crim.*, 1992, p. 46 et s.

le procureur de la République comme médiateur. Ce double rôle joué par le magistrat du parquet se révèle en effet contraire au principe même d'une résolution du conflit par l'intervention d'un tiers indépendant et impartial.

41. Le ministère de la Justice reconnut très tôt la pratique de la médiation pénale. En effet, suite à une question parlementaire écrite déposée à l'Assemblée nationale le 29 avril 1991, demandant des précisions sur cette procédure, le garde des Sceaux va, dans sa réponse publiée le 7 octobre 1991 au Journal officiel[72], reconnaître expressément les expériences menées dans certains tribunaux comme correspondant à une troisième voie entre le classement sans suite pur et simple et la poursuite. La consécration législative interviendra avec la loi n°93-2 du 4 janvier 1993 réformant la procédure pénale. Le texte intègre notamment un article 41 au Code de procédure pénale relatif à la médiation pénale[73]. Cette dernière pouvant être décidée par le procureur de la République avant toute décision sur l'action publique, verra ses modalités précisées postérieurement par un décret n°96-305 du 10 avril 1996 proscrivant clairement la pratique de la médiation retenue et favorisant l'intervention d'un médiateur indépendant et impartial. Plus tard, la loi n° 99-515 du 23 juin 1999 relative à l'efficacité de la procédure pénale[74] intégrera la mesure de médiation au sein d'un arsenal alternatif aux poursuites pénales plus étendu.

42. Parallèlement, dès le milieu des années 1980, certains parquets ont assujetti le classement sans suite d'une infraction au respect par l'auteur des faits de certaines obligations. C'est dans ce contexte qu'est née la pratique du rappel à la loi permettant au procureur ou à son représentant, substitut ou officier de police judiciaire, de signifier à l'auteur de l'infraction la qualification juridique des faits qui lui sont reprochés ainsi que la nature et le quantum des peines normalement applicables par la juridiction de jugement. Cette mesure nouvelle évitant la mise en œuvre de la poursuite pénale était essentiellement utilisée pour les infractions ne troublant que peu l'ordre public et pour lesquelles aucune victime n'avait subi de dommage ou n'était identifiée. Cette mesure n'a été consacrée que tardivement par la loi précitée du 23 juin 1999 relative à l'efficacité de la procédure pénale. Ce texte insère un article 41-1 au Code de procédure

---

[72] Réponse ministérielle n°42-282, JOAN 7 octobre 1991, p. 4130; *JCP G.*, 1992, info, p. 2.

[73] Cette loi a aussi créé, en vertu de son article 118, la médiation réparation applicable aux mineurs introduite à l'art. 12-1 de l'ordonnance n° 45-174 du 2 février 1945.

[74] Loi n°99-515 du 23 juin 1999 renforçant l'efficacité de la procédure pénale (JO 24 juin 1999, p. 9247).

pénale et amorce ainsi une dernière phase législative de promotion des modes de résolution des conflits pénaux.

43. Cette dernière phase législative a complété de manière significative le mouvement alternatif de résolution des litiges en matière pénale en intégrant d'abord les expériences de classement sous condition. Ainsi, l'article 41-1 C.pr.pén. confirme les mesures de rappel à la loi et de médiation pénale tout en adjoignant d'autres mesures répondant aux mêmes préoccupations de prise de conscience par l'auteur de la gravité des faits commis par lui et de réparation du dommage subi par la victime. Il s'agit des processus d'orientation de l'auteur des faits vers une structure sanitaire sociale ou professionnelle consistant notamment dans l'accomplissement d'un stage de régularisation de la situation de l'individu au regard de la loi ou du règlement ou encore de réparation du dommage résultant de la commission des faits[75].

44. La loi de 1999 est allée plus loin en adoptant une mesure inédite fondée clairement sur la reconnaissance antérieure des faits par l'individu. Intégrée aux articles 41-2 et 41-3 C.pr.pén., la composition pénale permet au parquet de décider avant tout déclenchement de l'action publique d'une mesure consistant dans le versement d'une amende de composition au profit du trésor public et/ou de mesures au caractère répressif clairement marqué. L'originalité de la composition pénale, consécutivement aux enseignements tirés par le législateur de la censure par le Conseil constitutionnel, dans sa décision du 2 février 1995[76], de la loi votée le 22 décembre 1994, fondée sur une inobservation du principe de séparation des autorités de poursuite et de jugement, réside dans l'association au processus alternatif d'un magistrat du siège, chargé de valider la mesure décidée par le parquet et acceptée par l'auteur de l'infraction. Il en résulte également que la mesure, bien que davantage répressive, dispose d'effets plus radicaux sur l'action publique que celles de l'article 41-1 C.pr.pén. Ces dernières ne permettent qu'un classement sans suite et la suspension de l'action publique, là où la composition pénale, à l'instar de l'amende forfaitaire, entraîne une extinction de celle-ci.

---

[75] La loi n°2003-495 du 12 juin 2003 relative à la lutte contre les violences routières a depuis lors, complété cette mesure par la possibilité pour l'auteur d'une infraction routière d'accomplir un stage de sensibilisation à la sécurité routière.

[76] Décision n°95-360 DC du 2 février 1995, JO 7 février 1995, 2097.

45. Initialement, le domaine de la composition pénale se limitait à certaines infractions limitativement énumérées. Toutefois, une seconde étape législative de promotion des procédures alternatives va, avec la loi n°2004-204 du 9 mars 2004[77], renforcer le domaine des modes alternatifs en matière pénale en modifiant notamment l'article 41-1, 2° C.pr.pén. Le domaine de la composition pénale sera ainsi étendu à l'ensemble des infractions délictuelles punies de cinq ans d'emprisonnement. Par ailleurs, la loi de 2004 complètera les mesures pouvant être proposées à l'occasion de cette procédure.

La loi du 9 mars 2004 s'associe également au mouvement antérieur de simplification de la procédure pénale, duquel découle l'ordonnance pénale ou encore la comparution immédiate, et crée aux articles 495-7 et suivants du Code de procédure pénale la comparution sur reconnaissance préalable de culpabilité (C.R.P.C.). Cette mesure, se plaçant entre la mesure de composition pénale et l'exercice de l'action publique, se fonde, comme les procédures de médiation pénale et de l'article 41-2 C.pr.pén., sur la reconnaissance antérieure de sa culpabilité par l'auteur de l'infraction afin que celui-ci bénéficie d'un traitement pénal plus favorable[78]. Cependant, à la différence des mesures alternatives à la poursuite, la procédure de C.R.P.C. permet le prononcé d'une peine d'emprisonnement pouvant atteindre un an. Egalement, la sanction, quelle que soit sa nature, devra être homologuée par un magistrat du siège.

46. Une troisième étape de promotion des solutions alternatives a encore complété l'arsenal pénal lors de l'adoption de la loi 12 décembre 2005 relative au traitement de la récidive des infractions pénales[79]. Le texte intègre aux articles 41-1 et 41-2 C.pr.pén. une nouvelle mesure prévoyant, en matière de lutte contre les violences conjugales, l'interdiction pour l'auteur de l'infraction commise contre ses enfants, son conjoint, son concubin ou les enfants de ces derniers de résider au domicile ou à la résidence du couple ou, d'y paraître. La mesure peut, en outre, comporter une prise en charge sanitaire psychologique ou sociale.

---

[77] Loi n°2004-204 du 9 mars 2004 portant adaptation de la justice aux évolutions de la criminalité, JO 10 mars 2004, p. 4567.

[78] B. Bouloc et L. Mariani, La C.R.P.C., une procédure à revoir ?, *Gaz.Pal.*, 2006, 1, Doctr., p. 3756.

[79] Loi n°2005-1549 relative au traitement de la récidive des infractions pénales, JO 13 décembre 2005, p. 19152.

47. La technique de la transaction a également fait l'objet d'une promotion par le législateur. En effet, la loi n°2004-1486 du 30 décembre 2004[80] portant création de la Haute autorité de lutte contre les discriminations et pour l'égalité, dont les missions sont désormais intégrées au sein des prérogatives du défenseur des droits[81], prévoit, la possibilité d'éteindre les différends nés d'une infraction aux articles 225-2 et 437-7 du Code pénal ou L. 1132-1 et s. et L. 1142-1 et s. du Code du travail par des voies alternatives telles que la médiation ou la transaction prévue par l'article 6 al. 3 C.pr.pén[82]. Cette dernière technique a pu encore être prônée par le législateur, à l'occasion de l'ordonnance du 1er septembre 2005[83], à propos des infractions contraventionnelles au Code de la consommation (C.conso.) et au Code de commerce[84], infractions constatées par la Direction générale de la concurrence, de la consommation et de la répression des fraudes (D.G.C.C.R.F.).

48. L'essor des procédures alternatives à la poursuite pénale s'inscrit, comme en matière civile, dans une volonté initiale de désengorgement des tribunaux et d'allègement du travail du juge. Cependant, en matière pénale, à cette volonté première s'est combinée à une perspective plus générale de dépénalisation entraînant non pas une suppression des incriminations mais, comme l'a énoncé Mme Delmas-Marty, un dessaisissement du système pénal classique de la question du traitement des infractions et de la délinquance au profit d'autres variantes, administrative, civile ou de médiation[85].

---

[80] Loi n°2004-1486 du 30 décembre 2004 portant création de la Haute autorité de lutte contre les discriminations et pour l'égalité, JO 31 décembre 2004, p. 22567.

[81] V. Loi organique n°2011-333 du 29 mars 2011, *op.cit.*

[82] Décret n°2006-641 du 1er juin 2006 modifiant le Code de procédure pénale et relatif aux transactions proposées par la Haute autorité de lutte contre les discriminations et pour l'égalité, JO 2 juin 2006, p. 8335.

[83] Ordonnance n°2005-1086 du 1er septembre 2005 instaurant un règlement transactionnel pour les contraventions au Code de commerce et au Code de la consommation et portant adaptation des pouvoirs d'enquête et renforcement de la coopération administrative en matière de protection des consommateurs, JO 2 septembre 2005, p. 14255 ; Décret n°2006-513 du 4 mai 2006 pris en application des articles L. 470-4-1 du Code de commerce et L. 141-2 et L. 216-11 du Code de la consommation relatifs au règlement transactionnel et modifiant le Code de la consommation (partie réglementaire), JO 6 mai 2006, p. 6723.

[84] Le recours à la transaction a été étendu au traitement des pratiques commerciales trompeuses par la loi 2008-3 du 3 janvier 2008 pour le développement de la concurrence au service des consommateurs.

[85] M. Delmas-Marty, *Les grands systèmes de politique criminelle*, PUF, 1992, p. 279.

49. A l'instar de celles applicables en matière civile, on peut observer deux modalités de développements des modes alternatifs de règlements des litiges pénaux afin d'aboutir au désencombrement des tribunaux. La première crée des modes nouveaux souvent totalement indépendants des juridictions, tandis que la seconde conserve le principe de l'intervention du juge. La mission de celui-ci est alors réduite soit à une œuvre de conciliation, soit à un travail d'homologation de la volonté des parties. Une telle coexistence s'orientant toujours davantage vers un éloignement des fonctions traditionnelles du juge pénal suscite un certain nombre d'interrogation en droit pénal.

§ II - Les interrogations pénalistes consécutives

50. Tout d'abord, la notion même de procédures alternatives, dont le critère de distinction avec les procédures simplifiées de jugement ne peut résider dans le seul indice d'intervention ou de non-intervention du juge pénal, exige de la précision dans la définition même de chacun de ces processus. Ensuite, si certains d'entre eux réalisent un évitement total du juge de jugement, le problème se pose de la détermination des acteurs de cette nouvelle justice intervenant dans l'accomplissement de ces processus pénaux. Enfin, de cette nouvelle justice qui coexiste avec la justice traditionnelle, découle la question de savoir quels sont les objectifs effectivement recherchés dans sa mise en œuvre.

A - La notion de procédure alternative à la poursuite

51. Face à la juxtaposition de processus variés palliant l'engorgement des tribunaux tant en matière civile qu'en matière pénale, il serait aisé de définir les procédures alternatives de règlement des litiges comme celles qui recherchent, par la négociation, la résolution d'un conflit opposant plusieurs individus ayant des intérêts distincts. Dès lors, l'intervention d'un juge se révélerait indifférente pourvu que son rôle se résume à une mission conciliatrice. Cependant, une telle définition, acceptable en matière civile, ne permet pas de définir précisément les procédures applicables en matière pénale. En effet, les multiples procédures instituées permettant le désencombrement des juridictions pénales peuvent être distinguées selon qu'elles entraînent ou non l'intervention d'un juge de jugement mais aussi selon qu'elles interviennent ou non en amont du déclenchement de l'action publique.

52. L'idée d'une résolution du litige pénal par une voie alternative fait présumer un règlement du différend né de la commission d'une infraction par un mode excluant la mise en œuvre de l'action publique. Ainsi, les premières expériences de classement sous condition, et notamment la médiation pénale, prévoyaient déjà un classement sans suite de l'infraction c'est-à-dire l'engagement moral pris par le parquet de ne pas déclencher l'action publique. En revanche, les procédures simplifiées de jugement telles que l'ordonnance pénale contraventionnelle des articles 524 et suivants C.pr.pén., issue de la loi du 3 janvier 1972[86], ou la même procédure applicable au domaine délictuel des articles 495 à 495-6 C.pr.pén.[87], mais aussi la procédure de comparution immédiate instituée à l'article 395 C.pr.pén. par la loi 9 septembre 1986[88], contribuent également à l'objectif de désengorgement des tribunaux en allégeant la procédure et le rôle du juge de jugement par la réduction de la phase de détermination de la culpabilité de l'auteur présumé de l'infraction afin de privilégier celle de la sanction. Cependant, elles ne peuvent être considérées comme de véritables procédures alternatives dès lors qu'elles supposent un déclenchement préalable de l'action publique.

53. Par conséquent, il est possible de définir les procédures alternatives comme celles évitant nécessairement la mise en œuvre de la poursuite en constituant une troisième voie entre l'action publique et le classement en opportunité. De plus, en ce qu'elles venaient initialement lutter contre le trop grand nombre d'absences de réponse pénale, certains ont pu proposer de les qualifier de modes alternatifs au classement sans suite puisqu'elles visent à restreindre l'usage de ce dernier[89].

Néanmoins, c'est bien au stade de la décision sur l'action publique appartenant au parquet que se place la question de l'opportunité de la mise en œuvre des procédures alternatives. Ainsi, lors d'une audition au Sénat, M. Pierre Truche, ancien premier président de la Cour de cassation, a précisé la définition de la médiation pénale comme réalisant « *un classement sans*

---

[86] Loi n°72-5 du 3 janvier 1972 relative à la procédure applicable en matière de contravention, JO 4 janvier 1972, p. 153.

[87] L'ordonnance pénale délictuelle, applicable aux seuls délits routiers et aux contraventions qui y sont connexes, résulte d'une innovation de la loi n°2002-1138 du 9 septembre 2002 d'orientation et de programmation pour la justice (JO 10 septembre 2002, p. 14934).

[88] Loi n°86-1019 du 9 septembre 1986 relative à la lutte contre la criminalité et la délinquance, JO 10 septembre 1986, p. 10954.

[89] D. Luciani, *op.cit.*, p. 120

poursuite[90] » dès lors que l'accomplissement de la mesure en permettant le classement sans suite évite nécessairement le déclenchement de l'action publique.

54. Ainsi, les alternatives à la poursuite pénale peuvent être définies comme tous les modes de résolution des litiges nés de la commission d'une infraction effectués en amont de la décision sur le déclenchement de l'action publique et excluant l'intervention d'un juge de jugement. Toutefois, cette définition ne peut être recevable que si la procédure envisagée ne prévoit à aucun moment l'intervention d'un juge de jugement agissant dans sa mission traditionnelle de détermination de la culpabilité ainsi que du quantum et de la nature de la peine. Or, à l'exemple des modes alternatifs applicables en matière civile prévoyant l'intervention d'un juge homologateur de la convention des parties, le législateur a créé certaines procédures proches de la frontière de la mise en mouvement de l'action publique, obscurcissant ainsi la distinction entre procédure simplifiée de jugement et procédure alternative.

55. Ainsi en est-il depuis l'entrée en vigueur de la loi du 23 juin 1999[91] de la composition pénale. Cette procédure déjà évoquée permet au parquet, tant que l'action publique n'a pas été mise en mouvement, de proposer à l'auteur de l'infraction une mesure au caractère répressif marqué qui doit être validée par un magistrat du siège. De même, la création de la procédure comparution sur reconnaissance préalable de culpabilité par la loi du 9 mars 2004, vient également troubler la notion de procédure alternative. Si, en effet, elle permet le prononcé de peine d'emprisonnement et comporte l'intervention d'un juge du siège, elle présente des similitudes avec les mesures des articles 41-1 et 41-2 C.pr.pén. car elle repose sur le principe d'une reconnaissance des faits par l'auteur devant le magistrat du parquet et se caractérise par l'évitement d'un débat sur la culpabilité devant le magistrat du siège. Dès lors, ce dernier voit, comme pour la mesure de composition pénale, son rôle cantonné à l'homologation de l'accord entre le parquet et l'auteur de l'infraction sur la nature et le quantum de la peine.

56. Les procédures de composition pénale et de C.R.P.C. répondent toutes deux aux objectifs de désengorgement des tribunaux répressifs et de l'apport d'une réponse pénale systématique. De plus, elles disposent d'un

---

[90] Audition de P. Truche, Commission des lois du Sénat le 8 octobre 1997 dans le cadre du projet de loi sur l'action publique, rapport n°11, 13 octobre 1999.
[91] Loi n°99-515 du 23 juin 1999, *op.cit.*

domaine identique quant aux infractions. Cependant, elles se situent dans deux domaines procéduraux *a priori* séparés par le déclenchement de l'action publique. Bien que la frontière de la mise en œuvre des poursuites ait pour but de distinguer clairement les procédures alternatives de celles simplifiées de jugement, l'intervention du magistrat du siège entraine un certain obscurcissement. S'il doit constituer une garantie pour le justiciable, il n'accomplit, tant lors de l'application de la composition pénale que de celle de C.R.P.C., qu'une mission de contrôle *a minima* de l'adéquation de la mesure pénale décidée et acceptée par rapport à la gravité des faits reprochés à l'auteur de l'infraction.

57. L'opacité réelle croissante du critère du déclenchement de l'action publique comme signe distinctif des deux catégories de procédures est telle que les parlementaires ont pu confondre ces deux modes de traitement de l'infraction. En effet, à l'occasion d'un rapport d'information du Sénat relatif aux procédures accélérées de jugement en matière pénale[92], la composition pénale est présentée comme constituant une telle procédure de jugement à côté des procédures simplifiées de l'ordonnance pénale ou de la comparution immédiate et de la C.R.P.C. De cette confusion entre les procédures simplifiées de jugement et les procédures alternatives, il faut sans doute retenir que ces dernières ne peuvent plus être strictement définies comme une troisième voie entre poursuite et classement sans suite en raison de la promotion faite par le législateur d'une réponse pénale systématique, quelle qu'en soit la forme, à toute infraction connue de l'appareil judiciaire et limitant de ce fait le recours au classement sans suite pur et simple. De la volonté d'une réponse pénale systématique découle le constat que ces procédures alternatives ne doivent plus être considérées seulement comme des modalités exceptionnelles de désengorgement des tribunaux répressifs. Au contraire, elles deviennent un mode ordinaire de traitement des infractions.

58. Sans toutefois nier les similitudes entre composition pénale et C.R.P.C., celles-ci peuvent être distinguées non seulement à partir du critère du déclenchement de l'action publique, mais aussi de celui de la nature des sanctions susceptibles d'être prononcées. La procédure de composition pénale ne peut pas être assimilée à une procédure accélérée de jugement au seul motif qu'elle fait intervenir un magistrat du siège chargé de la validation de la mesure. Au contraire, pour qu'il y ait jugement, il est

---

[92] Rapport d'information n°17 de M. Zocchetto relatif aux procédures accélérées de jugement en matière pénale, 12 octobre 2005.

nécessaire qu'un magistrat du siège soit saisi par le moyen d'une action. Si l'action publique en vue de l'application d'une peine doit pouvoir saisir valablement le juge pénal, la composition pénale vise précisément à éviter le déclenchement de cette action. De plus, les sanctions issues de la procédure de l'article 41-2 C.pr.pén. sont considérées par le législateur lui-même comme des mesures et non comme des peines. Or, ces dernières ne pourront obtenir cette qualification que si elles sont prononcées par un juge de jugement intervenant dans sa mission traditionnelle[93].

59. La nature des sanctions peut en outre constituer un autre critère de distinction entre procédures alternatives et procédures simplifiées de jugement. En effet, l'ensemble des processus alternatifs à la poursuite pénale consacre, outre l'évitement du juge pénal dans sa mission traditionnelle, l'assurance que l'auteur de l'infraction ne verra pas prononcer à son encontre une peine d'emprisonnement. Les procédures alternatives sont, à cet endroit, complémentaires des peines alternatives à l'emprisonnement et privilégient les sanctions pécuniaires ou encore restrictives de droits. A l'inverse, si certaines procédures simplifiées garantissent une sanction plus clémente, telle que la C.R.P.C., elles permettent surtout un jugement plus rapide pouvant pratiquement déboucher sur une condamnation au maximum de la peine encourue[94].

60. Les procédures simplifiées de jugement étant seules susceptibles d'entraîner le prononcé d'une peine, il est cependant difficile de leur nier un certain caractère alternatif. En effet, il appartient au parquet en vertu de l'article 40 C.pr.pén. d'apprécier la suite à donner aux plaintes et dénonciations qu'il reçoit. Si l'on peut tirer de cette disposition le principe de l'opportunité des poursuites, il faut avant tout retenir qu'il incombe au procureur de la République de décider de la suite procédurale la plus opportune. Ainsi, l'action publique n'entraînant pas, du vœu même du législateur, un parcours procédural uniforme, le magistrat du parquet doit saisir le juge de jugement selon la forme la plus prompte à résoudre le litige né de la commission de l'infraction.

Ainsi, les procédures simplifiées de jugement peuvent apparaître alternatives au déclenchement classique de l'action publique et à la saisine

---

[93] La peine peut être définie à la fois comme le châtiment prévu par la loi ou celui prononcé par le juge pénal. On parle alors de peine prévue ou de peine prononcée (G. Cornu, *Vocabulaire juridique*, 6e éd., PUF, 2004, p. 658 et 659.).

[94] Il ne s'agit toutefois que de la peine d'amende. L'article 495-8 C.pr.pén. limite le quantum de la peine d'emprisonnement ferme à un an maximum.

d'une juridiction dans sa formation ordinaire. En conséquence, afin d'atténuer l'équivoque découlant de la coexistence entre procédures alternatives et procédures simplifiées de jugement, ces dernières peuvent être qualifiées de « procédures de poursuite alternative ». Ainsi, il y a procédure de poursuite alternative lorsque, l'action publique déclenchée, le parquet décide de la mise en application d'une procédure simplifiée dérogeant aux règles classiques de poursuite.

61. En revanche, il y a procédure alternative à la poursuite dès lors que le parquet décide de la mise en œuvre d'un processus visant à l'apport d'une réponse pénale avant toute décision sur l'action publique et recherchant l'évitement de cette dernière. D'ailleurs, l'action publique, par principe indisponible, empêche l'usage des procédures alternatives une fois qu'elle est déclenchée. Quant aux processus transactionnels déjà évoqués pouvant être utilisés malgré le déclenchement des poursuites, ils ne disposent pas de la nature d'une procédure alternative à la poursuite pénale, mais de celle d'une alternative au jugement dès lors qu'ils sont décidés postérieurement à l'engagement de l'action publique. De la même manière, la mesure de réparation, proche de la médiation pénale applicable aux majeurs et prévue par l'article 12-1 al. 1er de l'ordonnance du 2 février 1945[95] au titre des mesures éducatives, ne peut pas toujours être qualifiée de procédure alternative à la poursuite pénale. En effet, cette mesure, qui privilégie la réparation du dommage subi par la victime, peut être indifféremment proposée par le procureur de la République avant l'engagement des poursuites, par la juridiction chargée de l'instruction ou par la juridiction de jugement[96]. S'il n'est pas contestable que la mesure de réparation décidée par la juridiction chargée de l'instruction ou par celle de jugement n'est pas une procédure alternative dès lors qu'elle intervient postérieurement à la mise en œuvre des poursuites, celle décidée par le parquet avant l'engagement de ces dernières peut également revêtir la qualification de poursuite alternative dès lors que le deuxième alinéa de l'article 12-1 de l'ordonnance de 1945 prévoit *in fine* qu'un procès-verbal constatant l'accord préalable du mineur et de la victime à la mesure doit être joint à la procédure[97]. Dans ce cas, la mesure de

---

[95] Ordonnance n°45-174 du 2 février 1945 relative à l'enfance délinquante, JO 4 février 1945, p. 530. La mesure de réparation proposable au mineur délinquant a été introduite par la loi n°93-2 du 4 janvier 1993 ayant également consacré législativement la mesure de médiation pénale applicable aux majeurs.

[96] Cf., C. Lazerges, Typologie des procédures de médiation pénale, *Mélanges offerts à A. Colomer*, 1996, p. 222 et s.

[97] V. M. Giacopelli, La médiation en matière pénale en France, l'exemple de la médiation réparation, *Rev.pénit.*, 2006, p. 37 et s.

réparation n'aura d'effet que sur la sanction prononcée par la juridiction compétente. En outre, la mesure de médiation-réparation applicable aux mineurs constitue une mesure alternative particulière distincte du processus susceptible d'être mis en œuvre pour les majeurs. En effet, la procédure de l'article 12-1 de l'ordonnance précitée tend, comme celle de l'article 41-1, 5° C.pr.pén., à la réparation du préjudice subi par la victime, mais comprend également une forte dimension éducative propre au droit pénal applicable aux mineurs[98]. Ainsi, le traitement de la délinquance des mineurs est, dans son ensemble, tourné vers l'éducation[99]. Toutefois, le droit pénal des mineurs n'ignore pas certaines formes limitées de répression par le moyen d'une procédure alternative à la poursuite de nature punitive[100].

62. Malgré la diversité croissante des procédures, il est possible d'apporter une définition des procédures alternatives. Celle-ci doit prendre en compte les caractéristiques propres à ces procédures : un domaine quant aux infractions circonscrit aux délits et aux contraventions, une mise en œuvre décidée avant tout déclenchement de l'action publique et l'absence d'intervention du juge dans le cadre de sa mission traditionnelle. La définition des procédures alternatives à la poursuite pénale peut être précisée à la lumière de celle donnée par le doyen Carbonnier à propos de la médiation. Selon cet auteur, « *La médiation est un mode informel de résolution par un tiers des conflits qui auraient dû, a priori, être résolus dans les formes par un juge de l'espèce traditionnelle*[101] ». Ainsi, les procédures alternatives peuvent être définies comme les modes de règlement des litiges, issus de la commission d'une infraction pénale contraventionnelle ou délictuelle, qui auraient dû *a priori* être résolus par un juge de l'espèce traditionnelle et sont décidés par l'organe disposant du pouvoir de poursuite avant tout déclenchement de l'action publique. Cette définition permettant de prendre en compte la volonté de déjuridictionnalisation dans le traitement pénal de l'infraction incite à se pencher sur la question des bouleversements relatifs à la détermination des acteurs de ces procédures et de leur rôle au sein de celles-ci.

---

[98] M. Giacopelli, La médiation en matière pénale en France, l'exemple de la médiation réparation, *op.cit.*, p. 40.

[99] Y. Tallec, Le parquet des mineurs et la cité, *Arch.pol.crim.*, 1999, p. 61 et s.

[100] Article 41-2 al. 27 C.pr.pén. issu de l'article 50 de la loi n°2007-297 relative à la prévention de la délinquance. Les articles 7-1 et 7-2 de l'ordonnance n°45-174 du 2 février 1945 créés par le texte organisent l'application, au mineur de plus de treize ans, de la mesure de composition pénale prévue par les articles 41-2 et 41-3 C.pr.pén.

[101] J. Carbonnier, Réflexion sur la médiation, Communication au colloque de l'Institut suisse de droit comparé, La médiation : un mode alternatif de résolution des conflits ? Lausanne, 14-15 novembre 1991, Zürich, Schuthess Polygraphister Verlag, 1992.

B - Les divers acteurs de la justice alternative

63. La mutation annoncée de la justice pénale en conséquence des procédures alternatives provient premièrement d'une concentration entre les mains des seuls membres du ministère public des moyens permettant le désengorgement des tribunaux répressifs. Ce pouvoir résulte du principe de l'opportunité des poursuites découlant de l'interprétation de l'article 40 C.pr.pén. Ainsi, le parquet décide, dès le premier stade de la procédure de la gravité des faits commis et de leur orientation procédurale dans un souci, à première vue, purement gestionnaire. S'il a été possible de distinguer nettement les procédures alternatives des procédures accélérées ou simplifiées de jugement, le procureur de la République décide toujours de leur mise en œuvre afin d'atteindre l'objectif d'une réponse pénale adaptée et du désencombrement des tribunaux.

Dès lors la fonction du ministère public a plus qu'évolué[102], elle s'est véritablement transformée afin d'accorder à ses membres un pouvoir de prévision du traitement pénal du délinquant. En effet, si ceux-ci président au choix du mode procédural le plus approprié, l'option qu'ils auront retenue permet de manière effective d'anticiper, sinon précisément le quantum, au moins la nature des sanctions pouvant être appliquées aux auteurs de l'infraction.

64. Cette modification du rôle du magistrat du parquet a tout d'abord une incidence réelle sur la mission du juge de jugement. En effet, en brisant la dualité entre poursuite et jugement et en instaurant les procédures de la troisième voie, le législateur a confié aux membres du ministère public le pouvoir de sanctionner. Ce nouveau pouvoir permet, par l'application de certaines procédures, de consacrer un évitement total du juge pénal. C'est ainsi le cas lorsque le procureur de la République décide d'une médiation pénale et de l'ensemble des mesures de l'article 41-1 C.pr.pén., dans sa rédaction issue de la loi précitée du 9 mars 2004, ou d'une injonction thérapeutique.

D'autres procédures ne permettent qu'un évitement partiel du juge de jugement. D'une part, la mise en œuvre de certaines procédures accélérées de jugement aboutit à une limitation du rôle du juge dans la procédure. En application des articles 495 et suivants et 524 et suivants du Code de procédure pénale relatifs aux procédures simplifiées d'ordonnance pénale en matière délictuelle et contraventionnelle, le juge pénal est amené à

---

[102] J. Pradel, Le ministère public : brèves remarques sur son évolution depuis 1959, *Rev.pénit.*, 2001, p. 29 ; F. Feltz, La nouvelle action publique, *Rev. pénit.*, 2003, *op.cit.*

prononcer la sanction sans procéder à un débat préalable sur la culpabilité. Ainsi, l'essentiel de la procédure non contradictoire, éloignant le juge du justiciable, se trouve axée sur la seule question de la détermination de la peine.

D'autre part, lorsque le parquet décide de proposer à l'auteur de l'infraction une composition pénale, mais aussi lorsque, après avoir recueilli les aveux, il décide de la mise en œuvre de la C.R.P.C., le magistrat du siège n'officie pas dans le cadre de sa mission naturelle. Ces procédures évacuent le débat sur la question de la culpabilité mais aussi, d'une certaine manière, celui sur la détermination de la peine. En effet, les procédures voisines que sont celles des articles 41-2 et 495-7 C.pr.pén. permettent qu'au cours de la rencontre entre le procureur de la République et l'auteur de l'infraction, la nature et le quantum de la sanction soient décidés. Le juge du siège n'intervient que comme garantie que la sanction est proportionnée à l'infraction commise et qu'ainsi le principe d'individualisation des peines, disposant d'une valeur légale[103], mais aussi, aujourd'hui constitutionnelle[104], est respecté. En définitive, le magistrat du siège qui ne vient que valider la mesure de composition pénale ou homologuer la peine décidée par le parquet en matière de C.R.P.C. ne joue qu'un rôle juridictionnel amoindri, qui se concentre essentiellement dans le pouvoir d'invalider les mesures prises par le représentant du ministère public en violation des règles de procédure.

Ce rôle amoindri, presque accessoire, du juge pénal se confirme d'autant plus que le législateur a admis le recours à des juges non professionnels

---

[103] Art. 132-24 C.pén. « *Dans les limites fixées par la loi, la juridiction prononce les peines et fixe leur régime en fonction des circonstances de l'infraction et de la personnalité de son auteur. Lorsque la juridiction prononce une peine d'amende, elle détermine son montant en tenant compte également des ressources et des charges de l'auteur de l'infraction.*
La nature, le quantum et le régime des peines prononcées sont fixés de manière à concilier la protection effective de la société, la sanction du condamné et les intérêts de la victime avec la nécessité de favoriser l'insertion ou la réinsertion du condamné et de prévenir la commission de nouvelles infractions. (...) ».

[104] Après avoir d'abord nié toute valeur constitutionnelle au principe d'individualisation des peines (décision n° 80-127 D.C. des 19 et 20 janvier 1981, JO 22 janvier 1981, p. 308), le Conseil constitutionnel va affirmer que ce principe découle du principe de nécessité des peine prévu par l'art. 8 de la Déclaration des droits de l'homme et du citoyen lors de sa décision n° 2005-520 du 22 juillet 2005 (JO 27 juillet 2005, p. 12241). Cette valeur juridique est régulièrement réaffirmée notamment depuis les décisions n° 2007-553 D.C. du 3 mars 2007 (JO 7 mars 2007, p. 4356) et n° 2007-554 D.C. du 9 août 2007 (JO 11 août 2007, p. 13478) relative aux « peines-plancher ». V. not. B. de Lamy, Principe d'individualisation des peines : la personnalité du condamné n'est qu'un critère parmi d'autres, *Rev.sc.crim.* 2008, p. 136 et s. Sur l'ensemble de l'évolution en la matière V. J. Pradel, *Droit pénal général*, Cujas, 19e éd., 2012, n°151 et s.

disposant du statut de magistrat. Les juges de proximité, créés par la loi du 9 septembre 2002[105], sont chargés d'exercer une part limitée des fonctions des magistrats des juridictions judiciaires de première instance[106]. Ainsi, dès leur création, outre certaines attributions en matière civile, la loi de 2002 leur a confié la validation des mesures de composition pénale tant en matière délictuelle que contraventionnelle. L'intervention de ces juges non professionnels démontre, sinon le caractère accessoire de la présence du juge du siège dans ces procédures alternatives, à tout le moins l'éloignement du juge professionnel des justiciables.

65. L'essor des procédures alternatives, synonyme de dépénalisation et de déjuridictionnalisation, conduit ensuite à un effacement du juge pénal par la seule volonté du législateur. En effet, la commission d'une infraction ressortissant de l'application des dispositions des articles 529 et 529-3 C.pr.pén. supprime, de manière encore plus radicale, le débat sur la culpabilité lors de la mise en application des procédures de l'amende forfaitaire et de l'indemnité forfaitaire. Ces procédures permettent une sanction immédiate et prédéterminée en matière de contravention. Toutefois, elles prévoient la possibilité pour le justiciable de parvenir à la saisine de la juridiction, soit par le moyen de l'ordonnance pénale contraventionnelle, soit par la saisine ordinaire de la juridiction de proximité, ce qui confirme de nouveau un éloignement du juge professionnel.

66. Les procédures alternatives à la poursuite favorisent une répartition nouvelle des fonctions entre magistrat du parquet et juge du siège par la voie de l'effacement de ce dernier. Leur développement permet, en outre, la participation d'acteurs extérieurs à toute fonction juridictionnelle. Ainsi, aux côtés de nouveaux organes de la procédure, tels que les médiateurs et délégués du procureur, interviendront des organes déjà en lien avec l'activité judiciaire et la constatation des infractions tels que les officiers de police judiciaire ou encore les fonctionnaires de certaines administrations admises à transiger.

67. L'apparition des procédures alternatives a été encouragée par une volonté initiale des citoyens de se rapprocher de leur justice. Il a d'ailleurs été montré que les expériences étrangères de médiation pénale participaient

---

105 Loi n°2002-1138 du 9 septembre 2002, *op. cit.*

106 Art L. 231-1 et L. 236-6 du Code de l'organisation judiciaire, issus de l'ordonnance n°2006-673 du 8 juin 2006 portant refonte du Code de l'organisation judiciaire et modifiant le Code de commerce, le Code rural et le Code de procédure pénale (JO 9 juin 2006, p. 8710).

à un effort des membres de certaines communautés de participer activement et directement à l'œuvre de justice, ce qui devait contribuer à une amélioration de la confiance des justiciables en leur appareil judiciaire. Ainsi, les premières innovations françaises en matière de médiation reposaient sur l'intervention de tiers appartenant au même milieu social que les parties à la procédure. Du reste, afin de garantir les qualités requises d'indépendance et d'impartialité, le médiateur pénal doit être bénévole.

La recherche d'un accord par les parties, aidées par le médiateur, constitue, à première vue, une solution satisfaisante dans un objectif de recherche de la paix sociale. Cependant, l'intervention en matière pénale du médiateur laisse subsister des zones d'ombre. Tout d'abord, en effectuant une mission de conciliation qui incombe initialement au juge de jugement, le médiateur participe à l'éloignement du justiciable de son juge naturel. Ensuite, si le législateur prévoit l'intervention d'un médiateur indépendant et impartial, la question se pose de l'effectivité de ces garanties, notamment par rapport aux parties mais aussi face au parquet.

68. D'autres procédures ont nécessité la création d'organes nouveaux chargés de l'exécution effective de la procédure en lieu et place du procureur de la République. Le recours par les parquets aux délégués du procureur s'inscrit dans la droite ligne de l'injonction qui leur était faite de ne pas effectuer eux-mêmes la mission de médiation. Ainsi, les délégués du procureur sont issus d'une initiative purement parquetière des années 1990[107] dont l'objet est de constituer un organe d'exécution de la procédure alternative, du stade de la proposition de la mesure à celui de la surveillance du respect des obligations qui en découlent. Cet organe d'exécution de la procédure soumis au procureur de la République, a été consacré par un décret du 29 janvier 2001[108]. Disposant depuis ce texte d'un régime commun avec celui des médiateurs quant à leurs obligations envers le parquet et quant à leur recrutement, les délégués du procureur suscitent les mêmes interrogations quant à l'effectivité des garanties qu'ils doivent présenter.

69. Cependant, depuis sa création par les parquets et sa consécration par le décret de 2001, le délégué du procureur devient un des organes essentiels dans l'exécution de nombreuses procédures alternatives. Mais, cette place prépondérante n'empêche pas l'intervention d'autres acteurs. En

---

[107] J. Volff, Les délégués du procureur au secours de la composition pénale, *Gaz.Pal.*, 2001, 2, Doctr. p. 1584 ; J. Vincent, S. Guinchard, G. Montagnier et A. Varinard, *Institutions judiciaires, op.cit.*, n°618-1.

[108] Décret n°2001-71 du 29 janvier 2001 relatif aux délégués et médiateurs du procureur et à la composition pénale, JO 30 janvier 2001, p. 1595.

effet, le rôle d'organe de l'exécution de la mesure alternative peut être confié à des organismes sanitaires (en cas d'injonction thérapeutique), sociaux ou professionnels (en cas de stages alternatifs) qui se voient exceptionnellement associés au processus de traitement alternatif de l'infraction pénale.

De plus, les officiers de police judiciaire chargés en vertu de l'article 18 C.pr.pén. de constater les infractions et d'en rechercher les auteurs mais aussi de recevoir les plaintes et dénonciations, disposent, lorsque le parquet décide de mettre en œuvre une médiation pénale ou une composition pénale, de certaines attributions distinctes de leurs fonctions classiques. En effet, dans le cadre du traitement en temps réel des infractions[109], le parquet peut charger l'officier de police judiciaire d'une mission de proposition de la mesure. Ainsi, son intervention permet de diversifier les fonctions au sein d'une même procédure et de distinguer l'organe chargé de la proposition de la mesure de celui chargé de l'exécution effective de celle-ci.

De même, l'agent verbalisateur constatant la commission d'une contravention endossera plusieurs fonctions lors de la mise en œuvre de la procédure de l'amende forfaitaire. En effet, il se voit habilité à proposer l'application du processus alternatif mais aussi, dans une certaine mesure, à veiller à l'exécution par le contrevenant de la sanction en découlant.

70. D'autres acteurs, en principe extérieurs à la procédure pénale, vont encore être associés au déroulement de certains processus alternatifs. Ainsi, les fonctionnaires du trésor public jouent le rôle d'organe d'exécution de la procédure en recevant le montant de l'amende susceptible d'être proposée par le parquet lors d'une composition pénale ou la somme résultant de l'amende forfaitaire. De même, les fonctionnaires chargés de la constatation de certaines infractions en matière fiscale et douanière, mais aussi ceux chargés du respect des règles de concurrence et de consommation et de la répression des fraudes sont chargés de proposer un mode transactionnel de règlement du litige né de la constatation de l'infraction.

71. Outre la modification du rôle des acteurs classiques de la procédure pénale et l'intervention d'organes nouveaux distincts selon les processus envisagés, la mise en œuvre des procédures alternatives octroie à la victime une place originale. Ce rôle nouveau de la victime dans le cadre du traitement de l'infraction est apparu avec le mouvement de création, dès

---

[109] F. Carsola, La loi de procédure pénale du 15 juin 2000 « reseignare, répugnare et reclystérisare », *Rev.pénit.*, 2000, p. 423. F. Feltz, La nouvelle action publique, *Rev.pénit.*, 2003, p. 461.

[110] M-C Desdevises, les associations d'aide aux victimes, *Rev.sc.crim.* 1985, p.541 ; J. Faget, *op.cit.*, p. 50 et s.

1982, de nombreuses associations visant à la défense des intérêts des victimes d'infractions pénales[110]. La critique d'une focalisation de la justice pénale sur le seul trouble causé à l'ordre public résultant de la commission de l'infraction a occasionné un essor de la victimologie. Celle-ci a très vite rejoint l'idée de dépénalisation afin de promouvoir une prise en compte plus importante du traumatisme de la victime face à l'activité délinquante jusqu'à entraîner la création, en 1986, de l'Institut national d'aide aux victimes et de médiation (I.N.A.V.E.M.). Cet institut, créé par le mouvement associatif, assure une représentation au niveau national de la défense des intérêts des victimes d'infractions pénales mais forme également aujourd'hui la plupart des médiateurs pénaux.

La prise en compte plus importante de la victime, et ainsi de la réparation de son dommage, a eu un impact particulièrement important en matière de résolution alternative des litiges pénaux en conférant à la victime un rôle actif dans certaines procédures alternatives. Sa place d'acteur dans ces processus s'est concrétisée par un rôle différent reposant sur le consentement donné par celle-ci à la mise en œuvre de la procédure. Ainsi, d'un rôle assez passif de demandeur d'indemnisation, la victime est devenue un acteur central, associé au même titre que l'auteur de l'infraction, dans la réussite des modes consensuels de résolution des litiges pénaux.

Cependant, certaines victimes disposaient, avant même l'essor des mouvements de victimation, d'une place centrale dans la mise en œuvre des modes transactionnels de résolution des litiges en matière pénale. Tel est le cas lorsque la loi permet le règlement du litige né de la commission d'une infraction par le biais de la technique transactionnelle. La victime se voit conférer un rôle d'organe d'exécution de la procédure de réparation du dommage dépassant le simple rôle d'association à la procédure réparatrice.

72. Essentiellement considérées comme des modes consensuels de résolution du litige pénal, les procédures alternatives ne confèrent pas un rôle uniforme à la victime. De même, l'intensité du consentement donné par la victime et par l'auteur de l'infraction n'est pas identique d'une procédure à l'autre. Si certaines d'entre elles supposent un accord explicite de toutes les parties ayant un intérêt distinct, à l'instar de la médiation pénale, d'autres, comme la procédure de l'amende forfaitaire, se contentent d'une renonciation implicite au droit d'accès de l'auteur de l'infraction à son juge naturel. La place différente donnée au consentement ne permet pas, à elle seule, de dégager une typologie des multiples procédures. Cependant, l'intervention des différents acteurs disposant de rôles variables au sein de chaque processus alternatif constitue un indice des objectifs effectivement recherchés par leur mise en œuvre.

C - Les objectifs effectivement recherchés

73. La diversité des processus alternatifs à la poursuite pénale incite à s'interroger sur la nécessité de procédures multiples. En effet, les premières expériences de rappel à la loi ou de médiation pénale semblaient, à première vue, suffire à remplir la mission de désengorgement des tribunaux qui leur était assignée. De plus, depuis le décret-loi de 1928, la répression alternative des contraventions routières semblait acquise. Cependant, il a été possible de constater qu'après un mouvement de reconnaissance des procédures de la troisième voie, le législateur a entamé une phase de promotion de ces modes alternatifs de résolution des litiges pénaux. Si leur multiplicité nouvelle et la proximité de certaines d'entre elles conduisent à s'interroger sur leur utilité, un élément de réponse se trouve à la lecture de l'article 41-1 al. 1er C.pr.pén.

74. Cette disposition a repris les objectifs initialement assignés à la médiation pénale lors de sa consécration par le législateur en 1993 et de son introduction à l'article 41 C.pr.pén. La médiation pénale ne devait être mise en œuvre que si elle était susceptible de réparer le dommage causé à la victime, de mettre fin au trouble résultant de l'infraction et de contribuer au reclassement de l'auteur de l'infraction. La médiation pénale ainsi conçue dans son application répondait pleinement à l'idée de Justice qui lui était assignée. L'accord de médiation permettait de remplir pleinement les objectifs découlant de la Justice traditionnelle.

Cependant, il a pu paraître sinon utopique à tout le moins inopportun qu'une grande partie des contentieux de masse encombrant les tribunaux puisse se voir résolus par la seule conclusion d'un accord devant garantir le retour à la paix sociale entre l'auteur de l'infraction et la victime. De plus, les infractions contribuant à l'engorgement des juridictions répressives ne permettaient pas toutes la mise en œuvre d'une médiation notamment lorsque l'infraction commise n'entraînait pas de dommage à une victime ou que celle-ci n'était pas identifiée.

En outre, la volonté initiale de dépénalisation par la voie de la déjuridictionnalisation a été complétée par l'exigence d'une réponse pénale systématique adaptée aux différents types de contentieux[111]. Ce dernier objectif intégré dans le mouvement de dépénalisation a sous-tendu l'apparition de processus alternatifs en amont de la poursuite pénale permettant une répression des auteurs d'infractions. C'est essentiellement la

---

[111] B. de Lamy, Les évolutions récentes de la procédure pénale, *Gaz.Pal.*, 2005, 1, Doctr., p. 194.

composition pénale qui a révélé une première distinction, dans les modalités de la justice pénale alternative, entre les processus recherchant exclusivement la réparation du dommage causé à la victime[112] et ceux permettant l'application d'une sanction répressive à l'auteur.

75. Cette distinction a été facilitée par la création, découlant de la loi du 23 juin 1999, de la composition pénale se distinguant clairement des objectifs réparateurs de la médiation pénale[113]. Ce même texte est également à l'origine de la rédaction de l'actuel article 41-1 C.pr.pén. Ainsi, depuis 1999, la mise en œuvre des mesures alternatives doit être justifiée par l'objectif recherché par l'organe disposant du pouvoir d'initiative de la procédure. En effet, l'article 41-1 al. 1er C.pr.pén. reprend les objectifs de l'ancien article 41 relatif à la médiation pénale tout en les rendant non plus cumulatifs mais alternatifs[114]. Dès lors, le procureur de la République disposant d'un arsenal de procédures alternatives important, se voit contraint de déterminer le but principal recherché par la mise en œuvre de telle ou telle mesure[115].

76. L'article 41-1 al. 1er C.pr.pén. distingue, en effet, la réparation du dommage causé à la victime, de la cessation du trouble résultant de l'infraction et du reclassement de l'auteur de l'infraction. Le premier objectif, offre une indemnisation pécuniaire ainsi qu'une réparation sociale à la victime afin de parvenir à une remise en état de la situation sociale des individus concernés avant la commission de l'infraction. Le deuxième assigne à la mesure un objectif purement répressif. La procédure considérée doit veiller à assurer le rôle originel de la justice pénale qui est celui de répression dans un but de cessation du trouble causé à l'ordre public. Enfin, le troisième objectif concerne le seul auteur de l'infraction et complète

---

[112] La médiation pénale constitue une des mesures ayant pour objectif la réparation du dommage causé à la victime. La médiation réparation énoncée à l'article 12-1 de l'ordonnance n°45-174 du 2 février 1945 lui sera associée au cours de nos développements. Toutefois, ce processus applicable exclusivement aux mineurs ne fera pas l'objet d'une étude approfondie, dès lors que pour l'essentiel il sera possible de se reporter à la procédure de l'article 41-1,5° C.pr.pén.

[113] S. Guinchard et J. Buisson, *Procédure pénale*, Lexis Nexis, 7e éd., 2013, n°1240 et s. ; F. Debove et F. Falletti, *Précis de droit pénal et de procédure* pénale, PUF, 2e éd., 2006, p. 381 et s. Les auteurs font une distinction générale entre les alternatives réparatrices et l'alternative punitive représentée par la composition pénale. V. également, F. Debove, La contractualisation du procès pénal, *Droit et économie*, 2005, n°94, p. 22.

[114] S. Guinchard et J. Buisson, *op.cit.*, n°1245.

[115] *Cf.* Tableau synoptique des procédures alternatives, page 54.

l'œuvre de Justice classique en recherchant, par l'admonestation, la prise de conscience par celui-ci de la gravité des faits commis afin d'empêcher toute réitération.

77. Ces objectifs alternatifs ne concernent *a priori* que les mesures prévues à l'article 41-1 C.pr.pén. Cependant, il est possible de les découvrir à l'occasion de l'étude de chaque processus alternatif institué ou non par le Code de procédure pénale. Dès lors, l'hypothèse d'une application généralisée des objectifs ressortissant de l'article 41-1 al. 1er C.pr.pén. à toutes les procédures alternatives rend nécessaire la classification de ces processus selon qu'ils recherchent principalement la réparation des dommages résultant de la commission de l'infraction, en se rapprochant ainsi des fonctions du droit civil, ou qu'ils privilégient l'objet du droit pénal de répression et d'admonestation de l'auteur de l'infraction.

Cependant, le rôle donné à la victime dans l'objectif nouveau de résolution du litige pénal par la voie de la seule réparation du dommage qui lui est causé pose la question de l'incidence de ces procédures sur la notion d'ordre public, devant gouverner le principe d'opportunité des poursuites et rejaillissant de façon plus générale sur la question de la frontière entre mesure civile et sanction pénale. S'agissant de cette dernière, la possibilité offerte au procureur de la République de sanctionner, sur le fondement de l'article 40 C.pr.pén., l'auteur de l'infraction en concrétisant un évitement large du juge pénal suscite une interrogation quant aux modifications du principe d'opportunité des poursuites.

78. En effet, l'effort de promotion par le législateur des processus alternatifs réaffirmant la place centrale du parquet dans la gestion des contentieux pénaux permet d'entrevoir l'émergence d'une organisation systémique de ces procédures induisant une interaction des procédures alternatives entre elles. De plus, leur intégration au sein du Code de procédure pénale leur confère la qualité de traitement de l'infraction pénale à part entière dépassant le simple rôle de mode marginal de désencombrement des tribunaux. Ainsi, elles contribuent à l'apport de réponses pénales complètes visant à éviter la réitération de l'activité délinquante. Cette dernière notion a été consacrée récemment par le législateur[116]. Le texte législatif nouveau n'entrevoit que la réitération d'infractions, c'est-à-dire la commission d'une infraction nouvelle, et lui confère un rôle complémentaire de la récidive légale. Toutefois, au-delà du

---

[116] Loi n°2005-1549 du 12 décembre 2005 relative au traitement de la récidive des infractions pénales, JO 13 décembre 2005, p. 19152.

rôle confié à cette notion par le législateur, la réitération dispose d'un sens différent, de nature procédurale, permettant de parachever l'organisation des procédures alternatives en système. Ainsi, la notion de réitération, entendue dans une acception procédurale qu'il faudra définir, contribue au souhait d'une réponse pénale systématique en aménageant l'interaction des processus alternatifs avec les modes classiques ou simplifiés de poursuite.

Ainsi, face à leur diversité, une classification des procédures alternatives doit tout d'abord être proposée. Celle-ci peut être appréhendée, d'une part, de façon générale, en tenant compte des objectifs poursuivis par les différentes procédures étudiées[117]. D'autre part, cette classification doit apporter une clarification. Ce sont, dès lors, les rôles et les attributions des différents acteurs des multiples processus étudiés qui seront précisés, ainsi que les enjeux et les conséquences de la mise en œuvre de chaque procédure. L'étude comparative de chaque catégorie de procédures alternatives aux poursuites débouchera, ainsi, sur des enseignements relatifs aux différents concepts étudiés (1ère partie). Enfin, le constat de l'existence d'un arsenal procédural nouveau ne peut être utile que s'il s'inscrit dans une perspective plus large. En effet, les processus alternatifs aux poursuites, tant par leur régime que par leur déroulement procédural, participent au premier plan, des vœux même du législateur, à l'effectivité d'une réponse pénale systématique. Dés lors, une réflexion relative aux conséquences de l'introduction des alternatives aux poursuites au sein de la procédure pénale française permettra de prendre la mesure des mutations substantielles de cette dernière (2nde partie). En effet, en s'inscrivant dans la volonté d'une réponse effective à la commission de chaque infraction, les procédures alternatives obligent au constat d'une modification du principe de l'opportunité des poursuites dans lequel elles prennent naissance. Egalement, ce dernier principe trouvant son fondement dans la notion d'ordre public, la question de la modification des valeurs qu'il comprend sera posée dès lors que les processus étudiés mettent en exergue la prise en compte large d'intérêts nouveaux tels que ceux de la victime de l'infraction.

Première partie : Les enseignements conceptuels tirés de l'ordonnancement des procédures alternatives aux poursuites.

Seconde partie : Les mutations substantielles consécutives au développement des procédures alternatives aux poursuites.

---

[117] Cf. Typologie des procédures alternatives selon leur nature, p. 54.

PREMIÈRE PARTIE

LES ENSEIGNEMENTS CONCEPTUELS TIRÉS DE L'ORDONNANCEMENT DES PROCÉDURES ALTERNATIVES À LA POURSUITE PÉNALE

79. Le Code de procédure pénale fait du procureur de la République le maître du déclenchement des poursuites. Ainsi, dispose-t-il classiquement, en vertu de l'article 40 du Code de procédure pénale, du pouvoir de décider seul du traitement d'une infraction et de l'auteur de celle-ci. L'effort d'élargissement des réponses pénales mises à la disposition du parquet par la loi n°99-515 du 23 juin 1999 a offert au ministère public la possibilité de classer sans suite certains faits dont il a connaissance en subordonnant cette mesure de faveur à une ou plusieurs conditions résultant de l'alinéa premier de l'article 41-1 C.pr.pén.

De cette disposition découle une distinction générale des procédures alternatives[118]. Certaines, proches des objectifs du droit civil, favorisent la réparation du dommage subi par la victime et peuvent être qualifiées d'alternatives réparatrices à la poursuite pénale (Titre II). D'autres, proches de l'objet classique du droit pénal, tendent à la répression de l'individu et à son reclassement et constituent des alternatives sanctionnatrices à la poursuite pénale (Titre I).

[118] *Idem.*

TYPOLOGIE GÉNÉRALE DES PROCÉDURES ALTERNATIVES SELON LEUR NATURE

NATURE GENENRALE	**OBJECTIF GENERAL RECHERCHE**	**NATURE SPECIALE**	**OBJECTIF SPECIAL RECHERCHE**
Procédure alternative *sanctionnatrice*	*Punition* de l'auteur de l'infraction	*Admonestative*	*Prise de conscience par l'auteur de l'infraction de la faute commise*
		Répressive	*Application d'une sanction proche de la peine*
Procédure alternative *réparatrice*	*Réparation* du dommage causé à la victime	*Restitutive*	*Application d'une mesure visant à la remise en état de la victime de l'infraction*
		Rétributive	*Application d'une mesure d'indemnisation pécuniaire*

TITRE I

LES ALTERNATIVES SANCTIONNATRICES

80. L'alinéa premier de l'article 41-1 C.pr.pén. prévoit trois conditions alternatives justifiant la mise en œuvre des procédures qu'il vise. Celles-ci permettent d'affiner la distinction générale proposée entre les procédures alternatives réparatrices et celles qualifiées de sanctionnatrices[119]. Le premier objectif vise la réparation du dommage causé à la victime et concerne les processus de nature réparatrice. Les deux objectifs suivant permettent de différencier la volonté de répression de l'individu soit, dans un but de cessation du trouble causé à l'ordre public soit, dans celui de reclassement de l'auteur.

Au titre des procédures alternatives sanctionnatrices, une distinction doit être effectuée entre les procédures qui, par leur mimétisme avec la procédure de poursuite classique devant un juge de jugement, disposent d'une nature clairement répressive (Chapitre II) et celles qui ne recherchent que la seule prise de conscience par l'individu de la gravité des faits commis par le biais d'une admonestation et excluent ainsi toute autre forme de sanction[120] (Chapitre I).

---

[119] *Idem.*

[120] Le caractère admonestatif des mesures étudiées prend en effet sa source dans la mesure d'admonestation pouvant être prononcée par le juge des enfants au titre de la sanction dans le cadre de la procédure résultant de l'article 8 de l'ordonnance 45-174 du 2 février 1945 relative à l'enfance délinquante.
Ainsi, l'admonestation peut être définie comme une réprimande accompagnée de conseils, constituant une sanction de caractère purement moral que le juge des enfants peut prononcer en remplacement d'une peine, à l'égard des justiciables mineurs (G. Cornu, *Vocabulaire juridique*, 6e éd., 2004, p. 32).

CHAPITRE I

LES ALTERNATIVES ADMONESTATIVES

81. Certains processus alternatifs visent à réprimander l'auteur d'une infraction et à lui faire prendre conscience de la gravité de la violation de la loi pénale. Ces mécanismes ne résultent pas d'un phénomène récent et présentent une nature multiforme. En effet, la mesure la plus ancienne présentant une nature admonestative résulte de la pratique du rappel à la loi[121] qui, jusqu'à la loi n°99-515 du 23 juin 1999, n'existait pas à proprement parler dans le Code de procédure pénale. Cette mesure, depuis confirmée par la loi n°2004-204 du 9 mars 2004, peut être exécutée par le ministère public lui-même ou par l'intermédiaire d'un organe délégué et consiste en l'admonestation du délinquant, c'est-à-dire dans le rappel à l'individu de la qualification infractionnelle des faits qui lui sont reprochés et des peines normalement applicables. Cette mesure vise également à la prévention de la récidive par le rappel à l'auteur de l'infraction du caractère exceptionnel de la mesure décidée par le procureur de la République, par faveur pour le délinquant. Elle constitue donc un avertissement adressé à l'auteur d'une infraction sur les conséquences de nature pénale qui pèseraient sur celui-ci en cas de réitération de la violation de la loi.

Le rappel à la loi constitue une mesure ancienne bien connue de la pratique des parquets. Pourtant, elle n'est plus le seul processus pouvant être mis en œuvre en amont de toute poursuite présentant une nature admonestative.

82. En effet, l'introduction, dans l'article 41-1, 3° C.pr.pén., de la possibilité pour le parquet de demander à l'auteur des faits de régulariser sa situation au regard de la loi ou du règlement revêt également une nature admonestative. Ainsi, tout déclenchement de l'action publique, donc tout procès pénal, est évité et l'auteur des faits ne subit pas d'autre sanction s'il se conforme aux exigences de la loi ou du règlement. La mesure de régularisation de l'article 41-1, 3° C.pr.pén. se distingue du rappel à la loi en étant assortie d'une obligation positive[122] pour l'auteur de l'infraction[123]. Toutefois, cette mesure constitue une mesure de type admonestatif comme celle figurant à l'article 41-1, 2° C.pr.pén.

---

[121] Article 41-1, 1°C.pr.pén.

[122] J. Danet, Rappel à la loi, culpabilité et STIC : mise au point, note sous Crim. 6 décembre 2011, *Rev.sc.crim.* 2012. 188.

83. Depuis la prise de conscience par les pouvoirs publics et le législateur de la nécessité d'une lutte contre le contentieux de masse en matière routière, notamment depuis la loi du 12 juin 2003[124], le Code de procédure pénale prévoit à l'article 41-1, 2° C.pr.pén. la possibilité pour le parquet, tant que l'action publique n'est pas déclenchée, d'orienter l'auteur des faits vers une structure sanitaire, sociale ou professionnelle, ce qui peut consister notamment en un stage de sensibilisation à la sécurité routière[125]. Cette mesure qui ne comprend comme autre sanction que l'obligation pour l'auteur de l'infraction de suivre un stage a pour objectif principal de lui faire prendre conscience des dangers d'une conduite imprudente et négligente et de la gravité du non-respect de la loi.

84. Les mesures ressortissant de l'article 41-1, 2° C.pr.pén. ont été complétées par la loi du 9 mars 2004. Celle-ci, en son article 69, précise le contenu de l'orientation vers une structure sanitaire, sociale ou professionnelle et énonce la possibilité pour le procureur de la République de décider, au titre d'une mesure alternative à la poursuite pénale, de la mise en œuvre d'un stage de citoyenneté. Ainsi, la mesure d'orientation de l'article 41-1, 2° C.pr.pén. revêt une nature polymorphe car certaines mesures découlant de l'application de cette disposition ne présentent pas de caractère admonestatif[126]. Toutefois, les stages de sensibilisation à la sécurité routière et de citoyenneté présentent effectivement cet aspect et constituent à eux seuls la réponse pénale apportée à la commission d'une infraction. La loi n°2007-297 du 5 mars 2007, relative à la prévention de la délinquance[127], a aussi ajouté à la catégorie des procédures d'admonestation

---

[123] Cette mesure constituant une variété de classement sous condition trouve sa source dans les possibilités de personnalisation des mesures de classement sous condition issues des pratiques parquetières avant leur consécration par la loi du 23 juin 1999 (M.E. Cartier, les modes alternatifs de règlements des conflits en matière pénale, *R.G.D.P.*, 1998, p. 1 et s.).

[124] Loi n°2003-495 du 12 juin 2003 renforçant la lutte contre la violence routière, JO 13 juin 2003, p. 9943.

[125] L'article 6 de la loi du 12 juin 2003 ayant modifié la rédaction initiale de l'article 41-1 C.pr.pén. issu de la loi n°99-515 du 23 juin 1999.

[126] Ces mesures seront étudiées au titre des procédures alternatives réparatrices (*infra* n°268 et s.). Il s'agit notamment de l'orientation vers une structure sanitaire applicable aux infractions de consommation de stupéfiants, en vertu de la circulaire du 16 mars 2004 relative à la politique pénale en matière de réponse alternative aux poursuites.

[127] Loi n°2007-297 du 5 mars 2007 relative à la prévention de la délinquance, JO du 7 mars 2007, p. 4297. V. not. D. Peyrat, Le rappel à l'ordre, modèle de la nouvelle prévention ? Remarques critiques sur le projet de loi relatif à la prévention de la délinquance, *A.J. Pénal*, n°9, septembre 2006, p. 350 et s.

les mesures de stages de responsabilité parentale et de sensibilisation aux dangers de l'usage de stupéfiants[128]. A l'image du rappel à la loi, aujourd'hui intégré comme mesure alternative aux poursuites à l'article 41-1,1° C.pr.pén., ces stages n'ont pour objectif que de contribuer à la cessation du trouble causé à l'ordre public et de tendre au reclassement de l'auteur de l'infraction par la prise de conscience par celui-ci de la gravité de l'infraction commise et de la connaissance des peines applicables.

85. Malgré l'absence de peine proprement dite découlant de ces processus, ce sont bien des mesures pénales visant à sanctionner l'auteur des faits. En effet, les stages de citoyenneté et de sensibilisation à la sécurité routière valent alternatives à la poursuite aux yeux du législateur de 2003 et de 2004, celui-ci ayant prévu la possibilité de les prononcer à titre de peine complémentaire par le juge pénal tant en matière contraventionnelle que correctionnelle[129].

Ces mesures démontrent, en outre, un caractère de premier degré de répression alternative. En effet, les lois du 12 juin 2003 et du 9 mars 2004, modifiant l'article 41-2 C.pr.pén., ont intégré ces mêmes stages de sécurité routière[130] et de citoyenneté parmi la liste des sanctions proposables par le ministère public lorsque celui-ci décide de recourir à la procédure de la composition pénale.

86. Bien que le rappel à la loi, la mesure de régularisation et les stages alternatifs soient différents dans leur nature, ils bénéficient d'un régime procédural commun. L'article 41-1 C.pr.pén., qui les régit, organise une articulation implicite des compétences des différents organes de la procédure d'admonestation (Section I). Egalement, ce régime implicitement organisé laisse supposer un déroulement procédural orienté vers la resocialisation de l'auteur de l'infraction même si chaque processus d'admonestation conserve sa spécificité, notamment quant aux infractions concernées (Section II).

---

[128] Il faut ajouter au titre de la mesure d'orientation de l'article 41-1, 2° C.pr.pén. la mesure de stage de formation civique qui revêt aussi un caractère admonestatif. Cette mesure n'est applicable qu'aux mineurs en vertu de l'art. 7-1 de l'ordonnance n° 45-174 du 2 février 1945.

[129] L'article 5 de la loi du 12 juin 2003 a, en effet, modifié les articles 131-16, 131-36-1, 221-8, 222-44, 223-18 et 434-45 du Code pénal.

[130] Le recours au stage de sécurité routière ayant été institué par le décret n°92-559 du 25 juin 1992 relatif à l'institution d'un permis de conduire à points (JO 28 juin 1992, p. 8522),

SECTION I - L'ORGANISATION IMPLICITE DES PROCÉDURES D'ADMONESTATION

87. L'ensemble des mesures alternatives auquel il est possible d'attribuer un caractère admonestatif résulte de la lecture de l'article 41-1 C.pr.pén. En effet, seules les mesures de rappel à la loi, de régularisation et d'orientation sanitaire sociale ou professionnelle, consistant en la proposition d'un stage alternatif, répondent à la volonté de l'appareil judiciaire de réprimander l'auteur des faits.

La présence de ces mesures dans une seule et même disposition du Code de procédure pénale permet au législateur de leur affecter un régime commun résultant avant tout de l'objectif recherché par l'organe disposant du pouvoir de mise en œuvre de ces mesures. L'article 41-1 C.pr.pén. donne expressément ce pouvoir au procureur de la République. Toutefois, cette disposition prévoit aussi l'intervention d'autres organes en la personne de l'officier de police judiciaire, du délégué ou du médiateur du procureur, obscurcissant le dispositif relatif à l'initiative de la procédure (§1). Ainsi, la distinction entre les pouvoirs du procureur de la République et les organes délégués reste floue à la seule lecture du texte. En outre, le domaine d'application de ces mesures quant aux personnes et quant aux infractions ne découle pas de la rédaction du texte lui-même (§2).

§ I - La compétence exclusive apparente du ministère public

88. En vertu de l'alinéa 1er de l'article 41-1 C.pr.pén., le procureur de la République est seul compétent pour décider de la mise en œuvre d'une telle mesure. Toutefois, le Code de procédure pénale, en prévoyant expressément le recours à d'autres organes, suggère une répartition des pouvoirs. Ainsi, la procédure admonestative peut être exécutée par un autre organe que le procureur lui-même mais ne pourra être réalisée que sous l'autorité du parquet qui en aura donné mission. Par conséquent, avant de déterminer la force de subordination de l'organe délégué au parquet (B), il faut distinguer l'organe de poursuite de l'organe d'exécution de la procédure (A).

A - Le recours exprès à la délégation

89. Le parquet dispose de l'exclusivité de l'initiative de la procédure. Toutefois, l'article 41-1 al. 1er C.pr.pén. énonce clairement la possibilité pour le représentant du parquet de recourir à un organe délégué afin de procéder à l'exécution proprement dite de la procédure. Mais le recours à la délégation ne lui fait pas perdre tout pouvoir sur le déroulement de la procédure (1). Il dispose d'ailleurs d'un pouvoir de détermination d'organes délégués divers, lesquels lui sont subordonnés selon des modalités communes (2).

1 - Le parquet, organe exclusif de l'initiative de la procédure

90. L'article 41-1 C.pr.pén. confie clairement au procureur de la République le pouvoir de mettre en œuvre les mesures alternatives à la poursuite pénale. Ce pouvoir tire ses racines de l'article 40 du même Code permettant aux magistrats du parquet de recevoir les plaintes et les dénonciations et d'apprécier la suite à leur donner. Or, le pouvoir d'opportunité appartenant à l'ensemble du parquet, la décision de mettre en œuvre une mesure alternative peut provenir, en vertu de l'article 39 du même Code, d'un membre quelconque du ministère public de la juridiction considérée, procureur de la République mais aussi procureur adjoint ou substitut. Cependant, en raison du caractère hiérarchisé du parquet, le procureur de la République dispose d'un pouvoir d'autorité sur ses substituts et peut toujours s'opposer à la décision prise par l'un d'eux[131].

Cette opposition ne peut aller que dans le sens d'un abandon de la procédure alternative initialement engagée, l'action publique déclenchée ne pouvant être rétractée en vertu du principe d'indisponibilité de cette dernière.

Cette possibilité d'opposition à la mesure alternative initialement mise en œuvre est rappelée de façon implicite par l'article 41-1 C.pr.pén., lequel énonce que le recours à de telles mesures est préalable à la décision du parquet sur l'action publique. Ainsi, quel que soit le temps procédural considéré, le procureur de la République peut revenir sur le principe de la mise en œuvre d'une mesure alternative à la poursuite en déclenchant l'action publique voire en décidant d'un classement sans suite pur et simple.

Quoi qu'il en soit, le Code de procédure pénale, au regard de l'article 41-1, fait du représentant du ministère public le seul organe compétent pour décider de la nature de la mesure à mettre en œuvre.

---

[131] P. Conte, P. Maistre du Chambon, *Procédure pénale*, 5e éd. Paris, Armand Collin, 2012, p. 92. G. Stefani, G. Levasseur, B. Bouloc, *Procédure pénale*, 23e éd., Paris, Dalloz, 2012, n°169 et s. F. Molins, Ministère Public, *Rép.pén. Dalloz*, p. 4.

La multiplicité des procédures alternatives, issue de la volonté du législateur, incite ainsi le représentant du parquet à rechercher un critère permettant de déterminer la mesure alternative la plus adéquate. Bien qu'il conserve toute latitude dans le choix de la mesure la plus appropriée au traitement de l'infraction commise, le législateur encadre le choix du parquet par l'indication de trois objectifs, alternatifs entre eux, qu'il appartient au ministère public de privilégier dès lors qu'il envisage l'utilisation de l'un de ces processus[132]. En effet, la mise en œuvre d'une procédure de l'article 41-1 C.pr.pén. est conditionnée par la volonté du parquet de voir la réparation du dommage causé à la victime, la cessation du trouble causé à l'ordre public ou, le reclassement de l'auteur de l'infraction.

91. L'article 41-1 C.pr.pén. fait expressément du magistrat du parquet l'organe disposant du pouvoir d'initiative de la procédure alternative. Toutefois, le Code prévoit, depuis la loi n°99-515 du 23 juin 1999, la possibilité pour le magistrat du ministère public de faire connaître à l'auteur des faits sa décision de recourir à une procédure alternative directement ou par l'intermédiaire d'un officier de police judiciaire, un délégué ou un médiateur du procureur.

Ce recours à un organe distinct du parquet est relativement récent et trouve sa source dans les premières expériences de médiation pénale par lesquelles le procureur de la République avait recours à un tiers indépendant du parquet alors dénommé conciliateur pénal[133]. L'essor des procédures de médiation a permis de déterminer une typologie de celles-ci montrant un usage de plus en plus fréquent de la délégation en matière de résolution des conflits en matière pénale[134].

C'est en raison de ce recours, toujours croissant à l'intervention d'un organe distinct du parquet chargé de la proposition effective de la procédure et de son exécution, que la loi précitée du 23 juin 1999 a consacré clairement la notion de délégation en matière de procédures alternatives à la poursuite pénale. Ainsi est-il prévu à l'alinéa premier de l'article 41-1 C.pr.pén. la possibilité pour le procureur de la République de décider directement ou par délégation de la mise en œuvre des mesures qui y sont énumérées.

---

[132] S. Guinchard et J. Buisson, *Procédure pénale*, 7e éd., Paris, Litec, 2013, n°1244.

[133] G. Apap, La conciliation pénale à Valence, *Rev.sc crim.*, 1990, p. 633.

[134] C. Lazerges, Typologie des procédures de médiation pénale, *Mélanges offerts à André Colomer*, *op.cit.*; A. Wyvekens, Entre médiation et justice pénale, l'activité judiciaire des maisons de justice du Rhône, *Arch. pol. crim*, 1997, p. 67 et s.

Par cette rédaction, le législateur a exprimé sa volonté de sauvegarder la possibilité pour le représentant du ministère public d'assurer lui-même le déroulement de certaines des procédures issues de créations purement parquetières.

C'est le cas notamment des mesures de classement sous condition ou de médiation pénale. Cette dernière faisait l'objet de pratiques disparates résultant de sa nature prétorienne[135]. Ainsi, a-t-il été possible d'opposer les hypothèses de médiations pénales retenues et déléguées. Les premières, également appelées médiations conciliatrices sous contrôle judiciaire[136], ont pu être désapprouvées par la doctrine et ainsi être qualifiées de procédures hérétiques puisque le rôle de médiateur était joué par le magistrat du parquet lui-même. Plus tard, le décret du 10 avril 1996[137], postérieur à la consécration législative de la médiation pénale par la loi n°93-2 du 4 janvier 1993, est venu éclaircir le déroulement de la procédure et désapprouver le recours à la médiation pénale retenue. Ce choix ressort de la volonté d'offrir aux parties à la procédure l'intervention d'un tiers indépendant et impartial nécessairement distinct du parquet. Déléguée, la médiation pénale permet de remplir réellement l'objectif de célérité qui lui est assigné dès l'origine tout en ne devenant pas synonyme de perte de contrôle du parquet pendant sa réalisation.

92. Né de l'institution de la médiation pénale, l'organe délégué a vu son intervention précisée par la pratique parquetière jusqu'à l'établissement de conditions de délégation afin de conserver au ministère public le contrôle du déroulement des procédures alternatives. Son recours a contribué à la création des délégués du procureur, régis depuis par le décret du 29 janvier 2001[138] et dont l'essentiel de la mission s'est accru avec la création de la composition pénale[139].

---

[135] C. Lazerges, Typologie des procédures de médiation pénale, *idem*.

[136] S. Rojare, Une politique criminelle participative : l'exemple de la participation des associations à la variante de médiation, *Arch.pol.crim.*, 1990, p. 107.
C. Lazerges, Essai de classification des procédures de médiation, *Arch.pol.crim.* , 1992, p. 17 et s.

[137] Décret n°96-305 du 10 avril 1996 modifiant le Code de procédure pénale et relatif à la médiation pénale, JO 12 avril 1996, p. 5931.

[138] Décret n°2001-71 du 29 janvier 2001 modifiant le Code de procédure pénale et relatif aux délégués et médiateurs du procureur (JO 30 janvier 2001, p. 1595).

[139] J. Volff, Le décret du 29 janvier 2001 : Les délégués du procureur au secours de la composition pénale, *Gaz.Pal.*, 2001, 2, Doctr. p. 1584.

Le recours à la délégation s'est considérablement développé en matière de procédures alternatives à la poursuite et l'organe délégué s'est diversifié dans sa nature tout en laissant au parquet la maîtrise du déroulement de la procédure.

En effet, l'entrée en vigueur de la loi n°2004-204 du 9 mars 2004 a entraîné une modification de l'article 41-1 C.pr.pén. Celui-ci conserve tout d'abord, la possibilité pour le procureur de mettre en œuvre personnellement la mesure alternative, conformément à ses prérogatives en matière d'initiative de la procédure mais prévoit, ensuite, une multiplication des organes délégués habilités à proposer sous l'initiative du parquet ou à exécuter une des mesures de l'article 41-1 C.pr.pén.

Cette diversification des organes délégués en la matière permet au parquet de s'assurer de son entière maîtrise sur le traitement de l'auteur de l'infraction et ce, dès l'appréhension de ce dernier par les services de police. En supprimant la référence à la notion de délégation dans l'article 41-1 C.pr.pén. pour y substituer une énumération des personnes habilitées à recevoir délégation du procureur de la République, l'article 69 de la loi du 9 mars 2004 confirme l'omnipotence du parquet en la matière.

Ainsi, la délégation du déroulement de la procédure peut être décidée plus tôt. En effet, la loi du 9 mars 2004 a inclus, dans un but de célérité de la procédure, l'officier de police judiciaire (O.P.J.) chargé de l'enquête, au nombre des organes délégués. Ce dernier, chargé de proposer le recours à une procédure alternative peut, en outre, se voir confier la mission d'exécuter, au même titre qu'un délégué ou un médiateur du procureur, les procédures alternatives, à l'exception de certaines mesures ressortissant de l'article 41-1 C.pr.pén., telles que la médiation pénale, nécessitant l'intervention d'un tiers indépendant.

2 - L'unicité des modalités de détermination de l'organe délégué

93. La rédaction nouvelle de l'article 41-1 al. 1er C.pr.pén., issue de la réforme opérée par la loi du 9 mars 2004, a permis de préciser les organes pouvant être chargés par le ministère public de l'exécution de la procédure alternative à la poursuite pénale. En effet, l'article 41-1 C.pr.pén., dans sa rédaction datant de la loi du 23 juin 1999, restait évasif sur la nature de l'organe d'exécution de la procédure, vu qu'il n'indiquait que la possibilité pour le procureur de la République de mettre en œuvre ces procédures « directement ou par délégation ».

La seule référence à la délégation dans l'ancien article 41-1 C.pr.pén. tendait à attribuer la compétence, quant à l'exécution proprement dite de la procédure, aux délégués du procureur, lesquels étaient issus d'une création purement pratique afin d'alléger la charge de travail des parquets dans le cadre des procédures alternatives. Toutefois, cela s'accommodait mal de la possibilité pour le parquet de mettre en œuvre une procédure de médiation pénale.

La nouvelle rédaction de l'alinéa premier de l'article 41-1 C.pr.pén. dissipe, au moins en apparence, le flou dans la détermination de l'organe d'exécution de la procédure en énumérant strictement les personnes pouvant effectivement être habilitées.

Egalement, cette énumération nouvelle, issue de l'article 69 de la loi du 9 mars 2004, permet de déterminer l'étendue des compétences de l'organe délégué[140] ainsi que le moment de son intervention dans le déroulement de la procédure.

En effet, au titre des personnes pouvant effectivement être chargées de l'exécution de la procédure, la loi prévoit expressément l'intervention de l'officier de police judiciaire.

Si antérieurement l'intervention de ce dernier ne ressortait pas de l'article 41-1 C.pr.pén., il était toujours possible au parquet de proposer par son intermédiaire le recours à une mesure alternative à la poursuite sans que cet organe soit en charge de l'exécution proprement dite de la procédure.

94. Cependant, en matière de procédure alternative admonestative, il est possible de considérer que la mise en œuvre de la procédure se confond avec l'exécution de la mesure elle-même. En effet, la mise en œuvre d'un rappel à la loi de l'auteur des faits n'entraîne qu'un seul temps procédural consistant en l'admonestation de l'auteur de l'infraction. Ainsi, lorsque le rappel à la loi est exercé par l'O.P.J., celui-ci dispose à la fois de la délégation par le parquet du pouvoir de proposition de la mesure mais également de celui de l'exécution proprement dite de la procédure. A l'inverse, lorsque le parquet décide de la mise en œuvre d'une autre mesure prévue par l'article 41-1 C.pr.pén., sa décision peut être portée à la connaissance de l'auteur des faits par le biais d'un officier de police judiciaire. Cependant, le parquet peut limiter la mission de l'O.P.J. à la délégation de la proposition de la mesure et réserver l'exécution proprement dite de la procédure à un autre organe intermédiaire, tel qu'un délégué du procureur, voire un médiateur pénal.

---

[140] Cette expression devant ici être comprise dans son sens générique.

Ainsi, l'énumération nouvelle des organes chargés de l'exécution de la procédure permet également d'apporter une précision sur la teneur de leur mission, en amenant à distinguer la mission de simple proposition de la mesure de celle d'exécution pleine et entière de la procédure alternative.

95. Outre la possibilité pour le parquet de recourir à un O.P.J. aux fins de proposition et/ou d'exécution de la mesure, l'article 41-1, al. 1er C.pr.pén. prévoit la faculté de faire intervenir un délégué ou un médiateur du procureur. Ces derniers ont vu leur statut consacré par le Code de procédure pénale dans sa partie réglementaire. La procédure d'habilitation des délégués et des médiateurs du procureur est commune aux deux fonctions. Les conditions de celle-ci ne sont pas sans soulever certaines difficultés s'agissant de l'exécution de certaines missions, notamment de médiation ou de composition pénale. Toutefois, les médiateurs et délégués du procureur peuvent recevoir expressément en vertu de l'article 41-1 C.pr.pén., les missions d'exécution des procédures en matière admonestative.

96. La procédure d'habilitation est énoncée par les articles R. 15-33-30 et suivants du Code de procédure pénale. Elle est ouverte aux personnes physiques et morales. Cette disposition prévoit la possibilité pour les associations d'être nommées à ce titre, à condition de soumettre au chef de parquet du ressort de la juridiction où elles désirent être habilitées les pièces indiquées à l'article R. 15-33-32 C.pr.pén.

S'agissant des candidatures posées par les personnes physiques, ces dernières doivent satisfaire aux conditions établies par l'article R. 15-33-33 C.pr.pén. Ainsi, le candidat aux fonctions de délégué ou de médiateur ne doit ni exercer une activité judiciaire à titre professionnel, ni avoir fait l'objet d'une condamnation, déchéance ou incapacité mentionnée au bulletin n°2 du casier judiciaire. Il doit en outre présenter des gages de compétence, d'indépendance et d'impartialité. Le décret du 27 septembre 2004[141], venu modifier la procédure d'habilitation en la matière, prévoit que le candidat aux fonctions de délégué ou de médiateur doit être âgé de moins de soixante-quinze ans. Il précise également certaines incompatibilités. En effet, le candidat ne peut pas être conjoint, concubin, parent ou allié d'un magistrat ou d'un fonctionnaire de la juridiction dans le ressort de laquelle il souhaite obtenir une homologation.

---

[141] Décret n°2004-1021 du 27 septembre 2004 portant modification du Code pénal et du Code de procédure pénale (deuxième partie : Décrets en Conseil d'Etat) et relatif notamment au stage de citoyenneté, à la composition pénale, aux sûretés prononcées dans le cadre d'un contrôle judiciaire et à la juridiction de proximité, JO 29 septembre 2004, p. 16718.

Lorsque les candidatures satisfont aux conditions prévues par le texte, le procureur général ou le procureur de la République décide de l'habilitation en soumettant les candidatures à l'avis consultatif de l'assemblée générale des magistrats du siège et du parquet. Toutefois, il faut rappeler que, sous l'empire du décret du 29 janvier 2001, l'habilitation ne pouvait être donnée qu'après décision de cette assemblée statuant alors à la majorité de ses membres présents. Le décret précité du 27 septembre 2004 prévoit en outre une habilitation donnée pour cinq ans, revenant ainsi sur le principe de l'habilitation définitive issue du décret de 2001. Cette habilitation pourra ensuite être retirée par le magistrat du parquet seul et à tout moment, en vertu de l'article R. 15-33-37 C.pr.pén., dès lors que le délégué ou le médiateur ne satisfait plus aux conditions de l'article R. 15-33-33 C.pr.pén. Enfin, l'habilitation peut être retirée provisoirement, en attendant l'avis consultatif de l'assemblée des magistrats du siège et du parquet. Le décret de septembre 2004 revient, par cette disposition, sur la possibilité d'une habilitation provisoire en cas d'urgence d'après l'ancien article R. 15-33-36 C.pr.pén.

97. L'exécution de certaines mesures alternatives admonestatives repose sur la bonne volonté de l'auteur des faits. Dans ce cas, la mission de l'organe délégué se limite à une mission de surveillance générale de l'accomplissement desdites mesures. En effet, lorsque le rappel à la loi repose pleinement sur le délégué du procureur, sa mission se cantonne à la constatation de l'exécution de la mesure.

Il en est de même en matière de stages alternatifs pour lesquels l'exécution proprement dite de la mesure repose sur d'autres organes extérieurs à la procédure. Ces « structures »[142] n'étant pas définies par l'article 41-1 al. 1er C.pr.pén., ce sont les circulaires des 16 mars 2004 et du 28 juillet 2004 relatives notamment aux stages alternatifs qui permettent de les déterminer. En effet, en vertu de la circulaire du 16 mars 2004 relative à la politique pénale en matière de réponse alternative aux poursuites, les structures visées par l'article 41-1, 2° C.pr.pén. sont représentées par la direction départementale de la concurrence, de la consommation et de la répression des fraudes (D.D.C.C.R.F.) en matière d'infractions au droit de la consommation et par les chambres de commerce et d'industrie en matière de droit du travail.

De même, en vertu de la circulaire relative au renforcement de la lutte contre la délinquance routière, des organismes agréés dans les conditions édictées par les articles R. 223-5 à R. 223-8 du Code de la route interviennent

---

[142] Pour reprendre l'expression employée par l'article 41-1, 2° C.pr.pén. et la circulaire du 28 juillet 2004 relative aux stages de sensibilisation à la sécurité routière.

au titre des stages alternatifs. Ces organes délégués sont en charge de l'exécution proprement dite de la procédure tandis que la surveillance de l'exécution effective par l'auteur des faits sera exercée par le parquet ou par l'organe délégué par lui. En effet, en dehors de leur mission relative au déroulement du stage lui-même, ces organes ne disposent que d'un pouvoir limité sur l'auteur de l'infraction, consistant à lui délivrer ou non l'attestation de suivi du stage à charge pour celui-ci de la remettre au délégué du procureur afin que ce dernier constate la bonne exécution de la mesure.

La possibilité pour le parquet de recourir dans le cadre des mesures admonestatives à un organe d'exécution de la procédure ne doit pas conduire à considérer que le ministère public perd la maîtrise de la procédure. En effet, qu'ils soient soumis à une procédure d'habilitation ou non, les organes chargés de l'exécution proprement dite de la procédure restent subordonnés au procureur de la République.

B - La subordination absolue de l'organe délégué au parquet

98. Les procédures alternatives à la poursuite pénale apparaissent comme un outil particulièrement souple et efficace pour le parquet et l'ensemble de l'appareil judiciaire, dans la gestion des contentieux de masse. Leur création a été rendue du possible grâce au pouvoir prétorien des magistrats du ministère public. Toutefois, la voie d'un pouvoir renforcé du parquet a été ouverte, aussi bien dans le traitement des infractions, dans la maîtrise des instruments procéduraux créés par leur initiative, que dans l'exécution des sanctions qui en sont issues.

Cependant, la volonté nouvelle des parquets d'une maîtrise plus grande du traitement des infractions, en amont de l'action publique, ne s'accorde pas facilement avec la volonté des juridictions et des collectivités publiques de rapprocher les justiciables de l'appareil judiciaire.

Le recours à la délégation en matière de procédure alternative à la poursuite pénale a pu constituer une solution innovante afin d'atteindre ce but de réconciliation. Toutefois, la loi n'érige pas le recours à la délégation en règle de principe en la matière. Bien au contraire, elle réserve toujours la possibilité pour le représentant du parquet d'exercer lui-même les prérogatives découlant de l'article 41-1 C.pr.pén. Si cette option lui assure l'entière maîtrise matérielle de la mesure qu'il a entendu mettre en œuvre jusqu'à l'exécution de celle-ci par l'auteur des faits, l'exercice retenu des processus alternatifs limite de façon importante l'intérêt d'un traitement rapide des infractions, particulièrement en matière de procédures ne visant qu'à la réprimande de l'auteur des faits.

99. Pour autant, la pratique étendue de la délégation en matière de procédures alternatives n'est pas allée de pair avec un recul des pouvoirs du parquet dans sa maîtrise de ces procédures. En effet, la médiation pénale, en tant que précurseur de la pratique de la troisième voie, a amorcé l'intervention d'un tiers particulier en la personne du médiateur. Mais, c'est la création postérieure d'une multitude de processus alternatifs à la poursuite pénale qui a permis de créer et de recruter de nouveaux organes, chargés de l'exécution proprement dite de l'ensemble des procédures alternatives.

C'est ainsi que, dès la fin des années 1990, les délégués du procureur sont devenus les organes privilégiés de l'exécution des procédures développées en amont de la poursuite pénale et en particulier de la composition pénale des articles 41-2 et 41-3 C.pr.pén[143].

100. La condamnation de la pratique de la médiation pénale retenue[144], puis la généralisation du recours à la délégation ne sont pas synonymes de perte de maîtrise par le parquet sur le déroulement de la procédure. l'organe délégué lui reste soumis. Cette subordination prend naissance dès la phase de recrutement de certains organes délégués.

En ce qu'il maîtrise la procédure de recrutement, le parquet doit vérifier les exigences prévues par le Code de procédure pénale. Au titre de celles-ci, l'organe délégué doit présenter des garanties d'indépendance et d'impartialité. Toutefois, cette exigence n'est applicable que dans les rapports du délégué avec l'auteur des faits sans être opposable au parquet. L'organe délégué reste sous la dépendance de celui-ci.

Cette absence d'indépendance se rencontre, tout d'abord, à l'occasion du serment prêté par le délégué lors de son habilitation. L'article R. 15-33-36 C.pr.pén., issu de la rédaction du décret de 2004, ne fait, en effet, aucune référence à l'obligation d'indépendance qui constitue, pourtant, une des conditions d'accès aux fonctions de délégué en vertu de l'article R. 15-33-33, 3° C.pr.pén. Ensuite, toute indépendance du délégué se trouve absente dès lors que le magistrat du parquet maîtrise aussi la possibilité de retrait de l'habilitation qu'il a pu conférer.

En effet, depuis le décret du 27 septembre 2004, l'habilitation n'est attribuée que pour une durée de cinq années renouvelable dans les mêmes

---

[143] J. Volff, Le décret du 29 janvier 2001 : Les délégués du procureur au secours de la composition pénale, *op.cit.*

[144] Décret n°96-305 du 10 avril 1996 modifiant le Code de procédure pénale et relatif à la médiation pénale ; S. Rojare, Une politique criminelle participative : l'exemple de la participation des associations à la variante de médiation, *Arch.pol.crim. op.cit.* ; C. Lazerges, Essai de classification de procédures de médiation, *Arch.pol.crim.*, *op.cit.*

conditions et peut être retirée dans les mêmes formes que la procédure d'attribution de l'article R. 15-33-35 C.pr.pén. Le décret précise, en son article 3, qu'en cas d'urgence, le parquet peut retirer provisoirement l'habilitation en attendant que l'assemblée des magistrats du siège et du parquet se réunisse afin de rendre son avis sur la décision de retrait d'habilitation.

Enfin, tant que l'habilitation est accordée, les délégués du procureur restent soumis, en vertu de l'article R. 15-33-36-1 C.pr.pén., à une obligation de rapport annuel d'activité et sont tenus, en vertu de l'article R. 15-33-34 C.pr.pén., pendant et après le terme de leur mission, au secret des informations dont ils sont dépositaires dans les conditions de l'article 226-13 C.pén.

Le recours à la délégation permettant une intervention large des délégués du procureur en matière de procédures alternatives, la loi du 9 mars 2004 prévoit néanmoins la possibilité pour le procureur de proposer, voire de faire exécuter, la mesure admonestative par le biais d'un officier de police judiciaire. Toutefois, ce dernier n'étant pas habilité dans les mêmes formes que les délégués et médiateurs du procureur, son intervention confirme l'entière maîtrise du parquet sur le processus en raison de la subordination de cet organe délégué au représentant du ministère public. En effet l'O.P.J. reçoit l'ensemble de ses missions du Code de procédure pénale lui-même, en vertu des articles 17 et suivants. Les articles 19 et suivants C.pr.pén., font de l'O.P.J. un organe subordonné au procureur de la République dans son action et dans son avancement.

L'article 41-1 C.pr.pén. articule les compétences entre l'organe disposant de l'initiative de la procédure et l'organe chargé de l'exécution proprement dite de cette dernière. Toutefois, cette articulation varie en fonction de l'organe délégué choisi par le parquet et démontre le caractère polymorphe des processus alternatifs admonestatifs. Leur multiplicité se retrouve à propos de la définition de leur domaine d'application quant aux infractions susceptibles d'être traitées par cette voie, mais également des caractères exigés de l'auteur de l'infraction afin qu'il bénéficie de ces procédures. Enfin, si la loi reste muette quant à l'incidence d'un dommage résultant de l'infraction, l'analyse des circulaires relatives à la mise en œuvre de ces mesures permet de conclure à l'exclusion des victimes dès lors que l'infraction commise leur a causé un préjudice.

§ II - L'imprécision du domaine d'application des alternatives admonestatives

101. En ce qu'elles n'entraînent pas de la part de l'organe chargé de la poursuite la volonté de déclencher l'action publique et de requérir l'application de la peine encourue, les procédures de type admonestatif ne concernent, *a priori*, que des infractions ne troublant que faiblement l'ordre public. Cependant, le texte de l'article 41-1 C.pr.pén. ne définit ni quant aux infractions pouvant être traitées par ce biais, ni quant aux justiciables susceptibles de rencontrer leur mise en œuvre, le domaine des mesures qui ressortissent de son application. Face à l'absence de précision, il demeure possible de définir ces domaines à l'appui des textes interprétatifs issus de la Chancellerie. Ainsi, l'absence de précision légale quant aux infractions sera d'abord étudié (A). Puis, l'imprécision légale quant aux personnes sera constatée (B).

A - L'absence de précision légale quant aux infractions

102. Les procédures de type admonestatif comportent un objectif commun tenant à la recherche d'une prise de conscience par l'auteur des faits de la gravité de la violation de la loi. Cependant, elles visent chacune au traitement d'infractions variées. Ainsi, qu'il s'agisse du rappel à la loi, de la mesure d'orientation ou de celle de régularisation, un domaine quant aux infractions propre est applicable. Bien que l'existence d'infractions particulières pour chaque mesure semble s'opposer à l'existence d'un régime commun des procédures admonestatives, les caractéristiques de ces infractions démontrent une certaine unité des procédures admonestatives quant aux infractions.

En effet, l'ensemble des processus de type admonestatif est destiné à donner à l'auteur des faits une réponse pénale minimale. Si ces mesures ne sont réellement destinées qu'à réprimander l'auteur de l'infraction, elles visent surtout à la prévention de tout classement sans suite pur et simple, conformément aux vœux de la loi du 23 juin 1999. Depuis, la loi du 9 mars 2004[145] a confirmé cette volonté en introduisant une nouvelle rédaction de

---

[145] F. Le Gunehec, Présentation de la loi n°99-515 du 23 juin 1999, *JCP G.*, 1999, p. 1325 ; loi n°2004-204 du 9 mars 2004 portant adaptation de la justice aux évolutions de la criminalité, première partie : dispositions de procédure pénale immédiatement applicables : pragmatisme, cohérence, sévérité et simplifications, *JCP G.*, 2004, 177.

l'article 40-2, al. 2 C.pr.pén. enjoignant au représentant du parquet de motiver les décisions de classement sans suite pur et simple. La doctrine s'est félicitée de cette volonté du législateur d'un traitement pénal systématique et a salué la possibilité pour le parquet de prononcer de telles mesures légères en cas de faible trouble causé à l'ordre public voire en matière d'affaires non sérieuses[146].

103. Cependant, le texte de l'article 41-1 C.pr.pén. n'a pas pris la peine de définir strictement le domaine de ces procédures quant aux infractions et il faut se référer au travail de la Chancellerie, qui dans ses multiples circulaires destinées notamment à l'orientation des politiques des parquets, a circonscrit plus ou moins précisément l'application de ces processus alternatifs aux poursuites.

La plus ancienne des mesures à caractère admonestatif est représentée par le rappel à la loi. Elle ne faisait pas, jusqu'à la classification officielle des mesures alternatives aux poursuites réalisée par la loi du 23 juin 1999, l'objet d'une définition de son domaine d'application quant aux infractions. Jusqu'alors, elle ne constituait qu'un mode de classement sans suite sous condition utilisé par le procureur de la République en vertu de critères définis par celui-ci et propre à chaque parquet. La limitation des possibilités de classement sans suite et l'injonction du législateur de 2004 d'une réponse pénale systématique incite dès lors à s'interroger sur le domaine infractionnel du rappel à la loi. Cependant, en l'absence de définition de ce domaine par la loi[147], toute tentative de détermination du champ d'application quant aux infractions des mesures à caractère admonestatif ne peut ressortir que de la circulaire relative à la politique pénale en matière de réponses alternatives aux poursuites pénales du 16 mars 2004[148].

104. En vertu de ce texte, la mesure de rappel à la loi constitue une réponse pénale à part entière à la commission de vols simples et de recels de ces infractions punis respectivement de trois ans et de cinq ans

---

[146] J. Pradel, Vers un aggiornamento des réponses de la procédure pénale à la criminalité, *JCP G.*, 2004, I, 132, l'auteur considérant les affaires non sérieuses comme devant être renvoyées en médiation pénale, mesure ressortant de la procédure de l'article 41-1, 5°C.pr.pén. On pourra dans cet esprit considérer que l'ensemble des mesures ressortant de l'article 41-1 C.pr.pén. se rapportent au traitement des affaires non sérieuses.

[147] De même, les mesures d'orientation et de régularisation énoncées aux 2° et 3° de l'article 41-1 C.pr.pén. créées par la loi du 23 juin 1999 afin de diversifier les modalités de réponses pénales alternatives aux poursuites n'ont pas de domaine d'application fixé par le législateur.

[148] Circulaire CRIM 2004-03 E5 du 16 mars 2004 relative à la politique pénale en matière de réponses alternatives aux poursuites pénales et de recours aux délégués du procureur.

d'emprisonnement et de 375000 € d'amende ; de port, de détention d'armes de 6e catégorie, d'usage occasionnel de cannabis punis d'un an d'emprisonnement et de 25.000 € d'amende par l'article L. 3421-1 du Code de la santé publique (C.S.P.) ou, plus singulièrement, d'intrusion illicite dans un établissement scolaire punie de l'amende encourue pour les contraventions de 5e classe par l'article R. 645-12 C.pén.

Cependant, les exemples d'infractions pouvant faire l'objet d'un traitement par la procédure de l'article 41-1, 1° C.pr.pén. ne constituent, d'après de la circulaire, que des illustrations. En effet, le même texte définit avant tout les caractéristiques devant être découvertes par le parquet afin de pouvoir mettre en œuvre une mesure de rappel à la loi. Son application doit ainsi être privilégiée en présence d'infractions exclusives de toute violence, de toute atteinte aux forces de l'ordre, de tout comportement dangereux de la part de l'auteur. Ce dernier doit en outre n'avoir causé, par la commission de l'infraction, aucun préjudice à un tiers, ni avoir troublé l'ordre public de façon significative.

La circulaire du 16 mars 2004 prévoit en outre, un certain nombre de restrictions. Ainsi, ne peuvent faire l'objet d'un rappel à la loi, le refus d'obtempérer, le délit de fuite, la conduite sous l'empire d'un état alcoolique, ces infractions devant en raison de leur caractère grave conformément au vœu du législateur, faire l'objet d'un autre traitement procédural alternatif à la poursuite ou non.

Il convient toutefois de préciser que la valeur juridique de cette circulaire n'est qu'interprétative. La Cour de cassation ne remet pas en cause la mise en œuvre d'un tel procédé alors même que l'infraction commise ne présente pas les caractéristiques posées par la circulaire. Tel est le cas du rappel à la loi décidé par le procureur de la République en raison de violences exercées sur un contrôleur du travail dans l'exercice de ses fonctions[149].

105. La seconde mesure pouvant être qualifiée de procédure admonestative est celle relative à l'orientation par le procureur vers une structure sanitaire sociale ou professionnelle.

La création par le législateur de cette mesure, figurant à l'article 41-1, 2° C.pr.pén., recèle une grande richesse et démontre le caractère multiforme des objectifs qu'elle peut viser. En effet, si le processus d'orientation vers une structure sanitaire contient un objectif réparateur, la plupart des mesures qui ressortissent de l'article 41-1, 2° C.pr.pén. contribuent à l'admonestation de l'individu.

---

[149] Crim. 21 juin 2011, n° 11-80.003, D. 2011, 2379, note F. Deprez et 2379, note J.-B. Perrier; *Gaz-Pal.* 17-19 juillet 2011, p. 18, note S. Detraz ; *JCP* G. 2011, 1453, note F. Ludwiczak.

La circulaire de 2004 a également tenté de définir le contenu de cette mesure quant aux infractions. Ainsi, la consommation habituelle de cannabis, la consommation occasionnelle de drogues dures et le vol à l'étalage peuvent faire l'objet d'un traitement par ce biais. La circulaire de 2004 n'étant guère précise s'agissant du domaine général de la mesure de l'article 41-1, 2° C.pr.pén., elle permet néanmoins de définir les caractéristiques principales des infractions devant faire l'objet d'un tel traitement par le parquet. Ainsi, comme le rappel à la loi, la mesure d'orientation ne concerne, *a priori*, que les infractions exclusives de toute violence, de toute atteinte aux forces de l'ordre, de tout trouble significatif à l'ordre public, les faits n'ayant pas entraîné de préjudice à un tiers.

La loi n°2004-204 du 9 mars 2004, en mettant l'accent sur un emploi plus important des mesures alternatives, a précisé de la même manière le contenu des mesures de l'article 41-1, 2° C.pr.pén. en ce que ce celui-ci permet, à titre de sanction, de faire suivre un stage à l'auteur des faits aux frais de ce dernier.

106. Imprécise s'agissant de son domaine général d'application, la circulaire du 16 mars 2004 l'est beaucoup plus lorsque la mise en œuvre de l'article 41-1, 2° C.pr.pén. s'accompagne de l'obligation de suivre un stage. S'agissant, tout d'abord, du stage alternatif en général, la circulaire de 2004 prévoit que celui-ci, en plus d'être applicable aux infractions relatives aux stupéfiants, concerne également les infractions relatives aux manquements parentaux ainsi que celles ayant trait au droit de la consommation et en particulier aux infractions relatives à l'hygiène alimentaire ainsi qu'à l'affichage des prix. Enfin, la circulaire du 16 mars 2004, évoque la possibilité d'une telle mesure en droit pénal du travail en matière d'hygiène et de sécurité ou de travail dissimulé[150].

S'agissant, ensuite, du stage de sensibilisation à la sécurité routière, ce dernier est régi par une circulaire du 28 juillet 2004[151] qui précise les modalités de sa mise en œuvre. Quant à son domaine *ratione materiae*, le texte indique que le stage de sensibilisation est applicable à toutes les infractions routières.

Enfin, depuis l'entrée en vigueur de la loi du 12 juin 2003[152], le parquet peut, au titre des mesures de l'article 41-1, 2° C.pr.pén., enjoindre à l'auteur

---

[150] V. également, A. Cœuret et E. Fortis, *Droit pénal du travail*, 5e éd., Paris, Litec, 2012, n°141 et s.

[151] Circulaire CRIM 2004-08 E1 du 28 juillet 2004 relative au renforcement de la lutte contre la délinquance routière.

[152] Loi n°2003-495 du 12 juin 2003 *op.cit.*

des faits de suivre d'un stage dit « de citoyenneté » régi par la circulaire du 16 mars 2004 et par le décret du 27 septembre 2004[153]. La circulaire s'avère relativement précise quant au domaine d'application de ce stage. Il doit être privilégié par le représentant du ministère public en cas de déferement devant lui d'un individu ayant commis des actes racistes ou antisémites contraires aux valeurs républicaines et au respect de la dignité humaine sur laquelle est fondée la société.

107. Le troisième et dernier processus présentant une nature admonestative consiste en la mesure de régularisation par l'auteur des faits de sa situation au regard de la loi ou du règlement. A l'instar des deux mesures précédentes, la loi n'a pas défini, à l'article 41-1, 3° C.pr.pén., le domaine d'application de celle-ci. Là encore, il faut se référer à la circulaire du 16 mars 2004. A la lecture de cette dernière, l'on aperçoit une grande proximité de la mesure de régularisation avec celle d'orientation sanitaire, sociale ou professionnelle de l'article 41-1, 2° C.pr.pén. En effet, les infractions « mineures » aux règles d'hygiène alimentaire, au Code de l'urbanisme et de l'environnement, à l'hygiène et à la sécurité du travail peuvent faire l'objet d'un traitement par ce biais. De même, les infractions au Code de la route relatives à l'équipement du véhicule, ainsi que celles au droit des sociétés font partie du domaine de l'article 41-1, 3° C.pr.pén., à condition, pour ces dernières, qu'elles soient exclusives de toute intention frauduleuse.

La circulaire ne cite qu'à titre indicatif le domaine d'application de la mesure de régularisation. Toutefois, le texte du 16 mars 2004 précise les caractéristiques que doivent présenter ces infractions pour faire l'objet d'une telle mesure. Comme pour les autres mesures à caractère admonestatif, les infractions pouvant faire l'objet de la mesure de régularisation ne doivent pas troubler l'ordre public de façon significative. Elles supposent des garanties de représentation de la part de l'auteur et constituent des violations continues des réglementations ou sont causées par le défaut d'un titre imposé par la loi ou le règlement. En outre, les infractions qui ressortissent du domaine de cette mesure doivent être exclusives de tout préjudice causé à une victime.

---

[153] Décret n°2004-1021 du 27 septembre 2004 portant modification du Code pénal et du Code de procédure pénale (deuxièmes parties : Décrets en Conseil d'Etat) et relatif notamment au stage de citoyenneté, à la composition pénale, aux sûretés prononcées dans le cadre d'un contrôle judiciaire et à la juridiction de proximité, JO 29 septembre 2004, p. 16718.

Dans un souci de précision du domaine d'application de la mesure, la circulaire prévoit certaines exclusions. La mesure de l'article 41-1, 3° C.pr.pén. n'est pas applicable aux infractions relatives au droit des étrangers ou au travail clandestin, infractions qui en raison de leur gravité supposeront un traitement pénal plus lourd.

L'article 41-1 C.pr.pén. reste flou quant aux infractions pouvant faire l'objet d'un traitement par la voie des procédures admonestatives. Les précisions apportées par la Chancellerie et plus particulièrement par la circulaire du 16 mars 2004 démontrent une unité de ces mesures quant aux infractions. De plus, face à la diversité des faits pouvant être traités par ces procédures, les procédures admonestatives consacrent un traitement privilégié des infractions contraventionnelles et délictuelles à l'exclusion du domaine criminel.

Les processus admonestatifs disposent d'un régime commun quant aux infractions et précisément quant aux caractéristiques que ces dernières doivent revêtir. La découverte de ce régime découle pour l'essentiel de l'analyse de la circulaire du 16 mars 2004. De même, les caractères relatifs aux personnes tendent également à la démonstration d'une unité des procédures admonestatives résultant non des précisions de la loi mais de la Chancellerie.

B - L'imprécision légale quant aux personnes

108. Les conditions tenant à l'accès de l'auteur de l'infraction au bénéfice d'une mesure admonestative découlent des caractéristiques des infractions vues précédemment et permettent d'en faire surgir une certaine unité (1). Au-delà, le régime commun de ces processus alternatif se traduit, à partir de l'analyse de la circulaire du 16 mars 2004, par une exclusion de la victime dans le déroulement de celles-ci (2).

1 - Les indices relatifs aux qualités de l'auteur des faits

109. La volonté du législateur d'une réponse pénale systématique de l'appareil judiciaire, symbole d'une confiance retrouvée du citoyen en la justice, constitue également un outil de lutte contre la récidive. Ainsi, la mise en œuvre d'une mesure de nature pénale, aussi légère soit-elle, en réponse à une infraction n'ayant troublé que très faiblement l'ordre public, en lieu et place d'un classement sans suite pur et simple, permet de circonscrire la population délinquante concernée par les procédures admonestatives.

Egalement, la consécration par le législateur du recours aux procédures alternatives à la poursuite doit contribuer à la mise en œuvre d'une justice négociée ainsi qu'à la certitude de l'exécution de ces mesures par les auteurs d'infractions. Cependant, ces procédures d'admonestation constituent une limite à la naissance d'une justice consensuelle. Il n'est en effet pas possible de considérer qu'elles participent à une telle justice puisque leurs conditions d'accès excluent le consentement de l'auteur des faits.

a - Les conditions tenant à la personne de l'auteur

110. L'article 41-1 C.pr.pén. ne détermine pas les conditions d'application de ces mesures à l'auteur de l'infraction. Toutefois, le travail de la Chancellerie permet, au travers de la circulaire du 16 mars 2004, d'en déterminer les caractères. Ce dernier texte n'indique pas expressément que le bénéfice de ces procédures est réservé aux individus majeurs, « primo-délinquants ». Il reste cependant possible de le considérer. En effet, le texte interprétatif réserve l'application de ces mesures aux infractions commises par des individus insérés et sans difficultés sociales, professionnelles ou sanitaires repérées. Ensuite, elle semble prévoir l'application de ces mesures aux individus n'ayant pas déjà fait l'objet d'une condamnation pénale antérieure voire totalement inconnus des services de police ou du parquet.

Bien qu'exclus du bénéfice de ces mesures alternatives avant la loi précitée du 5 mars 2007, les mineurs peuvent depuis son entrée en vigueur en faire l'objet. L'article 55 de la loi a, en effet, créé un nouvel article 7-1 au sein de l'ordonnance du 2 février 1945 relative à l'enfance délinquante offrant expressément au parquet la possibilité d'appliquer ces mesures aux mineurs. Toutefois, le texte nouveau assortit leur applicabilité à la convocation de leurs représentants légaux[154].

111. La circulaire reste silencieuse s'agissant de l'applicabilité des mesures admonestatives aux personnes morales. Toutefois, cette inapplicabilité peut découler du domaine quant aux infractions. En effet, il semble improbable de prévoir l'application d'une mesure de stage de sensibilisation à la sécurité routière ou un stage de citoyenneté à une personne morale. De même, un rappel à la loi semble inapproprié dès lors que celui-ci ne peut s'adresser qu'à une personne physique qui la représente.

---

[154] Ph. Bonfils, La réforme de l'ordonnance de 1945 par la loi prévention de la délinquance, *A.J. Pénal*, 2007, p. 209.

Toutefois, les personnes morales peuvent être concernées par certains processus admonestatifs. En effet, la circulaire du 16 mars 2004 envisage l'application de la mesure de régularisation aux infractions trouvant leur origine dans l'absence de respect des prévisions légales ou réglementaires et commises sans intention frauduleuse. Ainsi, en ne comportant pas d'autre sanction que la simple injonction de se conformer aux prescriptions légales ou réglementaires, cette mesure peut s'adresser, dans le silence du texte, aux personnes morales.

b - Les conditions tenant au consentement de l'auteur

112. Bien que les procédures alternatives participent à l'essor d'une justice consensuelle devant pallier les insuffisances de la justice dite imposée[155], toutes ne confèrent pas au consentement de l'auteur la même intensité. En effet, les processus admonestatifs ôtent toute possibilité pour l'auteur des faits de négocier la mesure dans sa nature ou son quantum. Ce constat découle de l'objectif de ces mesures et de la volonté du parquet de sanctionner l'individu lorsqu'il y a recours. Cet objectif sanctionnateur rapproche ces mesures des alternatives répressives. Elles s'en éloignent toutefois en ce que leur mise en œuvre repose sur la seule décision du parquet, les processus alternatifs répressifs supposant en effet un consentement préalable de l'auteur afin de pouvoir être appliqués[156].

Au vu de ces observations, il convient de refuser à ces procédés d'admonestation une participation entière à la justice négociée. En revanche, ils contribuent à l'existence d'une justice acceptée. En effet, l'indifférence du consentement de l'auteur est contrebalancée par la nécessité d'une exécution volontaire de la mesure traduisant alors l'acceptation de l'auteur des faits.

De la même manière que la circulaire du 16 mars 2004 permet, dans le silence du texte de l'article 41-1 C. pr.pén., de déterminer les conditions

[155] F. Tulkens et M. Van de Kerchove, La justice pénale : justice imposée, justice participative, justice consensuelle ou justice négociée ?, in *Droit négocié, droit imposé ?*, sous la direction de Ph. Gérard, F Ost, et M. Van de Kerchove, Bruxelles, Publications des facultés universitaires Saint Louis, 1996, p. 529 et s. ; M. Van de Kerchove, Eclatement et recomposition du droit pénal, *Rev.sc. crim.*, 2000, p. 5 et s.

[156] La loi n°2007-297 du 5 mars 2007 relative à la prévention de la délinquance confirme cette observation. En effet, lorsque que le parquet envisage l'application d'une des mesures de l'article 41-1 C.pr.pén. au mineur, les représentants légaux de celui-ci doivent simplement être convoqués.

d'accès de l'auteur des faits aux processus admonestatifs, l'analyse de ce texte offre d'étudier celles relatives à la victime de l'infraction. Cette étude permet de convaincre de l'exclusion de celle-ci du domaine de ces procédures alternatives.

2 - Les indices exclusifs de la participation de la victime

113. L'émergence d'une justice négociée en matière pénale a favorisé une prise en compte plus importante du préjudice causé à la victime jusqu'à, parfois, la faire participer activement à la résolution du litige né de la violation de la loi pénale. Cependant, les procédures alternatives reposant sur le principe d'une volonté de sanction de l'auteur de l'infraction n'ont pas permis une telle reconnaissance de la victime.

Les procédures alternatives admonestatives reposent sur un principe de sanction de l'auteur de l'infraction. Dès lors, elles ne réservent donc qu'une faible place à la victime de l'infraction.

L'éviction de la victime ressort de l'analyse de la circulaire du 16 mars 2004, et précisément de l'analyse du domaine quant aux infractions des procédures de l'article 41-1 C.pr.pén. En effet, au titre des caractéristiques devant être présentées par les infractions susceptibles de faire l'objet d'un traitement par les mesures des alinéas 1er, 2e et 3e de l'article 41-1 C.pr.pén., la circulaire ne prévoit la mise en œuvre des mesures admonestatives qu'en cas d'infractions n'ayant entraîné aucun préjudice ou ne permettant aucune prétention de la part de la victime. La circulaire oblige donc le magistrat du parquet à ne pas prendre en considération le sort de la victime dès lors qu'il décide de recourir à une mesure admonestative.

Cette éviction de la victime confirme l'objectif poursuivi par le parquet dès lors qu'il décide de la mise en œuvre d'une mesure admonestative. Seul, en effet, le reclassement de l'auteur de l'infraction est recherché dès lors que les processus admonestatifs ne peuvent pas être utilisés concurremment avec les mesures visant à la réparation du préjudice subi par la victime.

L'étude du régime procédural des processus admonestatifs a permis de mettre en lumière des règles communes applicables à l'ensemble des procédures privilégiant le reclassement de l'auteur comme mode de traitement de l'infraction. Bien que disposant d'un domaine quant aux infractions propre à chaque procédure, il a été possible de remarquer une intervention identique des acteurs à la procédure qu'il s'agisse de l'organe disposant du pouvoir de mise en œuvre de la procédure, de celui chargé de son exécution, ou encore des conditions devant être présentées par l'auteur de l'infraction. Une étude du déroulement de ces processus va, à présent, préciser l'objectif de resocialisation de l'individu recherché par les procédures d'admonestation. Elle conduira à une analyse des effets de ces procédures afin d'éclairer sur les conséquences de leur mise en œuvre.

SECTION II - L'ORIENTATION IMPLICITE DES PROCÉDURES ADMONESTATIVES VERS LA RESOCIALISATION

L'étude du déroulement procédural des procédures admonestatives permet d'observer des pouvoirs importants confiés à l'organe d'exécution de la mesure mais aussi une maîtrise pérenne de la procédure par le parquet permettant de constater une articulation souple des différents pouvoirs (§I). Cette répartition circonspecte des pouvoirs entraîne des effets nuancés des procédures admonestatives résultant notamment de l'attitude de l'auteur des faits, laquelle n'est pas sans conséquences sur la réussite ou l'échec du processus alternatif (§ II).

§ I - La répartition circonspecte des prérogatives procédurales

114. L'existence de deux organes distincts intervenant en matière de procédure admonestative résulte pour l'essentiel de la possibilité offerte au parquet de déléguer les pouvoirs d'exécution de la procédure. Ce recours à un organe distinct du parquet n'est cependant pas synonyme d'un rôle unique. Au contraire, il permet une diversification des rôles confiés aux organes d'exécution de la procédure. Toutefois, le déroulement de la procédure, même confié à un tiers, n'empêche pas une certaine délimitation des missions de l'organe disposant de l'initiative procédurale. Ainsi, la subordination de l'organe délégué constitue le fondement de la maîtrise du processus par le parquet caractérisant la nature sanctionnatrice des alternatives admonestatives (A). Cet aspect se retrouve également à l'occasion de l'examen de la marge de manœuvre offerte à l'individu permettant de constater l'absence de caractère négocié de ces procédures (B)

A - La subordination de l'organe délégué : fondement de la maîtrise effective de la procédure par le parquet

Malgré la délégation de l'exécution de la procédure à un organe distinct, le magistrat du parquet ne perd pas totalement la maîtrise de celle-ci (1). Ainsi, les pouvoirs confiés à l'organe d'exécution ont pour contrepartie un lien de subordination à l'organe disposant de l'initiative procédurale (2).

1 - L'existence d'un contrôle procédural par le parquet

115. Le choix de la mise en œuvre d'une procédure alternative à la poursuite pénale est effectué en fonction d'un certain nombre de paramètres résultant notamment de la nature des circonstances de l'infraction commise et de la personnalité de l'auteur des faits, auxquels la loi confie au seul magistrat du parquet l'entière appréciation. La faveur du magistrat du parquet pour la mise en application d'une procédure admonestative entraîne un rôle de celui-ci en deux temps. S'il perd tout d'abord la maîtrise effective de la procédure pendant son déroulement (a), il recouvre ensuite un rôle principal à l'issue du processus (b).

a - Le rôle secondaire du parquet lors du déroulement de la procédure

116. La délégation de ses pouvoirs lors du déroulement effectif des alternatives admonestatives confère au parquet un rôle passif dans la procédure. Elle se voit favorisée par la volonté d'un traitement des procédures en temps réel et donne au représentant du ministère public le pouvoir de confier à l'officier de police judiciaire, ayant constaté l'infraction et l'ayant averti, la mission d'informer directement l'auteur de faits de la mise en œuvre d'une procédure alternative. Ce rôle d'information n'est pas réservé à l'officier de police judiciaire et peut tout autant être confié à un autre organe délégué tel qu'un délégué du procureur.

Toutefois, la distinction, au titre des organes d'exécution de la procédure, entre la mission de simple information de la prise de la mesure et celle de mise à exécution de la procédure proprement dite entraîne, selon le type de mesure considérée, l'intervention d'un seul ou de plusieurs organes délégués. Le recours à la délégation peut être facultatif s'agissant de l'exécution d'un rappel à la loi ou d'une mesure de régularisation en vertu de l'article 41-1, 3° C.pr.pén. A l'inverse, la décision de mise en œuvre d'un stage alternatif sera l'occasion de l'intervention d'organes chargés du déroulement effectif de la mesure, l'article 41-1, 2° C.pr.pén. prévoyant l'orientation vers une structure sanitaire sociale ou professionnelle.

Si le texte de l'article 41-1, 2° C.pr.pén. ne détermine pas précisément la nature de cet organe délégué, la circulaire du 16 mars 2004 s'avère plus précise s'agissant de contentieux techniques particuliers. Ainsi, les infractions en matière de droit de la consommation, lorsqu'elles font l'objet d'un traitement par le biais d'un stage alternatif, permettent l'intervention de la

D.D.C.C.R.F[157]. De même, les stages visant au traitement des infractions en matière de droit du travail seront effectués en lien avec les chambres de commerce et d'industrie. Quant aux stages de sensibilisation à la sécurité routière, ils sont effectués, en vertu de la circulaire du 28 juillet 2004[158], par des organismes agréés dans les conditions prévues par l'article R. 223-5 du Code de la route (C.route)[159] issu du décret du 11 juillet 2003[160].

La technique de la délégation permet une mise en place rapide du processus. Cependant, elle entraîne un effacement du rôle du parquet dans le déroulement effectif de la procédure, l'essentiel de l'activité du parquet s'effectuant en amont de la décision de la mise en place de la procédure. Toutefois, l'effacement du rôle du parquet pendant le déroulement effectif de la procédure et le recours à la technique de la délégation ne sont pas synonymes d'un recul des pouvoirs du parquet. Celui-ci peut, d'une part, décider d'exécuter personnellement et directement tout ou partie du déroulement de la procédure. D'autre part, cet effacement du parquet n'est que provisoire. En effet, les circonstances entourant le déroulement de la procédure et le comportement de l'auteur permettent au parquet de recouvrer une maîtrise totale et effective en fin de procédure.

b - Le rôle principal du parquet en cas d'échec de l'admonestation

117. L'abandon d'un traitement répressif classique de l'auteur de l'infraction ne peut se maintenir que tant que le justiciable exécute les obligations qui sont les siennes au titre de la mesure décidée. La loi du 9 mars 2004 est venue encadrer l'exercice du pouvoir d'opportunité dont dispose le parquet en l'obligeant à mettre en œuvre une composition pénale ou à déclencher l'action publique dans certains cas.

---

[157] La direction départementale de la concurrence, de la consommation et de la répression des fraudes constitue un organe de la direction régionale des entreprises, de la concurrence, de la consommation, du travail et de l'emploi depuis le 15 février 2010.

[158] Circulaire CRIM 2004-08 E1 du 28 juillet 2004 relative au renforcement de la lutte contre la délinquance routière, *op.cit.*

[159] Article R. 223-5 C.route : « Les personnes physiques ou morales qui se proposent de dispenser cette formation doivent obtenir préalablement un agrément du préfet du département ou de l'autorité compétente du territoire ou de la collectivité territoriale d'outre-mer, du lieu d'implantation de leur activité, qui vérifie que les obligations définies par les articles R. 223-5 à R. 223-8 pourront être respectées. Elles établissent à cet effet un dossier dont la teneur est précisée par arrêté conjoint du ministre l'intérieur et du ministre chargé des transports. »

[160] Art. 4 du décret n°2003-642 du 11 juillet 2003 portant application de certaines dispositions de la loi n°2003-495 du 12 juin 2003 renforçant la lutte contre la violence routière, JO du 12 juillet 2003, p. 11885.

L'injonction faite par la loi au parquet est applicable lorsque le procureur de la République, ou son délégué, constate une non-exécution de la mesure imputable à l'auteur de l'infraction.

Avant l'entrée en vigueur de la loi précitée, la décision de classement sous condition n'entraînait qu'un engagement moral de la part du représentant du ministère public de ne pas mettre déclencher l'action publique. Désormais le dernier alinéa de l'article 41-1 C.pr.pén. encadre légalement la pratique du classement sans suite sous condition. Malgré cette nouvelle règle, la large marge d'appréciation dont jouit l'organe de poursuite n'est pas totalement supprimée.

La maîtrise retrouvée du processus par le parquet peut intervenir à tous les stades de la procédure. Synonyme d'échec de la procédure alternative, elle mettra fin à la délégation. Cependant, lorsque le parquet y recourt, elle confère un certain nombre de prérogatives à l'organe délégué conférant à ce dernier un contrôle effectif de la procédure.

2 - Un contrôle effectif de la procédure par l'organe délégué

Le recours à la délégation ne confère pas à l'organe qui en dispose un pouvoir unique. Elle confère, en effet, des prérogatives multiples qui varient en fonction de la personne de l'organe délégué (a). L'étude du rôle de l'organe d'exécution de la procédure pendant le déroulement de celle-ci permettra également de révéler les objectifs de la mesure entreprise (b).

a - La multiplicité des pouvoirs confiés

118. Lorsque le parquet décide du recours à un organe délégué chargé du déroulement effectif de la procédure, ce dernier dispose en vertu de la mission qui lui est confiée, de divers pouvoirs. De manière générale, pour l'ensemble des processus auxquels il est possible d'attribuer un caractère admonestatif, les pouvoirs de l'organe d'exécution de la procédure se répartissent entre un pouvoir d'information et un pouvoir de surveillance de l'exécution de la mesure par l'auteur des faits.

119. Au titre de la mission d'information, l'organe délégué doit préciser à l'auteur des faits la nature de la mesure dont il fait l'objet par décision du parquet ainsi que la teneur des obligations qui sont mises à sa charge en raison de l'application de la procédure.

Egalement, au titre de sa mission d'information, l'organe délégué précise à l'auteur de l'infraction les conséquences de la mise en œuvre de la mesure sur l'opportunité des poursuites. Ainsi, en cas de rappel à la loi par application de l'article 41-1, 1° C.pr.pén., l'O.P.J., dans le cadre des pratiques de traitement des infractions en temps réel, le délégué ou le médiateur du procureur informe l'individu de la nature infractionnelle des faits qui lui sont reprochés, en lui « *rappelant solennellement les termes de la loi* »[161] et notamment le quantum des peines applicables, mais aussi de l'incidence d'une réitération des faits sur l'action publique.

120. De même, la mise en œuvre d'une mesure de régularisation au titre de l'article 41-1, 3° C.pr.pén. permettra à l'auteur des faits d'être informé sur les obligations qui sont mises à sa charge. Il s'agit, comme en matière de rappel à la loi, de prévenir l'auteur de l'infraction afin d'éviter une éventuelle réitération de l'infraction et d'agir dans un but de cessation de l'activité délictueuse. Cependant, dans le cadre de cette mesure de régularisation, contrairement à ce qui sied pour un rappel à la loi, l'organe chargé de l'exécution de la procédure doit, d'après les termes de la loi, recueillir le consentement de l'auteur des faits quant à la mise en œuvre du processus.

121. Dans le cadre de la mise en œuvre des mesures d'orientation en vertu de l'article 41-1, 2° C.pr.pén., se concrétisant par le suivi d'un stage alternatif, l'organe délégué informe l'auteur des faits de la nature du stage décidé par le parquet et des obligations qui en découlent, notamment des frais mis à la charge du délinquant. Le suivi des stages alternatifs reste sous le contrôle de l'organe délégué[162]. Celui-ci doit, au titre de ses prérogatives en matière d'information, préciser à l'intéressé la nature, le contenu et la durée du stage. La circulaire du 16 mars 2004[163] propose un « *format indicatif du stage* » individuel ou collectif d'une durée d'un à cinq jours lorsqu'ils sont décidés en application de l'article 41-1, 2° C.pr.pén.

Le décret du 27 septembre 2004, quant au stage de citoyenneté, et la circulaire du 28 juillet 2004[164], relative notamment au stage de sensibilisation

---

[161] M-E. Cartier, « Les modes alternatifs de règlements des conflits en matière pénale », *R.G.D.P.*, 1998, *op.cit.*

[162] Le décret n°2004-1021 du 27 septembre 2004 renvoie au contrôle du délégué du procureur du lieu d'exécution de la mesure le suivi des stages de citoyenneté.

[163] Circulaire n°2004-03 E5 du 16 mars 2004 relative à la politique pénale en matière de réponses alternatives aux poursuites pénale, préc.

[164] Circulaire CRIM 2004-08 E1 du 28 juillet 2004 relative au renforcement de la lutte contre la délinquance routière, *op.cit.*

à la sécurité routière en application de la loi du 12 juin 2003, s'avèrent toutefois plus précis quant au contenu de la mesure.

En effet, en vertu du décret précité, le stage de citoyenneté vise au rappel des valeurs républicaines de tolérance et de respect de la dignité humaine et à la prise de conscience de la responsabilité pénale et civile ainsi que des devoirs qu'implique la vie en société. L'article 1er du décret[165] précise encore que le stage vise à favoriser l'insertion sociale de l'intéressé. La circulaire du 16 mars 2004 préconise, en la matière, un stage collectif articulé autour de divers intervenants, magistrats, enseignants, « *grands témoins* ». Le contenu du stage doit faire l'objet d'un projet élaboré par l'organe délégué chargé de la mise en œuvre de celui-ci et d'une validation par le procureur de la République après avis du président du tribunal.

Lorsque le parquet décide de la mise en œuvre d'un stage de sensibilisation à la sécurité routière, le délégué du procureur, expressément chargé de l'exécution de la procédure par la circulaire du 28 juillet 2004, informe l'intéressé, auteur d'une contravention de cinquième classe jusqu'alors inconnu des services du parquet, de la durée de cette mesure, laquelle ne peut ne peut être inférieure à seize heures réparties sur deux jours et préciser la structure agréée[166] chargée de l'organisation matérielle du stage.

122. La seconde mission générale incombant à l'organe chargé du déroulement de la procédure réside dans la surveillance de l'exécution de la mesure par l'auteur des faits.

Si la constatation de l'exécution de la mesure découle, en matière de rappel à la loi, de l'activité d'information incombant à l'organe d'exécution de la mesure, il n'en est pas de même s'agissant des mesures de régularisation et d'orientation vers une structure sanitaire, sociale ou professionnelle.

En effet, en matière de mesure de régularisation au titre de l'article 41-1, 3° C.pr.pén., l'exécution des obligations découlant de la mesure doit faire l'objet d'un constat par l'organe délégué. Celui-ci dresse alors un procès-verbal constatant la cessation de l'infraction.

---

[165] L'article 1er devant être intégré aux articles R. 131-35 à R. 131-36 du Code pénal, cette mesure peut également être prononcée comme peine alternative à l'emprisonnement selon les dispositions de l'article 131-5-1 C.pén. issu de la loi du 9 mars 2004.

[166] Celle-ci doit être agréée par le préfet en vertu d'une procédure administrative résultant des articles R. 223-5 à R. 223-13 du Code de la route, applicable initialement aux stages de récupération de points sur le permis de conduire.

123. En matière de stage alternatif, le délégué du procureur ne se voit pas chargé de l'organisation ou de l'exécution matérielle de la mesure. La procédure demeure toutefois sous son contrôle et il reste en charge de la constatation de l'exécution proprement dite du stage. En cas d'exécution de celui-ci par l'auteur de l'infraction, l'organisme agréé lui fournit une attestation de fin de stage qu'il doit remettre à l'organe délégué, à charge pour ce dernier de la faire parvenir aux services du parquet.

La teneur des prérogatives confiées à l'organe d'exécution permettent de démontrer les objectifs particuliers poursuivis par les processus admonestatifs. L'ensemble de ces procédures découlant du régime général de l'article 41-1 C.pr.pén., c'est l'alinéa premier de cette disposition qui découvrira les objectifs assignés par la loi aux alternatives admonestatives.

b - La recherche d'une resocialisation de l'individu

124. Les processus recherchant l'admonestation de l'auteur de l'infraction excluent toute volonté de voir réparé le dommage subi par une victime. En effet, la circulaire du 16 mars 2004 exclut l'application de ces procédures dès lors qu'il existe des prétentions émanant d'une victime.

De même, on ne peut conclure pour ces mêmes procédures, à la volonté du ministère public de voir par leur mise en œuvre la cessation du trouble causé à l'ordre public. En effet, si elles contribuent à l'idée de sanction de l'auteur de l'infraction, elles ne débouchent pas sur l'application à l'auteur des faits d'une mesure au caractère pénal marqué. Du reste, la circulaire précitée du 16 mars 2004 prévoit le recours à ces procédures dès lors que le représentant du ministère public ne constate aucun trouble significatif à l'ordre public.

Ces mesures n'ont pour objectif ni la réparation du dommage ni la cessation du trouble causé à l'ordre public mais elles visent au reclassement de l'auteur de l'infraction, c'est-à-dire de réadaptation sociale, professionnelle ou juridique de celui qui, par la commission de l'infraction, a violé le pacte social. En effet, s'agissant de la mesure de rappel à la loi institué par l'article 41-1, 1° C.pr.pén., il n'y a pas de doute sur l'objectif recherché de reclassement de l'auteur, dès lors que la réprimande de ce dernier, décidée par le parquet, vise à faire prendre conscience à l'auteur de la gravité des faits qui lui sont reprochés, de la qualification d'infraction que revêtent ces faits et à prévenir la réitération.

125. Ce même objectif s'applique ensuite à la mesure de régularisation énoncée à l'article 41-1, 3° C.pr.pén. En effet, d'après la circulaire précitée, cette mesure doit trouver application en cas d'infraction n'ayant pas troublé l'ordre public et n'ayant entraîné aucun dommage et lorsque que le parquet est convaincu de l'absence d'intention frauduleuse de l'auteur. Cette mesure, en ce qu'elle ne vise qu'à la mise en conformité de la situation de l'auteur au regard des exigences de la loi ou du règlement sans autre forme de sanction, dénote un objectif de reclassement de l'auteur.

126. Enfin, ce même objectif peut être reconnu aux stages alternatifs de l'article 41-1, 2° C.pr.pén. La circulaire du 16 mars 2004 prévoit leur application en tant que réponse pédagogique tendant à la prévention de la réitération, l'individu qui en bénéficie devant prendre *« conscience de la nature de la transgression de la loi »*. S'agissant du stage de citoyenneté, le même texte indique, au titre de l'organisation du stage, qu'il comporte un *« module de sensibilisation »* dont l'objectif premier réside dans la prise de conscience par l'auteur du risque pénal encouru, de la signification de son acte au regard des valeurs de la République et de l'histoire contemporaine et au regard de l'atteinte portée à la bonne entente entre les citoyens.

Lorsqu'il décide de l'orientation de l'auteur d'une infraction routière vers une structure organisant un stage de sensibilisation à la sécurité routière, le parquet recherche le même objectif de reclassement de l'auteur. La circulaire du 28 juillet 2004 conçoit, en effet, cette mesure comme un outil pédagogique à l'encontre de certains comportements dangereux.

Bien que recherchant le reclassement de l'auteur de l'infraction, le caractère sanctionnateur des mesures admonestatives révèle une participation limitée des procédures alternatives à l'intégration du consensualisme en matière pénale. Ainsi, la nature pénale des alternatives admonestatives constitue une particularité de ces processus, laquelle rejaillit sur le degré de négociation offert.

B - L'absence de caractère négocié des procédures admonestatives

127. Le recours au dialogue comme mode d'extinction d'un conflit né de la violation de la loi pénale n'est affirmé qu'en matière de médiation. Ainsi, les procédures admonestatives, comme d'autres mesures de la troisième voie, ne confèrent pas à l'auteur de l'infraction un pouvoir de négociation élevé (1). Cette conséquence est également applicable au sort de la victime qui se voit exclue des objectifs généraux de politique pénale assignés à ces procédures (2).

1 - Une absence de négociation offerte à l'auteur des faits

128. A la lecture de l'article 41-1, 1° C.pr.pén., aucune négociation ni possibilité de s'opposer à la mesure décidée ne sont offertes à l'auteur des faits. En effet, d'après ces dispositions, le parquet « procède auprès de l'auteur des faits » au rappel à la loi ou, en vertu du 2° du même article, « oriente l'auteur des faits » vers une structure sanitaire, sociale ou professionnelle.

Cependant, si les deux premières mesures énoncées par l'article 41-1 C.pr.pén. sont rédigées de manière impérative soulignant le caractère sanctionnateur de ces processus, la mesure de régularisation instituée l'article 41-1, 3° C.pr.pén. permet, quant à elle, sinon la négociation, au moins la participation de l'auteur. Celle-ci peut ainsi s'analyser comme une modalité de classement sous condition d'une obligation de faire. En outre, il est possible de l'entendre comme procédant d'une logique participative, le parquet demandant à l'auteur des faits de régulariser sa situation au regard de la loi ou du règlement.

129. Tout en ne faisant que peu de place au consentement, ces procédures laissent un choix à l'auteur des faits. A la manière de ce qui existe dans la procédure de l'amende forfaitaire[167], l'auteur de l'infraction peut s'opposer à l'application effective de ces mesures et opter pour « une résistance passive »[168] en n'exécutant pas les prescriptions découlant de la mise en œuvre de ces procédures. Ainsi, lorsque le parquet décide d'une mesure de régularisation de l'auteur de l'infraction au titre de l'article 41-1, 3° C.pr.pén., l'auteur conserve une marge de manœuvre lui permettant de ne pas exécuter l'obligation positive de régulariser lorsque, par exemple, il nie sa responsabilité dans la commission de l'infraction qui lui est reprochée. L'auteur peut exercer la même option s'agissant des stages alternatifs en refusant leur exécution dès lors qu'il recherche l'exonération de sa responsabilité. Seul le rappel à la loi interdit à l'auteur des faits de s'y opposer. Cette mesure fait apparaître une obligation de ne pas faire résidant dans l'injonction faite par le procureur ou son délégué, à l'auteur des faits de ne pas réitérer l'infraction.

---

[167] Cette procédure sera étudiée au titre des procédures alternatives sanctionnatrices-répressives.

[168] J.H. Robert, Tribunal de police ; Amende et indemnité forfaitaires, *J.-Cl. procédure pénale*, 2009, fasc.20, p. 7 et s.

L'auteur des faits dispose en la matière d'une marge de manœuvre restreinte. La victime de l'infraction, quant à elle, se voit exclue du processus admonestatif de résolution du conflit issu de la commission d'une infraction pénale.

2 - Une absence de prise en compte de la victime

130. A la lecture de la circulaire du 16 mars 2004, la mise en œuvre des procédures admonestatives est exclusive des infractions entraînant un dommage ou une prétention de la victime. Cette précision du texte confirme l'objectif de reclassement de l'auteur lorsque les infractions pouvant en faire l'objet n'entraînent aucun dommage. Toutefois, l'utilisation d'une mesure admonestative peut être un facteur d'inégalité entre les justiciables si le parquet décide de l'application d'une telle mesure à une infraction non expressément prévue par la circulaire.

En effet, d'après ce texte, la mesure admonestative est en principe réservée aux infractions pour lesquelles aucune victime n'est identifiée. Or, l'absence d'identification de la victime ne signifie pas toujours l'absence de préjudice causé à la victime, d'autant que le domaine infractionnel des processus admonestatifs n'est pas absolument exclusif de tout dommage provoqué. Ainsi, la mise en œuvre d'une telle procédure admonestative, au mépris ou dans l'ignorance de l'existence d'une victime, privera cette dernière de toute possibilité de réparation dans le cadre de celle-ci.

131. Inversement, l'absence de prise en compte de la victime en la matière peut s'avérer contraire aux intérêts de l'auteur des faits car, si la victime se révèle tardivement, la voie de la citation directe lui reste ouverte et lui permet d'attraire l'auteur de l'infraction devant le juge répressif[169]. Cette option a pour effet de mettre en échec la tentative d'un traitement alternatif et rend fragiles les effets de l'exécution par l'auteur des faits de la mesure admonestative sur l'action publique[170]. En effet, le dernier alinéa de l'article 41-1 C.pr.pén. ne protège pas l'auteur des faits contre la mise en œuvre par le parquet d'une mesure plus répressive sous la forme du déclenchement de l'action publique ou de la mise en œuvre d'une composition pénale. En effet, bien que cette répression nouvelle de l'auteur des faits n'est possible, en principe, qu'en cas de non-exécution de la mesure initiale imputable à

---

[169] Crim. 17 janvier 2012, n° 10-88.226, *LPA* 14 janvier 2013, Chron. Droit et risque n°4, note F. Ludwiczak.
[170] Crim. 21 juin 2011, n° 11-80.003, *op.cit.*

son comportement, rien n'empêche le déclenchement de l'action publique par le truchement de l'action de la victime, dès lors que l'exécution des mesures admonestatives n'entraîne pas d'effet extinctif de l'action publique[171].

Les alternatives admonestatives n'offrent ainsi que des effets nuancés en ne garantissant pas à l'auteur des faits l'absence de déclenchement de l'action publique. Néanmoins, elles entraînent un certain nombre de conséquences sur le principe de l'opportunité des poursuites et débouchent sur des sanctions spécifiques à l'objectif de prise de conscience par l'auteur des faits de la gravité de la violation de la loi.

§ II - Les issues de la procédure

Les procédures alternatives admonestatives permettent la mise en œuvre d'une réponse pénale visant à sanctionner au moins symboliquement l'auteur d'une infraction pénale. La plupart d'entre elles entraîne certaines mesures visant à la seule réadaptation sociale de l'individu dans un but de prévention de la réitération de la violation de la loi par l'agent. La mise en œuvre de ces procédures constitue ainsi un premier degré de répression alternative (A). Toutefois, elles ne produisent pas d'effet éminent sur l'action publique, laquelle peut toujours être déclenchée (B).

A - L'existence d'une sanction alternative de premier degré

132. De l'application des procédures admonestatives découle la mise en œuvre de mesures visant au reclassement de l'individu. Ces dernières, même si elles apparaissent comme particulièrement légères pour l'individu qui en bénéficie, répondent bien à la volonté de sanctionner l'auteur des faits. Malgré le silence du législateur à propos de la détermination du domaine de ces procédures quant aux infractions, la circulaire du 16 mars 2004 tend à assurer la cohérence des politiques pénales des différents parquets.

Conformément à la volonté du législateur de 2004 d'une réponse pénale systématique, les mesures admonestatives ont pour objet la résolution des contentieux qui, auparavant, ne supposaient qu'un classement sans suite pur et simple. L'examen des différentes mesures ressortissant de ces processus révèle la nature particulière de ces dernières et permet de les

---

[171] *Ibid.*

considérer comme un véritable premier degré dans la volonté sanctionnatrice du législateur.

133. Ce constat résulte de l'ambiguïté de la rédaction de l'article 41-1 C.pr.pén. En effet, si cette disposition appréhende le rappel à la loi, la régularisation ou encore les divers stages alternatifs, comme des mesures résultant de son application générale, le langage utilisé permet en réalité de les percevoir à la fois au sens de procédure et au sens de peine. Ainsi, la médiation pénale constituant, à la lecture de l'article 41-1 C.pr.pén., une mesure alternative à la poursuite, doit avant tout être considérée comme une procédure débouchant sur un accord des parties, lequel peut alors être conçu comme une sanction. De même, les diverses mesures admonestatives doivent d'abord être entendues au sens de procédures dès lors qu'elles découlent d'un cheminement processuel particulier pour chacune d'entre elles même si elles prennent toutes leur source dans l'application de l'article 41-1 C.pr.pén.

134. Cependant, les procédures admonestatives de l'article 41-1 C.pr.pén. entraînent la mise en œuvre de sanctions au sens pénal du terme. En effet, l'avertissement découlant du rappel à la loi constitue bel et bien une admonestation de l'auteur de l'infraction dans des conditions similaires à celle prononcée par le juge des enfants en vertu de l'article 8 de l'ordonnance du 2 février 1945.

Egalement, la mesure de régularisation ou les différents stages admonestatifs constituent pleinement des sanctions pénales dès lors que le juge de jugement, dans le cadre d'un procès classique, peut les prononcer à titre de peines alternatives ou complémentaires à l'emprisonnement[172], voire au titre de l'obligation probatoire dans le cadre du sursis ou de l'ajournement avec mise à l'épreuve[173].

Si ces procédures visent, avant tout, la prise de conscience par l'individu de la gravité des faits qu'il a commis, les textes en la matière restent peu précis sur le contenu réel des mesures devant découler de ces procédures.

---

[172] Ainsi, en vertu de l'article 131-6 C.pén., l'interdiction d'émettre des chèques, pouvant être prononcée par la juridiction, peut être assimilée à la mesure de régularisation de l'article 41-1-3° C.pr.pén. De la même manière, le stage de citoyenneté, institué par la loi du 9 mars 2004 et le décret du 27 septembre 2004, peut être prononcé, en vertu de l'article 131-5-1 C.pén., au titre des peines alternatives à l'emprisonnement.

[173] En vertu des articles 131-16 et suivants et 132-63 et suivants du Code pénal, le juge de jugement peut, au titre des mesures probatoires du sursis avec mise à l'épreuve ou de l'ajournement de la peine avec mise à l'épreuve, prononcer la mesure de suivi d'un stage de sensibilisation à la sécurité routière.

Si le rappel à la loi, en vertu de l'article 41-1, 1° C.pr.pén., consiste en l'énoncé à l'auteur des faits de la qualification pénale de l'infraction qui lui est reprochée ainsi que du quantum des peines d'emprisonnement et d'amende susceptibles d'être prononcées par la juridiction répressive, la mesure tend également à faire prendre conscience à l'auteur de l'infraction du caractère exceptionnel de l'abandon des poursuites par le parquet et donc du déclenchement inévitable de l'action publique en cas de réitération de l'activité délinquante.

135. En matière de stages alternatifs de sensibilisation à la sécurité routière ou de citoyenneté, c'est la circulaire du 16 mars 2004 qui permet de connaître le contenu de la mesure. Toutefois, il faut se référer à la circulaire du 28 juillet 2004 pour connaître le contenu du stage relatif à la sécurité routière. Celle-ci prévoit, dans le cadre de l'application de l'article 41-1, 2° C.pr.pén., une durée du stage de seize heures au moins réparties sur deux jours consécutifs dans les conditions des articles R. 223-5 à R. 223-13 du Code de la route relatifs aux stages dits « de récupération de points ». Ainsi, en vertu de l'article R. 223-6 C.route, le stage, depuis le décret 7 mai 2012[174], comprend une formation dont l'objet est de « *poser le cadre et les enjeux du stage* », un ou plusieurs enseignements spécialisés dont l'objet est « *d'impulser un processus de changement d'attitudes et de comportements chez le conducteur* ». En outre, un entretien avec un psychologue et un enseignement de la pratique de la conduite peuvent compléter le stage.

Le caractère pédagogique des stages alternatifs rappelé par la circulaire du 16 mars 2004 se retrouve aussi en matière de stage de citoyenneté. D'après le décret du 27 septembre 2004, ce stage, décidé dans le cadre de la mesure d'orientation vers une structure sanitaire, sociale ou professionnelle, correspond au contenu de la peine de stage de citoyenneté pouvant être prononcée par le juge pénal à titre de peine alternative ou complémentaire à l'emprisonnement en vertu de l'article 131-35-1 C.pén.

Selon la circulaire du 16 mars 2004, la durée du stage, qui peut revêtir un caractère collectif, doit être comprise entre un et cinq jours. Le stage est organisé autour de trois objectifs. Tout d'abord, l'intervention d'acteurs du monde judiciaire permettra la prise de conscience du risque pénal encouru qui correspond au rappel à la loi vu précédemment. Ensuite, l'intervention de magistrats, d'enseignants ou de « grands témoins » recherchera la prise de conscience par l'auteur de la signification de l'acte qu'il a commis au regard des valeurs républicaines et de l'Histoire contemporaine. Enfin, le

---

[174] Décret n° 2012-688 du 7 mai 2012, relatif à l'enseignement de la conduite et à l'animation des stages de sensibilisation à la sécurité routière, JO 8 mai 2012, p. 8269, art. 2.

troisième objectif consistera en la recherche de la pacification sociale par la tentative de prise de conscience par l'auteur des faits de l'atteinte portée à la bonne entente entre les citoyens, à la faveur de l'intervention d'élus locaux et de représentants de services publics.

La circulaire prévoit également la possibilité de compléter le contenu du stage par l'organisation de véritables « vacances pénales » consistant en des « *déplacements sur sites* » en des lieux symboliques ou des expositions en lien avec les thèmes abordés.

Comme le rappel à la loi, les stages alternatifs doivent s'accompagner d'une information de l'auteur des faits sur les conséquences pénales du non-respect des obligations résultant du stage. Celle-ci s'effectue dans les mêmes conditions que le prononcé d'une peine complémentaire de stage de citoyenneté ou de stage de sensibilisation à la sécurité routière en application de l'article R. 131-39 C.pén.

136. Ces mesures revêtent la nature d'une véritable sanction pénale. Elles constituent un premier degré de répression alternative dès lors que le parquet dispose de la possibilité de les proposer, à titre principal ou complémentaire, à l'auteur de l'infraction dans le cadre de la procédure de composition pénale de l'article 41-2 C.pr.pén., cette dernière pouvant être mise en œuvre en cas d'échec des mesures prise en application de l'article 41-1 C.pr.pén.[175]

Bien que constituant un premier degré de répression alternative, les procédures d'admonestation n'entraînent que de faibles effets sur la prescription de l'action publique et le principe de l'opportunité des poursuites. Ce dernier reste efficace malgré la décision initiale du parquet de mettre en œuvre une procédure alternative.

B - L'absence d'effet éminent sur l'action publique

Au même titre que leur régime juridique, les effets des procédures admonestatives découlent de l'art. 41-1 C.pr.pén. Cependant, si l'échec de la mise en œuvre d'un tel procédé est expressément prévues par la loi, l'article 41-1 C.pr.pén. s'avère moins précis, et a nécessité un éclaircissement apporté par la jurisprudence.

---

[175] Article 41-1 al. 8 C.pr.pén. : « *En cas de non-exécution de la mesure en raison du comportement de l'auteur des faits, le procureur de la République, sauf élément nouveau, met en œuvre une composition pénale ou engage des poursuites* ».

137. Puisqu'ils ne requièrent pas son accord pour être mises en œuvre, les processus alternatifs d'admonestation s'exposent avant tout au risque de résistance de l'auteur des faits à l'exécution de la mesure décidée par le parquet. Dans cette hypothèse, le dernier alinéa de l'article 41-1 C.pr.pén. dispose qu'en cas de « non-exécution de la mesure en raison du comportement de l'auteur des faits, le procureur de la République, sauf élément nouveau, met en œuvre une composition pénale ou engage les poursuites ». Deux précisions peuvent être apportées. D'une part, l'échec d'une mesure de l'art. 41-1 C.pr.pén. permet d'entrevoir l'organisation en système des procédures alternatives à la fois entre elles, car le texte permet au parquet de décider d'une composition pénale consécutivement à une première procédure alternative avortée, et avec l'action publique, laquelle demeure toujours possible puisque le processus alternatif est nécessairement mis en œuvre avant toute décision sur celle-ci. D'autre part, il convient de préciser que dans le silence du texte, la non-exécution s'entend aussi bien de l'inexécution totale ou partielle de la mesure, à condition qu'elle soit imputable au comportement de l'auteur des faits, ce qui suppose que toute cause étrangère à la mauvaise exécution volontaire de la mesure par l'auteur des faits ne peut en principe nuire à ce dernier. Ce n'est toutefois pas le sens de la jurisprudence développée par la Cour de cassation, laquelle réduit considérablement la portée de la réussite du processus alternatif mis en œuvre, en raison de l'imprécision du texte.

138. *A priori*, la bonne exécution de la mesure entraîne à son bénéfice certaines conséquences sur l'opportunité des poursuites.

En effet, la consécration par le législateur du classement sans suite sous condition laisse supposer qu'une fois la condition remplie, la mesure alternative mise en œuvre emporte les effets attachés au classement sans suite. L'alinéa 7 de l'article 41-1 C.pr.pén. confirme cette hypothèse en prévoyant que la mise en œuvre de la procédure entraîne la suspension de la prescription de l'action publique. Cet effet particulier attaché aux mesures admonestatives, outre qu'il confirme l'absence de perte de contrôle de la procédure par le parquet, démontre la vivacité du principe d'opportunité pendant toute la phase d'application du processus admonestatif, mais aussi entre en contradiction avec l'alinéa 1er de l'art. 41-1 C.pr.pén. lui-même. Cette disposition rappelle implicitement le principe d'indisponibilité de l'action publique qui s'oppose à ce que celle-ci puisse être retirée une fois déclenchée. A l'inverse, rien ne s'oppose à ce que les poursuites soient engagées quand bien même une procédure alternative, mise en œuvre avant toute décision sur l'action publique, a été préalablement décidée et pleinement exécutée. Si l'effet simplement suspensif de la prescription de l'action publique attribuée aux processus de l'art. 41-1 C.pr.pén. correspond à l'esprit de probation et de prévention de la réitération de l'infraction propre qu'ils incarnent en ne constituant que de simples avertissement, la position de la chambre criminelle n'en demeure pas moins critiquable. A l'occasion de l'arrêt du 21 juin 2011 précité[176], la Cour de cassation a estimé, en s'appuyant sur l'art. 41-1 al. 1er C.pr.pén., que la mise en œuvre et l'exécution d'un rappel à la loi sur le fondement de ce texte ne fait pas obstacle à ce que le procureur de la République, postérieurement à la mesure alternative initialement mise en œuvre, déclenche l'action publique. Cette solution a entrainé la critique de la doctrine estimant, d'une part, que l'indifférence portée à la mesure alternative exécutée anéantit l'espoir d'une issue rapide du litige[177] en constituant un simple préambule aux poursuites[178] et, d'autre part, que le déclenchement des poursuites postérieurement à l'alternative initialement décidée entre en contradiction avec le principe *non bis in idem*[179]. Confirmant cette position, la chambre criminelle est allée plus loin à l'occasion d'un arrêt du 17 janvier 2012[180] en estimant que la mise en œuvre d'un rappel à la loi n'empêche par la partie civile de citer l'auteur des faits devant le tribunal de police. Cette solution nie l'objectif de célérité dans le traitement pénal de l'infraction et entraîne une insécurité juridique préjudiciable à l'auteur des faits[181].

139. Bien que les procédures alternatives d'admonestation décrites par l'art. 41-1 C .pr.pén. s'orientent principalement vers la resocialisation de l'auteur des faits, la jurisprudence développée par la Cour de cassation permet d'entrevoir un risque de réponse pénale en cascade. Elle permet également de considérer les procédures d'admonestation comme constitutives d'un premier degré de répression alternative mettant en lumière d'autres processus supposant une véritable répression de l'auteur.

---

[176] Crim. 21 juin 2011, n° 11-80.003, *JCP* G., 2011, 1453, note F. Ludwiczak.

[177] J.-B. Perrier, Alternatives aux poursuites : l'orthodoxie juridique face à l'opportunité pratique, *op.cit.*

[178] J. Danet, Le rappel à la loi, préambule ou « alternative » aux poursuites, au choix du ministère public, *Rev.sc.crim.* 2011, 660.

[179] S. Detraz, Clarification du régime applicable à la procédure de l'article 41-1 du Code de procédure pénale, *op.cit.*

[180] Crim. 17 janvier 2012, n° 10-88.226, *op.cit.*

[181] F. Ludwiczak, Alternatives aux poursuites : dérive procédurale par victime interposée, *LPA*, Chron Droit et risque n°4, *op.cit.*

CHAPITRE II

LES ALTERNATIVES RÉPRESSIVES

140. Les modes alternatifs à la poursuite pénale de nature répressive sont représentés par la mesure de composition pénale[182] figurant aux articles 41-2 et 41-3 C.pr.pén., d'une part, et par la procédure de l'amende forfaitaire prévue par les articles 529 et suivants et R. 48-1 et suivants C.pr.pén., d'autre part. Ils permettent le prononcé d'une véritable sanction pénale, similaire à celle que peut prononcer une juridiction répressive dans le cadre des poursuites. La volonté de permettre le prononcé de mesures pénales aux vertus sanctionnatrices en dehors de toute poursuite n'est en réalité pas nouvelle et l'élaboration par le législateur de ces procédures a fait l'objet d'une grande évolution.

141. La procédure de l'amende forfaitaire est née avec le décret-loi du 28 décembre 1926[183] qui, dans son article 7, sanctionne les contraventions aux règles du Code de la route par le paiement d'une amende, calculée selon des barèmes forfaitaires, immédiatement entre les mains de l'agent verbalisateur. En réalité, la technique de l'amende forfaitaire est inspirée du système des amendes administratives issues du droit allemand et fut insérée à l'article 170 du le Code de l'instruction criminelle. La technique instaurée par le décret-loi de 1926 fut complétée par l'ordonnance du 2 novembre 1945 créant l'amende de composition permettant au juge de police de fixer le montant de l'amende en vertu de taux déterminés par décret. Le principe de cette procédure était simple, si le contrevenant payait dans les quinze jours le montant de l'amende, l'action publique était éteinte. Dans le cas contraire, la procédure ordinaire était mise en œuvre.

Avec l'entrée en vigueur du Code de procédure pénale en 1958, les deux procédures furent intégrées aux articles 524 à 528, s'agissant de la procédure d'amende de composition, et aux articles 529 et 530 anciens, pour l'amende forfaitaire. Celle-ci vit son domaine d'application élargi, plus tard, par la loi du 6 juillet 1966 étendant l'application de cette procédure à l'ensemble des contraventions au Code de la route, y compris en matière de stationnement[184].

---

[182] J-P. Céré, Composition pénale, *Rép.pén. Dalloz* ; P. Lemoine, Ministère public, *J.-Cl. procédure pénale*, Fasc. 30, n°98 et s. ; J.-Y. Chevallier, Le parquetier et la troisième voie, *Rev.pénit.*, 2003, p. 629.

[183] JO du 30 décembre 1926, S.1929, égisl., p. 1983.

[184] Tel n'est plus le cas depuis l'adoption de la loi n° 2014-58 du 27 janvier 2014 de

Toutefois, en cas de commission simultanée de plusieurs contraventions dont l'une au moins ne pouvait faire l'objet de cette procédure, l'amende forfaitaire était inapplicable. La loi du 3 janvier 1972[185] remanie cependant le système élaboré avant le Code de procédure pénale en remplaçant l'amende de composition par la procédure simplifiée de l'ordonnance pénale. Ladite loi retient le principe de la procédure de l'amende forfaitaire mais crée, pour les contraventions relatives au stationnement, une nouvelle procédure dite de « l'amende pénale fixe » dans laquelle le non-paiement volontaire de l'amende par le contrevenant rend celle-ci impérative par la seule intervention du magistrat du parquet.

L'entrée en vigueur de la loi du 30 décembre 1985[186] unifie, aux articles 529 et 529-2 C.pr.pén., les deux procédures sous le nom d'amende forfaitaire[187], en étendant le caractère automatique de la sanction, propre jusqu'alors à la procédure d'amende pénale fixe. Enfin, la loi du 23 juin 1999[188] élargit considérablement le domaine d'application de cette procédure aux contraventions des quatre premières classes énumérées par un décret en Conseil d'Etat.

142. La même loi du 23 juin 1999 relative à l'efficacité de la procédure pénale consacre une autre procédure alternative à la poursuite pénale sous le nom de composition pénale. Cette dernière, prévue par les articles 41-2 et 41-3 C.pr.pén., autorise le prononcé d'une mesure répressive proche de la peine. Elle peut dès lors être qualifiée de procédure alternative répressive au même titre que l'amende forfaitaire.

143. Son principe est maintenant bien intégré par les acteurs du monde judiciaire. Toutefois, la naissance de cette procédure a été pour le moins

---

modernisation de l'action publique territoriale et d'affirmation des métropoles (JO 28 janvier 2014, p. 1562, art. 63. Selon ce texte, les infractions au stationnement payant ne donnent plus lieu à une amende contraventionnelle mais au paiement d'un forfait de post-stationnement. Toutefois, la nature juridique de celui-ci, telle qu'issue de la loi, a pu être contestée. V. sur ce point : J. Petit, La dépénalisation du stationnement payant, *AJDA* 2014. 1134.

185 Loi n°72-5 du 3 janvier 1972 relative à la procédure applicable en matière de contraventions, JO 4 janvier 1972, p. 153.

186 Loi n°85-1407 du 30 décembre 1985, relative au droit pénal et à la procédure pénale, JO 31 décembre 1985, p. 15505.

187 La procédure dite de l'indemnité forfaitaire relative aux infractions contraventionnelles à la police des services publics des transports terrestres, également remaniée par la loi du 30 décembre 1985 et intégrée aux articles 530 et s. C.pr.pén., ne sera pas évoquée au titre du présent chapitre. Son objectif ne procède pas du même esprit sanctionnateur que celui de l'amende forfaitaire, bien que les deux procédures soient considérées comme extrêmement proches.

188 Loi n°99-515 du 23 juin 1999 relative à l'efficacité de la procédure pénale, *op.cit.*

chaotique. En effet, devant le succès grandissant de la troisième voie, le législateur a souhaité étendre les capacités d'action du procureur de la République en lui permettant de mettre en œuvre une procédure alternative à la poursuite dite d'« injonction pénale », débouchant sur le prononcé par le parquet de véritables mesures répressives exclusives de la privation de liberté, pour certaines contraventions et pour certains délits punis jusqu'à trois ans d'emprisonnement.

Le projet de loi adopté le 22 décembre 1994 a cependant fait l'objet d'une saisine du Conseil constitutionnel par certains parlementaires. Le juge constitutionnel, dans sa décision du 2 février 1995[189], a adopté les critiques faites à l'encontre de l'injonction pénale et a déclaré non conforme à la constitution l'article 35 de la loi relative à l'organisation des juridictions et à la procédure civile, pénale et administrative, au motif que le prononcé et l'exécution de mesures de nature à porter atteinte à la liberté individuelle, même avec l'accord de la personne, ne peuvent intervenir « à la seule diligence d'une autorité chargée de l'action publique mais requièrent la décision d'une autorité de jugement ». En effet, le projet de loi censuré prévoyait dans le cadre de l'injonction pénale, la seule intervention du ministère public, tant au stade de la proposition de la mesure qu'à celui de son exécution, sans aucune intervention d'un magistrat du siège.

144. Lors de l'adoption de la loi du 23 juin 1999 relative à l'efficacité de la procédure pénale, le législateur a tenu compte des critiques du Conseil constitutionnel en prévoyant, dans le cadre de la procédure de composition pénale, l'intervention d'un magistrat du siège dans la phase de validation de la mesure proposée par le parquet et acceptée par l'auteur des faits.

Le domaine d'application de la mesure de composition pénale a fait l'objet d'un récent élargissement, depuis l'entrée en vigueur de la loi du 9 mars 2004[190]. Il correspond désormais à celui de la procédure de comparution sur reconnaissance préalable de culpabilité (C.R.P.C.) issue du même texte. Bien que disposant d'un domaine commun quant aux infractions, il faut remarquer aussi que ces deux procédures sont voisines dans leur principe et leur fonctionnement. Cependant, la C.R.P.C., régie par les articles 495-7 et suivants C.pr.pén., se distingue de la composition pénale puisqu'elle nécessite le déclenchement de l'action publique[191].

---

[189] Décision n°95-360 DC du 2 février 1995, JO 7 février 1995, p. 2097.

[190] Loi n°2004-204 du 9 mars 2004 relative à l'adaptation de la justice aux évolutions de la criminalité.

[191] F. Molins, Comparution sur reconnaissance préalable de culpabilité, *Rép.pén.Dalloz*, n°3 et s. ; A. Valotau, Le jugement sur reconnaissance préalable de culpabilité : une autre procédure de jugement ou une autre manière de juger ?, *Droit pénal,* 2006, Chron., n°8.

Au même titre que les procédures admonestatives, il est possible d'observer que ces procédures sanctionnatrices répressives disposent *a priori* de domaines d'application différents. Il convient dès lors d'étudier, dans un premier temps, le régime de ces processus afin de découvrir l'existence de similitudes procédurales convergeant vers une organisation explicite des processus répressifs (section I). La découverte d'un régime commun de ces mesures alternatives se poursuivra, dans un second temps, par l'examen du déroulement de ces procédures démontrant une nette orientation vers la punition de l'individu (section II).

SECTION I - L'ORGANISATION EXPLICITE DES PROCÉDURES RÉPRESSIVES

145. Bien que distinctes dans les modalités de leur mise en œuvre, les procédures répressives confèrent textuellement une compétence exclusive de leur mise en œuvre au parquet (§ I). Egalement, bien que ces diverses procédures répressives disposent d'un domaine personnel et infractionnel qui leur est propre, elles se distinguent des processus d'admonestation par le caractère précis de celui-ci (§ II).

§ I - La compétence effective du ministère public

La mise en œuvre des procédures alternatives répressives repose sur une distinction entre l'organe disposant classiquement du pouvoir de poursuivre et celui chargé, par la voie du recours à la délégation, de l'exécution proprement dite de la mesure (A). Cependant, à l'image des processus admonestatifs, l'organe délégué demeure subordonné au représentant du ministère public. Toutefois, cette soumission doit être nuancée (B).

A - Une distinction utile entre organe de poursuite et organe d'exécution

Comme pour les processus admonestatifs, les alternatives répressives présentent une distinction claire entre l'organe de poursuite et l'organe d'exécution de la mesure faisant du parquet l'organe exprès de l'initiative de la procédure (1). Elles recourent également à la délégation dans le cadre de l'exécution de la mesure. Toutefois, la distinction entre les deux organes peut se révéler particulière pour certains de ces processus, ce qui amènera au constat d'une dualité des modalités de détermination de l'organe d'exécution (2).

1 - Le parquet, organe exprès de l'initiative de la procédure

146. En matière de composition pénale, le Code de procédure pénale prévoit expressément, en son article 41-2, que le parquet « *peut proposer directement ou par l'intermédiaire d'une personne habilitée* » une telle mesure. Dans le cadre de cette procédure, la distinction entre organe de poursuite et organe d'exécution ne posera pas plus de difficulté qu'en matière de processus admonestatifs ou de procédures alternatives réparatrices[192].

En effet, le parquet étant à l'origine de la décision relative à la mise en œuvre de la mesure de composition pénale, celle-ci sera ordinairement proposée par un délégué du procureur personnellement habilité.

147. Cependant, l'article 41-2 C.pr.pén. ne nomme pas expressément le délégué du procureur comme étant chargé de la proposition de la mesure. De plus, l'article R. 15-33-38 C.pr.pén. ainsi que l'alinéa 7 de l'article 41-2 C.pr.pén. prévoient la possibilité de mise en œuvre de cette mesure dans les mêmes conditions que celles découlant de l'article 41-1 C.pr.pén. Ainsi, comme pour la mesure de médiation pénale, le recours à une procédure de composition pénale peut être proposé par l'intermédiaire d'un délégué ou d'un médiateur du procureur ou encore, par l'intermédiaire d'un officier de police judiciaire. Toutefois, l'objectif de la procédure est bien différent de la mesure de l'article 41-1, 5° C.pr.pén. Dès lors, le recours à un médiateur pénal dans le cadre de la proposition de la mesure de l'article 41-2 C.pr.pén. ne semble pas opportun même si le Code le prévoit formellement.

148. Egalement, les délégués du procureur comme les médiateurs sont habilités par le parquet à proposer et exécuter les procédures alternatives, en vertu d'une habilitation commune issue des articles R15-33-30 et suivants C.pr.pén., créée par le décret du 29 janvier 2001[193], modifié par le décret du 27 septembre 2004. La modification par ce dernier de l'article R. 15-33-35 C.pr.pén. prévoit désormais que le procureur de la République précise, lors de l'habilitation, les fonctions de délégué ou de médiateur, pour lesquelles cette dernière est délivrée[194]. Cette distinction entre les deux fonctions,

---

[192] *Infra*, n°272.

[193] Décret n°2001-71 du 29 janvier 2001 relatif aux délégués et médiateurs du procureur et à la composition pénale, *op.cit.*

[194] Décret n°2004-1021 du 27 septembre 2004 portant modification du Code pénal et du Code de procédure pénale (deuxièmes parties : Décrets en Conseil d'Etat) et relatif notamment au stage de citoyenneté, à la composition pénale, aux sûretés prononcées dans le cadre d'un contrôle judiciaire et à la juridiction de proximité, *op.cit.*, article 3.

prévue par le texte nouveau, n'a toutefois qu'une portée limitée, puisqu'elle n'empêche pas un médiateur spécialement habilité aux fonctions de médiation d'être mandaté par le parquet pour proposer une composition pénale à l'auteur d'une infraction.

149. L'officier de police judiciaire (O.P.J.), cité à l'article 41-2 al. 7 C.pr.pén., peut également représenter valablement le procureur de la République dans le cadre de la proposition d'une telle mesure à l'auteur des faits. Cependant, lorsqu'elle émane de l'O.P.J., le Code entoure la proposition de composition pénale d'un certain nombre de garanties, prévues par l'alinéa 7 de l'article 41-2 C.pr.pén. et par l'article R. 15-33-44 du même Code. En effet, la proposition de composition pénale doit être écrite et signée par le procureur lui-même et préciser la nature et le quantum des mesures proposées, ce document devant être joint à la procédure. L'O.P.J., lorsqu'il est chargé de l'exécution de la mesure, doit, en vertu de l'article R. 15-33-44 et de l'article 41-2, al. 9 C.pr.pén., signer le procès-verbal recueillant l'accord de l'auteur des faits à la proposition faite par le procureur de la République.

150. S'agissant de la procédure de l'amende forfaitaire, le Code de procédure pénale ne prévoit pas expressément à l'article 529 C.pr.pén. une distinction entre l'organe de poursuite et l'organe d'exécution de la mesure. La procédure ne se réfère qu'au rôle de l'agent verbalisateur, et laisse au service duquel il ressort la compétence pour connaître des contestations. Toutefois, il reste possible d'établir la maîtrise de la procédure par le représentant du ministère public. En effet, la procédure de l'amende forfaitaire ne prévoit pas la possibilité pour le parquet de proposer directement cette mesure. Néanmoins, le parquet conserve bien un pouvoir d'opportunité sur le processus de l'article 529 C.pr.pén. En effet, toute contestation relative au principe de l'amende forfaitaire ou à la réalité de l'infraction peut être formulée auprès d'un officier du ministère public (O.M.P.). Egalement, le Code prévoit expressément, à l'article 529-2 C.pr.pén., que les requêtes en contestation en matière de contravention au Code de la route seront transmises au parquet (et en l'occurrence à l'O.M.P. qui remplit, en vertu de l'article 45 C.pr.pén., le rôle du ministère public en matière contraventionnelle).

Enfin, le refus de l'auteur des faits de s'acquitter du montant de l'amende forfaitaire permet au parquet de mettre en œuvre l'action publique en vertu des articles 40[195] et 44 C.pr.pén. Cependant, si le parquet conserve un droit

[195] La Cour de cassation a rappelé la possibilité pour le parquet de déclencher les poursuites quoique le Code de procédure pénale prévoit l'extinction de l'action publique par le paiement du montant de l'amende (Cass. crim., 12 mars 2002, D.2002., IR. p. 1531).

de regard sur les suites de la mesure, il ne dispose pas à proprement parler de l'initiative procédurale en matière d'amende forfaitaire. Il appartient au seul agent du service considéré qui constate la commission de l'infraction de verbaliser et ainsi de mettre en œuvre la procédure des articles 529 et suivants C.pr.pén.

Les procédures alternatives répressives ne permettant pas d'établir une unicité d'organe disposant du pouvoir de les mettre en œuvre, il reste toutefois possible de distinguer l'organe étant à l'origine de la mesure de celui chargé de son exécution. S'agissant de l'organe délégué, il ne sera pas, comme en matière de procédures admonestatives, commun à tous les processus répressifs. Il faut dès lors étudier l'existence d'une certaine dualité dans les modalités de détermination de l'organe délégué.

2 - La dualité des modalités de détermination de l'organe délégué

151. Lorsqu'il décide de la mise en place d'une composition pénale, le procureur peut, d'après l'article 41-2 C.pr.pén., recourir à une personne habilitée à cet effet, déterminée par l'article R. 15-33-30 C.pr.pén. Il pourra s'agir d'un médiateur pénal ou d'un délégué du procureur recruté selon une procédure commune instituée par le décret du 29 janvier 2001. Malgré leur proximité, les deux fonctions sont bien distinguées par la partie réglementaire du Code qui, depuis le décret du 27 septembre 2004, prévoit expressément que les candidats à l'habilitation doivent préciser si leur demande est faite au titre de médiateur pénal ou de délégué du procureur.

L'article 41-2 C.pr.pén. ne spécifie pas la qualité de la personne habilitée à la proposition. Cependant, il ne faut pas confondre le rôle de proposition de la mesure et celui d'exécution proprement dite de cette dernière. En effet, le décret du 27 septembre 2004, en prévoyant une modification de l'article R. 15-33-35 C.pr.pén. qui entraîne l'obligation pour le procureur de la République de préciser, au cours de la procédure d'habilitation, si la personne est effectivement habilitée comme délégué ou comme médiateur du procureur[196], opère une distinction essentielle entre organe de proposition et organe d'exécution de la procédure proprement dite.

[196] Décret 2004-1021 du 27 septembre 2004, art. 3, modifiant le 4e alinéa de l'art. R. 15-33-35: « *Les décisions prévues au présent article précisent si la personne est habilitée comme médiateur ou comme délégué du procureur de la République et si elle est habilitée à se voir confier des missions concernant les mineurs.* ».

Cependant, la distinction entre l'organe de proposition du processus alternatif et l'organe d'exécution proprement dit de ce processus apparaît artificielle. En effet, le déroulement effectif de la mesure de composition pénale tel qu'il découle des articles R. 15-33-38 à R. 15-33-60 C.pr.pén., permet, tant au stade du déroulement procédural qu'à celui du contrôle de l'exécution de cette dernière, de confier ces missions indifféremment à un délégué ou à un médiateur du procureur.

152. Bien que le Code de procédure pénale ne distingue pas réellement les compétences des délégués du procureur et celles des médiateurs pénaux, il demeure possible de considérer que les missions d'exécution de la procédure et de contrôle de l'exécution de la sanction sont confiées aux délégués du procureur. En effet, en intégrant la procédure d'habilitation de ceux-ci dans le Code de procédure pénale, le décret du 29 janvier 2001 n'a fait que consacrer le recours aux délégués du procureur[197]. De plus, les missions de recherches relatives aux évaluations de la composition pénale mettent clairement en avant les relations étroites entre le parquet et les délégués du procureur faisant de ces derniers les organes privilégiés d'exécution de la mesure en matière de composition pénale[198].

153. La procédure d'habilitation intégrée à la partie réglementaire du Code est commune aux fonctions de médiateur et de délégué du procureur. L'article R. 15-33-30 C.pr.pén. prévoit tout d'abord que l'accès à ces fonctions est ouvert aux personnes physiques et aux personnes morales, ces dernières étant la plupart du temps des associations d'aide aux victimes et de contrôle judiciaire. La demande effective est présentée, en vertu de l'article R. 15-33-31 C.pr.pén., au procureur de la République ou au procureur général selon que le candidat souhaite exercer ces fonctions dans le ressort du tribunal de grande instance ou dans celui de la cour d'appel.

Les demandes d'habilitation par les associations sont les plus présentées. Le Code leur consacre une disposition entière à l'article R. 15-33-32 C.pr.pén. indiquant les pièces nécessaires à la constitution de la demande.

---

[197] J. Volff, le décret du 29 janvier 2001 : les délégués du procureur au secours du procureur de la République, *op.cit.*

[198] J. Danet et S. Grunvald, Une première évaluation de la composition pénale, mission de recherche Droit et Justice, synthèse 109, janvier 2004, *http://www.gip-recherche-justice.fr* ; Brèves remarques tirées d'une première évaluation de la composition pénale, *A.J. Pénal*, 2004, n°5, p. 196 et s ; P. Milburn, C. Mouhanna, V. Perrocheau, Enjeux et usages de la composition pénale. Controverses et compromis dans la mise en place d'un dispositif inédit, mission de recherche Droit et Justice, synthèse 127, mars 2005, *http://www.gip-recherche-justice.fr.*

Ainsi, l'association demanderesse devra démontrer son existence juridique en joignant à son dossier une copie du journal officiel portant publication de la déclaration de l'association, mais aussi un exemplaire des statuts, l'indication du siège de l'association, l'identité des membres de celle-ci composant le Conseil d'administration et certaines pièces financières. Plus précis, le décret du 3 mai 2002[199] a modifié la procédure d'habilitation en supprimant l'interdiction pour les associations habilitées de confier les missions, pour lesquelles elles sont personnellement habilitées, aux personnes qui, en leur sein, ne font pas l'objet elles-mêmes d'une habilitation. Cette condition, tendant à garantir l'indépendance et l'impartialité du délégué dans l'exercice de ses missions, a été supprimée par le décret de 2002 et remplacée par l'obligation pour les associations candidates à une habilitation de dresser une liste des personnes qui se verront personnellement confier les missions pour lesquelles l'association demande à être habilitée[200]. Simplement, en cas de modification de cette liste, l'association devra en aviser le procureur de la République qui pourra, en vertu de l'article R. 15-33-33 al. 2 C.pr.pén., lui indiquer les personnes ne remplissant pas les conditions personnelles exigées.

Enfin, à l'instar de la candidature en vue de l'habilitation aux fonctions de médiateur, le candidat aux fonctions de délégué du procureur doit satisfaire aux conditions de compétence, d'indépendance et d'impartialité énoncées par l'article R. 15-33-33 C.pr.pén. déjà abordé au titre des processus de type admonestatif et récemment complété par le décret du 27 septembre 2004[201].

154. La procédure de l'amende forfaitaire permet dans des conditions similaires une distinction entre les deux fonctions de proposition de recours au processus et d'exécution de la mesure. En matière de composition pénale, ces deux fonctions peuvent se confondre parce qu'elles sont susceptibles d'être réunies entre les mains du même organe. L'amende forfaitaire, en tant que procédure antérieure à la mise en œuvre de l'action publique, permet également, et dans certaines conditions, une concentration semblable des fonctions de proposition de la mesure et de contrôle de l'exécution de la sanction pénale qui en découle.

---

[199] Décret n°2002-801 du 3 mai 2002 modifiant le Code de procédure pénale et relatif à l'habilitation des délégués et médiateurs du procureur de la République, des contrôleurs judiciaires et des enquêteurs de personnalité et à l'amende forfaitaire (JO du 5 mai 2002, p. 8715).

[200] Art. R. 15-33-32, 7° C.pr.pén.

[201] Décret n°2004-1021 du 27 septembre 2004, *op.cit.*

155. La phase de proposition de la mesure passe tout d'abord par une constatation de la commission de l'infraction. Cette charge de constatation, en tant que préalable à la proposition effective de la mesure, est de la seule compétence de l'agent verbalisateur cité aux articles 529 et s. C.pr.pén. Toutefois, cet organe ne peut pas uniquement être identifié à l'agent de police judiciaire dont la compétence, issue des articles 20 et suivants C.pr.pén., comprend la charge de constater les infractions et d'en dresser procès-verbal. Pour connaître l'ensemble des organes pouvant faire office d'agent verbalisateur au titre de l'article 529 C.pr.pén., il convient de se référer à l'article R. 48-1 C.pr.pén. Il s'agit pour l'essentiel des agents de police judiciaire, des agents des douanes ou encore de l'administration des eaux et forêts, compétents en vertu des articles 20 et suivants du Code de procédure pénale, mais aussi des agents vétérinaires inspecteurs de l'Etat, compétents notamment en vertu des articles 283-1 et s. du Code rural.

Lorsqu'il constate la commission d'une infraction, l'agent verbalisateur, mentionné à l'article 529-1 C.pr.pén., est amené, en vertu de cette disposition, à mettre en œuvre la procédure de l'amende forfaitaire. A cette occasion, le Code prévoit la possibilité pour le contrevenant de s'acquitter du montant de l'amende directement entre les mains de l'organe constatant l'infraction. Cette faculté est offerte à l'agent verbalisateur de constater sans aucun intermédiaire l'exécution de la mesure par le paiement de l'amende forfaitaire en espèces, au moyen d'un chèque, ou par carte bancaire si l'agent dispose du matériel adéquat[202].

A l'inverse, lorsque le contrevenant n'est pas en mesure de régler le montant de l'amende directement entre les mains de l'agent verbalisateur, l'avis de contravention lui sera remis ou envoyé à son domicile. En cas de contravention au Code de la route, l'avis de contravention sera laissé sur le véhicule du contrevenant ou, en cas d'impossibilité, envoyé au titulaire du certificat d'immatriculation en vertu de l'alinéa 2 de l'article R. 49-1 C.pr.pén. Dans ces cas, le paiement de l'amende s'effectue auprès de l'administration fiscale soit au moyen d'une carte de paiement par l'apposition d'un timbre fiscal, soit encore par l'envoi d'un chèque joint à l'avis de contravention directement entre les mains du comptable direct du trésor. Dans cette dernière hypothèse, ce dernier devient, en lieu et place de l'agent verbalisateur, l'organe d'exécution de la mesure, ce qui rend claire la distinction entre les fonctions de proposition de la mesure et celles d'exécution de cette dernière.

---

[202] Article R. 49-2, al. 2 C.pr.pén., modifié par le décret n° 2007-1388 du 26 septembre 2007, JO 28 septembre 2007, p. 15850.

Comme les alternatives admonestatives, les procédures de type répressif permettent une distinction entre l'organe disposant du pouvoir d'initiative procédurale et celui d'exécution de la mesure. Toutefois, les différents organes, chargés du déroulement effectif de la mesure et de l'exécution de la sanction qui en découle, ne sont pas soumis avec la même intensité au parquet.

B - La subordination nuancée de l'organe délégué au parquet

157. Lorsque le parquet recourt au délégué du procureur dans le cadre d'une composition pénale, ce dernier est subordonné au ministère public. En effet, tout d'abord, le délégué du procureur fait l'objet d'une procédure d'habilitation maîtrisée entièrement par le procureur de la République qui n'a plus, depuis le décret du 27 septembre 2004, que l'obligation de recueillir l'avis consultatif de l'assemblée générale des magistrats du siège et du parquet du tribunal dans le ressort duquel la demande d'habilitation est formée.

Ensuite, une fois nommé, le délégué du procureur reçoit ses missions du parquet lui-même. A cet effet, il dispose d'un mandat délivré par le procureur encadrant la nature de son action. Dans le cadre d'une composition pénale, le délégué n'est, à la lecture des articles 41-2 et s. C.pr.pén., que l'intermédiaire du parquet dans la proposition de la sanction faite à l'auteur de l'infraction. Son mandat ne lui permettant pas réellement de négocier le quantum de la mesure avec ce dernier, ni d'interpréter les faits ayant entraîné la commission de l'infraction. Egalement, il ne dispose pas de marge de manœuvre dans la phase d'exécution de la sanction. Son rôle se limite à rapporter au parquet l'exécution entière ou partielle de la sanction ou, au contraire, la non-exécution de celle-ci.[203]

158. Il faut toutefois nuancer ces propos. Certains auteurs ont pu, dans le cadre de missions de recherche et d'évaluation de la mesure de l'article 41-2 C.pr.pén., déterminer dans les pratiques parquetières un certain nombre de modèles qui laisse des marges de manœuvre aux délégués du procureur dans les phases de négociation et de contrôle de l'exécution par l'auteur des faits de la sanction qui lui est appliquée. Ainsi, dans une première recherche publiée en janvier 2004[204], quatre tendances dans la mise en œuvre de la composition pénale ont pu être dégagées.

---

[203] P. Milburn, C. Mouhanna, V. Perrocheau, Enjeux et usages de la composition pénale. Controverses et compromis dans la mise en place d'un dispositif inédit. Mission de recherche Droit et Justice, mars 2005, *op.cit.*

[204] J. Danet et S. Grunvald, Une première évaluation de la composition pénale, mission de recherche Droit et Justice, synthèse 109, janvier 2004, *op.cit.*

On a pu alors observer, tout d'abord, un souci de simplification dans la mise en œuvre de la procédure dont on avait critiqué la lourdeur[205], ce qui donne une certaine souplesse procédurale. A côté de ce premier objectif de simplification, certains parquets ont préféré mettre l'accent sur un principe de normalisation de la réponse pénale apportée dans le cadre de la mise en œuvre de la procédure passant par l'application d'un quantum de la peine fixe pour chaque infraction considérée.

Ensuite, un principe d'individualisation s'inspirant du principe de personnalisation de la peine de l'article 132-24 C.pén.[206], a pu être remarqué et venir tempérer l'objectif de normalisation de la sanction. Enfin, d'autres pratiques parquetières ont préféré mettre en avant un souci pédagogique dont l'objectif consiste à favoriser la prise de conscience par l'auteur des faits de la gravité de l'infraction qu'il a commise et du dommage qu'il a causé à la victime.

159. Ces quatre objectifs permettent selon les auteurs de l'enquête, d'élaborer quatre tendances dans l'appréhension par les parquets de la procédure née de la loi du 23 juin 1999. Il s'agit, tout d'abord, du modèle « pédagogique individualisé » qui associe une prise de conscience de ses actes par l'auteur des faits à une individualisation de la sanction, puis, du modèle « pédagogique normalisé » qui préfère l'application d'une tarification de la sanction proposée pour chaque infraction considérée. Ensuite, apparaît le modèle « simplifié-normalisé » pour lequel un processus simple débouche sur une tarification de la sanction et, enfin, le modèle « normalisé-simplifié » passant par un traitement collectif des auteurs faisant l'objet d'une telle procédure.

Les modèles « pédagogique individualisé » et « pédagogique normalisé » donnent une plus large place aux délégués du procureur. Ils leur permettent l'instauration d'un dialogue avec l'auteur sur la gravité des faits commis et parfois même l'organisation d'une rencontre entre ce dernier et la victime éventuelle, rapprochant alors la procédure de composition pénale du processus de médiation pénale. Aussi, dans le modèle individualisé, le délégué dispose d'une marge de manœuvre réelle quant à la négociation sur le quantum de la peine qui se rapproche là encore des phénomènes de médiation en matière pénale.

---

[205] J. Volff, La composition pénale : Un essai manqué !, *Gaz.Pal.* 2000, 1, Doctr., p. 559 et s.

[206] Ce principe est désormais partagé entre l'art. 132-24 C.pén. et le nouvel art. 130-1 créé par la loi n° 2014-896 du 15 août 2014 relative à l'individualisation des peines et renforçant l'efficacité des sanctions pénales (JO 17 aout 2014, p. 13647).

160. Cette première enquête, riche en enseignements sur les objectifs pris en compte par les parquets dans la mise en œuvre de la composition pénale, s'est vue complétée plus récemment par une autre recherche fondée sur les enjeux de cette procédure[207]. L'objectif était d'évaluer, par le prisme de la composition pénale, les éventuelles transformations de la procédure pénale en France et la pérennité de la place de cette procédure dans l'arsenal procédural après l'instauration, en mars 2004, de la Comparution sur Reconnaissance Préalable de Culpabilité.

Les auteurs ont, à leur tour, dégagé trois modèles de gestion de la procédure de composition pénale permettant d'éclairer la marge de manœuvre laissée au délégué par le procureur. Le premier d'entre eux, dénommé modèle « artisanal contrôlé », est celui dans lequel les compositions pénales sont réalisées individuellement par les délégués sous le contrôle rapproché des procureurs. Ces derniers indiquent alors pour chaque procédure la nature de la peine à proposer et son quantum, ce qui se rapproche du modèle « simplifié-normalisée » vu précédemment. Ensuite, l'enquête a dégagé un modèle dit « industriel » dans lequel les procédures sont mises en œuvre « collectivement au cours d'une audience en présence du procureur ». Ce modèle est aisément comparable au modèle « normalisé-simplifié » dans lequel le procureur conserve tout pouvoir et le délégué n'agit qu'en tant qu'administrateur de la mesure. Enfin, le modèle dit « autonome » permet, dans les juridictions observées, aux délégués de négocier plus aisément la sanction proposée par le parquet avec l'auteur des faits, le procureur offrant à son délégué le pouvoir de déterminer soit la nature de la sanction soit le quantum de celle-ci. Ce dernier type de gestion de la procédure peut être assimilé au modèle « pédagogique- individualisé ».

161. A l'inverse de la composition pénale pour laquelle le texte accorde aux procureurs toute latitude dans le mode de gestion de la procédure et dans la détermination des pouvoirs de l'organe d'exécution, la procédure de l'amende forfaitaire laisse plus de marge de manœuvre à l'agent verbalisateur. En effet, c'est à ce dernier que revient exclusivement la mission de constater la commission de l'infraction en vertu des articles 16, 20 et 21 C.pr.pén. et 529 et suivant du même Code. Toutefois, cet agent est bel et bien subordonné au parquet, car, bien que recevant ses missions des articles 20 et suivant du Code de procédure pénale, il reste astreint à la transmission de la constatation des infractions au parquet qui, en vertu de l'article 40 C.pr.pén., apprécie la suite à leur donner.

---

[207] P. Milburn, C. Mouhanna, V. Perrocheau, Enjeux et usages de la composition pénale. Controverses et compromis dans la mise en place d'un dispositif inédit. Mission de recherche Droit et Justice, mars 2005, *op.cit.*

162. Toutefois, l'organe d'exécution est double en la matière. En effet, lorsque le contrevenant ne s'acquitte pas directement entre les mains de l'agent verbalisateur du montant de l'amende forfaitaire ou lorsqu'il ne s'en acquitte pas dans les délais prévus par l'article 529-1 C.pr.pén., le Trésor public devient un organe essentiel de la procédure. Dans ce cas, le recouvrement du montant de l'amende forfaitaire majoré de plein droit, d'après l'article 529-2 C.pr.pén., ne résulte pas d'un pouvoir de l'administration fiscale. En effet, les articles 529-2 et R. 49-5 C.pr.pén. prévoient expressément que le recouvrement de l'amende forfaitaire majorée n'est possible par le comptable du Trésor qu'en vertu d'un titre exécutoire signé par l'officier du ministère public compétent en la matière selon l'article 44 C.pr.pén. Ce dernier restant subordonné au procureur de la République en vertu de l'article 38 C.pr.pén., chaque étape de la procédure demeure effectivement entre ses mains.

La distinction entre l'organe disposant de l'initiative de la procédure et celui chargé par le biais de la délégation d'exécuter le processus alternatif a favorisé la découverte d'une unité et d'une précision des procédures alternatives répressives résultant du lien de subordination de l'organe délégué au parquet. L'étude du domaine de ces processus confirmera l'identité de ces procédures.

§ II - La précision du domaine d'application des alternatives répressives

Bien que les procédures de composition pénale ou d'amende forfaitaire disposent de domaines quant aux infractions distincts, il est possible d'en constater une certaine précision (A). Cette qualité peut être découverte également à propos de la détermination du domaine de ces procédures quant aux personnes. Ainsi, confirmant un trait essentiel des procédures alternatives de nature sanctionnatrice, les processus répressifs ne donnent qu'un faible degré de négociation à l'auteur mais ne concèdent qu'une éviction partielle de la victime (B).

A - Le domaine infractionnel strictement précisé

163. Le domaine quant aux infractions des procédures sanctionnatrices répressives s'est vu élargi depuis la création et la promotion de celles-ci par le législateur. Si certains processus alternatifs à la poursuite pénale ont d'abord été conçus par la pratique comme des modalités de gestion par le parquet du principe de l'opportunité des poursuites, les procédures alternatives répressives constituent un pur produit de l'activité du législateur.

L'étude des différents textes les régissant permet, outre de déterminer précisément leur applicabilité *ratione materiae*, de s'apercevoir de l'espoir mis en elles afin de découvrir une solution à l'engorgement des tribunaux pour les contentieux dits de masse, tout en appliquant à l'auteur des faits une sanction pénale similaire à celle susceptible d'être prononcée par une juridiction répressive.

164. La possibilité d'infliger à l'auteur de certaines infractions une véritable sanction pénale sans faire intervenir un juge du siège s'est faite en pointillés. En effet, l'histoire législative des procédures alternatives sanctionnatrices est le résultat d'une lente évolution, faite de réussites mais aussi d'échecs dont le législateur a tiré les conséquences. Malgré la commune exclusion des crimes de leur champ d'application, ces deux procédures disposent d'un domaine quant aux infractions qui leur est propre.

165. Lors de sa création par la loi du 23 juin 1999, la composition pénale ne pouvait être mise en œuvre que pour une liste limitative d'infractions délictuelles et contraventionnelles. En effet, elle n'était applicable, en matière de délits, qu'aux infractions punies d'une peine d'emprisonnement maximum de trois ans. Ce domaine délictuel de la composition pénale était identique à celui de la procédure d'injonction pénale, issue de l'article 35 du projet de loi du 22 décembre 1994 déclaré contraire à la Constitution par une décision du 2 février 1995 du Conseil constitutionnel[208].

L'éventail des infractions concernées était déjà assez large. En effet, la procédure de composition pénale pouvait être mise en œuvre, en matière d'infractions contre les personnes, pour les délits de violences punis de trois ans d'emprisonnement et de 45.000€ d'amende par l'article 222-11C.pén., les appels téléphoniques malveillants de l'article 222-16 C.pén. et punis d'un an d'emprisonnement et de 15.000€ d'amende, les menaces contre les personnes figurant à l'article 222-17 C.pén et punies de 6 mois d'emprisonnement et de 7.500€ d'amende, ainsi que les menaces de crime ou de délit de punies de trois ans d'emprisonnement et de 45.000€ d'amende en vertu de l'article 222-18 C.pén. En ce qui concerne le droit

[208] Décision n°95-360 DC du 2 février 1995, JO 7 février 1995, *op.cit.* ; J. Volff, Un coup pour rien : l'injonction pénale et le Conseil constitutionnel, D. 1995, Chron., p. 201 ; F. Le Gunehec, Commentaires des dispositions de la loi du 8 février 1995 : réformettes, réformes d'ampleur et occasions manquées, *JCP G.*, 1995, I. 3862.

pénal familial, la composition pénale était applicable à l'abandon de famille puni de deux ans d'emprisonnement et de 15.000€ d'amende par l'article 227-3C.pén., ainsi qu'à la non-représentation d'enfant, punie de un an d'emprisonnement et de 15.000€ d'amende par l'article 227-7 C.pén[209].

Concernant les infractions contre les biens, le vol[210], puni de trois ans d'emprisonnement et de 45.000€ d'amende, la filouterie[211], punie de 6 mois d'emprisonnement et de 7.500€ d'amende, le détournement de gages ou d'objets saisis[212], punis de trois ans d'emprisonnement et de 45.000€ d'amende, les destructions et dégradations[213], punies de trois ans d'emprisonnement et de 45.000€ d'amende, ainsi que leur menace[214] permettaient la mise en œuvre de la nouvelle procédure. Enfin, dès 1999, la composition pénale était applicable aux menaces punies de six mois à un an d'emprisonnement et de 7.500€ à 30.000€ d'amende[215], ainsi qu'aux délits d'outrage et de rébellion punis de six mois à un an d'emprisonnement et de 7.500 et 15.000€ d'amende[216].

En ce qui concerne les infractions extérieures au Code pénal, on note l'applicabilité de la composition pénale aux infractions de détention d'arme de 1ère ou 4e catégorie et de port d'arme de 6e catégorie. Egalement, les infractions punies par les articles L. 1 du Code de la route[217] (délit de conduite sous l'empire d'un état alcoolique) et L. 628[218] du Code de la santé publique (consommation de stupéfiants), punies respectivement de deux ans d'emprisonnement et 4.500€ d'amende et de un an d'emprisonnement et 3.750€ d'amende, ont pu faire l'objet d'un traitement par la voie de la composition pénale dès la loi de 1999[219]

---

[209] La composition pénale était également applicable au même délit aggravé et puni de trois ans d'emprisonnement et de 45.000€ d'amende en vertu de l'article 227-9 C.pén., de même que la tentative de cette infraction prévue par l'article 227-11 C.pén.

[210] Art. 311-3 C.pén.

[211] Art. 313-5 C.pén.

[212] Art. 314-5 et 314-6 C.pén.

[213] Art. 322-1 et 322-2 C.pén.

[214] Art. 322-12 à 14 C.pén.

[215] Art. 322-12 à 14 C.pén.

[216] Art. 433-5 à 433-7 C.pén.

[217] L'article L. 1 est devenu l'article L. 234-1 depuis l'ordonnance n°2000-930 du 22 septembre 2000 relative à la partie législative du Code de la route.

[218] Devenu l'article L. 3423-1 depuis l'ordonnance n°2000-548 du 15 juin 2000.

[219] J. Volff, Un coup pour rien : l'injonction pénale et le Conseil constitutionnel, *op.cit.*

166. Ce domaine pourtant déjà vaste de la composition pénale quant aux délits a été élargi à deux reprises. En effet, la loi du 15 novembre 2001[220] a intégré le délit de violences ayant entraîné une incapacité de travail inférieure à huit jours, puni de trois ans d'emprisonnement et de 45.000€ d'amende, au nombre des infractions relevant de la procédure de l'article 41-2 C.pr.pén. Puis, la loi d'orientation et de programmation pour la justice du 9 septembre 2002[221] a ajouté le recel inscrit à l'article 321-1 C.pén. à la liste des infractions de l'article 41-2 C.pr.pén., délit pourtant puni de cinq ans d'emprisonnement et de 375.000€ d'amende.

Tirant les conséquences de cet élargissement du domaine de la composition pénale quant aux délits et de la relative hétérogénéité de celui-ci quant aux infractions concernées, le législateur, dans le cadre de la loi du 9 mars 2004 relative à l'adaptation de la justice aux évolutions de la criminalité[222], a unifié le champ d'application de la procédure de composition pénale en prévoyant la possibilité de traiter par cette voie l'ensemble des délits punis jusqu'à cinq ans d'emprisonnement. Cet élargissement du domaine de la composition pénale à la totalité des délits punis d'une peine d'emprisonnement inférieure ou égale à cinq ans, permet une réelle cohérence dans le traitement de l'auteur des faits. En effet, avant la loi du 9 mars 2004, l'article 41-2 C.pr.pén. prévoyait déjà la possibilité d'appliquer la composition pénale à l'auteur d'un ou plusieurs délits connexes. Toutefois, le parquet devait renoncer à l'application de la procédure lorsqu'une ou plusieurs des infractions commises par le même auteur ne pouvaient faire l'objet d'un traitement dans le cadre de la procédure de l'article 41-2 C.pr.pén. Ainsi, l'avantage concret de cette extension concerne les justiciables qui, auparavant, à gravité égale d'infraction, pouvaient être l'objet d'une inégalité de traitement par l'appareil judiciaire. Il faut cependant nuancer ce propos pour deux raisons, l'une tenant à la pratique des parquets limitant le domaine quant aux infractions dans l'utilisation de cette procédure, la seconde tenant à l'existence de la procédure récente de comparution sur reconnaissance préalable de culpabilité, issue de l'article 137 de la loi du 9 mars 2004 et intégrée au Code de procédure pénale aux articles 495-7 et suivants.

---

[220] Loi n°2001-1062 du 15 novembre 2001 relative à la sécurité quotidienne, JO 16 novembre 2001, p. 18215.

[221] Loi n°2002-1138 du 9 septembre 2002 d'orientation et de programmation pour la justice, JO du 10 septembre 2002, p. 14934.

[222] Loi n°204-2004 du 9 mars 2004, *op.cit.*

167. La procédure de composition pénale, fortement décriée par les acteurs du monde judiciaire ainsi que par une partie de la doctrine, a fait une entrée remarquée en procédure pénale française. Parfois dépeinte comme une procédure lourde et complexe[223], voire peu opérationnelle s'agissant des objectifs qui lui sont assignés par le législateur[224], elle a été cantonnée par certains parquets au traitement de certains délits et notamment à ceux représentant la majorité du contentieux dit de masse. La circulaire d'application du 11 juillet 2001 ne prescrivait pas aux parquets une utilisation généralisée de la nouvelle procédure mais réservait son application à la délinquance urbaine. Ainsi, il n'a pas été rare de constater un usage de la composition pénale pour quelques infractions délictuelles[225] et le plus souvent pour les délits relatifs à la conduite en état alcoolique[226].

La circulaire du 16 mars 2004 a tenté de remédier à cette application disparate d'un parquet à l'autre. Elle a, en effet, prescrit un recours à la procédure de l'article 41-2 C.pr.pén. fondé sur le caractère particulièrement dangereux de l'infraction pour laquelle l'utilisation de la composition pénale favorise la prévention de la réitération. Cependant, le texte de la Chancellerie est inefficace dès lors qu'il ne donne pas de liste limitative pour laquelle la composition pénale doit être privilégiée à toute autre mesure. L'écueil d'une inégalité de traitement entre les justiciables ne semble pas pouvoir être évité, d'une part et, d'autre part en raison de la concurrence nouvelle portée à la composition pénale par la création d'une procédure voisine.

168. En effet, la loi du 9 mars 2004, toujours dans le souci de gérer les contentieux de masse et de désengorger les tribunaux, ne s'est pas arrêtée à un élargissement du champ d'application de la composition pénale aux délits punis jusqu'à cinq ans d'emprisonnement. En présentant l'association de l'auteur de l'infraction à la détermination de sa sanction comme un

---

[223] J. Herderer, Un an d'expérimentation de la composition pénale dans un tribunal de grande instance ; *A.J. Pénal*, n°2, novembre 2003, p.53.

[224] J. Volff, La composition pénale : un essai manqué ; *Gaz.Pal.*, 2000, 1, Doctr., p. 559.

[225] On note toutefois que le champ d'application de la composition pénale a pu être utilisé de façon généralisée par certains parquets et notamment par celui du tribunal de grande instance de Cambrai, lequel n'a pas hésité à pratiquer la disqualification de certaines infractions afin de pouvoir traiter les dossiers correspondant par le biais de la procédure (J-D. Régnault, Composition pénale : L'exemple du tribunal de Cambrai, *A.J. Pénal*, n°2, novembre 2003, p. 55 et s.).

[226] P. Milburn, C. Mouhanna, V. Perrocheau, Enjeux et usages de la composition pénale. Controverses et compromis dans la mise en place d'un dispositif inédit, mission de recherche Droit et Justice, synthèse 127, mars 2005, *op.cit.*

moyen de prévention de la récidive, cette même loi a créé, en son article 137 aujourd'hui inséré aux articles 495-7 et s. C.pr.pén., la procédure dite de comparution sur reconnaissance préalable de culpabilité (C.R.P.C.).

Différente de la composition pénale quant au temps procédural, la C.R.P.C. nécessite, pour être mise en œuvre, le déclenchement de l'action publique. Il reste pour autant légitime de considérer que ces deux procédures sont voisines et concurrentes en raison de leur champ d'application commun. L'extension proposée du champ d'application de la C.R.P.C. à tous les délits quelle que soit la peine encourue[227], ne suffira pas à la distinguer clairement de la composition pénale, pas plus que la création d'une procédure de plaider coupable en matière criminelle[228].

169. En plus de son extension à la plupart des délits, le législateur a prescrit l'application de la composition pénale aux contraventions. En effet, dès la loi du 23 juin 1999, un article 41-3 C.pr.pén. prévoit la possibilité de traiter par la voie de la composition pénale certaines infractions contraventionnelles, domaine alors restreint aux seules dégradations et violences contraventionnelles. Celui-ci s'est considérablement accru dès la loi du 9 septembre 2002 d'orientation et de programmation pour la justice, celle-ci y ajoutant un certain nombre de contraventions dont la liste relevait d'un décret en Conseil d'Etat. Enfin, la loi du 9 mars 2004 a achevé l'élargissement du domaine de la composition pénale en prévoyant son applicabilité à l'ensemble des contraventions en vertu de l'actuel article 41-3 C.pr.pén.

Toutefois, son emploi effectif en la matière se trouve limité pour l'essentiel au traitement des contraventions de cinquième classe, en raison de l'existence de la procédure de l'amende forfaitaire se caractérisant, elle aussi, par son aspect répressif.

170. La procédure de l'amende forfaitaire régie par les articles 529 et s. C.pr.pén., est, d'après la loi du 23 juin 1999, applicable à l'ensemble des contraventions des quatre premières classes même lorsqu'une peine

---

[227] Commission « Guinchard » sur la répartition des contentieux, l'ambition raisonnée d'une justice apaisée. Rapport au Garde des Sceaux, la documentation française, juin 2008 ; Min. Jus., communiqué du 30 mars 2009, *Procédures*, mai 2009, alerte 23, S. Lavric, Répartition des contentieux et allègement des procédures : projet de loi, D. 2010, p. 566.

[228] Rapport du comité « Léger » de réflexion sur la justice pénale remis au Président de la République, septembre 2009 ; Ph. Conte, Les propositions du pré-rapport du comité de réflexion sur la justice pénale, *Dr.pén.*, 2009, étude 11, H. Matsopoulou, A propos du rapport d'étape du comité de réflexion sur la justice pénale, *JCP* G., 2009, act. 156 ; W. Roumier, Remise du rapport Léger sur la justice pénale, *Dr.pén.*, 2009, alerte 38.

complémentaire est prévue, dont une liste est fixée par un décret en Conseil d'Etat[229]. Il faut ainsi se référer à la partie réglementaire du Code et à la longue liste de l'article R. 48-1 C.pr.pén. pour connaître l'exacte étendue du domaine d'application de l'amende forfaitaire.

A la lecture de ce texte, toutes les contraventions des quatre premières classes du Code de la route peuvent se voir traitées par la voie de l'amende forfaitaire. Le Code de procédure pénale excluait du champ d'application de cette procédure les contraventions par lesquelles le contrevenant s'exposait par leur commission au prononcé d'une peine complémentaire telle qu'une suspension de permis de conduire. Toutefois, un décret du 31 mars 2003[230], dont les dispositions ont été jugées non contraires à l'article 6§1 de la C.E.S.D.H.[231], permet désormais le traitement des infractions prévoyant lesdites mesures[232] par la voie de la procédure de l'article 529 C.pr.pén.

Font ensuite partie des infractions du domaine de l'amende forfaitaire, les contraventions en matière de transport et de circulation énoncées à l'article R. 48-1, 2° C.pr.pén. Plus précisément, il s'agit des infractions au Code des assurances concernant le défaut de souscription d'un contrat d'assurance lorsque celui-ci est obligatoire (art. R. 211-14 C.assurances) et le défaut d'affichage du certificat d'assurance sur le véhicule (art ; R. 211-21-5 C.assurances). En matière de police des chemins de fer, l'amende forfaitaire est applicable aux contraventions résultant des arrêtés préfectoraux concernant la circulation, l'arrêt et le stationnement des véhicules dans les cours de gare pris en application des dispositions de

---

[229] On notera toutefois que le projet de loi relatif à la répartition des contentieux et à l'allègement de certaines procédures juridictionnelles présenté le 3 mars 2010 envisageait d'étendre le domaine de la procédure de l'art. 529 aux contraventions de 5e classe ; S. Lavric, *op.cit.*

[230] Décret n°2003-293 du 31 mars 2003 relatif à la sécurité routière et modifiant le Code de procédure pénale, JO 1er avril 2003, p. 5702.

[231] CE, 5 janvier 2005, Deprez ; D. 2005, I.R., p. 521. La juridiction suprême de l'ordre administratif ayant considéré que, s'agissant de la décision du gouvernement d'inclure dans le champ de la procédure d'amende forfaitaire l'ensemble des contraventions de quatrième classe, y compris celles assorties d'une peine complémentaire de suspension de permis de conduire, la circonstance que le défaut de paiement de l'amende forfaitaire ou la contestation de celle-ci soient susceptibles d'entraîner une amende plus sévère « *ne saurait être regardée comme exerçant sur les contrevenants une contrainte telle qu'ils seraient conduits à renoncer à toute action juridictionnelle…* ».

[232] On rappellera toutefois, que la sanction de perte de points sur le permis de conduire n'a pas été considérée par la Cour de cassation dans une décision du 6 janvier 1993 comme une mesure pouvant revêtir le qualificatif de peine mais comme une sanction administrative, alors même que la Cour Européenne des Droits de l'Homme, dans son arrêt Malige du 23 septembre 1998, a considéré que cette mesure ressortait bien de la matière pénale.

l'article 80-1 du décret du 22 mars 1942[233] sur la police, la sûreté et l'exploitation des voies ferrées d'intérêt général.

Ensuite, l'article R. 48-1, 2° C.pr.pén. prévoit l'application de la procédure aux contraventions à l'article 3 du décret n°86-1130 du 17 octobre 1986 renvoyant à divers règlements communautaires relatifs au transport sur route. Enfin, à l'article R. 48-1, 2° C.pr.pén., est indiqué l'application de l'amende forfaitaire en cas de contravention au décret 90-200 du 5 mars 1990 relatif à la profession de commissionnaire de transport, aux décrets n°97-608 du 31 mai 1997, n°98-1039 du 18 novembre 1998 et n°99-752 du 30 août 1999 relatifs à la formation professionnelle initiale et continue des conducteurs salariés du transport routier public de marchandises.

Au titre des infractions en matière de protection de l'environnement, le Code prévoit à l'article R. 48-1, 3°, le dépôt ou l'abandon de déchets ou d'ordures dans les bois, forêts et terrains à boiser (art. R. 632-1 C.pén), diverses contraventions aux dispositions du Code rural (art. R. 241-62 et suivants du Code rural) ou au Code forestier : protection contre l'incendie (art. R. 322-5 C.for.) et contre l'introduction des véhicules ou animaux dans les bois, forêts ou terrains à boiser (art. R. 133-1-1 C.for.). Ensuite, toujours en matière de protection de l'environnement, le Code renvoie à l'article 10 du décret n°2000-1302 du 26 décembre 2000 relatif à la lutte contre les émissions polluantes des moteurs à allumage par compression et à l'article L. 322-10-2 du Code de l'environnement relatif aux contraventions constatées par la garderie du domaine du conservatoire du littoral et des rivages lacustres[234].

Ensuite, l'article R. 48-1, 4° C.pr.pén. prescrit l'application de la procédure de l'amende forfaitaire aux infractions contraventionnelles en matière de protection des animaux. Enfin, l'article R. 48-1, 5°, créé par le décret n°2003-752 du 1er août 2003 renvoie aux articles R. 10-1 et suivants du Code des postes et télécommunications édictant un certain nombre de contraventions en la matière.

171. La liste des contraventions susceptibles de faire l'objet d'un traitement par le biais de l'amende forfaitaire ne cesse de s'allonger, le Code de procédure pénale indique à l'alinéa 2 de l'article 529 une limite à la procédure en disposant que « *la procédure de l'amende forfaitaire n'est pas*

---

233 Il s'agit toutefois de ne pas confondre le domaine de cette disposition avec celui des articles 80-2 et 80-3 du décret du 22 mars 1942 entraînant la mise en œuvre de la procédure de l'indemnité forfaitaire.

234 L'introduction des dispositions de l'article L. 322-10-2 du Code de l'environnement (C.envir.) a été réalisée par le décret n°2003-839 du 29 août 2003, (JO 3 septembre 2003, p. 15059), venant grossir la liste particulièrement longue des contraventions pouvant faire l'objet d'un traitement par la voie de la procédure de l'amende forfaitaire.

applicable si plusieurs infractions, dont l'une au moins ne peut donner lieu à amende forfaitaire, ont été constatées simultanément ».

Dans cette hypothèse, il n'est pas impossible que l'ensemble des infractions de nature contraventionnelle soit soustrait à la procédure de jugement devant le tribunal de police. En effet, l'article 41-3 C.pr.pén. depuis sa rédaction issue de la loi du 9 mars 2004 est applicable à l'ensemble des contraventions. Le procureur de la République dispose ainsi du pouvoir de traiter l'ensemble des contraventions, y compris celles pour lesquelles la procédure de l'amende forfaitaire est à l'origine applicable, par la voie de la composition pénale. Un tel constat n'est pas sans faire craindre une violation du droit d'accès au juge tel que garanti par l'article 6§1 de la Convention européenne de sauvegarde des droits de l'homme. Cependant, la Cour EDH adopte une jurisprudence circonspecte en la matière. Si elle estime dans les arrêts Cadène contre France et Célice contre France du 8 mars 2012[235] que le rejet de la requête en exonération de l'amende forfaitaire peut être considéré comme contraire au droit à l'accès au juge, elle avait préalablement estimé dans l'arrêt Duteil contre France du 20 avril 2010[236] qu'il n'y a pas d'atteinte à ce droit lorsque le contrevenant s'acquitte volontairement du montant de l'amende forfaitaire sans contester l'infraction.

La dissemblance du domaine quant aux infractions des procédures répressives n'empêche pas sa précision. Les conditions d'accès tenant à l'auteur de l'infraction mais aussi à la victime permettront de prendre la mesure de ce caractère commun à tous les processus de nature répressive, et d'une limite importante au caractère consensuel des procédures alternatives.

B - Le domaine personnel précisé par une faible exigence de participation

172. La faible exigence de participation des justiciables constitue un trait essentiel des procédures alternatives de type répressif. La caractéristique de ces procédures sanctionnatrices se traduit de deux manières. D'une part, s'agissant de l'auteur de l'infraction, les deux procédures considérées ne lui offrent qu'un consentement limité à la seule acceptation du recours à celle-

[235] CEDH 8 mars 2012, Célice c/ France, n° 14166/09 et Cadène c/ France, n°12039/08, D. 2012. 984, note J.-P. Céré ; J.-P. Céré, Le sort procédural de la contestation de l'amende forfaitaire, *AJ Pénal*, 2012. 401 ; D. Roets, Contraventions routières et droit d'accès au tribunal : le conseil constitutionnel épaulé par la Cour européenne des droits de l'homme, *Rev.sc.crim*. 2012. 690.
[236] CEDH, 20 avril 2010, Duteil c/ France, n° 3221/10, *AJDA*, 2010. 980.

ci. D'autre part, la victime de l'infraction, lorsqu'elle existe, ne sera associée que faiblement au processus alternatif.

173. Le recours aux procédures alternatives à la poursuite pénale a, depuis son essor, été présenté par le législateur, mais aussi considéré par une partie de la doctrine, comme l'avènement d'une certaine contractualisation[237] voire d'une privatisation sinon du droit pénal à tout le moins de la procédure pénale, entraînant une participation volontaire mais aussi demandée du justiciable au traitement de l'infraction qu'il a commise ou dont il est victime. Cependant, la mosaïque des procédures permettant l'évitement du procès pénal, élaborées ou consacrées par le législateur, ne permet pas une participation aussi effective et égale des justiciables pour chaque processus mis à la disposition du parquet. En effet, certaines nécessitent, pour que leur réussite soit assurée, non seulement que l'auteur – et la victime le cas échéant – consentent à leur mise en œuvre proprement dite, mais aussi qu'à chaque étape du processus ils persistent dans leur volonté de voir le conflit issu de la commission de l'infraction réglé par une voie alternative. A l'inverse, d'autres se montrent moins exigeantes s'agissant de l'intensité de la participation de l'auteur et de la victime et se contentent d'exiger une simple acceptation du principe de la mesure envisagée.

1 - La participation limitée de l'auteur de l'infraction à la procédure

Le domaine des mesures alternatives répressives ne fait pas *a priori* l'objet d'un régime commun dès lors qu'on s'intéresse à la diversité des auteurs d'infractions concernés. Toutefois, la nature et l'importance de la participation exigées par ces procédures tendent à unifier ce régime.

a - Les conditions relatives aux personnes concernées

174. S'agissant de la composition pénale, le législateur a, dès la loi du 23 juin 1999, tenté de délimiter précisément le domaine de la nouvelle

---

[237] L. Cadiet, *Dictionnaire de la Justice*, PUF, 1ère éd., 2004, p. 2004. Le terme, considéré comme flou par l'auteur, rend « *compte de l'intrusion et du rôle croissant du contrat dans des domaines de la vie sociale qui étaient traditionnellement regardés comme échappant au libre jeu des volontés individuelles* ». La contractualisation de l'action publique constitue un des exemples majeurs permettant d'atteindre les objectifs de résolution des litiges et la sanction des comportements infractionnels. V. également F. Debove, La contractualisation du procès pénal, *Droit et économie*, 2005, n°94, p. 22.

procédure quant aux auteurs d'infractions concernés. Ainsi, la loi de 1999 précisait que cette procédure était ouverte aux personnes majeures reconnaissant avoir commis une des infractions énumérées par la liste exhaustive énoncée à l'article 41-2 C.pr.pén. La nouvelle procédure excluait déjà clairement de son domaine d'application les mineurs, mais la rédaction de l'ancien article 41-2 s'avérait insuffisante s'agissant des personnes morales lorsque celles-ci pouvaient être déclarées responsables de la commission d'une des infractions visées par cet article 41-2 C.pr.pén.

Toutefois, dans le silence de la loi et par interprétation stricte du texte commandée par l'article 111-4 C.pén., il était logique de conclure à l'exclusion des personnes morales du domaine de la composition pénale. Cette interprétation semblait corroborée par la circulaire du 11 juillet 2001[238] excluant de façon explicite du domaine de la procédure les personnes mineures et ne réservant l'application de la composition pénale qu'aux seules personnes majeures. Dans un souci de clarification du domaine d'application de la composition pénale, la loi du 9 mars 2004 avait revu la rédaction de l'article 41-2 C.pr.pén., en précisant à l'alinéa premier que la composition pénale n'était applicable qu'aux seules personnes physiques, tout en prévoyant, dans son alinéa 23, l'exclusion des mineurs de dix-huit ans. Cependant, la loi du 5 mars 2007 relative à la prévention de la délinquance est revenue sur l'exclusion des mineurs du domaine d'application de la composition pénale. Toutefois, seuls les mineurs âgés d'au moins treize ans peuvent faire l'objet de cette mesure[239].

La précision nouvelle de l'article 41-2 C.pr.pén. relative à l'application aux seules personnes physiques paraît opportune. En effet, la loi du 9 mars 2004, en étendant la compétence matérielle de la procédure de l'article 41-2 C.pr.pén. à l'ensemble des délits punis jusqu'à cinq ans d'emprisonnement, est, dans le même temps, revenue, en son article 54, sur le principe de spécialité de la responsabilité pénale des personnes morales[240], en érigeant en règle la généralisation de celle-ci[241].

---

[238] Circulaire CRIM 2001-14 F1 du 11 juillet 2001 relative à la présentation des dispositions concernant la composition pénale issue de la loi du 23 juin 1999 renforçant l'efficacité de la procédure pénale et du décret du 29 janvier 2001.

[239] Articles 41-2, al. 29 C.pr.pén. et 7-2 de l'ordonnance n°45-174 du 2 février 1945.

[240] Le principe de responsabilité des personnes morales s'appliquant à l'ensemble des infractions, n'entrant en vigueur qu'à compter du 31 décembre 2005.

[241] M. Véron, La loi du 9 mars 2004 dite loi « Perben II », remarques sur les dispositions relatives au droit pénal général et au droit pénal spécial, *Droit pénal*, 2004, Chron., n°5 ; N. Stolowy, La disparition du principe de spécialité dans la mise en cause pénale des personnes morales, *JCP G.*, 2004, I.138. ; J-C. Planque, Plaidoyer pour une suppression réfléchie de la

175. La procédure de composition pénale n'étant ouverte qu'aux personnes physiques à l'exclusion des mineurs de treize ans et des personnes morales, tel n'est pas le cas de l'amende forfaitaire. En effet, l'applicabilité de la procédure des articles 529 et suivants C.pr.pén. aux personnes physiques contrevenantes ne fait aucun doute. Toutefois, la question de son application aux personnes morales et aux mineurs reste à déterminer. Le Code de procédure pénale ne vise, à propos de ladite mesure, que le contrevenant, tant dans sa partie législative que réglementaire.

Le Code de procédure pénale ne prévoit pas expressément l'application de l'amende forfaitaire aux personnes physiques mineures. Cependant, cette question ne soulève guère de difficultés. En effet, pour s'en convaincre, il y a lieu non pas de se référer au Code de procédure pénale lui-même, mais à l'ordonnance du 2 février 1945 relative à l'enfance délinquante qui prévoit, en son article 21 al. 1er issu de la loi du 3 janvier 1972, la compétence du tribunal de police s'agissant de contravention commise par des mineurs. Le texte en la matière ne soulève pas de difficulté quant à son interprétation. Cependant, l'applicabilité en pratique de l'amende forfaitaire à un contrevenant mineur entraîne certains problèmes.

176. En effet, comme le souligne M. J-H Robert[242], le paiement d'une amende forfaitaire constitue une transaction obligeant le mineur, considéré en droit comme un incapable, à requérir le consentement de ses représentants légaux, parents, tuteur ou administrateur légal, pour la conclusion d'actes réputés dangereux. L'auteur conclut à la nécessité d'une loi permettant de passer outre à l'accord des représentants légaux pour régler les difficultés d'application de la procédure en l'occurrence ou pour calquer les dispositions de l'article 12-1 de l'ordonnance de 1945 relatif à la médiation-réparation prévoyant pour l'organe de poursuite l'obligation de recueillir l'accord préalable des titulaires de l'autorité parentale afin de pouvoir mettre en œuvre la mesure. Dans un souci de sauvegarde des intérêts du mineur, il semble plus aisé d'étendre l'application de l'article 21 al. 1er de l'ordonnance de 1945 qui donne compétence au tribunal de police pour connaître des contraventions commises par un mineur[243]. En effet, le recours au juge du tribunal de police reste une solution plus prompte pour

---

spécialité de la responsabilité pénale des personnes morales, *L.P.A.*, 2004, n°5, p. 3 ; Faute de loi… se contentera-t-on de circulaires ?, D. 2006, point de vue, p. 1836.

[242] J-H Robert, Amende et indemnité forfaitaires, *J.-Cl., procédure pénale*, 2009, Art. 524 à 530-3, fasc.20, n°19.

[243] La compétence du tribunal de police se trouve exclue, depuis la loi n°72-5 du 3 janvier 1972, pour les infractions relevant de la procédure de l'amende forfaitaire.

prononcer une sanction pénale dans le respect des garanties offertes au mineur délinquant. Seule l'instance devant un juge traditionnel permet d'associer au simple aspect répressif de la procédure une dimension admonestative inexistante lors de l'application de l'amende forfaitaire, procédure plus administrative que judiciaire.

Cette solution permettant le respect de tous les intérêts en cause n'est d'ailleurs pas inédite et était imposée par la Chambre criminelle de la Cour de cassation[244] avant l'entrée en vigueur de la loi du 3 janvier 1972. Celle-ci refuse en effet l'application de la procédure aux mineurs en référence aux exigences particulières de l'ordonnance de 1945.

De plus, l'application de l'amende forfaitaire aux mineurs entraînerait une inégalité devant la loi car, l'article 21 de l'ordonnance précitée excluant le prononcé de l'amende aux mineurs de treize ans, ces derniers ne peuvent faire l'objet que d'une admonestation non prévue par la procédure des articles 529 et s. C.pr.pén. Enfin, la solution consistant pour l'organe de poursuite à recueillir, avant la mise en œuvre de la procédure, l'accord des personnes disposant de l'autorité parentale semble pratiquement inapplicable sauf à ralentir considérablement le processus de l'amende forfaitaire. En l'absence de texte suffisant, il faut se rallier à une solution pratique consistant à envoyer les avis de contravention ou les titres exécutoires aux titulaires de l'autorité parentale, même si elle présente le désavantage de faire de ces derniers les parties principales à la procédure, ce qui donne un caractère exceptionnellement indemnitaire à la procédure, lui retirant tout objectif sanctionnateur[245].

177. Les personnes morales, à l'inverse de ce qui a lieu pour la composition pénale, ne sont pas exclues du champ d'application des dispositions du Code de procédure pénale en matière d'amende forfaitaire. Cela est d'autant plus aisé à reconnaître que la loi du 9 mars 2004 est revenue, dans son article 54, sur le principe de spécialité en matière de responsabilité pénale des personnes morales, subordonnée jusqu'alors à l'existence d'un texte exprès la prévoyant. Toutefois, il reste possible de s'interroger sur le quantum de l'amende à prononcer. Le principe demeure celui du quintuple de l'amende encourue pour chaque infraction[246].

---

[244] Cass. crim., 4 février 1971, Bull. crim. n°42.

[245] Les mêmes réflexions peuvent être faites *mutatis mutandis* s'agissant des majeurs incapables.

[246] Art. 131-38 al. 1er C.pén. « Le taux maximum de l'amende applicable aux personnes morales est égal au quintuple de celui prévu pour les personnes physiques par la loi qui réprime l'infraction ». V. J-C Planque, *La détermination de la personne morale pénalement responsable*, thèse, L'Harmattan, 2003, n°427 et s.

Toutefois, il faut noter qu'aucune disposition du Code de procédure pénale ne prévoit cette hypothèse particulière. Or, en vertu du deuxième alinéa de l'article 111-3 C.pén., nul ne peut être puni d'une peine qui n'est pas prévue par la loi ou le règlement. Il faut donc en conclure que l'application du coefficient multiplicateur de principe en matière de répression des personnes morales est, par exception, exclu lorsque l'amende forfaitaire est mise en œuvre. Les montants des amendes prévues par les articles R. 49 et s. C.pr.pén. applicables en l'occurrence ne constituent pas un frein à l'application de ladite procédure aux personnes morales. Ils n'édictent pas d'infraction mais, fixent le quantum de l'amende forfaitairement établie pour l'ensemble des contrevenants sans distinction.

178. La connaissance de l'auteur de l'infraction par l'appareil judiciaire constitue une dernière caractéristique qui permet de distinguer ces procédures. Cependant, cette différence entre les deux procédures ne sera qu'apparente et sera subordonnée à l'attitude du parquet. La caractéristique de primo-délinquance n'est pas érigée en condition d'application de la procédure de l'amende forfaitaire, d'autant que les contraventions ne sont plus susceptibles de récidive depuis l'entrée en vigueur du Code pénal de 1994. Néanmoins, la question s'est posée pour les conditions d'accès à la procédure de composition pénale. Le texte des articles 41-2 et suivant C.pr.pén. restant muet à ce sujet et l'application effective de la procédure issue de la loi du 23 juin 1999 étant soumise au bon vouloir de chaque parquet, il a fallu se référer à la circulaire d'application relative à la procédure de composition pénale en date du 11 juillet 2001.

Le texte interprétatif prévoit expressément que la mesure de composition pénale doit être réservée aux individus qui n'ont pas fait l'objet précédemment d'une condamnation pénale spécialement pour les mêmes faits ou d'une mesure de composition pénale. La lecture du paragraphe 3.2 de la circulaire montre la volonté de la Chancellerie de ne voir concernés par la voie de la composition pénale que les seuls individus non-connus de l'appareil judiciaire ou policier. Toutefois, elle laisse à chaque parquet une grande marge de manœuvre dans l'interprétation à donner au texte. Cette même circulaire reconnaissait que le texte de la loi lui-même n'interdit pas la mise en œuvre de la procédure aux individus connus des services de police ou ayant déjà fait l'objet d'une condamnation pénale. Egalement, depuis la loi n°2004-204 du 9 mars 2004, le législateur a prévu expressément, au dernier alinéa de l'article 41-1 C.pr.pén., que la procédure de composition pénale peut être mise en œuvre après l'échec de l'une des mesures énoncées par cet article dès lors que l'absence d'exécution de la mesure est imputable au comportement de l'auteur de l'infraction.

Cette volonté du législateur de préconiser l'utilisation d'une autre procédure dont l'objectif est avant tout répressif repose sur l'idée selon laquelle l'échec d'une première mesure alternative en raison du comportement de l'auteur des faits doit être considéré comme une aggravation de l'infraction commise par ce dernier justifiant l'utilisation d'une mesure plus coercitive.

179. L'accès aux mesures alternatives répressives étant conditionné par certaines qualités de l'auteur, la mise en œuvre de ces mesures se voit ensuite fortement liée au consentement de celui-ci à la procédure proposée. Pour beaucoup de procédures alternatives, la question de la culpabilité de l'auteur est pour partie éludée et déduite de l'acceptation par l'auteur de participer à la procédure[247]. A l'inverse, les alternatives de type répressif sont caractérisées par l'existence d'une reconnaissance par l'auteur de l'infraction. Celle-ci conditionne la mise en œuvre effective du processus alternatif à la poursuite pénale. Il s'agira donc ici d'examiner les conditions relatives à l'importance du consentement pour les procédures considérées, en examinant, tout d'abord, la question de la reconnaissance de l'infraction par l'auteur des faits pour, ensuite, s'intéresser aux conditions relatives à l'acceptation proprement dite du recours à la procédure.

b - Les conditions relatives à l'importance du consentement

Les textes relatifs à la composition pénale et à l'amende forfaitaire ne permettent pas, à leur simple lecture, d'aboutir à la conviction d'un régime commun pour les deux procédures quant au consentement de l'auteur à leur mise en œuvre. Toutefois, il est possible, pour les deux procédures, de conclure à la nécessité d'une reconnaissance de la commission de l'infraction, d'une part, découlant de l'acceptation du recours à la procédure, d'autre part.

α - La reconnaissance de l'infraction

La mise en œuvre de l'une ou de l'autre des procédures alternatives répressives repose sur la condition préalable de reconnaissance de culpabilité par l'auteur lui-même. Cependant, cette dernière est explicite

[247] On parlera alors de consentement substitutif pour reprendre la formule de M. X. Pin, *Le consentement en matière pénale*, L.G.D.J., 2002, Bibl., sc., crim., t.36, p. 517 et s.

s'agissant de la mesure de composition pénale, mais se révèle implicitement en matière d'amende forfaitaire.

1° - Une reconnaissance explicite exigée en cas de composition pénale

180. La procédure de composition pénale repose sur l'adhésion de la part de l'auteur à la volonté du parquet de voir le litige issu de la commission de l'infraction réglé par la voie d'une procédure alternative. Toutefois, ce n'est pas cet aspect qui démontre l'originalité de cette dernière en procédure pénale. En effet, le législateur de 1999, tout en suivant les enseignements du Conseil constitutionnel dans sa décision de censure de la procédure d'injonction pénale du 2 février 1995, fonde le recours à la procédure des articles 41-2 et s. C.pr.pén. sur la reconnaissance de la commission de l'infraction par l'auteur. Cet aspect nouveau en procédure pénale, repris depuis 2004 par la loi instituant la procédure de comparution sur reconnaissance préalable de culpabilité, n'a pas été sans susciter quelques remarques de la part de la doctrine. Une partie de celle-ci adhère à ce renouveau de l'aveu en matière pénale en considérant cette technique comme évitant « *des audiences présumées inutiles, lorsque les aveux ont déjà été passés* »[248]. Néanmoins une autre partie regrette le recours à la reconnaissance de culpabilité qui, bien que limité mais réel, accentue la montée des pouvoirs du ministère public[249].

181. La reconnaissance de la commission de l'infraction constitue en soi une originalité en procédure pénale en ce que la loi lui confère des effets juridiques. Son introduction par le biais de la procédure de composition pénale ne constitue qu'un aboutissement de l'idée amorcée par la loi du 4 janvier 1993 ayant consacré le recours à la médiation pénale reposant sur la reconnaissance initiale des faits par l'auteur. Ainsi, la composition pénale faisant produire explicitement des effets de droit aux aveux[250], la distinction entre la reconnaissance de la commission d'une infraction et la simple reconnaissance des faits n'est qu'artificielle car cela correspond à la même idée. Il est toutefois regrettable que le législateur de 2004 ne soit pas allé

---

[248] J. Pradel, « Une consécration du *plea bargaining* à la française », la composition pénale instituée par la loi n°99-515 du 23 juin 1999, D. 1999, chron., p. 379

[249] J. Volff, La composition pénale, un essai manqué !, *Gaz.Pal.*, 2000, 1, Doctr. p. 559 et s.

[250] E. Mathias, Alternatives punitives consensuelles : leurres et travers de la répression volontaire, *Gaz.Pal.*, 1er septembre 2006, Doctr., p. 2 et s.

jusqu'au bout du raisonnement en imposant clairement les mêmes conditions de recours à l'ensemble des mesures alternatives aux poursuites pénales. En effet, la condition de reconnaissance de la culpabilité n'est qu'implicite en cas de médiation. Néanmoins, elle n'en est pas moins réelle même si elle ne transparaît pas dans le texte instituant le recours à cette mesure.

La condition de reconnaissance préalable par l'auteur des faits de la commission de l'infraction figure clairement dans le texte régissant la procédure de composition pénale. Mais, tel n'est pas le cas pour le second processus auquel a été donné le qualificatif de procédure alternative répressive. Néanmoins, en l'absence de cette condition clairement exprimée dans le texte général, il est possible de la découvrir dans les textes réglementaires s'y rapportant.

2° - Une reconnaissance implicite découlant de l'amende forfaitaire

182. Les articles 529 et s. C.pr.pén. ou les articles R. 48 et s. C.pr.pén. ne conditionnent à aucun moment la mise en œuvre de la procédure d'amende forfaitaire à la reconnaissance de la commission de la contravention. Pour autant, il est possible de découvrir dans cette procédure une condition semblable à celle présente en matière de composition pénale, même si elle ne paraît qu'implicite. En effet, un obstacle à l'existence d'une condition préalable de reconnaissance de la commission de l'infraction pourrait provenir de la nature même des infractions relevant du domaine d'application de la procédure de l'amende forfaitaire. L'élément moral de l'infraction étant présumé en matière de contravention[251], l'exigence dans ce cas de la reconnaissance par l'auteur de la contravention de sa culpabilité semble illogique voire contradictoire puisque cela imposerait une condition non nécessaire dans la partie réglementaire générale du Code pénal.

[251] Les contraventions sont, en principe, des infractions dites matérielles pour lesquelles aucun élément moral n'est requis. Toutefois, cet élément psychologique est exceptionnellement exigé pour certaines d'entre elles. C'est le cas de l'infraction définie à l'article R. 610-2 C.pr.pén. lorsque le règlement exige une faute d'imprudence ou de négligence permettant l'application des troisième et quatrième alinéas de l'article 121-3 C.pén. Les violences volontaires de nature contraventionnelles des articles R. 625-1 et s. C.pr.pén. font également exception en incluant un élément intentionnel constitutif de l'infraction. V. not. F. Desportes et F. Le Gunehec, *Droit Pénal Général*, 16e éd., 2008, n°499.

Cependant, les infractions concernées par l'amende forfaitaire constituent des infractions matérielles. L'exigence par le texte particulier d'une reconnaissance expresse de leur commission par l'auteur peut toutefois être admise dès lors qu'il lui est proposé de renoncer au bénéfice de la procédure classique de poursuite au profit de l'application d'un processus dérogatoire de traitement des contraventions. La mise en œuvre de l'amende forfaitaire est alors le fruit d'une substitution acceptée mais aussi d'une abdication consentie agissant dans le sens d'un allègement et d'une accélération du traitement de ce type d'infraction[252].

183. Pourtant, même en l'absence de disposition expresse relative à la reconnaissance de l'infraction, il est possible de tirer de l'ensemble du processus de l'amende forfaitaire la nécessité d'une telle condition. L'exigence de la reconnaissance de sa culpabilité par l'auteur ne ressortit pas du régime juridique de la procédure elle-même, mais peut être découverte par le biais de l'examen du domaine quant aux infractions de l'amende forfaitaire. En effet, le pouvoir réglementaire a fait de la procédure des articles 529 et s. C.pr.pén. l'instrument privilégié du traitement des infractions contraventionnelles en matière routière. Pour s'en convaincre, il suffit de se reporter à la liste des contraventions pouvant être traitées en vertu de l'article R. 48-1 C.pr.pén. dans lequel sont citées notamment les contraventions au Code de la route et celles en matière de transport et de circulation routière avec renvoi aux infractions au Code des assurances. Or, en vertu de l'article L. 121-2 du Code de la route[253], le paiement de l'amende entraîne reconnaissance de la réalité de l'infraction, ce qui n'a d'autre sens que de considérer le paiement volontaire de l'amende ou l'absence de contestation de l'infraction comme valant reconnaissance de la commission de l'infraction[254].

Ainsi, la condition de la reconnaissance par l'auteur de la commission de l'infraction n'est en matière d'amende forfaitaire qu'implicite car, d'une part, elle ne vaut que dans les cas dans lesquels l'article L. 121-2 C. route vient à s'appliquer[255] et, d'autre part, elle s'avance dès lors que la loi en tire des conséquences particulières. Si la loi fait de la reconnaissance de la

---

[252] On reprendra alors utilement la formule de consentement abdicatif (X. Pin, *Le consentement en matière pénale*, *op.cit.*, n°756.).

[253] Ancien article L. 21-1 C. route.

[254] On tirera alors les mêmes conséquences qu'en matière de médiation pénale pour laquelle l'exigence d'une reconnaissance des faits par l'auteur entraîne la reconnaissance par celui-ci de sa culpabilité.

[255] Ce qui constitue la majorité du contentieux de l'amende forfaitaire.

commission de l'infraction une condition de mise en œuvre de la procédure de composition pénale, elle fonde l'application de la procédure d'amende forfaitaire sur une culpabilité reconnue tacitement par l'auteur[256].

Les deux procédures alternatives répressives de composition pénale et d'amende forfaitaire semblent se distinguer artificiellement à propos de la place qu'elles accordent chacune à l'exigence d'une reconnaissance par le sujet de la commission de l'infraction. Toutefois, il demeure possible de les rapprocher quant à l'existence d'une seconde condition relative à l'acceptation du recours à la procédure proposée par le ministère public par l'auteur de l'infraction ayant reconnu la violation de la règle pénale.

β - L'acceptation du recours à la mesure alternative

A l'image de la condition de reconnaissance par l'auteur des faits de la commission de l'infraction, l'exigence du consentement par celui-ci au recours à la mesure proposée ne se fera pas avec la même intensité dans les deux procédures alternatives répressives. Ainsi, la condition, posée clairement par l'article 41-2 C.pr.pén. en cas de composition pénale, ne sera qu'implicitement révélée en matière d'amende forfaitaire.

1° - Une acceptation explicite exigée par la composition pénale

184. Le consentement de l'auteur de l'infraction à la mise en œuvre effective de la procédure de composition pénale résulte d'une exigence formelle du texte. En effet, l'article 41-2 C.pr.pén. dispose que le procureur de la République, tant que l'action publique n'a pas été mise en mouvement, peut, directement ou par l'intermédiaire d'une personne habilitée, proposer à l'auteur des faits une composition pénale. De cette faculté pour le représentant du ministère public de proposer la mise en œuvre d'une telle procédure, il est possible de relever, d'une part, que le recours à la composition pénale dépend de la volonté du parquet de voir le conflit né de l'infraction réglé par un tel processus, mais aussi, d'autre part, que la

[256] L'existence d'une présomption de culpabilité en matière pénale n'a pas été jugée contraire à la Convention européenne de sauvegarde des droits de l'homme par la Cour de cassation dès lors que cette présomption réserve la possibilité de la preuve contraire et laisse entiers les droits de la défense (Cass. crim., 6 novembre 1991, Bull. crim. n°397 et 9 avril 1992, Bull. crim. n°155.) ; J. Buisson, Les présomptions de culpabilité, *R.G.D.P.*, décembre 1999, p. 3.

mise en œuvre effective de la procédure requiert le consentement de la personne concernée[257].

On conviendra toutefois que le consentement ou, à tout le moins, la participation de l'auteur au traitement de l'infraction provient essentiellement de la reconnaissance par celui-ci de la commission de l'infraction. En effet, c'est de la reconnaissance de l'infraction érigée par le législateur en véritable condition préalable à la mise en œuvre de la procédure que dépend l'acceptation par l'auteur du recours à la composition pénale. Cette procédure, constituant un préalable au déclenchement de l'action publique, d'après l'alinéa premier de l'article 41-2 C.pr.pén., fait peser une menace de condamnation à un emprisonnement ferme trop importante pour que l'individu ayant reconnu antérieurement les faits refuse un processus lui permettant d'éviter une telle sanction.

Ainsi, du constat de la haute importance de la reconnaissance par l'auteur de la commission de l'infraction peut naître celui d'une grande relativité de l'aspect consensuel de la procédure de composition pénale sinon de son caractère forcé.

Bien que le consentement exprès de l'auteur à la participation à la procédure résulte d'une exigence textuelle, celui-ci pouvant intervenir soit devant le procureur lui-même, soit devant son délégué, soit encore devant un officier de police judiciaire pendant la garde à vue, cela ne doit pas faire oublier les pressions de nature à inciter l'auteur de l'infraction à choisir la voie de la composition pénale.

185. La principale source d'incitation de l'auteur à consentir à la mise en œuvre d'une composition pénale réside dans la menace du déclenchement de l'action publique. Elle peut cependant revêtir plusieurs aspects. D'une part, lors de la proposition de la mesure elle-même, le parquet ou son délégué peut présenter l'offre de la composition pénale comme une faveur faite à l'individu et dont le refus entraînerait la mise en œuvre inévitable de l'action publique débouchant sur le prononcé d'une peine plus sévère. Cette pression sur la personne se révèle d'autant plus importante que la proposition du recours à la composition pénale peut être faite pendant la garde à vue depuis la loi du 9 septembre 2002[258]. D'autre part, la présence

[257] L'article 7-2 de l'ordonnance n°45-174 du 2 février 1945, issu de la loi n°2007-297 relative à la prévention de la délinquance, prévoit, quant à l'application de la composition pénale aux mineurs, que la proposition du procureur de la République doit être également faite aux représentants légaux et obtenir l'accord de ces derniers. De plus, l'accord du mineur et des représentants légaux doit être recueilli en présence d'un avocat.

[258] La loi du 23 juin 1999 ayant institué la composition pénale prévoyait, avant l'entrée en vigueur de la loi du 9 septembre 2002, l'interdiction de faire cette proposition pendant le temps de garde à vue.

de la victime lorsqu'elle est identifiée et associée à la procédure peut constituer pour l'auteur de l'infraction une source de pression susceptible de le contraindre à accepter la proposition du parquet. Bien que la victime n'ait pas d'influence sur la nature et le quantum de la peine proposée, elle dispose toutefois d'un certain pouvoir sur l'issue de la procédure pouvant inciter l'auteur à accepter la composition pénale et à exécuter les mesures qui en résultent.

La mise en œuvre de la composition pénale ne vaut que tant que l'action publique n'est pas mise en mouvement. Or, s'il semble improbable que le parquet revienne sur sa proposition de faire bénéficier l'auteur d'une infraction d'une composition pénale sauf lorsque le comportement de ce dernier le justifie, la victime n'est pas liée par l'engagement du parquet.

Ainsi, dès la phase de proposition de la mesure à l'auteur des faits, la victime peut préférer voir l'action publique déclenchée par la voie de la citation directe ou par la constitution de partie civile, en laissant le juge pénal apprécier l'ensemble du préjudice qu'elle a subi dès lors qu'elle considère que la proposition du parquet ne satisfait pas complètement à son indemnisation ou en voulant forcer l'auteur des faits à respecter les engagements issus de la proposition. L'information de l'auteur par le parquet d'une telle attitude possible de la victime peut alors être entendue comme une pression suffisante pour le décider à accepter la mise en œuvre de la composition pénale.

L'acceptation du recours à la procédure se voyant clairement inscrite à l'article 41-2 C.pr.pén. pour la composition pénale, tel n'est pas le cas en matière d'amende forfaitaire. Pourtant, il est possible de découvrir l'existence également d'un consentement de l'auteur de l'infraction à la mise en œuvre de la procédure des articles 529 et suivants du Code de procédure pénale.

2° - Une acceptation implicite proposée par l'amende forfaitaire

186. Alors que l'exigence de ce consentement ressort clairement du texte en matière de composition pénale, l'acceptation du recours à la procédure d'amende forfaitaire ne peut être appréhendée que de manière implicite et dépend, pour l'essentiel, de l'attitude de l'auteur de la contravention[259].

En effet, lorsque l'agent verbalisateur rédige le procès-verbal constatant l'infraction à l'aide d'un carnet à souches et, selon les modalités des articles

[259] J-H Robert, Amende et indemnité forfaitaires, *J.-Cl., procédure pénale*, 2009, *op.cit.*

R. 49-1 et A.37 et s. C.pr.pén., le contrevenant est informé du contenu des articles 529-1 et 529-2 C.pr.pén. d'après lesquels s'il ne s'acquitte pas directement entre les mains de l'agent verbalisateur, il dispose d'un délai de quarante-cinq jours[260] pour régler le montant de l'amende auprès du service indiqué dans l'avis de contravention[261].

187. Egalement, en vertu de l'article 529-2 C.pr.pén., l'individu est informé de son droit à formuler une requête tendant à son exonération auprès dudit service pendant le même délai. Ainsi, c'est du paiement volontaire de l'amende que l'on peut déduire son acceptation du recours à la procédure. A l'inverse, un acte positif consistant dans la formulation d'une requête en exonération constituera à ce stade de la procédure un indice de refus d'acceptation de la procédure de l'amende forfaitaire. Pour se convaincre d'un tel refus de participation de l'auteur à la procédure il faut se pencher sur la lettre de l'article 530 C.pr.pén. En effet, lorsque le délai prévu à l'article 529-1 C.pr.pén. s'est écoulé, un titre exécutoire émanant du ministère public permet au Trésor public de recouvrer le montant de l'amende alors majoré de plein droit. Or, en vertu de l'article 530 C.pr.pén., le contrevenant récalcitrant bénéficie d'un nouveau délai de trente jours pour former une réclamation auprès du ministère public qui, d'après l'article 530-1 C.pr.pén., pourra soit renoncer aux poursuites en considérant la réclamation comme fondée, soit déclencher l'action publique par le biais des procédures de l'ordonnance pénale ou de la citation directe, soit enfin constater l'irrecevabilité de la requête.

De la même manière que dans la première phase de la procédure, le consentement de l'auteur à la mise en œuvre de l'amende forfaitaire est implicite et ne résulte que du paiement du montant de l'amende revêtue d'un titre exécutoire. A l'inverse, tout refus de consentir à la procédure ne se manifestera que par un acte positif de la part du contrevenant contestant la réalité de l'infraction.

La procédure de l'amende forfaitaire respectant pour la Cour Européenne des Droits de l'Homme le droit à l'accès à un tribunal garanti par l'article 6 de la C.E.S.D.H. depuis l'arrêt Peltier contre France du 21 mai 2002[262], il faut

---

[260] Depuis la loi n°204-2004 du 9 mars 2004, *op.cit.* art. 56. Antérieurement, le délai était fixé à trente jours.

[261] Le délai est également fixé à quarante-cinq jours suivant l'envoi de l'avis de contravention lorsque celui-ci n'est pas remis directement par l'agent verbalisateur.

[262] C.E.D.H., 21 mai 2002, Peltier c/ France, D. 2002, jur., p. 2968, note J-P. Céré. V. également Cass. crim. 16 juin 1999, Jurisp. auto 1999. 501.

toutefois constater que la démarche tendant pour le présumé contrevenant[263] à refuser le traitement de l'infraction par la voie de l'amende forfaitaire s'avère longue et dangereuse.

Elle est, tout d'abord, longue, voire lourde, car elle oblige l'intéressé au respect des délais prévus par la procédure et à la fourniture de documents sans lesquels la requête ou la réclamation est vouée à l'échec[264]. C'est, ensuite, une démarche dangereuse car à chaque étape le montant de l'amende sera alourdi. Le Code prescrit, en effet, la majoration de plein droit du montant de l'amende en cas de non-paiement au-delà du délai de quarante-cinq jours énoncé à l'article 529-1 C.pr.pén., mais aussi en cas de rejet de la réclamation et de mise en œuvre de l'action publique en vertu de l'article 530 al. 2 C.pr.pén. Le montant de l'amende alors prononcée ne pourra être inférieur au montant de l'amende forfaitaire majorée.

La création de procédures permettant l'évitement du procès pénal afin de désengorger les tribunaux face aux contentieux dits de masse puis leur consécration par le législateur avaient pour but principal de désamorcer le conflit issu de la commission d'une infraction entre l'auteur de celle-ci et la victime. Ainsi, l'intégration de la procédure de médiation pénale, en 1993, a permis de contribuer à la participation de la victime dans le processus pénal de traitement des infractions. Cependant, il est inexact de considérer que l'essor des procédures alternatives à la poursuite pénale fait entièrement l'écho de la place nouvelle de la victime dans le procès pénal. En effet, si la médiation pénale tente de mettre sur un pied d'égalité l'auteur de l'infraction et la victime dans un but de réparation du dommage causé à celle-ci, la création postérieure d'autres procédures alternatives à la poursuite pénale a pu mettre en exergue une volonté de répression de l'auteur et de cessation du trouble causé à l'ordre public, encadrant en conséquence la participation de la victime de l'infraction dans le processus de traitement de cette dernière.

---

[263] Il faut en effet le considérer comme tel car, en vertu de l'article L. 11-1 C. route, « *le paiement de l'amende entraîne reconnaissance de l'infraction* ». On rejoindra M. F. Samson *in*, Le système de l'amende forfaitaire : une sanction pénale sans juge, *Gaz.Pal.*, 1995, 2, Doctr., p. 1035. Selon l'auteur, la question n'est pas de découvrir le véritable auteur de l'infraction, mais de proposer à la personne faisant l'objet de soupçons policiers de mettre un terme aux poursuites éventuelles.

[264] Cass. crim., 2 septembre 2005, *JCP G.*, 2005, IV.3192.

2 - La participation encadrée de la victime au processus répressif

188. La victime tient une place peu importante dans les procédures alternatives répressives. Toutefois, elle ne se trouve pas entièrement écartée pour l'ensemble d'entre elles de leur mise en œuvre. De plus, lorsque la victime ne se trouve pas associée au processus alternatif, le législateur préserve la possibilité d'une indemnisation du préjudice subi par celle-ci en dehors du cadre procédural adopté. Dès lors, la victime, bien qu'elle ne détienne qu'un faible rôle en matière d'alternatives répressives, dispose de certaines prérogatives dont il faut préciser la nature pour chaque procédure.

a - L'association de la victime à la procédure

189. En vertu des dispositions de l'article 41-2 C.pr.pén., la victime n'a qu'une place incidente en cas de composition pénale. En effet, sa participation à la procédure est soumise à deux conditions. Elle doit tout d'abord être identifiée. Ensuite, il est nécessaire que le préjudice qu'elle a subi ne soit pas encore réparé. A l'inverse, dès lors que la procédure d'amende forfaitaire est enclenchée, la victime de la contravention est exclue du déroulement de celle-ci. En effet, les articles 529 et suivants C.pr.pén. ignorent l'existence de la victime dans le cadre du traitement des contraventions ressortissant de leur champ d'application.

α - Le rôle accessoire de la victime en composition pénale

190. Il ressort clairement de l'article 41-2 al. 15 C.pr.pén. que le procureur de la République peut prendre en considération le dommage résultant de la commission de l'infraction en associant la victime au processus de composition pénale lorsque celle-ci est identifiée et qu'elle peut justifier d'un préjudice non encore réparé.

1° - Existence et identification de la victime

191. L'aspect répressif de la composition pénale permet avant tout un traitement visant l'auteur de l'infraction pénale. Mais, le législateur de 1999 n'a pas écarté totalement la victime du processus alternatif. En effet, l'alinéa 15 de l'article 41-2 C.pr.pén. prévoit dans une certaine mesure l'association de la victime à la procédure à la condition que celle-ci soit identifiée par les services de police ayant constaté l'infraction ou l'ayant entendu. De plus, la nature de cette victime n'est pas précisée ni par la loi ni par la Chancellerie dans ses circulaires du 11 juillet 2001 ou du 16 mars 2004. Ainsi, dans le silence du texte, la victime, en cas de composition pénale, peut être aussi bien une personne physique qu'une personne morale.

L'identification entraînant la reconnaissance de la qualité de victime, le législateur n'est toutefois pas allé jusqu'à reconnaître à cette dernière la qualité de partie à la procédure comme en matière de médiation pénale. Pourtant, la reconnaissance du statut de victime emporte un certain nombre d'obligations pour le parquet. En effet, l'article 41-2 C.pr.pén. attache à l'identification de la victime l'obligation pour le représentant du ministère public d'informer celle-ci de sa décision de mettre en œuvre une composition pénale mais aussi de la proposition qu'il fait à l'auteur de l'infraction d'en réparer le préjudice. Cette information s'effectue par tout moyen et doit être mentionnée au procès-verbal prévu par l'article R. 15-33-40 C.pr.pén. Cependant, la circulaire de 2001 limite la portée de cette obligation d'information en considérant qu'en aucun cas elle n'entraîne l'obligation pour le parquet de recueillir l'accord de la victime comme lors d'une médiation.

Enfin, si le texte de l'article 41-2 C.pr.pén. exige de la victime qu'elle soit identifiée, il ne suffit pas que celle-ci soit identifiable. La composition pénale ayant été conçue comme un instrument de traitement rapide des affaires présentant une assez faible gravité, le législateur n'a pas jugé bon de conditionner la mise en œuvre de la procédure à une identification précise de la victime de l'infraction. D'ailleurs, l'incidence de la présence d'une victime dans le processus de composition pénale s'avère en pratique peu courante[265]. Bon nombre de parquets cantonnent la mise en œuvre de la procédure à quelques infractions seulement et souvent au délit de conduite en état alcoolique incriminé par l'article L. 234-1 (art. L. 1 ancien) du Code de la route[266].

---

[265] Les mesures du 10° et du 14° de l'article 41-2 C.pr.pén. ne constituent pas des exceptions à la prise en compte limitée des intérêts de la victime en cas de composition pénale. Tout au plus, si ces mesures protègent les victimes de l'infraction, elles constituent surtout le fondement de la répression alternative voulue par le parquet.

[266] C'est le cas notamment des parquets de Poitiers, Lille, Cambrai. J. Danet et S. Grunvald, une première évaluation de la composition pénale, mission de recherche Droit et Justice, synthèse 109, janvier 2004, *http://www.gip-recherche-justice.fr* ; Brèves remarques tirées d'une première évaluation de la composition pénale, *A.J. Pénal*, 2004, n°5, p. 196 et s.

P. Milburn, C. Mouhanna, V. Perrocheau, Enjeux et usages de la composition pénale. Controverses et compromis dans la mise en place d'un dispositif inédit, mission de recherche Droit et Justice, synthèse 127, mars 2005, *http://www.gip-recherche-justice.fr* .

L'identification de la victime constitue une première limite au rôle de celle-ci en cas de composition pénale. Mais le Code prévoit aussi que son association à la procédure est conditionnée par l'existence d'un préjudice causé par la commission de l'infraction et non encore réparé par l'auteur de celle-ci.

2° - Existence d'un préjudice non encore réparé

192. En effet, en vertu de l'alinéa 15 de l'article 41-2 et de l'article R. 15-33-45 C.pr.pén., lorsque l'auteur de l'infraction ne peut justifier de la réparation du préjudice causé à la victime du fait de l'infraction, le procureur de la République a l'obligation de proposer à l'auteur des faits de réparer les dommages dans un délai inférieur à six mois. Toutefois, le législateur impose au parquet d'informer la victime de la proposition de réparation. Mais il ne prévoit pas d'associer l'auteur et la victime dans la détermination de la nature et du quantum de cette réparation. En effet, il appartient au seul parquet de fixer le montant de la réparation et ses modalités d'exécution.

La circulaire de 2001 ne permet pas *a priori* à la victime de négocier le montant et la nature de la réparation du préjudice subi par elle ni avec le parquet, ni avec l'auteur. Le texte apporte, cependant, un assouplissement à ce principe en prévoyant que, dans certains cas exceptionnels, l'accord de la victime pourra être sollicité afin de ne pas voir la procédure mise en péril en raison de son mécontentement susceptible de conduire à la saisine du tribunal. Enfin, dans les cas dans lesquels la détermination de l'indemnisation s'avère difficile pour le parquet en raison de la nature de l'infraction commise[267], il est possible pour celui-ci, ou son délégué, de recevoir la victime afin de déterminer avec elle le montant de la réparation.

β - L'exclusion de la victime en matière d'amende forfaitaire

193. Les articles 529 et s. C.pr.pén. relatifs à la procédure de l'amende forfaitaire, ne prévoient plus l'incidence éventuelle d'une victime de l'infraction. Le législateur de 1985 est revenu sur les termes, datant de la loi

---

A. Bureau, A. Giudicelli, Les premières applications de la composition pénale dans le ressort de la cour d'appel de Poitiers, mission de recherche droit et justice, synthèse n°105, décembre 2003, *http://www.gip-recherche-justice.fr*.

[267] La circulaire du 11 juillet 2001 prend l'exemple des violences volontaires.

du 3 janvier 1972, de l'ancien article 530 C.pr.pén. qui excluait l'application de la procédure lorsque la contravention exposait l'auteur à la réparation de dommages aux personnes ou aux biens[268]. Pourtant, la loi du 30 décembre 1985 confirme cette exclusion de la participation de la victime au mécanisme de l'amende forfaitaire. Cependant, elle ne fait plus de l'existence d'un dommage résultant de la contravention une cause d'exclusion de la mise en œuvre de la procédure. Il ne faut pas pour autant en conclure que l'amende forfaitaire n'est applicable qu'aux contraventions exclusives de la réalisation d'un préjudice causé à une victime. Pour s'en convaincre, il suffit de se reporter par exemple à l'article R. 48-1, 3°, a. C.pr.pén. qui réprime, par référence à l'article R. 632-1 C.pén., le dépôt ou l'abandon d'ordures ou déchets dans les bois, forêts et terrains à boiser lesquels peuvent appartenir à une personne privée alors victime de l'infraction[269].

Si elle exclut la victime de son champ d'application, l'amende forfaitaire ne comporte pas non plus pour l'auteur de l'infraction l'obligation accessoire de réparer le dommage causé. Ainsi, dès lors que la commission de l'infraction a entraîné l'existence d'un dommage, il appartient à la seule victime d'agir en dehors de ladite procédure en utilisant les voies classiques de poursuite.

Les deux procédures alternatives répressives ne donnant que peu ou pas de place à la victime de l'infraction, le préjudice peut tout de même être réparé en dehors de la procédure. Les modalités procédurales de réparation du préjudice résultant de l'infraction sont indiquées par le texte instituant la composition pénale. A l'inverse, l'action de la victime s'avère plus aléatoire en matière d'amende forfaitaire. Pour autant, dans les deux cas, la mise en œuvre d'une action par la victime permettra de court-circuiter le recours à la procédure alternative ou le déroulement de celle-ci.

b - La sauvegarde des intérêts de la victime en dehors de la procédure

194. La procédure de composition pénale n'envisageant la présence de la victime que de façon incidente en raison de son objectif essentiellement répressif, les intérêts de celle-ci ne sont pas pour autant lésés par la décision du parquet. En effet, même si la circulaire du 11 juillet 2001 consacre la

---

[268] Art. 530 ancien, C.pr.pén. issu de la rédaction de la loi du 3 janvier 1972.

[269] J-H Robert, Tribunal de police, amende et indemnité forfaitaires, *J.-Cl., procédure pénale*, 2009, Art. 524 à 530-3, fasc.20, n°14.

place accessoire de la victime dans la procédure de composition pénale, elle multiplie l'indication des cas dans lesquels celle-ci peut se voir associée plus activement dans la détermination de sa réparation. De plus, la proposition à l'auteur de réparer le dommage causé à la victime ne faisant pas partie des mesures au titre desquelles le parquet peut justifier la mise en œuvre de l'action publique en cas d'inexécution, la procédure prévoit plusieurs possibilités pour la victime d'obtenir indemnisation effective de son préjudice.

195. L'article 41-2 al. 22 C.pr.pén. indique que l'exécution des mesures issues la composition pénale ne fait pas échec au droit de la victime d'agir par la voie de la citation directe devant le tribunal correctionnel pour qu'il soit statué, dans les conditions du Code de procédure pénale, sur les seuls intérêts civils. De même, en cas d'inexécution des mesures prévues par la composition pénale imputable à l'auteur de l'infraction, la victime conserve le droit d'agir par la même voie, sans préjudice de l'action publique alors mise en œuvre par le parquet en vertu de l'alinéa 20 de l'article 41-2 C.pr.pén. Egalement, l'ordonnance de validation de la composition pénale par le magistrat du siège permettra à la victime d'obtenir le recouvrement des dommages et intérêts que s'est engagé à verser l'auteur de l'infraction, par la voie de la procédure de l'injonction de payer en application des règles du nouveau Code de procédure civile.

196. En matière d'amende forfaitaire, la réparation du dommage ne ressortit pas du déroulement de la procédure. Néanmoins, en vertu des articles 528-2 et 531 C.pr.pén., la victime conserve le droit d'agir par la voie pénale dans le but de voir son préjudice réparé. Cependant, la mise en œuvre d'une citation directe, qui reste possible[270], s'avère lourde de conséquences sur la poursuite de la procédure alternative initiale. En effet, dès lors que la victime diligente une telle action, elle déclenche l'action publique mettant en échec l'amende forfaitaire initiale et empêche de ce fait la possibilité pour le contrevenant de payer le montant de l'amende forfaitaire. Cette action peut entraîner une sanction plus sévère de l'auteur de l'infraction. Le tribunal de police alors saisi n'est, en effet, pas tenu par les montants de l'amende fixés par l'article R. 49 C.pr.pén.

197. Toutefois, l'effectivité de cette action de la victime s'avère particulièrement limitée car, en vertu de l'article 529 C.pr.pén., l'action

[270] La même action est ouverte au ministère public qui conserve son pouvoir d'opportunité tant que le paiement de l'amende forfaitaire éteignant l'action publique n'est pas effectif.

publique est éteinte par le paiement de l'amende forfaitaire pour les contraventions énumérées par l'article R. 48 du même Code. Il faut ainsi conclure que le paiement effectif par le contrevenant fait échec à toute tentative de la part de la victime de mettre en œuvre l'action publique par l'exercice de la citation directe prévue par l'article 528-2 C.pr.pén. Ainsi, dès lors que la commission de la contravention est la cause d'un dommage, il est avantageux pour le mis en cause de payer rapidement le montant de l'amende forfaitaire afin de ne pas se voir attraire devant le juge répressif.

Toutefois, le paiement de l'amende forfaitaire n'a qu'un effet limité et ne permet pas au contrevenant de se soustraire à son obligation de réparer le préjudice. En effet, le paiement de l'amende fait échec au déclenchement de l'action publique, mais il ne constitue pas pour la victime un obstacle à la saisine du tribunal de police par la voie de la citation directe, le juge répressif statuant alors sur les seuls intérêts civils en vertu de l'article 528-2 C.pr.pén.

198. Les procédures alternatives de nature répressive manifestant la volonté de l'organe de poursuite d'aboutir au prononcé d'une véritable sanction sans passer devant la justice pénale classique, il reste primordial pour celui-ci de conserver pendant leur déroulement effectif l'entière maîtrise du processus. Pour autant, le caractère sanctionnateur des procédures de composition pénale et d'amende forfaitaire a contraint le législateur à encadrer leur mise en œuvre. L'auteur de l'infraction perdant son droit d'accès à un tribunal au sens de l'article 6 de la C.E.D.H., les procédures alternatives répressives voient leur déclenchement subordonné à son consentement. En effet, la composition pénale procédant du mouvement récent de justice consensuelle ou participative, reste très proche dans sa nature de la procédure plus ancienne de l'amende forfaitaire. Or, malgré l'essor de l'idée d'un accès du délinquant à la détermination de sa propre sanction, il demeure utile de s'interroger sur la pertinence réelle d'un pouvoir de négociation de l'auteur d'une infraction. Un examen de la marge de manœuvre offerte à l'auteur de l'infraction s'avère nécessaire. Il sera l'occasion de dégager les objectifs de ces deux procédures.

Enfin, les différentes étapes de celles-ci restant fondées sur la persistance du consentement de l'auteur de l'infraction à y participer, l'issue des deux procédures en dépendra largement mais pas uniquement. Malgré le rôle marginal de la victime dans ces processus, il convient de ne pas négliger l'existence et la portée du degré de négociation qui lui est laissé dans le déroulement procédural.

SECTION II - L'ORIENTATION EXPLICITE DES PROCÉDURES RÉPRESSIVES VERS LA PUNITION

199. Qu'il s'agisse de l'exercice du pouvoir d'opportunité ou de la volonté de la loi, le parquet demeure le seul maître de ces procédures. Par le biais du recours exprès à la délégation le parquet restera effacé lors la phase de déclenchement de la procédure. Toutefois, le Code de procédure pénal lui permet de recouvrer une certaine maîtrise en fin de procédure ou en cas d'échec de celle-ci. Ce partage des rôles pendant le déroulement des procédures répressives permet dès lors l'existence d'une répartition circonscrite, par la volonté de la loi, des prérogatives à la procédure (§I). Cette précision se retrouve aussi à l'occasion des issues des processus répressifs. En effet, bien qu'elles dépendent dans une certaine mesure de l'attitude de l'auteur de l'infraction et de la victime, les solutions au litige montrent une certaine sévérité voulue par le législateur. Ce caractère répressif se retrouvera toutefois à l'occasion des effets radicaux de l'application des processus répressifs sur l'action publique (§ II).

§ I - La répartition circonscrite des prérogatives procédurales

En raison du rôle assez effacé du parquet dans la première phase du processus, il appartient à l'organe d'exécution de la mesure de mener à bien la procédure engagée. Toutefois, l'organe d'exécution de la procédure reste subordonné au parquet conférant à ce dernier une maîtrise efficace du processus répressif (A). La répartition de ces compétences doit permettre d'aboutir à l'application d'une véritable sanction pénale tempérant de ce fait les possibilités de négociation de l'auteur de l'infraction et les exigences d'indemnisation de la victime (B).

A - La subordination nuancée de l'organe délégué : fondement d'une maîtrise efficace de la procédure par le parquet

Bien que poursuivant des objectifs semblables, les procédures alternatives répressives confient un pouvoir de contrôle variable au ministère public. Ainsi, l'organe d'exécution de la procédure dispose d'une maîtrise concrète du processus.

1 - La variabilité du contrôle procédural par le parquet

Le représentant du parquet reste passif lors du déroulement de la procédure (1). Toutefois, l'échec du processus lui rendra l'entière maîtrise du traitement de l'infraction (2).

a - Le rôle passif du parquet lors du déroulement de la procédure

200. Les pouvoirs du parquet dans le déroulement des deux procédures alternatives répressives ne font pas l'objet d'un régime commun. Pour autant, il ne fait pas de doute que la composition pénale et l'amende forfaitaire sont soumises, quant à leur application, au bon vouloir du ministère public par l'utilisation de son pouvoir d'opportunité. En effet, la mise en œuvre de la première procédure dépend de la volonté du parquet : suivant l'article 41-2 C.pr.pén., le procureur de la République dispose du pouvoir de proposition de la mesure à l'auteur de l'infraction. L'application de l'amende forfaitaire, quant à elle, s'avère systématique, d'après les termes de l'article 529 du même Code, bien qu'elle n'empêche pas la mise en œuvre de l'action publique par le parquet. La Cour de cassation, dans un arrêt du 12 mars 2002, a rappelé que la mise en œuvre d'une transaction permettant l'extinction de l'action publique ne constitue pas un obstacle au déclenchement de celle-ci[271].

Cependant, la mise en œuvre du processus alternatif va de pair avec un effacement du rôle actif du parquet dans la procédure en ce compris la phase de proposition effective de la mesure à l'auteur de l'infraction. En effet, lors de la commission de l'infraction ou de sa constatation, la loi prévoit la possibilité pour le parquet de déléguer la proposition du recours à la procédure alternative. Ce recours à un organe délégué chargé de la proposition de la mesure dépend essentiellement de la politique pénale du parquet en matière de composition pénale, l'article 41-2 C.pr.pén. indiquant que le parquet peut proposer la procédure soit directement soit par l'intermédiaire d'une personne habilitée. Toutefois, on constate en pratique un recours fréquent au délégué du procureur, au médiateur pénal[272] ou encore à un officier de police judiciaire.

En raison du caractère automatique de sa mise en œuvre, la phase initiale de proposition de l'amende forfaitaire fait l'objet d'un recours systématique

---

[271] Cass. crim., 12 mars 2002, D.2002, I.R. p. 1531.

[272] Désignés en vertu des conditions et des modalités des articles R. 15-33-30 et s. C.pr.pén.

à une personne habilitée. En effet, si le parquet reste maître, même s'agissant des contraventions, de la suite à donner à la commission d'une infraction, sa décision de mettre en œuvre l'amende forfaitaire n'est qu'implicite en l'occurrence. Ainsi, seul l'agent verbalisateur, mentionné aux articles 529-1 et R. 49-2 C.pr.pén. est habilité à procéder à la proposition effective de la mesure. Bien que le recours à cette procédure soit systématique, il existe une phase de proposition de l'amende forfaitaire. Le contrevenant reste libre d'exprimer son refus en n'exécutant pas le versement du montant de l'amende et/ou en formulant une requête en exonération ou une réclamation. Toutefois, cette phase de proposition se confond pratiquement avec le déroulement de la procédure proprement dite.

La phase d'initiative procédurale restant en partie entre les mains du parquet lui-même malgré quelques tempéraments, il perd, cependant, tout rôle actif dans la procédure s'agissant du déroulement effectif de celle-ci.

En effet, en application de l'article 529 C.pr.pén., le déroulement effectif de la procédure est remis entièrement entre les mains d'organes délégués soit en la personne de l'agent verbalisateur soit en celle du comptable principal du Trésor.

201. En cas de composition pénale, le déroulement procédural, y compris, dans la plupart des cas, la phase de proposition initiale de la mesure, est confié aux délégués du procureur. Ces derniers, créés par les parquets[273], ont vu leur rôle consacré par le décret du 29 janvier 2001. La composition pénale, sérieusement critiquée lors de son entrée en vigueur[274], a vu son déroulement confié aux délégués du procureur par le texte réglementaire intégré au Code de procédure pénale aux articles R. 15-33-30 à R. 15-33-60. Même si les articles 41-2 et R. 15-33-38 C.pr.pén. ne prévoient le recours par le procureur de la République aux délégués du procureur que comme une option offerte au magistrat du parquet, en pratique, les délégués du procureur et les médiateurs du procureur[275] constituent les organes privilégiés du déroulement procédural de la composition pénale.

Qu'il s'agisse du procureur de la République ou de son substitut en cas de composition pénale ou de l'officier du ministère public (O.M.P.), le représentant du parquet ne dispose pas d'un rôle actif lors de la phase de

---

[273] J. Volff, Le décret du 29 janvier 2001 : les délégués du procureur au secours du procureur de la République, *op.cit.*

[274] J. Volff, La composition pénale : Un essai manqué !, *op.cit.*

[275] L'habilitation aux fonctions de médiateur pénal et de délégué du procureur pouvant être accordée à la même personne.

proposition de la mesure et du déroulement de la procédure proprement dit. Il ne perd pas pour autant toute maîtrise sur la procédure alternative. En effet, la loi ménage au parquet une certaine marge de manœuvre en cas d'échec de la procédure de composition pénale ou encore en cas de contestation par l'auteur de la contravention de sa culpabilité en matière d'amende forfaitaire.

b - Le rôle éventuel du parquet en cas d'échec de la procédure

202. Les procédures de composition pénale et d'amende forfaitaire produisent des effets radicaux sur l'action publique et entraînent l'extinction de celle-ci. Cependant, il ne faut en conclure que le recours à la délégation par le ministère public pendant la phase de déroulement de ces procédures est synonyme de perte complète de pouvoir de celui-ci. En effet, le parquet peut, à divers moments de l'avancement de la procédure, recouvrer la maîtrise de celle-ci, en raison notamment de l'attitude de l'auteur de l'infraction.

Sous l'empire de la loi du 23 juin 1999, le procureur retrouvait, en cas d'échec de la procédure, l'ensemble de son pouvoir d'opportunité en vertu de l'alinéa 12 de l'article 41-2 C.pr.pén. Tel n'est plus le cas depuis la loi du 9 mars 2004 qui réduit le pouvoir d'opportunité du parquet en cas d'échec de la procédure, en distinguant selon que ce dernier est imputable ou non au comportement de l'auteur des faits.

203. Lorsque l'auteur des faits refuse soit la proposition initiale émanant du parquet de recourir à la procédure de composition pénale, soit la mesure proposée à ce titre par le parquet, soit enfin, d'exécuter la mesure initialement acceptée par lui, le ministère public doit mettre en œuvre l'action publique. Cette obligation découle de l'article 71-1 de la loi précitée du 9 mars 2004. A l'inverse, lorsque la composition pénale échoue en raison de circonstances extérieures au comportement de l'auteur, le parquet recouvre l'ensemble de son pouvoir d'opportunité lui permettant soit de classer sans suite soit de déclencher l'action publique soit encore de mettre en œuvre une autre procédure alternative. Il y a échec non imputable au comportement de l'auteur en cas de refus de validation de la composition pénale par le magistrat du siège mais aussi, en cas d'action formée par la victime[276].

---

[276] *infra* n°239

204. En matière d'amende forfaitaire, en cas d'acceptation par le contrevenant du principe de la procédure, c'est-à-dire par un paiement spontané de l'amende forfaitaire, le ministère public n'a pas à intervenir. Ainsi, c'est seulement lors du refus de la part de l'auteur de l'infraction d'accepter le principe de la procédure, se confondant avec le refus de reconnaître sa culpabilité, que le ministère public recouvre un rôle actif dans la procédure. Cette intervention du ministère public se retrouve à plusieurs moments de la procédure. Tout d'abord en vertu de l'article 529-2 C.pr.pén., le contrevenant dispose d'un délai de quarante-cinq jours soit pour payer le montant de l'amende soit pour former une requête auprès du service indiqué sur l'avis de contravention qui la transmet au ministère public. En cas de recevabilité de la requête, dès lors que celle-ci remplit les conditions de forme de l'article 529-10 C.pr.pén., l'O.M.P. soit reconnaît le bienfondé de celle-ci et met alors fin à la procédure, soit estime que la requête n'est pas fondée et signe le titre exécutoire de l'amende forfaitaire alors majorée et recouvrée au profit du Trésor public.

De même, soit après que la requête en exonération, mentionnée à l'article 529-2 C.pr.pén., ait été refusée par le ministère public soit, en cas de résistance passive du contrevenant pendant le délai de quarante-cinq jours, celui-ci peut former dans les mêmes conditions de forme une réclamation motivée contre le titre exécutoire[277]. En cas de recevabilité de la réclamation, le ministère public recouvre son pouvoir d'opportunité et décide soit du bienfondé de la réclamation annulant le titre exécutoire, soit de la mise en œuvre de l'action publique et saisit le tribunal de police soit par le biais de l'ordonnance pénale, en vertu de l'article 525 et s. C.pr.pén., soit par celui de la citation directe[278], en vertu de l'article 528-2 du même Code.

L'amende forfaitaire et la composition pénale n'excluent pas totalement le parquet lors du déroulement procédural de celles-ci. Le retour actif du ministère public dans la procédure entraînera, dans la plupart des cas, une aggravation du traitement de l'auteur de l'infraction. Cette répression accrue de l'auteur des faits s'exprimera soit par une augmentation de la sanction encourue résultant de la procédure alternative elle-même soit par l'utilisation d'un mode procédural plus répressif découlant du refus de l'auteur de l'infraction de voir la procédure alternative initiale aboutir.

---

[277] En cas d'infraction au Code de la route, la réclamation, prévue à l'article 530 C.pr.pén., pour être recevable, doit être motivée et accompagnée des avis correspondant aux infractions considérées. Cass. crim., 2 septembre 2005, *JCP G.*, 2005, IV 3192 ; D. 2005, IR p. 2408. V. également, Cass. crim., 19 janvier 1994, D. 1994, somm. p. 262, obs. P. Couvrat et M. Massé.
[278] V. C. Perez-Diaz et F. Lombard, *Les contraventions routières : De la constatation à l'exécution des sanctions,* CESDIP, Déviance et contrôle social, 1992, n°58, p. 108 et s.

Le Code de procédure pénale confie un pouvoir de contrôle au parquet dans l'exécution des processus alternatifs répressifs et dans la détermination effective de la mesure. Toutefois, deux tempéraments sont à noter. D'une part, le parquet n'est pas libre dans la détermination de la sanction susceptible d'être appliquée. Ainsi, en cas de composition pénale, le parquet reste lié par une liste exhaustive des mesures pouvant être prononcées et le montant de l'amende forfaitaire résulte d'un barème émanant du pouvoir réglementaire. D'autre part, la loi prévoit, en la matière, la délégation de la charge du déroulement effectif de la procédure à un organe distinct du parquet.

Si le recours à un organe délégué chargé du déroulement de la procédure est impératif en matière d'amende forfaitaire, tel n'est pas le cas lorsque le parquet décide de mettre en œuvre la procédure de composition pénale. En effet, les articles 41-2 et R. 15-33-38 C.pr.pén. prévoient que la proposition de cette procédure peut émaner directement du magistrat du parquet ou d'une personne habilitée.

On constate en pratique un recours systématique des parquets aux personnes habilitées en cas de composition pénale. En outre, celui-ci entraîne, comme en matière d'amende forfaitaire, une délégation par le ministère public du déroulement concret de la procédure à leur profit.

2 - Un contrôle concret de la procédure par l'organe délégué

L'objectif principal de ces procédures réside dans l'application d'une sanction pénale sans passage devant le juge répressif. Ainsi, bien qu'un recours à la délégation soit prévu par la loi, cette dernière encadrera strictement la mission confiée à l'organe délégué. En outre, si l'amende forfaitaire et la composition pénale visent toutes les deux une répression rapide et efficace, il est possible de déterminer certains objectifs dépassant le cadre de l'application d'une simple sanction.

a - La définition stricte des pouvoirs confiés

205. Contrairement aux mesures alternatives de type admonestatif pour lesquelles le Code de procédure pénale laisse une grande marge de manœuvre au parquet et aux organes délégués chargés de leur exécution, les procédures sanctionnatrices répressives voient leur déroulement procédural encadré précisément par le texte. Il s'agit alors de se référer à la partie réglementaire du Code pour connaître notamment les prérogatives réservées dans le cadre de ces procédures aux organes d'exécution de la composition pénale et de l'amende forfaitaire.

206. L'article R. 15-33-38 C.pr.pén. prévoit que la mesure de l'article 41-2 C.pr.pén. peut être mise en œuvre et exécutée par le procureur de la République lui-même. Toutefois, il a été constaté que la majorité des magistrats du parquet confie l'exécution proprement dite de la procédure à un organe distinct en la personne des délégués du procureur[279] restant toutefois subordonné au ministère public qui conserve l'entière maîtrise de la procédure. La distinction entre organe d'initiative procédurale et organe d'exécution de la mesure en matière d'amende forfaitaire requiert également une précision en ce que le parquet garde l'initiative de la procédure malgré son rôle effacé lors de la phase de proposition effective de la mesure, la loi prévoyant en la matière le recours systématique à la procédure. En effet, seuls les incidents dans l'exécution de la mesure manifestés, notamment, par le refus du contrevenant d'adhérer au principe de l'amende forfaitaire, permettront au parquet de révéler sa maîtrise de la procédure.

207. Le déroulement procédural confié aux organes d'exécution des procédures alternatives répressives est divisé en deux phases distinctes : celle de proposition de la mesure objet de la procédure et celle de surveillance de l'exécution de celle-ci par l'auteur de l'infraction. Les procédures alternatives sanctionnatrices bénéficient d'un régime commun lors de la première phase du déroulement procédural. En effet, à l'image des procédures alternatives admonestatives, la proposition du recours à la procédure et celle de la sanction se confondent en matière de procédures répressives. Toutefois, les deux types de procédures se distinguent en ce que l'exécution de la procédure sous-entend, en matière admonestative, l'exécution de la mesure.

Les procédures alternatives répressives s'écartent de ce schéma. Il est en effet possible de découvrir pour celles-ci une distinction entre le déroulement effectif de la procédure et l'exécution de la sanction par l'auteur des faits.

Le législateur et le pouvoir réglementaire ont entouré l'exécution effective de ces procédures d'un certain nombre de garanties de forme que l'organe d'exécution doit veiller à respecter.

Il s'agira donc d'examiner les pouvoirs effectivement confiés aux organes chargés de l'exécution de ces procédures avant d'examiner les différentes conditions de forme exigées par la procédure.

---

[279] J. Volff, Le décret du 29 janvier 2001 : Les délégués du procureur au secours du procureur de la République, *op.cit.*

α - La détermination des pouvoirs de l'organe d'exécution

Concernant les procédures alternatives répressives, les prérogatives confiées aux organes d'exécution restent particulièrement encadrées par l'organe à l'initiative de la procédure. Cependant, elles s'avèrent plus ou moins étendues selon qu'il s'agit de la composition pénale ou de l'amende forfaitaire.

1° - Des pouvoirs restreints en matière de composition pénale

208. En matière de composition pénale, l'organe délégué[280], à qui a été confiée la charge de la procédure, dispose de trois prérogatives distinctes. Tout d'abord, le délégué du procureur a un pouvoir de proposition de la mesure de composition pénale elle-même. Contrairement à ce qu'il en est pour certaines des mesures instituées par l'article 41-1 C.pr.pén., le délégué du procureur, en matière de composition pénale, ne dispose pas d'une grande marge de manœuvre en ce qui concerne la nature de la sanction. En effet, en cas de composition pénale le procureur de la République ne confie à l'organe d'exécution qu'une mission ne consistant qu'en la proposition effective de la mesure. Ainsi, ni la nature de la mesure de composition pénale ni son quantum ne peuvent être négociés entre le délégué ou le médiateur du procureur et l'auteur des faits.

Toutefois, certaines pratiques parquetières assouplissent la rigueur de cette position. Celles-ci se découvrent au travers de la deuxième prérogative offerte à l'organe délégué.

209. A côté de la mission de proposition de la mesure objet de la procédure de composition pénale, le délégué ou médiateur du procureur dispose, en vertu de l'article R. 15-33-49 C.pr.pén., d'un pouvoir de surveillance de l'exécution effective de la mesure. Le texte précise, en effet, que l'organe délégué doit, dans le cadre de sa mission, remettre à l'auteur des faits un document l'informant de la nature de la sanction et de ses modalités d'exécution. Le parquet peut prévoir lui-même les conditions d'exécution de la mesure, mais certaines pratiques laissent au délégué un pouvoir d'aménagement de l'exécution de la sanction, voire un certain

---

[280] Il s'agit le plus souvent d'un délégué du procureur même si l'article R. 15-33-38 C.pr.pén. prévoit aussi la possibilité pour un médiateur du procureur de se voir chargé d'une mission de composition pénale. La distinction entre les deux fonctions s'avère d'ailleurs floue en raison de la procédure commune d'habilitation des articles R. 15-33-30 et s. C.pr.pén. et de la possibilité de cumul des deux fonctions ; V. également : J. Volff, Le décret du 29 janvier 2001 : les délégués du procureur au secours de la composition pénale, *op.cit.*

pouvoir dans la détermination de la sanction elle-même[281]. Ainsi, certains parquets permettent au délégué de choisir le quantum de la sanction (amende de composition ou durée de suspension du permis de conduire ou de chasser) ou de choisir entre plusieurs mesures en fonction de la nature de l'infraction voire de moduler plusieurs d'entre elles en fonction de la personnalité et de la situation socio-économique de l'intéressé.

Ce pouvoir d'aménagement dans l'exécution de la composition pénale se manifeste à différents stades. Le délégué peut convenir d'un échéancier quant au paiement de l'amende de composition pénale décidée par le parquet ou de l'indemnisation de la victime prévue par l'alinéa 15 de l'article 41-2 C.pr.pén., sans toutefois dépasser le délai de six mois indiqué par le texte. Egalement, le délégué ou le médiateur du procureur peut éventuellement aménager les modalités d'exécution d'autres mesures telles que la suspension du permis de conduire ou de chasser en vertu de l'article 41-2, 3°C.pr.pén. L'article R. 15-33-41 al. 2 C.pr.pén. mentionne en effet la possibilité de limiter la suspension du permis de conduire à la conduite en dehors de l'activité professionnelle, lorsque la loi ne l'exclut pas.

Les modalités d'exécution du travail d'intérêt collectif figurant à l'article 41-2, 6° C.pr.pén. peuvent aussi être établies en concertation avec l'organe d'exécution de la composition pénale.

210. Le délégué du procureur, lorsqu'il est chargé de l'exécution d'une composition pénale par le parquet, dispose d'une mission d'information, c'est-à-dire à la fois du pouvoir et des obligations correspondantes. Lorsque l'objectif de cette mission s'adresse à l'auteur des faits, on retrouve dans la procédure de composition pénale une vertu admonestative semblable à celle de la mesure de rappel à la loi édictée par l'article 41-1, 1° C.pr.pén.

Ainsi, le délégué du procureur doit, en vertu des dispositions de l'article R. 15-33-40 C.pr.pén., informer l'auteur de l'infraction de la nature des faits qui lui sont reprochés et de la nature et du quantum de la sanction qui lui est proposée par le parquet. De plus, l'organe d'exécution de la procédure informe l'auteur de l'infraction de la possibilité qui lui est offerte de bénéficier d'un délai de réflexion de dix jours et de l'assistance d'un avocat prévus par l'article R. 15-33-39 C.pr.pén. mais aussi, que l'absence de réponse pendant ce délai entraîne refus de la proposition de composition pénale et des conséquences de celui-ci.

---

[281] P. Milburn, C. Mouhanna, V. Perrocheau, Enjeux et usages de la composition pénale. Controverses et compromis dans la mise en place d'un dispositif inédit, mission de recherche Droit et Justice, synthèse 127, mars 2005, *http://www.gip-recherche-justice.fr* .

211. Le devoir d'information incombant au délégué du procureur ne concerne pas que l'auteur de l'infraction. En effet, la composition pénale prévoit, dans le cas où la victime est associée à la procédure, que celle-ci doit être informée de la décision du parquet de mettre en œuvre une composition pénale et de sa faculté de bénéficier d'un avocat. Avant la réforme de la procédure par la loi du 9 septembre 2002, la victime était également informée de son droit de saisir la juridiction du siège compétente pour valider les mesures proposées dans le cadre de la procédure. Depuis ladite loi, cette possibilité offerte également à l'auteur des faits a disparu, le magistrat statuant sur les requêtes en validation ayant seul le pouvoir de provoquer devant lui un débat contradictoire entre l'auteur et la victime[282].

212. Enfin, la mission d'information du délégué du procureur s'adresse également au parquet. En effet, à tous les stades de la procédure, le parquet est informé de la décision de l'auteur des faits par la transmission par le délégué du procès-verbal mentionné à l'article R. 15-33-40 C.pr.pén. Cette obligation d'information du parquet à chaque étape du processus retire toute marge de manœuvre aux délégués du procureur. Ce dernier reste ainsi le maître de la procédure et des suites à lui donner. Cette absence d'autonomie des délégués correspond à la subordination de l'organe d'exécution à l'organe d'initiative de la procédure et relativise les conditions d'indépendance et d'impartialité exigées par l'article R. 15-33-33, 3° C.pr.pén., celles-ci ne s'appliquant que dans les rapports du délégué avec l'auteur et la victime.

2° - Des pouvoirs étendus en matière d'amende forfaitaire

213. Contrairement à la composition pénale qui n'entraîne l'intervention que d'un seul organe d'exécution en la personne du délégué du procureur, la procédure de l'amende forfaitaire comporte une distinction entre l'organe chargé de la constatation de l'infraction et celui chargé de la surveillance et de l'exécution effective de la mesure qui en découle. La mise en œuvre d'une procédure de traitement de l'infraction par une voie alternative à la poursuite pénale suppose la constatation préalable de l'infraction et l'identification corrélative de l'auteur de celle-ci. En matière de procédure admonestative et de composition pénale, cette phase procédurale se réalise

---

282 Cette suppression a été rendue effective par le décret n°2004-243 du 17 mars 2004 relatif au placement sous surveillance électronique et modifiant le Code de procédure pénale, (JO 20 mars 2004, p. 5396), et le décret n°2004 -1021 du 27 septembre 2004 portant modification du Code pénal et du Code de procédure pénale.

se ...résentation de l'auteur de l'infraction devant l'organe ...lant, tel n'est pas le cas en matière d'amende forfaitaire ...t verbalisateur joue un rôle d'acteur de la procédure.

214. Ainsi, d'après l'article 529-1 C.pr.pén., il appartient à cet acteur de mettre en œuvre la procédure de l'amende forfaitaire lorsqu'il constate la commission d'une infraction entrant dans le champ d'application de cette procédure[283]. Ce rôle donné à l'agent verbalisateur lui confère un pouvoir de proposition de la mesure étendu par rapport au délégué du procureur en cas de composition pénale. Il entraîne aussi d'autres conséquences faisant de cet organe un acteur privilégié de la procédure.

En effet, la loi lui permet tout d'abord de mettre en œuvre la procédure par la simple constatation de la commission de l'infraction. Il lui incombe ensuite de déterminer la classe de la contravention et le quantum de l'amende à appliquer en vertu de l'article R. 49 C.pr.pén., en matière d'amende forfaitaire simple, et de l'article R. 49-9 du même Code dès lors qu'il s'agit des contraventions au Code de la route entraînant l'application de l'amende forfaitaire minorée.

A cette phase de proposition de la mesure s'ajoute, comme en cas de composition pénale, une phase d'information préalable à l'exécution proprement dite de la procédure. Ainsi, lorsqu'il constate la commission d'une contravention entrant dans le champ d'application de l'amende forfaitaire, il appartient à l'agent verbalisateur d'informer le contrevenant des modalités de paiement de cette amende. En vertu des articles R. 49-2 et, R. 49-11 C.pr.pén. en matière d'amende forfaitaire minorée, le paiement peut s'effectuer par chèque ou en espèces directement entre les mains de l'agent verbalisateur. Si le contrevenant est dans l'incapacité de régler le montant de l'amende de cette manière, l'organe d'exécution l'informe de la possibilité de s'acquitter de l'amende auprès du service indiqué dans l'avis de contravention dans un délai de quarante-cinq jours après la constatation de l'infraction, s'agissant des contraventions entrant dans le champ d'application de l'amende forfaitaire simple, et dans un délai de trois jours pour les contraventions au Code de la route entraînant l'application de l'amende forfaitaire minorée en vertu de l'article 529-8 C.pr.pén[284].

---

[283] Cette mission de constatation de l'infraction et de mise en œuvre de l'amende forfaitaire ne lui donnant pas pour autant le rôle d'organe d'initiative procédurale.

[284] En vertu de l'article 529-8 C.pr.pén., le délai de paiement différé est porté à quinze jours dans le cas où l'avis de contravention est envoyé ultérieurement à l'intéressé. Il en sera ainsi en cas de constatation de l'infraction au moyen d'un appareil homologué de contrôle automatique prévu par l'article 529-11 C.pr.pén.

215. Egalement, la mission d'information de l'agent verbalisateur trouve étendue en ce qu'il lui appartient, en vertu des mêmes dispositions, d'indiquer au contrevenant les moyens de contester la réalité de l'infraction. Ainsi, suivant les articles 529-2 et 529-10 C.pr.pén., l'agent verbalisateur se voit chargé d'informer le contrevenant qu'il dispose d'un délai de quarante-cinq jours pour former une requête en exonération devant le ministère public.

216. L'intervention d'un second organe d'exécution dans la procédure de l'amende forfaitaire ne se rencontre qu'en présence d'un contrevenant récalcitrant. En effet, en cas de non-paiement dans le délai prévu par les articles 529-2 et 529-10 C.pr.pén. du montant de l'amende forfaitaire, celle-ci est majorée[285] et recouvrée par le comptable direct du Trésor en vertu d'un titre rendu exécutoire par le ministère public. Ce second organe d'exécution de la procédure n'a pas, au contraire de l'agent verbalisateur, de rôle de proposition ni d'information de l'auteur de l'infraction mais a pour mission essentielle de constater le paiement effectif du montant de l'amende forfaitaire majorée au Trésor public.

Le Trésor public joue en la matière un rôle d'intermédiaire privilégié du ministère public puisqu'il informe le parquet, par sa demande de titre exécutoire, du défaut de paiement de l'amende. Cette information se fait lors de deux phases de la procédure, l'une, en l'absence de paiement dans le délai de quarante-cinq jours des articles 529-2 et 529-10 C.pr.pén., l'autre, en cas de non-paiement de l'amende forfaitaire majorée dans les trente jours[286] de l'envoi de l'avis correspondant prévu par l'article 530 C.pr.pén. permettant au contrevenant de contester au moyen d'une réclamation le titre exécutoire devant le ministère public.

Toutefois, le Trésor public dispose d'une grande autonomie face à celui-ci en cas de mise en œuvre de la réclamation en vertu de l'article 530 C.pr.pén. En effet, en cas de réclamation formulée par un contrevenant, le ministère public n'a, suivant l'article 530-1 C.pr.pén., le choix qu'entre trois options : soit classer sans suite et annuler le titre exécutoire, soit saisir le tribunal de police, soit enfin rejeter la réclamation si celle-ci ne remplit pas les conditions de forme de l'article 530 C.pr.pén. Or, la gestion des

---

[285] Les montants de l'amende forfaitaire seront alors ceux indiqués par l'article R. 49-7 C.pr.pén. Il est à noter qu'en cas de non paiement de l'amende forfaitaire minorée dans le délai de trois jours fixé par l'art. 529-8 C.pr.pén., le contrevenant est redevable de l'amende forfaitaire simple et fera l'objet de la procédure générale des articles 529-2 et s. C.pr.pén.

[286] En matière de contravention au Code de la route, le délai de recevabilité de la réclamation est fixé à trois mois si l'avis d'amende forfaitaire majorée a été envoyé au contrevenant par lettre recommandée à l'adresse figurant sur le certificat d'immatriculation.

réclamations fait l'objet d'une grande souplesse entre l'administration et le représentant du parquet, ce dernier renvoyant au contrevenant un courrier type rejetant les motifs exposés par lui pour obtenir son exonération[287] et demandant le paiement de l'amende[288]. Cette technique est totalement contraire à l'article 530-1 C.pr.pén. car seule une réclamation irrecevable en la forme peut entraîner une telle demande du paiement de l'amende forfaitaire. L'illégalité d'une telle pratique n'a pas échappé à la connaissance de la Cour européenne des droits de l'homme qui, à l'occasion de plusieurs arrêts rendus le 8 mars 2012 a condamné la France pour violation de l'art. 6 §1er de la Convention EDH garantissant l'accès au juge. La Cour estime que le rejet des requêtes en exonération en dehors des cas prévus par le texte atteint dans sa substance le droit d'accès à un tribunal. Ces décisions rejoignent celle du Conseil constitutionnel qui, dans une décision QPC du 29 septembre 2010[289], émet une réserve d'interprétation indiquant que « le droit à un recours juridictionnel impose que la décision du ministère public déclarant irrecevable la réclamation puisse être contestée devant la juridiction de proximité ». La doctrine a elle-même contesté cette pratique et proposé une réécriture de l'ensemble des dispositions légales et réglementaires relative à l'amende forfaitaire[290]. Il convient de rejoindre cette opinion, d'autant que le contentieux que suscite la pratique de l'amende forfaitaire fait perdre l'objectif de célérité qui lui est originellement assigné[291].

β - L'encadrement des prérogatives par des conditions de forme

217. Les procédures alternatives répressives, permettant l'exécution de mesures punitives mais dont le déroulement effectif se voit confié pour une large partie à des organes non juridictionnels distincts du parquet lui-même, ont contraint le législateur à entourer la mise en œuvre concrète de ces processus d'un certain nombre de garanties de forme incombant aux organes d'exécution de la procédure.

---

287 CEDH, 21 mai 2002, Peltier c/ France, 8 mars 2012 Célice c/ France, 8 mars 2012, Cadène c/ France, op.cit.

288 J-P. Céré, Le sort procédural de la contestation de l'amende forfaitaire, *op.cit.* ; Le rejet d'une requête en exonération d'une amende forfaitaire viole l'article 6 de la convention EDH, *op.cit.*

289 C. constit, Décision QPC 2010-38 du 29 septembre 2010.

290 D. Roets, Contraventions routières et droit d'accès au tribunal, *op.cit.*

291 J.-P. Céré, Le sort procédural de la contestation de l'amende forfaitaire, *op.cit.*

Tout d'abord, la proposition de composition pénale doit faire l'objet d'une décision écrite et signée par le représentant du parquet lui-même. Cet écrit doit contenir la nature et le quantum de la peine proposée en vertu de l'article 41-2 al. 16 C.pr.pén. De même, le procès-verbal prévu par l'alinéa 18 du même article est entouré d'un certain nombre de garanties permettant d'assurer à l'auteur de l'infraction le respect de l'ensemble de la procédure et de l'avertir des conséquences de son acceptation de la composition pénale. Ainsi, en vertu de l'article R. 15-33-40 C.pr.pén., le procès-verbal rappelle les faits qui sont reprochés à l'auteur, la nature et le quantum de la peine proposée et la nature ou le montant des réparations dues à la victime. Egalement, par le même document, l'auteur est informé de la transmission de la proposition de composition pénale au magistrat du siège aux fins de validation.

Le même article indique encore que le procès-verbal fait l'objet de signatures par le représentant du parquet, par l'organe d'exécution et par l'auteur lui-même qui en recevra une copie. Enfin, d'autres mentions complémentaires peuvent être portées sur ce procès-verbal. Ainsi, en vertu de l'article R. 15-33-43, lorsque l'infraction traitée par la voie de la composition pénale entraîne la perte de points du permis de conduire, mention en est faite au procès-verbal prévu par l'article R. 15-33-40 C.pr.pén. Pareillement, l'article R. 15-33-44 C.pr.pén. précise que doit figurer au procès-verbal que la de proposition de composition pénale a été effectuée par un O.P.J., en vertu de l'alinéa 16 de l'article 41-2 C.pr.pén.

218. Les exigences de forme sont également particulièrement strictes en matière d'amende forfaitaire. En effet, lorsqu'une infraction entre dans le cade de l'amende forfaitaire, l'avis de contravention dressé par l'agent verbalisateur doit respecter les formes énoncées par les articles R. 49-1 et suivants C.pr.pén. Ainsi, les avis de contravention et les cartes de paiement doivent être remis au contrevenant au moment de la constatation de l'infraction. Ces documents doivent respecter un modèle fixé par arrêté du garde des Sceaux[292] et contenir les mentions relatives aux modalités de paiement et de requête prévue par l'article 529-2 C.pr.pén.

Toutefois, en cas d'impossibilité pour l'agent verbalisateur de remettre lesdits documents, ceux-ci peuvent être envoyés au contrevenant ou déposés sur le véhicule de ce dernier en cas de contravention au Code de la route ou à l'article R. 211-21-5 du Code des assurances.

Si le Code édicte précisément les modalités de remise des documents attestant de la commission de la contravention, d'autres garanties existent

---

[292] Cf. articles A.37 et s. C.pr.pén.

s'agissant du mode de paiement du montant de l'amende forfaitaire. En effet, en cas de paiement immédiat entre les mains de l'agent verbalisateur, le Code indique à l'article R. 49-2 C.pr.pén. que celui-ci doit être en possession d'un carnet à souches dont le modèle est fixé par le garde des Sceaux. Le paiement effectué en espèces ou par chèque entraîne la délivrance d'une quittance.

L'ensemble de ces conditions de forme encadrant la procédure de l'amende forfaitaire et l'activité de l'agent verbalisateur constitue un avantage pour le Trésor public qui voit les chances de paiement du montant de l'amende par le contrevenant garanties. Cependant, toute erreur lors de la remise du procès-verbal suffit à lui seul à annuler la procédure. Ainsi, l'utilisation après l'entrée en vigueur de la loi du 9 mars 2004 d'un carnet à souches mentionnant encore un délai de trente jours pour payer le montant de l'amende ou pour former une requête en exonération, a pu entraîner l'annulation de bon nombre de procès-verbaux, ce délai étant fixé désormais à quarante-cinq jours.

La subordination des organes délégués au parquet et les garanties de forme encadrant ces processus alternatifs répressifs concourent à l'accomplissement des objectifs de ces procédures relatifs à une volonté de punition de l'individu.

b - La volonté de punition de l'individu

219. Les objectifs des mesures répressives sont différents de ceux des processus admonestatifs. En effet, ni la procédure de l'amende forfaitaire, ni celle de composition pénale dont la création par la loi du 23 juin 1999 a entraîné l'instauration de l'article 41-1 C.pr.pén. précité, ne font référence à une volonté de réparation du dommage causé à la victime, de reclassement de l'auteur ou de cessation du trouble causé à l'ordre public.

L'application de ces procédures répond à une préoccupation de célérité dans le traitement des contentieux dits de masse. Mais de l'existence d'autres procédures alternatives offertes au parquet découle l'hypothèse que ces alternatives répressives visent un objectif particulier justifiant leur emploi spécifique.

Les trois objectifs conditionnant le recours par le parquet de l'un des processus de l'article 41-1 C.pr.pén. n'apparaissent ni dans les textes relatifs à la composition pénale ni dans ceux traitant de l'amende forfaitaire. Toutefois, il n'y a pas de doute quant à l'existence de l'une au moins de ces conditions dans l'esprit du parquet lorsqu'il décide d'y recourir.

Les procédures des articles 41-2 et 529 et s. C.pr.pén., entraînent la mise en œuvre d'une mesure sanctionnatrice. Celles-ci sont donc exclues du domaine des procédures recherchant simplement l'admonestation de l'auteur de l'infraction et la prise de conscience par celui-ci de la gravité de la violation de la loi pénale. Pour autant, l'admonestation de l'individu n'est pas ignorée tant en matière de composition pénale que d'amende forfaitaire. En effet, la mission d'information de l'auteur des faits par l'organe d'exécution de la procédure participe du rappel à la loi mais ne constitue ici qu'un aspect minime du processus engagé.

De même, la faible prise en compte des intérêts de la victime dans les deux procédures leur retire un caractère purement réparateur même si, de façon accessoire, la réparation du dommage causé à la victime peut être envisagée en cas de composition pénale. Cependant, la prise en compte de la victime en matière de composition pénale se rencontre rarement en pratique, la grande liberté laissée aux différents parquets leur permettant de ne réserver la mise en œuvre de cette procédure qu'aux affaires pour lesquelles l'infraction commise n'a pas entraîné de dommage pour la victime ou à celles, comme la conduite en état alcoolique, excluant de fait l'existence d'une victime. En cas d'amende forfaitaire, vu le domaine quant aux infractions de cette procédure[293], le dommage causé à la victime ne se rencontre pas. Elle vise pour l'essentiel la répression de comportements illicites non préjudiciables à des particuliers.

220. Ainsi, en raison de la place résiduelle de l'admonestation de l'auteur et du caractère accessoire de la prise en compte des intérêts de la victime de l'infraction, les procédures des articles 41-2 et 529 et s. C.pr.pén. poursuivent un objectif de cessation du trouble causé à l'ordre public. Or, ces procédures, intervenant en amont de toute décision sur l'action publique, ont en commun avec le déclenchement de cette dernière de parvenir au prononcé d'une véritable sanction. En effet, la mise en œuvre des deux procédures entraîne inévitablement pour l'auteur de l'infraction l'application d'une ou plusieurs mesures sanctionnatrices similaires dans leurs formes aux peines pouvant être prononcées par une juridiction pénale.

Ces procédures alternatives visent à traiter les conséquences de la violation de la loi et à faire prendre conscience à l'auteur de l'infraction de la gravité de son acte. Elles peuvent être qualifiées de répressives en ce qu'elles permettent l'application à l'auteur de l'infraction d'une véritable sanction pénale assimilable à la peine, en amont de tout passage devant la justice répressive classique. Toutefois, la nature des sanctions issues de ces

---

[293] Article R. 48-1 C.pr.pén.

processus doit être précisée. Celles-ci sont directement inspirées des peines alternatives à l'emprisonnement. Ainsi, dans le cadre de la composition pénale, en vertu de l'article 41-2 al. 7 C.pr.pén.[294] le ministère public peut proposer à l'auteur d'accomplir au profit de la collectivité un travail non rémunéré pour une durée maximale de soixante heures, correspondant au travail d'intérêt général édicté à l'article 131-8 C.pén. Egalement, la mesure de remise du permis de conduire pour une durée de six mois au plus correspond à la peine énoncée à l'article 131-6, 1° C.pén. Encore, la mesure de dessaisissement au profit de l'Etat de la chose qui a servi ou était destinée à commettre l'infraction ou qui en est le produit[295] correspond à la peine alternative à l'emprisonnement qu'est la confiscation[296].

221. Les mesures de composition pénale correspondent pour leur grande majorité aux peines alternatives à l'emprisonnement. Il faut toutefois noter que le maximum de ces sanctions de composition pénale est largement inférieur à celui pouvant être prononcé par une juridiction de jugement. Cet allègement de la peine constitue un avantage majeur pour l'auteur des faits, d'autant que la procédure de l'article 41-2 C.pr.pén. est applicable, depuis la loi du 9 mars 2004, à l'ensemble des délits punis de cinq ans d'emprisonnement.

222. Ce même constat peut être fait, *mutatis mutandis*, à propos de la procédure de l'amende forfaitaire. En effet, les peines applicables en la matière, et plus particulièrement lorsque la procédure s'applique aux contraventions au Code de la route, sont également allégées. En effet, qu'il s'agisse de l'amende forfaitaire simple ou de l'amende forfaitaire minorée en matière de contravention routière, les peines n'ont plus aucune proportion avec les maxima édictés pour ces contraventions par le Code pénal. La majoration de la sanction prévue par l'article 529-2 al. 2 C.pr.pén. confirme cette remarque. Ainsi, le maximum de l'amende pour une contravention de 4e classe fixé à 750€ en vertu de l'article 131-13 C.pén., n'est plus que de 375€ en cas d'amende forfaitaire majorée, d'après l'article R. 49-7 C.pr.pén.[297].

---

[294] Art. 41-2, 6°C.pr.pén.

[295] Art. 41-2, 2° C.pr.pén.

[296] Art. 131-6, 10° C.pén. Cette peine n'est pas applicable en matière de délit de presse à l'instar de l'ensemble de la procédure de composition pénale, en vertu de l'avant dernier alinéa de l'article 41-2 C.pr.pén. issu de la loi du 9 mars 2004.

[297] L'avantage de la procédure est encore plus important dès lors qu'il s'agit d'une amende forfaitaire simple ou d'une amende forfaitaire minorée, en vertu des articles R. 49 et R. 49-9 C.pr.pén.

Le bénéfice de la majorité de ces mesures est incontestable pour l'auteur de l'infraction. Néanmoins, il faut nuancer ce constat s'agissant de la composition pénale et de son évolution récente.

223. En effet, même si la plupart des sanctions sont légères par rapport aux quanta prévus par le texte d'incrimination, l'amende de composition, principale mesure de cette procédure, a vu depuis la loi du 9 mars 2004 son maximum s'élever. Lors de l'entrée en vigueur de la procédure, sous l'empire de la loi du 23 juin 1999, le montant maximal de l'amende de composition était limité à 3.750€ en matière de délit et à 750€ en matière de contravention ou à la moitié du maximum de l'amende encourue. Depuis l'élargissement du domaine de la procédure à l'ensemble des délits punis de cinq ans d'emprisonnement et à l'ensemble des contraventions, le montant maximum de l'amende de composition pénale peut atteindre le maximum de l'amende encourue pour le délit ou la contravention.

Face à l'augmentation des maxima des mesures encourues, le seul avantage subsistant pour l'auteur des faits réside dans l'exclusion du prononcé d'une peine d'emprisonnement dès lors qu'un délit lui est reproché. Cependant, depuis l'entrée en vigueur de la procédure de C.R.P.C., prévue aux articles 495-7 à 495-16 C.pr.pén. et ayant un domaine similaire quant aux infractions délictuelles à celui de la procédure de l'article 41-2 C.pr.pén., l'auteur des faits n'est plus à l'abri du prononcé d'une peine d'emprisonnement d'un an. Les deux procédures étant proches, mais distinctes par la décision du ministère public de déclencher l'action publique, il est prévisible que les parquets utiliseront, comme les y invite la circulaire du 2 septembre 2004[298], d'abord la composition pénale, lors de la phase de présentation au délégué du procureur, pour ensuite proposer à l'auteur de reconnaître sa culpabilité préalablement à leur décision sur l'action publique[299].

---

[298] Circulaire CRIM 2004-12 du 2 septembre 2004 relative à la procédure de comparution sur reconnaissance préalable de culpabilité. Article 2.1.1.2.3. « Il est enfin possible en pratique que les procureurs de la République demandent à leurs délégués devant qui comparaissent les personnes convoquées à cette fin à l'issue de l'enquête conformément aux instructions du parquet, de leur signaler les procédures qui, bien qu'une composition pénale soit à l'origine envisagée, justifient en réalité de par leur gravité, après examen plus détaillé du dossier, le recours à une C.R.P.C. »

[299] Le Conseil d'Etat a partiellement annulé la circulaire précitée. Dans sa décision du 26 avril 2006, il censure la possibilité offerte par la Chancellerie de permettre aux délégués du procureur de proposer la peine applicable lors de la procédure de C.R.P.C.Ainsi, la passerelle avec la composition pénale se voit limitée, mais, pour autant, elle n'est pas, en elle-même condamnée par la haute juridiction administrative. CE, 26 avril 2006, *Dr.pén*, 2006, comm. n°22.

Ne permettant pas le prononcé par le magistrat du parquet d'une peine d'emprisonnement, la composition pénale semble amenée à jouer un rôle particulièrement répressif non seulement parce qu'elle permet le prononcé de sanction pénale alternative à l'emprisonnement, mais aussi parce qu'à terme elle est conduite à servir d'antichambre à une procédure répondant à la même philosophie mais permettant l'application à l'auteur des faits d'une peine d'emprisonnement ferme ou avec sursis.

224. Si la procédure dite de « plaider coupable » peut être qualifiée de répressive parce qu'elle est postérieure au déclenchement de l'action publique et donc à la réquisition d'une peine, elle se rapproche également des procédures de composition pénale et d'amende forfaitaire, pourtant antérieures à la mise en mouvement de l'action publique, en ce qu'elle recherche le consentement de l'auteur des faits à sa sanction. En effet, la procédure de l'article 41-2 C.pr.pén. participe au mouvement récent de recherche d'une justice négociée. Ce mouvement nouveau, qui a pris son essor avec les procédures de médiation pénale, vise à parvenir à la découverte d'une sanction pénale acceptée et donc comprise par l'auteur de l'infraction. Ce consentement à la sanction doit aboutir à une exécution volontaire de la peine et à une éducation du délinquant en vue de prévention de la récidive.

225. La procédure de l'amende forfaitaire s'imposant à l'auteur de la contravention avec plus de vigueur qu'en cas de composition pénale, on y discerne la volonté d'aboutir à une acceptation de l'amende par le contrevenant. En effet, la procédure de l'article 529 C.pr.pén. s'impose initialement au contrevenant dès constatation de l'infraction. Il lui est permis toutefois de contester la réalité de celle-ci soit par l'utilisation de la requête en exonération et de la réclamation des articles 529-2 et 530 C.pr.pén. soit d'accéder au juge de police, ce qui rend la procédure conforme à l'article 6§1 C.E.D.H. aux yeux du juge administratif[300].

226. Ainsi, amende forfaitaire et composition pénale reposent sur la même recherche de l'adhésion de l'auteur de l'infraction à sa sanction, le consentement s'exprimant positivement en cas de composition pénale, alors qu'une absence de contestation de la contravention signifie une acceptation de la procédure et de ses conséquences en matière d'amende forfaitaire.

Bien que le consentement du délinquant à sa sanction soit sollicité dans les procédures alternatives répressives, l'idée selon laquelle ces dernières

---

[300] CE, 5 janvier 2005, Deprez, D.2005, I.R. p. 521.

participent de l'essor d'une justice négociée est abusive. La composition pénale comme l'amende forfaitaire ne comportent en effet « *aucune négociation entre le poursuivant et le délinquant* »[301], mais ne nécessitent que l'assentiment de l'auteur de l'infraction pour être mises en œuvre.

Egalement, s'il y a transaction en la matière, celle-ci ne répond pas aux règles du droit civil. La composition pénale tire son nom du latin « *compositio* »[302] signifiant arrangement ou accommodement, mais l'accord signé entre le parquet et l'auteur de l'infraction ne résulte pas pour autant d'une véritable négociation. La peine est simplement proposée par le parquet, celui-ci laissant à l'auteur le choix d'accepter ou de refuser.

On fera le même constat en matière d'amende forfaitaire[303]. Celle-ci permet, en effet, d'aboutir à une peine inférieure à celle normalement applicable, mais son caractère forfaitaire, donc non négociable, s'oppose à ce que l'on puisse l'assimiler à une transaction au sens civiliste du terme.

Ensuite, l'accord conclu visant à terminer une contestation née ou à naître en vertu de l'article 2044 du Code civil ne met pas les deux parties sur un pied d'égalité leur permettant d'effectuer des concessions réciproques. Si l'auteur des faits abandonne son droit à être jugé, le parquet ne concède qu'une peine moindre (pouvant d'ailleurs être prononcée par le juge répressif) tout en conservant la possibilité de revenir à tout moment sur le principe de la transaction non encore exécutée en déclenchant l'action publique.

Les conséquences de l'absence de concessions réciproques ne seront pas effacées par la validation de la composition pénale par le juge du siège, dès lors que cette dernière n'entraîne pas force exécutoire de l'accord conclu laissant l'auteur des faits libre de ne pas exécuter.

227. De la même manière, en matière d'amende forfaitaire, la possibilité de recours au juge de police n'effacera pas les inégalités caractérisant les premières phases de la procédure. L'article 530-1 al. 2 C.pr.pén. prévoit, en effet, qu'en cas de condamnation du contrevenant, l'amende prononcée ne peut être inférieure au montant de l'amende forfaitaire simple ou de l'amende

---

301 S'agissant de la composition pénale : J. Pradel, Une consécration du « *plea bargaining* » à la française : la composition pénale instituée par la loi n°99-515 du 23 juin 1999, D.99, chron., p. 379 et s.

302 G. Cornu, *Vocabulaire juridique*, 2004, 6e éd. p. 188. J. Volff, La composition pénale : un essai manqué !, *Gaz.Pal.*, 2000, 1, Doctr., p. 559 et s.

303 On notera que, sous l'aune de l'ordonnance du 2 novembre 1945, cette procédure portait le nom d'amende de composition insérée aux articles 166 à 171 du Code de l'instruction criminelle ; R. Gassin, Transaction, *Rép.pén. Dalloz*, n°137 ; J. Leblois-Happe, De la transaction pénale à la composition pénale, *JCP G.*, 2000, I.198.

forfaitaire majorée. Egalement, en vertu de l'article 530-1 al. 3 C.pr.pén., en cas de contravention au Code de la route entrant dans le champ d'application de la procédure, le montant de l'amende ne peut être inférieur au montant de l'amende forfaitaire prévue augmenté de dix pour cent[304].

228. Du moins, la recherche du consentement de l'auteur des faits à sa sanction constitue un moyen efficace de légitimer la possibilité de sanctionner pénalement sans passage devant le juge répressif, que la procédure engagée soit entièrement de nature administrative[305], en ce qui concerne l'amende forfaitaire, ou que, s'agissant de la composition pénale, elle laisse une place à l'intervention d'un magistrat du siège aux fins de validation de l'accord signé entre le parquet et le délinquant[306]. Ainsi, il est vain de tenter de comparer ces deux procédures à la transaction en matière civile et de parler à leur propos de justice négociée[307]. Il y a plutôt lieu d'observer qu'il y a transaction, mais dans une acception du mot propre à l'article 6 al. 3 C.pr.pén., en considérant[308], que, dans ces procédures, il se produit non pas une rencontre de volontés, mais une rencontre entre une offre émanant d'un représentant de l'Etat et une acceptation expresse ou tacite du délinquant qui débouche sur des obligations réciproques, à savoir, pour le parquet, de ne pas poursuivre et, pour l'auteur, d'exécuter volontairement sa sanction. Toutefois, en y attachant des effets particuliers relatifs à l'extinction de l'action publique, pourtant en principe indisponible, le législateur en fait des modes transactionnels non assimilables aux transactions en matière civile. Il reste possible de parler à propos de ces procédures d'un modèle de justice proposé-accepté, en ce qu'elles nécessitent, d'une part, l'assentiment[309] de l'auteur de l'infraction pour être mise en œuvre et qu'elles ne permettent, d'autre part, aucune négociation sur l'objet de la transaction.

---

[304] L'augmentation, prévue par l'article 530-1 C.pr.pén., n'est applicable que dans les cas visés par l'art. 529-10 C.pr.pén. et pour les personnes titulaires du certificat d'immatriculation déclarées redevables pécuniairement de l'amende en application de l'article L. 121-3 du Code de la route, Cass. crim., 24 mai 2006, Bull. crim., n°146.

[305] F. Samson, Le système de l'amende forfaitaire : une sanction pénale sans juge, *op.cit.*

[306] J. Volff, La composition pénale : un essai manqué !, *Gaz.Pal.*, 2000, 1, Doctr., p. 559 et s. *op.cit.*

[307] F. Debove, La justice pénale instantanée, entre miracles et mirages, *Droit pénal,* 2006, chron. n°19 ; La contractualisation du procès pénal, *op.cit.* p. 26.

[308] Comme Mme. F. Alt-Maes : La contractualisation du droit pénal mythe ou réalité ?, *Rev.sc crim.*, 2002 p. 502 et s.

[309] L'assentiment en la matière ne doit pas être réduit au consentement positif et exprès à une mesure, comme en cas de composition pénale, mais il consiste en l'absence de refus quant à la mise en œuvre d'une telle mesure, comme en matière d'amende forfaitaire.

B - L'existence d'une adhésion nuancée à la procédure répressive

La participation des procédures alternatives répressives à l'idée d'une « justice proposée-acceptée » n'exclut pas certaines garanties procédurales offertes à l'auteur de l'infraction (1), mais également à la victime de celle-ci (2).

1 - Les modalités d'acceptation de la mesure par l'auteur de l'infraction

229. La loi concède à l'auteur de l'infraction certaines marges de manœuvre dans le cadre de son acceptation éventuelle de l'offre faite par le représentant du ministère public. Si l'auteur ne dispose pas en la matière du pouvoir de négocier la sanction, ni dans sa nature ni dans son quantum, la procédure, dans un souci de protection des droits de la défense, accorde à l'auteur de l'infraction un certain nombre de garanties visant notamment à assurer la bonne information de celui-ci sur le principe de la mesure et sur ses conséquences.

230. Ainsi, en matière de composition pénale, les garanties procédurales offertes à l'auteur sont avant tout destinées à assurer une acceptation éclairée par l'auteur des faits de la proposition de composition pénale émanant du parquet. En vertu de l'article 41-2, al. 17 C.pr.pén., l'auteur dispose expressément du droit de se faire assister par un avocat avant de donner son accord à la mesure proposée. Ce droit est complété, en vertu de l'article R. 15-33-39 C.pr.pén., par une autre garantie procédurale permettant à l'auteur des faits de demander à bénéficier d'un délai de réflexion de dix jours pour accepter la mesure. De plus, la procédure laisse sauf le droit pour l'auteur d'accéder à un tribunal et respecte ainsi les exigences de l'article 6§1 C.E.S.D.H. En effet, en cas de silence de l'auteur après l'écoulement du délai de réflexion, la mesure proposée est considérée comme refusée.

Si la procédure de composition pénale cherche à encadrer la décision d'acceptation ou de refus de la mesure par certaines garanties tenant pour l'essentiel à assurer la bonne information de l'auteur et à sauvegarder ses droits fondamentaux, il est possible de constater dans la réglementation de cette procédure un recul de la protection de celle-ci.

En effet, sous l'empire de la loi du 23 juin 1999 l'acceptation de l'auteur des faits était encadrée dès le début de la procédure. Ainsi, le texte initial prévoyait la possibilité de faire parvenir la proposition du parquet par l'intermédiaire d'un O.P.J. Mais, il lui interdisait de l'effectuer pendant le délai de garde à vue. Ainsi, le texte protégeait le droit à la présomption d'innocence de l'auteur de l'infraction pendant cette phase policière. De plus, cette interdiction de l'ancien alinéa 8 de l'article 41-2 C.pr.pén. éloignait les suspicions de pression par les forces de police sur l'auteur pour lui faire reconnaître la commission de l'infraction et accepter la mesure émanant du parquet.

Si cette disposition allait dans le sens d'une garantie assez importante des droits de la défense dans le cadre d'une procédure alternative, elle a été jugée par le législateur de 2002 comme alourdissant inutilement un mécanisme déjà considéré comme pesant par son formalisme et donc contraire à l'objectif de célérité affiché par les promoteurs de la composition pénale.

231. La même loi n°2002-1138 du 9 septembre 2002 a, dans la même idée, réduit une autre garantie initiale de la procédure. La composition pénale, lors de son institution en 1999, recherchait à compléter la médiation pénale dans le même mouvement de justice négociée. Ainsi, même si elle affichait déjà un aspect répressif plus marqué, elle permettait à l'auteur mais aussi à la victime d'accéder, à leur simple demande, à une audition par le juge du siège chargé de la validation de la mesure. Cette possibilité assurant une judiciarisation de la procédure participait également au caractère contradictoire de la procédure et permettait alors, devant le magistrat du siège, à la victime de faire valoir ses prétentions relatives à la réparation de son dommage et à l'auteur de favoriser la personnalisation de la mesure. Toutefois, l'éventualité de l'audition n'a pas totalement disparu. Elle se trouve, cependant, particulièrement limitée depuis la loi du 9 septembre 2002 qui la réserve à une décision discrétionnaire du président du tribunal ou de son représentant, confirmant dès lors la position prédominante du parquet dans la procédure et donnant un caractère presque exclusivement répressif à la procédure.

232. La limitation des prérogatives offertes à l'auteur de l'infraction à un droit à être informé sur le principe et les conséquences de la mise en œuvre de la composition pénale se rencontre également en matière d'amende forfaitaire. Mais, contrairement à la composition pénale, la procédure des articles 529 et s. C.pr.pén. ne nécessite pas l'acceptation préalable de l'auteur de la contravention pour être mise en œuvre. A l'inverse, elle repose sur le consentement implicite de l'auteur des faits et se contente, au titre des prérogatives dévolues à l'auteur des faits, d'informer précisément ce dernier sur les modalités de contestation de l'infraction qui lui est imputée. Ainsi, comme la composition pénale, la procédure de l'amende forfaitaire permet une prise en compte de l'aveu en procédure pénale mais en lui accordant une force supérieure.

Si l'aveu en cas de composition pénale découle de l'acceptation par l'auteur de la mesure qui lui est proposée, voire de la demande par celui-ci de bénéficier du délai de dix jours prévu par la procédure, il est présupposé par la mise en œuvre systématique de la procédure de l'amende forfaitaire en matière de contravention des quatre premières classes.

Dès lors que la culpabilité de l'auteur est toute entière incluse dans la mise en œuvre de l'amende forfaitaire, celle-ci ne laisse aucune marge de manœuvre à l'auteur des faits dans la négociation de la mesure résultant de l'application de la procédure mais prévoit un certain nombre de possibilités offertes à l'auteur de se dégager de sa responsabilité. En l'occurrence, comme l'« *on ne recherche plus un commettant mais un supportant* »[310], la procédure des articles 529 et s. C.pr.pén. inverse la charge de la preuve. Ainsi, peut-on dire[311], qu'il existe au sein de la procédure de l'amende forfaitaire une véritable présomption de culpabilité[312] qui, si elle va à l'encontre des principes fondamentaux de la procédure pénale, n'est pas pour autant irréfragable. En effet, c'est le contrevenant qui doit prouver son innocence et non le parquet qui doit établir la culpabilité. Pour ce faire, la procédure des articles 529 et s. C.pr.pén. comporte la faculté pour l'auteur de former une requête ou une réclamation auprès de l'organe chargé du recouvrement de l'amende. La possibilité d'exercer ces recours doit faire l'objet d'une information du contrevenant par l'organe chargé de l'exécution de la mesure soit au moment de la constatation de l'infraction soit au moment de l'envoi de l'avis de contravention.

Cette possibilité est encadrée par des délais stricts qui, en cas de non-respect, entraînent une majoration de l'amende forfaitaire encourue. On notera également que les modalités d'exercice de ces recours dépendent pour beaucoup du type d'infraction reprochée, une distinction entre les contraventions au Code de la route et les autres contraventions est à faire.

233. En cas de commission d'une infraction au Code de la route, le Code de procédure pénale édicte une simplification de la procédure de l'amende forfaitaire. En effet, en vertu de l'article 529-8 C.pr.pén., le contrevenant bénéficie d'un délai de trois jours à compter de la constatation de l'infraction pour payer le montant de l'amende ou de quinze jours en cas d'envoi de l'avis de contravention. Lors de sa remise au contrevenant, le Code dispose à l'articles R. 49-10 que l'avis de contravention mentionne le montant de

---

[310] F. Samson, Le système de l'amende forfaitaire : une sanction pénale sans juge, *Gaz.Pal.*, 1995, 2, Doctr., p. 1035 et s.

[311] *Id.* p. 1037.

[312] CE, 26 juillet 2006, D. 2006, I.R., p. 2207.

l'amende forfaitaire alors minorée en application de l'article R. 49-9 C.pr.pén. De même, l'avis de contravention doit informer le contrevenant de la procédure applicable en cas de non-paiement et il est accompagné, en vertu de l'article R. 49-14 C.pr.pén., d'un formulaire de requête en exonération prévue par les articles 529-2 et 529-10 C.pr.pén.

En cas de non-paiement par le contrevenant du montant de l'amende forfaitaire minorée applicable aux contraventions au Code de la route, l'article R. 49-12 C.pr.pén. renvoie à la procédure de l'amende forfaitaire simple entraînant pour le contrevenant une augmentation du montant de l'amende forfaitaire dans les conditions instaurées par les articles 529-8 al. 2 et R. 49 C.pr.pén.

234. Lorsque la procédure de l'amende forfaitaire simple est applicable, le contrevenant dispose d'un délai de quarante-cinq jours[313] pour payer le montant de l'amende encourue en vertu des articles 529-2 et R. 49 C.pr.pén. Pendant ce délai, le contrevenant peut former une requête en exonération dans les mêmes conditions et selon les mêmes modalités qu'en matière de contravention au Code de la route. Ainsi, en vertu de l'article R. 49-1 C.pr.pén., l'avis de contravention remis à l'auteur de l'infraction doit mentionner le délai et les modalités de la requête prévue par l'article 529-2 C.pr.pén.

En cas d'échec de la requête en exonération ou en cas de passivité du contrevenant, ce dernier est expressément redevable de l'amende forfaitaire majorée en vertu de l'article 529-2 al. 2 C.pr.pén., dont le montant est fixé par l'article R. 49-7 du même Code.

235. Le recouvrement de l'amende forfaitaire majorée est confié au trésor public. Dans ce cas, le contrevenant dispose de la faculté de formuler une réclamation en vertu de l'article 530 C.pr.pén. En effet, une fois le délai de quarante-cinq jours écoulé pour régler le montant de l'amende forfaitaire simple, le trésor public dispose d'un titre individuel ou collectif rendu exécutoire par le ministère public pour faire recouvrer le montant de l'amende forfaitaire majorée. Ce titre exécutoire ouvre un nouveau délai de trente jours permettant au contrevenant de former auprès du ministère public une réclamation visant à faire annuler par celui-ci le titre exécutoire.

236. Malgré les possibilités pour le contrevenant de contester sa culpabilité, il est regrettable toutefois de constater l'absence de régime commun pour l'ensemble des infractions. En effet, la loi du 9 mars 2004 a

---

313 Avant la loi n°2004-204 du 9 mars 2004, ce délai était de trente jours.

étendu le délai de formation de la requête en exonération dans un sens favorable au justiciable. Il reste dommage que le nouveau délai de quarante-cinq jours n'ait pas été appliqué également à la réclamation de l'article 530 al. 2 C.pr.pén. Ainsi, ce dernier recours, enfermé dans le délai de trente jours, est susceptible d'entraîner une perception confuse de la procédure de l'amende forfaitaire par les justiciables.

Les marges de manœuvres offertes à l'auteur de l'infraction restant minces, aussi bien en matière d'amende forfaitaire que de composition pénale, il faut aussi constater une véritable faiblesse de la prise en compte du dommage subi par la victime dans les deux procédures. En effet, la composition pénale laisse l'indemnisation de la victime aux mains du ministère public à la condition que celle-ci soit identifiée. L'amende forfaitaire, exclut, quant à elle, totalement la victime du règlement du litige. Bien qu'elle ne soit pas reconnue au sein des procédures alternatives de nature répressive, celle-ci conserve, en vertu des voies de recours qui lui sont offertes par le Code de procédure pénale, les moyens de s'opposer à ce que ces alternatives répressives aillent jusqu'à leur terme.

2 - Les possibilités d'opposition à la procédure par la victime

237. Sauf le cas exceptionnel mentionné par la circulaire du 11 juillet 2001 par lequel la victime menace de s'opposer à la procédure, la composition pénale ne prévoit pas d'associer la victime au déroulement de la mesure. Tout au plus, lorsque celle-ci est identifiée, le parquet a l'obligation de proposer à l'auteur de l'infraction de réparer le dommage subi par la victime à moins qu'il établisse y avoir déjà procédé. Cependant, l'obligation de réparer la victime ne peut être considérée comme constituant une mesure de composition pénale proprement dite. A la différence du processus de médiation pénale, cette indemnisation doit faire l'objet d'une évaluation par la victime elle-même, sauf à ce qu'il y ait lieu à une réparation prévisionnelle déterminée par le parquet lui-même en cas de difficulté d'évaluation[314].

Ainsi, en vertu de l'article 41-2 al. 22 C.pr.pén. et en s'appuyant sur l'ordonnance de validation de la composition pénale, la victime peut agir en exécution forcée par le biais de la procédure d'injonction de payer telle qu'applicable en matière civile, afin d'obtenir le recouvrement des dommages et intérêts que l'auteur de l'infraction s'est engagé à régler.

---

[314] P. Poncela, Quand le procureur compose avec la peine, *Rev.sc.crim.*, 2002, p. 638.

238. Toutefois, en cas de non-exécution de la réparation due à la victime, la procédure prévoit la faculté pour celle-ci de saisir, par le biais de la citation directe, le tribunal correctionnel composé alors d'un seul magistrat[315] statuant sur les seuls intérêts civils. Cette faculté offerte à la victime confirme le fait que l'obligation de réparer le dommage est exclue des mesures de composition pénale. L'absence de réparation n'est pas considérée par le Code comme une non-exécution de la mesure au titre de laquelle le parquet recouvre son pouvoir d'opportunité lui permettant de déclencher l'action publique. En définitive, la victime voit ses droits sinon protégés au moins pris en compte par la procédure de composition pénale[316]. Cependant, elle ne dispose que d'une marge de manœuvre limitée. En effet, contrairement aux mesures de médiation pénale et de réparation du dommage causé à la victime figurant à l'article 41-1 C.pr.pén., la victime ne peut bloquer le processus de composition pénale.

Cependant, la mise en œuvre de la composition pénale n'enlève pas la possibilité pour la victime de se constituer partie civile ou de saisir, pendant le déroulement même de la mesure, par citation directe, le tribunal correctionnel ce qui entraîne alors l'échec de la composition pénale, celui-ci n'étant pas préjudiciable aux intérêts de l'auteur de l'infraction car non imputable à son comportement.

239. Si les conséquences dommageables pour la victime du fait de la commission de l'infraction entraînent une intégration partielle des intérêts de celle-ci dans la procédure sans toutefois l'associer pleinement au déroulement de la composition pénale, tel n'est pas le cas en matière d'amende forfaitaire. En effet, lorsque la commission d'une contravention entrant dans le champ d'application de la procédure des articles 529 et s. C.pr.pén. cause un préjudice à une victime, cette dernière n'y est pas associée. Cette absence de prise en compte des intérêts de la victime en matière d'amende forfaitaire résulte des dispositions réformatrices de la loi du 30 décembre 1985[317].

Néanmoins, bien que la victime se trouve écartée du déroulement de l'amende forfaitaire, le Code de procédure pénale lui laisse la possibilité de

---

[315] art. 71-I de la loi n°2004-204 du 9 mars 2004.

[316] F. Alt-Maes, La contractualisation du droit pénal mythe ou réalité ?, *Rev.sc.crim.* 2002, p. 501 et s. ; F. Le Gunehec, Présentation de la loi n°99-515 du 23 juin 1999, première partie : dispositions relatives aux alternatives aux poursuites, *JCP G.*, 1999, act., p. 1325 et s. ; J. Pradel, Une consécration du « plea bargaining » à la française : La composition pénale instituée par la loi n°99-515 du 23 juin 1999, D., 1999, chron., p.379 et s. ; P. Poncela, Quand le procureur compose avec la peine, *Rev.sc crim.*, 2002, *op.cit.*

[317] Loi n°85-1407 du 30 décembre 1985 (JO du 31 décembre 1985 p. 15505).

s'opposer à ce que le litige issu de la commission de l'infraction aille jusqu'à son terme sans que le dommage qu'elle a subi ne soit réparé. Ainsi en vertu des articles 531 et 536 C.pr.pén. la possibilité de saisir le tribunal de police par la voie de la citation directe est ouverte à la victime et le parquet ne peut s'y opposer[318].

240. Le caractère répressif des mesures de composition pénale et d'amende forfaitaire a permis de dégager un régime commun de ces deux procédures quant à l'entière maîtrise du ministère public sur le déroulement procédural et à la marge de manœuvre résiduelle laissée aux organes chargés de leur exécution. De même, cette unité des deux procédures se manifeste dans le pouvoir réduit accordé à l'auteur de l'infraction se cantonnant à l'acceptation ou au refus de la sanction proposée et dans l'écartement des victimes de la procédure, ce qui fait obstacle, pour l'une comme pour l'autre, à la participation des mesures alternatives répressives au mouvement de promotion de la justice pénale dite négociée.

La proximité des deux procédures, tant dans leurs objectifs que dans leur mise en œuvre et leur déroulement, provient de la volonté du législateur de les associer. La Chancellerie a précisé, dès l'origine, la procédure de composition pénale[319]. Aussi, le régime commun découvert pour ces deux procédures se retrouve-t-il naturellement dans l'étude des issues des mesures alternatives sanctionnatrices répressives, lesquelles font preuve d'une sévérité quant à leurs sanctions et d'une certaine radicalité quant à leurs effets sur l'action publique.

---

[318] La victime dispose, en effet, d'un pouvoir concurrent à celui du ministère public de déclencher l'action publique en vertu de l'article 1er al. 2 C.pr.pén. ; Cass.crim. 8 décembre 1906, D. 1907.1.207, note F. T., rapp. Laurent-Atthalin.

[319] La loi n°99-515 du 23 juin 1999 instituant la composition pénale a, par la même occasion, modifié l'article 529 C.pr.pén. relatif à l'amende forfaitaire ; la circulaire CRIM.99-16/F1 du 31 décembre 1999 relative à la présentation de la loi n°99-515 renforçant l'efficacité de la procédure pénale (B.O.du Ministère de la Justice n°76, du 1er octobre au 31 décembre 1999) explique les clarifications apportées à la procédure par la loi.
On citera encore le décret n°2002-801 du 3 mai 2002 modifiant le Code de procédure pénale et relatif à l'habilitation des délégués du procureur et médiateurs du procureur de la République, des contrôleurs judiciaires et des enquêteurs de personnalité et à l'amende forfaitaire, mais également la loi n°2004-204 du 9 mars 2004 portant adaptation de la justice aux évolutions de la criminalité a aussi retouché les dispositions relatives à la procédure des articles 529 et s. C.pr.pén.

§ II - La sévérité de la solution alternative répressive

241. La proposition par le parquet ou par une personne habilitée d'une procédure alternative de type répressif s'accompagne de la proposition concomitante d'une mesure proche de la peine (A). Ainsi, c'est en raison de l'accord de l'auteur des faits sur la peine[320] proposée que la procédure alternative répressive produira tous ses effets (B).

A - La proximité entre la sanction alternative répressive et la peine

242. En cas de composition pénale, un lien peut être établi entre la diversité des mesures découlant de celle-ci et les peines alternatives à l'emprisonnement habituellement applicables aux infractions ressortissant du domaine de la procédure de l'article 41-2 C.pr.pén[321] (1). Le caractère répressif de ce mécanisme se retrouve également en cas d'amende forfaitaire. Bien que la mesure proposée dans le cadre de celle-ci se cantonne à la fixation d'une amende, la procédure de l'article 529 C.pr.pén. a vu son champ d'application considérablement élargi par les modifications issues du décret du 3 mai 2002. Celui-ci étend, à l'article R. 48-1,1° C.pr.pén., le domaine de l'amende forfaitaire à l'ensemble des contraventions réprimées par le Code de la route y compris celles pouvant être punies d'une peine complémentaire. En édictant une amende d'un montant moindre que le quantum normalement encouru, la procédure de l'article 529 C.pr.pén. confirme sa nature répressive en apportant une réponse toujours plus sévère en cas d'entêtement de l'auteur de la contravention à régler le montant de l'amende (2).

---

[320] On peut parler de véritable peine s'agissant des mesures proposées en composition pénale : J. Volff, La composition pénale : Un essai manqué !, *op.cit.*

[321] La doctrine est divisée sur la nature des mesures découlant de la composition pénale. Si pour certains ces mesures ne constituent pas des peines (J. Pradel, Une consécration du *Plea Bargaining* à la française : la composition pénale instituée par la loi n°99-515 du 23 juin 1999, *op.cit. ;* spéc. p. 281 ; J. Leblois-Happe, De la transaction à la composition pénale, *op.cit.)*, d'autres les considèrent comme de véritables sanctions proches de la peine (B. Pereira, Justice négociée : Efficacité répressive et droits de la défense, D. 2005, Chron., p. 2041, spéc. p. 2045).

1 - La diversité des sanctions relevant de la composition pénale

Les sanctions, en cas de composition pénale, sont de natures variées (a). Toutefois, leur application, par le procureur de la République, est soumise à une validation par un magistrat du siège (b).

a - La nature des sanctions applicables

243. Dès ses origines, la composition pénale s'est inspirée des peines alternatives à l'emprisonnement. Ainsi, dès le projet de loi sur l'injonction pénale censuré par le Conseil constitutionnel dans sa décision du 2 février 1995[322], la procédure alternative avortée prévoyait la possibilité pour le parquet de choisir une ou plusieurs des quatre mesures reprises par la composition pénale sous l'empire de la loi du 23 juin 1999. Le succès rencontré par la composition pénale a permis au législateur de compléter cette liste par les lois du 9 septembre 2002 et du 9 mars 2004 ayant étendu au nombre de treize les mesures pouvant être appliquées.

244. La première mesure susceptible d'être proposée par le parquet dans le cadre de la composition pénale démontre à la fois son caractère sanctionnateur et l'emprunt fait aux peines alternatives à l'emprisonnement. Il s'agit, en effet, de la possibilité de proposer une amende dite de composition dont le montant ne pouvait à l'origine dépasser 3.750€ en matière correctionnelle et 750€ en matière de contravention ou la moitié du maximum de la peine d'amende encourue. Le caractère répressif de la composition pénale s'est accru avec l'entrée en vigueur de la loi du 9 mars 2004 permettant la proposition d'une amende dans la limite du maximum prévu par le texte aussi bien en matière de délit que de contravention. La fixation par le parquet du montant de l'amende de composition s'inspire également du principe de personnalisation des peines, énoncé aux articles l'article 132-24 et 130-1 C.pén.[323], mais aussi et surtout de la peine de jour-amende, issue de la loi du 10 juin 1983, imposant au juge qui souhaite la prononcer de prendre en compte la gravité de l'infraction commise et les charges de la personne. La similitude de la peine de l'article 131-5 C.pén. est d'autant plus marquée que le texte de l'article 41-2 C.pr.pén. prévoit la possibilité d'un versement échelonné.

---

[322] Décision n°95-360 DC du 2 février 1995, *op.cit.*

[323] Depuis la loi précitée du 15 août 2014 relative à l'individualisation des peines et renforçant l'efficacité des sanctions pénales.

La deuxième mesure instaurée par le texte originaire sur la composition pénale consiste en un dessaisissement au profit de l'Etat de la chose ayant servi ou était destinée à commettre l'infraction. Cette mesure, directement issue de la peine de l'article 131-21 C.pén., a valu les critiques d'une partie de la doctrine la qualifiant de *« confiscation inavouée qui méconnaît le droit de propriété « inviolable et sacré » et donc une liberté fondamentale »*[324] dès lors qu'elle n'est pas prononcée par un juge de jugement.

L'auteur de l'infraction peut, ensuite, se voir proposer plusieurs mesures consistant, pour une durée maximale de six mois , en la remise au greffe du tribunal de grande instance du permis de chasser ou de conduire[326]. Elles pourront également consister, depuis la loi du 9 mars 2004, pour la même durée maximale, en certaines obligations de ne pas faire, comme l'interdiction d'émettre des chèques, d'apparaître dans certains lieux, notamment ceux où a été commise l'infraction, de ne pas rencontrer ou recevoir les victimes ou les co-auteurs ou complices de l'infraction et, enfin, de ne pas quitter le territoire national. La procédure se voulant une réponse pénale privilégiée en matière de circulation routière, la loi du 9 mars 2004 a inséré parmi les mesures susceptibles d'être proposées la remise du véhicule aux fins d'immobilisation pour une même durée maximale.

Le même texte a, ensuite, reconduit la mesure d'exécution d'un travail non rémunéré au profit de la collectivité dont l'inspiration évidente est la peine de travail d'intérêt général, issue de la loi du 10 juin 1983 et définie à l'article 131-8 C.pén., qui peut en la matière être fixée à une durée maximale de soixante heures dans un délai ne pouvant excéder six mois.

245. Les retouches législatives faites par les lois du 9 septembre 2002 et du 9 mars 2004 ont inséré, à l'article 41-2, 7° ancien C.pr.pén.[327], en matière de composition pénale, la possibilité pour l'auteur de suivre un stage ou une formation dans un service ou un organisme sanitaire, social ou professionnel pour une durée maximale de six mois exécutable dans un

---

[324] J. Volff, la composition pénale : un essai manqué !, *op.cit.*

[325] Depuis la loi du 9 mars 2004. La loi du 23 juin 1999 limitait à quatre mois la durée maximale de ces mesures.

[326] La loi n° 2011- 267 du 14 mars 2011 d'orientation et de programmation pour la performance de la sécurité intérieure (JO 15 mars 2011, p. 4582) a élargi la liste des mesures ayant pour objet la lutte contre les violences routières et la conduite en état alcoolique en intégrant un 4° bis à l'article 41-2. Cette mesure prévoit la possibilité pour le parquet d'imposer à l'auteur de l'infraction le suivi d'un programme de réhabilitation et de sensibilisation comportant l'installation d'un éthylotest anti-démarreur sur son véhicule pour un délai de six mois minimum jusqu'à trois ans maximum.

[327] Ancien article 41-2, 5° C.pr.pén. sous l'empire de la loi n°2002-1138 du 9 septembre 2002.

délai ne pouvant excéder dix-huit mois. Bien que cette mesure revête un aspect réparateur, puisqu'elle peut s'appliquer, au même titre que l'injonction thérapeutique, au traitement de la toxicomanie, elle préserve le caractère répressif et sanctionnateur de la composition pénale, notamment par ce qu'elle est applicable en complément d'une autre sanction[328]. Il faut toutefois observer que cette mesure d'orientation est comparable à d'autres, issues de la loi n°2007-297 du 5 mars 2007. Le texte prévoit, d'une part, la possibilité inscrite à l'article 41-2, 15° C.pr.pén., de proposer à l'auteur de l'infraction l'accomplissement d'un stage de sensibilisation aux dangers de l'usage de produits stupéfiants. D'autre part, en vertu de l'article 41-2, 17° C.pr.pén., le procureur de la République peut mettre en œuvre une injonction thérapeutique[329], selon les modalités prévues aux articles L. 3413-1 et suivants du Code de la santé publique. Si ces trois mesures semblent proches, le choix effectué par le représentant du parquet doit découler de son appréciation des faits et de la personnalité de l'auteur. Cependant, la coexistence de mesures proches dans leurs objectifs mais distinctes dans leur gravité n'est pas sans ôter tout risque d'arbitraire et d'inégalité entre les justiciables. La mesure de composition pénale peut aussi consister, en vertu de l'article 41-2, 13° C.pr.pén., en l'exécution par l'auteur des faits d'un stage de citoyenneté dont on a observé précédemment l'aspect essentiellement admonestatif. De la même manière que pour le stage prévu à l'article 41-2, 7°C.pr.pén., cette mesure civique, qui peut être proposée conjointement à d'autres, vise essentiellement à rappeler à l'auteur des faits l'importance des valeurs de la République et à lui faire prendre conscience de la gravité des faits qu'il a commis[330]. La même réflexion peut être faite à propos de la mesure de l'article 41-2, 16° C.pr.pén., elle aussi issue de la loi du 5 mars 2007. Elle permet au procureur de la République de soumettre l'auteur de

---

[328] La sauvegarde du caractère réparateur, malgré la mise en œuvre d'une composition pénale, doit aussi être affirmée à l'occasion de la mesure de consultation d'un psychiatre ou d'un psychologue pouvant être imposée par le parquet à un mineur d'au moins treize ans en vertu de l'article 7-2, 4° de l'ordonnance n°45-174 du 2 février 1945. D'ailleurs, cette mesure, pouvant être assortie d'autres sanctions plus répressives, doit être assimilée à celle de l'article 41-2, 7° C.pr.pen., V. sur ce point : Ph Bonfils, La réforme de l'ordonnance de 1945 par la loi prévention de la délinquance, *op.cit.*

[329] Lorsqu'elle est mise en œuvre dans le cadre de la composition pénale, la loi n° 2011-525 du 17 mai 2011 de simplification et d'amélioration du droit (JO 18 mai 2011, p. 8537) précise que cette mesure ne peut excéder 24 mois. Ce qui correspond en réalité au maximum de la mesure d'injonction thérapeutique lorsqu'elle est décidée en dehors de la procédure de l'art. 41-2 C.pr.pén.

[330] Cette mesure doit être rapprochée de celle de stage de formation civique applicable aux seuls mineurs de treize ans. Elle est issue de l'article 7-2, 1° de l'ordonnance n°45-174 du 2 février 1945 créé par la loi n°2007-297 du 5 mars 2007.

l'infraction à une activité de jour consistant en la mise en œuvre d'activités professionnelles ou de mise à niveau scolaire[331]. Cette mesure, qui peut être effectuée auprès d'une personne morale de droit public ou de droit privé chargée d'une mission de service public, fait double emploi avec celle de l'article 41-2, 7° C.pr.pén. Elle ne constitue, au final, qu'une précision de cette dernière et lui retire une partie importante de sa substance.

246. La loi n°2005-1549 du 12 décembre 2005 relative au traitement de la récidive des infractions pénales a introduit une autre mesure pouvant être proposée dans le cadre de la composition pénale. Cette mesure, introduite à l'article 41-1, 14° C.pr.pén.[332] consiste en la proposition faite à l'auteur de résider hors du domicile ou de la résidence du couple, et, le cas échéant, de s'abstenir de paraître dans ce domicile ou cette résidence ou aux abords immédiats de celui-ci, en cas d'infraction commise soit contre son conjoint ou son concubin, soit contre ses enfants ou les enfants de ce dernier. La loi du 4 avril 2006[333] a précisé cette mesure en prévoyant également son application à l'ancien conjoint ou concubin de la victime, ou la personne ayant été liée à elle par un pacte civil de solidarité. Cette mesure recherchant la réparation du dommage causé à la victime, prévue par l'article 41-1, 6° C.pr.pén.[334], peut être accompagnée d'une prise en charge sanitaire, sociale ou psychologique de l'auteur de l'infraction. La proposition de cette mesure dans le cadre de la composition pénale peut constituer une mesure associée, par exemple, à la proposition d'une amende de composition ou, à un dessaisissement de la chose ayant servi ou destinée à commettre l'infraction[335]. Toutefois, la mesure de l'article 41-1, 14° C.pr.pén. n'offre que peu d'intérêt dès lors que le procureur de la République disposait déjà, depuis la loi du 9 mars 2004, d'une mesure semblable, énoncée par l'article

[331] Cette mesure se voit précisée lorsqu'elle est envisagée par le parquet à propos d'un mineur. Elle doit consister, en vertu de l'article 7-2, 2° de l'ordonnance n°45-174 du 2 février 1945, en un suivi, de façon régulière, d'une scolarité ou d'une formation professionnelle. Elle peut être rapprochée de celles prévues au 3° de l'article 7-2 de l'ordonnance précitée incitant au respect d'une décision antérieure de placement judiciaire dans une institution ou un établissement public ou privé d'éducation ou de formation professionnelle, et au 5° de la même disposition relative à l'exécution d'une activité de jour.

[332] Article 35 II de la loi du 12 décembre 2005, *op.cit.*

[333] Loi n°2006-399 du 4 avril 2006 renforçant la prévention et la répression des violences au sein du couple ou commises à l'encontre des mineurs, art. 12 II, JO 5 avril 2006, p. 5097.

[334] Elle sera étudiée au titre des alternatives réparatrices restitutives.

[335] En effet, la composition pénale pouvant être mise en œuvre lors de l'échec d'un processus de l'article 41-1 C.pr.pén., la reconduction de la même mesure n'offrirait que peu d'intérêt, dès lors que la procédure de l'article 41-2 C.pr.pén. participe à la gradation de la réponse pénale.

41-2, 10° C.pr.pén., permettant d'interdire à l'auteur de rencontrer ou d'entrer en relation avec les victimes de l'infraction.

Sous l'empire de la loi du 23 juin 1999, la composition pénale était déjà applicable à certaines contraventions, mais elle ne permettait pas la proposition de la même palette de sanctions qu'aujourd'hui. Ainsi, l'amende de composition ne pouvait excéder 750€ et seules les mesures de remise du permis de conduire ou de chasser et de travail d'intérêt collectif étaient instituées, celles-ci ne pouvant dépasser respectivement deux mois ou trente heures à exécuter dans un délai de trois mois.

247. La loi du 9 mars 2004 a recherché l'élaboration d'un régime commun de la composition pénale en prévoyant l'applicabilité d'un grand nombre des mesures énoncées à l'article 41-2 C.pr.pén. aux infractions de type contraventionnel. Cependant, l'article 41-3 C.pr.pén. précise quelques exceptions quant aux mesures applicables tenant soit au quantum de la mesure soit à la nature même de celle-ci.

Ainsi, bien que la privation du permis de conduire ou de chasser est applicable en la matière, cela ne se peut que pour une durée de trois mois maximum. De même, le travail d'intérêt collectif ne peut être proposé par le parquet que pour une durée de trente heures maximum dans un délai d'exécution ne pouvant excéder trois mois. Egalement, l'interdiction d'émettre des chèques ne peut être proposée pour une durée supérieure à trois mois.

D'autres mesures sont écartées en matière contraventionnelle. Il s'agit des mesures relevant des 9° à 12° de l'article 41-2 C.pr.pén. Aussi, le travail d'intérêt collectif prévu par le 6° de l'article 41-2 ne peut être appliqué aux contraventions des quatre premières classes. Les mesures de dessaisissement, de remise du permis de chasser ou d'interdiction d'émettre des chèques ne leur sont pas non plus applicables, sauf lorsque le texte incriminant l'infraction la punit des cinq premières peines complémentaires figurant à l'article 131-16 C.pén.

248. Le caractère répressif de la composition pénale s'est vu conforté par l'inscription au bulletin n°1 du casier judiciaire des compositions pénales exécutées[336]. Cette conséquence nouvelle de l'acceptation de la procédure, depuis la loi du 9 septembre 2002, a renforcé l'originalité de la procédure annoncée par la circulaire du 31 décembre 1999. En effet, avec la procédure de l'article 41-2 C.pr.pén., l'acceptation et l'exécution d'une mesure

[336] S. Grunwald, Casier judiciaire et effacement des sanctions : quelle mémoire pour la justice pénale ?, *A. J. Pénal*, 2007, p. 416.

alternative ne sont plus toujours synonymes de « *pardon sous condition* » comme peut l'être la médiation pénale. Elles permettent au parquet de requérir une peine plus lourde en cas d'infraction nouvelle. Toutefois, si cette inscription ne peut constituer le premier terme dans le calcul de la récidive[337] comme la déclaration de culpabilité dans le cadre d'une dispense de peine prévue par l'article 132-59 C.pén.

b - L'obligation de validation par un juge du siège

249. Après l'échec de l'injonction pénale censurée par le Conseil constitutionnel dans sa décision du 2 février 1995, en raison de l'atteinte au principe de séparation entre les autorités de poursuite et de jugement, le législateur a institué l'obligation, en matière de composition pénale, pour le parquet de saisir par requête un magistrat du siège aux fins de validation de la mesure. Dès lors que la sanction proposée et acceptée semble respecter le principe de personnalisation des peines et ne dépasse pas le quantum de la peine prévu par le texte, ce magistrat rend une ordonnance non susceptible de recours et non exécutoire. Il faut, en effet, rappeler que la composition pénale, en tant que procédure se situant en amont des poursuites, ne peut recevoir aucun autre effet exécutoire que celui que voudra bien lui donner l'auteur des faits.

250. Le juge du siège ne voit toutefois pas son rôle cantonné à la simple validation ou au simple rejet des mesures qui lui sont soumises[338]. En effet, il peut, en vertu de l'alinéa 19 de l'article 41-2 C.pr.pén., procéder à l'audition de l'auteur et de la victime. Cette audition était de droit à la demande des justiciables majeurs avant la loi du 9 septembre 2002. Depuis la loi n°2007-297 du 5 mars 2007 relative à la prévention de la délinquance, le principe d'une audition de droit n'est réservé, devant le juge des enfants chargé de la validation, qu'aux seuls mineurs et à leurs représentants légaux[339]. L'examen de chaque procédure par un magistrat du siège doit constituer une garantie non seulement aux yeux du juge constitutionnel mais aussi à ceux des justiciables. Cependant, elle tend à perdre de sa consistance dès lors qu'elle est confrontée à la pratique de certains tribunaux

---

[337] F. Desportes et F. Le Gunehec, *Droit pénal général*, Economica, *op.cit.*, n°924.

[338] « *Toutefois, l'institution de la composition pénale n'en demeure pas moins critiquable en ce que les prérogatives du juge du siège sont limitées à celles de la validation de l'accord conclu entre le parquet et la personne concernée.* », B. Pereira, Justice négociée : Efficacité répressive et droits de la défense ?, D. 2005, Chron., p. 2041, spéc. p. 2044.

[339] Article 7-2 al. 4 de l'ordonnance n°45-174 du 2 février 1945.

n'hésitant pas à faire valider les compositions pénales en amont de la proposition de la peine à l'auteur de l'infraction, ce qui renvoie à l'idée d'une tarification des sanctions en fonction de l'infraction commise[340], sans égard au principe d'individualisation de la peine applicable en la matière.

251. En vertu de l'article 41-2 C.pr.pén., la mission de validation revient, pour les compositions pénales en matière délictuelle, au président du tribunal et est réservée, depuis 1999, au président du tribunal de police en matière de contravention. Elle est en outre réservée au juge des enfants lorsqu'une composition pénale est appliquée à ceux-ci. Cependant, la pratique du recours à un juge délégué permet une gestion plus souple de la procédure. Toutefois, le recours à certaines formes de délégation motivées par préoccupations financières alimente l'idée d'une sous-justice. Ainsi, la création des juridictions de proximité, compétentes en matière répressive en vertu de la loi du 9 septembre 2002, est destinée à obtenir un allègement considérable de la charge de travail des magistrats pour les contentieux dits de masse. La loi organique du 26 février 2003[341] a précisé les conditions de recrutement et les fonctions des juges de proximité. Ainsi, à la lecture de la loi, on assiste à un phénomène de « déjudiciarisation-rejudiciarisation » défini par Mme Anne Wyvekens[342] à propos du recrutement des médiateurs pénaux à l'origine de cette pratique. En effet, peuvent être recrutés au titre de magistrat au sein d'une juridiction de proximité d'anciens magistrats[343] de l'ordre judiciaire ou administratif, mais également en vertu de l'article 41-17 modifié de l'ordonnance du 22 décembre 1958 portant statut de la magistrature[344], des personnes âgées de trente-cinq ans au moins exerçant ou ayant exercé des professions libérales juridiques ou judiciaires. Peuvent encore être recrutées comme juge de proximité, les personnes justifiant de vingt-cinq ans d'activité dans des fonctions impliquant des responsabilités de direction ou d'encadrement dans le domaine juridique, les fonctionnaires des services judiciaires des catégories A et B ou, enfin, les conciliateurs de justice ayant exercé leurs fonctions pendant cinq ans au moins.

---

[340] Cette pratique se rencontre le plus souvent en matière d'infractions relatives à la conduite sous l'empire d'un état alcoolique.

[341] Loi organique n°2003-153 du 26 février 2003 relative aux juges de proximité modifiant l'ordonnance n°58-1270 du 22 décembre 1958 relative au statut de la magistrature, JO 27 février 2003, p. 3479.

[342] A. Wyvekens, Les maisons de justice : sous la médiation, quelle troisième voie ? *in* R. Cario, *La médiation pénale entre répression et réparation*, L'Harmattan, 1997, p. 61 et s.

[343] C-S Enderlin-Morieult, Juridiction de proximité, *Rép.pen. Dalloz,* 2003, n°42 et s.

[344] Ordonnance n°58-1270 du 22 décembre 1958 portant loi organique relative au statut de la magistrature, JO 23 décembre 1958, p. 11551.

Ils sont recrutés pour une durée de sept ans non renouvelable et liés par un devoir de réserve pendant et après leurs fonctions afin de garantir leur indépendance et leur impartialité. Cependant, on peut douter de l'effectivité de ces garanties lorsque tel juge de proximité exerce la fonction de conciliateur civil, cette dernière n'étant pas incompatible avec le recrutement en qualité de médiateur ou de délégué du procureur[345].

252. Le décret du 23 juin 2003[346] a précisé les compétences des juridictions de proximité en matière répressive. Ainsi, en vertu de l'article R. 53-40 C.pr.pén., la partie réglementaire du Code confirme la compétence des juges de proximité en matière de contravention. En effet, la loi 9 septembre 2002 précisait, en créant l'article 706-72 C.pr.pén., la compétence des juridictions de proximité en matière contraventionnelle et surtout la possibilité pour le président du tribunal de grande instance de donner compétence à ces dernières pour la validation des compositions pénales prises sur le fondement des articles 41-2 et 41-3 C.pr.pén.

La loi du 26 janvier 2005[347] est venue compléter et élargir les compétences de ces nouveaux juges. En précisant, d'abord, la possibilité pour ces derniers de faire partie de la formation collégiale du tribunal correctionnel, la loi de 2005 renforce, parallèlement, les compétences des juridictions de proximité en matière contraventionnelle. En effet, les deux premières lois de 2002 et 2003 avaient subordonné la compétence des juges de proximité en fait de contraventions des quatre premières classes à l'existence d'une délégation donnée par le président du tribunal. La loi du 26 janvier 2005 en modifiant la compétence des tribunaux en matière contraventionnelle va confier expressément, en vertu de l'article L. 331-5 du Code de l'organisation judiciaire, aux juridictions de proximité la connaissance des contraventions des quatre premières classes, pour ne laisser au tribunal de police que la compétence des contraventions les plus graves.

Ces compétences élargies des juges de proximité en matière contraventionnelle ont, sans aucun doute, leur importance en matière de composition pénale. En effet, si l'intervention d'un juge de proximité demeure soumise à une délégation par le président du tribunal de grande

---

[345] Le décret du 20 mars 1978 relatif au statut des conciliateurs civils ayant servi de modèle au procureur G. Apap lors de la mise en œuvre des premières expériences de médiation pénale, alors dénommée conciliation pénale (G. Apap, La conciliation pénale à Valence, *Rev.sc.crim.*, 1990, p. 633).

[346] Décret n°2003-542 du 23 juin 2003 relatif aux juridictions de proximité, JO 25 juin 2003, p. 10632.

[347] Loi n°2005-47 du 26 janvier 2005, relative aux compétences du tribunal d'instance, de la juridiction de proximité et du tribunal de grande instance, JO 27 janvier 2005, p. 1409.

instance en matière de délits, elle est attribuée expressément aux juges de proximité dès lors que la mesure concerne une ou plusieurs contraventions des quatre premières classes[348]. Enfin, la juridiction de proximité est compétente également en matière de contravention de cinquième classe sur délégation donnée par le président du tribunal.

253. Les mesures applicables en cas de composition pénale étant proches des peines applicables lors d'un procès classique, l'entrée en vigueur de la loi du 9 mars 2004 a préconisé une réelle répression anticipée de l'auteur des faits. En effet, la première version de la composition pénale permettait d'entrevoir un véritable bénéfice pour l'auteur appelé à subir une peine amoindrie par rapport à celle que serait susceptible de prononcer le juge de jugement. Toutefois, l'augmentation des mesures applicables en la matière, portant notamment l'amende à égalité avec le maximum prévu par le texte d'incrimination, tend à retirer l'avantage éventuel pour le justiciable. Ainsi, seul le contrôle de la procédure par un juge du siège prévu par le Code permet d'espérer encore, malgré l'avènement des juges de proximité, en la mesure de la peine fixée, tant au regard de la gravité des faits que de la personnalité de l'auteur, s'agissant d'une procédure alternative se situant à la marge de l'action publique.

2 - La diversité des montants de l'amende forfaitaire

254. Les peines relevant de la procédure de l'amende forfaitaire ne sont pas aussi variées qu'en matière de composition pénale. En effet, en vertu des articles R. 49 et suivants du Code de procédure pénale, seules des peines d'amende sont prévues. Toutefois, on soulignera que, depuis le décret du 3 mai 2002[349], l'amende forfaitaire n'est pas exclue en matière de contravention au Code de la route dès lors que celles-ci entraînent l'application de peines complémentaires. Si seule l'amende (autrefois appelée amende de composition[350]) est prévue comme sanction en cas d'amende forfaitaire, le montant de celle-ci s'avère assez complexe à déterminer.

---

348 Article 8, II de la loi n° 2005-47 du 26 janvier 2005.

349 Art. R. 48-1, 1° C.pr.pén.

350 Sous l'empire de l'ordonnance n°45-2595 du 2 novembre 1945. Cette procédure a été remplacée par celle de l'ordonnance pénale issue de la loi n°72-5 du 3 janvier 1972, plus tard soulagée par la mise en œuvre des procédures d'amende et d'indemnité forfaitaires.

En effet, selon la classe de la contravention commise et selon que cette infraction viole la réglementation routière ou non, le montant de l'amende à payer est différent. De même, selon que le contrevenant accepte le principe de la procédure, en réglant dans les délais le montant de la transaction qui lui est proposée, ou qu'il refuse de reconnaître la commission de l'infraction et utilise les voies de recours offertes par la procédure, le montant de l'amende évoluera à la hausse pour aboutir à l'existence d'une amende forfaitaire majorée.

255. Lorsque le contrevenant est présumé avoir commis, en vertu de l'article R. 48-1, 1°C.pr.pén., une contravention au Code de la route des deuxième, troisième et quatrième classes, il est redevable d'une amende forfaitaire minorée dont les montants sont fixés par l'article R. 49-9 du Code de procédure pénale.

Cependant, en cas de non-paiement dans le délai de trois jours à compter de la constatation de l'infraction ou de quinze jours à compter de l'envoi de l'avis de contravention, l'article 529-8 al. 2 C.pr.pén. dispose que le contrevenant est redevable de l'amende forfaitaire (non minorée).

L'amende forfaitaire prévue de manière générale pour toutes les autres contraventions en application de l'article R. 48-1 C.pr.pén. entraîne l'application des montants précisés par l'article R. 49 C.pr.pén. Dès lors que la procédure de l'amende forfaitaire simple est mise en œuvre, le contrevenant dispose, en vertu de l'article 529-2 C.pr.pén., d'un délai de quarante-cinq jours pour payer le montant de l'amende ou pour former une requête en exonération auprès du ministère public.

La requête en exonération doit, pour être recevable, remplir les conditions de forme posées par l'article 529-10 C.pr.pén. dès lors qu'elle concerne une infraction au Code de la route. Dans tous les cas, en vertu de l'article 530 C.pr.pén., elle permet à l'officier du ministère public soit de reconnaître l'innocence du prétendu contrevenant et de classer sans suite, soit de déclencher l'action publique, en renvoyant l'affaire en ordonnance pénale ou en saisissant le tribunal de police ou la juridiction de proximité par voie de citation directe. En effet, l'article 529-1 C.pr.pén. indique que la requête doit être envoyée au service indiqué sur l'avis de contravention. Cependant, la clémence de celui-ci, qui peut être un service de police judiciaire, un commissariat, une gendarmerie ou la préfecture de police à Paris, reconnaissant l'absence de contravention imputable à l'individu, ne lie pas le ministère public qui reste libre, en vertu de l'article 530-1 C.pr.pén., de saisir le tribunal compétent.

256. Si le représentant du ministère public choisit cette dernière voie, l'article 530-1 al. 2 C.pr.pén. dispose qu'en cas de condamnation la peine prononcée ne peut être inférieure au montant de l'amende forfaitaire normalement encourue[351]. En cas de contravention au Code de la route, l'article 530-1 al. 3, issu de la loi du 12 juin 2003, se montre plus sévère et prévoit, en cas de condamnation, une amende qui ne peut être inférieure au montant de l'amende encourue et augmentée de dix pour cent.

257. A côté de la requête en exonération résultant de l'article 529-2 C.pr.pén., le contrevenant dispose d'une autre possibilité de voir sa responsabilité exclue en formulant une réclamation. Si la requête n'est possible qu'après réception par l'auteur de l'infraction de l'avis de contravention, la réclamation relevant de l'article 530 C.pr.pén. n'est possible qu'une fois validée par la signature du représentant du ministère public le titre exécutoire émis au profit du trésor public et l'autorisant à recouvrer le montant de l'amende. Ce titre exécutoire, qui peut être individuel ou collectif, ne peut être soumis à la signature du ministère public qu'après défaut de paiement par le contrevenant du montant de l'amende forfaitaire dans le délai de quarante-cinq jours énoncé à l'article 529-2 C.pr.pén. En effet, l'absence de paiement pendant ce délai entraîne l'application de l'amende forfaitaire majorée dont les montants sont fixés par l'article R. 49-7 C.pr.pén.

La réclamation visant à l'annulation du titre exécutoire doit revêtir certaines conditions de forme et est exclue en cas de contravention au Code de la route dès lors que l'avis d'amende forfaitaire majorée est envoyé par lettre recommandée à l'adresse figurant sur le certificat d'immatriculation sauf si le contrevenant justifie d'une déclaration de changement de domicile. Ainsi la réclamation n'est recevable que si elle est accompagnée de l'avis de contravention et d'un des documents exigés par l'article 529-10 C.pr.pén. en matière de contravention. Dans le cas contraire, le contrevenant reste redevable du montant de l'amende encourue.

De même qu'en matière de requête en exonération, le parquet peut soit reconnaître le bienfondé de la réclamation, ce qui a pour effet d'annuler le titre exécutoire et de classer l'affaire sans suite, soit poursuivre par le même moyen qu'en cas d'échec d'une requête.

Dans l'hypothèse d'un non exercice du droit de réclamation, le Code assimile les effets du titre exécutoire à ceux d'une décision judiciaire. Ainsi, une fois le délai de trente jours écoulés, le titre émis par le trésor public a les mêmes effets qu'un jugement. En effet, la signature de l'état exécutoire entraîne l'ouverture d'un délai de prescription, non pas de l'action publique,

---

[351] Cass. crim. 12 septembre 2007, Bull. crim., n°206.

mais de la peine, qui est de trois ans, en vertu de l'article 133-4 C.pén.. Cette assimilation de l'état exécutoire à un véritable jugement permet de considérer l'amende forfaitaire comme une véritable peine exécutoire, notamment parce qu'elle autorise l'application de la contrainte par corps.

258. Si la procédure de l'amende forfaitaire aboutit à l'application d'une véritable peine sans intervention d'un juge de jugement, la possibilité de recourir à ce dernier ne se trouve toutefois pas exclue. En effet, en cas requête en exonération ou de réclamation recevable, le ministère public peut soit classer sans suite, soit renvoyer l'affaire en ordonnance pénale ou saisir par voie de citation directe le tribunal compétent en matière de contravention[352]. Le recours au juge constitue aux yeux des justiciables une garantie, quoique non dénuée de risque en l'occurrence en raison de la majoration de dix pour cent de l'amende encourue par application de l'article 530-1 al. 3 C.pr.pén. Cependant, on peut, comme pour la composition pénale, émettre quelques doutes à cause de l'apparition des juridictions de proximité. En effet, si la loi du 9 septembre 2002 ne leur donnait compétence qu'en raison d'une délégation donnée par le président du tribunal, le décret du 27 septembre 2004[353], puis la loi du 26 janvier 2005[354], leur attribuent expressément compétence s'agissant des contraventions pour lesquelles l'action publique est éteinte par le paiement d'une amende forfaitaire.

Les procédures de composition pénale et d'amende forfaitaire entraînent une réponse pénale intermédiaire entre classement sans suite et exercice de l'action publique, permettant la mise en œuvre d'une sanction proche de la peine. Ainsi, leurs répercussions sur le principe d'opportunité des poursuites sont, elles aussi, particulières et méritent de retenir l'attention en raison de leur radicalité.

---

[352] Si le ministère public déclare irrecevable la réclamation pour des motifs autre que ceux prévus à l'art. 530-1 al. 1er C.pr.pén., le contrevenant peut présenter un incident contentieux relatif à l'exécution du titre exécutoire, recevable jusqu'à la prescription de la peine, devant la juridiction de proximité. Cass., avis, 5 mars 2007, *A.J. Pénal*, 2007, p. 228, note G. Royer ; D. 2007, p. 1764, note Ph. Bonfils et M. Giacopelli.

[353] Décret n°2004-1021 du 27 septembre 2004 portant modification du Code pénal et du Code de procédure pénale (deuxièmes parties : Décrets en Conseil d'Etat) et relatif notamment au stage de citoyenneté, à la composition pénale, aux sûretés prononcées dans le cadre d'un contrôle judiciaire et à la juridiction de proximité, *op.cit.*

[354] Loi n°2005-47 du 26 janvier 2005 relative aux compétences du tribunal d'instance, de la juridiction de proximité et du tribunal de grande instance, JO. 27 janvier 2005, p. 1409.

B - L'effet radical sur l'action publique

259. Les procédures alternatives répressives ont des effets plus forts que la simple suspension de la prescription de l'action publique par les mesures admonestatives, justifiant leur place charnière entre classement sans suite et action publique. Ainsi, l'exécution par l'auteur de l'infraction de la sanction qui lui est proposée aura un effet plus radical emportant l'extinction de toute possibilité d'agir pour le ministère public (2). Toutefois, ces procédures entraînant des effets similaires sur l'action publique lors de l'exécution de la mesure, leur déroulement procédural comporte, quant à lui, des aspects singuliers pour chacune des alternatives sanctionnatrices répressives (1).

1 - Les effets des procédures alternatives répressives pendant leur déroulement

260. Lorsque le parquet décide de la mise en œuvre d'une mesure de composition pénale, l'ensemble des actes tendant soit à la proposition et au déroulement de la procédure soit à l'exécution de la sanction acceptée par l'auteur de l'infraction entraîne, en vertu de l'alinéa 20 de l'article 41-2 C.pr.pén., une interruption de la prescription de l'action publique[355]. Cet effet original en matière de procédure alternative à la poursuite pénale permet de renforcer la répression voulue par le parquet. En effet, à la différence de la suspension du délai de prescription de l'action publique initialement prévue en la matière sous l'empire de la loi du 23 juin 1999, l'interruption de celui-ci durant le déroulement de la procédure permet au parquet de décider plus facilement de la réponse pénale à apporter en cas d'échec de la mesure dû au comportement de l'auteur de l'infraction.

A l'inverse, en l'absence de précision par le législateur, il faut, *a priori*, conclure à l'absence d'effet suspensif ou interruptif du déclenchement de la procédure de l'amende forfaitaire quant à l'action publique. Cependant, en ce qu'elle s'avère complexe dans son déroulement, la procédure de l'amende forfaitaire présente certains effets révélés par la jurisprudence pouvant se rapprocher de ceux de la composition pénale.

---

[355] Cet effet contraint toutefois le parquet. Celui-ci doit, lorsque la mesure de composition pénale a été acceptée, saisir le juge du siège aux fins de validation. Il ne peut mettre en œuvre l'action publique qu'en cas de refus de validation. Cass. crim., 20 novembre 2007, Bull. crim. n°287, Gaz. Pal. 6 et 8 avril 2008, p. 17, note S. Detraz ; Y. Joseph-Ratineau, Contractualisation de la procédure pénale et liberté procédurale su parquet, D. 2008, p. 1035.

261. Quelle que soit l'attitude de l'auteur de la contravention, la signature par le représentant du ministère public du titre exécutoire émis par le Trésor public entraîne une assimilation de la mesure à une véritable peine prononcée par une juridiction de jugement. En effet, d'après l'article 530 al. 1er C.pr.pén., c'est le délai de prescription de la peine applicable en matière de contravention qui commence à courir et non celui de l'action publique. Ainsi, en vertu de cette disposition combinée avec celle de l'article 133-4 C.pén., le trésor public dispose d'un délai de trois ans à compter de la signature du ministère public pour faire exécuter le titre exécutoire selon les règles applicables en procédure pénale[356]. L'article 530-2 C.pr.pén. précise que tout incident relatif à l'exécution de ce titre et à la rectification des erreurs matérielles est déféré à la juridiction de proximité (ou au tribunal de police[357]).

Cependant, la signature du titre exécutoire ouvre un délai de trente jours au contrevenant pour former une réclamation. Cette dernière a, en vertu de l'article 530 al. 2 C.pr.pén., pour effet d'annuler le titre exécutoire mais également le délai de prescription de la peine. Or, la réclamation examinée par le ministère public plus d'un an après la commission de l'infraction entraînerait à la fois la prescription de l'action publique, qui est de un an en matière de contravention en vertu de l'article 7 C.pr.pén., et celle de la peine, permettant au contrevenant de bénéficier d'une impunité[358].

Pour remédier à cet effet néfaste de la réclamation, la Cour de cassation a, tout d'abord, considéré que la réclamation effectuée par le contrevenant constitue un acte de poursuite exercé par le contrevenant contre lui-même, ouvrant de ce fait un nouveau délai de prescription de l'action publique. Plus tard, la Cour de cassation a précisé que la formation par le contrevenant d'une réclamation contre le titre exécutoire doit être analysée en un acte interruptif de la prescription permettant au ministère public d'agir pendant le nouveau délai d'un an ouvert par l'exercice de la réclamation[359].

---

[356] Le trésor public exerce les pouvoirs d'exécution de la peine qu'il tient du procureur de la république, en application de l'article 707-1 al. 2 C.pr.pén.

[357] La loi n° 2012-1441 du 24 décembre 2012 reporte au 1er janvier 2015 l'entrée en vigueur de l'art. 70 de la loi n°2011-1862 du 13 décembre 2011 relative à la répartition des contentieux et à l'allègement de certaines procédures juridictionnelles supprimant la juridiction de proximité en matière pénale.

[358] J-H Robert, Amende et indemnité forfaitaires, *J.-Cl., procédure pénale*, 2009, Art. 524 à 530-3, fasc.20, *op.cit.*

[359] Cass. crim, 11 juin 1992, Bull n°231 ;Cass. crim, 6 octobre 1993, *Gaz. Pal.* 1994, 1, somm. p. 14 ; Cass. crim, 1er février 2000, Bull. crim. n°51; *Droit pénal.* 2000, comm. 61.

La similarité des effets des procédures alternatives répressives se retrouve en fin de procédure et plus précisément lors de l'exécution par l'auteur de faits de la mesure qu'il a accepté.

2 - L'effet extinctif de l'action publique des procédures alternatives répressives

262. S'il existait un doute quant à l'effet du déroulement de la procédure de l'amende forfaitaire sur l'action publique, tel n'est pas le cas en ce qui concerne l'effet du règlement de l'amende forfaitaire. En vertu de l'article 529 al. 1er C.pr.pén., l'action publique est éteinte par le paiement de l'amende forfaitaire. Cette disposition, issue de la loi du 30 décembre 1985, prévoit, en outre, un autre effet accessoire de la procédure qui n'a plus vocation à s'appliquer depuis l'entrée en vigueur du Code pénal de 1994.

D'après le texte, la mise en œuvre de la procédure des articles 529 et suivants C.pr.pén. rend inapplicables les règles relatives à la récidive. Cette disposition de faveur pour le contrevenant n'a plus, aujourd'hui, de raison d'être, depuis l'abrogation par le Code pénal nouveau des règles relatives à la récidive s'agissant des contraventions des quatre premières classes.

L'exécution volontaire, quel que soit le stade de la procédure de l'amende forfaitaire, donne l'assurance de l'abandon de toute poursuite pénale. Au contraire l'échec du contrevenant dans ses tentatives d'exonération permet au ministère public de déclencher les poursuites par la voie de la saisine de la juridiction de proximité soit par la citation directe soit par l'ordonnance pénale, en vertu de l'article 530-1 C.pr.pén. La mise en œuvre des poursuites contre le contrevenant s'avère particulièrement risquée pour celui-ci dès lors que la juridiction ne peut prononcer une peine inférieure au montant de l'amende forfaitaire majorée, augmentée de dix pour cent en cas de contravention au Code de la route[360]. Egalement, quel que soit le mode de saisine, la juridiction de proximité peut assortir sa décision de peines complémentaires, telles que la suspension du permis de conduire. Toutefois, devant la rigueur extrême du système de traitement des contraventions par la procédure de l'amende forfaitaire qui tente de dissuader toute contestation de la réalité de l'infraction, la cour de cassation a pu, dans un arrêt récent dû à la pugnacité de certains justiciables automobilistes, redonner sa vigueur à l'office du juge. Par un arrêt du 9 novembre 2005[361], elle a déclaré que, contrairement au moyen du pourvoi

---

[360] Cass. crim., 1er mars 2006, Bull. crim., n°61.

[361] Cass. crim., 9 novembre 2005, D. 2006, I.R., p. 11 ; *Rev. Sc. Crim.*, 2006, p. 311, note G. Vermelle ; *A.J. Pénal*, 2006, p. 80, obs. J-P Céré.

formé par le ministère public, les articles 530 et 530-1 C.pr.pén. ne font pas obstacle à l'application de la dispense de peine prévue, en matière contraventionnelle, par les articles 132-58 C.pén. et 539 C.pr.pén. On saluera cette décision de la Cour suprême qui réaffirme clairement que la présomption de culpabilité parfois dénoncée[362] n'est pas insurmontable. Bien au contraire, l'exercice de la réclamation prévue à l'article 530 C.pr.pén. contribue à rendre au juge pénal, quel qu'il soit[363], l'entière connaissance du litige, qu'il s'agisse de la décision sur la nature ou le quantum de la peine mais aussi de celle relative à la culpabilité de l'auteur des faits[364].

263. La procédure de l'article 41-2 C.pr.pén. entraîne expressément le même effet extinctif de l'action publique que l'amende forfaitaire. En effet, depuis sa création par la loi du 23 juin 1999, cette nouvelle forme de procédure alternative à la poursuite, véritable « *chauve-souris juridique* »[365], apportait une garantie essentielle pour le justiciable concerné, en interdisant au parquet d'agir contre celui-ci malgré l'exécution volontaire de la mesure préalablement acceptée. L'effet extinctif de la composition pénale sur l'action publique inaugure une conséquence jusqu'alors inconnue en matière de procédures alternatives à la poursuite mises à la disposition du parquet[366]. La médiation pénale, née antérieurement, n'entraîne que la suspension de la prescription de l'action publique. Toutefois, l'effet extinctif de la composition pénale voit son domaine limité aux seules conséquences de la mesure alternative sur l'action publique. Il faut observer, en effet, qu'en vertu de l'alinéa 24 de l'article 41-2 C.pr.pén., l'action civile n'est pas éteinte si la composition pénale ne règle pas les conséquences de l'infraction sur les dommages subis par la victime. Par ailleurs, par un arrêt du 24 juin 2008, la chambre criminelle de la Cour de cassation a pu préciser que la victime n'est pas liée par l'existence ou l'exécution d'un composition pénale, quand bien même cette dernière fixerait la réparation allouée à la victime. Celle-ci peut donc utilement saisir le tribunal répressif afin qu'il statue uniquement sur les intérêts civils, peu importante la mise en œuvre de la composition pénale ou l'extinction de l'action publique en résultant[367].

---

[362] F. Samson, Le système de l'amende forfaitaire : une sanction pénale sans juge, *op.cit.* p. 1037.

[363] Il s'agissait en l'espèce de la saisine d'une juridiction de proximité.

[364] Il convient ainsi de rejoindre l'analyse d'un auteur selon lequel « *l'article 530-1 n'oblige le juge à condamner que s'il ne retient pas la dispense de peine* » ; G. Vermelle, Dispense de peine et amende forfaitaire majorée, *op.cit.*

[365] J. Volff, La composition pénale : Un essai manqué !, *op.cit.*

[366] B. Pereira, Justice négociée : Efficacité répressive et droits de la défense ?, *op.cit.* spéc. p. 2045.

[367] Cass. crim., 24 juin 2008, *Gaz.Pal.* 28 et 30 septembre 2008, p. 7, note S. Detraz.

264. Malgré cet effet bénéfique pour le justiciable, l'évolution législative ultérieure relative à la composition pénale va confirmer sa nature répressive, mais aussi sa position charnière entre procédure alternative à la poursuite et déclenchement de l'action publique. En effet, la loi du 9 septembre 2002 et celle du 9 mars 2004 vont attacher des conséquences rigoureuses à l'exécution ou au contraire au refus par l'auteur de l'infraction d'exécuter volontairement les mesures de composition. Tout d'abord, l'article 36 de la loi du 9 septembre 2002 prévoit désormais l'inscription des compositions pénales exécutées au bulletin n°1 du casier judiciaire permettant au parquet de conserver une mémoire des procédures et de lutter contre la réitération des infractions.

Ensuite, la loi du 9 mars 2004, par son article 71-I, dispose, dans le cadre de la lutte contre la réitération, qu'en cas de non-exécution des mesures, le procureur de la République met en œuvre l'action publique.

265. Les processus de type sanctionnateur ont permis de démontrer l'existence d'un véritable arsenal pénal entraînant la répression de l'auteur d'une infraction avant toute mise en œuvre de l'action publique. Ces procédures sanctionnatrices scindées en deux catégories distinctes permettent au parquet, organe classique de la mise en œuvre des poursuites, de déterminer la procédure la plus adaptée à la gravité de l'infraction commise et à son auteur, dans un but de reclassement de l'individu et de préservation de l'ordre public. Ces objectifs de mise en œuvre des procédures alternatives correspondent aux finalités classiques de l'application de la loi pénale.

Cependant, l'essor des procédures alternatives tend à la découverte d'une justice plus efficace devant prendre en compte l'ensemble des intérêts lésés par la commission de l'infraction. Ainsi, a-t-il été possible de donner à l'article 41-1 C.pr.pén. la force d'un principe général devant gouverner l'application des procédures alternatives. Dès lors, outre les buts de cessation du trouble causé par la commission de l'infraction et de reclassement de l'auteur, le texte privilégie l'application d'un processus permettant la réparation du dommage subi par la victime.

Ainsi, à côté des procédures admonestatives et répressives auxquelles il a été attribué un caractère sanctionnateur, coexistent d'autres phénomènes de nature alternative favorisant la réparation du dommage subi par la victime de l'infraction. Comme pour les processus sanctionnateurs, il est possible de distinguer deux types de procédures alternatives réparatrices. Les premières visent à l'effacement des conséquences dommageables de la commission de l'infraction par la remise en état, essentiellement morale, des victimes. Les secondes conçoivent la réparation du dommage de façon principalement pécuniaire.

TITRE II

LES ALTERNATIVES RÉPARATRICES

266. Le procureur de la République dispose, en vertu de l'article 41-1 du Code de procédure pénale, d'un arsenal procédural important utilisable avant toute décision sur l'action publique. La décision du parquet de mettre en œuvre l'une quelconque des mesures prévues par cette disposition est subordonnée à l'objectif qu'il désire atteindre. A la lecture du texte, le procureur de la République peut, avant le déclenchement des poursuites, décider d'utiliser l'une des mesures prévues s'il lui apparaît qu'elles sont susceptibles d'assurer la réparation du dommage causé à la victime, de mettre fin au trouble résultant de l'infraction ou de contribuer au reclassement de l'auteur. Ces trois objectifs étant eux-mêmes alternatifs, lorsque la solution du litige issu de la commission d'une infraction réside pour le parquet dans la réparation du dommage causé à la victime, la mesure alternative choisie peut être qualifiée de procédure réparatrice puisqu'elle vise en effet à effacer l'ensemble des conséquences d'ordre privé issues de la commission de l'infraction.

L'étude de ces processus réparateurs invite dès lors à réexaminer la notion de victime tant dans ses caractères et sa nature qu'au titre des pouvoirs dont elle dispose au sein de la procédure. A cette occasion, l'avantage accordé à la réparation du dommage dans un processus pénal pose la question d'un rapprochement des objectifs du droit pénal à ceux du droit civil. En effet, à côté des procédures restitutives, visant principalement une remise en état matérielle et morale de la victime (chapitre I), coexistent d'autres mesures alternatives également réparatrices. Cette seconde catégorie de processus, que l'on qualifiera de procédures alternatives rétributives, recherchera le traitement de l'infraction dans une réparation pécuniaire, laquelle devant atteindre dans le même temps un objectif punitif plus marqué, proche de celui de la peine[368] (Chapitre II).

---

[368] Cf Annexe n°2 : Typologie générale des procédures alternatives selon leur nature.

CHAPITRE I

LES ALTERNATIVES RESTITUTIVES

267. Lorsque l'objectif de la mesure consiste dans la réparation du dommage causé à la victime et vise à replacer celle-ci dans l'état qui était le sien avant la commission de l'infraction, elle peut alors être qualifiée d'alternative réparatrice restitutive[369]. La mise en œuvre de ces procédures recherchera le rétablissement de la victime, cette dernière devant être entendue dans une acception large, c'est-à-dire comme la partie à la procédure distincte ou non de l'auteur de l'infraction. Le but des mesures alternatives réparatrices-restitutives ne cherchera pas uniquement et simplement l'indemnisation de la victime. Il pourra, au contraire, résider dans une réparation matérielle, psychologique, médicale ou sociale.

Cet objectif de rétablissement de la victime peut être découvert dans plusieurs mesures de l'article 41-1 C.pr.pén. Il s'agira pour l'essentiel de la médiation pénale[370] et de la mesure de l'article 41-1,4° C.pr.pén. consistant dans la demande faite par le parquet à l'auteur des faits de réparer le dommage résultant de l'infraction. La catégorie des alternatives réparatrices-restitutives est également composée de l'injonction thérapeutique de l'article L. 3423-1 du Code de la santé publique et de la mesure de l'article 41-1,2° C.pr.pén. relative à l'orientation de l'auteur des faits vers une structure sanitaire sociale ou professionnelle[371]. Enfin, le domaine des procédures alternatives restitutives sera complété par la mesure récente issue de la loi n°2005-1549

---

[369] Le qualificatif « restitutif » ressortit des modèles de stratégies judiciaires dégagés par M. J. Faget *in* La médiation, essai de politique pénale, 1997, éd Eres, trajet.

[370] Au titre de l'étude de la médiation pénale, on évoquera tant la procédure visée au 4° et au 5° de l'article 41-1 C.pr.pén. que celle pouvant être mise en œuvre par le défenseur des droits dans le cadre de l'exercice des missions confiées initialement à la Haute autorité de lutte contre les discrimination et pour l'égalité (H.A.L.D.E.). En effet, la loi n°2004-1486 du 30 décembre 2004 (JO 31 décembre 2004, p. 22567.) portant création de la haute autorité prévoit, en son article 7, la possibilité pour cette autorité de procéder par voie de médiation à la résolution amiable des différends nés d'une discrimination. De même, la médiation réparation, issue de l'ordonnance n°45-174 du 2 février 1945, applicable aux mineurs, sera évoquée à propos de l'étude de la médiation pénale de l'article 41-1, 5° C.pr.pén.

[371] En vertu de l'article 7-1 de l'ordonnance n°45-174 du 2 février 1945, dans sa rédaction issue de loi n°2007-297 du 5 mars 2007 relative à la prévention de la délinquance, la mesure de l'article 41-1, 2° C.pr.pén. est applicable aux mineurs. L'alinéa 2 de cette disposition précise toutefois que la mesure alors envisagée peut consister dans l'accomplissement d'un stage de formation civique ou dans la consultation d'un psychiatre ou d'un psychologue. Cette précision ne retire cependant pas le caractère restitutif de la mesure.

relative au traitement de la récidive des infractions pénales et de la loi n°2006-399 du 4 avril 2006 de prévention et de répression des violences au sein du couple ou commises contre les mineurs. Ces deux textes ont en effet complété l'arsenal alternatif par l'introduction au sein de l'article 41-1 C.pr.pén. d'une mesure visant à l'éloignement de l'auteur des violences du domicile du couple et à la proposition d'une prise en charge sanitaire, sociale ou psychologique. Ces mesures alternatives réparatrices restitutives répondent à un objectif commun consistant dans la réparation par la remise en état de la victime de l'infraction. Ainsi, ces procédures, bien que ne disposant pas d'un régime commun, mettent toutes la victime de l'infraction au centre de leur mise en œuvre. De plus, les procédures alternatives réparatrices restitutives consacrent également le recours à la délégation. Toutefois, contrairement aux procédures sanctionnatrices dans lesquelles l'organe d'exécution est largement subordonné au parquet, l'objectif réparateur des alternatives restitutives lui offre une certaine autonomie. Dès lors, le caractère restitutif consacre une organisation tripartite de ces processus (section I), afin de parvenir à la réparation du dommage causé à la victime de l'infraction (section II).

SECTION I - L'ORGANISATION TRIPARTITE DES PROCÉDURES RESTITUTIVES

A la lecture de l'article 41-1 C.pr.pén., l'initiative du déclenchement de la mesure appartient au seul procureur de la République (§ I). Cependant, la mise en œuvre du processus alternatif restitutif fait également intervenir d'autres organes chargés de l'exécution de la mesure opérant une répartition précise des pouvoirs au sein de la procédure. Cette précision des processus restitutifs se retrouve aussi lors de l'examen de leur domaine d'application laissant apparaître une unité et une spécialité (§II).

§ I - La compétence réparatrice exclusive du ministère public

268. Le pouvoir de mise en œuvre des processus alternatifs restitutifs constitue une prérogative exclusive du ministère public. En effet, il ressortit de l'article 41-1, 5° du Code de procédure pénale qu'il appartient au parquet de proposer le recours à la médiation pénale à l'auteur et à la victime dans le but de mettre fin au litige[372]. De même, il lui revient en vertu du 2° de

[372] En vertu de l'art. 12-1 de l'ordonnance de 1945, la médiation peut aussi être proposée par la juridiction de l'instruction et la juridiction de jugement. Toutefois, dans ces deux derniers cas, la médiation ne peut être considérée comme une alternative à la poursuite pénale.

l'article 41-1 du même Code, directement ou par l'intermédiaire d'un officier de police judiciaire, d'un médiateur ou d'un délégué du procureur, de notifier à la personne concernée l'injonction de suivre un traitement médical approprié. Toutefois, les processus alternatifs réparateurs recourent, à l'instar des processus sanctionnateurs, largement à la délégation. Dès lors, en la matière, une répartition désormais classique des rôles s'opère entre l'organe disposant de l'initiative de la mesure et celui chargé de veiller à l'application de celle-ci (A), ce dernier restant subordonné, dans une certaine mesure au parquet (B).

A - L'articulation classique des compétences entre organe de poursuite et organe d'exécution

La distinction entre organe de déclenchement et organe d'exécution de la mesure ressort clairement de l'article 41-1 C.pr.pén. Si le procureur est le seul compétent en vertu du Code de procédure pénale pour décider du recours à une procédure alternative restitutive (1), la formule utilisée par le législateur dans l'article 41-1 C.pr.pén. prévoit la possibilité de charger un tiers de la proposition de la mesure à l'auteur des faits, mais également de l'exécution proprement dite de cette dernière lorsqu'il s'agit d'une médiation pénale ou d'une injonction thérapeutique[373] (2).

1 - Le parquet, organe d'initiative de la réparation

269. Le procureur de la République dispose d'un pouvoir exclusif de mise en œuvre des processus alternatifs restitutifs. L'article 41-1 C.pr.pén. lui donne expressément compétence pour décider du déclenchement, avant toute décision sur l'action publique, d'une mesure visant notamment à orienter l'auteur des faits vers une structure sanitaire sociale ou professionnelle (art. 41-1 2° C.pr.pén.) ou à faire procéder avec l'accord des parties à une mission de médiation. Le choix de la mesure doit être effectué en vertu des objectifs recherchés par l'organe de poursuite. Ainsi, d'après l'article 41-1 C.pr.pén., l'emploi d'une telle mesure alternative doit avoir

[373] Si la qualité du tiers chargé de la proposition de la mesure n'était pas clairement définie par l'art. 41-1 C.pr.pén. dans sa rédaction issue de la loi du 23 juin 1999, la loi du 9 mars 2004 prévoit expressément la possibilité pour le procureur de proposer la mesure alternative par l'intervention d'un O.P.J., par un médiateur ou un délégué. Cependant, la loi nouvelle ne précise pas comme le texte antérieur la qualité de l'organe d'exécution.

pour but soit de réparer le dommage causé à la victime, soit de mettre fin au trouble résultant de l'infraction, soit enfin de permettre le reclassement de l'auteur des faits.

Les trois objectifs proposés au parquet par l'article 41-1 C.pr.pén. sont de nature alternative[374]. En effet, la mesure choisie n'a pas pour but de remplir une triple mission consistant à la fois à réparer le dommage résultant de l'infraction, à faire cesser le trouble causé à l'ordre public et à reclasser l'auteur des faits. Cependant, il faut noter que ces trois objectifs n'avaient pas la même nature lors de la consécration par le législateur de la médiation pénale. En effet, lors de l'entrée en vigueur de la loi du 4 janvier 1993 relative à la réforme de la procédure pénale[375], la médiation, utilisée comme procédure alternative à la poursuite et complétant ainsi l'article 41 C.pr.pén., devait remplir cumulativement les trois objectifs de réparation du dommage, de cessation du trouble causé à l'ordre public et de reclassement de l'individu[376]. Ces trois objectifs, inspirés des articles132-59 et 132-60 du Code pénal relatifs à la dispense et à l'ajournement de la peine[377], avaient été mis en avant par la pratique lors des premières expériences de médiation en matière pénale.

270. Les pouvoirs du procureur restant cantonnés au choix de la mesure alternative et de l'objectif à atteindre, le déroulement de la mesure est confié à un autre acteur de la procédure retirant tout pouvoir au parquet pendant le déroulement de la mesure. Cette distinction entre pouvoir de déclenchement et pouvoir d'exécution de la mesure apparaît à l'article 41-1C.pr.pén. Si le parquet peut directement ou par intermédiaire déterminer la mesure alternative choisie, celle-ci, dès lors que son objectif est de nature restitutive, est confiée pour son déroulement à un organe disposant d'un pouvoir délégué qu'il faut déterminer.

Il s'agit du médiateur pénal en application du 5° de l'article 41-1 C.pr.pén. En matière de lutte contre les discriminations, c'est le défenseur des droits, chargé des missions autrefois attribuées à la H.A.L.D.E, qui remplit, par

---

374 S. Guinchard et J. Buisson, *Procédure pénale*, *op.cit.*

375 Loi n°93-2 du 4 janvier 1993 portant réforme de la procédure pénale, JO 5 janvier 1993, p. 215.

376 V. notamment J. Leblois-Happe, La médiation pénale comme mode de réponse à la petite délinquance : état des lieux et perspectives, *Rev.sc.crim.*1994, p. 525 et, G. Blanc, La médiation pénale, commentaire de l'article 6 de la loi n°93-2 du 4 janvier 1993 portant reforme de la procédure pénale, *JCP G.*, 1994, I, 3760.

377 J.-H. Robert, *Droit pénal Général*, Thémis, 6e éd., Paris, PUF, 2005, p. 498 et s. ; J. Leblois-Happe, La médiation pénale comme mode de réponse à la petite délinquance : Etat des lieux et perspectives, *op.cit.*

l'intermédiaire de l'un de ses agents, le rôle de médiateur[378]. Le directeur de l'agence régionale de santé (A.R.S.)[379] constitue, quant à lui, l'organe délégué chargé du déroulement de la procédure d'injonction thérapeutique. S'agissant de l'application des mesures des 2°, 4° ou 6° de l'article 41-1 C.pr.pén., c'est le délégué du procureur, déjà abordé à l'occasion des mesures alternatives sanctionnatrices, qui se voit chargé du déroulement de la mesure.

Toutefois, même si le Code de procédure pénale présente le recours à la délégation comme faisant perdre au procureur de la République tout pouvoir pendant le déroulement de la mesure, la réalité est moins tranchée. En effet, le parquet conserve, dans une certaine mesure un pouvoir de direction pendant le déroulement du processus[380].

2 - La détermination précise de l'organe d'exécution de la réparation

271. La délégation accordée par l'organe de déclenchement de la mesure du soin d'assurer le déroulement de celle-ci à un organe distinct est obligatoire ou facultative. La détermination de cet organe d'exécution de la mesure varie en effet en fonction de la nature de la mesure décidée par le parquet. S'il peut exécuter lui-même certaines mesures alternatives, la détermination d'un organe déléguée lui est parfois imposée.

272. Tel est le cas tout d'abord à propos de l'injonction thérapeutique régie par l'article L. 3423-1 C.santé pub. Le recours à cette mesure entraîne la compétence de l'A.R.S. Cet organe administratif est indépendant et détient un rôle déterminant dans la suite du processus. En effet, par l'intermédiaire des médecins relais, il est le seul habilité pour décider de l'opportunité d'une cure de désintoxication. S'il décide cette mesure nécessaire, il orientera alors

---

[378] Art. 5 de la loi organique n° 2011-333 du 29 mars 2011, *op.cit.*

[379] L'ordonnance n° 2010-177 du 23 février 2010 a remplacé la direction départementale des affaires sanitaires et sociales par l'agence régionale de santé

[380] L'article 41-1 C.pr.pén. prévoit, en effet, que le procureur de la République peut, directement ou par l'intermédiaire d'un officier de police judiciaire, d'un délégué ou d'un médiateur du procureur notamment, orienter l'auteur des faits vers une structure sanitaire, sociale ou professionnelle (art. 41-1, 2° et5°C.proc.pén) ou faire procéder avec l'accord des parties à une mission de médiation. Cette nouvelle formulation issue de la loi du 9 mars 2004 tente de mettre fin à la confusion résultant de l'ancienne rédaction de cette disposition par laquelle le Code prévoyait un recours à ces mesures « directement ou par délégation », ce qui tendait à donner au délégué plus d'indépendance vis-à-vis du parquet qu'il n'en a en réalité.

l'usager de stupéfiants vers un établissement spécialisé et l'invitera à choisir librement un médecin qui sera chargé de son suivi médical[381]. Toutefois, depuis le décret du 16 avril 2008[382], les prérogatives du parquet sont renforcées. En effet, ce texte puis le décret du 31 mars 2010[383] ont modifié les articles R. 3413-1 et s. C. santé pub. Désormais, les médecins relais sont les seuls organes habilités à procéder au suivi de ces mesures. Ils doivent figurer au sein d'une liste départementale établie par le directeur général de l'agence régionale de santé après avis conforme du procureur général près la cour d'appel. Cette liste est révisée annuellement et l'article R. 3413-2 C. santé pub. pose les conditions d'inscription des médecins relais à la liste départementale.

En matière de discrimination, le parquet ne dispose pas du pouvoir de détermination de l'organe d'exécution de la mesure. En effet, en vertu de l'article 26 de la loi précitée du 29 mars 2011, seul le défenseur des droits est compétent pour procéder à la résolution du différend par voie de médiation. Cet organe exerce lui-même le rôle de médiateur par l'intermédiaire de l'un de ses agents assermentés et spécialement habilités par le procureur de la République[384].

273. Ensuite, lorsque le procureur décide de la mise en place des autres mesures du 2°de l'article 41-1 C.pr.pén., mais aussi des 4°, 5° et 6° de la même disposition, le parquet reste le seul compétent pour déterminer l'organe d'exécution de la mesure[385].

En effet, le Code de procédure pénale a, dans sa partie réglementaire, élaboré une procédure d'habilitation permettant au représentant du parquet

---

[381] Art. R. 3413-11 C. santé pub.

[382] Décret n°2008-364 du 16 avril 2008 relatif au suivi des mesures d'injonction thérapeutique et aux médecins relais, JO 18 avril 2008, p. 6449.

[383] Décret n°2010-344 du 31 mars 2010 tirant les conséquences, au niveau réglementaire, de l'intervention de la loi n°2009-879 du 21 juillet 2009 portant réforme de l'hôpital et relative aux patients, à la santé et aux territoires, JO 1er avril 2010, p. 6289.

[384] Art. 2 al. 7 de la loi précitée du 30 décembre 2004. On notera que si le procureur de la République ne dispose pas du pouvoir de déterminer l'organe d'exécution de la mesure en matière de traitement des délits de discrimination, il conserve pour autant une marge de manœuvre sur le processus de désignation du médiateur lorsque la H.A.L.D.E. décide de confier la mission de médiation à un de ses agents.

[385] Le processus de médiation réparation applicable aux mineurs laisse également au parquet le soin de déterminer l'organe chargé de l'exécution de la mesure. En effet, l'art. 12-1 al. 5 de l'ordonnance de 1945 énonce que la mise en œuvre de la mesure peut être confiée au secteur public de la protection judiciaire de la jeunesse, à une personne physique ou à un établissement ou service dépendant d'une personne morale habilités.

de contrôler le recrutement des organes chargés de l'exécution du processus. Ainsi, lorsqu'il décide de la mise en œuvre de la médiation pénale, le procureur de la République doit confier la résolution du litige à un médiateur pénal distinct du personnel judiciaire du parquet depuis la loi du 4 janvier 1993.

274. Cependant, la médiation pénale a fait l'objet d'une évolution importante depuis sa création et, à l'origine, l'on pouvait en distinguer plusieurs types[386]. La première qualifiée de médiation pénale retenue, était exercée dans son ensemble par le parquet qui se chargeait lui-même du déclenchement et du déroulement de la mesure. Parallèlement à ce premier type de médiation en matière pénale, la médiation dite déléguée s'était développée dans la pratique d'autres parquets[387].

Lors de la création de ce processus, au début des années 1990, il existait autant de types de médiation pénale qu'il existait de parquets en France. Dès cette époque, certains ont considéré que cette multiplicité de médiations judiciaires pénales décrédibilisait l'intérêt de la mesure en raison de la confusion dans l'esprit des parties à la procédure entre la médiation pénale et la poursuite classique. Il a donc fallu attendre l'intervention du législateur, avec la loi du 4 janvier 1993[388] et le décret du 10 avril 1996[389], pour qu'il soit mis fin définitivement à la médiation pénale retenue qui par son mode de fonctionnement, contredisait certains impératifs de la mesure.

275. La préférence pour la médiation pénale déléguée fut confirmée par le décret du 29 janvier 2001[390] relatif à la composition pénale et aux attributions des délégués du procureur. Ce recours obligatoire à la délégation en matière de médiation pénale revêt différentes formes. Ainsi, le médiateur pénal compétent pour le déroulement de la mesure peut être une personne physique ou morale (art. R. 15-33-30 C.pr.pén.). Quel que soit son statut, l'organe de médiation désigné par le parquet doit faire l'objet

---

[386] C. Lazerges, Essai de classification des procédures de médiation, *Arch.pol.crim.*, 1992, *op.cit.*, Médiation pénale, Justice pénale et Politique criminelle, *Rev.sc.crim.*, 1994, p.525. C. Estevenon, les expériences françaises de médiation, *Gaz.Pal.*,1993, 1, Doctr., p. 119.

[387] C. Lazerges, Typologie des procédures de médiation pénale, Mélanges offerts à André Colomer, *op.cit.* S. Rojare, Une politique criminelle participative : l'exemple de la participation des associations à la variante de médiation, *Arch.pol.crim.*, *op.cit.*

C. Lazerges, Essai de classification des procédures de médiation, *Arch.pol.crim.*, 1992, *op.cit.*

[388] Loi n°93-2, *op.cit.*

[389] Décret n°96-305 du 10 avril 1996, JO 12 avril 1996, p. 5931.

[390] Décret n°2001-71 du 29 janvier 2001 modifiant le Code de procédure pénale, JO 30 janvier 2001, p. 1595.

d'une habilitation selon une procédure établie par la partie réglementaire du Code. Cette dernière est commune aux candidatures à la fonction de médiateur et à celle de délégué du procureur. Ainsi, peuvent être habilitées comme médiateurs les personnes physiques ou les personnes morales représentées dans la plupart des cas par des associations d'aide aux victimes. L'article R. 15-33-30 C.pr.pén., dans sa rédaction du 29 janvier 2001[391], disposait qu'au sein des personnes morales habilitées, seules les personnes physiques personnellement habilitées à exercer les fonctions de médiateur du procureur de la République (ou de délégué du procureur) pouvaient se voir confier les missions des articles 41-2 et 41-3 C.pr.pén.

Depuis l'abrogation, par le décret du 3 mai 2002[392], du dernier alinéa de l'article R. 15-33-30, le Code prévoit que l'habilitation donnée personnellement à une personne morale permet de charger les personnes physiques qui la composent de ces missions, sous réserve que la demande d'habilitation présentée au représentant du parquet précise les personnes physiques qui auront en son sein la charge d'accomplir les fonctions de médiateur ou de délégué du procureur[393]. Ces missions peuvent être exercées dans le ressort du tribunal de grande instance ou dans celui de la cour d'appel et la demande d'habilitation sera alors présentée au procureur de la République ou au procureur général (R. 15-33-31 C.pr.pén.).

276. L'habilitation est ensuite soumise à un certain nombre de conditions énumérées par l'article R. 15-33-33 C.pr.pén. Ces conditions sont de deux ordres. Certaines sont restrictives de la possibilité de se présenter à l'homologation. D'autres sont positives et doivent permettre au procureur de s'assurer de la capacité du candidat à exercer les fonctions de médiateur.

Ainsi, le candidat aux fonctions de médiateur ne peut, depuis le décret du 29 janvier 2001, exercer d'activités judiciaires à titre professionnel ou avoir fait l'objet de condamnation, incapacité ou déchéance mentionnée au bulletin n°2 du casier judiciaire. Ces conditions restrictives ont été complétées, à l'occasion du décret du 27 septembre 2004, par l'interdiction faite au candidat d'être âgé de plus de 75 ans et d'être conjoint, concubin, parent ou allié d'un magistrat ou d'un fonctionnaire de la juridiction dans le ressort de laquelle il souhaite obtenir une habilitation.

---

[391] Décret n°2001-71 du 29 janvier 2001 relatif aux délégués et médiateurs du procureur de la République et à la composition pénale, *op.cit.*

[392] Décret n°2002-801 du 3 mai 2002 relatif à l'habilitation des délégués du procureur et médiateurs du procureur de la République, des contrôleurs judiciaires et des enquêteurs de personnalité et à l'amende forfaitaire, JO 5 mai 2002, p. 2715.

[393] Art. R. 15-33-32, 7° C.pr.pén.

Au titre des conditions positives, le candidat doit, en vertu de l'article R. 15-33-33, 3° C.pr.pén., attester de sa compétence, de son indépendance et de son impartialité. Il doit aussi démontrer l'intérêt qu'il porte aux mineurs lorsqu'il demande à se voir confier des missions concernant ces derniers.

277. Après dépôt du dossier de candidature auprès du procureur, celui-ci apprécie la réunion des conditions fixées par le Code de procédure pénale ainsi que l'y invite l'article R. 15-33-35 C.pr.pén. La décision d'habilitation avait, avant le décret du 27 septembre 2004, une nature juridictionnelle et était soumise au vote à la majorité des membres de l'assemblée générale des magistrats du siège et du parquet. Le nouveau texte la confie aujourd'hui au seul parquet, à la condition de recueillir simplement l'avis de cette même assemblée. On notera également que sous l'empire du décret de 2001, l'homologation décidée par l'assemblée générale avait un caractère définitif. En revanche, le décret de 2004 prévoit que l'homologation n'est accordée initialement que pour une durée probatoire d'un an. A l'issue de cette période, le magistrat du parquet décidera d'une habilitation valable pour une durée de cinq ans sous réserve de l'avis de l'assemblée générale des magistrats du siège et du parquet et, renouvelable selon la même procédure[394]. Au-delà de son pouvoir de contrôle de l'habilitation de certains organes délégués, le parquet dispose d'autres pouvoirs sur ces derniers démontrant l'existence d'une certaine subordination de l'organe d'exécution, laquelle s'avère relative.

B - La subordination relative de l'organe délégué au parquet

278. L'emploi de la technique de la délégation démontre la perte de maîtrise du parquet pendant l'exécution de la mesure qu'il a déterminée. Pour autant, la délégation faite à un tiers au litige pénal pour assurer le déroulement de la procédure ne fait pas perdre tout contrôle au procureur sur celle-ci. En effet, le parquet conserve un pouvoir d'information. Cependant, il faut se poser la question de savoir si la délégation du déroulement de la mesure par le parquet est synonyme d'absence de pouvoir du procureur de la République sur l'organe délégué. Les textes régissant les matières concernées permettent de faire le départ entre l'indépendance accordée aux organes d'exécution et la préservation d'une certaine subordination au parquet.

---

[394] Articles R. 15-33-35 à R. 15-33-37 C.pr.pén.

279. L'indépendance est affirmée, en matière de médiation pénale, depuis la loi du 4 janvier 1993. L'article R15-33-33 C.pr.pén. y fait référence s'agissant de la procédure d'habilitation et démontre l'absence de pouvoir du parquet pendant le déroulement de la médiation pénale proprement dite. En matière d'injonction thérapeutique, l'autorité sanitaire se trouve être parfaitement indépendante du ministère public. Ainsi, le déroulement de la mesure étant confié entièrement au médecin relais, celui-ci dispose d'un pouvoir de surveillance dans l'exécution du traitement en vertu de l'article R. 3413-14 C. santé pub. Il est également compétent pour recevoir les informations transmises par le directeur du centre de désintoxication ou par le médecin choisi par l'intéressé, sans que ces dernières transitent par le parquet ou lui soient obligatoirement transmises. En effet, bien que le Code de la santé publique, depuis le décret du 16 avril 2008 précité, exige du médecin relais une information régulière de l'autorité judiciaire, le texte lui-même impose le respect du secret médical. Cette limite confère ainsi une grande marge de manœuvre au professionnel de la santé.

Si les textes donnent une certaine autonomie aux organes d'exécution des mesures alternatives restitutives par rapport au procureur de la République et permettent d'affirmer l'existence d'un principe d'indépendance des organes d'exécution, cette indépendance n'est pas totale.

280. Ainsi, lorsqu'il décide de recourir à une médiation pénale, le procureur de la République dispose d'un double lien de subordination vis-à-vis du médiateur. A priori, lors de la procédure d'habilitation, le procureur reçoit les demandes et décide au vu des pièces exigées par les articles R15-33-30 et s C.pr.pén. de retenir ou non la candidature présentée. *A posteriori*, le médiateur pénal a l'obligation de soumettre au procureur un compte rendu d'activité et doit transmettre à ce dernier les procès-verbaux d'accord ou d'échec de la médiation. Cette obligation de rapport d'activité n'était pas véritablement exigée par le Code de procédure pénale et était issue de la pratique parquetière[395]. Depuis le décret du 27 septembre 2004, l'article R. 15-33-36-1 C.pr.pén. exige des médiateurs ou délégués du procureur habilités de lui adresser un rapport annuel d'activité.

Egalement, la réforme de la partie réglementaire du Code, par le décret de 2004, a rendu l'habilitation des médiateurs et des délégués du procureur temporaire et la soumet exclusivement à la compétence du parquet, alors qu'elle était définitive et collégiale sous l'empire du décret du 29 janvier 2001. Ainsi, la limitation à cinq ans de la durée de l'habilitation et son

---

[395] On notera que l'ordonnance de 1945 exige, en vertu de son article 12-1 al. 5, que l'organe d'exécution adresse un rapport au magistrat qui a ordonné la mesure.

renouvellement soumis au bon vouloir du parquet tendent à accroître la subordination du médiateur au procureur.

L'habilitation peut notamment être retirée en cas de violation du secret professionnel que le médiateur fait le serment de respecter, en vertu de l'article R. 15-33-36 C.pr.pén.[396] De même, le nouvel article R. 15-33-37 C.pr.pén. prévoit la possibilité pour le procureur de retirer seul et à tout moment l'habilitation accordée dès lors que le bénéficiaire de celle-ci cesse de remplir les conditions de l'article R. 15-33-33 C.pr.pén., alors que cette faculté était soumise au vote à la majorité des membres de l'assemblée des magistrats du siège et du parquet sous l'empire de l'ancien décret.

281. Face à la subordination du délégué ou médiateur du procureur, il n'existe pas à proprement parler d'obligation à la charge de l'autorité sanitaire en matière d'injonction thérapeutique. Si l'A.R.S. s'engage vis-à-vis du parquet à l'informer sur le déroulement de la mesure, cette obligation à la charge de l'autorité sanitaire est interprétée de façon particulièrement libre par celle-ci. Cette interprétation de l'obligation d'information est imposée au parquet au nom du principe d'indépendance médicale et retire à la règle sa vigueur en l'absence de toute sanction en cas de manquement.

L'A.R.S. ne fait pas l'objet d'une habilitation par le procureur de la République. Elle reste néanmoins soumise à ce dernier en ce qu'elle a l'obligation d'informer régulièrement celui-ci du déroulement du traitement[397]. En effet, la réussite ou l'échec de l'alternative thérapeutique entraîne des conséquences sur les suites pénales pour l'auteur des faits car, l'exécution de la mesure n'éteint pas l'action publique dont la prescription reste simplement suspendue pendant le traitement. Il appartient donc de s'assurer du caractère définitif de l'échec de la mesure thérapeutique. C'est pourquoi la pratique médicale, relayée par les différentes circulaires d'application en la matière, préfère s'abstenir de toute information du parquet lors d'un refus de soins ou d'un premier échec du traitement tant que cela ne sera pas considéré comme réellement définitif par l'établissement de soins.

Ainsi, à l'inverse de la médiation pénale pour laquelle le lien de subordination au parquet est fort, l'obligation d'information de l'organe en charge du déroulement de la mesure demeure beaucoup plus lâche en matière d'alternative thérapeutique et correspond entièrement aux exigences médicales distinctes du traitement purement pénal des conséquences de la commission de l'infraction.

---

[396] Sur la violation du secret par le médiateur pénal et l'irrecevabilité de la preuve : Cass. crim., 28 février 2001, Juris-Data n°2001-008993 ; *Droit pénal*, 2001, comm., 95.

[397] Francis Caballero et Yann Bisiou, *Droit de la drogue*, précis Dalloz, 2e éd., 2000, p. 584 et s.

L'article 41-1 C.pr.pén. rend seul compétent le procureur de la République pour décider de la mise en œuvre d'une procédure alternative de nature restitutive. Il établit ainsi un régime commun de l'initiative procédurale en matière de procédures alternatives restitutives, ces dernières n'en conservent pas moins leurs spécificités quant aux infractions et quant aux personnes concernées.

§ II - La spécialité du domaine d'application des alternatives restitutives

282. Bien qu'elles disposent chacune d'un domaine qui leur est propre, les procédures restitutives démontrent une certaine unité quant aux infractions visées (A). Egalement, les régimes de chacune de ces alternatives tendent à se rapprocher lorsqu'il s'agit de leur domaine quant aux personnes concernées (B). En effet, malgré des objectifs à première vue différents à la seule lecture de l'article 41-1 C.pr.pén.[398], ces procédures, par un mode opératoire qui leur est propre, ont pour objectif l'effacement des conséquences dommageables de la commission de l'infraction, participant aussi largement à l'idée de réparation.

A - L'unité infractionnelle des alternatives restitutives

283. Les infractions auxquelles s'appliquent les procédures alternatives restitutives sont variées. Pourtant si elles ne peuvent pas faire l'objet d'une liste commune pour l'ensemble de ces mesures, il existe une certaine unité en raison de la pratique des parquets déterminant des caractères communs faisant des processus restitutifs le traitement privilégié de ces infractions.

La première caractéristique commune aux mesures procédurales alternatives de type restitutif réside dans l'exclusion de ces procédures pour traiter des infractions de type criminel. Ainsi, les modes alternatifs restitutifs font des délits et des contraventions leur domaine d'application privilégié.

Toutefois, cette caractéristique commune n'est pas absolue. En effet, si le législateur a établi une énumération limitative des infractions pouvant faire l'objet d'une injonction thérapeutique, tel n'est pas le cas de la médiation pénale pour laquelle aucune liste exhaustive des infractions susceptibles d'être traitées par ce biais n'est dressée légalement. Malgré cette absence de précision, il est possible d'énoncer une liste indicative des

[398] Ainsi, la médiation pénale tendra au rétablissement du dialogue entre l'auteur et la victime, alors que l'injonction thérapeutique recherchera l'apport de soins au toxicomane.

infractions concernées en se référant, notamment, à la circulaire du 2 octobre 1992[399] et, plus récemment, à celle circulaire du 16 mars 2004[400].

Ainsi, la violation de domicile[401], réprimée de un an d'emprisonnement et de 15.000€ d'amende, le vol[402], puni de 3 ans d'emprisonnement et de 45.000€ d'amende , l'escroquerie[403] et l'abus de confiance[404], punis respectivement de 5 ans et de 3ans d'emprisonnement et de 375.000€ d'amende, mais aussi les dégradations volontaires[405], punies de 2 ans d'emprisonnement et de 30.000€ d'amende, font partie de la liste des infractions contre les biens pouvant faire l'objet d'un traitement par la voie de la médiation pénale.

Au titre des infractions contre les personnes, la médiation pénale est applicable aux violences volontaires entraînant une interruption temporaire de travail inférieure à huit jours[406], punies de 3 ans d'emprisonnement et de 45.000€ d'amende, aux appels téléphoniques malveillants[407], punis d'un an d'emprisonnement et de 15.000€ d'amende, aux menaces[408], punies de 6 mois d'emprisonnement et de 7.500€ d'amende ou encore, aux violences légères[409] punies d'une amende de 4e classe[410]. On notera également l'applicabilité de la médiation pénale en droit pénal du travail. La circulaire de 2004 conseille, en effet, expressément le recours à cette mesure en matière d'infractions de moyenne gravité commises dans le cadre de la relation de travail.

284. Le recours nouveau à la médiation pénale prévu par la circulaire de 2004 comporte d'ailleurs, un certain nombre d'exclusions quant à l'application de cette mesure. Tel est le cas de la rébellion[411], ou encore des

---

399 Circulaire CRIM.SD-JC 92-13 du 2 octobre 1992

400 Circulaire CRIM 2004-03 du 16 mars 2004 relative à la politique pénale en matière de réponses alternatives aux poursuites et de recours aux délégués du procureur.

401 Art. 226-4 du C.pén.

402 Art. 311-1 C.pén.

403 Art. 313-1 C.pén.

404 Art. 314-1 C.pén.

405 Art. 322-1 C.pén.

406 Art. 222-13 C.pén.

407 Art. 222-16 C.pén.

408 Art. 222-17 C.pén.

409 Art. R. 624-1 C.pén.

410 Le traitement par la voie de la médiation pénale s'entend des infractions effectivement consommées, comme de celles simplement tentées lorsque la loi le prévoit.

411 Art. 433-6 du C.pén.

violences graves ou répétées commises en milieu familial. Cependant, s'agissant de ces dernières, il convient d'observer que la pratique fait fi de cette limite prévue par le texte en procédant à des médiations en la matière, ce que la Cour de cassation ne remet pas en cause[412]. On regrettera la pratique de la médiation pénale en matière de violences familiales même légères dès lors que la commission des faits commis sur le conjoint ou le concubin constitue une circonstance aggravante qualifiant le délit réprimé par l'article 222-13 C.pén. On observe enfin que la circulaire retire du traitement par la voie de la médiation certaines infractions qui, sous l'empire de la circulaire de 1992, pouvaient en faire l'objet. Ainsi, les outrages et l'infraction d'exhibition sexuelle[413], punis de un an d'emprisonnement et de 15.000€ d'amende, ne sont plus susceptibles d'être traitées par voie de médiation pénale.

285. Toutefois, depuis la consécration de la médiation pénale par le législateur de 1993 et d'après l'observation de la pratique, il apparaît que la médiation pénale constitue le traitement privilégié des infractions de type familial[414] ou de façon plus générale de celles commises dans le cadre d'un groupe de personnes qui se connaissent. La nouvelle circulaire a, en effet, prévu l'application de cette mesure au contentieux des infractions commises à l'occasion d'une relation de proximité. Ainsi, cette mesure devient particulièrement efficace pour apporter une solution à une non représentation d'enfant[415] punie de un an d'emprisonnement et de 15.000€ d'amende, à un abandon de famille ou à un non-paiement de pension alimentaire[416], punis de 2 ans d'emprisonnement et de 15.000€ d'amende, ou encore aux troubles du voisinage[417], sanctionnés d'une amende de 3e classe. Cette nouvelle spécialisation de la médiation pénale comme mode de traitement privilégié des infractions en matière familiale ne cesse d'être confirmée sinon affirmée, notamment par M. J. Faget qui a parlé, concernant l'utilisation de la médiation en matière de violences conjugales, de justice

---

412 Cass. civ. 2e, 17 janvier 2013, n°11-28660, *LPA*, Chron. Droit et risque n°5, 2 décembre 2013, p. 7, note F. Ludwiczak ; Cass. civ. 1ère, 10 avril 2013, n° 12-13.672., *JCP* G, 2013, actu. 467 ; *LPA*, 26 septembre 2013, p. 12, note F. Ludwiczak.

413 Art. 222-32 C.pén.

414 C.Lienhard et J-P. Copin, Médiation pénale familiale : un mode alternatif au contentieux pénal familial, *AJ.P.F.*, juillet. 2002, p. 254 ; V. Jaworski, Abandon pécuniaire de famille et coparentalité, *JCP G.*, 2004, I.102.

415 Art.227-5 C.pén.

416 Art. 227-3 C.pén.

417 Art. R. 623-2 C.pén.

restaurative[418], et de préciser que l'usage de cette mesure participe du modèle de traitement des conflits pénaux de type restitutif dès lors que la médiation est employée comme un moyen efficace de réparation du dommage subi par la victime[419].

286. La loi du 9 mars 2004[420], en retouchant l'article 41-1 C.pr.pén. a créé une nouvelle mesure alternative à la poursuite au 4° de cet article qui permet au parquet de demander à l'auteur de l'infraction de réparer le dommage causé à la victime. On peut s'interroger sur la pertinence de cette mesure qui, proche dans son esprit de celui de la médiation pénale, se propose d'éviter la poursuite pénale par la simple réparation du préjudice infligé à la victime de l'infraction. La loi de mars 2004 ne s'étant pas attardée sur le domaine d'application de cette mesure, il faut se référer à la circulaire du ministère de la Justice du 16 mars 2004. D'après ce texte, la mesure de l'article 41-1,4° C.pr.pén. peut être mise en œuvre comme en matière de médiation pénale, en raison de la commission d'infractions exclusives de toute violence, de toute atteinte aux forces de l'ordre, de tout trouble significatif à l'ordre public. Comme la mesure de l'article 41-1,5° C.pr.pén. la mesure alternative de réparation ne sera mise en œuvre que lorsque l'infraction a entraîné un préjudice « certain, évaluable et modéré » et lorsque la victime est identifiée et a clairement exprimé la prétention de voir son préjudice réparé. Ainsi, la mesure de l'article 41-1,4° se présente comme un genre particulier de médiation appauvrie, en comblant le vide issu de la nouvelle spécialisation de la médiation qui, depuis la loi nouvelle, est expressément cantonnée aux infractions commises à l'occasion d'une relation de proximité.

En effet, la mesure de « réparation pénale », énoncée à l'article 41-1,4°, devient, par la volonté exprimée dans la circulaire, un mode de gestion des petites infractions ne troublant que peu voire pas l'ordre public et causant un préjudice à une victime identifiée et ayant exprimé sa volonté de faire réparer son préjudice par la voie pénale alternative. En ce sens, cette mesure

---

[418] J. Faget, Médiation et violences conjugales, champ pénal, vol I, juillet 2004, *http://www.champpenal.revues.org/document50.html*; V. également, L. Rakotomahanina, B. Grégoire, M. Aubert, F. Carnino, P. Fornes et A. Soussy, Réflexions sur l'efficacité de la médiation pénale dans les violences conjugales faites aux femmes, Gaz-Pal, 29 décembre 2005, p. 5.

[419] Tandis que la médiation pénale participe à un modèle de traitement des conflits pénaux de type restauratif lorsqu'elle est utilisée dans le but de traiter le contexte relationnel dans lequel s'inscrit le conflit.

[420] Loi n°2004-204 du 9 mars 2004 relative aux adaptations de la justice aux évolutions de la criminalité, JO 10 mars 2004, p. 4567.

rappelle les premières expériences de médiation pénale. Elle se présente toutefois comme un avatar appauvri des premières formes de médiation, en ne concernant que des litiges dans lesquels l'auteur et la victime ne se connaissent pas et pour lesquels elle ne recherche pas le règlement du litige par la voie d'une solution concertée. Cependant, cette nouvelle mesure, clairement définie comme un classement sous condition de réparation demeure une mesure alternative de type restitutif, comme le sont également la mesure de l'article 41-1, 6° C.pr.pén. et la médiation prévue par l'article 7 de la loi du 30 décembre 2004.

287. Le domaine quant aux infractions de la médiation pénale s'est vu réduit par l'institution par le législateur de mesures alternatives restitutives nouvelles allant dans le sens d'une spécialisation de la matière. Ainsi, le défenseur des droits peut, en vertu de l'article 26 de la loi du 29 mars 2011, procéder à une médiation en matière de discrimination. Le domaine quant aux infractions de cette médiation est particulièrement circonscrit par la loi elle-même. En effet, seuls les délits en matière de discrimination peuvent faire l'objet d'un traitement par la voie de la résolution amiable[421].

Le domaine de la médiation pénale se voit enfin appauvri par la création d'une mesure issue des lois du 12 décembre 2005 et 4 avril 2006 précitées. Au titre 6° de l'article 41-1 C.pr.pén., le procureur peut demander à l'auteur des faits, dans le but de faire cesser les violences au sein du couple ou à l'encontre des enfants, de résider hors du domicile du couple ou de s'abstenir d'y paraître. Cette mesure nouvelle précisée par la loi n°2006-399 du 4 avril 2006 démontre un rapprochement entre le processus mis en œuvre et la sanction qui doit en déboucher. En effet, s'inscrivant dans une volonté de faire cesser le conflit né entre l'auteur et la victime dans une relation sociale préexistante, l'article 41-1, 6° C.pr.pén. s'inscrit comme une spécialisation du traitement des infractions de violences traditionnellement renvoyées en médiation pénale.

288. Toutefois, depuis la loi précitée du 12 décembre 2005, l'article 41-1, 6° C.pr.pén. prévoit la possibilité d'accompagner cette mesure d'une prise en charge sanitaire, sociale ou psychologique. L'existence de cette mesure constitue l'expression de la volonté du législateur de combattre l'ensemble

---

[421] Il s'agit des délits prévus par les articles 225-2 et 432-7 C.pén. et L. 122-45 et L. 132-1 du Code du travail. On notera que ces délits peuvent faire l'objet d'une autre mesure alternative de type transactionnel qui sera étudiée au titre des procédures alternatives réparatrices rétributives.

des conséquences dommageables des violences conjugales. En effet, cette mesure participe plus d'une recherche de réparation que d'une réelle volonté de sanction de l'individu. De cette manière, la prise en charge de l'auteur des faits doit être rapprochée des mesures d'injonction thérapeutique et de l'« alternative thérapeutique » de l'article 41-1,2° C.pr.pén[422].

Le domaine quant aux infractions de l'injonction thérapeutique est plus restreint en raison notamment de l'objectif particulier de la mesure. En effet, les infractions visées appartiennent à un domaine spécialisé, celui des délits relatifs aux stupéfiants. Ainsi, l'injonction thérapeutique, issue de la loi du 31 décembre 1970[423], s'adresse à la consommation ou l'absorption individuelle ou collective de stupéfiants, que celle-ci soit habituelle ou non[424]. Cette mesure peut être décidée quelle que soit la substance utilisée, drogue dite dure ou drogue dite douce. La consommation de cannabis est la cible privilégiée de cette mesure depuis la circulaire du 28 avril 1995[425], dès lors qu'elle est importante, répétée ou associée à des médicaments ou à de l'alcool.

Toutefois, bien que le domaine de l'injonction thérapeutique semble clairement défini, depuis la circulaire conjointe du ministère de la santé et de celui de la justice d'avril 1995, tel n'a pas toujours été le cas. Si l'on se penche sur quelques-unes des nombreuses circulaires relatives à l'application de cette mesure depuis son entrée en vigueur, il est aisé de remarquer que le domaine d'application de la loi de 1970 est particulièrement sujet aux fluctuations politiques.

289. En effet, la loi du 31 décembre 1970 relative aux mesures sanitaires de lutte contre la toxicomanie et à la répression du trafic et de l'usage de substances vénéneuses n'a pas été, dans les premières années de son

---

[422] Les mesures de l'article 41-1, 2° C.pr.pén. doivent être considérées comme des avatars de la procédure d'injonction thérapeutique, lorsque l'orientation décidée par le parquet est de nature sanitaire.

[423] Loi n°70-1320 du 31 décembre 1970 relative aux mesures sanitaires de lutte contre la toxicomanie et à la répression du trafic et de l'usage illicite de substances vénéneuses (JO 3 janvier 1971, p. 174), intégrée au Code de la santé publique et modifiée par l'ordonnance n° 2000-548 du 15 juin 2000.

[424] L'article L 3421-1 C.santé.pub.(ancien art. L. 628 du même Code) punit d'un an d'emprisonnement et de 3750€ d'amende l'usage illicite de l'une des substances classées comme stupéfiants.

[425] Circulaire DGLDT/CRIM/DGN n°20c du 28 avril 1995 relative à l'harmonisation des pratiques relatives à l'injonction thérapeutique, B.O justice du 30 juin 1995.

application, interprétée de façon à distinguer les faits de trafic et ceux de consommation de stupéfiants. Ainsi, par une circulaire dite « Pelletier » du 17 janvier 1978[426], le parquet était invité par le texte interprétatif à ne pas mettre en œuvre l'action publique et à privilégier l'utilisation de la mesure alternative même en cas d'échecs répétés de la part des bénéficiaires de celle-ci. Ce n'est qu'avec la circulaire du 12 mai 1987[427], consécutive à l'adoption de la loi du 17 janvier 1986, ayant institué un nouveau délit de vente ou de fourniture de drogues destinées à un usage personnel, que le ministère de la Justice fit nettement la distinction entre usagers de produits stupéfiants pouvant bénéficier de l'injonction thérapeutique et usagers-revendeurs de tels produits exclus du bénéfice de cette « alternative thérapeutique ». La circulaire précédente, en date du 19 septembre 1984[428], recommandait simplement de ne prendre en considération que la qualité d'usager de produits.

290. La détermination du domaine de l'injonction thérapeutique a pu révéler un certain flou dans les premières années de son existence. Cependant, la question s'est déplacée depuis la circulaire du 16 mars 2004[429] qui vient délimiter le champ d'application de l'article 41-1 2° C.pr.pén. La circulaire indique clairement que la mesure d'injonction thérapeutique est en marge du domaine d'application de la mesure d'orientation par le parquet de l'auteur des faits vers une structure sanitaire, sociale ou professionnelle. Cette mesure générale doit être appliquée, d'après la circulaire, en cas d'infraction exclusive d'atteinte aux forces de l'ordre, de tout dommage causé à une victime, de tout trouble causé à l'ordre public, mais dès que les faits démontrent une conduite addictive et des difficultés sociales ou professionnelles. La mesure concerne les cas d'usage habituel ou occasionnel de drogues dures ou douces mais aussi, et c'est plus étonnant, les vols à l'étalage. Le texte du 16 mars 2004 réserve au domaine de l'injonction thérapeutique, les faits d'usage répété de drogues dites dures.

291. Il est possible d'ores et déjà de s'interroger sur la pertinence de la distinction proposée par la circulaire entre ces deux mesures à objectif thérapeutique. En effet, le critère de distinction entre drogue dure et drogue douce, de même que celui de la distinction entre usage occasionnel de drogues dures et usage répété de ces produits seront sans doute difficiles à

---

[426] Circulaire JUS 69 F 389 du 17 janvier 1978.
[427] Circulaire CAB 87-02 du 12 mai 1987.
[428] Circulaire CRIM 84-15-E2 du 19 septembre 1984, BOASS n°52 du 21 février 1985.
[429] Circulaire CRIM 2004-03 du 16 mars 2004, *op.cit.*

établir et susceptibles d'entraîner une inégalité devant la réponse pénalo-thérapeutique, même si le but est, pour l'une comme pour l'autre de ces mesures, d'éviter le passage devant un juge de l'espèce traditionnelle[430].

292. Egalement, la circulaire, comme le texte qu'elle vient interpréter[431], n'apportent pas une définition satisfaisante du contenu de la mesure de l'article 41-1 2°C.pr.pén. La détermination par le procureur de la République de la mesure alternative à mettre en œuvre dépend donc pour une large part de l'infraction commise. Cependant, aux termes de l'article 41-1 al. 1er C.pr.pén., la mesure choisie par le procureur doit être susceptible d'assurer la réparation du dommage causé à la victime, de faire cesser le trouble résultant de l'infraction ou de contribuer au reclassement de l'auteur. Cette prise en compte effective de l'auteur et de la victime a, elle aussi, une influence certaine sur le déclenchement de la mesure.

B - La spécialisation personnelle des alternatives restitutives

293. Le procès pénal classique est en principe la traduction de la réaction de la société contre celui de ses membres qui a violé une règle de droit visant à la sauvegarde des intérêts les plus fondamentaux de celle-ci. En droit pénal français, cette réaction est exprimée par l'acte de poursuite effectuée par le procureur de la République.

Cependant, à l'occasion d'une poursuite classique, la procédure pénale fait du représentant du ministère public le personnage central tout au long de celle-ci. Or, dès lors qu'il recourt à une mesure alternative à la poursuite pénale son rôle est limité, tout au moins pendant le déroulement de la procédure, et en tout cas en apparence, à la seule initiative de la procédure.

Toutefois, le recours à une telle procédure restitutive, en amont de toute poursuite, n'est possible que si l'ensemble des personnes ayant un intérêt distinct y consent. Ainsi, les procédures alternatives restitutives établissent une prise en compte par l'appareil pénal des intérêts de l'auteur des faits (1), d'une part, mais aussi de ceux de la victime (2), d'autre part. Cependant, la logique réparatrice de ces mesures restitutives passe, s'agissant des conditions d'accès des personnes à ces procédures, par un enchevêtrement entre les qualités d'auteur et de victime rendant leur distinction particulièrement obscure.

---

[430] Pour reprendre l'expression formulée par le doyen Carbonnier *in*, Réflexion sur la médiation, Institut suisse de droit comparé, *op.cit.*

[431] Loi n°2004-204 du 9 mars 2004, *op.cit.*

1 - La spécialité des conditions exigées de l'auteur de l'infraction

En l'absence de régime commun à toutes les procédures alternatives à la poursuite pénale, il s'agit de faire le départ entre les conditions tenant aux personnes concernées par les mesures de type restitutif et les conditions relatives à l'importance du consentement pour chacune d'entre elles.

a - Les conditions relatives aux personnes concernées

294. D'une part, la médiation pénale[432] comme l'injonction thérapeutique[433] sont ouvertes aux personnes physiques uniquement[434]. Cette condition s'entend aisément s'agissant de la procédure de l'injonction thérapeutique qui en raison de son objectif est inapplicable aux personnes morales. D'autre part, ces mesures ne peuvent bénéficier qu'aux personnes primo-délinquantes. En effet, l'individu ayant déjà été condamné ne peut pas en principe accéder à la médiation pénale ou faire l'objet d'une nouvelle injonction thérapeutique. Il faut cependant apporter un tempérament à ce principe pour ces deux mesures.

Si un même individu ne peut pas bénéficier une nouvelle fois pour les mêmes faits d'une médiation pénale à la suite d'un échec de celle-ci, il n'est pas rare de voir certains parquets proposer une telle mesure de médiation à un auteur des faits déjà connu pour des faits antérieurs et différents. Toutefois, il ne faut pas confondre cette hypothèse avec celle du dernier alinéa de l'article 41-1 C.pr.pén., issu de la rédaction de la loi n°2004-204 du 9 mars 2004, qui prévoit l'obligation pour le procureur de déclencher les poursuites ou de mettre en œuvre une composition pénale en cas de non-exécution de la mesure alternative initiale imputable à l'auteur des faits.

De même, dans le cadre d'une injonction thérapeutique, rien n'empêche le parquet de décider de la renouveler en cas de refus de l'auteur des faits d'aller jusqu'au terme de la mesure initialement décidée. Toutefois, cette nouvelle injonction ne garantira pas à l'auteur de l'infraction l'impunité comme le permet le déclenchement d'une première injonction

---

[432] On ajoutera également la mesure de médiation mise en œuvre par le défenseur des droits, ainsi que les autres mesures des articles 41-1, 4° et 6°C.pr.pén.

[433] A laquelle il convient d'associer l' « *alternative thérapeutique* » de l'article 41-1, 2° C.pr.pén.

[434] La médiation-réparation prévue à l'article 12-1 de l'ordonnance de 1945 sert de fondement juridique à cette mesure lorsque le parquet envisage de l'appliquer aux mineurs. L'article 7-1 de l'ordonnance n°45-174 du 2 février 1945, issu de la loi n°2007-297 du 5 mars 2007 relative à la prévention de la délinquance, ouvre l'application de l'ensemble des mesures de l'article 41-1 C.pr.pén. aux mineurs et précisément celles des 2° à 5°.

thérapeutique, la mise en œuvre d'une nouvelle injonction ne venant pas contrarier les prescriptions de l'article 70 de la loi du 9 mars 2004.

Le choix du parquet de recourir à une mesure alternative à la poursuite pénale est analysé comme une mesure d'administration judiciaire[435] qui reste à la discrétion du parquet, ce qui justifie l'absence de tout recours juridictionnel et le défaut de motivation de son option.

b - Les conditions relatives à l'importance du consentement

295. L'objectif des mesures alternatives restitutives est de remettre l'auteur et la victime dans l'état qui était le leur avant la commission de l'infraction. Toutefois, la médiation pénale et l'injonction thérapeutique n'offrent pas forcément les mêmes garanties pour y parvenir. Ainsi, deux conditions séparent ces mesures. Il s'agit de la reconnaissance de la commission de l'infraction d'une part et de l'acceptation du recours à une mesure alternative à la poursuite pénale, d'autre part.

α - La reconnaissance de la commission de l'infraction

296. Le rétablissement du dialogue entre l'auteur et la victime de l'infraction constitue un des objectifs premiers de la médiation pénale[436]. Pour ce faire, il semble impensable de présenter la victime à un individu n'ayant pas reconnu la commission de l'infraction. Ainsi, la reconnaissance, si ce n'est de sa culpabilité, mais tout au moins de la commission de l'infraction est un préalable nécessaire à toute médiation pénale. Cette reconnaissance de la commission de l'infraction ressort de la philosophie même de toute justice dite négociée[437] en matière pénale.

Pour autant, toutes les procédures alternatives aux poursuites pénales ne relèvent pas de la justice pénale négociée et ne sont dès lors pas toutes

[435] Cass. crim., 15 décembre 1972, Bull. crim., n°375. Le procureur de la République peut, d'ailleurs, revenir sur son appréciation première jusqu'à l'expiration du délai de prescription et exercer l'action publique.

[436] R. Cario, La justice restaurative : vers un nouveau modèle de justice pénale ?, *op. cit.* p. 375.

[437] S'il est de coutume de parler de justice négociée en matière de procédures alternatives à la poursuite pénale, cette expression ne vaut qu'en matière de médiation pénale, spécialement appliquée aux infractions de type familial ou commises dans le cadre d'une relation sociale préexistante.

soumises à des conditions identiques, même si leur objectif est commun et vise à remettre la victime et l'auteur dans la situation matérielle et/ou morale qui était la leur avant la commission de l'infraction. Ainsi, le bénéfice d'une injonction thérapeutique n'a pas pour préalable nécessaire la reconnaissance par l'auteur de l'infraction de la consommation de substances stupéfiantes.

β - L'acceptation du recours à une mesure alternative restitutive

297. La question de l'acceptation de la mesure comme condition de mise en œuvre des procédures alternatives distingue la médiation pénale de l'injonction thérapeutique. Une fois de plus, la raison pour laquelle ces deux mesures ne répondent pas aux mêmes conditions dépend de la distinction, au stade du déclenchement de celles-ci, entre justice négociée et justice imposée. En effet, la médiation pénale[438] qui doit permettre d'apporter une réponse pénale par la promotion du dialogue et de la négociation ne peut être envisagée que si les parties expriment clairement et librement leur accord pour participer à une telle mesure[439].

A l'inverse, l'injonction thérapeutique n'est pas conditionnée, quant à sa mise en œuvre, à l'expression d'un quelconque accord de la personne intéressée. Pour autant, il ne faut pas en déduire qu'en la matière toute marge de négociation de la part de l'auteur de l'infraction est exclue. S'il n'y en a pas au stade du déclenchement de la procédure, on peut en découvrir lors de l'exécution de cette dernière.

Les autres mesures auxquelles on a attribué un caractère restitutif[440] n'offrent pas, comme en cas d'injonction thérapeutique, de marge de négociation à l'auteur des faits. Elles se confondent, sur cette question avec la mesure thérapeutique.

Les processus restitutifs encadrent leur mise en œuvre à l'existence de conditions devant être remplies par l'auteur de l'infraction. Toutefois, la nature tripartite de l'organisation de ces procédures place au centre le leur application les intérêts de la victime. Dès lors, cette dernière doit présenter certaines qualités

---

438 A laquelle on associe la médiation de l'article 7 de la loi du 30 décembre 2004.

439 En cas de médiation-réparation, l'art. 12-1 al. 2 de l'ordonnance de 1945 exige expressément l'accord préalable des titulaires de l'autorité parentale.

440 Il s'agit des mesures des 2°, 4° et 6° de l'article 41-1 C.pr.pén.

2 - La singularité des qualités attendues de la victime

298. S'agissant des mesures alternatives à caractère restitutif, la présence de la victime sera souvent admise de façon large. Cette place importante ne résulte pas, à proprement parler, du développement des procédures alternatives à la poursuite pénale mais constitue une conséquence logique de la volonté de privilégier l'indemnisation des victimes. En raison de l'objectif des mesures alternatives restitutives, la place qui lui est accordée sera prépondérante car c'est, pour une forte part, en considération de celle-ci que sera mise en œuvre une telle procédure. Toutefois, s'agissant des procédures alternatives restitutives, la qualité de victime n'est pas uniforme.

La médiation pénale constitue le domaine privilégié des conflits dans lesquels l'auteur et la victime se connaissent. Le caractère conciliateur de la médiation pénale apporte à la victime un certain nombre d'avantages et une position qu'elle ne retrouve pas dans les procédures pénales classiques. Cependant, la victime en cas de médiation pénale conserve le même profil que dans ces dernières.

Si l'auteur des faits ne peut être en médiation qu'une personne physique, la victime, peut en principe, car l'article 41-1 ; 5° C.pr.pén. ne le précise pas, être une personne physique ou morale. Toutefois, lors des premières expériences de médiation, il n'était pas rare de voir une personne morale représentée par une personne physique comme partie à un tel processus. Mais, la spécialisation nouvelle de la médiation pénale, inaugurée par la loi du 23 juin 1999 et confirmée par la loi du 9 mars 2004, comme mode de règlement privilégié des conflits de nature familiale ou de voisinage tend à contredire cette possibilité.

299. Cette spécialisation récente de la médiation pénale en matière familiale et de voisinage a mis en évidence une originalité de cette procédure. En effet, lors d'un procès pénal classique, l'auteur d'une infraction, auquel on attribue le statut de prévenu ou de mis en examen, est opposé à la victime qui a subi un préjudice du fait de la commission de cette infraction. Cette distinction simple se trouve malmenée en cas de médiation pénale et, a fortiori, en matière de procédures alternative restitutives.

En effet, la médiation pénale reste l'instrument privilégié dont le but est de rétablir le dialogue dans une situation sociale préexistante. Or, l'infraction commise, dont le traitement est renvoyé en médiation, n'est pas toujours la seule à l'origine de la rupture du lien qu'il s'agit de rétablir. Ainsi, il n'est pas inconcevable de considérer que telle procédure de médiation n'a pas simplement en charge le traitement de telle infraction ordonné par le parquet, mais, de fait, le règlement d'un conflit plus ancien issu bien souvent de la commission d'autres infractions de même type classées sans suite purement et simplement voire inconnues des appareils judiciaires et policiers.

300. La conséquence de cette situation est de rendre floue la distinction a priori simple entre auteur de l'infraction et victime de celle-ci[441]. La médiation pénale comme processus de règlement d'un litige issu de la commission d'une infraction ne fera pas nécessairement intervenir un auteur et une victime mais bien souvent, une victime, antérieurement auteur d'une infraction, et un auteur précédemment victime d'une première violation de la loi. Cet enchevêtrement des qualités d'auteur et de victime démontre à lui seul la philosophie de la médiation pénale qui consiste en la recherche du dialogue entre les deux parties au processus mais aussi que la logique judiciaire distinguant strictement auteur et victime ne correspond pas à la logique sociale dévoilée par le processus de médiation.

En cela, la médiation ne contrevient pas aux trois objectifs assignés par l'article 41-1 alinéa 1er C.pr.pén. Elle constitue une mesure à caractère restitutif dans son objectif de réparation du dommage causé et vise en l'occurrence au rétablissement des deux parties dans l'état qui était le leur avant la commission des infractions.

301. L'interpénétration des qualités de victime et d'auteur, rencontrée en cas de médiation pénale n'est pas propre à cette dernière. Cette double qualité, en apparence antinomique, se retrouve à propos d'autres mesures restitutives et notamment en matière d'injonction thérapeutique issue de la loi du 31 décembre 1970[442]. L'objectif de cette mesure est simple. Elle vise à reclasser l'auteur d'une infraction relative aux stupéfiants en lui proposant de suivre un traitement médical.

S'il semble à première vue illogique de s'interroger sur la nature de la victime dans le cadre de la mesure d'injonction thérapeutique, il faut pour s'en convaincre pleinement se référer aux raisons qui ont poussé le parquet à mettre en œuvre une telle mesure. Lorsqu'un individu est présenté au parquet pour consommation de stupéfiants, le ministère public peut, en vertu du principe de l'opportunité des poursuites, décider de mettre en

---

[441] L'interpénétration des qualités d'auteur et de victime est encore plus forte en cas de médiation réparation énoncée à l'article 12-1 de l'ordonnance n°45-174 du 2 février 1945, en raison de la dimension éducative recherchée par le texte.

[442] Loi n°70-1320 du 31 décembre 1970 relative aux mesures sanitaires de lutte contre la toxicomanie et à la répression du trafic et de l'usage illicite de substances vénéneuses.

œuvre une mesure dite d'injonction thérapeutique prévue par l'article L. 3423-1 C.santé pub.[443]., Depuis la réforme de la loi du 23 juin 1999 relative à l'efficacité de la procédure pénale, le procureur de la République, lorsqu'il décide de recourir à une telle mesure, peut se référer à l'article 41-1, 2° du Code de procédure pénale qui permet à l'organe de poursuite, préalablement à sa décision sur l'action publique, d'orienter l'auteur des faits vers une structure sanitaire, sociale ou professionnelle[444].

A l'image de la médiation pénale, la décision du ministère public de classer l'infraction de consommation de stupéfiants sous condition de l'acceptation par l'auteur des faits de se soumettre à un traitement médical ou à une cure de désintoxication, remplit bien les trois conditions énoncées à l'alinéa 1er de l'article 41-1 C.pr.pén.

Tout d'abord, il y a bien violation de la loi pénale car la consommation de stupéfiants est incriminée par l'article L. 3421-1 du Code de la santé publique et punie d'un an d'emprisonnement et de 3750€ d'amende. En conséquence, l'ordre public est troublé et le parquet est en droit de mettre en œuvre l'action publique en vue de l'application d'une peine. Ensuite, l'auteur de l'infraction, en commettant celle-ci, s'est mis à l'écart de la société, le traitement de l'infraction par l'appareil judiciaire doit tendre à le réinsérer c'est-à-dire à le reclasser par le prononcé d'une peine ou de toute autre mesure de nature à réprimer l'auteur et/ou à prévenir la récidive. Enfin, lorsque celle-ci existe et est identifiée, la victime de l'infraction doit voir son préjudice réparé. Or, si en matière de consommation de stupéfiants et d'injonction thérapeutique, il n'existe pas à proprement parler de victime physiquement distincte de l'auteur, il ne faut pas en conclure que celle-ci n'existe pas.

302. En effet, de même qu'en cas de médiation pénale, il se produit une interpénétration des qualités d'auteur et de victime : l'injonction thérapeutique, par son mode de fonctionnement et ses objectifs propres, traite moins le patient comme auteur d'une infraction que comme une victime à qui il faut procurer réparation.

---

443 Ancien L. 628-1 du Code de la santé publique.

444 La loi 2004-204 du 9 mars 2004 relative aux adaptations de la justice aux évolutions de la criminalité a partiellement défini le contenu de cette mesure en disposant qu'elle peut consister en l'accomplissement par l'auteur des faits, à ses frais, d'un stage ou d'une formation dans un service ou un organisme sanitaire, social ou professionnel, et notamment d'un stage de citoyenneté. Cependant rien n'empêche de considérer que la mesure d'injonction thérapeutique issue de la loi de 1970 s'intègre dans le cadre de l'article 41-1 2°dans sa rédaction actuelle, dès lors que la circulaire précitée du 16 mars 2004 prévoit l'articulation de l'injonction thérapeutique avec d'autres mesures similaires.

Ainsi, lorsque le procureur de la République décide de recourir à l'injonction thérapeutique, il préfère au traitement pénal visant au reclassement de l'auteur de l'infraction, un traitement social, et en l'occurrence médical, de l'auteur des faits recherchant la réparation du dommage qu'il a subi. Cette préférence pour le traitement socio-médical se retrouve dans la politique de la Chancellerie qui, dans certaines circulaires et notamment dans celle du 17 juin 1999[445], préconise au parquet une gestion souple des injonctions thérapeutiques et rappelle la possibilité pour le procureur de renouveler l'injonction après l'échec de la première, ce qui permet de passer outre au déclenchement de principe de l'action publique en cas d'échec de la mesure.

Cette possibilité de renouvellement de la mesure de classement sous condition semble logique en raison de la persistance de l'opportunité des poursuites conférée au ministère public par l'article 40 C.pr.pén., bien que ce pouvoir se trouve encadré depuis la création d'un article 40-1 C.pr.pén.[446] issue de la loi n°2004-204 du 9 mars 2004[447], lequel impose au parquet, lorsqu'il a connaissance d'une infraction, soit d'engager les poursuites, soit de mettre en œuvre une procédure alternative. Le classement sans suite, quant à lui reste exceptionnel et doit être justifié par des circonstances particulières[448].

303. Si la politique des parquets et du ministère de la Justice admet que le contentieux lié à la consommation de stupéfiants doit être géré de façon souple et qu'il faut privilégier l'alternative thérapeutique[449], c'est bien parce

[445] Circulaire CAB 99-01 du 17 juin 1999 relative aux réponses judiciaires aux toxicomanes ; V. également, la circulaire conjointe DGLDT/CRIM/DGN n°20C du 28 avril 1995 relative à l'harmonisation des pratiques relatives à l'injonction thérapeutique, BO Justice n°58 du 30 juin 1995 ; V. Sagant, Bilan de l'application de la circulaire du 28 avril 1995 concernant l'harmonisation des pratiques relatives à l'injonction thérapeutique.

[446] B. Bouloc, Loi du 9 mars 2004 portant adaptation de la justice aux évolutions de la criminalité, *Rev.sc.crim.*, 2004, p. 675.

[447] L'encadrement du pouvoir d'opportunité est confirmé par la politique de la Chancellerie dans son interprétation du texte par la circulaire CRIM 2004-04 du 14 mai 2004 présentant les dispositions de procédure immédiatement applicables de la loi 2004-204 du 9 mars 2004 portant adaptation de la justice aux évolutions de la criminalité. En effet, avec l'entrée en vigueur de la loi n°2004-204 du 9 mars 2004, la volonté d'un traitement systématique des infractions suppose une limitation de classement sans suite pur et simple et, de ce fait, un encadrement du pourvoir d'opportunité des poursuites.

[448] Ce principe a été rappelé par la circulaire DACG 2005-08 du 8 avril 2005 relative à la lutte contre les toxicomanies et les dépendances, BO du ministère de la justice n°98.

[449] Cette expression provient de la circulaire CAB 87-02 du 12 mai 1987, BO du ministère de la Justice, n°26, p. 17, qui utilise également celle d'alternative sanitaire.

que l'auteur de cette infraction doit être resocialisé. Or, cette resocialisation ou reclassement du toxicomane ne peut se réaliser que par des soins apportés à cause du préjudice résultant de la commission de l'infraction. Il apparaît donc que la mise en œuvre de l'injonction thérapeutique procède plus de la réparation que du reclassement, à tout le moins que l'objectif de reclassement de l'auteur de l'infraction dépend de la réparation procurée à l'auteur des faits. Ainsi, la distinction énoncée à l'article 41-1 al. 1er C.pr.pén entre réparation de la victime et reclassement de l'auteur, apparaît ici artificielle.

De même, lorsque le parquet préfère la solution de l'alternative thérapeutique à l'exercice de l'action publique c'est en raison de l'évaluation de l'importance du trouble causé à l'ordre public ne justifiant pas le déclenchement de poursuites, mais aussi parce que la politique de la Chancellerie l'invite à mettre en œuvre une injonction thérapeutique le plus souvent possible. Or, si le ministère public estime que le choix d'une telle mesure par son caractère réparateur suffit à faire cesser le trouble causé à l'ordre public, c'est parce que ce dernier, insuffisant comme préjudice causé à la société, ne lèse en réalité que de simples intérêts privés.

304. Si le trouble résultant de l'infraction de consommation de stupéfiants apparaît surtout d'ordre privé et peut cesser par une réponse simplement réparatrice, la distinction entre réparation du dommage causé à la victime et cessation du trouble causé à l'ordre public n'est pas moins relative que celle censée exister entre réparation et reclassement pour l'auteur lorsqu'elle s'applique aux mesures alternatives restitutives. A l'instar des procédures sanctionnatrices, les processus alternatifs restitutifs organisent une distinction entre l'organe disposant de l'initiative de la procédure et celui chargé du déroulement de la mesure. Pourtant, les alternatives réparatrices restitutives se distinguent des processus sanctionnateurs, au titre des prérogatives des acteurs de la procédure, mais aussi, à celui des solutions qui découlent de leur application en raison de l'objectif clairement exprimé d'une réparation des dommages résultant, pour la victime, de la commission d'une infraction.

SECTION II – L'ORIENTATION EXPLICITE DES PROCÉDURES RESTITUTIVES VERS LA RÉPARATION

305. A la différence des mesures répressives pour lesquelles la mission de l'organe délégué est particulièrement encadrée, les mesures restitutives, et en particulier celles de médiation pénale et d'injonction thérapeutique, organisent souplement les prérogatives des différents acteurs de la procédure et offrent une marge de manœuvre plus importante à l'organe chargé du déroulement effectif de la procédure (§ I). Toutefois, si elles débouchent sur des solutions variées des litiges, leur effet sur la prescription de l'action publique sera, à l'inverse des processus répressifs, plus relatif (§ II).

§ I - La répartition souple des prérogatives procédurales

La décision de recourir à une mesure restitutive entraîne une articulation des rôles des organes de poursuite et d'exécution de la procédure. La répartition des prérogatives entre l'organe d'exécution et le parquet n'entraîne qu'une subordination relative du premier sur le second en raison d'une prise en compte large des intérêts de la victime (A). Cependant, la focalisation de ces processus sur la réparation du dommage subi n'évite pas l'écueil d'un caractère lui aussi relatif de la négociation, a la défaveur de l'auteur des faits (B).

A - La subordination relative de l'organe délégué au parquet : conséquence de la nature tripartite des procédures restitutives

306. Lors de la phase d'initiative procédurale, qui correspond à l'exercice du pouvoir d'opportunité, le procureur de la République dispose d'une compétence exclusive pour décider du recours à une procédure alternative. Cependant, une fois la mesure décidée, une répartition des pouvoirs s'opère et entraîne une inconstance du rôle du parquet au travers des différentes phases du processus (1). Ce rôle largement limité du parquet profite à la reconnaissance d'une certaine autonomie de l'organe délégué dans le déroulement de la procédure (2).

1 - L'inconstance du rôle du parquet dans le déroulement de la procédure

307. Les différentes phases des alternatives restitutives font apparaître des rôles différents du ministère public. Alors qu'il est l'acteur principal lors de la mise en œuvre de la procédure, le ministère public n'a plus qu'un rôle tout à fait secondaire voire négligeable lors de la phase d'exécution de cette dernière (a). En revanche, l'échec de la procédure constitue un moyen pour cet organe de recouvrir la maîtrise de la procédure (b).

a - Le rôle limité du parquet lors du déroulement de la procédure

308. S'il lui parait que la victime peut voir son dommage réparé, le parquet a le pouvoir en vertu de l'article 41-1 5°C.pr.pén., de « faire procéder avec l'accord des parties à une mission de médiation entre l'auteur des faits et la victime ». A la lecture de ce texte, il semble évident que le parquet ne procédera pas lui-même à la rencontre entre la victime et l'auteur de l'infraction. Cette mission doit être confiée au médiateur pénal personnellement désigné par le parquet.

Cependant, la loi prévoit expressément que le procureur peut choisir de recourir à l'une des mesures alternatives énoncées par l'article 41-1 C.pr.pén. soit directement c'est-à-dire personnellement soit par délégation c'est-à-dire sous sa responsabilité. Depuis le décret du 29 janvier 2001[450] relatif notamment à l'application de la loi du 23 juin 1999 et aux délégués du procureur, le Code de procédure pénale dispose que la notification de la décision du parquet de recourir à une médiation peut être effectuée par un délégué du procureur, par un officier de police judiciaire. Elle peut encore être effectuée par un médiateur pénal qui, s'il recueille l'accord de l'auteur des faits et de la victime, procédera lui-même au déroulement de la mesure.

La proposition de médiation pénale faite personnellement ou par délégation au nom du procureur, constitue le seul pouvoir du parquet, réellement prévu par les textes, pendant les deux premières phases de la mesure que sont l'initiative procédurale et le déroulement effectif de la procédure. Au-delà, le parquet qui décide de la proposition d'une médiation pénale, par la suite acceptée par les deux parties, perd tout rôle actif pendant la médiation pénale elle-même, au profit du médiateur pénal.

309. Lorsqu'il estime que le préjudice résultant de la commission de l'infraction peut être réparé par le biais d'une cure de désintoxication, le procureur de la République peut, en vertu de l'article 41-1 2°C.pr.pén., orienter l'auteur des faits vers une structure sanitaire. Comme en cas de médiation pénale, le parquet est seul compétent, en vertu de l'article 40 C.pr.pén., pour décider de la mise en œuvre d'une injonction thérapeutique. Le choix d'une telle mesure entraîne pour le ministère public les mêmes effets que lors d'une médiation. En effet, la mise en place par le procureur d'une injonction thérapeutique donne compétence quant au déroulement de la mesure à l'agence régionale de santé en vertu de l'article L. 3413-1 du Code de la santé publique.

---

[450] Décret n°2001-71 du 29 janvier 2001, *op.cit.*

310. Toutefois, à la différence de la médiation pénale de laquelle découle un lien de subordination du médiateur au procureur de la République, l'autorité sanitaire n'est pas soumise aux décisions du parquet mais est tenue simplement d'informer régulièrement celui-ci de l'avancement du traitement. En effet, l'A.R.S., à la différence du médiateur pénal ou du délégué du procureur, n'a pas à faire l'objet d'une procédure d'habilitation par le parquet. Les garanties d'indépendance et d'impartialité ne sont donc pas exigées, d'une part, parce que l'autorité sanitaire a la qualité d'un service public et bénéficie d'un statut administratif et non judiciaire et d'autre part, parce qu'elle n'intervient pas au titre d'une quelconque mission juridictionnelle.

De même, le défenseur des droits, lorsqu'il décide d'une médiation ne se voit pas soumis à la volonté du parquet. Cependant, lorsqu'il décide de faire procéder à cette mission par un de ses agents, le ministère public recouvre une certaine marge de manœuvre dès lors que ceux-ci sous soumis à une habilitation délivrée par le parquet.

311. Le procureur de la République ne perd pas pour autant tout contrôle sur le déroulement de la procédure. Le recours à une telle mesure intervient en amont de toute décision sur l'action publique et permet dès lors au parquet d'y revenir à tout moment[451]. Ainsi, quel que soit le déroulement de la mesure, l'attitude des personnes concernées ou l'issue de cette dernière, le procureur conserve, en vertu de l'article 40 C.pr.pén., la faculté de déclencher l'action publique. En définitive, devant une apparente absence de contrôle de la procédure lors de la phase d'exécution de celle-ci, le parquet détient, en vertu de son pouvoir d'opportunité des poursuites, une maîtrise réelle du processus qui se manifeste nettement à l'issue de la mesure alternative.

b - Le rôle retrouvé du parquet en cas d'échec du processus

312. La délégation faite par le ministère public pendant la phase de déroulement de la mesure, considérée comme synonyme d'un rôle passif de celui-ci, doit être relativisée. En effet, s'il laisse la mesure alternative aller jusqu'à son terme sans déclencher l'action publique prématurément, le procureur de la République recouvre l'ensemble de ses pouvoirs pour apporter une solution au litige dans plusieurs situations.

---

[451] Cette possibilité reste ouverte en matière de discrimination. En effet, bien que le défenseur des droits puisse se saisir d'office, en vertu de l'article 4 al. 2 de la loi du 30 décembre 2004, l'art. 4 al. 5 de la loi prévoit que sa saisine ne dispose d'aucun effet sur la prescription des actions civiles, pénales ou administratives.

La médiation pénale, en tant qu'élément de justice dite négociée, requiert l'accord de chaque partie à tous les stades de la procédure. De ce fait, l'impossibilité de trouver un terrain d'entente entre l'auteur et la victime entraîne une situation de blocage pouvant déboucher sur l'échec de la procédure. Les situations dans lesquelles la médiation pénale peut échouer sont multiples et peuvent se rencontrer à différentes étapes du processus.

D'abord, dès la phase de proposition de la médiation, l'auteur et la victime peuvent refuser le règlement du litige par cette voie. D'ailleurs, la victime est même présumée ne pas consentir à la mesure de médiation si, en raison des violences commises par son conjoint, concubin ou partenaire avec lequel elle est liée par un pacte civil de solidarité, elle a saisi le juge aux affaires familiales d'une demande de délivrance d'une ordonnance de protection en vertu des dispositions de l'art. 515-9 C.civ. Cette disposition, issue de la loi du 9 juillet 2010[452], démontre une fois de plus l'inadéquation de la médiation en matière de violences familiales.

Ensuite, d'autres cas de blocage se rencontrent lors du déroulement des négociations à la suite de l'accord des deux parties de participer à la médiation. Il appartient au médiateur pénal d'empêcher l'enlisement de la situation pour parvenir autant que possible à un accord satisfaisant les parties. Toutefois, en cas d'impossibilité absolue de parvenir à une réussite de la médiation, le médiateur doit constater l'échec des négociations. Enfin, à la suite d'une médiation réussie, certaines obligations pèsent sur le ou les auteurs des faits. Il appartient alors au médiateur pénal de surveiller la bonne exécution des engagements et, en cas de défaillance, d'en avertir sans délai le parquet.

Dans chaque hypothèse d'échec de la médiation, le procureur recouvre certaines des prérogatives de son pouvoir d'opportunité, en application du dernier alinéa de l'article 41-1 C.pr.pén. La médiation pénale n'interdisait pas au procureur de la République, avant l'entrée en vigueur de la loi du 9 mars 2004 de classer sans suite, de poursuivre, voire de déclencher une autre mesure alternative en cas d'échec de la mesure initiale. Depuis, l'article 41-1 al. 8 C.pr.pén. prescrit au magistrat du parquet, en cas d'échec de la médiation pénale imputable à l'auteur des faits en raison de la non-exécution de la mesure par celui-ci, soit de mettre en œuvre une composition pénale soit de déclencher l'action publique. La loi lui interdit désormais de recourir à toute autre mesure alternative ou au classement

[452] Loi n° 2010-769 du 9 juillet 2010 relative aux violences faites spécifiquement aux femmes, aux violences au sein des couples et aux incidences de ces dernières sur les enfants, JO 10 juillet 2010, p. 12762.

sans suite pur et simple de l'affaire. Les dispositions du dernier alinéa de l'article 41-1 C.pr.pén. disposent d'une portée générale applicable à l'ensemble des mesures qui en découlent. Ainsi, les mesures des 2°, 4° et 6° de l'article 41-1 C.pr.pén. sont soumises, en cas d'échec, à la même règle encadrant l'action du parquet.

313. La possibilité pour le parquet de recouvrer la pleine maîtrise de la procédure se retrouve en matière d'injonction thérapeutique. Lorsqu'un individu est confié à un médecin relais en vue d'une cure de désintoxication, le ministère public n'a aucune maîtrise sur le déroulement du traitement procuré à l'auteur des faits. Cependant, comme en matière de médiation pénale, le rôle passif du parquet laisse place à une opportunité des poursuites réaffirmée en cas de refus par l'intéressé de continuer à suivre la cure.

Cette possibilité pour le parquet de décider à nouveau de poursuivre ne se présente qu'après information de celui-ci par l'A.R.S. et le médecin relais qui, préalablement, se sont assurés de la volonté définitive de l'auteur des faits d'abandonner le traitement médical.

Ce pouvoir du parquet d'envisager les poursuites comme opportunes consécutivement à un échec de la procédure alternative résulte du fondement juridique même qui a permis la mise en œuvre de celle-ci, à savoir l'article 40 C.pr.pén. L'échec ou la réussite du processus est sans conséquence sur l'action publique qui reste susceptible d'être exercée.

La décision du ministère public de recourir à une mesure alternative, dont le but essentiel réside dans la réparation du dommage résultant de la commission de l'infraction, entraîne comme conséquences générales un rôle passif joué par celui-ci. Cet effacement du parquet profite à l'organe d'exécution qui acquiert, par une délégation large du déroulement de la mesure, une certaine autonomie.

2 - L'autonomie de l'organe délégué dans le contrôle de la procédure

314. Le recours à la délégation doit aboutir à une résolution non juridictionnelle du litige issu de la commission de l'infraction. Le déroulement de la mesure sous l'autorité de l'organe désigné par le parquet doit atteindre les objectifs fixés par celui-ci. De façon générale, ces objectifs découlent de l'alinéa 1er de l'article 41-1 C.pr.pén., c'est-à-dire la réparation du dommage causé à la victime, la cessation du trouble à l'ordre public ou le reclassement de l'auteur. Il incombe au parquet de convenir avec l'organe délégué du ou des objectifs à atteindre. Il est donc nécessaire de déterminer les attributions exactes de l'organe d'exécution de la mesure (a), puis d'examiner les objectifs recherchés par l'exécution de la mesure à caractère restitutif (b).

a - Une autonomie résultant des pouvoirs confiés

315. Lorsqu'un individu est appréhendé et présenté au parquet pour consommation de stupéfiants, le représentant du ministère public peut décider de recourir à une injonction thérapeutique. La personne concernée est alors orientée vers le directeur de l'agence régionale de santé qui prend cette dernière en charge. L'A.R.S. procède à un examen médical, effectué par le médecin relais, afin de déterminer si l'état de cette personne nécessite ou non une cure de désintoxication.

Dans les deux cas, le médecin relais invite l'intéressé à désigner un médecin traitant qui mettra lui-même en œuvre la cure de désintoxication ou la surveillance médicale, si la cure n'a pas été jugée nécessaire.

Pendant le déroulement de la cure ou de la surveillance médicale, le parquet reste informé périodiquement par le médecin relais qui en a, en principe, l'obligation. Il doit notamment informer de toute interruption volontaire du traitement par la personne soignée. Toute interruption volontaire même temporaire doit en principe être dénoncée au parquet afin que le procureur de la République apprécie l'opportunité du déclenchement de l'action publique ou d'une nouvelle injonction. Cependant, le principe d'autonomie médicale qui trouve son fondement dans le secret médical invite à n'avertir le parquet que lorsque est constaté un abandon définitif du traitement[453].

316. L'injonction thérapeutique, en ce qu'elle constitue une mesure imposée, ne laisse que peu de marges de manœuvre à l'auteur des faits dans le déroulement du processus. Tel n'est pas le cas de la médiation pénale dont l'objectif est de parvenir à une solution négociée du litige à caractère pénal par le truchement d'un tiers extérieur aux parties.

Le médiateur pénal auquel on peut assimiler le délégué du procureur doit, pour exercer cette fonction, être habilité en vertu de la procédure des articles R. 15-33-30 et suivants du Code de procédure pénale. A cette fin, le candidat à l'habilitation doit satisfaire à un certain nombre de conditions figurant aux articles R. 15-33-33 et R. 15-33-34 C.pr.pén.

---

[453] F. Caballero et Y. Bisiou, *Droit de la drogue*, 2000, Dalloz, p. 587.

La principale d'entre elles réside dans l'indépendance et d'impartialité de l'organe délégué. On peut, cependant, douter de la réalité de cette condition en raison du lien de subordination du médiateur au parquet qui vise à ne pas lui faire perdre totalement le contrôle de la procédure pendant le déroulement de la mesure.

Toutefois, cette obligation correspond à l'esprit de la mesure de médiation pénale[454]. En effet, le médiateur doit être indépendant vis-à-vis des deux parties en présence. Il ne doit avoir aucun lien de connaissance ni avec l'auteur, ni avec la victime. Il doit ensuite faire preuve d'impartialité afin de ne pas intervenir de façon excessive dans le débat et de faciliter la découverte d'une solution négociée du litige.

Si la médiation pénale est le terrain privilégié des infractions pénales à caractère familial ou intervenant dans des situations où les protagonistes se connaissent, le but premier du médiateur est de rétablir le dialogue entre les deux parties. Ainsi, toute médiation pénale doit commencer par le rappel des faits et de la violation de la règle de droit pénal. Il y a donc dans la médiation pénale un caractère admonestatif correspondant à la mesure de rappel à la loi de l'article 41-1, 1° C.pr.pén. Par celui-ci, la médiation de l'article 41-1,5°C.pr.pén. démontre son caractère de mesure pénale.

Le médiateur doit ensuite, tout au long de la procédure, aider les deux parties à trouver une solution satisfaisante pour celles-ci. Le but de la médiation pénale étant de favoriser le dialogue entre l'auteur et la victime de l'infraction, le médiateur dispose d'une grande marge de manœuvre pour y parvenir. Ainsi, il peut procéder par étapes et choisir de ne pas confronter immédiatement les deux parties. Il peut en effet, convoquer d'abord l'auteur puis la victime afin de connaître leurs positions respectives Ou bien, après une première entrevue peu satisfaisante, le médiateur, en accord avec les parties, peut organiser l'ensemble de la médiation sans que ces dernières ne se rencontrent jusqu'à la découverte d'une solution conjointement acceptée.

Le médiateur conserve une grande autonomie lors de la phase d'exécution des obligations qui en résultent. Ainsi, avant de rendre compte au procureur des résultats de la mesure, il doit s'assurer de l'entière exécution des obligations découlant de l'accord de médiation quelles qu'elles soient. Au moment de la signature du procès-verbal de médiation, il doit veiller à ce que les intérêts de chacun soient respectés et que les parties aient fait une juste évaluation du préjudice subi par la victime. Il est aussi tenu de constater l'échec de la médiation lorsque le conflit s'enlise en

---

[454] Se rattachant à la même idée de justice négociée, la médiation en matière de discrimination doit satisfaire également aux mêmes exigences d'indépendance et d'impartialité.

raison de l'impossibilité pour les parties d'aboutir à un dénouement concerté du conflit. Il dressera alors un procès-verbal d'échec qu'il transmettra au parquet.

317. Bien qu'il dispose d'une grande marge de manœuvre dans l'organisation de sa mission de médiation et d'une grande autonomie dans l'évaluation des préjudices et la surveillance de l'exécution de l'accord de médiation, il n'en reste pas moins que cette indépendance dans le déroulement de la mesure reste relative dès lors que le médiateur fait partie du réseau I.N.A.V.E.M[455]. Ce dernier ayant participé à l'essor de la médiation constitue une structure recherchant, avant tout, la protection des intérêts de la victime. La formation des médiateurs par l'intermédiaire de ce réseau s'accommode mal de l'idée d'une réelle indépendance et impartialité[456].

Cependant, la médiation pénale recherche la solution du litige par la voie de la négociation afin de remettre les parties au lige dans l'état qui était le leur avant la commission de l'infraction. Cet objectif démontre la singularité de la médiation pénale, mais aussi de l'ensemble des alternatives restitutives, au sein de l'arsenal alternatif.

b - Une autonomie découlant du but restitutif assigné

318. Lorsque le parquet prend la décision de recourir à une procédure alternative à la poursuite pénale, la détermination de celle-ci s'effectue en fonction de critères qui justifient l'utilisation d'un moyen spécifique de traitement d'un type particulier d'infractions. Avant la consécration par le législateur de la médiation pénale comme mode de règlement des litiges issus d'infractions de faible gravité, le recours à cette procédure alternative résultait de critères déterminés par chaque parquet. Ainsi, d'une juridiction à l'autre, les critères justifiant le recours à la médiation se révélaient différents. La seule caractéristique commune résidait dans l'exigence d'un faible trouble à l'ordre public.

319. C'est avec la loi du 4 janvier 1993 que le législateur établit un triple critère de mise en application de la médiation pénale. En effet, d'après les termes de la loi, la médiation pénale ne peut être mise en œuvre que si elle est susceptible de réparer le dommage causé à la victime, de mettre fin au trouble causé à l'ordre public et, de permettre le reclassement de l'auteur.

---

[455] Institut national d'aide aux victimes et de médiation.

[456] Cf. *infra* n°339 et 532 et s.

Le développement ultérieur des procédures alternatives, depuis l'adoption de la loi du 23 juin 1999 créant la procédure de la composition pénale, a amené le législateur à réaménager le recours aux modes alternatifs de résolution des litiges pénaux en révisant la rédaction de l'article 41-1 C.pr.pén. consacré plus particulièrement aux processus alternatifs suspensifs de la prescription de l'action publique[457].

Ainsi, depuis la loi de 1999, le déclenchement d'une mesure alternative[458] peut être fondé sur un seul ou plusieurs des trois critères initiaux, ce qui est laissé à l'entière appréciation du représentant du ministère public.

Les premières expériences de médiation pénale, comme celles issues de la pratique créée par le procureur Georges Apap[459] en 1984, exigeaient pour être mises en œuvre que le processus poursuive en même temps les trois objectifs. Tel n'est plus systématiquement le cas dans la pratique influencée par les interventions multiples du législateur depuis la loi du 4 janvier 1993[460]. En effet, la pratique de la médiation a progressivement acquis la caractéristique de procédure de traitement privilégié des litiges pénaux dans lesquels auteurs et victimes sont en lien de connaissance. La loi du 23 juin 1999, créant la procédure de composition pénale, n'a pas pour autant entraîné une dénaturation de la médiation et l'a confirmée dans son caractère réparateur même si elle a retiré du domaine de compétence de la médiation pénale un certain nombre d'infractions. Ainsi, la médiation pénale doit s'analyser comme un processus de réparation pour l'auteur des faits et la victime, l'objectif annoncé du recours à une telle procédure étant de les replacer dans la situation dans laquelle ils se trouvaient avant que l'infraction ne soit commise. Elle mérite aussi d'être qualifiée de processus restitutif en raison des buts qu'elle poursuit, d'une part, mais aussi des mesures qui pourront être prises en cas d'issue favorable de la médiation, d'autre part.

320. S'agissant des objectifs recherchés dans le cadre d'une médiation pénale, l'utilisation de cette procédure permet clairement au parquet

---

[457] En effet, les mesures énoncées à l'article 41-1 C.pr.pén., dont la rédaction est issue de la loi 99-515 du 23 juin 1999 partiellement modifiée par la loi n°2004-204 du 9 mars 2004, n'entraînent, une fois exécutées, que la suspension de l'action publique, c'est-à-dire qu'un simple engagement moral du ministère public de ne pas poursuivre, à la différence de la mesure de composition pénale qui, une fois exécutée, éteint l'action publique.

[458] On entendra ici par mesures alternatives strictement celles énumérées par l'article 41-1 C.pr.pén.

[459] G. Apap, La conciliation pénale à Valence, *op.cit.*

[460] A savoir par la loi n°99-515 du 23 juin 1999 relative à l'efficacité de la procédure pénale et plus récemment par la loi n°2004-204 du 9 mars 2004 relative à l'adaptation de la justice aux évolutions de la criminalité.

d'obtenir la réparation du dommage subi par la victime et le reclassement de l'auteur pouvant être alors analysé comme une réparation pour celui-ci. Ensuite, la médiation, en ce qu'elle œuvre à une réparation pour la victime et pour l'auteur permet, par la conjugaison de ces deux objectifs, d'atteindre le troisième qui est assigné par le législateur, à savoir la cessation du trouble causé à l'ordre public.

La médiation vise à parvenir à un effacement des conséquences dommageables issues de la commission de l'infraction. Elle tend ainsi à une remise en état non seulement de la situation de la victime, mais aussi de l'auteur, dans un but de rétablissement d'une relation sociale particulière préexistante. Cette procédure, en ce qu'elle a pour objectif une réparation de cette relation privée, procède ou cherche à procéder à une remise en état de cette situation sociale (familiale ou de voisinage par exemple) déstabilisée par la commission d'une infraction.

321. Les solutions multiples qui en sont issues démontrent également le caractère restitutif de cette procédure. Les mesures issues de la médiation peuvent en apparence ressembler à de véritables sanctions au caractère pénal marqué car elles découlent d'un processus parajudiciaire. Toutefois, les sanctions issues de la médiation pénale ne présentent pas de nature répressive dès lors qu'elles ne présentent aucun caractère afflictif. En effet, ces dispositions issues de l'accord de médiation n'atteignent l'auteur des faits ni dans sa liberté d'aller et de venir ni dans l'exercice de ses droits ou de son activité professionnelle. Elles peuvent, certes, l'atteindre dans son patrimoine mais pas au sens des peines pécuniaires, telles que l'amende, puisque les éventuelles mesures évaluées en argent incluses dans l'accord de médiation visent uniquement à la réparation du dommage subi par la victime. Elles ne constituent donc que des mesures à caractère non répressif mais réparateur du préjudice de la victime et de préservation d'une relation sociale privée.

Les premières expériences de médiation permettaient de rencontrer des accords de médiation dans lesquels l'auteur de l'infraction acceptait la charge d'effectuer sans aucune rémunération un travail au profit de la victime ou d'une association désignée par elle ou suggérée par le médiateur. Cet apparent travail d'intérêt général ne pouvait se confondre avec celui résultant des articles 131-8 et suivants du Code pénal, même s'il en est directement inspiré, à l'instar du travail au profit de la collectivité proposé dans le cadre de la procédure de composition pénale[461].

---

[461] Art. 41-2, 6° C.pr.pén. : « accomplir au profit de la collectivité un travail non rémunéré pour une durée maximale de soixante heures, dans un délai qui ne peut être supérieur à six mois. ».

L'obligation, acceptée par l'auteur des faits, d'effectuer un travail non rémunéré au profit d'une personne privée distincte ou non de la personne de la victime s'éloigne clairement de la sanction de l'article 131-8 C.pén., en ce que cette mesure « négociée-acceptée » ne vise pas à faire cesser le trouble causé par la commission d'une infraction à l'ordre public c'est-à-dire à la société en son entier. Son objectif est différent et tend à la réparation des conséquences dommageables de nature privée des faits en visant à une remise en état de la victime, atteinte dans ses biens ou dans sa personne, par la satisfaction de voir l'auteur comprendre et assumer les conséquences de ses actes.

322. Cette réparation est de nature matérielle et directe dès lors que l'auteur des faits s'engagera par le biais d'un travail non rémunéré à réparer le dommage causé aux biens de la victime. Elle est de nature morale et indirecte lorsque l'auteur des faits s'engage à effectuer un travail non rémunéré auprès d'une association désignée d'un commun accord entre la victime et l'auteur ou uniquement par la victime.

Toutefois, depuis la spécialisation de la médiation pénale, confirmée par la nouvelle rédaction de l'article 41-1 C.pr.pén., il semble peu probable ou peu judicieux que la médiation pénale, utilisée dans le cadre des infractions en matière familiale, débouche sur un accord prévoyant un engagement de l'auteur à effectuer un travail non rémunéré.

Ce dernier n'est pourtant pas devenu obsolète en raison de l'existence, à l'article 41-1, 4° C.pr.pén., d'une mesure dite de réparation du dommage causé à la victime qui se présente comme une mesure voisine de la médiation mais dont le seul objectif est la réparation des conséquences dommageables subies par la victime, quelle que soit la nature de celle-ci.

Grâce à son évolution, la médiation pénale permet des règlements variés de litiges et offre notamment la possibilité d'une réparation pécuniaire, matérielle, mais aussi morale pour la victime. En effet, la philosophie de la médiation pénale en France participe des idées du mouvement de défense sociale nouvelle[462] pour lequel la simple réparation pécuniaire du préjudice de la victime s'avère insuffisante[463]. Ainsi, pour les partisans de la médiation pénale, cette mesure remplit pleinement les objectifs qui lui sont assignés en ne se contentant pas d'organiser l'indemnisation pécuniaire du préjudice subi

---

[462] M. Ancel, La défense sociale nouvelle, 3e éd., Cujas, Paris, 1981.

[463] M. Guilbot et S. Rojare, La participation du ministère public à la médiation, *Arch.Pol.Crim.*, 1992, p. 46 et s.

par celle-ci mais en favorisant, par l'établissement ou la reprise d'un dialogue la restauration des relations personnelles entre les deux parties au litige[464].

La création de ce dialogue ou le rétablissement de celui-ci contribue donc à la réparation pour la victime mais aussi au reclassement pour l'auteur de l'infraction. Les solutions issues de la médiation pénale en témoignent parfois expressément. Il n'est pas rare, en effet, de voir consignés, dans l'accord de médiation pénale transmis au parquet, l'obligation pour les deux parties de se serrer la main ou encore, pour l'auteur des faits, de s'engager à la rédaction d'une lettre d'excuse adressée à la victime[465].

323. Cette réparation pour la victime et ce reclassement pour l'auteur par la mise en œuvre d'une solution concertée participeraient aussi à l'objectif de cessation du trouble causé à l'ordre public. L'utilisation des mesures alternatives ayant notamment pour objet de faire cesser le trouble causé à l'ordre public, la médiation pénale a pu être analysée comme un outil de resocialisation de l'individu, auteur d'une infraction pénale[466]. Ainsi, la solution trouvée par le biais de ce processus viserait à éteindre le conflit né de la violation de la loi pénale par l'indemnisation la plus satisfaisante possible de la victime.

324. Cette analyse peut être nuancée. L'objet de la médiation est de permettre une prise en compte plus efficace de la victime et de ses demandes de réparation lors du traitement pénal de l'infraction. Toutefois, dès lors que la confrontation de la victime et l'auteur des faits et la découverte d'une solution de nature réparatrice suffisent pour éviter toute suite judiciaire, alors ce type de mesure ne vise pas réellement la cessation d'un trouble causé à l'ordre public traditionnel, mais celle d'un trouble à un ordre plus spécifique.

Les premières expériences de médiation[467] n'utilisant cette procédure que pour les infractions ne troublant que faiblement l'ordre public et la spécialisation plus récente de celle-ci dans le traitement des infractions de type familial et de voisinage démontrent que le processus de médiation, même si la loi lui assigne un objectif de cessation du trouble causé à l'ordre public, vise concrètement au désamorçage du conflit né entre les deux parties concernées par la découverte d'une solution concertée et à la

---

[464] C'est-à-dire entre l'auteur des faits et la victime, et non le ministère public qui lui, en principe, est partie au procès pénal.

[465] Th. Lebéhot, Le cadre juridique de la médiation pénale, *AJ Pénal*, 2011. 216.

[466] M.Guilbot et S. Rojare, La participation du ministère public à la médiation, *op.cit.*

[467] G. Apap, La conciliation pénale à Valence, *op.cit.*

réparation des préjudices causés. De même, l'évitement du traitement pénal traditionnel de l'infraction par la substitution d'une solution négociée visant à faire prendre conscience à l'auteur des faits de la gravité de sa faute contribue à son reclassement.

Ainsi, la médiation pénale entraîne à la fois la cessation du préjudice subi par la victime et le reclassement de l'auteur des faits. Cependant, il n'est pas possible par ces seules justifications de considérer qu'elle vise à la cessation d'un trouble causé à l'ordre public. L'existence de ce trouble ne peut être considérée que comme embryonnaire dès lors qu'il n'a pas été estimé, en amont, comme suffisamment grave pour motiver la mise en œuvre d'un processus alternatif plus contraignant ou le déclenchement de l'action publique. En réalité, par sa méthode, la médiation ne tend pas à la satisfaction de la paix publique mais au rééquilibrage des droits déstabilisés par la commission d'une infraction pénale. Elle ne vise pas à la sauvegarde de l'ordre public mais plutôt à la conservation des intérêts particuliers.

325. Depuis la loi du 23 juin 1999, les procédures alternatives à la poursuite pénale doivent répondre aux conditions de mise en œuvre communes énoncées par l'article 41-1 C.pr.pén. Dès lors, les mesures des 4°, 6° de l'article 41-1 C.pr.pén. ainsi que la médiation en matière de discrimination qui découlent d'une spécialisation de la médiation pénale doivent être considérées comme recherchant le même objectif principal de réparation des dommages résultant pour l'auteur et la victime de la commission de l'infraction. La mesure d'injonction thérapeutique et l'alternative thérapeutique de l'article 41-1, 2° C.pr.pén. ne font pas exception à ce régime commun[468].

Ainsi, la procédure de l'injonction thérapeutique à laquelle on peut assimiler la mesure de l'article 41-1,2° C.pr.pén. répond de la même manière aux objectifs de l'article 41-1 C.pr.pén.

La mesure en cause, dont on a pu dire qu'elle entraînait également une relativisation de la distinction entre auteur de l'infraction et victime de celle-ci, a pour but de réparer les conséquences dommageables de l'infraction afin de préparer le reclassement social de l'auteur. Cette mesure ne consiste pas en une restitution matérielle au profit de la victime, mais a pour but la réparation médicale et sociale de l'individu. Lorsque le ministère public propose une mesure d'injonction thérapeutique, celle-ci doit aboutir, dès lors qu'il en accepte le principe, à la désintoxication du consommateur de

[468] La circulaire CRIM 2004-03 du 16 mars 2004 relative à la politique pénale en matière de réponses alternatives aux poursuites et de recours aux délégués du procureur prévoit à cet effet expressément les cas dans lesquels la Chancellerie préconise l'emploi de l'injonction thérapeutique.

stupéfiants. A cette fin, le parquet saisit l'autorité sanitaire compétente représentée par l'A.R.S. qui procède, par l'intermédiaire du médecin relais, à un examen médical de l'intéressé lequel conditionne les suites de la mesure.

En effet, l'examen pratiqué d'office sur l'auteur des faits a pour but de déterminer la nécessité d'une cure de désintoxication pour ce dernier. Deux solutions sont alors envisageables.

Soit la cure de désintoxication s'avère souhaitable aux yeux de l'autorité sanitaire. Le médecin relais invite l'individu à se présenter auprès d'un centre de soin, d'accompagnement et de prévention en addictologie désigné par lui ou à un médecin choisi par lui. A défaut de choix effectué par le consommateur de stupéfiant, le médecin relais désignera lui-même le centre de soin[469]. Il informe par ailleurs le procureur de la République de l'admission de l'individu en cure de désintoxication. Soit l'examen médical pratiqué révèle l'absence de nécessité d'une telle cure. Dans ce cas, le médecin relais invite l'auteur des faits à choisir librement un médecin afin que celui-ci organise une surveillance sanitaire. Dans les deux cas, l'établissement en charge de la cure de désintoxication et le praticien chargé de la surveillance médicale ont connaissance de leur obligation d'informer le médecin relais, lequel transmet les informations recueillies au parquet.

326. La gestion par l'autorité sanitaire et par le corps médical en charge effective du traitement de leur obligation d'information est significative du caractère avant tout réparateur de la mesure. Si l'A.R.S., le médecin relais, l'établissement d'accueil en cure ou le médecin surveillant s'obligent à informer régulièrement le parquet du déroulement de la mesure, mais aussi de toute interruption de celle-ci, cette obligation est tempérée par le principe d'autonomie médicale. Ainsi, l'organe médical en charge de l'exécution de la mesure n'informera le parquet qu'en cas d'abandon jugé définitif par lui de la mesure décidée par le parquet.

L'existence de ce principe vient tempérer le jeu de la règle d'opportunité des poursuites toujours vivace après la mise en œuvre de l'alternative thérapeutique et entraînant l'abandon de l'impunité promise par le parquet dès lors que celui-ci serait informé par l'autorité sanitaire d'une interruption temporaire de la mesure. La pratique consistant à n'informer le parquet qu'en cas d'abandon définitif de la mesure a été encouragée par la Chancellerie elle-même[470] et démontre bien l'objectif de la mesure au sens de l'article 41-1al. 1er C.pr.pén.

---

[469] Article L. 3413-2 al. 1er C.santé pub.

[470] Circulaire DGLDT/CRIM/DGN, n°20C du 28 avril 1995 relative à l'harmonisation des pratiques relatives à l'injonction thérapeutique, *op.cit.*

En effet, comme la médiation, mise en œuvre par le parquet que dans un but de réparation du dommage causé à la victime et de reclassement de l'auteur de l'infraction en ne visant que peu, voire pas, à la cessation du trouble causé à l'ordre public, l'injonction thérapeutique participe aux mêmes objectifs de réparation et de reclassement. Elle abandonne, comme pour les mesures des 4°et 5° de l'article 41-1 C.pr.pén., les préoccupations relatives à l'ordre public afin de privilégier un traitement socio-pénal de l'infraction. La mesure d'injonction thérapeutique est, d'une part, de nature sociale en ce qu'elle vise à la réparation des conséquences d'ordre physique, psychologique et social résultant de la commission de l'infraction. Ainsi, comme la mesure d'orientation prévue par l'article 41-1, 2° C.pr.pén., elle tend à la réparation des conséquences dommageables de la commission de l'infraction pour la victime, même si celle-ci se confond avec la personne de l'auteur des faits.

Cette mesure sociale répond, d'autre part, à l'objectif pénal de reclassement de l'individu, considéré comme l'auteur de l'infraction, en lui imposant, par le biais d'une procédure para-judiciaire, de se soigner. Le respect de cette obligation n'est pas de pure forme car la connaissance par le parquet de l'abandon définitif du traitement par l'individu concerné ou de la reprise d'un comportement addictif peut se révéler lourde de conséquences pour ce dernier.

327. La circulaire du 28 avril 1995 affirmait l'utilisation par les médecins du principe d'autonomie médicale afin de faire échec au déclenchement de l'action publique suite au non-respect temporaire des obligations de l'injonction. En outre, elle préconisait le renouvellement de l'injonction après échec, éventuellement sous une forme différente, dans le but d'atténuer la rigueur du Code de la santé publique. Ce dernier, en effet, prévoyait expressément dans les alinéas 2 et 5 de son article L. 3423-1, la perte de l'impunité et donc la mise en œuvre de l'action publique en cas d'échec de la mesure et notamment en cas de réitération de l'infraction. La circulaire du 28 avril 1995 permettait une gestion souple de l'alternative thérapeutique dans un sens favorable à l'individu. Toutefois, tel ne semble plus être le cas depuis la loi du 9 mars 2004[471] et la circulaire du 16 mars 2004[472].

Dans un souci d'efficacité de la réponse pénale et de promotion des procédures alternatives à la poursuite, la loi du 9 mars 2004 a introduit un dernier alinéa à l'article 41-1 C.pr.pén. Celui-ci encadre le principe

---

[471] Loi n°2004-204 du 9 mars 2004 relative aux adaptations de la justice aux évolutions de la criminalité, *op.cit.*

[472] Circulaire CRIM 2004-03 du 16 mars 2004, *op.cit.*

d'opportunité des poursuites appartenant au parquet en cas d'échec de l'une des mesures alternatives au classement sans suite. Depuis le texte nouveau, en cas de non-exécution par l'auteur des faits de la mesure en raison de son comportement, le parquet a l'obligation de mettre en œuvre une composition pénale ou de déclencher l'action publique. Cette disposition appliquée à l'injonction thérapeutique semble peu compatible avec la gestion souple de la mesure sanitaire proposée par la circulaire de 1995. En effet, la simple connaissance par le parquet d'un abandon de l'injonction de soins par l'auteur des faits ou d'une réitération de tout comportement addictif entraînera une réponse de l'organe de poursuite plus rigoureuse, de nature répressive et peu satisfaisante au regard des objectifs initialement visés par le parquet au titre de l'article 41-1 C.pr.pén. C'est pourtant cette option qui a été retenue par la loi n° 2007-297 du 5 mars 2007 relative à la prévention de la délinquance. Celle-ci supprime toute référence à la perte de l'impunité en cas de réitération du comportement addictif. Mais parallèlement, elle place, à l'article 41-2, al. 17° C.pr.pén., l'injonction thérapeutique comme mesure applicable au titre de la composition pénale. Ces dispositions apparaissent comme inappropriées face aux objectifs de resocialisation et de réparation du dommage subi par l'individu. En effet, la possibilité prévue par l'article 41-2 C.pr.pén. d'accompagner la mesure de soin d'une sanction plus répressive, risque de travestir le caractère réparateur inhérent à l'injonction thérapeutique et d'affaiblir son efficacité. Ce constat n'est pas purement hypothétique dès lors que la circulaire du 9 mai 2008[473] prise en application de la loi du 5 mars 2007 et du décret du 16 avril 2008 ne distingue pas les différentes applications de l'injonction thérapeutique, et les réserve au consommateur toxicodépendant et au consommateur habituel ou excessif de boissons alcooliques.

328. De plus, la loi du 9 mars 2004, en venant préciser le contenu de la mesure d'orientation énoncée par l'article 41-1, 2° C.pr.pén., a permis une division de la réponse pénale, concrétisée par la circulaire du 16 mars 2004 et confirmée depuis, qui réserve aux seuls usagers répétés de drogues dures le recours à l'injonction thérapeutique.

En effet, depuis cette circulaire, la consommation de drogues dites douces fait l'objet d'une orientation vers une structure sanitaire dont il convient de penser, d'après les circulaires du 16 mars 2004 et du 9 mai 2008, qu'elle correspond à l'obligation pour le consommateur de stupéfiants de suivre un stage de sensibilisation. La division créée par la loi du 9 mars 2004

---

[473] Circulaire DACG 2008-11G4 du 9 mai 2008 relative à la lutte contre la toxicomanie et les dépendances, BO min. jus., juin 2008.

entraîne, de fait, une spécialisation de la mesure d'orientation vers une structure sanitaire et de celle d'injonction thérapeutique.

Ainsi, en cas d'échec de la simple orientation du consommateur de drogues douces vers une structure sanitaire conformément à l'article 41-1,2° C.pr.pén., comme en cas d'échec de la mesure d'injonction thérapeutique, le parquet doit, en vertu du dernier alinéa de l'article 41-1 C.pr.pén., mettre en œuvre une composition pénale ou déclencher les poursuites. Il faut toutefois préciser que, à la lecture des circulaires précitées, le choix d'une injonction thérapeutique peut faire suite à un échec de la réponse constituée par l'orientation du consommateur de stupéfiants vers une structure sanitaire. Ainsi, l'usage répété de drogues douces est perçu, par la Chancellerie, comme une réitération nécessitant la mise en œuvre d'une mesure plus rigoureuse de traitement en principe réservée à la consommation de drogues dures.

En effet, la circulaire prévoit l'emploi de la mesure de l'article 41-1, 2° C.pr.pén. dans le cadre de la consommation occasionnelle de drogues dures. Son échec entraîne la mise en œuvre d'une injonction thérapeutique en cas de répétition du même comportement délictuel dès lors que la répétition de la consommation occasionnelle peut être perçue comme une consommation habituelle du produit.

Enfin, la spécificité de la gestion alternative des infractions relatives à la consommation de stupéfiants rejoindra le régime commun organisé par l'article 41-1 C.pr.pén. en cas d'échec de l'injonction thérapeutique. La circulaire du 16 mars 2004 fait en effet référence au dernier alinéa de l'article 41-1 C.pr.pén., selon lequel, en cas d'échec de l'une des mesures qu'il énonce dû au comportement de l'auteur des faits, le parquet doit mettre en œuvre une composition pénale.

Là où la circulaire du 28 avril 1995 permettait une gestion souple du traitement socio-pénal du consommateur de stupéfiants, en permettant la répétition d'une mesure réparatrice favorable à l'auteur des faits, les lois du 9 mars 2004 et du 5 mars 2007 érigent la rechute, réalisée par la non-exécution de la mesure en raison du comportement de l'auteur des faits, en véritable réitération de l'infraction nécessitant alors une répression plus forte.

329. La même réflexion peut être appliquée à la médiation pénale mais aussi à la mesure de réparation du dommage causé à la victime de l'article 41-1 ; 4° C.pr.pén. Le législateur, par sa politique pénale de 2004, réaffirme et précise le caractère alternatif des mesures restitutives de l'article 41-1, 2°, 4°et 5° C.pr.pén. Il le réaffirme, d'abord, en le présentant comme une voie parallèle au traitement pénal pur et simple de l'auteur d'une infraction. Il le précise, ensuite, en exposant clairement que l'échec de cette voie entraîne inéluctablement l'abandon du traitement social de l'auteur des faits pour s'orienter vers la recherche d'une solution plus répressive conduisant à l'application, par un quelconque moyen, d'une sanction de nature pénale[474].

Laissant un large pouvoir au procureur de la République, quel que soit le moment procédural, les alternatives restitutives ne se présentent pas moins comme réservant aux parties à la procédure une grande faculté de négocier en matière pénale. Cette faculté est offerte à la fois à l'auteur de l'infraction et à la victime dès lors que celle-ci existe et est identifiée. Bien que les textes applicables et la pratique présentent ces processus comme étant largement acceptés par les parties et laissant une grande possibilité de négociation en leur sein, il faut se garder d'être trop affirmatif.

B - Le caractère relatif de la négociation au sein des procédures restitutives

330. Les procédures de type restitutif présentant un régime commun quant au déclenchement procédural, au recours à la délégation et aux objectifs poursuivis, permettent à première vue une prise en compte élargie des préoccupations des acteurs à la procédure. En effet, tout au long du déroulement procédural, l'auteur de l'infraction mais aussi la victime bénéficient d'un pouvoir de négociation de la mesure. Cependant, les infractions propres à chaque processus restitutif ont une incidence sur la présence ou non d'une victime à la procédure.

La question de la présence de la victime doit donc être précisée. En raison de l'objectif de la mesure, la détermination de celle-ci a pu apparaître comme singulière dès lors que certains auteurs d'infractions peuvent être considérés comme de véritables victimes. L'existence ou non d'une victime physiquement distincte de la personne de l'auteur de l'infraction conditionnera le recours à tel processus restitutif de préférence à tel autre.

Par ailleurs, bien qu'elles offrent un pouvoir de négociation à l'auteur et à la victime, ces procédures révèlent certaines zones d'ombre quant à l'étendue réelle du pouvoir de négociation, entraînant une disparité de celui-ci en cas de médiation (1) et une faiblesse de son effectivité en cas d'alternatives thérapeutiques (2).

---

[474] La mesure plus récente introduite au 6° de l'art. 41-1 C.pr.pén. confirme cette analyse. L'échec de la mesure doit lui aussi entraîner la mise en œuvre d'une composition pénale. Toutefois, le législateur a introduit la même mesure au 14° de l'article 41-2 C.pr.pén. La composition pénale s'inscrivant comme un processus plus répressif, la mesure qui consiste à demander à l'auteur des faits de quitter le domicile ou la résidence du couple doit se voir accompagnée par une autre sanction telle que, par exemple, le versement d'une amende de composition.

1 - Les disparités du pouvoir de négociation en matière de **médiation**

331. Avant même sa consécration par le législateur de 1993, la médiation pénale était présentée comme la première mesure offrant une réelle alternative à la mise en œuvre de l'action publique. La promotion de cette mesure était axée sur le caractère hautement négocié de la nouvelle procédure. Ainsi, le traitement de la délinquance par la voie de la médiation se voyait originalement effectué par une négociation de la mesure, qu'il s'agisse du déclenchement même de la procédure ou de la détermination de la sanction.

A l'inverse de la médiation pénale, les mesures alternatives de type thérapeutique de l'article 41-1, 2°C.pr.pén. ne se présentent pas comme des processus négociés. En effet, la part de négociation qui y est laissée à l'auteur des faits est très restreinte et ne se découvre que dans certains cas seulement.

332. S'agissant tout d'abord de la médiation pénale, la possibilité de négociation offerte à l'auteur est censée apparaître dès la proposition du recours à ce processus. Ainsi, l'auteur des faits devient, en matière de médiation pénale, un acteur important de la procédure car l'article 41-1, 5° C.pr.pén. requiert l'accord des parties afin que la médiation pénale soit mise en œuvre. Le Code de procédure pénale confère donc à l'auteur des faits une marge de manœuvre importante au titre du déclenchement de la procédure en exigeant son accord.

Cependant, cet accord ne peut pas être considéré comme véritablement libre car la proposition de la mesure s'accompagne inévitablement de l'information de l'auteur des faits que son refus est susceptible d'entraîner le déclenchement de l'action publique ou d'une mesure alternative plus répressive, comme l'y invite le dernier alinéa de l'article 41-1 C.pr.pén[475].

333. Cet état de fait, résultant du jeu de l'article 41-1 C.pr.pén. dans son ensemble, enlève dès lors tout un pan du principe même de la médiation pénale permettant la résolution amiable d'un conflit par les parties elles-mêmes placées sur un pied d'égalité[476]. Ainsi, c'est la notion même d'égalité

---

[475] Art. 41-1 al. 8 C.pr.pén. : « *en cas de non-exécution de la mesure en raison du comportement de l'auteur des faits, le procureur de la République, sauf élément nouveau, met en œuvre une composition pénale ou engage des poursuites* ».

[476] L. Cadiet, Une justice contractuelle : l'autre, *in* le contrat au 21e siècle, *Mélanges Ghestin*, LGDJ, 2004, p. 189 ; G. Deharo, Médiation : une justice équitable et durable ?, *Gaz.Pal.*, 18 août 2006, Doctr., p. 2 et s.

des parties qui par cette analyse disparaît. La victime de l'infraction n'étant pas concernée par le dernier alinéa de l'article 41-1, son refus de procéder à une médiation pénale n'est pas susceptible d'entraîner inévitablement la mise en œuvre de l'action publique ou d'une composition pénale, mais laisse au procureur la faculté de déclencher une autre mesure alternative de l'article 41-1 C.pr.pén. Cette différence de traitement entre l'auteur des faits et la victime de l'infraction peut alors être perçue comme une rupture d'égalité des armes au sens de la Convention européenne de sauvegarde des droits de l'homme et des libertés fondamentales (C.E.S.D.H).

En effet, cette notion, non expressément inscrite dans la convention mais tirée par la Cour européenne de sauvegarde des droits de l'homme de l'article 6§1 de la Convention relatif au droit à un procès équitable depuis une décision du 19 décembre 1960, suppose que chaque partie au procès pénal doit avoir la même possibilité de présenter sa thèse et qu'aucune ne peut bénéficier d'un avantage par rapport à la partie adverse. Elle concerne essentiellement l'égalité dans la procédure entre l'auteur présumé des faits et le ministère public. Egalement, elle vise, des vœux mêmes de la Cour européenne, les circonstances de la procédure et permet à cette juridiction d'examiner tous les facteurs intervenant en cours de procédure et risquant de rompre l'égalité entre les parties.

Ainsi, le refus de mettre en œuvre une médiation pénale n'entraîne pas les mêmes conséquences selon qu'il résulte de l'auteur ou de la victime. Au contraire, il a pour effet de déclencher une réponse pénale plus sévère lorsqu'il provient de l'auteur et rompt de façon nette le principe d'égalité dans la procédure de médiation au sens de la convention du 4 novembre 1950.

334. Si l'accord des parties est nécessaire pour permettre la mise en œuvre d'une médiation pénale, le caractère négocié de la mesure ne se résume pas au simple déclenchement de la procédure. En effet, l'accord de l'auteur des faits[477] et de la victime reste nécessaire à tous les stades du processus afin de parvenir à la détermination d'une sanction librement négociée par les deux parties et acceptée par l'auteur de l'infraction. Il appartient alors au médiateur pénal d'organiser le processus de médiation afin d'aboutir à un accord. Pour ce faire, l'organe en charge de l'exécution de la mesure dispose d'une grande marge de manœuvre.

---

[477] En vertu de l'article 7-1 de l'ordonnance n°45-174 du 2 février 1945, la participation du mineur à la médiation pénale (ainsi qu'à la mesure d'orientation vers une structure sanitaire, sociale ou professionnelle de l'art. 41-1, 2° C.pr.pén.) sera subordonnée à l'accord des représentants légaux de celui-ci.

Ainsi, lors du premier entretien, le médiateur peut préférer à une rencontre simultanée des deux parties une entrevue séparée des deux protagonistes, en raison du degré d'intensité du conflit. Ce premier entretien découle d'une convocation sous la forme d'une lettre simple envoyée par le médiateur lui-même ou par le parquet[478] et informe les parties de sa proposition de recourir à une médiation. Il a pour objectif de s'assurer de la persistance du consentement des parties à voir leur conflit réglé de manière négociée. Pour ce faire, le médiateur leur rappelle les raisons du litige, le préjudice subi par la victime et les informe du principe, des modalités et des conséquences d'un tel processus. A cet effet, il informe les parties de leur droit à l'assistance d'un avocat dont la fonction se cantonne en médiation à un rôle passif de conseil exclusif de toute idée de représentation de son client.

335. Le principe du recours à la médiation pénale dans un but de règlement du litige par la voie de la négociation des parties elles-mêmes induit les fonctions du médiateur. Celui-ci doit, en effet, travailler dans un but d'écoute des prétentions et des arguments des deux parties et ne peut intervenir dans les débats[479], en raison du principe de neutralité, sauf dans le but de l'établissement ou du rétablissement du dialogue. Le médiateur n'ayant en principe aucun rôle décisionnel quant à l'objectif de la mesure, la pratique révèle une certaine directivité des médiateurs dans l'orientation des débats[480] et dans la recherche d'une solution atténuant, d'une part, le caractère réellement négocié de la médiation et, relativisant, d'autre part, les garanties de neutralité du médiateur dans les débats mais aussi d'indépendance face à la victime, exigées par l'article R. 15-33-33, 3°C.pr.pén.

De plus, le médiateur doit s'assurer, dès la mise en œuvre effective de la mesure, du consentement de la part de l'auteur d'adhérer au principe de la médiation pénale. L'accord donné par ce dernier doit perdurer tout au long de la procédure. Si une certaine directivité de la part du médiateur semble contestable à première vue quant à la philosophie de la médiation pénale, il apparaît compréhensible de la part de l'organe d'exécution qu'il cherche à inciter les parties à persévérer dans cette voie alternative à chaque situation de blocage pouvant entraîner l'échec de la procédure.

---

[478] Ou encore par un officier de police judiciaire.

[479] J. Morineau, Le centre de médiation et de formation à la médiation, *Arch. Pol. Crim.* 1994, 72.

[480] S. Pokora, La médiation pénale, *AJ Pénal*, 2003. 58.

Egalement, cette directivité du médiateur correspond à l'objectif de célérité voulu par le législateur en l'occurrence dès la loi du 4 janvier 1993. En effet, la loi de 1993 et les circulaires qui lui sont attachées ont fixé la durée d'une mesure de médiation pénale à un délai moyen de trois mois. Toutefois, cette durée conseillée par le législateur et par le Ministère de la Justice n'est pas impérative. D'une part, le procureur de la République peut imposer au médiateur un délai plus court pour parvenir à un accord lorsqu'il lui confie une telle mission. D'autre part, il n'est pas interdit au médiateur, dans des cas exceptionnels, de dépasser la durée moyenne de trois mois de la procédure dès lors que cette décision est prise dans l'intérêt des parties, qu'elle correspond à l'esprit de la mesure et, enfin, qu'elle est revêtue de l'accord préalable du parquet, ce qui démontre une fois de plus la maîtrise de la procédure par le ministère public.

La souplesse de la procédure de médiation ainsi que son caractère consensuel annoncé par le législateur tentent de faire de cette mesure un processus idéal de résolution des conflits nés d'une infraction. Cependant, la disparité dans la faculté de négociation entre les parties due à la pression exercée sur l'auteur se retrouve au cours de la procédure et à la fin de celle-ci.

336. L'auteur de l'infraction a tout intérêt à accepter le recours à la médiation afin d'éviter de voir les poursuites déclenchées à son encontre. Cependant, face à l'impossibilité pour les parties de trouver un terrain d'entente, la procédure de médiation échouera. Cet échec remet les parties dans l'état qui était le leur avant la mise en œuvre du processus obligeant à la recherche d'une nouvelle solution au traitement de l'infraction et à la réparation du préjudice subi par la victime. Cette situation d'échec entraîne des conséquences rigoureuses pour l'auteur des faits exposé alors aux poursuites. Ainsi, l'auteur ne pouvant opportunément refuser la mise en œuvre d'une médiation au risque d'être poursuivi pénalement[481], on peut douter qu'il puisse négocier librement un accord de médiation[482], en raison de la persistance, tout au long du processus, de la faculté pour les parties et plus particulièrement pour la victime de renoncer à persévérer dans cette voie.

---

[481] B. Pereira, Justice négociée : Efficacité répressive et droits de la défense ?, D. 2005, Chron., p. 2041.

[482] Lequel constitue une transaction au sens de l'article 2044 C.civ., Cass. 1ère civ. 10 avril 2013, n° 12-13.672, publié au bulletin ; *JCP* G., 2013, somm. 467. Cf. *infra* n° 546.

337. Les raisons de cette disparité dans la faculté de négociation ont entraîné une réflexion de certains acteurs du monde judiciaire sur la valeur de principe de l'accord de médiation.

Les avocats ont, en effet, pu émettre un certain nombre de réserves. La première crainte ressentie par les professionnels du barreau fut relative à la préservation du principe de la présomption d'innocence dans un contexte procédural présentant une carence relative à l'intervention de l'avocat. A cet effet, les avocats ont dénoncé la loi du 4 janvier 1993 comme pratiquant une sous-traitance de la mission de justice débouchant sur une justice au rabais contenant un grand risque de dérives[483]. L'argument majeur des avocats se situe dans la faiblesse de leur intervention. Le Code de procédure pénale ne prévoit, en effet, qu'une faculté pour les parties à la médiation de se faire conseiller. De plus, le rôle de l'avocat reste cantonné à une fonction de conseil et ne permet pas à celui-ci la représentation de son client. Encore, le recours facultatif au ministère d'avocat en médiation peut être source d'inégalité entre les parties permettant à celle qui est assistée de disposer d'arguments juridiques plus solides que celle qui ne l'est pas[484].

En effet, en cas de présence unique d'un avocat conseillant la victime, celle-ci peut plus facilement imposer ses exigences et ne laisser d'autre choix à l'auteur que d'accepter les termes d'un accord dénué de toute concession réciproque.

338. De plus, on peut douter de la réalité de l'impartialité des médiateurs en raison notamment de la formation de ceux-ci par l' I.N.A.V.E.M, de la proximité de la plupart des associations d'aide aux victimes au réseau de cet institut et de l'exercice par celles-ci des fonctions de médiateur. Cette circonstance, combinée à l'absence d'avocat obligatoire pour les deux parties, semble contraire à une évaluation juste du préjudice subi par la victime. Il est donc particulièrement nécessaire de voir intervenir l'avocat de manière régulière en cas de médiation pour pallier les contradictions du rôle du médiateur chargé à la fois d'une fonction de neutralité et impartialité vis-à-vis des parties et d'expertise quant à l'évaluation du préjudice.

339. L'intervention de l'avocat doit permettre objectivement un meilleur respect du principe du contradictoire, qui ne doit pas reposer uniquement sur la personne du médiateur, dans le but d'une réelle égalité entre les parties[485].

---

[483] E. Dreyer, La médiation pénale, objet juridique mal identifié, *JCP* G. 2008, I. 131.

[484] F. Hadidi, Les enjeux de la médiation pénale pour l'avocat, *in* R.Cario, *La médiation pénale : entre répression et réparation*, L'Harmattan, 1997, p. 127 et s.

[485] M. Stasi, La médiation, le point de vue des avocats, *Arch.pol.crim*, 1992, p. 85.

S'agissant de la médiation en matière de discrimination, les mêmes critiques pourront être formulées à l'encontre du défenseur des droits. En effet, l'intervention du médiateur laisse présumer d'une obligation de neutralité, d'indépendance et d'impartialité. Or, lorsque cet organe décide de faire procéder à une telle mission, l'article 27 de la loi du 29 mars 2011 énonce que le défenseur des droits, lui-même, assiste les victimes de discrimination dans la constitution de son dossier et les aide à identifier les procédures adaptées à leur cas.

340. Le principe d'égalité annoncé en médiation perd une part importante de son effectivité en raison du caractère avant tout réparateur de la mesure privilégiant la victime au détriment de l'auteur et, en ne laissant à ce dernier qu'une apparence de choix dans la mise en œuvre et la négociation de la mesure. La proposition de recourir à la médiation n'offre en réalité aucun choix à l'auteur des faits qui ne peut y voir qu'une opportunité de ne pas faire l'objet d'une poursuite. Ainsi, la marge de manœuvre offerte à l'auteur des faits lors d'une proposition de recours à une médiation pénale se rapproche de celle accordée au consommateur de stupéfiants en matière d'alternative thérapeutique.

2 - Le faible degré de négociation en matière thérapeutique

341. Jusqu'à la création de la mesure prévue par l'article 41-1, 2° C.pr.pén., seule la mesure d'injonction thérapeutique permettait un traitement, en amont de la poursuite pénale, de la consommation de stupéfiants. La loi du 23 juin 1999 a favorisé une diversification de la réponse pénale alternative en la matière, affinée par la loi du 9 mars 2004 et la circulaire du 16 mars 2004. La mesure d'injonction thérapeutique a fait l'objet d'une multiplicité d'interprétations, résultant des nombreuses circulaires émanant notamment de la Chancellerie, dans le sens d'une application large de la mesure[486]. Cette utilisation souple de la mesure s'est vue remise en cause par le texte du 16 mars 2004 venant préciser le sens de la loi du 9 mars 2004.

Le régime antérieur de l'injonction thérapeutique permettait l'usage de celle-ci dans tous les cas de connaissance par l'appareil judiciaire d'une conduite de nature addictive aux stupéfiants quels qu'ils soient. Cette application large de l'injonction thérapeutique respectait l'objectif réparateur de la mesure en confiant dans tous les cas le consommateur de stupéfiants

---

[486] V. notamment la circulaire du 28 avril 1995, *op.cit.*

à un organe délégué en la personne de la D.D.A.S.S. Ce régime unique de traitement des conduites addictives aux stupéfiants ne laissait à l'auteur que peu de marge de négociation dans le cadre d'une mesure qui lui était imposée. Cependant, les circulaires antérieures à la loi de 2004 laissaient un choix réel au consommateur de stupéfiants du praticien chargé de sa surveillance médicale lorsqu'une cure de désintoxication ne semblait pas nécessaire. Cette marge de manœuvre accordée à l'auteur des faits était cependant bien mince voire inexistante lorsqu'une cure de désintoxication était décidée, l'autorité sanitaire désignant elle-même un établissement agréé.

342. La circulaire du 16 mars 2004, puis celle du 9 mai 2008 sont venues préciser les modalités de recours à l'injonction thérapeutique. Il en résulte une véritable spécialisation des alternatives thérapeutiques des articles 41-1, 2° C.pr.pén. et L. 3423-1 C.santé.pub. Ainsi, la mesure dite d'orientation vers une structure sanitaire concerne la plupart des consommateurs habituels de drogues douces et occasionnels de drogues dures. La mesure de l'article L. 3423-1 C.santé.pub. est réservée, quant à elle, aux consommations répétées de drogues dures. De plus, en instaurant cette spécialisation, ces circulaires retirent tout pouvoir d'appréciation à l'autorité sanitaire qui auparavant décidait seule de l'orientation médicale du consommateur de stupéfiants. Au contraire, ce pouvoir d'orientation est expressément confié au parquet depuis la circulaire du 9 mai 2008.

Cette spécialisation, ne modifiant pas le contenu de la surveillance médicale ou la cure de désintoxication, retire au consommateur de stupéfiants toute possibilité de choix dans les cas d'orientation vers une structure sanitaire, c'est-à-dire dans ceux pour lesquels les circulaires précédentes permettaient la mise en œuvre d'une surveillance médicale dans le cadre d'une injonction thérapeutique. Ainsi, les mesures thérapeutiques prévues à l'article 41-1, 2° C.pr.pén. s'imposent à l'auteur des faits sans autre choix que de refuser la mesure choisie par le parquet, ce qui conduit ce dernier à mettre en œuvre une mesure plus répressive[487].

En effet, la seule possibilité de négociation réside, depuis le décret du 16 avril 2008, dans la possibilité pour l'auteur de choisir son médecin quelle que soit la nature de l'injonction thérapeutique, cure ou simple surveillance sanitaire. Toutefois, cette marge de manœuvre de l'auteur de l'infraction n'est réservée qu'aux hypothèses d'usage toxicodépendant pour lesquelles une cure de désintoxication est, selon toute vraisemblance, le plus souvent décidée.

---

[487] Les mêmes conséquences pourront être observées pour les autres mesures alternatives restitutives des 4° et 6° de l'art. 41-1 C.pr.pén.

Malgré l'interpénétration des qualités d'auteur et de victime en cas de procédure restitutive, le caractère négocié affirmé de ces processus n'est que relatif. Cet aspect peut aussi être découvert à propos des effets de ces procédures.

§ II - Le caractère relatif de la solution alternative restitutive

343. Dès lors que la mesure proposée par le parquet entraîne l'adhésion de l'auteur et de la victime, l'organe d'exécution désigné par le parquet doit favoriser la découverte d'une solution au litige soit par la recherche d'un accord des parties à la médiation, soit par l'engagement de l'auteur d'exécuter la mesure proposée[488], soit encore de réparer le dommage qu'il s'inflige à lui-même par le suivi d'une mesure thérapeutique. Cependant, l'adhésion initiale des individus concernés n'entraîne pas à elle seule la fin de la procédure. Un échec de celle-ci est toujours possible et les causes de celui-ci sont multiples (A). Aussi, chaque hypothèse de solution aura des conséquences particulières sur l'opportunité des poursuites (B).

A - La multiplicité des solutions possibles

344. En matière d'alternatives thérapeutiques, les solutions dépendent tout d'abord de l'infraction. Celle-ci déterminera l'orientation par le parquet selon que la consommation de stupéfiants est occasionnelle ou répétée et concerne des drogues douces ou dures. Ainsi, les solutions en matière d'orientation vers une structure sanitaire de l'article 41-1, 2° C.pr.pén. et d'injonction thérapeutique de l'article L. 3423-1 C.santé.pub. sont de deux ordres et résultent de la décision relative à la nécessité d'une cure de désintoxication. Cette décision préalable sur le type de consommation et sur la nature de la substance stupéfiante détermine les solutions possibles.

Si le parquet juge que la consommation de stupéfiants est occasionnelle s'agissant de drogues dures ou habituelle s'agissant de drogues dites douces, alors une mesure d'orientation vers une structure sanitaire sera mise en œuvre afin que l'individu concerné suive un stage de sensibilisation. A l'inverse, lorsque l'individu est considéré par le parquet comme faisant un usage répété de drogues dures, notamment parce que cet individu, déjà connu des services du parquet, a antérieurement fait l'objet d'une mesure d'orientation sanitaire, le procureur ou son représentant peut mettre en œuvre une injonction thérapeutique.

---

[488] Il s'agit des hypothèses visées par les mesures des 2°, 4° et 6° de l'art. 41-1 C.pr.pén.

De cette décision, découlent deux possibilités pour l'autorité sanitaire saisie. Une cure de désintoxication est mise en œuvre si l'examen médical effectué par l'autorité sanitaire conclut à une dépendance de l'individu considéré. Lorsque cette cure n'est pas jugée nécessaire, une simple surveillance médicale est mise en place.

A la manière du stage de sensibilisation à la consommation de stupéfiants, le suivi jusqu'à son terme par l'auteur des faits de la surveillance médicale ou de la cure de désintoxication constitue à lui seul une exécution pleine et entière de l'injonction thérapeutique, peu importe que l'auteur des faits réitère sa consommation de stupéfiant au sortir de la mesure thérapeutique. Toutefois, la connaissance d'une telle réitération doit, en principe, empêcher le consommateur de bénéficier à nouveau de l'impunité.

345. Les mesures de type thérapeutique entraînent exclusivement des solutions de resocialisation par l'utilisation de la voie médicale. Celles des articles 41-1, 4°, 5°et 6° C.pr.pén. ainsi que la médiation en matière de discrimination permettent en plus d'une réparation morale et physique, une réparation d'ordre pécuniaire pour la victime. Les solutions possibles dans ces hypothèses proviennent soit directement du procureur de la République, soit de la mise en place d'une procédure plus complexe associant l'auteur et la victime dans la recherche d'un dédommagement de la victime de l'infraction.

La circulaire du 16 mars 2004 ne précise pas les modes de réparation du dommage causé à la victime dans le cadre de la mesure de l'article 41-1, 4° C.pr.pén. Toutefois, l'objectif de cette mesure permet de considérer que ceux-ci sont proches dans leur nature des solutions résultant d'un accord en matière de médiation pénale.

Seules la volonté du parquet d'associer la victime à la résolution du conflit et la détermination de l'organe à l'origine du prononcé de la sanction distinguent ces mesures. Cependant, les solutions en matière de médiation pénale permettent plus facilement une réparation psychologique pour la victime de l'infraction à la différence de la mesure de l'article 41-1, 4° C.pr.pén. qui ne parvient, parce que la décision sur la nature de la sanction sera issue du parquet ou de son représentant, qu'à une réparation pécuniaire ou en nature fondée sur une évaluation en argent du préjudice subi par la victime.

346. La mesure de l'article 41-1, 6° C.pr.pén. apparaît aussi comme une mesure charnière qui met au centre de ses objectifs la réparation du dommage subi par la victime. Cette mesure tend, comme la médiation pénale, à une réparation matérielle mais aussi morale tant pour la victime des violences, que pour l'auteur qui peut bénéficier d'une prise en charge sanitaire, sociale ou psychologique. Cette mesure comme la médiation pénale tendent à une réparation intégrale du préjudice subi par la victime tant sur le plan pécuniaire, que moral et psychologique.

En cas de médiation pénale, la convention issue de l'accord de médiation peut contenir des engagements de type éducatif, dans le but de satisfaire le reclassement de l'auteur de l'infraction, ce qui a fait dire que la médiation pénale s'inscrit dans une logique de responsabilisation et d'intégration[489]. L'originalité de la mesure de médiation pénale[490] est qu'elle permet *a priori* tous types de réparation. Ainsi, à côté d'une réparation pécuniaire et/ou en nature du préjudice de la victime, l'accord de médiation peut être composé ou complété par des excuses orales ou écrites de la part l'auteur. Egalement, il peut prendre la forme d'un service rendu à la victime, à un tiers ou encore d'une simple poignée de main.

La médiation pénale met ainsi à égalité réparation évaluable en argent et réparation purement symbolique qui n'a de valeur que dans la logique des parties. Ce type de mesure restitutive n'est envisageable que dans le cadre des contentieux dans lesquels auteur et victime se connaissent et peuvent s'entendre. A l'inverse, la mesure énoncée par l'article 41-1, 4° C.pr.pén. complète l'arsenal alternatif restitutif en proposant le règlement d'un conflit qui trouve son origine dans la commission d'une infraction par l'obtention d'un engagement de l'auteur de nature pécuniaire. De même, la mesure du 6° de l'article 41-1 C.pr.pén. s'écarte de la mesure de médiation en ce qu'elle ne recherche pas un retour au dialogue mais vise au rétablissement de la paix sociale par une acceptation par l'auteur des faits du principe de l'éloignement du domicile du couple. La distinction opérée par le législateur permet de mieux comprendre les objectifs qu'il assigne à la médiation pénale.

347. Se pose toutefois le problème de la juste évaluation du préjudice subi par la victime. S'il appartient aux parties à la médiation de déterminer le contenu de leur accord, il revient dans la majorité des cas au médiateur lui-même d'évaluer le montant du préjudice ce qui semble contraire à ses obligations d'indépendance et de neutralité ne lui permettant que de tempérer les prétentions exagérées de la victime dans le but de veiller au respect de l'égalité des parties dans la procédure. En effet, il est possible de douter de l'existence véritable de cette garantie[491].

---

[489] J. Leblois-Happe, La médiation pénale comme mode de réponse à la petite délinquance : état des lieux et perspectives, *Rev.sc.crim.*, 1994, p. 525 et s.

[490] A laquelle peut être associée la mesure de l'art. 41-1, 6° C.pr.pén.

[491] E. Dreyer, La médiation pénale, objet juridique mal identifié, *JCP* G. 2008, I. 131.

L'égalité de principe annoncée en cas de médiation doit être nuancée en raison de l'absence réelle de neutralité et d'indépendance du médiateur. En effet, quant à sa formation et son recrutement, le médiateur dépend bien souvent d'une association d'aide aux victimes, elle-même dans la plupart des cas adhérente au réseau I.N.A.V.E.M., ce qui conduit à s'interroger sur l'impartialité de cet organe d'exécution de la mesure relativement à la juste évaluation du préjudice alors que sa mission lui interdit en principe toute directivité dans les négociations entre les deux parties.

Les mesures de type restitutif offrent un large éventail de solutions destinées à mettre fin au litige sans entraîner le prononcé d'une véritable peine. De plus, elles disposent d'un régime commun quant à leurs effets sur l'action publique. Ainsi, quelle que soit l'issue de la procédure restitutive, se renouvellera pour le parquet la question de l'opportunité des poursuites.

B - La fragilité des solutions quant à l'opportunité des poursuites

348. Les procédures alternatives de type restitutif entraînent certaines conséquences sur l'action publique. En effet, l'ensemble de ces mesures entraîne, en cas de réussite, un classement sans suite de l'affaire. Le législateur, en 1999 puis en 2004, en élaborant un arsenal alternatif cohérent, permet à l'ensemble des mesures répondant à un même objectif qu'elles emportent les mêmes effets.

Parce que la procédure alternative de type thérapeutique se confond pour une large part avec la sanction qui en découle, la soumission par le consommateur de stupéfiants à une surveillance médicale ou à une injonction thérapeutique suffit au procureur pour classer sans suite.

La médiation pénale est différente. La participation des parties et la signature de l'accord n'entraînent pas les mêmes conséquences. En effet, le consentement de l'auteur des faits à réparer le dommage causé n'emporte pas classement sans suite sans réelle exécution de son engagement, c'est-à-dire sans qu'il y ait effectivement réparation. La conclusion de l'accord de médiation se concrétise par un acte écrit établi en autant d'exemplaires que de parties à l'accord. Ce procès-verbal[492] est rédigé par le médiateur et relate le contenu de l'accord qui sera transmis au parquet. L'ensemble du dossier reste quant à lui en possession du médiateur en raison du principe d'indépendance énoncé à l'article R. 15-33-33 C.pr.pén.

---

[492] Les autres mesures restitutives de l'article 41-1 C.pr.pén. ne comportent que la rédaction d'un procès-verbal en raison de l'absence d'accord entre l'auteur et la victime de l'infraction.

Cependant, la mission du médiateur ne se cantonne pas à la simple conclusion de l'accord par les parties et à la transmission d'un procès-verbal de réussite au parquet. En effet, il reste chargé de la surveillance de l'exécution de leurs engagements par les parties et ne peut communiquer effectivement le procès-verbal de réussite qu'en cas de complète exécution de ses obligations par l'auteur des faits.

349. Sous l'empire de la loi du 4 janvier 1993, l'accord de médiation et l'exécution des engagements qu'il contient n'obligeaient que moralement le parquet à ne pas poursuivre. La réforme opérée par la loi du 23 juin 1999 énonce clairement l'effet suspensif de la prescription de l'action publique pour les procédures de l'article 41-1 C.pr.pén., confirmant de ce fait un régime commun des mesures à caractère restitutif. A défaut d'effet interruptif de la prescription de l'action publique, les mesures restitutives des articles 41-1,2 ; 4°, 5° et 6° C.pr.pén. n'entraînent pas l'anéantissement du délai de prescription de l'action publique déjà écoulé depuis la commission de l'infraction[493]. Le caractère simplement suspensif de la prescription de l'action publique en cas de procédures alternatives restitutives peut *a priori* être considéré comme une mesure de faveur accordée à l'auteur de l'infraction.

Cependant, cet effet simplement suspensif ne signifie pas extinction de l'action publique. Il laisse au procureur de la République une grande marge de manœuvre pour poursuivre l'auteur des faits en cas de réitération de son activité délinquante. Par ailleurs, la solution jurisprudentielle de l'arrêt du 21 juin 2011, évoquée à propos du rappel à la loi[494], concerne également les alternatives restitutives. En effet, la chambre criminelle, en énonçant au visa de l'article 41-1 C.pr.pén. que « le procureur de la République peut, préalablement à sa décision sur l'action publique, prescrire l'une des obligations prévues par ledit article, sans que l'exécution de cette obligation éteigne l'action publique », confère une portée générale à sa décision. En conséquence, l'exécution intégrale des obligations découlant de l'une quelconque des mesures prévues par cette disposition et décidée par le parquet ne lie pas ce dernier. Celui-ci conserve donc dans tous les cas son pouvoir d'opportunité des poursuites lui permettant de décider *a posteriori* le déclenchement des poursuites. La solution alternative apparaît donc

---

[493] Cass. crim., 6 novembre 2012, n° 11-88.301, non publié.
[494] Cf. *supra* n° 138.

comme un préambule[495] aux poursuites et constitue une source d'insécurité juridique préjudiciable à l'auteur des faits[496].

350. Si l'exécution de la sanction issue d'une mesure restitutive n'établit pas une garantie absolue d'un classement sans suite au bénéfice de l'auteur des faits, les conséquences relatives à l'action publique en cas d'échec sont plus sévères. Toutefois, avant d'aborder ces hypothèses, il convient de déterminer les différents moments d'échec possible pour chacune des procédures concernées.

Une possibilité d'échec peut, tout d'abord, survenir au moment de la proposition de la mesure par le parquet. Ainsi, le refus du consommateur de stupéfiants quel qu'il soit de se laisser orienter vers une structure sanitaire ou de se soumettre à l'examen médical prescrit par la A.R.S. entraîne l'échec *ab initio* de la mesure proposée. De même, le refus de la part de l'auteur de s'engager à réparer le dommage résultant des faits ou de participer à une mission de médiation aboutit à l'abandon de la mesure envisagée.

Ensuite, après acceptation initiale du principe de la mesure proposée par le parquet, il peut y avoir échec de la procédure à tous les moments de celle-ci, et notamment en cas d'abandon par le consommateur de stupéfiants de la mesure thérapeutique dont il fait l'objet, mais également en cas de refus de l'auteur des faits d'assurer les engagements issus de l'accord de médiation ou de la décision du parquet initialement acceptée par lui de réparer les dommages résultant de la commission de l'infraction, de s'abstenir d'apparaître au domicile du couple ou encore de faire l'objet d'une prise en charge sanitaire, sociale ou psychologique.

351. Avant la loi du 9 mars 2004, le parquet retrouvait, en cas d'échec d'une mesure alternative, l'intégralité de son pouvoir d'opportunité lui permettant de décider à nouveau de la mise en œuvre d'une mesure identique. Depuis, l'étendue du pouvoir d'opportunité est différente, en cas d'échec, selon que celui-ci est imputable à l'auteur ou provient de la volonté de la victime.

Si l'échec de la procédure est imputable au comportement de l'auteur, c'est-à-dire à une faute de celui-ci en cours de procédure ou au moment de

---

[495] J. Danet, Le rappel à la loi, préambule ou « alternative » aux poursuites, au choix du ministère public, *Rev.sc.crim.* 2011, 660.

[496] Crim. 21 juin 2011, n° 11-80.003, *JCP* G., 2011, 1453, note F. Ludwiczak. ; J.-B. Perrier, Alternatives aux poursuites : l'orthodoxie juridique face à l'opportunité pratique, *op.cit.* ; S. Detraz, Clarification du régime applicable à la procédure de l'article 41-1 du Code de procédure pénale, *op.cit.*

l'exécution des engagements qui sont à sa charge, le procureur de la République doit, d'après le texte de 2004, mettre en œuvre une procédure plus sévère en la forme d'une composition pénale ou de poursuite[497].

Cependant, la loi du 9 mars 2004 n'a pas retiré pour autant l'intégralité du pouvoir d'opportunité offert au parquet en cas d'échec de la mesure. En effet, l'article 70 de la loi du 9 mars 2004 ne prévoit l'obligation pour le parquet de mettre en œuvre une composition pénale ou de déclencher l'action publique qu'en raison du comportement de l'auteur des faits. Dès lors, la solution de l'arrêt précité du 21 juin 2011 apparaît contraire à la lettre du texte, notamment comme en l'espèce, lorsque le délégué du procureur a porté une appréciation positive de l'impact de la mesure sur l'auteur de l'infraction. Egalement, en cas d'échec imputable au comportement de la victime[498], le parquet conserve l'intégralité de son pouvoir d'opportunité et peut de la même manière décider du déclenchement des poursuites.

En conséquence, les dispositions de l'art. 41-1 C.pr.pén., combinées à l'interprétation qui en est faite par la Cour de cassation, fondent une inégalité entre les parties à la procédure. Outre la violation du principe d'égalité des armes résultant de l'article 6§1 de la C.E.S.D.H. déjà évoquée, cette situation peut accroître les pressions éventuelles sur l'auteur des faits et la formulation par la victime de prétentions exagérées au regard du préjudice réellement subi par elle. Le caractère librement négocié et consensuel de la médiation n'en ressort que plus altéré, voire hypothétique. Il s'avère aussi dangereux, dès lors qu'une réponse pénale plus rigoureuse débouchant sur le prononcé d'une peine d'emprisonnement peut affecter l'auteur des faits alors même que son comportement lors de la procédure alternative initialement mise en œuvre ne peut lui être reproché.

---

[497] Cette obligation pour le parquet de mettre en œuvre une procédure plus rigoureuse n'existe pas à propos de la médiation réparation, faute de processus alternatif plus sévère applicable aux mineurs. De plus, la mesure ayant échoué devant le magistrat du parquet peut être reconduite par la juridiction de jugement, en vertu de l'article 12-1 al. 1er de l'ordonnance n° 45-174du 2 février 1945.

[498] Ce qui, aux termes, de l'article 41-1 C.pr.pén ne peut se rencontrer qu'en matière de médiation pénale.

CHAPITRE II

LES ALTERNATIVES RÉTRIBUTIVES

352. Parallèlement aux procédures restitutives contribuant à la remise des parties dans l'état qui était le leur avant la commission de l'infraction, le législateur a consacré certains mécanismes procéduraux alternatifs qui, tout en plaçant la sauvegarde des intérêts de la victime au centre de leur mise en œuvre, attachent à la réparation du dommage un objectif de rétribution proche du caractère punitif des sanctions pénales[499]. En outre, l'application des procédures réparatrices rétributives[500] entraîne un niveau supérieur de prise en compte des intérêts de la victime en permettant une réparation du dommage subi par elle indépendamment de toute initiative du parquet[501].

Les procédures rétributives constituent des formes originales de procédures alternatives dès lors que la victime est elle-même à l'origine de leur mise en œuvre. Cependant, à l'image des autres procédures déjà observées, les processus rétributifs contribuent au phénomène de déjudiciarisation[502] voulu par le législateur par la proposition d'un mode extrajudiciaire du prononcé d'une sanction pénale[503]. Néanmoins, elles se révèlent être historiquement antérieures au développement des procédures alternatives à la poursuite pénale et reposent sur le fondement de la possibilité de transiger en matière pénale[504] sans toutefois recouvrir l'ensemble du domaine dévolu à la transaction pénale.[505]

---

[499] B. Bouloc, *Droit de l'exécution des peines*, Précis Dalloz, 4e éd., 2011, p. 5 et s.

[500] Le caractère rétributif de ces procédures aura un sens sensiblement différent de la notion classique rappelée par J. Faget (*La médiation pénale, Essai de politique criminelle*, 1997, éd. Eres, coll. Trajet). L'auteur conçoit le modèle rétributif de traitement pénal comme la réponse pénale traditionnelle de type inquisitoire. Les procédures alternatives rétributives étudiées ici constituent une réponse de nature punitive à la transgression commise par l'auteur, se réalisant par une mesure de nature essentiellement pécuniaire devant remplir un rôle de récompense du préjudice subi par la victime.

[501] Sous réserve de la possibilité pour le parquet de renvoyer une affaire directement à l'administration concernée pour transaction. J.F. Dupré, *La transaction en matière pénale*, Litec, 1977, p. 108.

[502] A. Cissé, Justice transactionnelle et justice pénale, *Rev.sc.crim.*, 2001, p. 513.

[503] Ces procédures participent ainsi à une diversification des systèmes de sanctions juridiques (P. Poncela, *Droit de la peine*, PUF, Thémis, Droit privé, 2e éd., 2001, p. 467 et s.).

[504] L'étude des procédures alternatives rétributives confirmera la nature d'« *institution hybride de la transaction, contractuelle par sa source, juridictionnelle par ses effets* », L. Cadiet, *Dictionnaire de la Justice, op.cit.*, p. 1305.

[505] La notion de transaction pénale peut en effet recouvrir l'ensemble des procédures qui, en

353. Ainsi, dès l'Ancien Régime, les fermiers généraux agissant pour le compte du Roi pouvaient, en matière de contributions indirectes, procéder à la taxation des produits à l'occasion des échanges économiques[506]. Ils disposaient de pouvoirs de police afin de sanctionner les délinquants et de recueillir un maximum de ressources monétaires par des moyens d'exécution volontaire par les administrés. Cette pratique peut être considérée comme l'origine de la transaction en matière douanière[507]. Toutefois, c'est la loi du 6 août 1791 qui consacra, la première, la pratique de la transaction en la matière[508].

Le droit d'« accommodement » accordé aux fermiers généraux sous l'Ancien Régime constitue également l'acte de naissance de la possibilité de transiger en matière fiscale et, plus particulièrement, en matière de contributions indirectes, intégrée aujourd'hui aux articles L. 248 et suivants du livre des procédures fiscales (L.P.F.)[509]. Les domaines très proches des deux types de transaction se retrouvent encore dans notre droit positif avec la loi du 29 décembre 1977[510] accordant des garanties procédurales aux contribuables en matière fiscale et douanières, applicables aussi bien en fait de contributions indirectes qu'au titre de l'article 350 du Code des douanes (C. douanes).

La transaction en matière forestière a été, elle aussi, utilisée dès l'Ancien Régime et démontre la continuité de l'attachement à « un patrimoine dont l'Etat est très jaloux »[511]. Cependant, la loi du 18 juin 1859 et le décret du 21 décembre 1859 vont la reconnaître officiellement par l'intégration de cette procédure à l'article 105 du Code forestier (C.for.) devenu l'article L. 161-25 C.for. depuis l'ordonnance du 26 janvier 2012[512].

354. Le législateur a su reconduire la transaction en tant que variante administrative de la possibilité de prononcer une sanction[513]. Il a aussi

---

amont du déclenchement de l'action publique, permettent l'évitement de cette dernière en accordant une place plus ou moins grande au consentement de l'auteur de l'infraction qui en bénéficie. Les mesures de composition pénale, de médiation pénale ou de transaction administrative peuvent, malgré leur nature spécifique, être considérées comme des transactions pénales. V. J. Leblois-Happe, De la transaction pénale à la composition pénale, *op.cit* ; X. Pin, *Le consentement en matière pénale*, L.G.D.J., 2002, p. 567.

506 E. Serverin, P. Lascoumes, T. Lambert, *Transactions et pratiques transactionnelles*, Paris, Economica, 1987, p. 178.

507 E. Serverin, P. Lascoumes, T. Lambert, *idem*.

508 En la limitant toutefois aux seules transactions avant jugement.

509 Ancien art. 1879 du Code général des impôts (C.G.I).

510 Loi n°77-1453 du 29 décembre 1977, JO 30 décembre 1977, p. 6279.

512 Ordonnance n° 2012-92 du 26 janvier 2012 relative à la partie législative du Code forestier, JO 27 janvier 2012, p. 1549.

513 M. Delmas-Marty, *Les grands systèmes de politique criminelle*, Thémis, droit privé, 1992, p. 279 et s.

multiplié son utilisation en l'étendant, plus récemment, aux contraventions à la police des services publics de transport terrestre. Le processus de l'indemnité forfaitaire, aujourd'hui intégré aux articles 529-3 et suivants du Code de procédure pénale, a toujours été très proche de celui de l'amende forfaitaire auquel a pu être attribuée une nature sanctionnatrice répressive. Toutefois, il tire son fondement d'un décret-loi du 30 juin 1934 qui permet l'évitement de toute poursuite en matière de contravention à la police des chemins de fer par le paiement entre les mains de l'agent de l'exploitant d'une indemnité forfaitaire à laquelle la loi du 30 décembre 1985[514], venue réformer les procédures des articles 529 et s. et, 529-3 et s. C.pr.pén., accorde expressément la qualification de transaction.

Ainsi, les processus alternatifs rétributifs constituent des formes singulières de procédures alternatives permettant un traitement pénal de l'infraction, en amont de toute poursuite, reposant sur la volonté de la victime de la violation de la loi[515]. Le fondement légal de la possibilité de transiger résulte du Code de procédure pénale qui, dans son article 6 al. 3, l'envisage comme une cause d'extinction de l'action publique. Cependant, le domaine de la transaction se trouvant limité aux cas dans lesquels la loi en dispose expressément[516], le législateur n'a pas défini strictement son champ d'application en matière pénale.

355. Si les alternatives rétributives constituent une originalité procédurale en ce qu'elles apportent une exception fondamentale au principe de l'indisponibilité de l'action publique, elles manifestent aussi leur particularisme par la place donnée à la victime dans ces procédures. En effet, la possibilité de transiger sur le fondement de l'article 6 al. 3 C.pr.pén. est exclusive de l'intervention du ministère public et n'appartient qu'à la seule victime de l'infraction, ce qui distingue cette forme d'évitement du juge pénal de la composition pénale, étudiée au titre des procédures sanctionnatrices répressives. La loi du 23 juin 1999 sépare, en effet, clairement, à l'article 6 al. 3 C.pr.pén., la transaction en matière pénale de la forme nouvelle d'extinction de l'action publique consacrée aux articles 41-2 et s. C.pr.pén.

---

[514] Loi n°85-1407 du 30 décembre 1985 relative au droit pénal et à la procédure pénale, *op.cit.*

[515] X. Pin, *Le consentement en matière pénale*, L.G.D.J., 2002, n°678.

[516] L'effet extinctif de la transaction doit être interprété restrictivement et constitue une exception au principe selon lequel la transaction est sans effet sur l'action publique dès lors qu'elle ne fait pas disparaître l'infraction. (Cass. crim. 4 juin 1998, Juris-Data n°003211, *R.G.D.P.* octobre 1998, p. 17, note Buisson).

Toutefois, le régime complexe des modes transactionnels offerts à certaines administrations permet à ces dernières de mettre en œuvre cette procédure alternative de résolution du conflit y compris lorsque l'action publique a déjà été mise en mouvement par l'administration elle-même ou par le parquet. En effet, la possibilité pour ces administrations de résoudre le conflit né de la commission de l'infraction par le biais d'une transaction n'est pas toujours exclusive du déclenchement éventuel de l'action publique par le parquet lui-même. Ainsi, en matière fiscale et douanière, la possibilité de résoudre le conflit par la voie de la transaction voit ses effets limités par la persistance du pouvoir d'agir du ministère public, lorsque l'infraction visée est passible à la fois de sanctions fiscales et d'une peine d'emprisonnement ou, simplement susceptible du prononcé d'une peine d'emprisonnement[517].

Lorsque l'infraction n'est punissable que d'emprisonnement, seul le parquet peut agir[518]. La transaction mise en œuvre par l'administration n'a alors pas d'effet sur l'action publique et perd une grande part de son intérêt pour l'auteur de l'infraction. Cependant, lorsque l'infraction commise est punissable à la fois de sanctions fiscales pécuniaires et d'une peine d'emprisonnement, le parquet reste seul maître de l'action publique. Néanmoins, une transaction peut toujours intervenir tant qu'aucun jugement définitif n'a été prononcé. Mais ses effets restent alors cantonnés aux seules sanctions relevant de l'action fiscale de l'administration.

356. Ainsi, dans les cas dans lesquels l'infraction est punissable de sanctions fiscales et/ou d'une peine d'emprisonnement, il n'est pas, à proprement parler, possible de considérer la mise en œuvre des transactions comme participant à l'essor des modes alternatifs à la poursuite pénale, dès lors qu'elles ne réalisent pas, par leur application, l'évitement de la justice pénale traditionnelle. Partant, seules les transactions qui organisent l'évitement total du juge pénal devront être comprises comme se rattachant aux procédures alternatives de type rétributif.

Ces procédures constituent des formes dérogatoires de la résolution traditionnelle du litige issu d'une infraction pénale. En effet, elles ne peuvent être exercées que par des victimes particulières auxquelles la loi accorde expressément le pouvoir de mettre en œuvre directement ou indirectement l'action publique, en raison des intérêts de nature publique qu'elles

---

[517] Articles L. 248 et L. 249 L.P.F.

[518] Art. 343-1 C. douanes, V. P. Filippi, Les spécificités de la poursuite des infractions douanières, *A.J. Pénal*, 2009, p. 213.

représentent. Ainsi, la possibilité de transiger en matière pénale est offerte à certaines administrations disposant, en vertu de l'article 1er al. 1er C.pr.pén., de la faculté de déclencher et d'exercer l'action publique. Mais, par exception, elle peut aussi appartenir à la victime, personne publique ou privée, exploitante de services publics de transport terrestre.

357. Il y a donc lieu, d'une part, de traiter, au titre des procédures alternatives rétributives, des transactions administratives[519] en matière douanière, fiscale ou forestière, mais également en matière de chasse, de pêche ou encore de pollution des eaux[520]. Il faudra y ajouter les transactions admises récemment en matière de lutte contre les discriminations[5216] ou en matière de concurrence et de consommation[522].

D'autre part, la procédure des articles 529-3 à 529-6 C.pr.pén. relative à l'indemnité forfaitaire s'agissant des intérêts lésés par l'exploitant, personne privée ou publique, d'un service public de transport terrestre ou d'une autoroute ou d'un ouvrage routier[523], appartiendra au domaine des procédures de nature rétributive.

358. Enfin, les procédures alternatives rétributives constituent des procédures alternatives particulières quant à leur objet. En effet, si les

---

[519] Les transactions administratives doivent être comprises comme celles réalisées par les administrations, au sens utilisés par M. X. Pin (*Le consentement en matière pénale*, L.G.D.J., 2002, p. 569).

[520] D'autres possibilités de transactions permettant l'extinction de l'action publique sont également prévues par d'autres textes comme le Code des postes et télécommunications (article L. 28) ou le Code rural (art. L. 238-1et R. 238-3). On citera encore la transaction pouvant être proposée par le maire en vertu de l'art. 44-1 C. pr.pén. issu de la loi n°2006-396 du 31 mars 2006 (V. F. Fourment, *Procédure pénale*, Paradigme, 2012, n°310). Toutefois, dans un souci de clarté de notre propos, l'étude des transactions administratives se cantonnera aux transactions en matière douanière, fiscale et forestière.

[521] Le décret n°2006-641 du 1er juin 2006 modifiant le Code de procédure pénale et relatif aux transactions proposées par la Haute autorité de lutte contre les discrimination et pour l'égalité (JO 2 juin 2006, p. 8335) a intégré les articles 11-1 à 11-3 relatifs à la transaction dans la loi n°2004-1486 du 30 décembre 2004 portant création de la Haute autorité de lutte contre les discrimination et pour l'égalité (JO 30 décembre 2004).

[522] Ces transactions ont été intégrées au Code de commerce et au Code de la consommation par l'ordonnance n°2005-1086 du 1er septembre 2005 instaurant un règlement transactionnel pour les contraventions au Code de commerce et au Code de la consommation et portant adaptation des pouvoirs d'enquête et renforcement de la coopération administrative en matière de protection des consommateurs (JO 2 septembre 2005, p. 14255).

[523] La loi n° 2010-788 du 12 juillet 2010 portant engagement national pour l'environnement (JO 13 juillet 2010, p. 12905) a modifié l'art. 529-6 pour intégrer au titre de la procédure de l'indemnité forfaitaire les contraventions pour non-paiement du péage constaté par les agents assermentés de l'exploitant d'une autoroute ou d'un ouvrage routier.

procédures restitutives visent avant tout à la remise en état de la victime, les processus rétributifs recherchent en priorité à indemniser de façon purement pécuniaire la victime dont les droits ont été lésés par la commission de l'infraction. Ainsi, l'objectif de réparation pécuniaire et indemnitaire des procédures transactionnelles se substitue pour une large part à celui de restitution morale et personnelle des alternatives restitutives, quelle que soit l'infraction commise.

L'existence de telles procédures contribue à l'opacité de la distinction entre réparation et répression. En effet, les procédures transactionnelles permettant l'évitement de la poursuite pénale comportent une dimension punitive en visant à retirer l'avantage recherché par l'agent lors de la commission de l'infraction. En ce sens, les procédures rétributives luttent contre les infractions pénales motivées par une volonté lucrative de l'auteur[524]. Ces processus s'inspirent de la notion de faute lucrative développée par la doctrine en droit civil. Cette faute peut être définie comme celle dont les conséquences profitables pour son auteur ne seraient pas neutralisées par une simple réparation des dommages causés[525], ou encore comme celle qui, malgré les dommages et intérêts que le responsable peut être condamné à payer et qui sont calqués sur le préjudice subi par la victime, laisse à son auteur une marge bénéficiaire suffisante pour qu'il n'ait aucune raison de ne pas la commettre[526]. Cette notion peut, en effet, se révéler en matière pénale, s'agissant du traitement des infractions motivées par une faute qui, malgré l'indemnisation possible de la victime par une juridiction, laisse subsister un profit à leur auteur. Ce bénéfice a pu être défini largement et recoupe certaines hypothèses dans lesquelles il ne revêt pas une nature pécuniaire[527].

---

[524] Tel est le cas, notamment, de la transaction de l'article 44-1 C.pr.pén. proposée par le maire en raison des contraventions commises au préjudice de la commune au titre de l'un de ses biens.

[525] G. Viney, Exposé des motifs du sous- titre III « de la responsabilité civile » dans le cadre de l'avant projet de reforme du droit des obligations, p. 143 (consultable sur *http://www.justice.gouv.fr/doc.fr*). M. Chagny, La notion de dommages et intérêts punitifs et ses répercussions sur le droit de la concurrence. Lectures plurielles de l'article 1371 de l'avant-projet de réforme du droit des obligations, *JCP G.*, 2006, I. 149.

[526] B. Starck, H. Laurent et L. Boyer, *Obligations*, I, *Responsabilité délictuelle*, 15e éd., 1996, Litec, n°1335. D. Fasquelle, l'existence des fautes lucratives en droit français, *L.P.A.*, 20 novembre 2002, p. 27. La faute lucrative peut également être définie comme celle *« dont son auteur tire un profit supérieur au montant de la condamnation qu'il encourt pour l'avoir commise, et qu'il commet dans ce dessein »*, (G. cornu, *Vocabulaire juridique*, PUF, 2004, 6e éd., p. 553).

[527] D. Fasquelle, *idem*, p. 29 et s.

359. La notion de faute lucrative, lorsqu'elle est retenue par le droit civil français, débouche sur le prononcé, à la charge du fautif, de dommages et intérêts punitifs dépassant la simple évaluation intégrale du préjudice réellement subi par la victime. Ainsi, la réparation dépasse les objectifs classiques de la responsabilité civile délictuelle[528] mais contient une dimension répressive proche du droit pénal, dans un but de rétribution de l'auteur de la faute[529].

Le droit positif français et la jurisprudence ont intégré timidement la notion de faute lucrative et celle de dommages et intérêts punitifs mais, le domaine de la faute lucrative doit être défini largement[530]. Ainsi, à côté de l'avantage économique ou patrimonial direct, il y aura encore faute lucrative en l'absence même de préjudice réellement subi par la victime. Le bénéfice recherché n'étant pas impérativement évaluable en argent, le domaine quant aux infractions des procédures alternatives rétributives ne se cantonnera pas à celles causant une perte ou un gain manqué à la victime. Par exemple, outre l'infraction résultant du non-paiement du titre de transport de nature à causer un préjudice économique à la victime exploitant d'un service de transport terrestre, il y a faute lucrative lors de la commission d'une discrimination à l'embauche alors que cette infraction cause un préjudice moral et non directement économique à la victime et surtout, qu'elle ne procure pas à son auteur de bénéfice pécuniaire.

360. Cependant, dès lors que la loi envisage la résolution du litige pénal par le paiement d'une somme d'argent dépassant la simple réparation civile du dommage, il est possible de considérer que les procédures alternatives rétributives se concentrent sur le traitement des infractions motivées par une intention lucrative de leur auteur. Ces modes de résolution des litiges nés d'une faute pénale de nature lucrative, devant aboutir à la réparation du préjudice subi par la victime par le paiement d'une somme transactionnelle, incluent une dimension punitive en ce qu'ils dépassent la simple indemnisation du préjudice, mais aussi en ce qu'ils envisagent la réparation par la voie d'un mécanisme procédural de nature pénale.

Ainsi, les procédures rétributives se montrent singulières à deux titres. D'une part, elles sont fondées sur une organisation bipartite en raison de l'existence d'une concurrence entre la victime directe de l'infraction et le procureur de la République. De plus, la victime de l'infraction n'est plus

---

[528] M. Chagny, *idem*.

[529] P. Brun, *Responsabilité civile extracontractuelle*, Litec, 2005, n°12 à 14.

[530] D. Fasquelle, *loc.cit*.

distincte de l'organe d'exécution de la mesure mais se confond avec elle (section I). D'autre part, l'orientation réparatrice de ces procédures se montre différente de celle retenue au titre des alternatives restitutives. En effet, alors que ces dernières se concentrent sur la réparation du dommage subi, les alternatives rétributives associent à la réparation une dimension punitive (section II).

SECTION I - L'ORGANISATION BIPARTITE DES PROCÉDURES RÉTRIBUTIVES

Les procédures rétributives constituent des processus alternatifs originaux quant à leur régime procédural. Ainsi, lorsque les procédures alternatives admonestatives, répressives ou restitutives ne se trouvent mises en œuvre qu'en raison du pouvoir exclusif du représentant du parquet, les procédures transactionnelles relèvent de la volonté de la victime de voir le conflit réglé par ce biais. Il en découle une certaine concurrence entre la victime de l'infraction et le parquet en tant qu'organe classique de l'initiative de la procédure. En effet, le ministère public perd son exclusivité et concède une compétence réparatrice partagée (§I). Cependant, cette concurrence s'applique qu'à l'occasion du domaine spécifique des procédures rétributives (§II)

§ I - La compétence réparatrice partagée

361. La volonté de la victime tient une place prépondérante dans la mise en œuvre des procédures rétributives. En effet, l'initiative de la transaction appartient à la partie dont les intérêts se trouvent lésés par la commission d'une infraction. Toutefois, le ministère public conserve un rôle dans la procédure. En effet, bien qu'il ne dispose plus en la matière du pouvoir exclusif de la mise en place d'un règlement alternatif du conflit, il reste associé au processus soit avant le déclenchement de l'action publique, en admettant le principe de la transaction administrative répressive, soit après l'échec de la procédure de l'indemnité forfaitaire qui entraîne la mise en œuvre de la procédure de l'amende forfaitaire. Ainsi, un effort de distinction entre l'organe de poursuite et l'organe d'exécution de la mesure apparaît nécessaire en raison de l'articulation complexe de leur compétence (A). De plus, en raison de la place importante prise par la victime dans la procédure, l'évaluation de la force de subordination de l'organe d'exécution à l'organe classique de poursuite démontrera le caractère résiduel de cette dernière (B).

A - L'articulation complexe entre organe de poursuite et organe d'exécution

362. Lors de l'étude des autres modes de règlement alternatif en matière pénale, il a été possible de distinguer nettement, pour chaque processus, l'organe disposant d'un pouvoir d'initiative de la procédure de celui, la plupart du temps subordonné au parquet, chargé de l'exécution proprement dite de la mesure alternative. Si cette distinction a pu sembler être la règle en la matière, l'étude des procédures alternatives rétributives apparaît comme un tempérament dès lors que l'application de la procédure transactionnelle propre à certaines administrations ou de l'indemnité forfaitaire appartient à l'organe chargé lui-même de mener à bien la résolution du conflit par une voie alternative à la poursuite pénale. Cet obscurcissement de la distinction entre les deux organes n'a toutefois pas pour effet d'ôter tout pouvoir au ministère public, ni d'exclure totalement celui-ci du déroulement de la procédure. Cependant, la détermination de l'organe de poursuite doit obliger au constat de sa diversité (1). De plus, les spécificités du domaine des alternatives rétributives engageront à une détermination fragmentée des organes d'exécution de la mesure réparatrice (2).

1 - La diversité des organes d'initiative de la réparation

363. Le Code de procédure pénale fait du ministère public l'organe principal de la mise en œuvre de la poursuite pénale en vertu des articles 1er, 31 et 41 C.pr.pén.[531]. Le parquet en tire un pouvoir *a priori* exclusif du déclenchement de l'action publique. Toutefois, cette prérogative est tempérée par la possibilité reconnue par le Code lui-même de voir la poursuite pénale engagée exceptionnellement par certaines administrations publiques. En effet, l'article 1er C.pr.pén. fait expressément des fonctionnaires de certaines administrations des sujets actifs de l'action publique.

Outre le droit qui leur est reconnu d'engager l'action pour l'application des peines, ces administrations disposent, à l'instar des magistrats du parquet, d'un pouvoir d'opportunité des poursuites leur permettant

---

[531] Art 1er C.pr.pén. : « *L'action publique pour l'application des peines est mise en mouvement et exercée par les magistrats ou par les fonctionnaires auxquels elle est confiée par la loi* ».
Art. 31 C.pr.pén. : « *Le ministère public exerce l'action publique et requiert l'application de la loi.* ».
Art. 41 al. 1er C.pr.pén. : « *Le procureur de la République procède ou fait procéder à tous les actes nécessaires à la recherche et à la poursuite des infractions à la loi pénale.* »

d'apprécier le meilleur traitement à apporter à la commission d'une infraction. Ainsi, le parquet peut, en vertu de ce principe, déclencher l'action publique, classer sans suite ou encore mettre en œuvre les procédures dites alternatives à la poursuite. Ces administrations jouissent du même pouvoir d'opportunité incluant la mise en œuvre d'un processus transactionnel exclusif ou non du déclenchement de l'action publique. Cette possibilité d'un règlement transactionnel relève de l'article 6 al. 3 C.pr.pén. qui fait de la transaction, lorsqu'elle est prévue expressément par la loi, une cause d'extinction de l'action publique, au même titre que la mort du prévenu, la prescription, l'amnistie, l'abrogation de la loi pénale ou la chose jugée.

364. Au-delà, ce mode de règlement des litiges pénaux est également reconnu aux personnes publiques ou privées chargées d'une mission de service public en matière de transports terrestres. En effet, la procédure de l'indemnité forfaitaire prévue par les articles 529-3 et s. C.pr.pén. permet au contrevenant de voir l'infraction qu'il a commise traitée par le biais d'une indemnité forfaitaire à laquelle la loi donne expressément le qualificatif de transaction devant être entendue au sens de l'article 6 al. 3 C.pr.pén.[532]

Les services publics de transports terrestres ne comptant pas au nombre des administrations pouvant mettre en œuvre l'action publique, leur pouvoir transactionnel ne relève pas de l'analyse précédente issue de l'article 1er al. 1er C.pr.pén. Au contraire, pour ces services, ce sont les articles 1er al. 2nd et 2 C.pr.pén., permettant à certaines victimes d'infractions de déclencher l'action pénale et d'exercer l'action civile aux fins de réparation du dommage subi par elles, que découle la possibilité d'un règlement transactionnel du litige.

Cependant, le Code prévoit que même déclenchée dans ces conditions, l'action publique demeure indisponible même en cas de retrait de la plainte ayant motivé sa mise en œuvre sauf lorsqu'une transaction au sens de l'alinéa 3 de l'article 6 C.pr.pén. intervient entre l'auteur et la victime de l'infraction. Ainsi, le pouvoir apparemment exclusif du parquet quant à l'opportunité des poursuites subit quelques tempéraments notamment lorsqu'un processus transactionnel est envisagé par la victime.

---

[532] Art. 529-3 al. 1 C.pr.pén. : « *Pour les contraventions des quatre premières classes à la police des services publics de transports ferroviaires et des services de transports publics de personnes, réguliers et à la demande, constatées par les agents assermentés de l'exploitant, l'action publique est éteinte, par dérogation à l'article 521 du présent Code, par une transaction entre l'exploitant et le contrevenant.* »

365. Exorbitante du pouvoir d'opportunité appartenant au parquet, la transaction en matière pénale n'a pas pour effet d'écarter celui-ci totalement du déroulement de ce processus. En effet, en matière de processus rétributif, le représentant du parquet conserve certaines prérogatives qui lui sont confiées par la loi. Cependant, ce rôle particulier du ministère public en la matière ne se manifeste pas dans le même temps procédural, qu'il s'agisse des hypothèses de transaction administrative ou d'indemnité forfaitaire. Dès lors, bien qu'elles disposent en vertu de la loi d'un pouvoir concurrent à celui du ministère public de déclencher l'action publique, certaines administrations voient la faculté de mettre en œuvre une transaction limitée par l'exigence d'un accord préalable du parquet[533].

Egalement, d'autres alternatives rétributives permettent au parquet de conserver l'ensemble de ses pouvoirs d'opportunité malgré la survenance d'une transaction avec l'administration. Ainsi, dans certains cas, la loi prévoit, outre la possibilité de transiger avant tout déclenchement de l'action publique, que l'administration compétente dispose de la faculté d'utiliser la voie transactionnelle tant qu'un jugement définitif n'a pas été prononcé. Dans ces cas, qui recouvrent pour l'essentiel les litiges en matière fiscale (et en particulier en matière de contributions indirectes) et douanière, la possibilité de transiger reste ouverte pour l'administration concernée sous réserve de l'accord du représentant du parquet[534]. Toutefois, les effets de la

---

[533] C'est le cas notamment en matière de transaction avec l'administration chargée des forêts. L'article L. 161-25 du Code forestier prévoit un accord de principe du ministère public pour que l'administration procède au règlement du litige par voie transactionnelle. De même, en matière d'aviation civile, l'administration doit transmettre au parquet les procès-verbaux constatant les infractions et ne peut transiger avec l'auteur de celles-ci qu'après avoir recueilli l'accord de principe du parquet.

[534] Article L. 249 du livre des procédures fiscales (L.P.F.) : « *En matière de contributions indirectes, après mise en mouvement par l'administration ou le ministère public d'une action judiciaire, l'administration ne peut transiger que si l'autorité judiciaire admet le principe d'une transaction.*

L'accord de principe est donné par le ministère public lorsque l'infraction est passible à la fois de sanctions fiscales et de peines, par le président de la juridiction saisie lorsque l'infraction est passible seulement de sanctions fiscales.

Après jugement définitif, les sanctions fiscales prononcées par les tribunaux ne peuvent faire l'objet de transaction. (...) ».

Article 350 du Code des douanes : « *L'administration des douanes est autorisée à transiger avec les personnes poursuivies pour infraction douanière ou pour infraction à la législation et à la réglementation relatives aux relations financières avec l'étranger sous réserve de l'application des dispositions suivantes :*

a) lorsqu' aucune action judiciaire n'est engagée, les transactions excédant les limites de compétence des services extérieurs de l'administration des douanes doivent être soumises pour avis au comité du contentieux fiscal, douanier et des changes prévu à l'article 460 du présent Code.

transaction ne permettront pas dans ces cas d'accorder à celle-ci la nature de procédure alternative rétributive. Le déclenchement antérieur de l'action publique empêchant l'évitement de la condamnation pénale[535].

366. Enfin, en matière d'indemnité forfaitaire, le ministère public représenté par un officier du ministère public applique les règles relatives à la procédure voisine de l'amende forfaitaire lui permettant d'accueillir la réclamation prévue par l'article 530 C.pr.pén., de la déclarer irrecevable ou de déclencher l'action publique en mettant en œuvre la procédure de l'ordonnance pénale, la citation directe ou, conformément à l'article 521 C.pr.pén., en saisissant la juridiction de proximité compétente pour connaître des contraventions des quatre premières classes depuis la loi du 26 janvier 2005[536].

367. Si la mise en œuvre de certaines procédures de type rétributif entraîne un obscurcissement de la distinction entre l'organe classique de poursuite et l'organe chargé de l'exécution proprement dite de la procédure transactionnelle, il reste nécessaire de déterminer exactement cet organe s'agissant des transactions administratives pour lesquelles la compétence pour transiger est soumise à la théorie du pouvoir hiérarchique. Egalement, en matière d'indemnité forfaitaire, si l'exploitant d'un service public de transport terrestre est autorisé à procéder à la résolution du conflit par voie de transaction, la procédure visée par les articles 529-3 et s. C.pr.pén. prévoit le recours à un organe délégué chargé de la constatation de l'infraction.

2 - La détermination fragmentée de l'organe d'exécution de la mesure réparatrice

368. Comme les autres mesures alternatives, les procédures rétributives sont appliquées effectivement par un organe d'exécution. En la matière, cet

---

b) après mise en mouvement par l'administration des douanes ou le ministère public d'une action judiciaire, l'administration des douanes ne peut transiger que si l'autorité judiciaire admet le principe d'une transaction.
L'accord de principe est donné par le ministère public lorsque l'infraction est passible à la fois de sanctions fiscales et de peines, par le président de la juridiction saisie, lorsque l'infraction est passible seulement de sanctions fiscales.
c) après jugement définitif, les sanctions fiscales prononcées par les tribunaux ne peuvent faire l'objet de transaction ».

[535] Cf. *supra* n°357.

[536] Loi n°2005-47 du 26 janvier 2005 relative aux compétences du tribunal d'instance, de la juridiction de proximité et du tribunal de grande instance, *op.cit.*

organe de mise en œuvre effective du processus alternatif se confond avec l'organe disposant du pouvoir d'initiative de la solution transactionnelle. Toutefois, il reste possible, au titre de la définition de l'organe chargé de l'exécution de la mesure rétributive, de préciser sa détermination.

La mise en œuvre des transactions administratives ou de la procédure de l'indemnité forfaitaire est effectuée par les administrations ou par l'exploitant du service public de transport terrestre eux-mêmes. Ces modes de traitement de l'infraction de type alternatif entraînent l'intervention d'un organe chargé de la constatation de l'infraction et de la proposition effective de la mesure. Cependant, il n'existe pas de distinction claire entre l'organe chargé de la constatation de l'infraction et l'organe chargé de la mise en œuvre de la procédure transactionnelle. Ainsi, en matière de procédure rétributive, il n'y a pas de régime juridique commun aux différents processus transactionnels.

369. S'agissant des transactions administratives, l'organe chargé de la proposition effective de la mesure peut se distinguer de l'organe chargé de la constatation de l'infraction. Ce sont tout d'abord les transactions fiscales et douanières pour lesquelles la constatation de la violation des dispositions répressives en matière de contribution indirecte ou douanière se trouve confiée aux agents appartenant aux administrations concernées[537]. Ainsi, en droit douanier, des agents spécialement habilités par le directeur général des douanes et droits indirects ont compétence pour la constatation des infractions. Toutefois, ils ne disposent pas du pouvoir de proposer un règlement du litige par voie transactionnelle à l'auteur de l'infraction.

En effet, ce pouvoir de proposition revient à d'autres organes dont la détermination résulte de l'application de la théorie du pouvoir hiérarchique désignant le représentant de l'administration habilité à transiger en fonction de la gravité de l'infraction commise. En matière de transaction fiscale relative aux contributions indirectes, l'organe compétent pour transiger ou accepter une demande de transaction émanant du contribuable est déterminé par le Livre des procédures fiscales (L.P.F.) en son article R. 247-5[538]. D'après ces dispositions, la détermination de l'organe compétent

[537] Il s'agit, en vertu de l'article 64 C. douanes, des agents des douanes et en matière de constatation des infractions pénales en matière fiscale, des agents des impôts, des douanes ou des agents de la direction générale de la concurrence et de la consommation ayant prêté le serment requis des agents des administrations financières en vertu de l'article A.225 A-1 L.P.F.

[538] Modifié par l'art. 4 du décret n°2013-443 du 30 mai 2013 relatif aux règles de compétence et de délégation de signature applicables au traitement des réclamations contentieuses et des demandes à titre gracieux présentées par les contribuables, JO 31 mai 2013.

dépend du montant des droits fraudés[539]. Ainsi, en vertu de l'article R. 247-5, a L.P.F., le directeur départemental des finances publiques est compétent pour transiger, pour les matières qui relèvent de sa compétence, « *lorsque les droits ou la valeur qui servent de base au calcul des pénalités ou, en l'absence d'une telle base, le montant des amendes n'excède pas 150.000 € et qu'en outre le montant des droits effectivement fraudés ne dépasse pas le quart de ce chiffre* ». Selon l'art. R. 247-5, b L.P.F., la compétence transactionnelle est confiée au directeur régional des douanes et droits indirects ou au directeur d'un service à compétence nationale, pour les matières qui relèvent de sa compétence, « *lorsque les droits ou la valeur qui servent de base au calcul des pénalités ou, en l'absence d'une telle base, le montant des amendes n'excède pas 250.000 € et qu'en outre le montant des droits effectivement fraudés ne dépasse pas 100.000 €* ».

Dans les autres cas, l'article R. 247-5, c L.P.F. donne compétence pour transiger au ministre du budget. Toutefois, la décision du ministre de transiger est soumise à l'avis du comité du contentieux fiscal, douanier et des changes[540], sauf en cas de transaction fiscale décidée après la mise en mouvement d'une action judiciaire en vertu du dernier alinéa de l'article R. 247-5 L.P.F.

370. Ensuite, c'est en matière forestière que la pratique transactionnelle consacre une distinction entre l'organe de constatation de l'infraction et l'organe chargé de l'exécution de la mesure transactionnelle. La compétence pour rechercher et constater les infractions relatives aux propriétés forestières et rurales appartient aux ingénieurs ou chefs de districts ou aux agents techniques des eaux et forêts, en vertu de l'article 22 C.pr.pén. Pour le reste, la possibilité de transiger de l'article L. 161-25 C.for. est confiée, en vertu de l'article R. 161-25 du même Code, au directeur régional de l'alimentation, de l'agriculture et de la forêt.

371. En matière de voirie routière ou d'aviation civile, les infractions au Code de la voirie routière et au Code de la route sont constatées par les

---

[539] P. Derouin et G. Tixier, *Droit pénal de la fiscalité*, Dalloz, 2002.

[540] Cet organe est issu de la loi du 29 décembre 1977. Il intervient à titre consultatif à propos des demandes de transaction formées par les contribuables de la compétence du ministre de l'économie, des finances et de l'industrie. Il est composé de conseillers d'Etat, de conseillers à la Cour de cassation et à la Cour des comptes. Il dresse annuellement un rapport au parlement et au gouvernement sur les conditions dans lesquelles ont été conclues ou accordées les transactions, remises et modérations relevant des services extérieurs de la direction générale des impôts ou des douanes (P. Derouin et G. Tixier, *Droit pénal de la fiscalité*, *op.cit.*, n°212).

agents mentionnés aux articles L. 117-1 C. voirie routière. La compétence pour transiger sur l'action publique en la matière appartient au ministre chargé de la voierie routière, en vertu de l'article L. 116-8 du Code de la voirie routière (C. voirie routière). S'agissant des infractions constatées par les agents mentionnés à l'article L. 150-16-1 du Code de l'aviation civile, c'est le directeur régional de l'aviation civile qui se trouve compétent, en vertu de l'article R. 151-8 du même Code[541].

372. Depuis la loi du 29 mars 2011 relative au défenseur des droits confiant à ce dernier les prérogatives autrefois attribuées à la HALDE[542], la compétence pour transiger sur les infractions en la matière est confiée au collège constituant cet organe, en vertu de l'article 15 du texte précité. L'article D.1-1 dans le Code de procédure pénale, modifié par le décret du 29 juillet 2011[543], prévoit qu'en matière de transaction, la proposition de transaction est adressée à l'auteur des faits directement par l'intermédiaire de l'un des agents du défenseur des droits. Il y a ici une différence notable avec le régime applicable sous l'empire de la HALDE puisqu'en vertu du décret du 1er juillet 2006, le collège statuait seul sur la qualification des faits et sur le mandat de transaction confié à son président. Ainsi, le principe de la transaction appartenait au seul collège composant la haute autorité.

373. S'agissant de la protection des consommateurs ou de la sauvegarde des règles en matière de concurrence, le décret n°2006-513 du 4 mai 2006 instaurant un règlement transactionnel pour les contraventions au Code de commerce et au Code de la consommation, pris en application de l'ordonnance n°2005-1086 du 1er septembre 2005, fonde également une distinction entre organe de constatation des infractions et organe de proposition de la transaction. Ainsi, le décret précité du 4 mai 2006 désigne expressément le directeur régional de la concurrence, de la consommation et de la répression des fraudes ou le chef d'unité départementale territorialement compétent comme représentant l'autorité administrative apte pour transiger en la matière. Les agents de l'administration de la concurrence, de la consommation et de la répression des fraudes ne conservent donc qu'une compétence dans la constatation de ces infractions.

---

[541] L'article R. 151-8 C. aviation civile renvoyant à d'autres organes la compétence pour transiger en vertu de l'article L. 150-16-1 du même Code hors métropole et dans les départements des Antilles et de Guyane.

[542] Décret n°2006-641 du 1er juillet 2006 relatif aux transactions proposées par la haute autorité de lutte contre les discriminations et pour l'égalité, *op.cit.*

[543] Décret n° 2011-904 du 29 juillet 2011 relatif à la procédure applicable devant le Défenseur des droits, JO 30 juillet 2011, p. 13020.

374. Les transactions administratives fondent une distinction claire entre l'organe chargé de la constatation de l'infraction et celui auquel la loi confie le pouvoir de proposition de la transaction. Tel n'est pas le cas en matière d'indemnité forfaitaire. En effet, le Code de procédure pénale confie à l'exploitant du service public considéré la compétence pour procéder à une transaction. Ainsi, en vertu de l'article 529-4 C.pr.pén., c'est l'agent de l'exploitant, lui-même chargé de la constatation de l'infraction, qui est reconnu compétent pour proposer un règlement transactionnel même si le montant de cette indemnité forfaitaire peut être versé directement entre ses mains au moment de la constatation ou auprès des services de l'exploitant dans un délai de deux mois.

375. L'articulation entre les organes disposant de l'initiative des procédures rétributives et les organes chargés de l'exécution proprement dite de celles-ci démontre un amenuisement du rôle de poursuite traditionnellement dévolu au procureur de la République. Le parquet recouvre néanmoins une certaine marge de manœuvre au sein de ces procédures en raison de la subordination des organes disposant du pouvoir de transiger. Cependant, cette résurgence du pouvoir du parquet n'a pas lieu dans le même temps procédural en matière de transaction administrative *stricto sensu* qu'en cas d'indemnité forfaitaire.

B - L'existence d'une subordination résiduelle au parquet

376. Dès lors que les transactions administratives et l'indemnité forfaitaire sont mises en œuvre par l'administration ou l'exploitant en raison d'infractions constatées par leurs propres agents, il faudrait logiquement conclure à l'absence de subordination de ces organes au ministère public qui se voit, au moins dans la première phase de la procédure, exclu du processus rétributif. Si tel est le cas s'agissant des transactions administratives proposées avant tout déclenchement de l'action publique, la loi du 29 décembre 1977[544] réserve une obligation pour l'administration de recueillir l'accord de principe de l'autorité judiciaire dès lors qu'elle désire transiger après la mise en mouvement de l'action publique. En effet, pour ces matières, l'administration doit solliciter l'accord de principe du procureur de la République, si l'infraction est punissable de peines pénales et de sanctions fiscales, ou du président de la juridiction, si l'infraction est

---

[544] Loi n°77-1453 du 29 décembre 1977 accordant des garanties de procédure aux contribuables en matière fiscale et douanière, art 16, JO 30 décembre 1977, p. 6279.

seulement passible de sanctions fiscales[545]. Toutefois, dès lors que l'action publique ou l'action fiscale de l'administration est déclenchée en raison de faits recevant à la fois une qualification de droit commun et une qualification fiscale, la transaction intervenant entre l'auteur des faits et l'administration ne revêt plus la nature de procédure alternative à la poursuite pénale, ses effets étant alors cantonnés aux seules conséquences fiscales sans pouvoir revenir sur l'action publique, les éléments constitutifs de l'infraction restant intacts.

377. A l'inverse, dès lors que l'infraction ne reçoit que la qualification d'infraction fiscale (en matière de contribution indirecte ou douanière) à l'exclusion de toute qualification de droit commun, une transaction est toujours possible, y compris après le déclenchement des poursuites avec l'accord de l'autorité judiciaire et elle étend alors ses conséquences sur l'action publique même lorsque celle-ci a été mise en œuvre par le parquet lui-même[546]. Toutefois, la transaction étendant ses effets sur l'action publique préalablement déclenchée ne revêt pas non plus la nature de procédure alternative à la poursuite pénale dès lors que celle-ci s'entend de la procédure mise en œuvre avant toute décision sur l'action aux fins d'application d'une peine. S'il ne s'agit plus dans ce cas de figure d'une procédure alternative à la poursuite, cette faculté de disposer de l'action publique déclenchée s'apparente alors à une procédure alternative au jugement de l'infraction consacrant un évitement du juge pénal dans sa mission de jugement de l'infraction.

Malgré son absence des procédures de transactions administratives dans la première phase du processus relative à l'initiative de leur mise en œuvre, le parquet retrouve une partie de ses prérogatives quant au traitement à apporter à l'infraction, dès lors que l'administration décide de transiger après le déclenchement des poursuites. Le parquet devient alors, dans ces hypothèses propres aux transactions en matière de contributions indirectes et douanière, le maître de la procédure dans les cas les plus sérieux pour lesquels l'infraction est passible à la fois de sanctions pénales et de sanctions fiscales. Ainsi, s'agissant des procédures transactionnelles en matière administrative, s'il n'y a pas de subordination de l'administration au parquet, à tout le moins c'est la procédure transactionnelle qui se trouve subordonnée à la décision du parquet quant au traitement à apporter à l'infraction.

---

545 Cf. *supra* n°356 et 357.

546 On retrouve les mêmes conséquences en cas de transaction intervenant en matière de voirie routière, l'article L. 116-8 autorisant le principe d'une transaction tant qu'un jugement définitif n'a pas été rendu.

378. A côté du régime complexe des transactions en matière fiscale et douanière, un autre régime transactionnel existe au bénéfice d'autres administrations. Tout d'abord, en matière forestière, l'article L. 161-25 C.for. prévoit la possibilité pour l'administration des eaux et forêts de transiger sur les poursuites relatives aux infractions édictées par l'article L. 161-23 du même Code. Cette possibilité pour l'administration des eaux et forêts de proposer à l'auteur de l'infraction un règlement du litige par voie transactionnelle est subordonnée, *ab initio*, à l'accord du procureur de la République[547]. La même règle est applicable pour la transaction envisagée par l'administration chargée de veiller à la concurrence, la consommation et la répression des fraudes. En effet, depuis l'ordonnance du 1er septembre 2005 et le décret du 4 mai 2006, l'autorité administrative mentionnée à l'article 1er, II du décret doit, en matière d'infraction aux règles relatives à la concurrence notamment, transmettre au procureur de la République, dans un délai de trois mois à compter de la clôture du procès-verbal de constatation de l'infraction, « *la proposition de transaction mentionnant la somme que l'auteur est invité à payer ainsi que les délais impartis pour le paiement* »[548].

379. En dehors des deux modèles précédents, la loi du 29 mars 2011 relative au défenseur des droits instaure une nouvelle variante aux prérogatives du parquet en matière transactionnelle. En effet, les articles 28 de la loi et D.1-1 C.pr.pén. prévoient une homologation de l'accord transactionnel par le procureur de la République lui-même. S'apparentant au cas de figure évoqué en matière fiscale et douanière lorsque l'action publique est déjà mise en mouvement, la transaction proposée par le défenseur des droits exige un visa de l'autorité judiciaire représentée par le ministère public et consacre une intervention tardive du parquet dans le processus alternatif.

380. Malgré l'absence de régime commun pour les transactions en matière administrative, le parquet conserve dans tous les cas une certaine maîtrise de la procédure contrebalançant son défaut de pouvoir dans l'initiative de la voie alternative. Cette absence de pouvoir du ministère public se retrouve également s'agissant de la procédure de l'indemnité

---

[547] L'obtention d'un tel accord préalable de la part du parquet est également exigée au titre des transactions en matière d'aviation civile prévues par l'article L. 150-16-1 C. aviation civile.

[548] Art 1er, II du décret n°2006-513 du 4 mai 2006, *op.cit.* Les mêmes dispositions sont applicables, en vertu du même texte, en matière d'infractions aux règles du Code de la consommation.

forfaitaire. En effet, en vertu de l'article 529-3 C.pr.pén., l'exploitant du service public de transport terrestre peut transiger avec l'auteur des faits pour les contraventions des quatre premières classes constatées par les agents assermentés de cet exploitant. Cependant, la transaction résultant de l'article 529-3 C.pr.pén. s'impose à l'organe classique de poursuite. Le parquet dispose, sinon d'une maîtrise de la procédure, au moins d'un pouvoir de subordination sur les agents chargés de la constatation des contraventions pouvant faire l'objet d'une transaction.

Ainsi, l'organe chargé de la constatation des infractions mentionnées à l'article 529-3 C.pr.pén. ne peut, en vertu du II de l'article 529-4 C.pr.pén. procéder au relevé de l'identité du contrevenant que si cet agent est assermenté et agréé par le procureur de la République en vertu d'une procédure prévue par les articles R. 49-8-1 à R. 49-8-4 C.pr.pén. En effet, l'article 529-4 al. 2 C.pr.pén. dispose que la proposition de transaction émane de l'organe chargé de la constatation des infractions. Le versement de l'indemnité forfaitaire peut être, à l'image du règlement de l'amende forfaitaire, effectué directement entre les mains de l'agent. Toutefois, en cas d'impossibilité, le troisième alinéa du même article prévoit la possibilité pour les agents de l'exploitant, agréés par le procureur de la République et assermentés dans les conditions de l'article R. 49-8-3 C.pr.pén., de relever les nom et adresse du contrevenant[549]. Cependant, en cas de refus du contrevenant de justifier de son identité, l'article 529-4 II prévoit, depuis la loi n°99-291du 15 avril 1999, la possibilité pour l'agent contrôleur de rendre compte auprès d'un officier de police judiciaire. Ce dernier peut alors ordonner la présentation du contrevenant sans délai aux fins de vérification d'identité.

381. Toutefois, l'agrément des agents assermentés de l'exploitant, prévu en matière d'indemnité forfaitaire, ne permet pas d'assurer au parquet une réelle maîtrise de la procédure. Seule l'existence des recours offerts au prétendu contrevenant permet de découvrir les indices d'une maîtrise renouvelée du procureur de la République sur la procédure. En effet, en vertu de l'article 529-5 C.pr.pén., le contrevenant qui conteste la commission des faits ayant fait l'objet de la transaction suivant l'article 529-3 C.pr.pén. peut former, dans les deux mois de la constatation de l'infraction, une protestation auprès des services de l'exploitant visant à l'exonérer de sa responsabilité. Ce recours qui s'apparente à la requête en exonération de l'article 529-2 C.pr.pén. en matière d'amende forfaitaire, doit, en vertu de

[549] Cette faculté n'est plus limitée au cas de contrôle de l'existence et de la validité des titres de transports depuis la loi n°2007-297 du 5 mars 2007 relative à la prévention de la délinquance, art. 74, JO 7 mars 2007, p. 4297

l'article 529-5 al. 1er C.pr.pén., être transmis au parquet, accompagné du procès-verbal de l'infraction. Le ministère public représenté par l'O.M.P. décidera du bienfondé de la protestation, en vertu de l'article 530-1 C.pr.pén.

382. Egalement, le représentant du parquet retrouve une maîtrise de la procédure de l'indemnité forfaitaire en cas de refus de la part du contrevenant de s'acquitter du montant de la transaction. En effet, comme dans la procédure de l'amende forfaitaire, l'absence de protestation ou de règlement du montant de la transaction dans les deux mois de la constatation de l'infraction entraîne non pas une majoration du montant de la somme due, mais un véritable basculement procédural marquant, non seulement la maîtrise du parquet sur la procédure mais la perte du pouvoir de l'exploitant sur le processus transactionnel. En effet, en vertu de l'alinéa second de l'article 529-5 C.pr.pén., « *la résistance passive* »[550] du contrevenant en matière d'indemnité forfaitaire rend ce dernier redevable de plein droit de l'amende forfaitaire majorée applicable aux infractions relevant de la procédure des articles 529 à 529-2 C.pr.pén.

L'étude de l'initiative procédurale en cas de processus rétributifs a permis de découvrir l'originalité de ceux-ci par rapport aux autres alternatives à la poursuite pénale. Ainsi, il a été possible de découvrir un recul du rôle du procureur de la République lié au partage du pouvoir de déclencher l'action publique offert à certaines administrations, mais aussi, dans une moindre mesure, à la victime de la commission de l'infraction. La spécificité de ces alternatives rétributives se retrouve encore à propos de l'étude de son domaine quant aux infractions, mais aussi quant aux personnes de l'auteur et de la victime.

§ II - La spécificité du domaine d'application des alternatives rétributives

Face à un domaine quant aux infractions propre à chaque transaction (A), il est possible d'observer que les alternatives rétributives ne font pas un sort commun à l'auteur de l'infraction. En outre, la qualité de la victime confirme l'enchevêtrement du rôle de cette dernière avec celui de l'organe disposant de l'initiative de la procédure (B).

---

[550] V. J.H. Robert, Amende et indemnité forfaitaires, *J.Cl, Procédure pénale*, art. 524 à 530-3, Fasc.20, 2009, n°47.

A - La pluralité infractionnelle des alternatives rétributives

383. S'agissant de leur champ d'application quant aux infractions, les procédures rétributives disposent de domaines distincts. En effet, si les transactions administratives peuvent être mises en œuvre suite à la commission d'un délit ou d'une contravention, la transaction résultant de l'application de la procédure de l'indemnité forfaitaire n'intervient que dans le cas de la commission d'infractions contraventionnelles des quatre premières classes. Ces processus confirment donc l'exclusion des crimes du champ des procédures alternatives.

1 - L'application large de la transaction en matière administrative

384. Devant l'essor récent de l'applicabilité de certaines procédures alternatives, le législateur a consacré une pratique transactionnelle étendue en matière administrative. En effet, en matière de contributions indirectes ou en matière douanière, les textes prévoyant la possibilité d'un règlement du litige par la voie de la transaction renforcent le principe d'une application de la voie alternative à la poursuite devant les juridictions pénales à l'ensemble des infractions délictuelles et contraventionnelles[551].

Ainsi, les articles L. 248 L.P.F. et 350 C.douanes permettent de transiger sur l'ensemble des infractions dont la constatation ressort de la compétence de l'administration concernée[552]. Ce principe du recours à la transaction comme mode de règlement des litiges, ressort en matière fiscale indirecte de l'ancien article 1879 du Code général des impôts (C.G.I.), qui disposait que « *Les infractions peuvent faire l'objet de transactions avant mise en mouvement d'une action judiciaire ou, dans les conditions fixées à l'article 1965 I, avant jugement définitif* ». Cette disposition est transférée à l'article L. 248 du même Code depuis le décret du 15 septembre 1981[553]. Toutefois, si le domaine transactionnel est large, il faut noter certaines exclusions au pouvoir de transiger. Ainsi, sont exclues les infractions à la réglementation

[551] V. J.F. Dupré, *La transaction en matière pénale*, Litec, 1977 p. 8 et s.
[552] Ainsi, sont exclus du champ de la transaction douanière les infractions constatées en vertu de l'article 28-1 C.pr.pén. relatif à la douane judiciaire agissant sur réquisition du procureur de la République ou sur commission rogatoire du juge d'instruction.
[553] Décret n°81-859 du 15 septembre 1981 portant codification des textes législatifs concernant les procédures fiscales (JO du 18 septembre 1981, p. 2494).

des jeux de hasard ou des débits de boissons « *parce qu'elles ne touchent pas aux rapports du redevable avec l'administration* »[554].

En matière douanière, le principe d'un règlement du litige par la voie transactionnelle s'applique à l'ensemble des infractions relevant de l'article 350 C. douanes (art. 574 ancien du même Code), les modifications législatives successives, depuis sa création par le décret du 8 décembre 1948[555], n'ayant pas modifié son contenu. Ainsi, toute irrégularité, qu'elle procède d'une intention frauduleuse ou non de l'agent, peut faire l'objet d'un traitement par la voie de la transaction quelle que soit sa nature délictuelle ou contraventionnelle.

385. Une possibilité élargie de transiger se rencontre ensuite en matière forestière. En effet, en vertu des articles L. 161-23 et s. C. for., l'administration des eaux et forêts est habilitée à transiger avec l'auteur de tout délit ou contravention relatifs aux bois et forêts relevant du régime forestier, que ces derniers appartiennent à l'Etat ou à des particuliers.

Ainsi, le domaine de la transaction en l'occurrence est très large et vise les forêts domaniales de l'Etat, celles dont celui-ci à la tutelle (collectivités locales, départements, communes, établissements publics) et les propriétés forestières soumises au régime forestier appartenant à des personnes privées. Le domaine transactionnel recouvre donc l'ensemble des infractions dans les bois et les forêts soumis au régime forestier en vertu de l'article L. 161-25 C.for., les infractions de coupes abusives dans les bois des particuliers et collectivités (art. L. 362-1 et s. et R. 362-1 et s. C.for.) mais également celles relatives au droit de chasse.

386. Ce domaine large de la transaction en matière forestière comporte, cependant, une limite quant à certaines infractions relevant de l'application d'une autre procédure. En vertu de l'article L. 161-24, C.for., la mise en œuvre d'une transaction est impossible dès lors que l'infraction commise relève du régime de la procédure de l'amende forfaitaire des articles 529 et s. C.pr.pén. En effet, d'après l'article R. 48-1 C.pr.pén., auquel renvoie l'article 529 C.pr.pén., l'ensemble des contraventions prévues par le 3° du même article est soumis par exception au régime de la procédure de l'amende forfaitaire[556]. Ainsi, les contraventions de dépôt ou d'abandon de

---

[554] M. Redon, Transaction, *Rép.pén. Dalloz*, février 2004, p. 2.

[555] Décret n°48-1985 du 8 décembre 1948 (JO du 1er janvier 1949).

[556] La même exception à l'application du règlement transactionnel se rencontrait à l'occasion du traitement des infractions en matière d'eaux et de milieux aquatiques. En effet, l'article L. 216-14 du Code de l'environnement prévoyait l'application de la procédure de l'amende

matières, d'ordures ou de déchets dans les bois, forêts ou terrains à boiser, énoncées par l'article R. 632-1 C.pén, ainsi que les infractions prévues par le Code forestier relatives à la protection contre les incendies (article R. 163-3 C.for.) ou encore la contravention, instituée par l'article R. 163-6 du même Code, relative à l'introduction dans les bois, forêts ou terrains à boiser de véhicules, bestiaux, animaux de charge ou de monture, sont exclusives de l'application de toute transaction.

L'applicabilité d'une autre procédure alternative constitue une limite à la mise en œuvre d'une transaction forestière. De la même manière, la commission de plusieurs infractions connexes, dont l'une au moins ne permet pas l'utilisation de la voie transactionnelle empêche la mise en œuvre de la procédure pour le tout. Egalement, le conflit de qualifications dont l'une au moins est exclusive de toute transaction laisse sauve la possibilité pour le ministère public de déclencher l'action publique[557].

387. En matière de lutte contre les discriminations, la loi organique du 29 mars 2011 permet, comme sous l'empire de la loi du 30 décembre 2004 et du décret du 1er juin 2006, une application large de la pratique transactionnelle. En effet, en son article 28, la loi prévoit que le défenseur des droits peut proposer un règlement du litige par voie de transaction pour les faits incriminés par les articles 225-2 et 432-7 du Code pénal. Ainsi, la transaction en matière de discrimination bénéficie d'un domaine vaste profitant des dispositions larges des textes répressifs. Le domaine infractionnel, résultant des dispositions du Code pénal pouvant faire l'objet d'une transaction, démontre à son tour la volonté de lutter contre les fautes de nature lucrative commises par leur auteur. En effet, à l'appui des articles 225-2 et 432-7 C.pén., le défenseur des droits peut régler le litige né d'une discrimination lorsque l'auteur a refusé la fourniture d'un bien ou d'un service, entravé l'exercice normal d'une activité économique, refusé d'embaucher, sanctionné ou licencié une personne, ou subordonné la fourniture d'un bien ou d'un service à une des conditions de l'article 225-1 du Code pénal, ou encore subordonné une offre d'emploi, une période de formation ou un stage à une des mêmes conditions de l'article 225-1 C.pén[558]. La possibilité de transaction est également ouverte au défenseur

---

forfaitaire dès lors que l'infraction constitue une contravention des quatre premières classes. Les dispositions de l'article L. 216-14 du Code de l'environnement ont été annulées par le Conseil d'Etat, dans sa décision du 7 juillet 2006 (*JCP G.*, 2006, IV, 2708 ; D. 2006, IR, p. 1985).

[557] Cass. crim., 26 mars 1830, Bull. crim. n°80, (M. Redon, Transaction, *Rép.pén. Dalloz*, n°20).

[558] « *Constitue une discrimination toute distinction opérée entre les personnes physiques à raison de leur origine, de leur sexe, de leur situation de famille, de leur grossesse, de leur apparence physique, de leur patronyme, de leur état de santé, de leur handicap, de leurs*

des droits en cas de violation des articles L. 1146-1 et L. 2146-2 du Code du travail. Aux termes de ces dispositions, l'employeur ne peut subordonner notamment une offre d'emploi, une embauche, la rémunération, la mutation ou la qualification à des conditions tenant au sexe ou à la situation de famille de l'individu. L'étude du champ d'application de la transaction en matière de discrimination révèle, au même titre que les modes transactionnels en matière administrative, la volonté de terminer un litige né de la commission d'une faute lucrative par son auteur. En effet, comme l'indique un auteur, la notion de faute lucrative ne doit pas être réservée aux seules fautes qui avantagent pécuniairement ceux qui les commettent. Les discriminations raciales ou sexuelles par exemple et particulièrement lorsqu'il s'agit de l'embauche ou de l'application du contrat de travail, démontrent la volonté de l'employeur de tirer profit d'un rapport de force déséquilibré[559].

388. La même réflexion peut enfin être faite s'agissant des transactions en matière de concurrence et de consommation. En effet, en vertu du nouvel article L. 141-2 du Code de la consommation (C.conso.) créé par l'ordonnance précitée du 1er septembre 2005, l'autorité administrative compétente peut recourir à la technique de la transaction pour régler le litige né de la commission d'une contravention aux livres I et III du Code de la consommation[560]. Ainsi, le conflit né de la violation des règles relatives à la formation des contrats entre professionnels et consommateurs ou encore de celles relatives au crédit accordé au non professionnels et consommateurs peut se voir réglé par voie de transaction entre l'administration de la concurrence, de la consommation et de la répression des fraudes et l'auteur de l'infraction. Ce type d'infractions permet, à son tour, une prise en compte

---

caractéristiques génétiques, de leurs mœurs, de leur orientation sexuelle, de leur âge, de leurs opinions politiques, de leurs activités syndicales, de leur appartenance ou de leur non-appartenance, vraie ou supposée, à une ethnie, une nation, une race ou une religion déterminée.

Constitue également une discrimination toute distinction opérée entre les personnes morales à raison de l'origine, du sexe, de la situation de famille, de l'apparence physique, du patronyme, de l'état de santé, du handicap, des caractéristiques génétiques, des mœurs, de l'orientation sexuelle, de l'âge, des opinions politiques, des activités syndicales, de l'appartenance ou de la non-appartenance, vraie ou supposée, à une ethnie, une nation, une race ou une religion déterminée des membres ou de certains membres de ces personnes morales. »

[559] D. Fasquelles, *op.cit.*,p. 29.

[560] Il faut noter également que l'atteinte aux dispositions relatives à la sécurité et à la conformité des produits et services peut aussi faire l'objet d'une transaction en vertu du nouvel article L. 216-11 C.conso. issu de la même ordonnance n°2005-1086 du 1er septembre 2005. On notera aussi l'extension de la technique transactionnelle en matière de pratiques commerciales trompeuses par la loi n° 2008-3 du 3 janvier 2008, P. Guillemin, Droit de la consommation : l'absence d'une véritable alternative à la voie pénale, *A.J. Pénal*, 2008, p. 73.

de la faute lucrative par le biais du droit pénal, dès lors que la procédure alternative envisagée vise à sanctionner la volonté de l'auteur de tirer profit d'une situation économique déséquilibrée. Le champ d'application de la nouvelle transaction pénale issue de l'ordonnance précitée ne se limite pas aux seules violations des règles en matière de consommation. En effet, la D.G.C.C.R.F. peut aussi transiger en matière de concurrence. Ainsi, l'ordonnance précitée et le décret n°2006-513 du 4 mai 2006 ont intégré un nouvel article L. 470-4-1 au Code de commerce relatif à la transaction offerte à l'autorité administrative chargée de la concurrence et de la consommation en cas de violation des règles du livre IV du Code commerce relatif à la liberté des prix et de la concurrence. Les atteintes à la concurrence constituent un domaine privilégié de la faute lucrative contre lesquelles, l'introduction de dommages et intérêts punitifs semble être une solution nouvelle souhaitable pour les sanctionner efficacement[561].

389. Les transactions en matière administrative bénéficient d'un domaine d'application large. Elles permettent de constater la prise en compte de la faute lucrative en cas de procédure alternative à la poursuite pénale. L'application de la transaction constitue un moyen rapide et efficace, pour les administrations qui en ont le pouvoir, de réparer entièrement les conséquences résultant de la volonté de l'auteur de l'infraction de tirer profit d'une situation économique déséquilibrée ou de réduire au paiement d'une somme d'argent la réparation du dommage consécutif à l'infraction. Si ces procédures transactionnelles de nature administrative voient leur domaine étendu au champ délictuel et contraventionnel, celui de l'indemnité forfaitaire reste strictement cantonné par la loi aux contraventions.

2 - Le champ d'application contraventionnel de l'indemnité forfaitaire

390. L'article 529-3 C.pr.pén. limite le domaine de la transaction aux seules infractions contraventionnelles des quatre premières classes. Toutefois, il ne définit pas précisément les infractions relevant de l'indemnité forfaitaire par leurs éléments matériels. Pour connaître le domaine exact quant aux infractions de la procédure des articles 529-3 et s. C.pr.pén., il faut se référer aux dispositions de l'article 80-4 du décret du 22 mars 1942[562] issu du décret

---

[561] M. Chagny, *op.cit.*, note 12 et s. ; F. Pollaud-Dulian, De quelques avatars de l'action en responsabilité civile dans le droit des affaires, *RTD. Com.*, 1997, p. 352.

[562] Décret n°42-730 du 22 mars 1942 portant règlement d'administration publique sur la police, la sûreté et l'exploitation des voies ferrées d'intérêt général et local, JO 23 août 1942, p. 423.

du 18 septembre 1986[563]. Cet article renvoie, pour la détermination des infractions, aux articles 80-2 et 80-3 renvoyant eux-mêmes à d'autres dispositions du décret de 1942 fixant une longue liste d'interdictions.

Les faits réprimés visent pour leur majorité les manquements au règlement des usagers du service public. Toutefois, ils peuvent concerner d'autres individus. L'article 85 al. 1er du décret punit l'exercice de toute profession commerciale sans autorisation préfectorale dans les cours et bâtiments des gares, mais également la mendicité, en vertu de l'alinéa 4 du même article, en dépit de l'abrogation de cette infraction depuis l'entrée en vigueur du nouveau Code pénal[564].

Malgré la longue liste des infractions pouvant faire l'objet d'un traitement par la voie de l'indemnité forfaitaire, il est possible de découvrir certaines exclusions. Bien que l'indemnité forfaitaire soit cantonnée au traitement des infractions contraventionnelles, certains comportements ne peuvent être traités que par la voie classique du passage devant la juridiction pénale compétente, c'est-à-dire la juridiction de proximité depuis la loi du 26 janvier 2005, soit par citation directe, soit par ordonnance pénale. Egalement, le texte de l'article 529-3 C.pr.pén. rend inapplicable la procédure de l'indemnité forfaitaire dès lors que l'auteur a commis plusieurs infractions dont l'une au moins ne ressort pas du domaine quant aux infractions fixé par le décret de 1942.

Les différentes procédures rétributives disposant chacune d'un domaine quant aux infractions qui leur est propre, la détermination d'un régime commun à l'ensemble de ces procédures résulte des limites à leur application qui résident en l'impossibilité de transiger dès lors que l'auteur a commis plusieurs infractions ou une seule infraction pouvant recevoir plusieurs qualifications, dont l'une au moins n'est pas susceptible de transaction.

Malgré un domaine spécifique correspondant à l'objectif de protection des alternatives rétributives, celles-ci s'appliquent de façon large à l'auteur des faits mais aussi à la victime bien que son rôle dans l'initiative de la procédure ne soit pas sans conséquences sur sa détermination.

---

563 Décret n°86-1045 du 18 septembre 1986 relatif à la police des services publics de transports ferroviaires, JO 19 septembre 1986, p. 12283.

564 J.H. Robert, Amende et indemnité forfaitaires, *J.Cl, Procédure pénale*, Art 524 à 530-3, Fasc.20, 2009, n°32.

B - La caractérisation personnelle des alternatives rétributives

391. La diversité des modes rétributifs ne permet pas la définition d'un régime commun quant aux personnes auxquelles ces processus sont applicables. Tout d'abord, s'agissant de la personne de l'auteur de l'infraction, l'applicabilité de ces procédures est plus ou moins large et n'offre pas la même place au consentement de celui-ci quant à l'adhésion au processus alternatif (1). S'agissant, ensuite, de la victime, ses qualités observées relatives au pouvoir de mise en œuvre de ces modes transactionnels lui donnent une place centrale dans la détermination du contenu de la transaction (2).

1 - La généralité des conditions exigées de l'auteur de l'infraction

392. Les conditions relatives au bénéfice d'une transaction diffèrent selon qu'il s'agit d'une transaction administrative ou de l'application de la procédure de l'indemnité forfaitaire. En matière de transaction fiscale, douanière ou forestière, la qualité de l'auteur de l'infraction est indifférente pour l'application d'un mode transactionnel. Ainsi, les auteurs principaux, complices, personnes civilement responsables, cautions ou propriétaires de marchandises peuvent se voir appliquer le mode alternatif transactionnel propre à l'administration lésée.

Cependant, dès lors que l'infraction met en cause plusieurs auteurs ou complices de l'infraction, l'administration reste libre de n'appliquer la procédure qu'à une ou plusieurs d'entre elles. En effet, la transaction constitue un contrat n'ayant qu'un effet relatif[565]. Ainsi, les coauteurs ou complices ne disposent d'aucun droit à bénéficier des mêmes avantages que ceux appliqués au transigeant. Toutefois, si celui-ci a agi comme gérant d'affaires de ses coauteurs ou complices, la transaction conclue étend ses effets à ces derniers[566].

La transaction administrative peut ensuite s'appliquer aussi bien à l'auteur personne physique qu'à une personne morale[567]. Dans ce dernier cas, le représentant légal de l'entité morale bénéficie de la transaction signée pour

[565] V. P. Escande et P. Urbansky, Action publique, *J.-Cl., procédure pénale*, Fasc. 10, n°54 et s.

[566] CA Besançon, 9 novembre 1904, *Gaz.Pal.*1905, 2, p. 509.

[567] L'article 28 de la loi n°2011-333 du 29 mars 2011 permet expressément au défenseur des droits de transiger avec une personne morale.

le compte de celle-ci et ne peut plus faire l'objet de poursuite[568]. Les textes en la matière étant peu précis, la transaction administrative peut s'appliquer aussi bien à une personne majeure capable qu'à un mineur ou encore à un majeur en tutelle[569].

Si la nature de l'auteur de l'infraction est indifférente pour permettre la conclusion d'une transaction relative aux conséquences pénales de l'infraction, l'administration prompte à transiger doit, dans tous les cas, recueillir le consentement de l'auteur à voir le litige résolu par cette voie. Le consentement de l'auteur à la résolution du litige par la voie de la transaction entraîne pour celui-ci des conséquences particulières. En effet, l'accord donné par l'auteur de l'infraction vaut reconnaissance de la commission de l'infraction[570]. Cet aveu est consigné par l'administration et facilite la preuve de la culpabilité de l'auteur, celui-ci se voyant toutefois protégé par l'acte par lequel l'administration désire la résolution du litige par la voie transactionnelle.

393. Malgré la légitimation des présomptions de culpabilité par plusieurs arrêts de la Cour de cassation[571], la technique consistant à faciliter la preuve de la responsabilité de l'auteur doit être considérée, à l'instar des autres modes alternatifs de résolution des litiges en matière pénale, comme contraire à la présomption d'innocence quand bien même la transaction pénale procéderait plus d'une procédure administrative que judiciaire et, permettrait toujours à l'auteur de la refuser[572]. En effet, quel que soit le mode procédural choisi par l'administration pour mettre en œuvre la transaction, elle s'engage, dès lors que l'auteur reconnaît la commission de l'infraction, à ne pas déclencher de poursuites pénales. Cette garantie est offerte par l'administration à l'auteur dès le début de la procédure, soit lors de la soumission contentieuse[573] qui équivaut à une transaction provisoire ne

[568] Cass. crim., 20 janvier 1992, Bull, n°18. Le bénéfice de la transaction s'étend également aux préposés du représentant légal : Cass. crim., 30 mai 1994, Bull. crim. n°210.

[569] J.F. Dupré, *La transaction en matière pénale, op.cit.* , p. 82 et s.

[570] Cette reconnaissance de culpabilité n'a toutefois qu'un effet relatif pour le transigeant concerné et ne permet pas à l'administration d'opposer cet aveu aux coauteurs ou complices de l'infraction (C.A. Pau, 15 novembre 1962, D.1963, p. 276).

[571] Cass. crim., 10 décembre 1984, Bull. crim. n°32 ; 22 janvier 1970, D. 1970, p. 166, note Costa. La Cour de cassation a également considéré que la C.E.S.D.H. n'interdit pas les présomptions de culpabilité dès lors que celles-ci prennent en compte la gravité de l'enjeu et laissent entiers les droits de la défense, Cass. crim., 10 février 1992, Bull. crim., n°62 (en matière douanière) et Cass. crim., 30 janvier 1989, Bull, n°33.

[572] J. Leblois-Happe, De la transaction pénale à la composition pénale, *JCP G.*, 2000, I, 198, n°9.

[573] E. Serverin, P. Lascoumes, T. Lambert, *Transactions et pratiques transactionnelles*, Paris, Economica, 1987, p. 184.

consignant que l'accord de volonté des parties, soit lors de la phase initiale de proposition de la transaction définitive.

Bien que la reconnaissance de l'infraction constitue en la matière une condition de mise en œuvre de la transaction, il ne faut pas confondre l'aveu de la commission de l'infraction et la reconnaissance de l'intention frauduleuse. En effet, la pratique de la transaction comme mode alternatif à la poursuite pénale ne concerne que les infractions intentionnellement causées par l'auteur. A l'inverse, lorsque l'administration recherche la sanction d'une infraction de faible gravité au caractère purement matériel excluant toute intention de la part de l'auteur, elle résout le litige non pas par la transaction administrative mais par la technique du passer outre. Celle-ci constitue bien une activité transactionnelle mise à la disposition de l'administration. Elle ne requiert pas, pour sa mise en œuvre, le consentement de l'auteur de l'infraction et consiste pour l'administration à réclamer le simple paiement des droits et taxes qui lui sont dus, sans autres pénalités[574].

Le bénéfice de la transaction reste largement ouvert aux auteurs d'infractions. En effet, les textes spéciaux qui énoncent la possibilité de transiger avec les administrations ne la limitent pas à une condition de primo-délinquance. Toutefois, le bénéfice d'une nouvelle transaction à l'auteur d'une infraction en état de réitération peut se voir limité par la possibilité pour le parquet de mettre en œuvre l'action publique ou de refuser son accord de principe lorsque la loi le prévoit.

394. L'exigence de primo-délinquance n'est pas non plus une condition restrictive de l'indemnité forfaitaire. En effet, la procédure des articles 529-3 et s. C.pr.pén., visant les contraventions des quatre premières classes, peut s'appliquer aux auteurs d'infraction en état de réitération. Les règles relatives à la récidive ne leur sont, en effet, plus applicables depuis l'entrée en vigueur du nouveau Code pénal. Cependant, on notera que la loi du 15 novembre 2001[575] a créé, en modifiant l'article 24-1 de la loi du 15 juillet 1845, un délit d'habitude, puni de six mois d'emprisonnement et de 7.500€ d'amende, concernant « toute personne qui aura, de manière habituelle, voyagé dans une voiture sans être munie d'un titre de transport valable »[576].

---

[574] E. Severin, P. Lascoumes, T. Lambert, *Transactions et pratiques transactionnelles*, *op.cit.*, p. 182 ; J.H. Hoguet, *Eléments de base du contentieux répressif en matière de douanes ou de changes*, Paris, E.N.D. 1980, p. 115.

[575] Loi n°2001-1062 du 15 novembre 2001 relative à la sécurité quotidienne, JO 16 novembre 2001, p. 18215.

[576] L'absence de titre de transport ou de titre valable étant qualifiée de contravention de 4e classe par l'article 80-3 du décret du 22 mars 1942, issu du décret du 18 septembre 1986, peut faire l'objet de la procédure de l'indemnité forfaitaire.

Le texte précise, en outre, que cette habitude est caractérisée dès lors que la personne a fait l'objet, au cours des douze derniers mois, de plus de dix contraventions qui n'ont pas donné lieu à une transaction en application de l'article 529-3 C.pr.pén. Cette disposition consacre la notion de réitération en la matière. Son application effective ne peut toutefois qu'être réduite dès lors que l'indemnité forfaitaire prévue à l'article 529-3 C.pr.pén. constitue le mode normal de résolution des conflits issus de la commission d'une contravention à la police des services publics de transports terrestres. En outre, l'absence de transaction se révélera rarement en raison du domaine large de l'indemnité forfaitaire quant aux infractions. En effet, les seules exclusions à l'application de l'indemnité forfaitaire ne peuvent avoir lieu que dans le cas dans lequel plusieurs infractions sont commises dont l'une au moins ne peut donner lieu à transaction.

395. Les règles relatives à l'indemnité forfaitaire ne limitent pas leur application en posant une condition de primo-délinquance de l'auteur. Elles permettent, en outre, la proposition d'une transaction aussi bien à une personne physique qu'à une personne morale. Egalement, elles peuvent trouver à s'appliquer aussi bien à l'égard d'une personne majeure que d'une personne mineure. Dans ce dernier cas, bien que le Code civil prévoie l'incapacité des mineurs à contracter et *a fortiori* à transiger, en vertu de son article 1124, l'indemnité forfaitaire est applicable à ceux-ci dans le silence du texte l'instituant. Toutefois, un contournement de la difficulté est possible. En effet, comme en matière de transaction administrative, les représentants légaux ou les civilement responsables peuvent se voir adresser les propositions de transaction résultant de l'infraction commise par le mineur ou les titres exécutoires résultant du non-paiement de l'indemnité forfaitaire.

Si un accès large des auteurs d'infractions est favorisé en matière de procédures rétributives, il en est de même s'agissant de la personne de la victime. Celle-ci présente en effet des caractères particuliers, entraînant une attribution des rôles des acteurs de la procédure qui s'écarte du schéma procédural traditionnel en matière pénale.

2 - La spécialité des qualités observées de la victime

396. Il a été possible d'observer que les procédures rétributives entraînent un obscurcissement de la distinction entre l'organe disposant de l'initiative procédurale et celui chargé de l'exécution de la mesure. Il faut à présent constater que ce bouleversement des rôles s'étend à la question de la détermination de la victime dans ces processus. En effet, les administrations admises à transiger en la matière ou l'exploitant visé à l'article 529-3 C.pr.pén. tirent leur prérogative de la possibilité de mettre en œuvre l'action publique soit en raison de la faveur qui leur est accordée par l'article 1er C.pr.pén., soit en raison du déclenchement de l'action civile. Ces acteurs à la procédure disposent d'un rôle d'initiative de la procédure supplantant en partie le pouvoir du parquet. Ce pouvoir reconnu aux victimes en matière de procédures rétributives complète la tendance plus large et plus récente de la justice pénale à la privatisation[577]. Cependant, la possibilité qui leur est offerte par la loi de mettre en œuvre une procédure de transaction constitue un moyen rapide et efficace de réparer le préjudice qu'elles ont subi du fait de la violation de la loi, en dehors de toute saisine du juge de jugement.

Ainsi, au-delà de l'assimilation entre l'organe disposant de l'initiative procédurale et celui chargé de l'exécution de la procédure, la question de la détermination de la victime permet de lui attribuer le rôle des deux organes énoncés précédemment.

A l'image des autres procédures alternatives, la victime dans les procédures rétributives tire son rôle de l'existence d'un préjudice résultant de la commission d'une infraction. Cependant, la loi lui accorde, en raison de sa nature particulière, un régime spécifique de réparation de son préjudice, celui-ci devant réaliser le traitement de l'infraction. La détermination de la victime s'écarte donc nettement du domaine des procédures restitutives. Celle-ci dispose de caractéristiques particulières. Il s'agit d'une personne morale de droit public ou non en charge d'une mission d'intérêt général. En conséquence, les autres personnes ayant subi un dommage en raison de la commission de la même infraction n'auront que le rôle de tiers à la transaction qui leur est inopposable. En outre, l'existence d'une victime autre que l'administration lésée ne pourra s'opposer à la résolution du litige par cette voie, notamment en matière forestière, puisque la transaction interdit toute constitution de partie civile[578].

397. Bien que la transaction vise à résoudre le litige né de la violation des intérêts défendus par l'administration, cette dernière, partie à l'acte, doit être distinguée des autres victimes de l'infraction, lorsque la procédure transactionnelle considérée admet leur prise en compte. Toutefois, en

---

577 X. Pin, La privatisation du procès pénal, *Rev.sc.crim.*, 2002, p. 251 ; J. Volff, La privatisation rampante de l'action publique, *JCP G.*, 2004, I-146.

578 Cass. crim., 12 mai 1959, *JCP*, 1959, II, 11216, note H. Gal.

l'absence de régime commun à l'ensemble des procédures de type rétributif quant à la personne de la victime, une distinction doit être opérée. Afin de respecter le caractère punitif inclus dans la réparation des processus transactionnels, une distinction entre victime principale et victime incidente peut être proposée. La victime directe dans le processus rétributif est celle qui, chargée d'une mission d'intérêt général, dispose des prérogatives de mise en œuvre d'une procédure visant à la réparation d'un dommage qui lui est causé et maîtrise la nature et le montant de l'indemnisation. La victime incidente est celle qui ne dispose, au contraire, ni du pouvoir de mise en œuvre de la procédure, ni de la maîtrise de la nature et du montant de la réparation.

Dès lors, lorsqu'une victime, distincte de l'autorité administrative admise à transiger, voit ses intérêts lésés par l'infraction prise en compte dans la procédure rétributive, elle ne constitue qu'une partie accessoire au processus transactionnel et doit être considérée comme une victime incidente. Ainsi, la transaction réalisée par le défenseur des droits, en matière de discrimination, se rapproche, quant à la réparation du dommage subi par la victime, de la composition pénale qui n'associe celle-ci à la procédure que lorsqu'elle est identifiée et consent au principe de la transaction.

La victime, personne privée, d'une discrimination doit être considérée comme une victime incidente de l'infraction dès lors que l'article 28, II de la loi du 29 mars 2011[579] prévoit, à titre principal, le versement d'une amende transactionnelle et seulement s'il y a lieu l'indemnisation de la victime, personne privée. En outre, l'existence d'une autre procédure vue précédemment à laquelle on a attribué une nature restitutive permet d'être convaincu de la nature incidente de la victime directe de la discrimination au sein de la procédure de transaction visée par l'article 26 de la loi précitée. En effet, la médiation susceptible d'être mise en œuvre par le défenseur des droits recherche une remise en état des seuls intérêts de la victime personne privée, indépendamment de toute transaction en recherchant le dialogue. Si la victime personne privée dispose d'une procédure alternative entièrement tournée vers la remise en état, le rôle incident de la victime au

---

[579] Lorsqu'il constate des faits constitutifs d'une discrimination sanctionnée par les *articles 225-2 et 432-7 du Code pénal* et *L. 1146-1* et *L. 2146-2* du Code du travail, le Défenseur des droits peut, si ces faits n'ont pas déjà donné lieu à la mise en mouvement de l'action publique, proposer à l'auteur des faits une transaction consistant dans le versement d'une amende transactionnelle dont le montant ne peut excéder 3 000 € s'il s'agit d'une personne physique et 15 000 € s'il s'agit d'une personne morale et, s'il y a lieu, dans l'indemnisation de la victime. Le montant de l'amende est fixé en fonction de la gravité des faits ainsi que des ressources et des charges de l'auteur des faits

sein du processus rétributif se voit confirmé notamment par la nature punitive de l'amende transactionnelle qui découle de ce dernier.

A l'inverse, l'autorité administrative disposant du pouvoir de transiger doit être considérée comme une victime principale de l'infraction lorsque ce sont les intérêts qu'elle défend qui sont pris en compte dans le cadre de la procédure. En effet, qu'il s'agisse d'une transaction fiscale, douanière, forestière, en matière de discrimination ou encore de concurrence et de consommation, les textes applicables prévoient le versement d'une somme au profit du Trésor public[580], en raison du pouvoir qui est accordé à ces administrations de mettre en œuvre une procédure alternative et de leur maîtrise de la nature et du montant de la réparation.

398. Le caractère de victime principale n'est toutefois pas réservé qu'aux personnes juridiques de droit public. En effet, dans le cadre de l'indemnité forfaitaire, la personne lésée par la commission d'une infraction ne revêt pas une nature de droit public. Cependant, parce qu'elle a la charge d'une mission de service public et qu'elle dispose du pouvoir de la mise en œuvre de la transaction, elle doit être considérée comme une victime principale au sein du processus rétributif. Toutefois, la distinction entre victime principale et victime incidente perd de son intérêt dès lors que les articles 529-3 et suivants C.pr.pén. ne prévoient pas l'association d'une autre victime au processus.

Les procédures rétributives se rapprochent des procédures restitutives en ce que l'ensemble du litige se trouve résolu par la seule réparation de la victime directe. Cependant, elles s'en distinguent en ce que leur mise en œuvre résulte de la seule initiative de la victime de l'infraction, en raison des missions d'intérêt général que celles-ci défendent.

La victime personne privée ne disposant pas d'une mission de service public ne sera prise en compte que de manière accessoire et non obligatoire au sein du processus transactionnel. Toutefois, lorsque la loi ou le règlement prévoit son association à la procédure rétributive, la transaction débouchera sur des réparations distinctes. L'une sera affectée d'une nature restitutive au profit de la victime incidente, l'autre résidera dans une indemnisation rétributive au bénéfice de la victime principale, afin de punir l'auteur de l'infraction. Cette distinction des victimes confirme l'interpénétration des différents objectifs de mise en œuvre des mesures alternatives tels qu'ils résultent du premier alinéa de l'article 41-1 C.pr.pén., mais aussi la portée générale de cette disposition à toutes les procédures alternatives.

---

[580] Art. 1er, II; 2, II et 3, II, du décret n° 2006-513 du 4 mai 2006, *op.cit.*

Cependant, c'est par l'étude du déroulement procédural des mesures rétributives que la distinction de ces dernières avec les processus restitutifs peut se confirmer.

SECTION II - L'ORIENTATION IMPLICITE DES PROCÉDURES RÉTRIBUTIVES VERS UNE RÉPARATION AUX VERTUS PUNITIVES

La répartition des prérogatives procédurales se distingue clairement des autres modèles de procédures alternatives. En effet, s'il ne dispose que d'un rôle assez effacé au stade de l'initiative de la procédure, le procureur de la République recouvre certaines prérogatives pendant le déroulement de procédure rétributive. Toutefois, la victime de l'infraction conserve des pouvoirs importants afin de mener à bien le processus transactionnel (§ I). En outre, ces procédures reposent sur une résolution originale du litige pénal, empruntant à la fois aux objectifs du droit civil et à ceux du droit pénal. Cette singularité rejaillit sur les effets de ces mesures alternatives qui se démarquent des autres alternatives réparatrices (§ II).

§ I - La répartition stricte des prérogatives procédurales

399. En raison de l'intérêt général qu'elles visent à protéger, les procédures rétributives permettent une large application du mode transactionnel de résolution du litige. Cet objectif de réparation, s'il confère à l'administration ou à l'exploitant de service public lésé le pouvoir de mettre en œuvre la procédure, s'accompagne d'une maîtrise concrète de son déroulement laissant peu de place à l'intervention du ministère public (A). Cependant, dès lors que le législateur leur donne expressément la qualification de transaction, ces processus requièrent le consentement de l'ensemble des acteurs à la procédure. Ainsi, le principe de la négociation doit être présumé au sujet de ces procédures. Cependant, le consensualisme supposé n'apparaît une fois de plus que limité (B).

A - L'absence de subordination au parquet : conséquence de la maîtrise concrète de la réparation par la victime

400. A l'instar des procédures alternatives des articles 41-1 et s. C.pr.pén., les procédures rétributives entérinent un même retrait du rôle du parquet en raison d'un recours élargi à la délégation (1). Ce phénomène est d'ailleurs accentué par le bouleversement de la distinction entre l'organe disposant de l'initiative de la procédure et l'organe chargé du déroulement effectif de celle-ci. Ainsi, l'administration et l'exploitant visés par l'article 529-3 C.pr.pén. disposent du pouvoir d'appliquer le processus transactionnel et sont chargés du déroulement effectif de la procédure. Cependant, face à l'indépendance de la victime dans la maîtrise de la réparation de son préjudice (B), le parquet n'est pas totalement exclu de la procédure rétributive ; la loi lui réserve en effet certaines prérogatives.

1 - La faiblesse du rôle du parquet dans le déroulement de la procédure

Le parquet ne dispose, *a priori*, que de peu de pouvoir quant à la décision de mettre en œuvre une procédure rétributive (a). Néanmoins, les textes applicables lui conservent certaines prérogatives précises en amont ou en aval de la mise en œuvre des modes transactionnels (b).

a - Des pouvoirs réduits en début de procédure

401. La mise en œuvre des procédures transactionnelles relève de l'entière maîtrise des organes désignés par la loi, soit au titre des transactions administratives, soit au titre de la technique de l'indemnité forfaitaire. Toutefois, en matière de transaction administrative, le parquet dispose d'un pouvoir d'acceptation du principe du recours à celle-ci. S'agissant de l'indemnité forfaitaire, l'attribution du pouvoir d'initiative de cette dernière à l'exploitant victime entraîne des effets plus radicaux encore. Le parquet est, en effet, totalement absent lors de la première phase de la procédure.

402. En matière de douane et de fiscalité indirecte, lorsque l'action publique a été mise en œuvre avant la décision de transiger émanant de l'administration, le parquet dispose, en vertu des articles L. 249 et 350 ; b C.douanes, d'un pouvoir d'acceptation du principe de la transaction lui permettant de s'opposer à son recours pour des raisons d'opportunité tenant à ce que l'application du processus transactionnel entraîne l'extinction de l'action fiscale de l'administration et de l'action publique initialement mise en œuvre par le ministère public.

Bien que cet accord de principe du parquet à la transaction administrative ne participe pas réellement d'une procédure alternative à la poursuite pénale puisque l'action publique a déjà été déclenchée, le pouvoir d'acceptation *ab initio* du procureur de la République constitue la règle pour certaines transactions administratives. C'est tout d'abord en matière forestière que ce principe de l'accord préalable du ministère public s'applique en vertu de l'article L. 161-25 C.for. En matière de concurrence et de consommation, l'ordonnance n°2005-1086 du 1er septembre 2005 et le décret n°2006-513 du 4 mai 2006 précités, prévoient respectivement que le principe d'un règlement transactionnel par l'autorité administrative chargée de la concurrence et de la consommation est subordonné à l'accord préalable du procureur de la République dans un délai de trois mois à compter de la clôture du procès-verbal de constatation de l'infraction[581].

Les pouvoirs du parquet en amont de la procédure rétributive ne se trouvent pas toujours cantonnés à l'exigence d'un accord préalable. En effet, s'agissant de la transaction en matière de discrimination, le parquet dispose d'un pouvoir d'homologation de l'acte transactionnel. De plus, quel que soit le type de procédure alternative rétributive, l'échec de la résolution transactionnelle du conflit pénal rendra au parquet ses prérogatives classiques d'opportunité des poursuites.

b - Des pouvoirs précis en fin de procédure

403. Le consentement du parquet préalablement à l'accord transactionnel n'est pas constitutif d'un régime commun des processus de transaction administrative et, *a fortiori*, des procédures rétributives. Toutefois, la loi précitée du 29 mars 2011 relative au défenseur des droits, dans son article 28 ; II prévoit une intervention du ministère public dans le cadre de la procédure[582]. Celui-ci est invité à homologuer l'acte transactionnel préalablement conclu entre le défenseur des droits, l'auteur des faits et éventuellement la victime si celle-ci est associée à la procédure. Ici encore, une comparaison utile peut être menée entre cette transaction et la mesure de composition pénale. En effet, à l'instar de cette dernière, la transaction en matière de discrimination requiert, pour être valide, l'intervention d'un représentant de l'autorité judiciaire. Toutefois, la similitude entre ces deux procédures cesse lors de la détermination de cet organe. Si la composition pénale nécessite l'intervention d'un magistrat du siège, la transaction exige celle du procureur de la République.

---

[581] Le même accord préalable est exigé en matière de transaction relative à l'aviation civile, en vertu de l'article L. 330-9 C.aviation.civile.

[582] S'agissant de la compétence du défenseur des droits en matière de lutte contre les discriminations, la loi du 29 mars 2011 ne fait que reconduire les dispositions de l'art. 11-1 de la loi n° 2004-1486 du 30 décembre 2004 portant création de la Haute autorité de lutte contre les discriminations et pour l'égalité.

Les deux procédures s'écartent également s'agissant de la nature de l'acte indispensable pour la validité de la procédure alternative. En effet, si la composition pénale n'exige qu'une validation de l'accord ne lui conférant aucune force exécutoire, la transaction réalisée par le défenseur des droits et homologuée lui confère cet effet. En définitive, l'homologation opérée présente une nature comparable à celle émanant du magistrat du siège au titre de la procédure de comparution sur reconnaissance préalable de culpabilité en vertu de l'article 495-9 C.pr.pén. Cet effet radical de la transaction en matière de discrimination correspond pleinement aux effets de la transaction au titre de l'article 6 al. 3 C.pr.pén., lequel lui attribue force de chose jugée.

404. Au-delà du rôle d'homologation du procureur de la République dans la transaction réalisée par le défenseur des droits, le parquet se voit reconnaître certaines attributions lorsque la procédure échoue en raison de la nullité ou de l'inexécution de la transaction. En effet, si l'action publique initialement mise en œuvre par le parquet se trouve éteinte par l'effet de la transaction dont il a admis le principe, le parquet dispose du pouvoir de faire valoir les nullités entachant la convention passée entre l'administration et l'auteur des faits. Cette possibilité résulte de l'analyse de l'acte de transaction devant être considéré comme une convention[583] dont la connaissance relève de la compétence du juge judiciaire et, *a fortiori*, du juge pénal initialement saisi lorsqu'il y a déjà eu déclenchement de l'action publique[584]. Egalement, en cas de non-exécution de ses engagements par l'auteur des faits et de résolution de la convention par l'administration, le parquet, s'il est à l'origine des poursuites, dispose du pouvoir de continuer les poursuites initiales sous réserve de l'absence de prescription de l'action publique depuis la résolution de la transaction.

405. L'échec de la procédure de l'indemnité forfaitaire permet aussi un recouvrement des pouvoirs du ministère public. En effet, la procédure des articles 529-3 et s. C.pr.pén. peut être mise en œuvre en amont de toute connaissance de la commission de l'infraction par la ministère public. Cependant, la résistance active ou passive de l'auteur de l'infraction donne compétence à l'O.M.P. pour décider des suites à donner au traitement de l'infraction. En vertu de l'article 529-5 C.pr.pén., l'auteur de l'infraction qui s'est vu proposer une indemnité forfaitaire peut, dans le délai de deux mois

---

[583] Et non comme un acte administratif individuel (C.E. 28 février 1986, D. 1986, p. 394, conclusions Delon).

[584] M. Redon, Transaction, *Rép.pén. Dalloz*, 2011, n°37.

de la constatation de l'infraction, formuler auprès de l'exploitant de service public de transport terrestre une protestation visant à l'exonérer de sa responsabilité. Cette protestation doit, selon le même article, être transmise au ministère public qui, en vertu de l'article 530 C.pr.pén., peut décider de classer sans suite, rejeter la requête du contrevenant ou décider de déclencher l'action publique. Egalement, en cas de résistance passive observée dans les trente jours suivant la constatation de l'infraction, le contrevenant devient redevable, en vertu de l'article 529-5 al. 2 C.pr.pén., de l'amende forfaitaire majorée en raison de la transmission du procès-verbal par l'exploitant au ministère public et, de la signature par ce dernier du titre exécutoire permettant le recouvrement de l'amende par le Trésor public.

Si le parquet perd le pouvoir d'initiative de la procédure en matière de modes rétributifs de résolution des litiges en matière pénale, il ne conserve pas moins certaines attributions soit au stade de la proposition de la mesure, soit en cas d'échec de cette dernière. Pour autant, le rôle de l'organe d'exécution, en raison de l'indépendance de celui-ci, rend effectif le retrait du procureur de la République pendant le déroulement de la transaction.

2 - L'indépendance de l'organe d'exécution dans le contrôle de la procédure

L'ensemble du déroulement de la mesure rétributive incombe aux organes ayant décidé sa mise en œuvre. Ces derniers disposent d'un certain nombre de prérogatives résultant de la loi leur conférant une large indépendance (a). Celle-ci permet à la victime d'aboutir au bénéfice d'une mesure présentant des objectifs particuliers (b).

a - Une indépendance résultant des pouvoirs détenus

406. La possibilité de transiger en matière pénale repose tout d'abord sur la preuve de la commission d'une infraction qu'il appartient à l'administration de rapporter. Dans la plupart des cas, l'existence de l'infraction résulte du procès-verbal rédigé par les agents habilités de l'administration concernée ayant constaté sa commission. Toutefois, le fondement de la possibilité de transiger peut provenir de l'acceptation par l'auteur des faits d'une soumission contentieuse proposée par l'administration valant transaction provisoire et à laquelle il faut reconnaître qu'elle emporte reconnaissance de culpabilité pour le transigeant[585]. Cette conséquence sur la culpabilité de l'auteur ne résulte pas toujours de la lettre du texte qui prévoit le principe du règlement transactionnel. Ainsi en est-il en matière de discrimination ou encore en matière de concurrence et de consommation. Pourtant, cette conséquence découle effectivement de l'acceptation par l'auteur des faits du processus transactionnel avant toute décision sur l'action publique.

407. Si la réalité d'une infraction sert de fondement à la transaction, l'autorité concernée doit consentir au principe de sa mise en œuvre, avant toute obtention de l'accord du ministère public lorsque celui-ci est requis. Toutefois, il n'existe pas de règle commune en la matière. En effet, en matière de fiscalité indirecte, le recours à la transaction dépend de la demande formée par le contribuable. A l'inverse, elle est mise en œuvre d'office par l'administration des douanes, notamment lors de l'examen par celle-ci du niveau de gravité de l'infraction commise. D'une infraction de faible importance découlant automatiquement une transaction, on parlera alors de transaction immédiate, car dans plupart des cas la décision de transiger sera concomitante à la constatation de l'infraction[586].

La proposition de la voie transactionnelle constitue une procédure plus administrative que judiciaire. Néanmoins, l'organe de l'administration habilité à transiger doit faire savoir à l'auteur de l'infraction la possibilité qui lui est offerte de se faire représenter par un avocat en vertu de l'article 4 de la loi du 29 décembre 1977. La même garantie de représentation ressort de l'article 28 de la loi du 29 mars 2011 relative au défenseur des droits.

408. L'offre de transiger peut intervenir à tout moment. Toutefois, la proposition de transaction est encadrée par un certain nombre de conditions. En effet, en matière de contributions indirectes et de douanes, l'article R. 247-3 L.P.F. dispose que l'administration doit notifier sa proposition de transaction au délinquant par lettre recommandée avec avis de réception. Cette proposition de transaction doit mentionner obligatoirement le montant de l'impôt et des pénalités créant l'obligation de l'auteur des faits à la transaction s'il accepte l'offre. Egalement, le document de proposition de transaction ouvre, à compter de sa réception, un délai de réflexion de trente jours à l'auteur. S'agissant des transactions en matière de

---

[585] M. Redon, Transaction, *Rép.pén. Dalloz*, *op.cit.*, n°34, En matière de douanes, V. J.F. Dupré, *La transaction en matière pénale*, *op.cit.*, p. 97, E. Serverin, P. Lascoumes, T. Lambert, *Transactions et pratiques transactionnelles*, *op.cit.* p. 183 et s.

[586] M. Redon, Transaction, *Rép.pén. Dalloz*, *idem.*

concurrence et de consommation, le décret précité du 4 mai 2006 prévoit, quel que soit l'objet de l'accord, que l'autorité administrative doit préciser dans sa proposition la somme que l'auteur est invité à payer ainsi que les délais impartis. En vertu du même texte, l'auteur de l'infraction dispose d'un délai d'un mois pour répondre favorablement ou non à la proposition de transaction.

409. Lorsque la transaction porte sur la résolution d'un conflit né de la commission d'une discrimination, l'article D1-1 C.pr.pén. indique que le défenseur des droits peut notifier la proposition de transaction par lettre recommandée avec accusé de réception. Celle-ci doit obligatoirement comporter la nature des faits reprochés à l'auteur, la nature et le quantum des mesures proposées, le délai pour exécuter ces dernières et le montant des dommages et intérêts dus à la victime, si celle-ci a donné son consentement à la transaction.

410. En matière forestière, la proposition de transaction est strictement encadrée par des conditions de délai et doit impérativement intervenir dans les deux mois de la constatation de la contravention ou dans les six mois pour les délits[587]. L'offre est formée par le directeur régional de l'alimentation, de l'agriculture et de la forêt. La transaction a alors une valeur provisoire[588], sous réserve de l'approbation de l'autorité compétente pour transiger. Elle entraîne toutefois reconnaissance de culpabilité pour l'auteur de l'infraction. En cas d'accord des deux parties, la transaction est matérialisée par un acte de nature quelconque (quittance, récépissé de pénalités, reçu) mais impérativement sous forme écrite afin de permettre la preuve selon les règles du droit civil. Il doit être produit en deux exemplaires, dont un reviendra à l'auteur. La proposition acceptée par l'auteur des faits doit ensuite être homologuée par le procureur de la République. Enfin, une fois l'acte signé, il appartient à l'administration de surveiller la bonne exécution de la mesure. Cependant, cette exécution volontaire va de pair avec la formation de la transaction, cette dernière n'ayant de valeur juridique qu'au jour du paiement du montant de la transaction.

411. Si le recours à la transaction résulte majoritairement de la volonté de l'administration, tel est le cas également en matière d'indemnité

---

[587] Art. R. 161-9 C.for.

[588] La transaction provisoire n'ayant pas d'effet sur la prescription de l'action publique, elle n'empêche pas la mise en œuvre des poursuites.

forfaitaire. En effet, la proposition de transaction émanant de l'exploitant de service public de transports terrestres peut être analysée en une transaction immédiate à l'image de celle pratiquée en droit douanier. Elle résulte de la proposition de l'agent de l'exploitant au moment même de la constatation de l'infraction, en vertu de l'article 529-3 C.pr.pén., et produit tous ses effets dès le versement de la somme due à l'exploitant, au titre des pénalités encourues par l'application de l'article 80-4 du décret de 1942, en ce compris la somme due au titre du transport lorsque le contrevenant a commis l'infraction prévue par l'article 80-3 du même texte. Toutefois, en cas d'impossibilité pour le contrevenant de régler le montant de la transaction entre les mains de l'agent de l'exploitant, celui-ci dispose, en vertu de l'article 529-4 al. 4 C.pr.pén., d'un délai de deux mois pour payer l'indemnité forfaitaire auprès du service de l'exploitant indiqué sur l'acte de transaction.

L'absence de paiement immédiat entraîne cependant certaines conséquences pour le contrevenant et pour l'exploitant. En effet, le délai de deux mois fixé par le texte permet au contrevenant de former un recours dit de « protestation » prévu par l'article 529-5 C.pr.pén. auprès de l'exploitant lui-même, à charge pour ce dernier d'en informer le ministère public. Aussi, en cas d'absence de paiement immédiat, l'agent de l'exploitant doit informer le contrevenant de la possibilité qui lui est offerte de former dans les deux mois ladite protestation.

Cependant, le paiement différé permet au contrevenant d'être informé de la possibilité de s'exonérer de sa responsabilité. Il confère aussi un certain nombre de pouvoirs à l'agent de l'exploitant. En effet, il se voit autorisé, par l'article 529-4 al.5 C.pr.pén., à recueillir les nom et adresse du contrevenant. S'il est agréé par le parquet, en vertu de la procédure des articles R. 49-8-1 et s. C.pr.pén., il peut relever l'identité du contrevenant, lorsqu'il procède au contrôle des titres de transports et requérir le concours d'un officier de police judiciaire notamment lorsque le contrevenant s'y oppose ou se trouve dans l'impossibilité de la justifier. L'intervention de l'O.P.J., prévue par l'alinéa 8 de l'article 529-4 C.pr.pén., permet alors à ce dernier d'ordonner à l'agent de l'exploitant de lui présenter sans délai le contrevenant[589]. Néanmoins, l'article 529-4 §II *in fine* C.pr.pén. énonce que le paiement immédiat par le contrevenant fait échec à l'intervention d'un officier de police judiciaire et rend le contrevenant non redevable des frais de constitution du dossier fixés à 38.11 € par l'article 80-7 du décret de 1942 et dus en cas de paiement différé. On ajoutera que la procédure de l'article 529-4 §II n'est en principe applicable qu'en cas de constatation de l'absence de billet valable de l'usager. Or, si l'indemnité forfaitaire vise à

[589] A défaut de cet ordre, l'agent ne peut retenir le contrevenant.

sanctionner ce cas de figure, elle est aussi applicable s'agissant d'une liste impressionnante d'infractions de comportement[590] pour lesquelles le concours de la force publique serait opportun[591].

Les prérogatives relatives au déroulement de la procédure transactionnelle confiées par la loi à la partie lésée doivent lui garantir les meilleures chances de réparation de son préjudice. Ainsi, comme pour les autres processus alternatifs régis ou non par l'article 41-1 C.pr.pén., les objectifs des mesures rétributives relèvent également de l'alinéa premier de cette même disposition légale. Toutefois, l'étude approfondie des objectifs des mesures rétributives laisse apparaître leur spécificité.

b - Une indépendance découlant de la spécificité de l'objectif rétributif

412. Il a été possible de découvrir, au titre des différentes alternatives aux poursuites précédemment étudiées, que l'article 41-1 C.pr.pén. détermine les objectifs recherchés lors de leur mise en œuvre. Ainsi, en vertu de ce texte, la procédure alternative doit tendre, soit à la réparation du dommage causé à la victime, soit à la cessation du trouble causé à l'ordre public, soit au reclassement de l'auteur de l'infraction. Si certaines mesures ne visent qu'un seul de ces objectifs, d'autres démontrent l'imbrication de plusieurs objectifs devant être cumulativement atteints. Ainsi, les mesures admonestatives, dès lors qu'elles sont, pour leur application, exclusives de toute prise en compte de la victime, ne visent qu'à un but de reclassement du délinquant. A l'inverse, les mesures restitutives étudiées précédemment recherchent la réparation pour la victime mais aussi pour l'auteur de la violation de la loi afin d'atteindre ainsi son reclassement.

En matière de procédures rétributives, on assiste à une même imbrication de plusieurs des objectifs de l'article 41-1 C.pr.pén. En effet, dès lors que ces mesures visent au paiement d'une somme d'argent déterminée par une transaction, elles ont un but de réparation du dommage causé à la victime.

413. Toutefois, la mise en œuvre de ces processus résulte de la volonté initiale de la victime de l'infraction. Or, cette victime présente des caractères particuliers découlant de la mission de service public dont elle a la charge. L'exercice de cette mission se distingue largement de la défense d'intérêts

---

590 D. Mayer, Les « infractions de comportement » : Une nouvelle catégorie d'infractions ?, D. S., 1996, chron., p. 117.

591 J.H. Robert, Amende et indemnité forfaitaires, *J-Cl., Procédure pénale*, *op.cit.* n°44.

particuliers. La victime de l'infraction défend alors des intérêts de nature publique ou d'ordre général, proches de la notion d'ordre public, nécessitant que le préjudice qu'elle subit cesse.

Ainsi, la mise en œuvre des procédures rétributives démontre une imbrication des objectifs de réparation du préjudice causé à la victime et de cessation du trouble causé à l'ordre public mais aussi un éclatement des notions traditionnelles de préjudice causé à la victime et de trouble causé à l'ordre public[592].

En effet, la réparation du préjudice vise traditionnellement la remise en état de la victime le plus souvent personne privée. Or, les mesures rétributives recherchent l'indemnisation d'une victime de droit public ou considérée comme telle en raison des missions qu'elle exerce. Egalement, la cessation du trouble causé à l'ordre public se conçoit par l'application d'une peine à l'auteur de l'infraction, le prononcé de cette dernière permettant à la société d'avoir le sentiment que justice a été faite et à l'autorité étatique de faire œuvre d'intimidation en tentant, par un phénomène d'exemplarité, d'éviter toute nouvelle violation de la loi. Or, l'existence des mesures rétributives permet d'envisager la réparation pour une personne publique ou exerçant une mission de service public comme une sanction de l'atteinte portée à l'intérêt de nature publique représenté par la victime.

414. Comme les procédures restitutives, les modes alternatifs rétributifs réduisent le traitement de l'infraction pénale à la réparation du dommage causé à la victime. Cependant, en cantonnant celle-ci au paiement d'une somme d'argent, les processus rétributifs favorisent en l'occurrence un rapprochement des objectifs civils de réparation et répressifs de sanction. En ce qu'elles visent à lutter contre la commission d'infractions motivées par une intention lucrative de leur auteur, ces procédures recherchent un objectif d'application d'une sanction proche de la peine privée, bien qu'elle soit encadrée par le législateur. La sanction apparaît alors comme une mesure charnière entre la simple réparation du dommage causé à la victime et la peine qui présente classiquement un but de rétribution de l'individu tendant au châtiment de ce dernier[593].

---

[592] En effet, les transactions en matière pénale effectuées par les administrations constituent bien une exception à l'impossibilité de transiger sur l'action intéressant l'ordre public. (P. Bordisset, Hypothèses particulières de transactions, *Annales des loyers*, 2002, n°4, p. 825 à 827).

[593] V. not. B. Bouloc, H. Matsopoulou, *Droit pénal et procédure pénal*, Sirey, intégral concours, 18e éd., 2011, n°34.

415. Ce rapprochement de l'objectif classique de réparation, propre au droit civil, et de punition, inhérent au droit pénal, se concrétise par la nature des sanctions principales découlant des alternatives rétributives. En effet, à l'instar de la réparation des dommages civils en cas de violation des règles de la concurrence, ces procédures, particulières en matière de poursuite pénale, favorisent un règlement du litige par le biais de dommages et intérêts punitifs. Ces derniers visent à lutter contre le profit réalisé par l'auteur de l'infraction indépendamment du dommage causé à autrui. Dans le cadre de l'avant-projet de réforme du droit des obligations, certains auteurs préconisent la possibilité pour le juge de prononcer des dommages et intérêts punitifs pour sanctionner le responsable au-delà du dommage causé à la victime, l'excédent pouvant être reversé au Trésor public[594]. Si le caractère punitif de ces dommages et intérêts paraît opportun aux yeux d'une partie de la doctrine afin de lutter contre la réitération de telles pratiques, le rapprochement entre les fonctions du droit civil et du droit pénal semble s'amorcer[595]. Bien que ces auteurs aient pu présenter la naissance des dommages et intérêts punitifs comme constituant une peine privée, tel n'est pas encore réellement le cas en matière de procédures alternatives. La pratique de la transaction en droit pénal nécessitant l'intervention d'une personne juridique en charge d'une mission de service public, il paraît difficile d'assimiler les sanctions prises au titre de ce genre de procédure à des peines privées, hormis le cas de l'indemnité forfaitaire attribuée à l'exploitant de service public de transport terrestre. A tout le moins, s'il ne s'agit pas de peines privées, elles ne constituent pas à proprement parler des amendes pénales[596] des lors qu'elles ne sont pas prononcées par une juridiction. Ainsi, peut-on parler au titre des sanctions principales des procédures alternatives rétributives, de sanctions pécuniaires punitives para-publiques. Ce ne sont pas en effet des sanctions pécuniaires purement pénales ; pourtant, leur application découle de la volonté des pouvoirs publics et vise à la réparation d'un dommage causé aux intérêts collectifs de la société[597].

---

[594] M. Chagny, *op.cit.*, n°7 et suivants, G. Viney, Avant projet de réforme du droit des obligations, exposé des motifs du sous titre III « de la responsabilité civile », p. 143, consultable sur *http://www.justice.gouv.fr/doc.fr ;* doc.fr.; S. Carval, *La responsabilité civile dans sa fonction de peine privée,* préf. Viney, thèse, L.G.D.J., 1995, t.250.

[595] F. Bussy, L'attraction exercée par les principes directeurs du procès civil sur la matière pénale, *Rev.sc.crim.* 2007. 39.

[596] Ainsi, le terme d'amende transactionnelle ressortant de l'application de l'article 11-1 de la loi du 30 décembre 2004 relatif à la transaction proposée par la H.A.L.D.E., ne doit pas être assimilé à une amende pénale telle que sur celle prononcée par un juge de jugement, dès lors qu'elle contient une dimension plus réparatrice que répressive.

[597] A la lecture de son rapport sur les autorités administratives indépendantes, l'office

416. Les principales mesures découlant des processus rétributifs visent, par le biais d'une démarche réparatrice, à faire cesser le trouble résultant de la commission de l'infraction. Pour autant, au même titre que d'autres procédures alternatives, elles peuvent contenir une volonté de réparation du dommage causé à la victime. En effet, certains processus transactionnels participent d'une démarche restitutive. Ainsi, en plus du paiement principal d'une somme d'argent ou d'une amende transactionnelle, certaines alternatives rétributives prévoient l'indemnisation de la victime incidente lorsque celle-ci consent au principe d'un règlement transactionnel. Tel est le cas en matière de transaction proposée par le Défenseur des droits en vertu de l'article 28 de la loi du 29 mars 2011. Parfois encore, la dimension restitutive ressortira de la mesure rétributive elle-même. En effet, en matière d'indemnité forfaitaire, il n'y a pas de distinction possible entre la victime principale et la victime incidente. Ainsi, l'indemnité transactionnelle comprend à la fois la réparation, par des dommages et intérêts, du préjudice subi par l'exploitant de transport public et la sanction punitive de la violation des dispositions légales ou réglementaires.

Si les procédures rétributives visent avant tout à résolution du litige par la proposition d'une transaction, la concrétisation de l'accord entraîne nécessairement un consentement des deux parties à l'acte transactionnel. Ainsi, la recherche du caractère réellement consensuel de ces procédures incite à une analyse du degré de négociation offert à l'auteur et à la victime.

B - Le caractère limité de la négociation au sein des procédures rétributives

Le pouvoir de négociation imparti à l'auteur de l'infraction diffère d'une transaction à l'autre (1). A l'inverse, la victime dispose d'une maîtrise large du processus, ce qui réduit l'aspect consensuel de la transaction en matière pénale (2).

---

parlementaire d'évaluation de la législation semble favorable à une généralisation progressive de ce mode de règlement des litiges dès lors qu'est mise en cause l'intention lucrative de l'auteur de l'infraction. Ainsi, au terme de sa recommandation n°3, l'O.P.E.L. prône une extension des pouvoirs de sanction de l'autorité des marchés financiers (A.M.F.) par le biais de la transaction pénale alternative à la poursuite. (Tome 1 du rapport n°3166 de l'O.P.E.L. du 15 juin 2006, consultable sur *http://www.assemblee-nationale.fr/12/rap-off/i3166-tI.asp*).

1 - Le faible degré de négociation de l'auteur de l'infraction

417. Le pouvoir de négociation de la transaction offert à l'auteur de l'infraction fait l'objet d'un régime commun en matière de procédures rétributives. Toutefois, la proposition du mode transactionnel de résolution n'appartient en principe qu'à la victime de l'infraction, sauf en matière de contributions indirectes. En effet, en vertu de l'article 248 L.P.F, il ne peut y avoir de transaction que sur demande de l'auteur des faits[598], mais cette exception ne remet pas en cause la détermination de l'organe disposant de l'initiative procédurale dès lors que l'administration fiscale permet au fonctionnaire compétent de refuser la demande de transaction et conserve l'ensemble des prérogatives relatives au contenu de la transaction. Aussi, la demande formée par l'auteur de l'infraction n'entraîne pas plus d'effet sur le contenu de la mesure que l'accord préalable de l'auteur des faits à la participation à une mesure de médiation pénale prévue par l'article 41-1, 1° C.pr.pén.

Bien que la procédure transactionnelle passe obligatoirement par une demande de la part de l'auteur de l'infraction, la transaction en matière de contributions indirectes rejoint les autres formes de transactions administratives et l'indemnité forfaitaire, en ce que la procédure commence réellement par une offre de l'administration concernée. Cette offre de transaction sera réalisée par l'envoi dans les délais impartis d'une proposition chiffrée valant projet d'acte transactionnel[599]. Ainsi, l'auteur des faits ne dispose en la matière d'aucune marge de négociation avec l'autre partie au contrat pour la détermination du contenu de la transaction. La proposition de transaction n'ouvre qu'une seule alternative à l'auteur des faits, réduite à l'acceptation ou au refus de l'offre de transaction[600]. Cependant, ce choix entraîne pour l'auteur un certain nombre de conséquences pénales. S'il dispose de la faculté d'accepter ou de refuser, il n'y a pourtant pas lieu de parler de consensualisme en la matière[601]. En cas de refus, le déclenchement des poursuites par l'administration ou par le parquet est inéluctable. A l'inverse, l'acceptation de l'offre de transaction vaut reconnaissance de culpabilité de la part de l'auteur et sert de fondement à son obligation à payer le montant de la transaction. Cette conséquence

---

[598] V. Daumas, La transaction en matière fiscale : le genre de proposition qu'on ne peut pas refuser ?, *RJF*, 2009, p. 387.
[599] M. Redon, Transaction, *Rép.pén. Dalloz*, *op.cit.*, n°25.
[600] V. Daumas, *art. préc.*
[601] J.-P. Ekeu, *Consensualisme et poursuite en droit pénal comparé*, Cujas, travaux de l'institut des sciences criminelle de Poitiers, 1992.

radicale est par ailleurs confirmée au regard de la jurisprudence administrative. Le Conseil d'Etat a en effet plusieurs fois rappelé qu'un recours pour excès de pouvoir dirigé contre une proposition de transaction était irrecevable[602].

418. Toutefois, même en cas d'acceptation de l'offre, l'auteur dispose d'une seconde option consistant en l'exécution ou la non-exécution de la transaction. Cependant, le refus d'exécuter la transaction préalablement acceptée expose l'auteur au déclenchement des poursuites par l'administration, la transaction non encore exécutée n'ayant aucun caractère extinctif sur la prescription de l'action publique[603].

L'auteur de l'infraction dispose encore de la possibilité de revenir sur la transaction par le jeu des nullités. En effet, les règles relatives à la transaction en matière civile sont applicables en la matière. Ainsi, le transigeant peut faire valoir le défaut de capacité à consentir l'absence de compétence du fonctionnaire pour proposer une transaction ou les vices du consentement. La violence sera retenue de façon restrictive, la menace de déclencher l'action publique ne pouvant être admise comme un vice de violence au sens de l'article 1112 C.civ. Le transigeant peut toutefois faire valoir l'erreur sur le montant de la somme due au titre de la transaction. Néanmoins, l'erreur de calcul ne permettra pas de remettre en cause la transaction elle-même.

419. Si seul le refus de l'offre de transaction permet à l'auteur de faire valoir son innocence devant le juge pénal, la procédure de l'indemnité forfaitaire offre un certain nombre de recours. En matière d'indemnité forfaitaire, l'auteur de la contravention ne dispose pas de la possibilité de demander à bénéficier de la transaction. En effet, le Code de procédure pénale prévoit, en son article 529-3, l'automaticité de ce mode de règlement des litiges.

Bien que l'auteur ne puisse s'opposer à la mise en œuvre de la procédure transactionnelle, les articles 529-5 et 530 C.pr.pén. lui permettent de tenter de s'exonérer de sa responsabilité. Tout d'abord, dans le délai de deux mois à compter de la constatation de l'infraction, l'article 529-5 C.pr.pén. lui permet d'adopter « une résistance active » en formant une protestation auprès des services de l'exploitant. Ce recours, qui correspond à la requête en exonération de l'article 529-2 C.pr.pén., applicable en matière d'amende

---

[602] CE, 4 mars 2009, Société Réseaux publics et Services, *RJF*, chron., 2009, note V. Daumas, p. 387.

[603] M. Redon, Transaction, *Rép.pén. Dalloz*, *op.cit.*, n°33.

forfaitaire, doit, comme cette dernière, être accompagné de l'original du procès-verbal d'infraction. Après examen par l'exploitant des arguments présentés, la protestation doit, en cas de rejet, être envoyée au représentant du ministère public qui, dans les mêmes conditions qu'en cas d'amende forfaitaire, détermine la suite à donner à l'infraction.

420. Cette faculté de contestation accordée à l'auteur constitue un frein à la marge de négociation appartenant à l'exploitant. En effet, toute protestation non accueillie par ce dernier entraîne inévitablement la fin de la créance née de l'indemnité forfaitaire et entraîne l'application de la procédure de l'amende forfaitaire. De la même manière, le contrevenant peut faire échec à la procédure de l'indemnité forfaitaire en adoptant « une résistance passive » pendant les deux mois prévus par l'article 529-5 al. 1er C.pr.pén. En effet, s'il n'exerce pas le recours qui lui est offert par l'article 529-5 C.pr.pén., le contrevenant devient redevable de plein droit de l'amende forfaitaire majorée applicable en vertu des articles 529 et s. et R. 49-7 C.pr.pén.

L'article 530 C.pr.pén. permet ensuite au contrevenant de s'exonérer en présentant une réclamation dans les trente jours suivant l'envoi de l'avis d'amende forfaitaire majorée par le Trésor public en vertu du titre exécutoire signé par le ministère public. La procédure alors mise en œuvre sera celle de la procédure de l'amende forfaitaire.

421. Ces modes transactionnels constituent des formes régulières de règlement des litiges en la matière et ne retirent donc pas entièrement le droit que possède le justiciable d'accéder au juge pénal en vertu de l'article 6 §1 C.E.S.D.H. Ce droit de saisir la juridiction pénale compétente reste sauf à tous les stades de la procédure, notamment lorsque le contenu de la transaction est excessif par rapport aux faits commis. La Cour européenne des droits de l'homme n'a pas hésité à sanctionner une transaction entachée d'une contrainte viciant le consentement du transigeant, dans d'une décision du 27 février 1980[604].

Si l'auteur n'a que de peu de marge de manœuvre dans la négociation de la transaction, la victime dispose du pouvoir de détermination du contenu de la transaction, encore que celui-ci soit encadré par la loi.

---

[604] C.E.D.H., 27 février 1980, *Deweer c/ Belgique, série A,* n°*35*. La Cour européenne a jugé nulle, au regard du droit à un procès équitable, une procédure de transaction qui entraînait à la fois la mise en œuvre d'une procédure transactionnelle et la fermeture provisoire d'un établissement.

2 - La maîtrise de la réparation par la victime

422. Dans la procédure transactionnelle, la victime garde l'entière maîtrise de la réparation. Tout d'abord, en début de procédure, son consentement à l'application du processus transactionnel lui appartient totalement. Ni le ministère public, ni l'auteur des faits ne peuvent lui imposer le recours à une telle solution au litige. Ainsi, lorsqu'en matière de contributions indirectes, l'auteur dispose de la faculté de demander à l'administration fiscale le bénéfice de la voie transactionnelle, celle-ci reste entièrement libre de préférer un règlement purement judiciaire du litige en déclenchant l'action publique ou l'action fiscale. Pour les autres transactions administratives, l'initiative de la mise en œuvre de la transaction dépend entièrement du fonctionnaire habilité par la loi à régler le litige par cette voie.

Toutefois, la décision de recourir à un mode transactionnel de règlement des litiges matérialisée par une proposition de transaction ne confère aucun droit à l'auteur des faits de voir le litige réglé par cette voie avant la mise en œuvre du projet définitif. En effet, l'administration reste libre de revenir à tout moment sur sa décision initiale et de déclencher ou de reprendre les poursuites, le projet transactionnel n'ayant aucun effet sur l'action publique. Cet abandon de la procédure transactionnelle par l'administration peut résulter du comportement de l'auteur des faits pendant la procédure elle-même ou de l'incidence du pouvoir hiérarchique, la proposition de transaction par l'agent de l'administration ne pouvant devenir définitive que par l'approbation de l'autorité administrative compétente[605].

423. En matière d'indemnité forfaitaire, la validité de la transaction n'est pas soumise au pouvoir hiérarchique. Ainsi, le règlement transactionnel prévu par l'article 529-3 C.pr.pén. demeure provisoire jusqu'au consentement du contrevenant. Egalement, le recours à la transaction ne résulte pas de la volonté de l'exploitant mais découle des dispositions légales applicables en cas d'infractions à la police des services publics de transports terrestres.

Si l'utilisation de la transaction constitue un mode régulier de règlement de litiges en matière de services publics de transports terrestres, la détermination du montant de la réparation est imposée par les textes régissant la matière. Ainsi, l'administration ne dispose pas de toute latitude dans la fixation du contenu de la transaction. Egalement, le caractère punitif de la solution réparatrice proposée rejaillit sur les effets de la transaction sur l'action publique. Ainsi, à l'instar des procédures répressives, les alternatives rétributives laissent observer une certaine radicalité de leurs effets sur l'opportunité des poursuites.

§ II - Le caractère spécifique des solutions alternatives rétributives

424. Visant pour une large part la réparation du préjudice causé à la victime, les processus rétributifs entraînent la conclusion d'un acte transactionnel ayant un contenu majoritairement indemnitaire qui les distingue radicalement des procédures restitutives (A). Cependant, la différence entre les deux types d'alternatives réparatrices résulte, d'une part, de l'existence, dans tous les cas, d'un accord transactionnel et d'autre part, d'un effet plus radical des processus rétributifs sur la prescription de l'action publique (B).

A - L'économie générale de la transaction

425. Les mesures rétributives visent effectivement à une réparation du préjudice subi par la victime au moyen d'une indemnisation principalement pécuniaire de cette dernière. Elles se distinguent donc fondamentalement des mesures réparatrices-restitutives qui, si elles n'excluent pas, pour certaines d'entre elles, une réparation en argent, s'orientent pour la plupart vers une réparation morale pour la victime résultant de l'objectif de rétablissement de la relation sociale préexistante à la commission de l'infraction. Le contenu des mesures rétributives s'écarte nécessairement de cet objectif à défaut de relation de proximité préexistante à l'infraction et se traduit par l'engagement de la part de l'auteur de l'infraction au paiement d'une somme d'argent.

426. Le pouvoir d'initiative du processus rétributif va de paire avec la faculté pour la victime de déclencher les poursuites judiciaires. Toutefois, la maîtrise du processus par la victime se trouve limité lors de la fixation du montant de l'indemnisation. Ainsi, les procédures rétributives offrent un moyen efficace à la victime de voir son préjudice réparé tout en limitant les risques d'arbitraire dans la fixation du montant de l'indemnisation. Elles se séparent donc des procédures restitutives, telles que la médiation pénale, en encadrant la réparation possible du préjudice causé. Il est dès lors possible de les qualifier de procédures alternatives réparatrices encadrées[606].

427. Le contenu de la transaction administrative est limité de plusieurs façons. Tout d'abord, l'administration ne peut faire porter l'acte transactionnel que sur les infractions imputables à l'auteur. Ainsi, d'une part,

---

[605] Elle sera soumise également à l'accord du ministère public lorsque celui-ci est requis.

[606] Les procédures restitutives peuvent dès lors être qualifiées de procédures alternatives réparatrices non encadrées.

la transaction doit porter sur les infractions réellement constatées au moment de la rédaction du procès-verbal par l'agent de l'administration. D'autre part, la transaction peut ne porter que sur une partie seulement des infractions imputables à l'auteur[607].

Ensuite, l'acte de transaction ne peut porter que sur les peines prévues par la loi. La fixation du montant des pénalités transactionnelles dépend fortement du type d'infraction commise. Ainsi, si les droits ou les valeurs fraudés servent, en matière fiscale ou douanière, de fondement à la compétence des fonctionnaires de l'administration pour transiger, ils permettent en outre, de déterminer la base de calcul du montant de la réparation.

En matière de transaction relative à la commission d'une discrimination, le Défenseur des droits voit son pouvoir de fixation du montant de la réparation encadré par le texte de l'article 28 de la loi précitée du 29 mars 2011. Ainsi, l'autorité administrative ne peut proposer une amende transactionnelle ne pouvant dépasser 3.000€ pour les personnes physiques et 15.000€ pour les personnes morales. En outre, la dimension punitive de cette transaction se voit clairement énoncée par la même disposition légale en précisant que le montant de l'amende transactionnelle tient compte notamment de la gravité des faits commis.

428. La transaction administrative dispose d'un domaine quant aux infractions strictement défini et, ne peut porter sur des infractions ne permettant pas une résolution du litige par voie transactionnelle. Ainsi, en cas de concours de qualifications dont l'une au moins ne permet pas la mise en œuvre d'une transaction, le ministère public peut mettre en œuvre l'action publique quoiqu'une transaction soit déjà intervenue entre l'administration et le délinquant[608]. Il n'y aura pas pour autant de violation du principe « *non bis in idem* », la possibilité de transiger restant ouverte, même en cas de poursuites, si l'acte ne porte que sur les peines fiscales.

429. La situation personnelle et patrimoniale du transigeant a, enfin, une incidence sur la fixation du montant de la transaction. En effet, l'article L. 249 al. 4 L.P.F., prévoit expressément que les demandes de remise de sanctions fiscales doivent tenir compte des ressources et des charges du débiteur. Cette disposition, proche du principe de personnalisation des peines de l'article 123-24 C.pén., s'appliquant en principe aux cas dans lesquels la transaction intervient après mise en mouvement de l'action publique, doit pouvoir s'appliquer aux cas prévus par l'article L. 248 L.P.F.,

---

[607] Cass. crim., 26 mars 1830, Bull. crim. n°80.

celui-ci renvoyant expressément à l'article L. 249 du même Code pour la détermination du domaine infractionnel de la transaction. Le même principe de personnalisation des peines vient renforcer la dimension punitive de la transaction en matière de discrimination[609].

430. Bien que, de manière générale, le pouvoir de fixation de la transaction soit encadré par les textes, tel n'est pas le cas en matière de concurrence et de consommation. En effet, ni l'ordonnance du 1er septembre 2005, ni le décret du 4 mai 2006 précités ne déterminent le montant maximum de la somme stipulée dans l'acte transactionnel. De même, ces textes ne se réfèrent pas au principe de personnalisation des peines.

431. Certaines transactions prévoient, en plus de la possibilité de contraindre l'auteur des faits au paiement d'une somme d'argent, d'autres mesures. Ainsi, en matière de discrimination, la loi du 29 mars 2011 prévoit que la transaction peut consister en l'affichage d'un communiqué dans les lieux qu'elle précise et pour une durée de deux mois maximum, dans la transmission, pour information, d'un communiqué au comité d'entreprise ou au délégué du personnel, dans la publication d'un communiqué par insertion au Journal officiel, dans une ou plusieurs autres publications de presse, par voie électronique, ou enfin dans l'obligation de publier la décision au sein de l'entreprise.

En matière de concurrence et de consommation, le texte du décret précité du 4 mai 2006 fait aussi référence à d'autres obligations pouvant être proposées au contrevenant sans toutefois les déterminer précisément. L'absence de précision quant à la nature des mesures transactionnelles oblige à s'interroger sur la pérennité du régime de la transaction en matière de concurrence et de consommation. En effet, le Conseil d'Etat, dans sa décision du 7 juillet 2006[610], a annulé l'article 6 de l'ordonnance 18 juillet 2005[611] instituant un régime de transaction pénale permettant à l'autorité administrative de transiger sur la répression des infractions pénales visées aux chapitres I à IV du titre Ier du livre II du Code de l'environnement. La haute juridiction a reconnu le requérant fondé à demander l'annulation de l'article L. 216-14 du Code de l'environnement, créé par l'article 6 de

---

608 V. Cass. crim., 26 mars 1830 *op.cit.* ; M. Redon, Transaction, *Rép.pén. Dalloz*, *op.cit.*, n°20.
609 Loi n° 2011-333 du 29 mars 2011, *op.cit.*, art. 28.
610 CE, 7 juillet 2006, *JCP G.*, 2006, IV,2708 ; D. 2006, I.R. p. 1985.
611 Ordonnance n°2005-805 du 18 juillet 2005 portant simplification, harmonisation et adaptation des polices de l'eau et des milieux aquatiques, de la pêche et de l'immersion des déchets, JO 19 juillet 2005, p. 11760.

l'ordonnance précitée, du fait que ses dispositions ne précisent pas la nature des mesures sur lesquelles il est possible de transiger. Le Conseil d'Etat a, à l'occasion de cet arrêt, rappelé les règles que le législateur ou le gouvernement agissant par voie d'ordonnance, au titre de l'article 38 de la Constitution, est tenu de préciser lorsqu'il institue un régime de transaction pénale. Dès lors que le règlement transactionnel en matière pénale touche aux modes d'exercice de l'action publique et affecte la séparation des pouvoirs et la garantie des droits consacrés par l'article 16 de la Déclaration des droits de l'homme et du citoyen, doivent être précisées, au titre du champ d'application de la transaction pénale, la désignation de l'autorité habilitée à transiger, lorsque ce n'est pas une autorité de l'Etat, la nature des mesures qui découlent de la transaction et qui ne sauraient, selon le juge administratif, toucher à la liberté individuelle au sens de l'article 66 de la Constitution et les conditions d'homologation de la transaction.

432. Si le régime transactionnel en matière d'eaux et de milieux aquatiques ne précise ni les mesures pouvant être prises au titre du règlement transactionnel du litige, ni la désignation de l'autorité administrative habilitée à transiger, le régime transactionnel issu de l'ordonnance n°2005-1086 du 1er septembre 2005 en matière de concurrence et de consommation semble satisfaire à la détermination de l'autorité habilitée à transiger. Toutefois, ni l'ordonnance précitée, ni le décret du 4 mai 2006 précité ne semblent satisfaire pleinement à la désignation des mesures susceptibles d'être proposées au transigeant. En effet, si la mesure principale découlant de l'application de ces textes est constituée par le versement d'une somme d'argent sans autre précision, ni de sa nature ni de son quantum, le texte du décret prévoit également d'autres obligations non déterminées pouvant encourir la censure de la haute juridiction administrative.

433. La procédure des articles 529-3 C.pr.pén., en raison de son caractère purement forfaitaire, ne permet pas non plus de personnalisation de l'indemnité due à l'exploitant de transports publics. Ainsi, le montant de chaque transaction est fixé par le règlement. Le décret du 22 mars 1942 ne laisse aucune compétence à l'exploitant dans la fixation de sa réparation. En effet, le montant de la transaction est fixé par l'article 80-4 du décret de 1942 modifié par le décret du 18 septembre 1986. En vertu de cette disposition, pour chaque infraction, qu'elle entraîne ou non un manque à gagner pour l'exploitant, le montant de l'indemnité a pour référence le prix du billet fixé par l'exploitant soumis à un coefficient multiplicateur.

Ainsi, la transaction, dans son aspect rétributif, vise, à l'instar des processus restitutifs, un traitement pénal de l'infraction se réduisant à une réparation élargie du préjudice causé à la victime à l'exclusion de toute autre mesure présentant un caractère répressif. Mais au-delà de leurs buts restitutifs, les procédures rétributives confèrent à la réparation du dommage causé un caractère punitif proche des objectifs du droit pénal. Cependant, ces processus restent fondés sur le consentement des parties auquel le législateur accorde des effets plus radicaux sur l'action publique.

B - La radicalité des effets sur l'opportunité des poursuites

434. Les procédures rétributives ne disposent pas d'un régime commun quant à leur effet sur l'action publique. Certaines transactions, telles celles en matière de concurrence et de consommation ou celles relatives aux discriminations, ont expressément un effet interruptif de l'action public. D'autres entraînent une suspension de l'action publique. Enfin, l'indemnité forfaitaire n'a aucun effet sur la prescription de l'action publique tant que le paiement n'est pas réalisé.

435. Ainsi, le non-paiement du montant de la réparation permet à l'administration ou à l'exploitant de mettre en œuvre une procédure répressive à l'encontre du transigeant récalcitrant. Dans le cadre des transactions administratives, l'action publique sera à nouveau ouverte à l'administration[612] ou au procureur de la République. En matière d'amende forfaitaire, en cas de non-paiement de la transaction à l'exploitant dans les deux mois de la constatation de l'infraction, celui-ci doit remettre le procès-verbal au ministère public qui mettra en œuvre la procédure de l'amende forfaitaire majorée.

Les procédures rétributives constituent donc de véritables procédures alternatives à la poursuite pénale dès lors que leur inexécution par l'auteur de l'infraction permet la mise en œuvre d'une procédure répressive passant soit par la mise en œuvre d'une autre procédure alternative aux effets sanctionnateurs plus importants, soit par le déclenchement de l'action publique

---

[612] Cette faculté est ainsi ouverte au Défenseur des droits (ex-Haute autorité de lutte contre les discriminations) en vertu de l'article 28 de la loi n°2011-333 du 29 mars 2011. Le Défenseur des droits devient alors partie poursuivante comme toute administration en application de l'art. 1er C.pr.pen. V. not. V. Nioré, La HALDE : ni partie ni témoin, la recherche de son statut dans le procès pénal, *Gaz. Pal.*, 28 et 29 septembre 2007 p. 5.

436. A l'inverse, l'exécution des obligations découlant de la transaction par l'auteur de l'infraction lui permet de bénéficier de la prescription de l'action publique en application de l'article 6 al. 3 C.pr.pén. et d'éviter le passage devant le juge répressif. En outre, l'exécution de la transaction entraîne l'exclusion les règles relatives à la récidive. Cependant, bien que cette règle semble absolue en matière d'indemnité forfaitaire, cette dernière s'appliquant aux contraventions des quatre premières classes, cela n'empêche pas la mise en œuvre de l'article 24-1 de la loi du 15 juillet 1845 relative au délit d'habitude en la matière.

Egalement, la transaction administrative conduit à l'impunité de l'auteur du point de vue pénal, mais l'administration fiscale initialement lésée conserve une mémoire des infractions ayant fait l'objet de transactions lui permettant de lutter, au moyen d'un casier économique et financier, contre la réitération de l'infraction[613].

Ainsi, les procédures rétributives s'opposent, quant à leur principe, à l'idée de peine. Elles s'en rapprochent, toutefois, en organisant en amont de la poursuite pénale la lutte contre la réitération de l'infraction. L'apparence d'éloignement de ces procédures de la sanction pénale, en cantonnant le traitement de l'infraction à une réparation du préjudice qui en découle, se trouve atténuée par le caractère élargi d'une indemnisation proche de la peine privée devant inciter l'auteur des faits au respect de la loi.

[613] E. Gherardi, L'ambiguïté des relations entre droit administratif et droit pénal, *R.F.D.A.*, 1999, p. 916.

CONCLUSION DE LA PREMIÈRE PARTIE

437. L'étude des différentes procédures alternatives à la poursuite pénale a permis de dégager deux types de traitement de la commission d'une infraction avant tout déclenchement de l'action publique. La première modalité reste classiquement animée par une volonté de répression. Cependant, la réponse apportée se voit adaptée à la gravité de l'infraction commise. Ainsi, la punition de l'auteur des faits peut se limiter à une recherche de prise de conscience par celui-ci des conséquences de la violation de la loi. Elle correspond alors à une simple admonestation. Face à des infractions plus graves, troublant l'ordre public, la loi prévoit une réponse plus forte. La procédure alors appliquée dispose d'une nature plus répressive et découle sur l'application d'une véritable sanction pénale proche dans sa forme et ses modalités à la peine prononcée par le juge répressif.

Un second mode de traitement pénal recouvre des possibilités étendues de réparation des dommages causés aux victimes de l'infraction. Cette modalité de traitement des conséquences de l'infraction, originale en matière pénale peut, elle aussi, être subdivisée. Toutefois, ce n'est plus la seule gravité des faits qui permet cette distinction, mais aussi la qualité de la victime, celle-ci obtenant, dans ces processus, un rôle déterminant dans la solution du litige né de la violation de la loi. La qualité de la victime doit être entendue au sens large. Elle peut, d'une part, se confondre avec l'auteur de l'infraction lui-même. Le processus mis en place dispose alors d'une nature restitutive et vise à effacer les conséquences personnelles dues à la commission de l'infraction. D'autre part, la victime peut être assimilée à l'organe disposant de la faculté de mettre en œuvre la procédure. Dans ce cas, l'alternative réparatrice mise en œuvre débouche sur une indemnisation principalement pécuniaire de la victime tout en recherchant la punition de l'auteur de l'infraction.

Cette dualité des procédures alternatives entre répression et réparation, nouvelle en procédure pénale, repose sur l'évolution d'un fondement juridique plus ancien. La variété des modes de traitement de l'infraction résulte du principe d'opportunité des poursuites, énoncé par l'article 40 C.pr.pén. Celui-ci se trouve confié au ministère public devant décider seul de la suite à donner aux infractions dont il a connaissance. Si classiquement son rôle se limite à la possibilité de poursuivre l'auteur de l'infraction ou de classer sans suite, l'essor des procédures alternatives lui permet, en amont de l'action publique, de déterminer seul la sanction à appliquer à l'individu. Cependant, par exception, l'exercice de ce pouvoir est confié à d'autres organes, assimilables aux parties lésées par la violation des règles pénales. Néanmoins, le représentant du ministère public dispose toujours de certaines prérogatives lui permettant d'influer sur le traitement de l'infraction. Dès lors, l'essor des procédures alternatives aux poursuites pénales contribue au renforcement des pouvoirs du parquet.

Plus profondément, l'essor des procédures alternatives aux poursuites, conforté par la consécration de celles-ci par le législateur, entraîne inévitablement des conséquences importantes sur les traits de la procédure pénale française et particulièrement sur le principe d'opportunité des poursuites qui, par l'évolution de son fondement, permet l'émergence d'un véritable système procédural des modes alternatifs de règlement des litiges en matière pénale.

TABLEAU SYNOPTIQUE DES PROCÉDURES ALTERNATIVES

DENOMINATION	OBJECTIFS PRINCIPAUX au regard de l'article 41-1 al. 1er C.pr.pén.	NATURE[614]	EFFET SUR L'ACTION PUBLIQUE	DEGRE DE REPRESSION ALTERNATIVE
Rappel à la loi (art. 41-1, 1° C.pr.pén.)	*Reclassement de l'auteur de l'infraction, puis cessation du trouble causé à l'ordre public.*	Sanctionnatrice admonestative	Suspension	1er degré
Orientation vers une structure sanitaire sociale ou professionnelle hors injonction thérapeutique Ex. : Stage de citoyenneté ou de sécurité routière. (art. 41-1, 2° C.pr.pén.)	*Reclassement, puis cessation du trouble causé à l'ordre public.*	Sanctionnatrice admonestative	Suspension	1er degré
Orientation vers une structure sanitaire dont injonction thérapeutique (art. 41-1, 2° C.pr.pén.)	*Réparation du dommage causé à la victime, et reclassement de l'auteur.*	Réparatrice restitutive	Suspension	1er degré
Régularisation de la situation au regard de la loi et du règlement (art. 41-1, 3° C.pr.pén.)	*Reclassement de l'auteur puis cessation du trouble causé à l'ordre public.*	Sanctionnatrice admonestative	Suspension	1er degré
Réparation du dommage résultant des faits commis par l'auteur (art. 41-1, 4° C.pr.pén.)	*Réparation du dommage causé à la victime.*	Réparatrice restitutive	Suspension	1er degré
Médiation pénale (art. 41-1, 5° C.pr.pén.) *Dont médiation H.A.L.D.E.* (art. 7 de la loi du 30 déc. 2004)	*Réparation du dommage causé à la victime.*	Réparatrice restitutive	Suspension	1er degré
Résidence hors du domicile du conjoint, concubin, ou titulaire d'un pacs, ou des mineurs en cas de violences *Et prise en charge sanitaire, sociale ou psychologique* (art. 41-1, 6°)	*Réparation du dommage causé à la victime, puis reclassement de l'auteur.*	Réparatrice restitutive	Suspension	1er degré
Composition pénale (art. 41-2 et 41-3 C.pr.pén.)	*Cessation du trouble causé à l'ordre public, puis reclassement de l'auteur, réparation éventuelle du dommage causé à la victime.*	Sanctionnatrice répressive	Extinction	1er et 2nd degré
Amende forfaitaire (art. 529 à 529-2 et 529-6 à 530-3 C.pr.pén.)	*Cessation du trouble causé à l'ordre public.*	Sanctionnatrice répressive	Extinction	1er et 2nd degré
Indemnité forfaitaire (art. 529-3 à 529-5 et 530 à 530-1 C.pr.pén.)	*Réparation du dommage causé à la victime, puis reclassement de l'auteur.*	Réparatrice rétributive	Extinction	1er degré
Transactions administratives répressives Dont transactions fiscales, douanes, eaux et forêts, Défenseur des droits (H.A.L.D.E.), concurrence et consommation (D.G.C.C.R.F.)	*Réparation du dommage causé à la victime, puis reclassement de l'auteur.*	Réparatrice rétributive	Extinction	1er et dernier degré

[614] *Cf.* Typologie générale des procédures alternatives selon leur nature, page 54.

SECONDE PARTIE

LES MUTATIONS SUBSTANTIELLES CONSÉCUTIVES AU DÉVELOPPEMENT DES PROCÉDURES ALTERNATIVES AUX POURSUITES

438. La classification des différentes procédures alternatives a permis de mettre en avant deux modèles généraux de traitement de l'infraction avant toute mise en œuvre de l'action publique, l'un tendant à la pénalisation de l'individu, l'autre, à la réparation du dommage causé à la victime. Quelles qu'elles soient, ces procédures trouvent leur fondement dans le principe d'opportunité des poursuites. Ainsi, en vertu de l'article 40 C.pr.pén., le ministère public se trouve chargé d'apprécier la nécessité du déclenchement de l'action publique, au nom de la société, en vue du prononcé d'une sanction pénale. L'exercice de l'option traditionnelle entre déclenchement de l'action publique et classement sans suite, issue de ce principe, doit être motivé, notamment, par la gravité de la violation commise, les circonstances de l'infraction ou encore la personnalité de l'auteur afin d'éviter tout risque d'arbitraire.

Malgré une marge de manœuvre importante, il est possible de découvrir certaines limites au pouvoir d'opportunité. Tout d'abord, une limite de nature temporelle, relative au principe d'indisponibilité de l'action publique, interdit au ministère public de disposer de cette dernière en revenant sur le principe d'une action judiciaire une fois celle-ci mise en œuvre, c'est-à-dire en l'abandonnant ou en transigeant. Ensuite, une limite de nature fonctionnelle, qui transcende le principe de séparation des autorités de poursuite et de jugement, permet au parquet de requérir une peine sans toutefois l'associer au prononcé effectif de celle-ci et aux modalités de son exécution, cette tâche revenant au juge du siège. Enfin, une dernière limite au principe d'opportunité des poursuites présentant une nature personnelle, permet de restreindre le pouvoir du parquet de classer sans suite. En effet, celui-ci est contrebalancé par la possibilité pour la victime de déclencher l'action publique soit par la constitution de partie civile, si celle-ci est recevable[615], soit en cas d'intérêts particuliers lésés dans lesquels la loi subordonne la mise en œuvre de l'action publique à la plainte de la partie civile[616].

439. Toutefois, le ministère public disposant d'un rôle de représentation des intérêts de la société, sa mission est fondée sur le maintien de l'ordre garantissant l'intérêt général. Ainsi, le principe d'opportunité des poursuites,

---

615 Cass. crim., 8 décembre 1906, rapp. Laurent-Atthalin, DP, 1907,1, 207.

616 En matière d'atteinte à la vie privée (art. 226-1 C.pén.) ou de diffamation ou injure (art. 226-6 C.pén.). Cette limite à l'exercice de l'action publique est strictement interprétée par la jurisprudence qui soumet l'exigence d'une plainte préalable à l'existence d'un texte formel. Cass. crim., 9 mai 1885, DP, 1886, 1, 89.

comme outil au service du parquet, puise lui-même sa source dans la notion d'ordre public[617]. Or, cette dernière est loin d'être monolithique. Par conséquent, le principe d'opportunité ne dispose pas un caractère uniforme.

Classiquement, la définition du principe d'opportunité des poursuites laisse sous-entendre une notion assez homogène[618]. Cependant, de par l'appréciation laissée au parquet, elle comporte intrinsèquement un facteur lui permettant une adaptation de la réponse pénale aux comportements individuels, à l'inverse du principe de légalité des poursuites qui, dans certains pays, contraint le ministère public à mettre en œuvre ces dernières toutes les fois qu'il a connaissance de la commission d'une infraction.

Ainsi, c'est la marge d'appréciation laissée entre les mains du parquet qui a permis l'introduction de procédures dont le développement va jusqu'à remettre en question la définition classique de l'opportunité des poursuites. En effet, le choix résultant de la définition classique du principe d'opportunité se révèle contraire à l'intérêt général dès lors qu'une décision de classement sans suite n'est plus entendue comme une réponse pénale mais comme l'absence de celle-ci. Ce vide juridique face aux atteintes aux valeurs de la société a entraîné la création des processus permettant une réponse du législateur aux attentes de l'intérêt général tout en faisant l'économie du déclenchement des poursuites.

440. C'est ainsi que la mise en œuvre de l'une quelconque des procédures alternatives se trouve déterminée par le degré d'atteinte à l'ordre public, la notion devenant multiforme et permettant l'intégration en son sein de l'ensemble des intérêts présents dans la société. Elle peut donc être segmentée en différents paliers, eux-mêmes révélés par le type de procédure alternative mis en œuvre et par la nature de l'atteinte révélée par l'incrimination.

A une atteinte portée aux valeurs les plus fondamentales pour la conservation de la société, l'appareil judiciaire répondra par la mise en œuvre de l'action publique ou par la mise en œuvre d'une procédure alternative sanctionnatrice[619]. A l'inverse, les atteintes portées aux intérêts purement individuels ou pouvant être résolus par une indemnisation pécuniaire trouveront une solution par l'application d'une procédure

---

617 M. Redon, Transaction, *Rép.pén. Dalloz*, *op.cit.*, n°1.

618 V. S. Josserand, *L'impartialité du magistrat en procédure pénale*, bibl. sc. crim., t.33, Paris, L.G.D.J., 1998, p. 438.

619 J. Pradel, Vers un aggiornamento des réponses de la procédure pénale à la criminalité, *op.cit.*

alternative réparatrice. Ainsi, révélé par la mosaïque des procédures alternatives, l'ordre public se voit métamorphosé et a désormais vocation à servir de fondement aux besoins de réponse à l'ensemble des atteintes aux intérêts présents dans la société, au delà de ceux ne visant qu'à la conservation de cette dernière.

La notion nouvelle d'ordre public, si elle permet d'englober l'ensemble des intérêts existant dans la société, entraîne une modification profonde de la procédure pénale dès lors qu'elle recherche la satisfaction de la société par l'apport d'une réponse pénale. Elle inaugure, d'une part, une possibilité nouvelle de sanction en permettant un déplacement du prononcé de celle-ci et, d'autre part, dès lors qu'elle permet l'intégration de la défense de valeurs privées, la notion d'ordre public consacre nécessairement l'existence d'ordres privés permettant une réparation des atteintes qui y sont portées (Titre I).

441. Enfin, bien que la notion d'ordre public permette d'expliquer les hypothèses nouvelles de sanction de l'individu et de réparation de la victime en amont de toute action judiciaire, elle n'est pas, pour autant, synonyme de scission des missions de punition de l'individu et de réparation de la victime. La multitude des procédures alternatives offertes au parquet présupposant un choix de ce dernier entre sanction et réparation conjuguée à l'existence d'une organisation de l'ensemble de celles-ci leur permettent de remplir l'intégralité des missions de justice.

En effet, la notion d'ordre public explique la possibilité de sanctionner et de réparer les dommages résultant de la commission de l'infraction avant tout déclenchement de l'action publique, l'atteinte renouvelée à l'ordre public servira de fondement aux interactions de l'ensemble des modes de réponse pénale.

Ainsi, la notion d'ordre public, fondement théorique à la mise en œuvre des procédures alternatives, est complétée par la notion pratique de réitération permettant une organisation de ces procédures en système (Titre II).

TITRE I

REDÉFINITION DE LA NOTION DE TROUBLE À L'ORDRE PUBLIC

442. Le parquet tire son pouvoir d'opportunité de la notion d'ordre public. Dès lors, la motivation de son action est dictée par l'existence d'un trouble dont il lui appartient de déterminer la gravité. C'est, en effet, l'importance du trouble ou, au contraire, la faiblesse de ce dernier qui permet au représentant du parquet de choisir le mode de traitement le plus approprié à l'infraction dont il a connaissance. Cependant, l'appréciation de la gravité du trouble causé à l'ordre public s'avère insuffisante pour justifier la diversité des modes de réponse pénale, la simple coexistence de l'action publique et de procédures alternatives « sanctionnatrices » suffirait pour assurer la protection de l'ordre public entendu classiquement.

Or, l'existence de modes alternatifs visant exclusivement à la réparation du dommage causé à la victime ne démontre pas simplement l'empathie de l'appareil judiciaire pour la personne qui subit un préjudice du fait de la commission d'une infraction mais révèle une intégration des valeurs privées dans la notion d'ordre public pouvant permettre d'envisager, au sein même de cette dernière, l'existence d'ordres privés justifiant la mise en œuvre des procédures « *réparatrices* ».

Ainsi, la notion de trouble causé à l'ordre public constitue le fondement du pouvoir nouveau reconnu au parquet de sanctionner, en amont de l'action publique, l'auteur des faits ; l'appréciation de la gravité du trouble causé apparaît alors comme le critère de la mise en œuvre de ce pouvoir (Chapitre I).

En outre, l'intégration des intérêts particuliers dans la notion d'ordre public permet la découverte de la réparation du dommage comme sanction du trouble causé aux ordres privés (Chapitre II).

CHAPITRE I

LE TROUBLE À L'ORDRE PUBLIC : FONDEMENT DES PROCÉDURES ALTERNATIVES SANCTIONNATRICES

443. La notion de séparation des autorités de poursuites et de jugement constitue un des piliers de notre droit. Son caractère constitutionnel a pu être rappelé à plusieurs reprises notamment à propos d'une procédure alternative aux poursuites, à savoir lors de la création de la composition pénale[620].

Cette notion permet d'apporter quelques éléments de réponse quant à la fonction même du principe d'opportunité des poursuites qui doit permettre à l'organe qui l'exerce de déclencher une action judiciaire aux fins du prononcé et de l'application d'une peine, la détermination de la nature et du quantum de celle-ci revenant aux magistrats du siège, dès lors qu'ils retiennent la responsabilité pénale du mis en cause.

Bien que le parquet dispose du pouvoir de mettre en œuvre les poursuites pénales, la loi ne lui confère pas la charge de prononcer la sanction pénale. Certes, il ne faut pas nier la possibilité pour le parquet d'influer sur la sanction pénale prononcée dès lors que lui est reconnu le pouvoir de mettre cette dernière à exécution en vertu de l'article 707-1 C.pr.pén.[621]. Pour autant, ni ce pouvoir ni celui relatif à l'opportunité des poursuites n'entravent le principe de séparation des pouvoirs de poursuite et de jugement[622].

444. L'essor des procédures alternatives à la poursuite pénale, créées dans un souci de célérité du traitement des infractions, démontre un rapprochement de ces deux pouvoirs entre les mains du procureur de la République. Toutefois, les procédures alternatives « *sanctionnatrices* » permettent au parquet d'être à l'origine de la détermination de la mesure pénale visant à la répression de l'auteur et à son reclassement (Section II).

---

620 Décision n°95-360 DC du 2 février 1995, *op.cit,* Décision n°2004-492 DC du 2 mars 2004, JO du 10 mars 2004, p.4637.

621 B. Bouloc, *Droit de l'exécution des peines*, Précis Dalloz, 4e éd., Paris, Dalloz, 2011, n°181 et s. ; J.-H. Robert, *Droit pénal général*, Thémis, 6e éd., Paris, PUF, 2005, p. 505.

622 L'article 161 de la loi 2004-204 du 9 mars 2004 a créé le tribunal de l'application des peines afin de seconder le juge de l'application des peines.

Ces processus alternatifs constituent un exemple de l'atténuation du principe de séparation des autorités de poursuite et de jugement. Ainsi, le pouvoir nouveau du parquet résultant de ces modes de traitement de l'infraction prend ses racines dans une notion d'ordre public en pleine mutation, bien qu'elle demeure le fondement du droit d'agir du ministère public (Section I).

SECTION I - L'ORDRE PUBLIC : FONDEMENT DE L'ACTION PUBLIQUE

445. La possibilité de mettre en œuvre des procédures alternatives sanctionnatrices tire son existence du pouvoir d'appréciation offert au parquet de l'importance du trouble à l'ordre public réalisé. Ainsi, ces procédures entretiennent avec l'action publique une relation étroite fondée sur la notion même d'ordre public. Il convient, dès lors, de s'efforcer d'approfondir la définition de cette notion (§ I) qui, en droit pénal, demeure le fondement du pouvoir du parquet d'apprécier le trouble causé à l'ordre public (§ II).

§ I - Les éléments de définition de la notion d'ordre public

La notion d'ordre public n'est pas propre à la matière pénale. Le droit civil l'envisage lui-même comme règle de conduite des rapports entre particuliers. Dès lors, sa définition générale constitue un préalable indispensable afin de mieux appréhender les conséquences de l'ordre public en droit pénal.

A - Conception générale de la notion

446. Essayer de définir la notion d'ordre public est susceptible d'entraîner des raisonnements souvent hasardeux. Si de multiples déterminations de la notion ont déjà été tentées, les résultats de ces efforts ont souvent été considérés comme incomplets et les définitions proposées comme floues. Bien que la doctrine se soit beaucoup penchée sur la définition de cette notion, c'est celle de M. Malaurie qui semble être la plus conventionnellement retenue. Elle caractérise l'ordre public comme le bon fonctionnement des institutions indispensables à la collectivité[623]. Cette notion a vocation à s'appliquer à une multitude de disciplines juridiques dès lors qu'elle tend à régir les relations individuelles à l'intérieur du corps

---

[623] M. Malaurie, *L'ordre public et le contrat*, thèse, Paris, 1953, n°99.

social, ce qui la fait apparaître « comme une notion fondamentale et transdisciplinaire[624] ».

447. Cependant, pour répondre à la question de son contenu, c'est la notion d'intérêt général qui permet d'appréhender l'ordre public. Ainsi, selon M. Planiol, une disposition serait d'ordre public toutes les fois qu'elle est inspirée par des considérations d'intérêt général qui se trouveraient compromises si les particuliers étaient libres d'empêcher l'application de la loi[625].

Cependant, l'intérêt général s'avère rapidement impropre à englober entièrement la notion d'ordre public. En effet, les valeurs représentées par l'intérêt général ne correspondent qu'aux intérêts supérieurs du groupe social visant notamment à la conservation de celui-ci. Or, il est inexact d'affirmer que les lois d'ordre public ne protègent que l'intérêt général et laissent de côté toute idée de protection individuelle[626]. Les règles applicables en droit des contrats ou en matière de relations individuelles de travail notamment sont bien régies par un certain nombre de dispositions d'ordre public et visent « *des intérêts individuels bien déterminés*[627] »

Ainsi, d'autres tentatives de définition de l'ordre public ont pu être formulées. On retiendra particulièrement la suggestion du doyen Carbonnier de se référer en la matière à l'intérêt social essentiel, incomparablement supérieur aux intérêts privés en jeu[628].

448. Si les définitions proposées de l'ordre public restent très vagues, d'autres auteurs ont précisé la notion en fonction des buts qui lui sont assignés par le législateur lorsque celui-ci s'y réfère dans son travail d'élaboration de la norme. Ainsi, l'ordre public permet de déterminer la force obligatoire de la norme et fonde la distinction entre loi impérative et loi supplétive. Il permet donc aux individus qui désirent accomplir un acte juridique de découvrir leur marge de manœuvre dans l'application de la loi. Cependant, si la distinction entre loi impérative et loi supplétive est bien fondée sur l'ordre public, ce dernier ne peut être réduit à ce simple rôle qui le confinerait au service des individus pris individuellement.

---

[624] M.C. Vincent-Legoux, *L'ordre public, étude de droit comparé interne*, PUF, 2001, p. 11.

[625] J. Hauser et J.- J. Lemouland, Ordre public et bonnes mœurs, *Rép. Civ. Dalloz*, n°1.

[626] J. Hauser et J.-J. Lemouland, Ordre public et bonnes mœurs, op.cit. ; J-L. Aubert, *Introduction au droit et thèmes fondamentaux du droit civil*, 10e éd. 2004, A. Colin, n°100.

[627] J.L. Aubert, *Introduction au droit et thèmes fondamentaux du droit civil*, op.cit.

[628] J. Carbonnier, *Droit civil, Introduction*, 25e éd., 1997, PUF, n°126, p. 211.

Ainsi, certains auteurs ont pu décider de revenir à la définition de Planiol et à la référence à l'intérêt général. En effet, il ne fait pas de doute que l'ordre public sert l'intérêt général et peut être considéré comme ayant vocation à fonder des valeurs sociales[629].

449. L'ordre public disposerait donc de deux missions dans notre droit. La première consiste en l'existence d'un ordre public conceptuel destiné à représenter l'ensemble des valeurs sociales se détachant des intérêts purement privés et visant à la préservation de l'ordre social et en définitive à la conservation de la société toute entière.

A côté de la mission conceptuelle de l'ordre public, ce dernier dispose d'une mission fonctionnelle découlant de l'activité du législateur. L'application de la notion en vertu des fonctions qui peuvent lui être assignées a entraîné une multiplication des ordres publics. Ainsi, a-t-on pu parler notamment d'un ordre public économique ayant pour effet de réduire le pouvoir d'action des volontés individuelles[630]. En tout état de cause, la notion d'ordre public est influencée par les idéologies dominantes diminuant la marge d'action individuelle ou, au contraire, la protégeant.

450. Face à une spécialisation de l'ordre public toujours plus technique, la doctrine a cherché à rendre la notion cohérente. Ceci a pu être découvert grâce à la distinction entre ordre public de direction et ordre public de protection[631]. Le premier explique la part d'interventionnisme étatique et le recul de la volonté individuelle. Le second cherche la protection des plus faibles se rapprochant dès lors de la notion classique d'ordre public.

Si la distinction entre ordre public de direction et ordre public de protection donne une vision cohérente excluant toute référence à des degrés qui retirent à la notion une part importante de son effectivité[632], elle n'empêche pas la notion de jouer un rôle variable en fonction de la discipline envisagée. Ainsi, afin de mieux comprendre le fondement du principe d'opportunité des poursuites, il faut maintenant s'intéresser au rôle de l'ordre public en droit pénal.

---

[629] M.C. Vincent-Legoux, *L'ordre public, étude de droit comparé interne, op.cit.*

[630] J. Hauser et J.-J. Lemouland, Ordre public et bonnes mœurs, *Rép.civ. Dalloz*, *op.cit.*, n°26.

[631] J. Mestre, « *L'ordre public dans les relations économiques* » *in L'ordre public à la fin du vingtième siècle*, Dalloz, 1996, X. Lagarde, Transaction et ordre public, D. 2000, p. 217 et s.

[632] En effet, des distinctions entre ordre public impératif et ordre privé impératif (J. Mestre, *op.cit.*) ou encore entre ordre public supérieur et ordre public inférieur (F. Flour, J.L. Aubert, E. Savaux, *Les obligations, l'acte juridique*, 15e éd., 2012, n°275 et s.) ont été faites sans pour autant éviter l'introduction d'une gradation de la notion incompatible avec les objectifs qui lui sont assignés.

B - La notion d'ordre public en droit pénal

451. Si la notion d'ordre public dispose d'une place plus ou moins importante en fonction des différentes branches du droit, il est *a priori* possible de considérer que le droit pénal constitue, en son ensemble, une matière d'ordre public, tant dans l'aspect conceptuel que fonctionnel de la notion.

Dans son aspect conceptuel, le droit pénal vise au maintien de l'ordre social caractérisé par les valeurs de la société nécessaires à sa conservation.

Ainsi, la notion d'ordre public s'avère particulièrement importante en droit pénal et correspond *a priori* à la définition classique de l'ordre public comme visant la protection de l'intérêt général.

La portée de la notion appliquée à la matière apparaît dès lors comme immuable et répond à une exigence d'impérativité de la règle répressive. Pourtant, si le sens de la notion paraît ne pas devoir changer, tel n'est pas le cas de son contenu. En effet, la notion d'ordre public subit les modifications des valeurs inspirées par l'évolution de la société, laquelle rejaillit sur la norme pénale qui en est le reflet. Ainsi l'évolution de l'ordre public peut changer radicalement l'orientation des règles pénales, en passant de la répression de l'exercice de certaines libertés à la garantie par la loi pénale de ces mêmes libertés[633].

De la même manière que l'ordre public conceptuel pénal représente les valeurs sociales existantes et évolue avec elles, il peut s'observer une transformation de cette même notion entendue dans son acception fonctionnelle. En effet, si le but du droit pénal consiste en la sanction des comportements jugés contraires aux valeurs sociales indispensables à la conservation de la société, il est possible de constater une modification de la législation pénale dans la façon de garantir l'effectivité de la répression. L'exemple le plus marquant d'une telle modification de l'ordre public pénal réside dans l'introduction du consentement en la matière.

452. Au titre de l'ordre public conceptuel, il ne peut y avoir de place pour la volonté individuelle. Une convention ayant pour objet la commission d'une infraction ou l'évitement du procès pénal[634] doit ainsi être considérée comme contraire à l'ordre public.

---

[633] L'essor de l'individualisme dans les sociétés contemporaines a permis d'assister à la dépénalisation de l'homosexualité pour entraîner la répression des actes « homophobes », *« le droit pénal reflétant le passage d'un ordre moral à un autre »*. (P. Conte, Remarques sur la conception contemporaine de l'ordre public pénal, *Mélanges offerts à J. Béguin*, Lexis Nexis, 2005, p. 141 et s.)

[634] Mises à part les hypothèses de transaction strictement encadrées par la loi.

Néanmoins, le consentement tend à obtenir une place nouvelle en droit pénal s'agissant du but recherché par le législateur dans la mise en œuvre de la répression. En effet, lors du prononcé d'une peine, l'accord de l'individu sera requis pour tout prononcé d'un travail d'intérêt général, en vertu de l'article 131-8 C.pén., ou encore un placement sous surveillance électronique, en vertu de l'article 132-26-1 C.pén. Egalement, les procédures alternatives à la poursuite ne pourront être mises en œuvre qu'avec l'accord de l'auteur des faits.

Toutefois, on ne saurait reconnaître au consentement la même force qu'en droit des contrats. L'ordre public pénal accorde, certes, une place à la volonté individuelle, mais il ne peut s'agir d'un réel consentement[635] dès lors que ce dernier n'est jamais assorti d'un pouvoir de négociation reconnu à l'auteur des faits sur une base égalitaire avec les autres parties. Tout au plus existe-t-il en la matière des acceptations ou des renonciations, ces dernières pouvant se définir comme des abdications de l'exercice d'un droit ou d'une voie de recours ou comme des substitutions acceptées par l'auteur[636].

Bien que la part laissée à la volonté individuelle en droit pénal reste faible quant à ses effets, le législateur ne cesse de multiplier les exemples d'introduction de l'accord de l'auteur des faits au traitement pénal. L'exemple le plus caractéristique résulte de la loi n°204-2004 du 9 mars 2004 créant notamment la procédure de comparution sur reconnaissance préalable de culpabilité, laquelle organise une substitution au procès classique au moyen d'une abdication de la présomption d'innocence.

Dès lors, s'il y a effectivement une place nouvelle faite à la volonté individuelle en droit pénal, il faut en revanche exclure toute idée de contractualisation en la matière puisque les parties ne se retrouvent pas sur un pied d'égalité et qu'il demeure inconcevable, pour des raisons d'ordre public et de respect des droits fondamentaux, de transiger sur des droits dont on n'a pas la libre disposition.

454. Si l'ordre public pénal constitue un reflet des valeurs de la société et se transforme avec elles, l'objectif premier de son application réside en la prescription de règles impératives assorties de sanctions. Ainsi, l'ordre public constitue le fondement de la sanction. En effet, le droit pénal reste

---

[635] M. Danti-Juan, Le consentement et la sanction, La sanction du droit, *Mélanges offerts à P. Couvrat*, PUF, 2001, p. 376 et s ; F. Archer, *Le consentement en droit pénal de la vie humaine*, Paris, L'Harmattan, 2003.

[636] X. Pin, *Le consentement en matière pénale, op.cit.*

soumis au principe de légalité des délits et des peines en vertu de l'article 8 de la Déclaration des droits de l'homme et du citoyen (D.D.H.C.) et de l'article 111-3 C.pén. Le procès pénal a donc pour but de permettre l'application d'une peine dès lors que la responsabilité de l'agent est acquise. Toutefois, si la sanction du non-respect de la règle constitue le tarif de la violation de la loi[637], elle doit être proportionnée[638] à la gravité de la violation commise.

Cette tâche de détermination de la nature et du quantum de la peine incombe au juge pénal qui, en vertu de l'article 132-24 C.pén., doit prononcer la sanction pénale en fonction de la personnalité de l'auteur et des circonstances de l'infraction. Si la fixation de la peine se trouve encadrée par la double exigence du respect du montant maximum prévu par la loi et la personnalité de l'auteur de l'infraction, la détermination de la sanction par le juge repose également sur l'importance du trouble causé à l'ordre public.

Ainsi, l'ordre public constitue le fondement de la sanction et le critère du prononcé de celle-ci en ce qu'il constitue la référence du juge pénal quant à l'utilité de la sanction[639]. En effet, l'existence d'une sanction prononcée à l'issue du procès pénal dépend de l'appréciation par le juge de son utilité.

Notamment, le Code pénal consacre aux articles 132-58 et s. la possibilité pour le juge répressif de dispenser ou d'ajourner l'auteur de l'infraction de peine lorsque le trouble causé à l'ordre public a cessé ou est en voie de cesser. La référence à l'ordre public quant à la détermination et/ou l'utilité de la sanction permet la découverte d'un véritable pouvoir d'opportunité de la sanction[640] en matière pénale. Bien que le caractère impérieux des règles de droit pénal soit issu de la notion d'ordre public gouvernant la matière, il n'est pas pour autant synonyme de rigidité dans la détermination de la sanction et de son utilité.

---

[637] Elle constitue alors le critère de l'existence de la norme juridique (Ph. Jestaz, La sanction ou l'inconnue du droit, D. S. 1986, Chron. n°32, p. 197 et s.). Bien que cette conception soit contestée, l'éventualité du procès fondant pour d'autres auteurs le critère de l'existence de la règle de droit (A. Jeammaud, La règle de droit comme modèle, D. S., 1990, Chron., n°34, p. 208).

[638] En vertu de l'article 8 D.D.H.C., la loi ne doit édicter que des peines strictement et évidemment nécessaires.

[639] A. Cerf, Ordre public, Droit pénal et Droits fondamentaux, *L'ordre public : Ordre public ou ordres publics ? Ordre public et droits fondamentaux*, Actes du colloque de Caen des 11 et 12 mai 2000, Dir. M.-J. Redor, Bruxelles, 2001, p. 68.

[640] A. Cerf, Ordre public, Droit pénal et Droits fondamentaux, *op.cit.*, p. 69.

455. Cependant, ce pouvoir d'opportunité de la sanction fondé sur la notion d'ordre public ne réside pas entièrement entre les mains du juge de jugement en matière pénale. En effet, on ne peut nier le rôle du parquet dans l'appréciation de la nécessité de la sanction dès lors qu'il a connaissance d'une infraction.

Ainsi, l'opportunité de la sanction, apanage du juge pénal, est relayée, en amont, par le principe d'opportunité des poursuites et, en aval, par l'existence d'un véritable pouvoir d'opportunité dans la mise à exécution de la peine. Ces deux pouvoirs exercés par le magistrat du parquet trouvent également leur fondement dans l'appréciation du trouble causé à l'ordre public.

§ II - L'appréciation du trouble causé à l'ordre public

456. A l'image de la sanction pénale, l'existence d'une infraction résulte de la notion d'ordre public. Cette dernière constitue le fondement de l'incrimination en vertu de l'article 5 D.D.H.C. qui dispose que « la loi n'a le droit de défendre que les actions nuisibles à la société ». Ainsi, l'ordre public permet le déclenchement d'une action visant au traitement d'une infraction par l'application d'une peine.

Dès lors, la mise en œuvre de l'action publique prévue par l'article 1er C.pr.pén. ne peut être effectuée que si un comportement est considéré par le parquet comme troublant l'ordre public. Ce pouvoir du parquet tire son existence du principe de séparation des autorités de poursuite et de jugement interdisant au juge pénal de se saisir lui-même d'une affaire pénale et de se prononcer sur l'utilité de la sanction pénale tant que le parquet n'a pas mis en œuvre les poursuites[641].

Ce dernier se voit donc, dès la connaissance d'une violation de la loi, associé au processus sanctionnateur, quand bien même le déclenchement de l'action publique se trouve subordonné à la plainte préalable de la victime pour certaines infractions.

457. Toutefois, si l'action publique prend son fondement dans l'existence d'une infraction, son déclenchement effectif réside dans le travail préalable du magistrat du parquet d'appréciation d'un trouble causé à l'ordre public. Ainsi, à l'instar du pouvoir du juge de déterminer l'utilité de la sanction du trouble l'ordre public, le Code de procédure pénale consacre, en son article 40, le principe d'opportunité des poursuites.

---

[641] G. Stéfani, G. Levasseur et B. Bouloc, *Procédure pénale*, Dalloz, 23e éd., 2012, n°46, p. 38.

Celui-ci investit le ministère public du pouvoir d'apprécier si les plaintes et les dénonciations qu'il reçoit constituent, au sens de la loi, des infractions. Il dispose, en vertu de ce principe, de la faculté de ne pas déclencher l'action publique, quand bien même les faits constituent une violation de la loi. L'existence de la règle de l'opportunité des poursuites diffère donc totalement du principe de légalité des poursuites applicable dans d'autres législations[642], obligeant le ministère public à saisir le tribunal en vue du prononcé d'une peine toutes les fois que les faits qui lui sont soumis constituent des infractions. Le parquet est donc étroitement associé au prononcé d'une sanction par le biais du principe d'opportunité des poursuites.

458. Toutefois, bien que le parquet soit autorisé par la loi à ne pas poursuivre, même en cas de connaissance d'une infraction non douteuse, l'absence de poursuite ne fait pas pour autant disparaître l'infraction. Bien au contraire, l'opportunité des poursuites permet de distinguer la mise en œuvre de l'action publique du classement sans suite laissant subsister l'existence de l'infraction.

Le choix du parquet de ne pas poursuivre doit être entendu comme un avertissement de l'auteur des faits l'incitant à cesser toute violation de la loi et a pour but de prévenir la récidive. En effet, le classement sans suite laisse sauve la possibilité pour le parquet de mettre en œuvre l'action publique et ne doit pas constituer une impunité totale aux yeux du délinquant. En effet, tant que l'action publique n'est pas éteinte par la prescription définie par les articles 7 et suivants C.pr.pén.[643], le parquet conserve son pouvoir d'opportunité des poursuites et peut déclencher l'action pour l'application des peines de l'article 1er C.pr.pén.

L'action publique, préalable à la possibilité de prononcer une peine, trouve son fondement, à l'instar de l'opportunité de la sanction relevant du juge pénal, dans la notion d'ordre public. Cependant, bien que cette notion constitue le critère légitime de l'intervention de l'appareil judiciaire, elle ne s'impose pas à lui dès lors que tant le juge pénal que le magistrat du parquet restent libres d'apprécier l'importance du trouble causé.

459. Par sa faculté d'apprécier l'opportunité des poursuites, le ministère public maîtrise le processus visant à l'application de la peine car, sans sa

---

[642] C'est le cas notamment en droit allemand, en vertu de l'article 152 al. 2 C.pén. allemand. On notera également que le législateur révolutionnaire avait retenu ce même principe jusqu'à l'adoption du Code de procédure pénale de 1958.
[643] Art. 6 C.pr.pén.

décision de déclenchement de l'action publique, la juridiction pénale n'est pas saisie. Egalement, dès lors qu'il décide de la mise en œuvre des poursuites, il conserve une marge de manœuvre quant à la détermination de la sanction par la réquisition de la peine en vertu des articles 346 et 458 C.pr.pén. Ainsi, à l'audience, le parquet garde un certain pouvoir d'opportunité quant à la peine, en requérant son application ou au contraire la relaxe du prévenu.

460. S'il conserve une certaine maîtrise de la sanction pénale en amont de son prononcé par la juridiction de jugement, il est également possible d'affirmer que le procureur de la République dispose d'un véritable pouvoir d'opportunité dans la mise à exécution de la sanction. L'existence d'un pouvoir d'opportunité relatif à la sanction n'est pas expressément affirmée par un texte[644]. Cependant, on peut considérer que le ministère public conserve, en vertu des articles 707 et suivants du Code de procédure pénale, une certaine marge de manœuvre dans la phase d'exécution de la sanction.

Bien que l'exécution des sanctions pénales fasse l'objet d'une judiciarisation depuis la création du juge de l'application des peines (J.A.P.) par la loi du 29 décembre 1972[645], la mise à exécution de la sanction constitue une phase qui lui est préalable et peut être définie comme l'acte qui tend à l'exécution de la sanction[646]. Cependant, les pouvoirs du parquet quant à la mise à exécution de la sanction démontrent une concurrence entre ces deux organes.

En effet, le Code de procédure pénale répartit la compétence en matière d'exécution de la sanction entre le ministère public et le J.A.P. en fonction de la peine prononcée. Ainsi, l'exécution des peines d'emprisonnement ressortit de la compétence juridictionnelle, tandis que le parquet dispose d'un pouvoir d'opportunité pour les peines non privatives de liberté. Cependant, il est possible de découvrir une réelle concurrence entre les deux organes, le parquet développant un véritable pouvoir d'opportunité sur l'ensemble des peines à exécuter[647].

---

[644] A. Spielmann, Le principe de l'opportunité de l'exécution des peines, *R.D.P.C.*, 1974-1975, p. 316 et s.

[645] Loi n°72-1226 du 29 septembre 1972 simplifiant et complétant certaines dispositions relatives à la procédure pénale, aux peines et à leur exécution, JO du 30 décembre 1972, p. 13783.

[646] M.C. Desdevises, Le pouvoir d'appréciation du parquet dans la mise à exécution de la sanction, *Mélanges offerts à P. Couvrat*, *op.cit.*, p. 431. Sur la juridictionnalisation de l'application des peines, V. également, P. Couvrat, Dispositions générales et nouvelle organisation judiciaire de l'application des peines, *Rev.sc crim.*, 2004, p. 682.

[647] M.C. Desdevises, *op.cit.* p. 440.

461. Dès lors qu'il s'agit d'une peine non privative de liberté, le parquet dispose du pouvoir de fractionner ou suspendre l'exécution de toute peine correctionnelle ou de police dès lors que le report d'exécution est inférieur à trois mois, en vertu de l'article 708 C.pr.pén. Si le report excède ce délai, la compétence appartient au tribunal saisi par le parquet.

La décision de reporter l'exécution de la peine est encadrée strictement par la loi. En effet, en vertu de l'article 708 al. 3 C.pr.pén.[648], le ministère public ne peut décider de suspendre ou de fractionner l'exécution de la peine que pour des motifs médicaux, familiaux, professionnels ou sociaux.

En plus d'une large compétence s'agissant de l'exécution des peines pécuniaires[649] ou restrictives de droit, le parquet peut également contester les mesures d'aménagement des peines d'emprisonnement de la compétence du J.A.P. Sa compétence est ici étendue puisqu'il peut contester l'ensemble des décisions du juge de l'application des peines qu'elles soient favorables ou défavorables au condamné. Egalement, les effets du recours formé par le procureur de la République se révèlent particulièrement forts puisque toute décision d'octroi d'une mesure de fractionnement, de suspension de la peine, de permission de sortir ou de placement à l'extérieur ou encore de semi-liberté et de libération conditionnelle, se trouve suspendue à la décision du tribunal compétent.

462. Ce pouvoir d'opportunité offert au parquet quant à l'exécution des peines démontre la maîtrise de celui-ci sur l'ensemble du processus visant au prononcé et à l'exécution de la sanction. Ce pouvoir, comme ceux de l'opportunité de la poursuite et de la sanction, repose également sur la notion d'ordre public et sur l'appréciation de la gravité du trouble causé à celui-ci. En effet, par la loi du 9 mars 2004, le législateur a voulu notamment affirmer l'existence d'un véritable pouvoir d'opportunité de la mise à exécution des condamnations pénales. Ce principe nouveau, intégré au Code de procédure pénale en son article 707, se révèle similaire au principe édicté à l'article 40 du même Code.

---

[648] Ancien art. 708 C.pr.pén. Les dispositions de l'article 163 de la loi du 9 mars 2004 sont entrées en vigueur à compter du 1er janvier 2005.

[649] Les peines d'amende (et donc les amendes forfaitaires) sont mises à exécution directement par le Trésor public agissant pour leur recouvrement au nom du ministère public, en application de l'article 707-1 al. 2 C.pr.pén. (ancien art. 707 C.pr.pén.). P. Couvrat, Dispositions générales et nouvelle organisation judiciaire de l'application des peines, *Rev.sc.crim.*, 2004, p. 683.

L'article 707 C.pr.pén. énonce tout d'abord l'exigence d'une « *exécution des sanctions de façon effective et dans les meilleurs délais* », sauf circonstances insurmontables[650].

Toutefois, la loi prévoit la possibilité d'une appréciation de l'opportunité de l'exécution des sanctions prononcées en fonction de critères particulièrement proches de ceux relatifs à l'opportunité du prononcé de la peine issus des articles 132-59 et 132-60 C.pén., applicables à un ajournement ou une dispense de peine. Ainsi, les modalités d'aménagement des peines ne peuvent être adoptées que si elles n'entraînent pas de risque de trouble à l'ordre public[651], si elles respectent les droits des victimes à obtenir réparation et si elles visent la réinsertion du condamné c'est-à-dire si elles favorisent son reclassement dans la société.

463. Ainsi, toutes les phases du traitement tendant à sanctionner l'auteur d'une infraction se trouvent conditionnées par la notion d'ordre public. Si la notion peut s'entendre dans un sens conceptuel de définition des valeurs sociales fondamentales, c'est de son sens fonctionnel que découle le principe d'opportunité des poursuites. L'examen de ce dernier a permis également d'établir l'existence d'un pouvoir d'opportunité de la mise à exécution des sanctions pénales exercé également par le parquet sur sa décision ou, à sa requête, sous le contrôle des autorités judiciaires.

La notion d'ordre public justifie la maîtrise de la procédure pénale par le ministère public lorsque l'action publique est mise en œuvre. Cependant, c'est cette même notion qui fonde le pouvoir du parquet de réprimer l'auteur d'une infraction, en amont même de toute poursuite, par l'utilisation des procédures alternatives sanctionnatrices.

SECTION II - LE RÔLE NOUVEAU DE L'ORDRE PUBLIC EN MATIÈRE D'ALTERNATIVES SANCTIONNATRICES

464. La notion d'ordre public fonde le pouvoir d'opportunité du parquet tant dans son appréciation de la nécessité de la poursuite que dans sa marge de manœuvre relative à l'exécution des peines. Toutefois, si ces deux pouvoirs d'opportunité expliquent la maîtrise par le parquet du processus

---

[650] P. Couvrat, Dispositions générales et nouvelle organisation judiciaire de l'application des peines, *Rev.sc.crim.*, 2004, p. 682 et s. V. not. F. Molins, Ministère public, *Rép.pén.*, *Dalloz*, *op.cit. n°78 et s.*

[651] Le texte vise les intérêts de la société.

visant au prononcé d'une peine lors du déclenchement des poursuites pénales, elles permettent également d'entrevoir la naissance d'un pouvoir plus important du parquet dans la détermination de la sanction. En effet, l'essor des procédures alternatives sanctionnatrices donne au parquet le pouvoir de présider au choix de la mesure visant à sanctionner l'auteur d'une infraction, en réduisant ainsi le pouvoir du juge pénal.

Dès lors, l'appréciation du trouble causé à l'ordre public appartenant au parquet dès la première phase du traitement pénal, la mise en œuvre des procédures alternatives sanctionnatrices entraîne un déplacement du pouvoir d'opportunité de la sanction pénale (§ I). Cependant, le développement du pouvoir de détermination de la sanction est particulièrement clair en matière de procédures en amont des poursuites. Il tend à se généraliser à l'action publique et préfigure une mutation profonde des rôles des acteurs de la procédure pénale (§ II).

§ I - Le déplacement du pouvoir d'opportunité de la sanction

465. Lorsque le parquet décide de la mise en œuvre des poursuites, le pouvoir de déterminer la sanction pénale appartient au juge du siège qui peut seul, dès lors qu'il retient la responsabilité du mis en cause, prononcer la peine tant dans sa nature que dans son quantum. La mise en œuvre des procédures alternatives de type sanctionnateur entraîne un déplacement du pouvoir d'opportunité de la sanction laissant entrevoir une modification de la nature et du fondement du pouvoir de sanctionner.

Ainsi, bien que le parquet dispose déjà d'une influence sur la détermination de la peine dans les procédures classiques[652], l'utilisation par celui-ci des procédures alternatives sanctionnatrices préfigure un déplacement du pouvoir d'opportunité de la sanction (A), ayant pour conséquence d'apporter de nouvelles caractéristiques à ce dernier (B).

A - Un principe d'opportunité de la sanction anticipé

466. La mise en œuvre d'une procédure alternative de type sanctionnateur procède d'un choix par le ministère public trouvant son fondement dans la notion d'ordre public. En effet, celle-ci est loin d'être monolithique et ne peut plus être entendue comme relative uniquement

---

[652] J. Pradel, Le ministère public, autorité omnipotente ou colosse aux pieds d'argile, *op.cit.*, p. 478.

aux intérêts supérieurs de la société nécessaires à sa conservation mais au contraire comme défendant, y compris en matière pénale, des intérêts purement privés.

Cette conception nouvelle de l'ordre public influence la détermination de la sanction et son exécution. En effet, le juge pénal dispose d'un pouvoir d'opportunité de la sanction lors du prononcé de la peine lui permettant, en vertu des articles 132-59 et 132-60 C.pén., après avoir retenu la responsabilité de l'auteur de l'infraction, de ne prononcer aucune peine ou d'en ajourner le prononcé dès lors que le reclassement de l'auteur est acquis ou en voie de l'être, que le dommage causé à la victime est réparé ou en cours de réparation et enfin que le trouble causé à l'ordre public a cessé ou va cesser.

467. Egalement, après le prononcé de la peine, le parquet dispose, lui aussi, d'un pouvoir consistant à apprécier les modalités d'exécution proprement dites de la sanction. Ce pouvoir nouveau d'opportunité de l'exécution de la peine repose sur les mêmes critères. En effet, en vertu de l'article 707 C.pr.pén., le parquet peut décider de l'aménagement de l'exécution de la sanction dans le respect des intérêts de la société, de ceux de la victime et dans le souci de la réinsertion du condamné.

Ainsi, la notion d'ordre public, quant à sa fonction, vise la défense des intérêts de la société dans leur ensemble mais également ceux des particuliers : la victime et l'auteur de l'infraction. Cette nouvelle définition des objectifs défendus par l'ordre public se ramifie dans toute la procédure pénale française et dirige la mise en œuvre des procédures alternatives à la poursuite pénale.

468. Les procédures alternatives à la poursuite constituant une option offerte au représentant du parquet au titre de son pouvoir d'opportunité, leur mise en application effective repose sur les mêmes critères que ceux relatifs à l'opportunité de la sanction ou de sa mise à exécution. Ainsi, en vertu de l'article 41-1 al. 1er C.pr.pén., la possibilité pour le parquet de proposer le recours à une mesure alternative à la poursuite repose sur des conditions proches de celles présentes aux articles 132-59 et s. du Code pénal et 707 C.pr.pén.

En effet, la possibilité d'opter pour l'une quelconque des mesures de l'article 41-1 C.pr.pén. repose sur la réparation du dommage causé à la victime, la cessation du trouble causé à la victime et le reclassement de l'auteur de l'infraction. Toutefois, l'article 41-1 al. 1er C.pr.pén. se distingue, quant à sa nature, des articles relatifs à la dispense ou l'ajournement de la peine en ce que la réparation du dommage, la cessation du trouble causé à l'ordre public et le reclassement de l'auteur ne constituent pas des conditions de mise en œuvre mais des objectifs à atteindre, imposés par le législateur. En ce sens, l'alinéa premier de l'article 41-1 C.pr.pén. se rapproche des dispositions de l'article 707 C.pr.pén. relatif à l'aménagement de l'exécution de la sanction. Cette nature différente du contenu des articles 41-1 et 707 C.pr.pén. s'explique par les moments procéduraux successifs de leur application dans lesquels il n'est plus question de décider de la sanction mais d'appliquer un traitement pénal.

Cependant, l'article 41-1 al. 1er C.pr.pén. se distingue définitivement des dispositions susmentionnées en raison de la rédaction même du texte. En effet, si les conditions de la dispense ou de l'ajournement de la peine ou celles de l'article 707 C.pr.pén. sont cumulatives, l'article 41-1 C.pr.pén. prévoit des objectifs alternatifs. En conséquence, la mise en œuvre de l'une quelconque des mesures de l'article 41-1 C.pr.pén. suppose la recherche par le parquet d'un objectif particulier résidant soit dans la seule réparation du dommage subi par la victime, soit dans la seule cessation du trouble causé à l'ordre public, soit dans le seul reclassement de l'auteur de l'infraction.

Le caractère alternatif des objectifs énumérés dans l'article 41-1 C.pr.pén. permet ainsi au parquet de privilégier la répression de l'auteur en recherchant la cessation du trouble causé à l'ordre public. Cependant, en l'absence de caractère cumulatif des éléments de cette disposition, ceux-ci ne sont pas complètement isolés les uns des autres, même s'il est possible de découvrir pour chaque mesure un objectif dominant auquel peut se rattacher l'une et/ou l'autre. Par exemple, la mise en œuvre d'une mesure admonestative recherche à la fois le reclassement de l'auteur et la cessation du trouble causé à la société. De la même manière, une médiation pénale vise essentiellement à la réparation du dommage causé à la victime mais permet également un reclassement de l'auteur.

470. Si le législateur a créé une mosaïque de procédures alternatives à la poursuite, les objectifs de l'article 41-1 al. 1er C.pr.pén. ne sont pas présents pour l'ensemble d'entre elles. Néanmoins, il est possible de considérer qu'ils sont applicables à l'ensemble des modes alternatifs de règlement des litiges en matière pénale.

En effet, les mesures énumérées à l'article 41-1 C.pr.pén. n'ont pas été soumises par le législateur à un objectif particulier qu'il incombe au parquet de respecter. Pourtant, on ne peut nier, notamment, que le rappel à la loi de l'article 41-1, 1° C.pr.pén. recherche avant tout le reclassement de l'auteur de l'infraction ou que la mesure de l'article 41-1, 4° C.pr.pén. vise avant tout à la réparation du dommage causé à la victime.

471. Ainsi, est-il possible de découvrir pour chaque procédure alternative un objectif dominant correspondant à l'un des volets du triptyque de l'alinéa premier de l'article 41-1 C.pr.pén. Tout d'abord, les procédures alternatives sanctionnatrices de type admonestatif que sont les mesures de rappel à la loi, de stages alternatifs proposés en vertu de l'article 41-1, 2° C.pr.pén. ou encore de régularisation de l'auteur des faits énoncée par l'article 41-1, 3° C.pr.pén., recherchent la cessation du trouble causé à l'ordre public. En effet, ces mesures visent pour leur ensemble à la sauvegarde des intérêts de la société. Ainsi, la mesure de stage de citoyenneté doit permettre d'inculquer à l'auteur des faits les valeurs de la République et lui faire prendre conscience de l'importance de la bonne entente entre les citoyens[653]. Le rappel à la loi et la mesure de régularisation recherchent également une cessation du trouble à l'ordre public en visant la prise de conscience de l'auteur de la gravité de la violation des dispositions de la loi.

472. Toutefois, si l'objectif dominant est bien celui de la recherche de la cessation du trouble causé à l'ordre public, il ne faut pas douter que les mesures admonestatives visent à remplir un second objectif de reclassement de l'auteur de l'infraction. Cependant, si ces mesures ne débouchent pas sur l'application d'une sanction clairement répressive, elles remplissent bien les fonctions de rétribution, d'intimidation et de réadaptation de la peine. De plus, ces mesures présentent, à leur échelle, des caractères proches de ces fonctions classiques. Elles doivent avant tout être ressenties comme un châtiment et non comme une impunité. Elles doivent entraîner la réprobation de la société représentée par le parquet qui ne les met en œuvre que si l'auteur des faits reconnaît la commission de l'infraction. Enfin, elles sont déterminées et ne s'adressent qu'aux auteurs d'infractions pour lesquelles le ministère public a considéré qu'elles ne troublent que faiblement l'ordre public[654].

473. Les trois volets de l'article 41-1 al. 1er C.pr.pén. peuvent être découverts à propos des procédures alternatives étrangères à cette disposition. En matière d'alternatives répressives telles que la composition pénale et l'amende forfaitaire, le législateur n'a pas déterminé le domaine de leur application en fonction des trois objectifs de l'article 41-1 al. 1er C.pr.pén. Cependant, leur présence est implicite.

---

[653] Circulaire CRIM 2004-03 E5 du 16 mars 2004 relative à la politique pénale en matière de réponses alternatives aux poursuites, *op.cit.*

[654] Les mesures admonestatives ne revêtent cependant pas de caractère définitif dès lors qu'elles n'entraînent qu'un classement sans suite suspendant la prescription de l'action publique.

A l'instar des procédures admonestatives, les alternatives répressives permettent de découvrir l'objectif dominant de leur mise en œuvre par la nature de la sanction proposée. Ainsi, l'amende forfaitaire ne recherche que la cessation du trouble causé à l'ordre public, l'amende proposée au contrevenant ne visant qu'à l'effacement des conséquences du non-respect du règlement. Elle ne tend aucunement au reclassement de l'auteur car l'article 529 C.pr.pén. exclut les règles de la récidive[655], ni à la réparation du dommage causé à la victime, l'implication de la procédure n'étant pas prévu.

De même, la composition pénale, régie par les articles 41-2 et 41-3 C.pr.pén., recherche avant tout la cessation du trouble à l'ordre public ; l'essentiel des mesures pouvant être proposées par le procureur de la République ayant un objectif de répression de l'auteur.

En effet, les mesures de composition pénale s'apparentent aux peines susceptibles d'être prononcées par une juridiction pénale. Ainsi, la procédure de l'article 41-2 C.pr.pén. permet la proposition de mesures inspirées des peines principales pouvant être prononcées par le juge pénal. L'amende dite de composition peut atteindre le maximum de l'amende prévue par le texte. Egalement, d'autres mesures proposables sont proches des peines alternatives ou complémentaires. Il s'agit du travail d'intérêt collectif (article 41-2, 6° C.pr.pén.) proche du travail d'intérêt général (article 131-8 C.pén.) ou des mesures de remise du véhicule, du permis de conduire ou de chasser, par exemple, tirées des articles 131-6 et 131-10 C.pén.

474. Toutefois, si certaines mesures de l'article 41-2 C.pr.pén. correspondent à celles évoquées à propos des procédures admonestatives et présentent alors un objectif de reclassement de l'auteur de l'infraction[656], il faut refuser à la composition pénale la recherche de la réparation du dommage causé dès lors, d'une part, que la victime n'est associée qu'accessoirement à la procédure si elle est identifiée et, d'autre part, qu'à la lecture des dispositions de l'article 41-2 al. 15 C.pr.pén., la réparation du dommage causé à la victime ne fait pas partie de la liste des mesures principales de composition pénale.

475. La faculté offerte au parquet de sanctionner directement un individu sans passage devant le juge répressif en matière de procédures admonestatives et répressives permet d'envisager un déplacement de la

---

[655] Cette précision du texte est d'ailleurs inutile en raison de l'inapplication des règles relatives à la récidive pour les contraventions des quatre premières classes depuis l'entrée en vigueur du Code pénal de 1994.

[656] Il s'agit notamment de la mesure consistant à proposer à l'auteur de l'infraction un stage de citoyenneté en vertu de l'article 41-2, 13° C.pr.pén.

possibilité de sanctionner l'auteur d'une infraction. Ce pouvoir nouveau revêt les mêmes caractéristiques que le pouvoir de sanction appartenant habituellement au magistrat du siège. En effet, lors de la mise en œuvre de ces procédures sanctionnatrices, le parquet bénéficie d'un pouvoir d'appréciation de la nécessité de la sanction et détermine, à l'exception de l'amende forfaitaire pour laquelle le « tarif »[657] est fixé par le texte, la nature et le quantum de la sanction.

476. Ainsi, des mesures alternatives sanctionnatrices se dégage l'existence d'un pouvoir anticipé de l'opportunité de la sanction, dans les mains du même organe et tiré du principe de l'opportunité des poursuites lui-même. Ce pouvoir s'avère d'autant plus fort que, si le procureur préside à la décision sur le mode de traitement de l'infraction et à la détermination de la sanction dans sa nature et son quantum les plus appropriés pour faire cesser le trouble causé à l'ordre public et au reclassement de l'auteur, le Code de procédure pénale lui permet aussi d'exercer les fonctions dévolues au siège en matière d'exécution des peines. En effet, lorsqu'une composition pénale a été acceptée par l'auteur de l'infraction, le ministère public exerce les pouvoirs d'opportunité de l'exécution des peines qui lui sont habituellement accordés en vertu de l'article 708 C.pr.pén[658]. mais également ceux d'aménagement des peines traditionnellement confiés au juge de l'application des peines lorsqu'un travail d'intérêt collectif, décidé dans le cadre de la composition pénale, doit être exécuté en vertu de l'article R. 15-33-54 C.pr.pén.

477. Ainsi, au delà du pouvoir dont il dispose dans la détermination de la sanction lorsque l'action publique est déclenchée, le parquet, dès l'appréciation qu'il fait du traitement pénal à appliquer, renforce son pouvoir d'opportunité de la sanction lorsqu'il applique les procédures alternatives sanctionnatrices, lesquelles lui accordent, en outre, un pouvoir exclusif d'opportunité sur l'exécution de la sanction. Ces alternatives sanctionnatrices sont donc le reflet d'une mutation de la notion de trouble à l'ordre public et de l'introduction d'une segmentation de celle-ci qui permet de découvrir une variété de troubles causés à la société. Ainsi, l'appréciation d'un faible trouble causé à la société a pour conséquence un effacement de la

---

[657] On reprendra utilement l'expression employée par Ph. Jestaz, (La sanction ou l'inconnue du droit, *op.cit.*)

[658] En effet, d'après l'art. R. 15-33-57 C.pr.pén., le procureur de la République peut prolonger les délais d'exécution des mesures de composition pénale pour des motifs graves d'ordre médical, familial, professionnel ou social.

répartition des fonctions au profit du parquet dont le pouvoir d'opportunité lui permet de ne pas déclencher l'action publique et de conserver l'entière maîtrise du traitement pénal de l'infraction.

Si ce pouvoir d'opportunité de la sanction est particulièrement fort en matière de procédures alternatives, la création de la procédure de comparution sur reconnaissance préalable de culpabilité, issue de la loi du 9 mars 2004, renforce l'idée d'une anticipation de l'opportunité de la sanction.

B - Un pouvoir d'opportunité de la sanction anticipé en plein essor

478. Les modifications législatives en faveur d'une détermination par le seul procureur de la République de la sanction à apporter en matière de procédures sanctionnatrices, tendent à généraliser la maîtrise par ce dernier du traitement de l'infraction.

Tout d'abord, le législateur a, dans un souci de clarification des modes alternatifs de traitement des infractions, étendu les possibilités d'admonestation de l'auteur de l'infraction. En effet, jusqu'à la loi du 23 juin 1999[659], seul le rappel à la loi permettait, en amont de toute poursuite, au parquet de faire prendre conscience à l'auteur des faits la gravité de la violation de la loi. Cette possibilité, résultant jusqu'alors de la pratique des parquets, a été consacrée par l'article 41-1, 1° C.pr.pén. Le législateur est allé plus loin en intégrant, dans le même article 41-1, d'autres modes de traitement de l'infraction vus au titre des alternatives admonestatives. Ce renforcement des pouvoirs du parquet dans le cadre des mesures alternatives a été confirmé par la loi du 9 mars 2004[660] complétant l'éventail des mesures de l'article 41-1, 2° C.pr.pén. par l'introduction des stages alternatifs.

479. Ensuite, les diverses interventions du législateur ont étendu les pouvoirs du parquet dans le sens d'un rapprochement des mesures alternatives aux peines. En effet, sous l'empire de la loi du 23 juin 1999, les mesures ressortissant de l'article 41-2 C.pr.pén. étaient particulièrement encadrées par la loi et correspondaient, quant à la nature et au quantum des sanctions, à une répression mesurée face à un trouble à l'ordre public considéré comme faible. L'application de la composition pénale se réduisait à un choix entre quatre mesures dont les montants maximum devaient

---

[659] Loi n°99-515 du 23 juin 1999, *op.cit.*
[660] Loi n°2004-204 du 9 mars 2004, *op.cit.*

laisser faire entrevoir un véritable bénéfice de ne pas voir l'action publique mise en œuvre pour l'auteur d'une infraction jugée de faible gravité.

Ainsi, le montant de l'amende de composition ne pouvait pas excéder 3.750€ ou la moitié de l'amende encourue et les mesures de suspension du permis de conduire ou de chasser quatre mois.

480. Cependant, une première réforme est intervenue avec la loi du 9 septembre 2002[661]. En premier lieu, elle a étendu le champ d'application quant aux infractions de la procédure. En second lieu, elle a complété le nombre de mesures pouvant être appliquées en la matière, en ajoutant la possibilité pour le parquet de proposer à l'auteur de l'infraction de suivre un stage ou une formation dans un service ou un organisme sanitaire social ou professionnel. Enfin, la volonté de présenter la composition pénale comme l'équivalent d'un traitement juridictionnel de l'infraction a été concrétisée par l'inscription de la mesure au bulletin n°1 du casier judiciaire qui, sans pouvoir constituer le premier terme de la récidive[662], offre une mémoire des procédures déjà mises en œuvre et un moyen de répression accru en cas de réitération.

481. Une seconde réforme législative, issue de la loi du 9 mars 2004 a achevé l'extension du domaine d'application de la procédure en permettant le traitement par cette voie de l'ensemble des infractions punies de cinq ans d'emprisonnement.

Le régime nouveau de la procédure s'en est vu complètement bouleversé et n'est plus susceptible de ne viser qu'au traitement des infractions de faibles gravité, d'autant que les maxima des mesures décidées peuvent être similaires au quantum de la peine prononcée par le juge de jugement.

482. Les pouvoirs de sanction attribués au parquet apparaissent toutefois limités en matière de procédure alternative. Le choix de la sanction par ce dernier est encadré par le texte, lequel en outre lui interdit de prononcer une peine d'emprisonnement, la création de la procédure de C.R.P.C., dite de « plaider coupable » ou de « plaidoyer de culpabilité », voisine de la composition pénale et charnière entre les procédures alternatives et le déclenchement de l'action publique, confirme l'essor des pouvoirs du parquet en matière de détermination de la sanction[663]. En effet, la création

[661] Loi n°2002-1138 du 9 septembre 2002, *op.cit.*
[662] F. Desportes et F. Le Gunehec, *op.cit.*, n° 924.
[663] A. Valotau, Le jugement sur reconnaissance préalable de culpabilité : une autre procédure de jugement ou une autre manière de juger ?, *Droit pénal,* 2006, *op.cit.*

de la C.R.P.C. aux articles 495-7 et s. C.pr.pén., par la loi précitée du 9 mars 2004, parachève la modification du pouvoir d'opportunité de la sanction.[664]

Tout d'abord, la procédure nouvelle emprunte le fondement de son application à la composition pénale dont elle est particulièrement proche. Ainsi, le domaine d'application quant aux infractions a été voulu semblable à celui de la procédure de l'article 41-2 C.pr.pén. réformée par la même loi et s'adresse à l'ensemble des infractions punies de cinq ans d'emprisonnement.

Egalement, à l'image de la composition pénale, la procédure des articles 495-7 et suivants du Code de procédure pénale confirme le renouveau de l'aveu[665] en matière pénale puisque la mise en œuvre des deux procédures suppose la reconnaissance préalable de la commission de l'infraction auprès du procureur de la République.

483. Ensuite, la C.R.P.C., proche dans son principe et son fonctionnement de la composition pénale, suppose le déclenchement de l'action publique mais reste à la limite de cette dernière et se présente comme le négatif de la procédure de l'article 41-2 C.pr.pén. En effet, si la composition pénale peut être présentée comme une procédure répressive en raison des mesures proches de la peine qui peuvent être appliquées, le « plaider coupable » des articles 495-7 et s C.pr.pén. peut être considéré, non comme une procédure alternative à la poursuite, puisqu'elle est postérieure au déclenchement de l'action publique, mais comme une procédure de poursuite alternative à l'action publique classique, en ce que la peine peut se voir « *discutée* » avant le déclenchement de la poursuite et après la reconnaissance de sa culpabilité par l'auteur de l'infraction[666].

Malgré tout, l'entrée en vigueur de cette procédure conforte les pouvoirs du parquet dans la détermination de la sanction. En effet, le plaider coupable suppose le déclenchement des poursuites et permet la proposition

---

[664] V. F. Molins, Comparution sur reconnaissance préalable de culpabilité, *Rép.pén. Dalloz*, n°20.

[665] J. Pradel, Une consécration du « plea bargaining » à la française : la composition pénale instituée par la loi n°99-515 du 23 juin 1999, D., 1999, art. préc. ; Défense du plaidoyer de culpabilité, *JCP G.*, 2004, act. 58 ; Vers un aggiornamento des réponses de la procédure pénale à la criminalité, *JCP G.*, 2004, I 132 ; B. Bouloc et L. Mariani, La C.R.P.C., une procédure à revoir ?, *Gaz.Pal.*, 1, Doctr., p. 3756. F. Molins, Plaidoyer pour le « plaider coupable » : des vertus d'une peine négociées, *A.J. Pénal*, 2003, n°2, p. 61.

[666] Il est en effet possible de douter de la réalité du pouvoir de négociation de la peine offerte au prévenu. V. C. Schouler, La loi Perben II fait du chantage un mode de procédure, *Justice*, mars 2004, p. 7 et s.

par le parquet d'une peine d'emprisonnement pouvant ou non être assortie d'un sursis ou de tout autre aménagement de la peine.

484. L'utilité de l'existence concurrente de ces deux procédures peut être discutée. Cependant, elle confirme l'avancée des pouvoirs du parquet dans la détermination de la peine au-delà des procédures en amont de l'action publique et l'existence de paliers dans l'appréciation de l'atteinte portée à l'ordre public. Toutefois, la distinction entre les deux procédures s'avère peu claire et les tentatives d'explication, quant à l'appréciation de la gravité du trouble causé à l'ordre public, restent peu satisfaisantes.

En effet, selon M. Pradel, le choix de la mise en œuvre d'une composition pénale ou d'un plaider coupable provient d'une appréciation de la gravité du trouble causé à l'ordre public permettant au parquet de partager l'application des deux procédures entre, d'une part, les affaires moyennement sérieuses et d'autre part, les affaires assez sérieuses[667]. S'il est possible, en effet, de considérer que le choix d'un mode de traitement de l'infraction plutôt qu'un autre procède d'une appréciation segmentée de la notion de trouble causé à l'ordre public, il reste difficile de faire le départ entre les troubles moyennement sérieux et assez sérieux dès lors que les procédures concernées disposent d'un domaine identique quant aux infractions[668].

485. Si ces deux procédures confirment une avancée du parquet en matière de détermination de la sanction avant les poursuites mais également après le déclenchement de l'action publique, ce pouvoir reste assez limité. En effet, bien que le ministère public ait réussi à conquérir le domaine de la détermination de la sanction pénale, la loi ne l'y autorise qu'à la condition d'avoir recueilli préalablement la renonciation de l'auteur des faits à voir son sort placé entre les mains du juge pénal.

Egalement, s'il peut aujourd'hui décider de la nature et du quantum de la sanction, ce pouvoir lui est donné de façon restreinte. Ainsi, les mesures de composition pénale sont exclusives de l'emprisonnement[669] et, si ce dernier peut découler de la procédure de C.R.P.C., le législateur a limité le quantum de la peine à un an.

---

[667] J. Pradel, Vers un aggiornamento des réponses de la procédure pénale à la criminalité, *op.cit.*

[668] B. Bouloc et L. Mariani, La C.R.P.C., une procédure à revoir ?, *op.cit.*, spéc. p. 3757.

[669] Ce qui permet de dire, comme M. Pradel (Le ministère public : brèves remarques sur son évolution depuis 1959, *Rev.pénit.*, 2001, p. 29), que les procédures alternatives assurent la promotion des peines alternatives à l'emprisonnement.

486. Enfin, l'avancée du parquet dans ce domaine ne lui a pas encore permis de s'affranchir de l'intervention du juge. En effet, tant en composition pénale qu'en matière de C.R.P.C., le parquet, en accord avec le délinquant sur la nature et le quantum de la peine, devra faire valider ou homologuer la proposition de peine par un magistrat du siège. Cependant, le rôle de ce dernier, dans les deux procédures, s'avère particulièrement réduit et tend à sauvegarder le principe de séparation des autorités de poursuite et de jugement et à protéger, *a minima*, les garanties des justiciables dans la procédure.

Ainsi, l'essor des pouvoirs du parquet dans l'appréciation de l'opportunité de la peine peut paraître limité. Toutefois, il s'avère suffisant pour modifier sensiblement le visage de la procédure pénale, en opérant une double opération de déjudiciarisation et de rejudiciarisation.

§ II - La mise en place d'une déjuridictionnalisation

487. Afin d'apporter une définition des procédures alternatives à la poursuite, il a été possible de reprendre utilement celle du doyen Carbonnier à propos de la médiation pénale[670]. Ainsi, ces processus de traitement peuvent être appréhendés comme des modes de résolution des conflits nés de la commission d'une infraction qui auraient dû, *a priori*, être résolus dans les formes par un juge de l'espèce traditionnelle. En effet, les modes alternatifs de résolution des litiges en matière pénale consacrent un évitement large du juge pénal, tout en permettant l'application à l'auteur des faits d'un traitement véritablement pénal.

Cependant, si cette situation est particulièrement exacte s'agissant des procédures dites admonestatives, la création de certaines procédures sanctionnatrices n'est pas allée jusqu'à consacrer la possibilité pour le parquet de prononcer une peine en lieu et place du juge pénal traditionnel. En effet, l'introduction de la composition pénale a permis une sauvegarde de l'intervention du juge de jugement en raison de la censure de la procédure d'injonction pénale par le juge constitutionnel, motivée par un non-respect du principe de séparation des autorités de poursuite et de jugement[671].

---

[670] Il s'agit, selon le doyen Carbonnier, d'un mode informel de résolution par un tiers des conflits qui auraient dû, *a priori*, être résolus dans les formes par un juge de l'espèce traditionnelle (J. Carbonnier, *in*, *Réflexion sur la médiation*, Institut suisse de droit comparé, *op.cit.*)

[671] Décision n°95-360 DC du 2 février 1995, *op.cit.* ; J. Volff, Un coup pour rien ! L'injonction pénale et le conseil constitutionnel, D., 1995, chron., p. 201 ; J. Pradel, D'une loi avortée à un projet nouveau sur l'injonction pénale, D., 1995, chron., p. 171.

Ainsi, les procédures entraînant l'application d'une sanction de nature pénale proche de la peine, en principe, prononcée par le juge, consacrent une intervention de ce dernier afin de donner toute légitimité à la mesure mise en œuvre par le parquet.

488. Cependant, l'intervention du juge de jugement en matière de composition pénale ne confère pas à ce dernier l'ensemble des pouvoirs qui sont habituellement les siens quant au prononcé de la sanction et au choix de la peine mais également, quant à l'application de celle-ci[672]. Les pouvoirs allégés du juge en la matière ne se cantonnent pas à la spécificité de certaines procédures alternatives à la poursuite mais augurent une véritable modification du visage de la procédure pénale relativement au partage des pouvoirs entre les autorités de poursuite et de celles de jugement dès lors que la procédure de C.R.P.C., proche de la composition pénale mais postérieure au déclenchement de l'action publique, confirme le confinement nouveau du rôle du juge du siège entraînant une déjuridictionnalisation de la procédure pénale en matière de traitement des infractions délictuelles et contraventionnelles.

Ce retrait du rôle du juge du siège dans le traitement des infractions engendre deux modifications profondes de la procédure pénale. Au déplacement des pouvoirs démontrant l'existence d'une déjuridictionnalisation réelle, s'ajoute une déjuridictionnalisation personnelle permettant notamment le développement du recours à la délégation.

A - L'existence d'une déjuridictionnalisation réelle

489. Si la mise en œuvre des diverses procédures alternatives à la poursuite amènent un gonflement des pouvoirs du parquet, en réalité le pouvoir de sanction accordé à celui-ci indépendamment de toute saisine du juge du siège suppose une diminution corrélative des prérogatives de ce dernier.

Il ne s'agit donc pas de la création de pouvoirs nouveaux devant répondre aux besoins de l'appareil judiciaire en son ensemble pour s'adapter à la demande de justice mais d'une répartition nouvelle des attributions du siège et du parquet dans le respect de la conception du principe de séparation des autorités de poursuite et de jugement qui est celle du Conseil Constitutionnel.

---

[672] B. Bouloc et L. Mariani, La C.R.P.C., une procédure à revoir ?, *op.cit.*, spéc. p. 3758 ; B. Pereira, Justice négociée : Efficacité répressive et droits de la défense ?, *op.cit.*, spéc. p. 2048.

490. Ce déplacement des pouvoirs au profit du parquet se rencontre pour l'ensemble des processus alternatifs de type sanctionnateur. Tout d'abord, dans les procédures admonestatives on constate un effacement total du recours au juge de jugement. En effet, la faculté d'admonester constitue un mode de réponse accordé au parquet en application de l'article 41-1 C.pr.pén. et s'inspire de la sanction de substitution à la peine offerte par la loi au juge des enfants en vertu de l'article 8 de l'ordonnance du 2 février 1945[673]. L'admonestation constitue naturellement une sanction davantage morale que réelle visant à réprimander l'auteur des faits dès lors que celui-ci est reconnu ou se reconnaît responsable de la commission de l'infraction[674].

Cette mesure, aussi légère soit-elle, tend bien à la sanction de l'auteur de l'infraction. En ce qu'elle se substitue au prononcé de la peine par la juridiction, son application par le magistrat du parquet apporte à la démonstration d'un déplacement des pouvoirs du siège au bénéfice du ministère public.

Cependant, toutes les mesures à caractère admonestatif ne manifestent pas ce déplacement avec la même force. En effet, la mesure de rappel à la loi, issue de la pratique parquetière et consacrée par le Code de procédure pénale par la loi du 23 juin 1999, demeure une émanation de l'exercice par le parquet de son pouvoir d'opportunité des poursuites. Toutefois, les solennités nouvelles de sa mise en œuvre par le parquet font prendre la mesure d'un déplacement du pouvoir de « prononcer » la sanction pénale.

Les mesures de régularisation de la situation de l'auteur des faits ou, la mise en œuvre des stages alternatifs confirment ce constat. En effet, le stage de sensibilisation à la sécurité routière et le stage de citoyenneté, plus récent, constituent, avant tout, des peines principales ou alternatives à l'emprisonnement ou encore des peines complémentaires qu'il appartient au juge de prononcer[675].

---

[673] Ordonnance n° 45-174 du 2 février 1945 relative à l'enfance délinquante, *op.cit.*

[674] Pour une définition de l'admonestation, V. G. Cornu, *Vocabulaire juridique, op.cit*, p.32.

[675] En effet, le stage de citoyenneté introduit par la loi du 9 mars 2004 constitue en vertu de l'article 131-3 C.pén, une peine pouvant être prononcée à titre principal par la juridiction. Toutefois, en vertu de l'article 131-5-1 du même Code, cette mesure peut être prononcée en remplacement de la peine d'emprisonnement encourue. A l'instar de la peine précédente, le stage de sensibilisation à la sécurité routière peut être prononcé, en vertu de l'article 131-35-1 C.pén, au titre de peine complémentaire ou assortir la mise à l'épreuve du condamné dans les conditions des articles 132-43 et s. C.pén.

491. L'évitement du juge pénal se retrouve, ensuite, en matière de procédures répressives. La mise en œuvre de la procédure de l'amende forfaitaire permet la condamnation de l'auteur à une peine sans recours au juge de jugement. En effet, l'application de cette procédure attache les mêmes effets que la condamnation par la juridiction pénale.

Tout d'abord, la mesure découlant de l'application de la procédure est une peine. L'article 530 C.pr.pén. fixe, en effet, le commencement de la prescription de cette dernière dès la signature par le ministère public du titre exécutoire autorisant le Trésor public à procéder au recouvrement des sommes dues au titre de l'amende forfaitaire et entraînant l'application des règles relatives à l'exécution des jugements de police.

Ensuite, la procédure de l'amende forfaitaire prévoit l'existence de voies de recours permettant au contrevenant de tenter de s'exonérer de sa responsabilité. Celles-ci n'autorisent pas la saisine immédiate du tribunal de police, la requête en exonération de l'article 529-2 C.pr.pén. et la réclamation prévue par l'article 530 C.pr.pén. entraînant un examen des arguments d'exonération du contrevenant par le ministère public lui-même.

Enfin, en cas d'épuisement des voies de recours propres à la procédure des articles 529 et s. C.pr.pén., la juridiction de proximité compétente pour juger de la responsabilité de l'auteur de la contravention depuis la loi du 26 janvier 2005, dispose d'un pouvoir d'opportunité de la sanction limité par l'application antérieure de la procédure de l'amende forfaitaire et se trouve dans l'obligation de prononcer une peine qui ne peut être inférieure au montant de l'amende forfaitaire encourue et augmentée de dix pour cent en cas de contravention au Code de la route[676].

492. Si la majorité des procédures sanctionnatrices consacre un évitement important du juge pénal, ce dernier conserve une place en matière de composition pénale et de C.R.P.C. Lorsque le procureur de la République décide de la mise en application de la procédure de l'article 41-2 C.pr.pén., les mesures acceptées par l'auteur de l'infraction ne peuvent être exécutées par ce dernier qu'en cas d'accord du juge du siège.

En effet, en vertu de l'alinéa 18 de l'article 41-2 C.pr.pén., le parquet doit saisir le président du tribunal aux fins de validation de la composition. Cependant, cette intervention du juge du siège dans la procédure ne permet pas de conférer à cette dernière un caractère véritablement juridictionnel dès lors que le juge ne dispose pas d'un pouvoir sur la détermination de la peine.

---

676 Art. 530-1 dernier alinéa C.pr.pén.

La saisine du tribunal aux fins de validation ne confère au juge saisi qu'un faible pouvoir d'opportunité de la sanction. Il ne peut que vérifier si les mesures proposées et acceptées correspondent à la gravité des faits commis et si elles respectent le principe de personnalisation des peines énoncé par les articles 130-1 et 132-24 C.pén. et, dans la négative, refuser de valider les mesures, sans pouvoir les modifier, ni dans leur nature, ni dans leur quantum.

Pour autant, si l'on constate un transfert des pouvoirs de détermination de la sanction du siège vers le parquet, la gestion pratique de la composition pénale entraîne une validation groupée des mesures, en amont, parfois, de la proposition de la mesure à l'auteur de l'infraction. Les sanctions effectivement proposées le sont souvent en vertu d'un barème[677] préétabli par les services du parquet. Cette pratique viole l'exigence d'une individualisation de la sanction et se trouve avalisée par l'activité du magistrat du siège. On assiste ainsi à une évanescence du principe de l'opportunité de la sanction pénale dès lors que celle-ci intervient en amont de tout déclenchement de l'action publique.

493. La procédure de comparution sur reconnaissance préalable de culpabilité, proche dans ses objectifs de la composition pénale, consacre également l'intervention du juge du siège aux fins d'homologation de la proposition de peine acceptée par l'auteur de l'infraction. A l'instar de la procédure de l'article 41-2 C.pr.pén., le président du tribunal de grande instance est compétent pour examiner la proposition émanant du parquet ; il peut désigner un juge délégué afin de remplir ces fonctions sans toutefois donner compétence à un juge de proximité.

Le rôle d'homologation confié au juge du siège en la matière est similaire à celui de validation des mesures de composition pénale. En effet, le juge du siège, en matière de C.R.P.C., n'exerce pas son pouvoir d'opportunité de la sanction avec la même force que celle dont il dispose lors de la saisine du tribunal correctionnel en application de l'article 388 C.pr.pén[678]. Son rôle se trouve cantonné, comme en cas de composition pénale, à la vérification de la qualification retenue et des peines proposées au regard des

---

[677] A. Bureau, A. Giudicelli, *Les premières applications de la composition pénale dans le ressort de la Cour d'Appel de Poitiers*, *op.cit.*

[678] D. Ligier, Fonction de la Justice : mieux juger ou traiter les flux policiers ?, *Gaz.Pal.*, 2004, 1, Doctr., p. 1554 et s.

circonstances de l'infraction et du principe de personnalisation des peines[679]. Ce dernier incombe également au parquet, en vertu de l'alinéa 1er de l'article 495-8 C.pr.pén.[680], mais ne permet aucun débat sur la sanction pénale[681].

Toutefois, à l'occasion de l'audience d'homologation de la C.R.P.C., le juge dispose d'une marge de manœuvre similaire à celle qui lui est offerte en cas de composition pénale. Il peut en effet refuser d'avaliser les mesures prises et imposer un débat sur la peine donnant un caractère pleinement juridictionnel à cette procédure qui doit, selon les vœux du Conseil constitutionnel, organiser une audience publique[682] à laquelle le représentant du ministère public devrait être présent selon la volonté de la Cour de cassation dans un avis du 18 avril 2005[683].

Cependant, la procédure des articles 495-7 et s. C.pr.pén. entraîne les mêmes effets que la composition pénale quant à l'étendue des pouvoirs du magistrat du siège. En effet, celui-ci ne peut qu'accepter ou refuser l'homologation de la proposition de peine émanant de l'accord entre le

---

679 D. Casanova et D Missistrano, Le plaider coupable, Journée d'études organisées par la société générale des prisons et de législation criminelle (15 novembre 2004), Le point de vue de l'avocat, *Rev.pénit.*, p. 393.

680 M. Seurin, Le plaider coupable, Journée d'études organisées par la société générale des prisons et de législation criminelle (15 novembre 2004), Le point de vue du magistrat du parquet, *Rev.pénit.* p. 386.

681 C. Schouler, Entretien avec J. Danet, Le premier pas vers la réduction de l'office du juge, *Justice*, n°177, p. 11.

682 C.const., déc. n°2004-492 DC du 2 mars 2004, JO du 10 mars 2004, p. 4637 ; J-C. Zarka, Loi Perben II: Le Conseil constitutionnel a prononcé deux censures et émis diverses réserves d'interprétation. *JCP G.*, 2004, II-10048 ; D. Ligier, Fonction de la justice: Mieux juger ou traiter les flux policiers?, *op.cit.*

683 Cass. avis, 18 avril 2005, *JCP G.*, 2005, actualités, 232. Cet avis de la cour de cassation avait entraîné une circulaire du Garde des Sceaux, Ministre de la Justice en date du 19 avril 2005 permettant qu'ait lieu l'audience d'homologation hors la présence du magistrat du parquet. Celui-ci fit l'objet d'une saisine par le Syndicat des avocats de France d'une requête en suspension auprès du Conseil d'Etat. Ce recours fut accueilli par la juridiction suprême de l'ordre administratif lors d'une décision du 11 mai 2005. Toutefois, la présence facultative du parquet à l'audience d'homologation a été adoptée par le législateur par la loi n°2005-847 du 26 juillet 2005 (JO 27 juillet 2005, p. 12224) ; J. Pradel, Le ministère public à l'audience d'homologation, D. 2005, p. 1200; L. Delprat, La Cour de cassation et le Conseil d'Etat doivent-ils plaider coupable ?, *Droit pénal*, 2005, chron, n°10 ; A. Giudicelli, Repenser le plaider coupable, *Rev.sc.crim*, 2005, p. 592 ; B. Bouloc et L. Mariani, La C.R.P.C., une procédure à revoir, *Gaz.Pal.*, 2005, 1, Doctr., p. 3756. B. Pereira, Justice négociée : Efficacité répressive et droits de la défense ?, D. 2005, Chron., p. 2041.

procureur de la République et le prévenu[684] sans pouvoir modifier la nature ou le quantum des peines proposées.

494. Le parquet dispose ainsi, en la matière, de l'ensemble des pouvoirs habituellement confiés au magistrat du siège quant au prononcé de la peine. L'article 495-8 C.pr.pén. en ses alinéas 2 et 3, lui permet de proposer une peine d'emprisonnement jusqu'à un an, pouvant être assortie d'un sursis et d'un aménagement de la peine et/ou une peine d'amende dont le quantum peut aller jusqu'au maximum de la peine encourue.

Si la C.R.P.C. constitue une véritable procédure juridictionnelle à la différence de la composition pénale se déroulant en amont de toute poursuite, elle ne permet pas pour autant aux autorités de jugement d'exercer pleinement les prérogatives qui leur sont traditionnellement dévolues[685]. Outre l'impossibilité pour le juge du siège, saisi aux fins d'homologation, de modifier, par son ordonnance, la nature ou le quantum de la peine proposée et acceptée, l'application de la peine demeure pour une large part entre les mains du parquet[686].

En effet, en vertu de l'article 495-8 al. 2 C.pr.pén., lorsqu'il propose une peine d'emprisonnement ferme, le parquet peut assortir cette dernière des mesures d'aménagement énumérées à l'article 712-6 C.pr.pén., ce qui est de la compétence en principe du juge de l'application des peines.

Egalement, en vertu de l'article 495-11 al. 2 C.pr.pén., lorsqu'il décide de la proposition d'un emprisonnement ferme, le parquet peut prévoir la présentation du condamné devant le juge de l'application des peines afin que celui-ci décide des modalités d'exécution de la peine. Toutefois, cette présentation ne constitue qu'une simple faculté soumise au bon vouloir du parquet qui peut décider au moment de la proposition de la peine que cette dernière sera mise immédiatement à exécution au moment de la décision d'homologation.

495. Ainsi, en vertu de l'article 495-11 al. 1er C.pr.pén., l'ordonnance d'homologation a la même valeur qu'un jugement et emporte les mêmes effets quant à son caractère exécutoire. L'homologation de la proposition de peine en matière de C.R.P.C. emporte jugement de condamnation ouvrant

---

684 Il faut, en effet, considérer l'auteur des faits qui a accepté la proposition de peine comme un prévenu dès lors que l'acceptation de la proposition de peine permet au parquet de former un acte de poursuite représenté par la requête en homologation émanant de ce dernier.

685 A. Giudicelli, Repenser le plaider coupable, *Rev.sc.crim.*, 2005, p. 592 et s.

686 X. Pradel, Le plaider coupable, Journée d'études organisée par la société générale des prisons et de législation criminelle (15 novembre 2004), Présentation théorique, *Rev.pénit.*, 2002, p. 379.

la possibilité pour le condamné de faire appel[687] et permettant au parquet de requérir la force publique aux fins d'exécution de la décision de condamnation en vertu de l'article 42 C.pr.pén.

La C.R.P.C. se démarque alors de la composition pénale quant aux effets attachés à l'intervention du magistrat du siège. En effet, la validation de la composition pénale, si elle est issue de l'autorité de jugement, ne doit pas être considérée comme une décision juridictionnelle dès lors qu'elle ne permet ni à l'auteur des faits ni à la victime ni enfin au parquet de former une voie de recours.

Egalement, si l'article 41-2 al. 19 C.pr.pén. prévoit que la validation permet l'exécution de la mesure de composition, celle-ci repose entièrement sur la volonté de l'auteur des faits dès lors que la procédure mise en œuvre se situe en amont de toute poursuite. Bien que les décisions relatives à la validation des mesures de composition pénale et celles relatives à l'homologation des propositions de peines en matière de C.R.P.C entraînent, toutes deux, une ordonnance émanant de l'autorité de jugement compétente, la première constitue une mesure d'administration judiciaire[688] tandis que la seconde doit être entendue comme une décision juridictionnelle à part entière[689].

De plus, il faut tirer des conséquences similaires de l'accord donné par l'auteur de l'infraction aux peines proposées en cas de comparution sur reconnaissance préalable de culpabilité ou de composition pénale. Il est difficile d'admettre que ces deux procédures débouchent sur un contrat pénal comparable à un contrat d'adhésion[690]. Le consentement donné par l'auteur de l'infraction ne peut nullement être considéré comme libre dès lors que le refus des sanctions ou des peines proposées entraîne la saisine du tribunal correctionnel et une réquisition de peine plus importante que le maximum autorisé par la procédure initiale. Ainsi, la C.R.P.C., proche de la composition pénale, risque de favoriser une tendance à la tarification de la peine[691].

---

[687] Art. 495-11 al. 3 C.pr.pén. Toutefois, le parquet ne peut faire appel qu'à titre incident.

[688] En effet, l'ordonnance de validation n'a aucun caractère juridictionnel et tend à assurer le fonctionnement de la juridiction à l'occasion d'un litige. Pour une définition de la mesure d'administration judiciaire, V., G. Cornu, *Vocabulaire juridique*, *op.cit.*, p. 577.

[689] B. de Lamy, La loi n°2004-204 portant adaptation de la justice aux évolutions de la criminalité, 2e partie Efficacité et diversification de la réponse pénale, D., 2004, chron, p. 1988.

[690] B. de Lamy, *op.cit.*

[691] B. Bouloc et L. Mariani, La C.R.P.C., une procédure à revoir ?, *Gaz.Pal.*, 2005, 1, Doctr., p. 3756, spéc. p. 3758 ; C. Schouler, Entretien avec J. Danet, Le premier pas vers la réduction de l'office du juge, *Justice*, n°177, p. 8.

Les procédures alternatives sanctionnatrices entraînent une répartition nouvelle des compétences entre autorités de poursuites et de jugement quant au pouvoir d'opportunité de la sanction, traduisant une déjuridictionnalisation de ce dernier confirmée par la procédure de C.R.P.C. déclenchant pourtant l'action publique. Cette déjuridictionnalisation s'accompagne pour ces mêmes procédures alternatives d'un phénomène de « déjudiciarisation-rejudiciarisation[692] » en raison de l'intervention de nouveaux personnages remplissant une fonction de justice sans appartenir au corps de la magistrature mais qui signifie un recul certain des droits des justiciables en procédure pénale.

B - L'existence d'une déjuridictionnalisation personnelle

496. La mise en application des alternatives à la poursuite de type sanctionnateur permet une conservation par le parquet de la maîtrise de ces procédures. Cependant, si la loi autorise celui-ci à mettre en œuvre personnellement et directement ces différentes procédures, le législateur a consacré, depuis la loi du 23 juin 1999, la possibilité de recourir à la délégation. En effet, cette loi, en créant le recours aux délégués du procureur, a également consacré le recours antérieur des parquets aux médiateurs pénaux.

Ces deux organes délégués sont recrutés par le parquet lui-même et sont soumis à un régime commun. Egalement, lors de la mise en œuvre d'une procédure alternative à la poursuite, s'ils peuvent se voir confier les missions incombant au procureur de la République, ils restent subordonnés à la volonté de ce dernier dans toutes les phases de la procédure, de la proposition de sa mise en œuvre, à l'exécution proprement dite des mesures qui en découlent.

Egalement, la notion de délégation doit être entendue largement, celle-ci entraînant l'intervention d'un grand nombre d'acteurs. Ainsi, en vertu de l'article 41-1 C.pr.pén. mais également de l'article 41-2 du même Code, l'officier de police judiciaire peut jouer un rôle dans le processus alternatif à la poursuite décidé par le parquet aussi bien en matière de procédure admonestative qu'en raison de l'application d'une mesure alternative répressive.

497. Toutefois, les organes délégués chargés du déroulement proprement dit de la procédure ne sont pas limités à l'O.P.J., au médiateur ou au délégué du procureur. En dehors des procédures découlant des articles 41-1 et 41-2

---

[692] Au sens employé par A. Wyvekens, *in* R. Cario, *La médiation pénale, entre répression et réparation, op.cit.*

C.pr.pén., le Code de procédure pénale consacre d'autres modes alternatifs de traitement de l'infraction permettant l'intervention d'organes distincts du parquet mais subordonnée à ce dernier. En effet, la procédure de l'amende forfaitaire donne compétence à l'agent chargé de la constatation de l'infraction de mettre en œuvre la procédure et ce sans décision préalable du ministère public, la procédure des articles 529 et s. C.pr.pén. constituant le mode habituel de règlement des contraventions visées par l'article 529 C.pr.pén. Cette même procédure prévoit en outre l'intervention d'un autre organe, le Trésor public, chargé non pas du déroulement procédural mais de l'assurance du paiement de l'amende forfaitaire.

Le recours à la délégation en matière de procédures alternatives doit contribuer à l'objectif constant de célérité de la justice[693] dans le traitement de l'infraction notamment en matière de procédures alternatives censées désengorger les tribunaux, diminuer le coût de la justice pénale[694] et lutter contre la réitération de l'infraction.

La délégation consacre de façon pratique le déplacement des pouvoirs du siège au parquet en matière de détermination, de l'application et de la surveillance de la bonne exécution sinon de la peine, à tout le moins de la sanction pénale[695]. L'intervention des organes délégués prévus par le Code de procédure pénale permet un traitement aisé de l'infraction par le seul parquet. Il lui permet également de mettre ce dernier à l'abri de toute critique quant au respect de la séparation des autorités de poursuite et de jugement.

En effet, si le parquet peut exercer lui-même les attributions découlant des articles 41-1 et suivant C.pr.pén., bien souvent, dans un souci de rapidité des procédures le délégué du procureur en matière de composition pénale est le seul interlocuteur du délinquant[696].

---

693 Rapport « Warsmann », Mission parlementaire du 23 avril 2003 auprès du ministre de la Justice, *Les peines alternatives à la détention, les modalités d'exécution des courtes peines, la préparation des détenus à la sortie de prison*.
Mission « Magendie », Célérité et qualité de la justice, Rapport au garde des Sceaux, juin 2004.
S. Amrani-Mekki, Rapport « Magendie » Le temps des délibérations, *Droit et patrimoine*, 2005, n°133, p. 6 et s.

694 M.C. Desdevises, Les fondements de la médiation pénale, *Mélanges en l'honneur de H. Blaise*, 1995, p. 177.
R. Berg, Médiation pénale, *Rép.pén.* Dalloz, 1999, n°10.
J. Foyer, Réalisme, idéologie et politique dans le droit de la procédure pénale, *Rev.pénit.*, 2000, p. 12.

695 J. Pradel, D'une loi avortée à un nouveau projet sur l'injonction pénale, *op.cit.* p. 172. L'auteur refuse de reconnaître l'assimilation des mesures ressortant des procédures alternatives à des peines faute, notamment, de caractère exécutoire.

696 J. Volff, Les délégués du procureur au secours de la composition pénale, *op.cit.*, p. 3.

De la même manière, en matière de rappel à la loi, l'affaire sera considérée comme traitée et, non classée, par la seule injonction du parquet à l'O.P.J. de procéder directement à l'application de la mesure[697].

498. Cependant, le recours à la délégation quant au déroulement proprement dit du processus visant à la détermination de la sanction s'arrête aux portes de l'action publique, la procédure de C.R.P.C. ne prévoyant pas un tel recours à un organe délégué, même si elle doit être considérée comme un prolongement du recours à la « troisième voie » et une évolution de la procédure de composition pénale[699].

Ainsi, le recours à la délégation, corollaire d'un phénomène de déjuridictionnalisation, concourt à conforter le pouvoir du parquet dans la détermination de la sanction et à contribuer à l'impératif de rapidité dans le traitement des infractions mais, par contre coup, favorise un recul des droits de la défense et une vision déformée de l'appareil judiciaire entraînant une confusion dans l'esprit des justiciables.

Par la création de la procédure des articles 41-2 et suivants C.pr.pén., le législateur recherche une meilleure efficacité de la réponse pénale, à la fois plus rapide dans sa mise en œuvre que le procès pénal et présentant une capacité importante de désengorgement des tribunaux[700]. Toutefois, cette volonté de célérité dans la proposition des mesures de composition pénale s'est accompagnée d'une modification importante de la procédure initiale résultant de la loi du 9 septembre 2002[701]. La première mouture de la procédure issue de la loi du 23 juin 1999 prévoyait l'interdiction pour le parquet, par l'intermédiaire l'officier de police judiciaire, de la proposer à l'auteur des faits lors de la période de garde à vue. La loi de 2002 est revenue sur ce principe, niant de ce fait la volonté initiale du législateur de 1999 de protéger, *a minima*, la présomption d'innocence afin de servir au mieux les impératifs de célérité et d'efficacité[702] de la procédure pénale.

499. Cette procédure marque un recul des droits de la défense, notamment quant au respect de la présomption d'innocence au sens de

---

[697] Rapport Warsmann, 2003, *op.cit.*

[698] D. Charvet, Réflexion autour du plaider coupable, D., 2004, chron., p. 2517.

[699] F. Molins, Plaidoyer pour le plaider coupable : des vertus d'une peine négociée, *op.cit.* p. 61.

[700] Circulaire CRIM 2001-14 F du 11 juillet 2001 présentant les dispositions de la loi n°99-515 du 23 juin 1999 relative à l'efficacité de la procédure pénale, *op.cit.*

[701] Loi n°2002-1138 du 9 septembre 2002, art. 36, *op.cit.*

[702] F. Le Gunehec, La loi d'orientation et de programmation pour la justice réformant la justice pénale des mineurs, loi n°2002-1138 du 9 septembre 2002, deuxième partie : Poursuite du « rééquilibrage » de la procédure pénale, *JCP G.*, 2002, act., 507.

l'article 9 de la D.D.H.C., confirmé par le III de l'article préliminaire du Code de procédure pénale issu de la loi du 15 juin 2000[703]. Egalement, la procédure de composition pénale comme les procédures admonestatives contribuent à un recul de l'équilibre entre les droits de la personne mise en cause et les droits des victimes.

En effet, les procédures admonestatives ne visent que des contentieux dans lesquels l'infraction n'a pas causé de dommage, tandis que les procédures de composition pénale et de l'amende forfaitaire excluent pour une large part la victime. Ainsi, la composition pénale ne prend qu'exceptionnellement la victime en compte[704] lorsque celle-ci est identifiée. La procédure des articles 529 et s. C.pr.pén., quant à elle, ne prévoit aucune disposition relative à la réparation d'un éventuel dommage causé à la victime, cette dernière pouvant toutefois faire échec à l'amende forfaitaire en se constituant partie civile devant le tribunal de police en vertu de l'article 536 C.pr.pén.

500. Enfin, les procédures sanctionnatrices ne font pas toutes une place égale à l'intervention de l'avocat. Si l'amende forfaitaire, en raison de son caractère largement administratif, exclut purement et simplement son intervention, tel n'est pas le cas s'agissant des autres procédures de nature sanctionnatrice et de la C.R.P.C.

En matière de procédure admonestative, l'avocat peut être amené à assister l'auteur des faits lors d'un rappel à la loi. Le justiciable n'est ainsi pas atteint dans son droit à être assisté. Toutefois, dès lors que celui-ci bénéficie de l'aide juridictionnelle (A.J.), l'intervention de l'avocat se fera « *pro bono* ».

En matière de composition pénale, l'intervention de l'avocat est expressément prévue par le texte des articles 41-2 al. 18 et R. 15-33-39 C.pr.pén. mais demeure facultative. En revanche, malgré les similitudes des procédures de composition pénale et de C.R.P.C., le ministère d'avocat est obligatoire dans la procédure de plaider coupable. Mais là encore, les droits de la défense sont déséquilibrés au titre de leur exercice. Tout d'abord, l'avocat en matière de composition pénale ne dispose que d'un rôle

---

[703] Loi n°2000-516 du 15 juin 2000 renforçant la présomption d'innocence et le droit des victimes, JO du 16 juin 2000 p. 9038.

[704] L'application de la composition pénale dépendant de chaque chef de juridiction, il appartient au procureur de la République de réserver ou non la mise en œuvre effective de la procédure pour le traitement des infractions ayant causé un dommage à une victime. V. notamment, J. Hederer, Un an d'expérimentation de la composition pénale dans un tribunal de grande instance, *A.J. Pénal*, 2003, n°2, p. 53 ; A. Bureau, A. Giudicelli, les premières applications de la composition pénale dans le ressort de la Cour d'Appel de Poitiers, *op.cit.*

d'assistance, tandis que la C.R.P.C., procédure réellement juridictionnelle, attache à son intervention obligatoire une mission d'assistance et de représentation de l'auteur de l'infraction. Ensuite, si les deux procédures ouvrent droit au bénéfice pour l'auteur des faits de l'aide juridictionnelle, l'intervention de l'avocat en matière de composition pénale entraîne une rémunération moindre de ce dernier qu'en matière de C.R.P.C[705].

501. Ce recul des droits de la défense en matière de procédures alternatives sanctionnatrices se trouve enfin conforté par le faible rôle procédural accordé au juge du siège lorsque son intervention est prévue par la loi. En effet, bien que la procédure de l'article 41-2 permette l'intervention du juge de jugement, les dispositions de la loi du 9 septembre 2002 ont opéré le retrait de la faculté pour l'auteur des faits d'être entendu par un juge du siège, en soumettant l'éventualité d'une telle audition à la volonté du magistrat saisi de la requête en validation[706].

Le juge voit donc son pouvoir de détermination de la sanction cantonné à la constatation du respect des principes de proportionnalité et de personnalisation. La composition pénale empêche l'auteur des faits mais également la victime de soumettre librement leurs contestations dès lors que le texte conditionne l'audition des parties à la décision du juge.

502. Enfin, les caractéristiques du déroulement procédural des mesures alternatives peuvent entraîner une confusion dans l'esprit des justiciables relativement à leur vision de l'appareil judiciaire. Ainsi, la large possibilité d'application d'une sanction sans intervention du juge traditionnel peut faire naître un doute quant à l'efficacité de la réponse pénale apportée.

En effet, le rappel à la loi de l'article 41-1, 1° C.pr.pén., conçu comme une réponse pénale à part entière, s'applique dans la majorité des cas en

---

[705] La rémunération à l'aide juridictionnelle de l'intervention de l'avocat en matière de composition pénale et de médiation pénale étant fixée forfaitairement à 46 € HT par l'article 64-2 de la loi n°91-647 du 10 juillet 91 relative à l'aide juridique, modifiée par l'article 15 de la loi 98-1163 du 18 décembre 1998 relative à l'accès au droit et à la résolution amiable des conflits, l'article 5-III de la loi n°99-515 du 23 juin 1999, préc. et, par l'art. 132-2 al. 5 du décret n°91-1266 du 19 décembre 1991 portant application de la loi du 10 juillet 1991 précitée, modifié par l'article 1-II du décret n°94-117 du 4 février 1997 et par l'article 42-1 du décret n°2001-512 du 14 juin 2001. La rémunération de l'avocat à l'aide juridictionnelle (A.J.) dans le cadre de la C.R.P.C. étant effectuée par unité de valeur (5 U.V. dans un dossier simple et 8 en présence d'une partie civile) dont le montant est égal à 21.77€ en cas d'A.J. totale et, à 20.84 € en cas d'A.J. partielle par l'article 10 al. 1er de la loi précitée du 10 juillet 1991 modifiée par l'article 137-III de la loi 2004-204 du 9 mars 2004, préc., et par l'art. 1er-I, 1° et 2° du décret n°2004-1025 du 29 septembre 2004.

[706] P. Poncela, Quand le procureur compose avec la peine *(bis)*, *Rev.sc.crim.*, 2003, p. 139 et s.

dehors du tribunal et en l'absence de tout représentant de l'appareil judiciaire. De même, le déroulement d'une composition pénale peut intervenir sans aucun défèrement de l'auteur des faits devant le parquet. La proposition du recours à la procédure peut provenir de l'O.P.J. et être appliquée par un délégué du procureur, dans une maison de Justice et du droit, comme le prévoit l'article 41-2 C.pr.pén.

Ainsi, l'ensemble de la procédure marquée par une absence totale de magistrat favorise une confusion par l'auteur des faits du rôle de juge et de celui de simple organe délégué ne recevant ses pouvoirs que sur délégation du ministère public. Ce risque de dévalorisation s'est pourtant accentué avec la nouvelle rédaction de l'article 41-1 al. 1er C.pr.pén., issu de l'article 69 de la loi du 9 mars 2004, supprimant la mention du recours à la délégation mais énumérant la possibilité d'un recours aux médiateurs et aux délégués du procureur mais aussi à l'officier de police judiciaire, ce qui montre son rôle nouveau en la matière.

Cette dévalorisation possible peut encore provenir de la volonté du législateur d'une justice pénale à moindre coût en permettant la validation des mesures de composition pénale par les juges de proximité, juges non-professionnels auxquels la loi ne cesse d'attribuer de plus en plus de compétences.

En effet, si ces « non-juges » peuvent juger des contraventions des quatre premières classes depuis la loi du 26 janvier 2005, le même texte a étendu leur domaine de compétence en matière de composition pénale dans laquelle la validation des mesures peut entraîner non l'intervention du juge pénal traditionnel mais celle de la juridiction de proximité, en vertu de l'article 8 de la loi précitée du 26 janvier 2005, quelle que soit l'infraction commise et pas simplement en matière contraventionnelle[707].

503. Le bouleversement de la procédure pénale, par le prisme des procédures alternatives sanctionnatrices, entraînant, d'une part, un déplacement de la possibilité de sanctionner et, d'autre part, un amenuisement voire une dévalorisation du rôle du juge pénal traditionnel, se traduisant notamment par un recours récent et élargi à la notion de délégation, nous a permis de démontrer une modification de la notion d'ordre public, fondement de l'opportunité des poursuites.

Cependant, le constat de procédures alternatives visant moins la punition de l'auteur de l'infraction que la réparation du dommage causé à la victime témoigne, sinon de l'existence d'un ordre privé en parallèle de l'ordre

---

[707] L'intervention effective du juge de proximité dépend toutefois de sa désignation par le président de la juridiction.

public, au moins de l'intégration des intérêts purement privés dans de la notion d'ordre public. Si cette dernière se trouve modifiée dans sa conception par l'existence de procédures visant à la seule réparation des intérêts lésés, elle l'est également d'un point de vue fonctionnel dès lors que le principe de l'opportunité des poursuites autorise la mise en œuvre de ces procédures.

CHAPITRE II

LE TROUBLE À L'ORDRE PRIVÉ : FONDEMENT DES PROCÉDURES ALTERNATIVES RÉPARATRICES

504. Les procédures alternatives constituent, pour certaines d'entre-elles, un pouvoir nouveau du parquet de sanctionner l'individu. Cependant, à elles seules, les alternatives sanctionnatrices ne contredisent pas le caractère monolithique de la notion d'ordre public dont elles tirent leur fondement. Néanmoins, il est possible de considérer que les trois objectifs fondant la mise en œuvre des mesures de l'article 41-1 C.pr.pén. dépassent largement l'application de ce dernier et permettent de découvrir, pour chaque procédure alternative, un objectif dominant les autres et ayant motivé la mise en application de telle procédure plutôt quel telle autre.

Ainsi, à côté des procédures ne visant que la seule sanction de l'individu, existe un certain nombre de processus ayant pour objet la réparation du préjudice subi par la victime. L'existence de procédures alternatives ne recherchant que ce seul objectif entraîne inévitablement un bouleversement de la notion d'ordre public. En effet, le principe de l'opportunité des poursuites devient dès lors l'outil privilégié de la protection des intérêts particuliers, ce qui dans une certaine mesure aboutit à une « civilisation » de la procédure pénale (Section I).

La diversité des procédures alternatives réparatrices contribue donc à effacer la vision monolithique de l'ordre public. Si classiquement ce dernier correspond à la défense d'un intérêt général unique, l'objectif de protection des intérêts particuliers s'avère multiple, la victime qui voit son dommage réparé par ces modes alternatifs n'étant pas uniforme.

Ainsi, lorsque ces procédures visent à la défense d'ordres privés, la notion classique d'ordre public en est bouleversée, ce qui permet de considérer les procédures alternatives de type réparateur comme contribuant à un certain « dévoiement » de la procédure pénale (Section II).

SECTION I - UNE PROCÉDURE PÉNALE CIVILISÉE

505. La notion d'ordre public qui gouverne l'ensemble de la matière pénale et particulièrement le principe de l'opportunité des poursuites est classiquement entendue comme un concept intangible défini comme visant la défense de l'intérêt général[708]. Pourtant, le législateur a consacré, de façon variée, la possibilité de concevoir l'utilisation du principe d'opportunité des poursuites comme un instrument pouvant viser à la réparation des troubles causés aux ordres privés.

Si donc l'ordre public assure la sauvegarde, par le biais de l'action publique, de l'intérêt général, il existe aussi une mosaïque de procédures alternatives réparatrices répondant à la diversité des intérêts particuliers (§ I) et modifiant l'équilibre classique des forces en présence dans le procès pénal, ce qui se traduit par un rôle accru des victimes en procédure pénale (§ II).

§ I - L'opportunité des poursuites comme fondement de la réparation d'un trouble causé à des ordres privés

506. La multiplicité des modes alternatifs visant à la réparation du dommage résultant de l'infraction révèle la variété des intérêts privés. Ces derniers ne se limitent pas simplement à la prise en compte des intérêts des particuliers, personnes privées, mais comprennent également une sphère intermédiaire entre les ordres purement privés et l'ordre public constituée d'une part, par les personnes privées chargées d'une mission de service public et, d'autre part, par les administrations auxquelles la loi accorde le pouvoir de transiger sur l'action publique.

A - L'opportunité des poursuites : fondement de la protection des intérêts purement privés

507. Classiquement, le droit pénal tend à l'application d'une peine lorsque l'acte commis trouble l'ordre social[709]. Dans cette conception stricte de l'ordre public, l'action exercée par le parquet en vue de l'application d'une peine ne saurait servir d'instrument orienté vers la seule sanction de la violation des intérêts purement privés dont seraient victimes les simples particuliers. Ainsi, la notion d'ordre public constitue le fondement du caractère inquisitoire de la procédure pénale entièrement tournée vers la défense des intérêts fondamentaux de la société nécessaires à sa conservation.

---

[708] Ph. Conte, Remarques sur la conception contemporaine de l'ordre public pénal, *op.cit*, p. 141.

[709] J. Hauser, J-J. Lemouland, Ordre public et Bonnes mœurs, *Rép.civ. Dalloz*, 2004, n°48.

Toutefois, la conception volontairement mixte de la procédure pénale française a permis à cette dernière de ne pas trancher entre caractère inquisitoire et caractère accusatoire[710], en permettant aux intérêts purement privés de se voir protégés en cas de violation de la loi pénale. Cette mixité rejaillit naturellement sur la notion d'ordre public qui contient à l'évidence la défense des intérêts des simples particuliers. En effet, on ne peut nier que la violation de la loi pénale entraîne, dans de nombreux cas, un préjudice à une victime personne privée.

L'intérêt général, défendu par le déclenchement de l'action publique, en permettant la sauvegarde des intérêts particuliers, témoigne des relations ambiguës entre intérêt général et intérêts particuliers, permettant une projection de l'ordre public sur les ordres privés. Ainsi, sera-t-il possible de découvrir, à la lumière des procédures alternatives restitutives, les indices d'une existence, tantôt rapprochée, tantôt éloignée, d'ordres privés à l'intérieur même de la notion générale d'ordre public.

1 - Les indices d'une protection des intérêts privés éloignée de la notion d'ordre public

508. Le Code de procédure pénale consacre, dans le même esprit de mixité entre caractère inquisitoire et caractère accusatoire, la possibilité de voir l'intérêt général protégé à l'occasion d'une action visant à l'origine à la défense d'un intérêt privé lésé par la commission d'une infraction pénale.

En effet, l'application des articles 1er al. 2nd et 2 C.pr.pén. vise, dès l'origine, la protection de la victime ayant subi un dommage occasionné par la commission de l'infraction mais entraîne la mise en œuvre de l'action publique dont le but principal réside dans l'application d'une peine.

Cette imbrication de l'intérêt général et des intérêts privés doit, *a priori*, sembler contraire à une conception stricte voire restrictive de la notion d'ordre public. Cependant, la loi pénale est, en principe, entièrement tournée vers la sauvegarde de l'intérêt général. Mais, l'activité législative a montré une volonté de spécialisation de la loi pénale jusqu'à créer, notamment, un véritable droit pénal des affaires[712] permettant de croire à

---

[710] C. Lazerges, La dérive de la procédure pénale, *Rev.sc.crim.*, 2003, p. 644.

[711] Ph. Conte, *op.cit.*

[712] V. notamment J. Larguier et Ph. Conte, *Droit pénal des affaires*, 11e éd., Armand Collin, coll. U., 2004.

F. Desportes et F. Le Gunehec, *Droit pénal général*, 16e éd., Economica, 2008, n°19.

l'émergence d'un ordre public spécialisé visant à la protection d'intérêts moins généraux ou plus particuliers[713].

509. Cette instrumentalisation de l'action publique dans un but de sauvegarde d'intérêts de plus en plus spécialisés s'inscrit tout aussi bien dans la notion même d'intérêt à agir. En effet, si l'on reconnaît le droit pour la personne privée de former une action civile dans le but d'être indemnisée du préjudice qu'elle a subi, l'introduction dès la loi du 10 juin 1983[714] de la possibilité pour certaines associations dont les statuts visent à la défense d'intérêts particuliers d'exercer les droits reconnus à la partie civile constitue une réelle spécialisation de la notion d'ordre public permettant de considérer cette notion moins comme un concept qui transcende l'ensemble des intérêts de la société, que la somme mathématique de ces mêmes intérêts[715].

510. Ainsi, la mutation de la notion d'ordre public a pu s'accomplir grâce à l'évolution du concept de victime. En effet, la procédure pénale française, après une longue période presque purement inquisitoire dans laquelle la victime du dommage résultant de l'infraction n'avait qu'un rôle passif et limité à la seule possibilité de former une action civile jointe à l'action publique menée par parquet, tend à renouer avec le passé accusatoire en vigueur dans les pays de « *common law* ».

La volonté de donner à la victime un rôle actif en procédure pénale se manifeste tout d'abord par la possibilité élargie, et évoquée précédemment, de déclencher l'action publique par la mise en œuvre de l'action civile, prenant son origine dans l'arrêt dit « *Laurent-Atthalin* » du 8 décembre 1906[716].

Le législateur a alors attaché à la présence de la victime dans le procès pénal une importance particulière liée à la volonté d'une réparation la plus large possible du dommage subi, ce qui allait rapidement transfigurer les objectifs du procès pénal jusqu'à laisser entrevoir une privatisation de l'action publique[717]. En effet, la découverte de la responsabilité pénale de l'auteur d'une infraction ne devenait plus simplement l'enjeu du prononcé d'une peine ayant un caractère rétributif[718], mais devait prendre en

---

713 J. Hauser, J.J. Lemouland, Ordre public et Bonnes mœurs, *op.cit.*, n°54.

714 Loi n°83-466 du 10 juin 1983 complétée notamment par les lois n°85-10 du 3 janvier 1985 et n°85-772 du 25 juillet 1985 portant diverses dispositions d'ordre social.

715 Ph. Conte, Remarques sur la conception contemporaine de l'ordre public pénal, *op.cit.*, n°8.

716 Cass. crim., 8 décembre 1906, *op.cit.*

717 J. Volff, La privatisation rampante de l'action publique, *JCP G.*, 2004, I-146.

718 L'expression doit ici être entendue au sens classique du terme.

considération, et de la façon la plus large possible, la réparation du préjudice causé à la victime[719]. Cette volonté s'est concrétisée par la création d'un système d'indemnisation immédiat consacré par l'article 2 de la loi du 6 juillet 1990[720], depuis intégré à l'article 706-3 C.pr.pén.

Ainsi, l'intégration d'une obligation de réparation du dommage causé à la victime d'une infraction pénale au cours du procès dans le Code de procédure pénale démontre l'intérêt attaché à cet objectif par le législateur, ce qui permet d'observer une intégration des intérêts purement privés à l'intérieur même de la notion d'ordre public gouvernant en principe exclusivement le droit pénal[721].

511. Le constat, sinon de la coexistence à côté de l'ordre purement public d'ordres privés, à tout le moins, de l'intégration des intérêts privés à l'intérieur de la notion d'ordre public, ne s'est pas arrêtée aux portes du procès pénal. En effet, l'impératif d'indemnisation s'est rapidement allié à celui de rapidité du traitement de l'infraction. Ainsi, l'article 6 de la loi du 4 janvier 1993 consacrant la pratique de la médiation pénale s'est intégré dans la continuité d'une promotion de la réparation du dommage comme objectif sinon principal, au moins aussi important que la répression de l'auteur d'une infraction pénale. L'entrée en vigueur de la loi a été l'occasion pour la doctrine de considérer que la médiation pénale constituait une autre justice, respectueuse de chacun, tant de la victime que de l'auteur de l'infraction lui-même.

Cette nouvelle justice, hors le tribunal et hors le juge traditionnel, doit permettre la réparation du dommage subi par la victime, tant matériel que moral, en favorisant dans le même temps, à la fois l'amendement de l'auteur qui, en s'engageant à réparer, fait preuve d'une volonté de resocialisation rendant inutile tout prononcé d'une peine et l'apaisement de la victime mise à l'écart de la société en raison du préjudice subi par elle.

512. La médiation pénale remplirait alors toutes les fonctions de justice et correspondrait à la notion classique d'ordre public entendue strictement[722]. Cependant, l'évolution de la pratique de la médiation a

---

[719] F. Alt-Maes, Le concept de victime en droit civil et en droit pénal, *Rev.sc.crim.*, 1994, p. 44.

[720] Loi n°90-589 du 6 juillet 1990 modifiant le Code de procédure pénale et le Code des assurances et relative aux victimes d'infractions.

[721] Sur le caractère d'ordre public de la réparation du dommage subi par la victime d'une infraction pénale, V., F. Alt-Maes, *op.cit.*

[722] M-C. Desdevises, « Les fondements de la médiation pénale », *Mélanges en l'honneur de H. Blaise*, 1995, p. 186.

démontré que l'utilisation de cette procédure ne tend pas à remplir l'ensemble des objectifs potentiels de la mission de justice mais privilégie la seule réparation du dommage causé à la victime.

En effet, la mise en œuvre de ce processus alternatif aux poursuites a été conçue dès l'origine comme un palliatif au classement sans suite. Il était destiné à combattre le sentiment d'injustice et d'impunité, non pas ressenti par l'ensemble du corps social, mais motivé par une préoccupation gestionnaire de limitation des risques d'engorgement des tribunaux en raison des plaintes portées par les victimes[723].

513. La diversité des modes de réponse prévus par l'article 41-1 C.pr.pén. conforte l'analyse selon laquelle le parquet conserve un choix entre punition de l'auteur et réparation de la victime. En effet, depuis la loi du 23 juin 1999, le procureur de la République peut, en amont de toute décision sur l'action publique, décider de la mise en œuvre d'une médiation pénale, en vertu du 5° de l'article 41-1 C.pr.pén., mais aussi d'une mesure alternative visant, en vertu du 4° du même article à la seule réparation du dommage causé à la victime, qu'il nous a été possible de considérer comme une forme de médiation appauvrie dans laquelle l'effort de recherche d'un dialogue est évité. Ces deux procédures alternatives démontrent une déconnexion des objectifs de répression et de réparation, allant en principe de concert en procédure pénale dès lors que la commission de l'infraction a causé un dommage.

Ainsi, la prise en compte exclusive, au travers de l'application de ces procédures, de l'impératif de réparation du dommage subi par la victime ne participe pas d'une extension de la notion d'ordre public par simple inclusion d'intérêts purement privés. Elle témoigne, au contraire, d'une évolution de ladite notion dans le sens d'une segmentation du concept d'ordre public. Celui-ci permet l'observation des valeurs fondamentales nécessaires à la conservation de la société. Cependant, par le prisme du principe d'opportunité des poursuites, il perd de son influence en droit pénal en raison de l'intégration grandissante des intérêts individuels comme valeur contribuant de façon importante à la cohésion sociale.

514. Cette perte d'influence se concrétise naturellement par la scission des objectifs de réparation et de répression qui, en principe, sont recherchés conjointement lors du procès pénal. Appliquée aux procédures alternatives à la

[723] Ces risques sont notamment liés à la possibilité étendue pour les victimes de court-circuiter la volonté initiale du parquet de classer sans suite, en se constituant partie civile afin de déclencher l'action publique. V. J. Volff, La privatisation rampante de l'action publique, *JCP G.*, 2004, I-146.

poursuite, la scission évoquée transparaît au travers de l'analyse de l'alinéa 1er de l'article 41-1 C.pr.pén. motivant la mise en œuvre des mesures qu'il énumère.

En vertu de cette disposition, le recours à une mesure alternative doit être dicté par trois objectifs en principe bien distincts. La mesure choisie doit permettre d'assurer la réparation du dommage causé à la victime, de mettre fin au trouble causé à l'ordre public ou de reclasser l'auteur de l'infraction. La formule employée par le législateur rend alternatifs par leur nature les trois objectifs des mesures prévues par l'article 41-1 C.pr.pén. L'avantage d'une telle formule, analysée de façon littérale, est de laisser au parquet le choix de la mesure la plus adaptée au type de contentieux à traiter.

515. L'absence de dommage subi par une victime du fait de la commission de l'infraction ne constitue pas un frein à la volonté du procureur de la République de mettre en œuvre l'une quelconque des procédures alternatives. En effet, la lecture de l'article 41-1 C.pr.pén., issu de la loi du 23 juin 1999[724], indique comme premier objectif la réparation du dommage causé à la victime puis, à défaut de victime, la cessation du trouble ou le reclassement de l'auteur. On peut déduire de l'interprétation littérale de l'article 41-1 alinéa 1er C.pr.pén. que le législateur privilégie la réparation de la victime pour régler ensuite les conséquences de la commission de l'infraction liées à la cessation du trouble causé à l'ordre public. Enfin, le dernier objectif visé réside dans le reclassement de l'auteur des faits. Ce n'est donc, à première vue, qu'en l'absence de victime que la mesure choisie tendra principalement à faire cesser le trouble ou à reclasser l'auteur.

516. Si le caractère alternatif des conditions de recours aux mesures de l'article 41-1 al. 1er C.pr.pén. résulte de la loi du 23 juin 1999, ces dernières sont antérieures à la promulgation de celle-ci. En effet, avant même la consécration législative de la médiation pénale par la loi de du 4 janvier 1993[725], lorsque le procureur de la République décidait du recours à une telle mesure, alors fondée sur l'article 41 C.pr.pén., cette décision reposait sur une triple condition de cessation du trouble causé à l'ordre public, de réparation pour la victime et de reclassement de l'auteur des faits. Ces trois objectifs poursuivis étaient alors cumulatifs et non alternatifs[726].

---

[724] Loi n°99-515 du 23 juin 1999 *op.cit.*

[725] Loi n°93-2 du 4 janvier 1993 portant réforme de la procédure pénale, *op.cit.*

[726] Loi n°93-2 du 4 janvier 1993, art. 5 : « Le procureur de la République peut enfin, préalablement à sa décision sur l'action publique et avec l'accord des parties, décider de recourir à une médiation s'il lui apparaît qu'une telle mesure est susceptible d'assurer la réparation du dommage causé à la victime, de mettre fin au trouble résultant de l'infraction et de contribuer au reclassement de l'auteur de l'infraction ».

Or, la rédaction actuelle de l'article 41-1 C.pr.pén. rend en apparence indépendante la poursuite de ces trois objectifs. Néanmoins, il reste possible de les analyser comme étant en interaction, à tout le moins pour certaines des mesures énumérées par cette disposition, et précisément, pour celles d'entre elles auxquelles on a attribué un caractère restitutif.

Le recours actuel à la médiation pénale, bien que visant principalement à la réparation du dommage subi, procède également de la recherche des objectifs de cessation du trouble et de reclassement de l'auteur. Ainsi, les trois objectifs, en apparence distincts, influent les uns sur les autres, le trouble causé à l'ordre public cessant par la découverte d'une solution réparatrice pour la victime permettant à l'auteur de se reclasser au sein de la société.

En conséquence, le caractère alternatif des critères de mise en œuvre des mesures de l'article 41-1 doit être relativisé s'agissant de l'application de celles-ci et notamment de celles à caractère restitutif. La distinction des trois objectifs de recours aux procédures de l'article 41-1, appliquées aux mesures restitutives, est sinon artificielle, à tout le moins atténuée. Ceci permet de créer une passerelle entre les diverses procédures mises en œuvre en amont de toute poursuite, laquelle serait facilitée par le retour dans le texte d'une énumération cumulative des objectifs de l'art. 41-1 al. 1er C.pr.pén.

517. Toutefois, participant d'une volonté de dépénalisation, la mesure recherchant la réparation du dommage subi par la victime doit être entendue comme la seule sanction découlant de la mise en œuvre du processus s'analysant en une réparation se substituant à la répression[727]. Ainsi, en prescrivant la mise en œuvre d'une mesure ne débouchant que sur la seule réparation du dommage, le parquet opère un choix entre répression et réparation face à la commission d'infractions relativement graves. Ce choix renforce l'idée d'une dépénalisation sous-jacente dès lors que la mise en œuvre effective de la médiation pénale fait l'objet d'une spécialisation relative aux infractions prenant naissance dans une relation sociale préexistante[728] qui peuvent tout autant faire l'objet d'une mesure alternative

---

[727] M-C. Desdevises, Réparer ou punir : La médiation pénale, *L.P.A.*, 1997, n°102, p. 4.

[728] C. Lienhard et J-P. Copin, Médiation pénale familiale : un mode alternatif au contentieux familial, *A.J.P.F.*, 2002, n°7 p. 254 ; V. Jaworski, Abandon pécuniaire de famille et coparentalité, de l'importance des valeurs protégées par la loi pénale, *op.cit.* ; J. Faget, Médiation et violences conjugales, *op.cit.*

sanctionnatrice, telle que la composition pénale organisant également une indemnisation de la victime[729].

518. La prise en compte dans la notion d'ordre public d'intérêts purement privés ne s'arrête pas à la recherche d'une indemnisation uniquement pécuniaire de la victime distincte de l'auteur de l'infraction. On a remarqué que les procédures restitutives permettent la réparation du dommage subi par la victime de l'infraction entendue au sens large et dépassant la seule réparation en argent. Cependant, la procédure de l'injonction thérapeutique et celle de l'article 41-1, 2° C.pr.pén., dès lors qu'elles visent le traitement d'une infraction relative à la consommation de stupéfiants, recherchent également la remise en état de la victime. Dans cette perspective, la mesure d'injonction thérapeutique participe autant que la mesure de médiation pénale à la reconstruction de la victime de l'infraction. Toutefois, si l'ordre privé motivant la mise en œuvre des procédures des 4° et 5° de l'article 41-1 C.pr.pén. semblait se trouver aux antipodes de la notion classique d'ordre public, l'application des mesures alternatives restitutives de nature thérapeutique permet de prendre la mesure d'une réelle ambiguïté des relations entre intérêts purement privés et intérêt général.

2 - Les indices d'une protection des intérêts privés rapprochée de la notion d'ordre public

519. S'il est possible de remarquer que la médiation pénale contient, dans le principe même de sa mise en œuvre, un brouillage des distinctions entre auteur et victime, la mesure figurant à l'article L. 3423-1 C. santé pub. comme celle de l'article 41-1, 2° C.pr.pén. supposent, pour un seul et même individu, une confusion des deux qualités.

L'atteinte au principe de libre disposition sur son propre corps par chacun portée par la mise en œuvre de ces mesures permet, au nom de l'ordre public, une réparation du préjudice subi par le toxicomane. Susceptibles de déboucher sur le déclenchement de l'action publique, ces procédures supposent, comme la médiation pénale, un accord préalable de l'individu et ne contiennent aucun caractère répressif.

---

[729] Les infractions de non représentation d'enfant, d'abandon de famille ou d'appels téléphoniques malveillants font partie de la liste initiale des infractions pouvant faire l'objet d'une composition pénale, lors de sa création par la loi du 23 juin 1999.

Si le principe d'opportunité des poursuites sert de fondement à leur mise en œuvre, il ne vise pas la protection de l'ordre public classique mais seulement la défense de l'individu. En effet, on ne peut concevoir l'injonction thérapeutique comme visant à la protection de l'ordre public *stricto sensu* dès lors que, si la prise de drogue constitue une infraction pénalement répréhensible, elle ne trouble pas cet ordre public mais bien un ordre privé caractérisé par le préjudice que l'auteur des faits se fait subir à lui-même.

Si la santé, la salubrité et la sécurité constituent le support traditionnel de la définition de l'ordre public[730], la situation du toxicomane, faisant par le biais de l'injonction thérapeutique l'objet d'une mesure individuelle, repose sur la protection de son intérêt privé. Seul le trafic de stupéfiants constituant une infraction pénale pourrait en la matière motiver une action de l'appareil judiciaire fondée sur la sauvegarde de l'intérêt général.

L'objectif premier de ces mesures résidant en la recherche de la remise en état de l'individu ayant subi les conséquences néfastes de la commission de l'infraction se trouve éloigné des considérations majeures visant à la cohésion du groupe social. Néanmoins, s'il n'existe pas de caractère coercitif dans l'application de ces mesures reposant sur le volontariat et sur l'absence de répression prononcée, elles conservent un caractère pénal en raison des conséquences qui résultent de leur non-exécution par l'auteur de l'infraction.

La force des processus restitutifs réside, non pas dans le prétendu caractère consensuel de la mesure pénale aboutissant à la réparation du dommage subi par la victime, mais dans la contrainte planant au-dessus de l'auteur des faits de voir l'action publique en vue de l'application d'une peine d'emprisonnement déclenchée à son encontre.

520. S'il est possible d'établir l'existence d'une segmentation de la notion d'ordre public en raison de la prise en compte élargie des intérêts de la victime, cette dernière ne doit pas être entendue uniquement comme une personne privée. En effet, à côté de la distinction entre intérêt général et intérêt particulier, la notion d'ordre public subit une seconde segmentation en raison de la possibilité pour les personnes chargées d'une mission de service public de voir le dommage qu'elles subissent du fait de la commission d'une infraction réparé par la mise en œuvre de processus alternatifs visant également à l'indemnisation de leur préjudice.

---

[730] Pour une étude plus approfondie de l'influence de la notion d'ordre public sur l'objectif de santé publique, V. M-L. Moquet-Anger, « Ordre public et santé publique » *in L'ordre public : ordre public ou ordres publics*, *op.cit.* p. 199 et s.

B - L'opportunité des poursuites : Fondement de la réparation des atteintes aux personnes chargées d'une mission de service public

521. Les processus rétributifs se distinguent quant à leur objectif à la fois de la protection de l'ordre public traditionnel et de celle des intérêts purement privés.

Ils se distinguent tout d'abord de l'ordre public traditionnel quant à l'objectif recherché par leur mise en œuvre. En effet, à l'instar des procédures ne visant qu'à la réparation du préjudice subi par la victime de l'infraction, les mesures rétributives permettent l'évitement, au profit de l'auteur de l'infraction, de la justice pénale et du prononcé d'une mesure répressive classique.

Cependant, ces mesures se distinguent de la protection des intérêts purement privés et ne contribuent pas à l'existence d'un ordre privé à l'intérieur même de la notion d'ordre public. En effet, les processus rétributifs mettent en scène des victimes particulières auxquelles la loi accorde des prérogatives propres à la mission de service public qu'elles exercent.

Enfin, ces victimes, dans leur nature même, se distinguent encore de celles protégées par les modèles restitutifs en présentant une certaine hétérogénéité. Ainsi, d'une part, il s'agit des personnes de droit privé exploitant un service public de transport terrestre pouvant, en vertu de l'article 529-3 C.pr.pén., mettre en œuvre la procédure de l'indemnité forfaitaire et, d'autre part, de certaines administrations, personnes juridiques de droit public, se voyant reconnaître le droit de diligenter une procédure transactionnelle, alternative à la faculté qu'elles tirent de la loi d'exercer, concurremment avec le parquet, l'action publique.

L'existence des procédures rétributives comme modes alternatifs de résolution des litiges met en exergue l'existence d'une nouvelle segmentation de l'ordre public. Cette part nouvelle de la notion constitue un ensemble de valeurs protégées se situant aux confins de l'ordre public et des intérêts purement privés. Donc, s'il est possible de déterminer au sein même des valeurs protégeant l'ordre social l'existence d'un ordre public et d'ordres privés, cet ordre de valeurs que l'on peut qualifier d'intermédiaire caractérisé par son hétérogénéité, emprunte nécessairement aux deux types de valeurs et s'apparente soit à la protection des intérêts purement privés soit à la défense des valeurs de l'ordre public traditionnel.

1 - La proximité de l'ordre de valeurs intermédiaire et des ordres purement privés

522. Il s'agit ici de rechercher quel ordre de valeurs est défendu par la mise en œuvre de la procédure de l'indemnité forfaitaire. Lors de la constatation par un agent de l'exploitant d'un service public de transport terrestre d'une contravention aux règles relatives à la police des transports ferroviaires et des services de transport public de personnes, réguliers et à la demande, cet agent peut, en vertu de l'article 529-3 C.pr.pén., mettre en œuvre une procédure débouchant sur la conclusion d'une transaction entre l'exploitant et le contrevenant ayant pour effet d'éteindre l'action publique.

L'exercice d'une mission de service public doit *a priori* permettre de conclure à la défense des valeurs de l'ordre public classique. Cependant, la technique de l'indemnité forfaitaire laisse entendre, par son application, la volonté de voir le dommage réparé par le seul paiement de l'indemnité prévue par la transaction. Le déroulement de la procédure de l'article 529-3 C.pr.pén., proche de celui de l'amende forfaitaire prévue par l'article 529 du même Code, doit confirmer cette analyse dès lors que le montant de la transaction de l'article 529-3 C.pr.pén., comme celui de l'amende forfaitaire, est fixé par la loi et le règlement et suppose d'ailleurs une absence totale de négociation entre les deux parties à l'acte transactionnel.

523. Cependant, les valeurs sociales fondamentales permettant de circonscrire la notion classique d'ordre public ne sont aucunement protégées en la matière dès lors que la mise en œuvre de la procédure de l'indemnité forfaitaire dépend entièrement de la volonté d'une entité privée, en la personne de l'exploitant du service public. Egalement, si le montant de l'amende forfaitaire permet le recouvrement du montant de l'amende par le Trésor public lui-même, l'indemnité forfaitaire est versée, en cas d'issue positive de la procédure, entre les mains de l'exploitant et à son seul profit[731].

Les contraventions aux règles légales ou réglementaires régissant les transports publics terrestres doivent donc être considérées comme des infractions de comportement ne causant un préjudice qu'aux seuls intérêts privés de l'exploitant alors même que son activité s'inscrit dans une mission publique. En effet, la mise en œuvre systématique de l'indemnité forfaitaire pour les infractions pour lesquelles cette procédure est possible doit être

---

[731] En vertu de l'article 529-5 al. 2nd C.pr.pén., en cas de non-paiement de la somme due au titre de la transaction dans le délai de deux mois après la constatation de l'infraction, le contrevenant est redevable de plein droit de l'amende forfaitaire majorée recouvrée au profit du Trésor public.

considérée comme ne visant à protéger que le seul intérêt privé de l'exploitant, à l'exclusion de ceux relatifs à l'ordre public.

Cependant, la mission de service public exercée par l'exploitant, personne privée, rattrape ce dernier dès lors que le contrevenant se montre récalcitrant. En effet, si l'indemnité forfaitaire permet, dans un premier temps, une réparation du seul trouble causé à un ordre privé, cette procédure se révèle fragile et entraîne la mise en œuvre de l'amende forfaitaire dont l'objectif répressif vise au paiement par le contrevenant d'une amende afin de faire cesser le trouble causé à l'ordre public dans les mêmes conditions notamment que le contrevenant aux règles du Code de la route

Ainsi, cette procédure se rapproche de la protection des valeurs privées dans un premier temps par la seule sanction réparatrice qui découle de son application. Elle tend à se rapprocher de la protection de l'ordre public en raison, dans un second temps, de la possibilité offerte par le Code de procédure pénale d'apporter un traitement répressif, exclusif de la prise en compte des intérêts de la victime. En ce dernier cas, la victime ne se voit pas totalement privée de possibilité d'indemnisation de son préjudice, la procédure de l'amende forfaitaire pouvant échouer par la constitution de partie civile devant le tribunal de police ou la juridiction de proximité en vertu de l'article 536 C.pr.pén.

Si la procédure de l'indemnité forfaitaire participe à l'existence d'un ordre de valeur mixte, intermédiaire se révélant toutefois proche de la défense des intérêts privés, la pratique transactionnelle, visant à éteindre l'action publique par le paiement d'une indemnité réparatrice de violation des intérêts de la victime participant à une mission de service public, se rapproche de la notion classique d'ordre public dès lors que la personne lésée par la commission de l'infraction est une administration publique.

2 - La proximité de l'ordre de valeurs intermédiaire et de l'ordre public

524. A côté de la possibilité pour la victime, en vertu de l'article 1er al. 2nd C.pr.pén., de mettre en œuvre l'action publique, le Code de procédure pénale consacre, à l'aliéna 1er du même article, la faculté pour les fonctionnaires de certaines administrations de mettre en œuvre l'action publique en lieu et place du parquet, dès lors que la commission de l'infraction a lésé les intérêts de celles-ci. L'action publique, alors appelée action fiscale lorsqu'elle est mise en œuvre par l'administration fiscale ou douanière, exercée par ces administrations se démarque naturellement de l'action purement civile mise à la disposition du simple particulier, en raison du service public, émanation de l'intérêt général, qu'elles représentent. On ne doit pas nier l'objectif d'ordre public défendu par ces administrations. Cependant, celui-ci se distingue de la conception stricte de l'ordre public.

525. En effet, la faveur faite par la loi, permettant aux administrations concernées d'agir directement en vue de l'application d'une peine, démontre la protection d'un ordre public visant à la défense des intérêts propres d'une administration publique. En effet, l'action exercée par les administrations fiscale et douanière peut coexister avec l'action publique exercée par ministère public dans le traitement de la même infraction. Toutefois, les pouvoirs accordés à chacun se séparent selon que l'infraction en cause est punie de peines pécuniaires ou de peines d'emprisonnement.

Lorsque l'infraction est punissable de peine d'emprisonnement, seul le ministère public peut agir et requérir une peine. L'administration se joint à la procédure dans des conditions similaires à la partie civile[732]. A l'inverse, si la peine encourue est de nature pécuniaire, l'administration lésée a seule le droit d'agir, le parquet jouant alors le rôle de partie jointe[733]. L'administration conserve alors la maîtrise de l'action publique, au détriment du ministère public, lorsque le traitement de l'infraction entraîne le paiement d'une amende ou d'une sanction pécuniaire de nature indemnitaire.

Le déclenchement de l'action fiscale, proche dans son fondement et son régime de l'action publique, peut mettre en échec cette dernière dans le simple but de voir réparé le dommage subi par l'administration.

Ainsi, le Code de procédure pénale permet la mise en œuvre d'une action publique dans un but unique de réparation de l'atteinte aux intérêts pécuniaires de l'administration. La possibilité pour ces mêmes administrations de permettre l'extinction de l'action publique par transaction répond au même objectif.

526. En effet, la conclusion d'un accord transactionnel répond à une volonté d'indemnisation strictement pécuniaire du préjudice subi par l'administration. Le contenu de la transaction est ainsi comparable aux mesures restitutives ne débouchant qu'à l'indemnisation du dommage subi par la victime.

La transaction pénale, mise en œuvre par l'administration elle-même au titre d'une mesure alternative à la poursuite, ne recherche pas la répression de l'auteur de l'infraction même si elle relève de ce que l'on nomme droit administratif répressif et comporte une dimension punitive de l'individu.

---

[732] Cass. crim., 29 novembre 1929, *Gaz.Pal.*, 1930, 1, p. 11.

[733] Cass. crim., 9 mars 1994, Bull. crim., n°95 et 16 juin 1995, Bull. crim., n°19.

L'absence de recherche d'une répression classique de l'auteur peut se découvrir pour l'ensemble des administrations pouvant transiger, malgré l'inexistence d'un régime juridique commun à toutes les transactions.

En effet, l'administration fiscale peut, tantôt exercer seule l'action publique ou se joindre au ministère public en raison des peines applicables à l'infraction en cause, tantôt conserver un rôle de partie civile à la procédure. L'administration des douanes se voit reconnaître le monopole de l'action publique en matière contraventionnelle et ne peut exercer l'action fiscale en matière de délits qu'en ce qui concerne les amendes et les confiscations. Enfin l'administration forestière partage toujours sa compétence à exercer l'action publique avec le parquet. Malgré tout, leur action vise en premier lieu à voir leurs intérêts lésés réparés pécuniairement par le paiement d'une amende.

527. Si la réquisition de cette sanction est largement ouverte aux administrations lorsqu'elles exercent l'action publique, elle a bien moins l'apparence d'une sanction répressive que celle d'une réparation. Ainsi, l'action fiscale, pour l'administration des contributions indirectes et des douanes, et l'action publique, pour les autres administrations, s'apparentent à l'action civile exercée par la victime en vertu de l'article 1er al. 1er C.pr.pén., en ce qu'elles mettent en mouvement les poursuites[734]. Les transactions peuvent intervenir avant, pendant ou même après jugement, mais ne portent pas sur les peines d'emprisonnement qui ont pu être prononcées.

528. La mise en œuvre d'une procédure transactionnelle, dont on a dit qu'elle constituait un mode normal de résolution des litiges en la matière, ne vise qu'à la seule indemnisation des intérêts lésés par la commission de l'infraction et ne comporte aucune disposition répressive à l'encontre de l'auteur des faits. Lorsque l'infraction cause un préjudice certain portant sur les droits, taxes ou impôts dus par l'auteur des faits, l'indemnité transactionnelle a pour base ce préjudice[735]. A l'inverse, lorsque l'infraction ne cause pas de dommage certain mais constitue une activité illicite n'entraînant pas *a priori* de préjudice évaluable immédiatement en argent, la transaction entraîne encore la mise en œuvre à la charge du délinquant des pénalités se confondant avec la réparation du dommage causé à l'administration[736].

---

[734] F. Molins, Action publique, *Rép.pén.*, *Dalloz*, n°17 et s. ; M. Redon, Transaction, *op.cit.*

[735] J.F. Dupré, *La transaction en matière pénale*, thèse, 1977, p. 47.

[736] J.F. Dupré, *op.cit.*, p. 50

529. L'application des procédures transactionnelles permet une indemnisation réparatrice du préjudice causé par l'auteur de l'infraction, s'apparentant ainsi aux modes de protection des intérêts privés, à l'exclusion de toute mesure de répression de ce dernier. Cependant, cette réparation du dommage ne s'adresse pas à une personne privée mais à une administration publique exerçant une mission d'intérêt général.

Si l'ensemble des modes rétributifs de résolution des litiges prévoient face à la commission d'une infraction une réponse réparatrice, ces procédures transactionnelles se rapprochent soit de la protection de l'ordre public soit des intérêts purement privés sans toutefois se confondre avec ces derniers, en raison de la dimension punitive de la sanction réparatrice.

La procédure de l'indemnité forfaitaire se rapproche de la protection des intérêts purement privés dès lors qu'elle vise à l'indemnisation du préjudice causé à une victime de droit privé. Toutefois, elle s'éloigne de la défense de ces intérêts en raison de la possibilité de sanction pénale en cas d'échec de la mesure initiale.

A l'inverse, les transactions pénales tendent en apparence à protéger les intérêts de la société et visent à la sauvegarde de l'ordre public. Cependant, elles s'éloignent de la protection stricte de l'ordre public en prévoyant un mode de réponse purement indemnitaire à la commission d'une infraction pénale, bien que l'échec de la voie transactionnelle ouvre celle d'une action répressive.

S'il est possible de considérer à travers la mise en œuvre de ces processus l'existence d'une « civilisation » du traitement pénal de l'infraction entraînant une segmentation profonde de la notion d'ordre public, cette dérive de la procédure pénale[737] tend à se confirmer en raison du rôle accru des victimes à l'occasion de la mise en œuvre des procédures réparatrices.

§ II - Le rôle accru des victimes dans la procédure réparatrice

530. L'idée d'une dérive de la procédure pénale vers l'objectif unique de réparation du dommage résultant de l'infraction a pris sa source dans la possibilité élargie pour les victimes de mettre en œuvre l'action publique, concurremment avec le parquet, soit en raison de sa qualité, soit en raison du préjudice qu'elle a subi. La mise en œuvre de ces alternatives confirme la place prépondérante des victimes mais introduit le doute sur la réelle

[737] L'expression est empruntée à Mme. C. Lazerges, La dérive de la procédure pénale, *Rev.sc.crim.*, 2003, p. 644.

impartialité de la procédure ainsi que sur le caractère négocié de l'accord qui en découle.

A - Le doute sur la garantie d'impartialité offerte par la procédure

531. Les procédures alternatives réparatrices constituent une émanation de la possibilité pour la victime de voir son préjudice réparé indépendamment du traitement de l'infraction. En effet, dès lors qu'elle entraîne la mise en œuvre de l'action publique, la constitution de partie civile est un outil procédural précieux pour la victime lui permettant de voir la responsabilité de l'auteur du dommage prouvée par les investigations de l'appareil policier et judiciaire.

Si l'on a pu dire que le parquet conserve la maîtrise entière du principe d'opportunité des poursuites, les moyens procéduraux offerts à la victime en constituent un contrepoids non négligeable, voire une concurrence[738], permettant la mise en œuvre des poursuites alors même que le parquet avait décidé, au préalable, un classement sans suite.

L'arrêt Laurent-Atthalin du 8 décembre 1906[739] a cherché à lutter contre les classements sans suite abusifs. Mais, cette arme procédurale de protection des intérêts purement privés est devenue cause d'engorgement des tribunaux répressifs. Egalement, ce pouvoir nouveau et élargi de faire valoir auprès du juge pénal des intérêts purement privés a permis à certains de parler d'un véritable « dévoiement » de la justice pénale[740]. En effet, il a été possible d'expliquer que l'évolution du concept de victime, tant en droit civil qu'en droit pénal, a permis par un passage d'une primauté du débat sur la responsabilité de l'auteur du dommage à une réelle autonomie de la prise en compte des intérêts de la victime[741]. Ainsi, la possibilité prévue par la loi d'une indemnisation toujours plus large de la victime induit l'idée d'une justice pénale désorientée qui recherche plus la responsabilité de l'auteur de l'infraction, afin de réparer le dommage causé à la victime, que pour faire cesser le trouble causé à l'ordre public.

---

738 G. Di Marino, Le ministère public et la victime, *Rev.pénit.*, 2001, p. 451.

739 Cass. crim, 8 décembre 1906, préc. sur la possibilité pour la victime de mettre en œuvre les poursuites malgré le classement sans suite initial, V. Cass. crim., 12 mai 1992, D., 1992, Jur., p. 427.

740 J. Volff, La privatisation rampante de l'action publique, *op.cit.*, p. 1218. V. également, « Le dévoiement pénal » journées d'études organisées par l'Institut de criminologie de Paris le 16 janvier 1995, *Droit pénal*, 1995, suppl. au n°4.

741 F. Alt-Maes, Le concept de victime en droit civil et en droit pénal, *op.cit.* p. 43.

532. La recherche d'une solution à l'encombrement des tribunaux, tout en conservant une indemnisation toujours aussi large du dommage, a pu être trouvée dans la possibilité d'un règlement extrajudiciaire des litiges. C'est ainsi que la volonté d'une indemnisation étendue de la victime a dépassé les portes du tribunal par la découverte d'un mode de traitement des auteurs d'infractions de faible gravité plus individualisé.

La mise en place des procédures alternatives réparatrices n'a pas été synonyme d'une perte de pouvoir de la victime dans le processus indemnitaire déclenché à l'occasion de la commission d'une infraction pénale.

En effet, le concept de victime autonome a confirmé la place essentielle de la victime au sein des procédures alternatives dont l'objectif majeur vise la réparation du dommage.

Comme l'énonce la doctrine, « la procédure de médiation offre à la victime une réponse rapide et adaptée au dommage tout en lui conférant un nouveau rôle : de victime qui subit, elle devient victime qui agit »[742].

533. La place prédominante acquise par les personnes privées dans le traitement pénal de l'infraction, significative d'une « civilisation » du traitement pénal de l'infraction et d'un retrait du rôle répressif de l'Etat, se trouve confortée par les prérogatives des victimes exerçant une mission de service public. La situation de ces dernières, si elle n'est pas tout à fait transposable pour les victimes de droit privé, témoigne d'une dérive certaine d'une procédure pénale abordant principalement la responsabilité pénale comme représentative de la dette de l'auteur de l'infraction à l'égard de la victime.

Si la procédure pénale a élargi le droit de la victime de mettre en œuvre l'action publique afin de voir son préjudice réparé, les personnes publiques ayant une mission de service public disposent de prérogatives procédurales, concurrentes au pouvoir du procureur de la République de déclencher les poursuites, dans le but d'obtenir réparation.

534. Cette dérive indemnitaire de l'action publique se rencontre aussi en matière de processus alternatifs. En effet, ces derniers visent, aussi bien pour les personnes chargées d'une mission de service public que pour les personnes privées, à éviter l'engorgement des tribunaux mais se focalisent sur la seule indemnisation du dommage causé par l'auteur de l'infraction. Le pouvoir de déclencher ces procédures n'appartenant qu'aux seules victimes de l'infraction, on peut douter de la réelle impartialité des organes chargés de leur exercice.

---

[742] F. Alt-Maes, *op.cit.*

Si les personnes privées doivent consentir à la mise en place des procédures alternatives visant à l'indemnisation de leur préjudice, les victimes exerçant une mission de service publique disposent de la faculté de mettre directement en œuvre les modes alternatifs de résolution du litige en se confondant avec l'organe chargé de l'exécution effective de la procédure.

Ainsi, l'application de la procédure de l'indemnité forfaitaire permet à l'exploitant d'un service public de transport terrestre d'obtenir la maîtrise effective de la procédure transactionnelle, à l'instar des administrations pour lesquelles la loi autorise une extinction du litige par voie de transaction.

Cette procédure voisine de l'amende forfaitaire est fondée sur une présomption de culpabilité de l'usager en raison de la constatation d'une infraction par l'agent de l'exploitant personne privée. Ainsi, la mise en œuvre de la procédure repose sur la possibilité pour une personne privée d'obtenir réparation sans passage devant le juge, tout en conservant la maîtrise effective de la procédure.

Bien que cette procédure soit particulièrement encadrée par le législateur qui prévoit, comme en cas d'amende forfaitaire, la possibilité pour le contrevenant supposé, de former une voie de recours tendant à l'exonérer de sa responsabilité, la protestation de l'article 529-5 al. 2 C.pr.pén. n'annihile pas pour autant le défaut d'impartialité de la procédure. En effet, en cas d'exercice de ce recours par le contrevenant, celui-ci est examiné par l'exploitant avant transmission au ministère public. Cependant, si l'O.P.J. constitue en principe un filtre des procédures d'amende forfaitaire abusives, l'exploitant omet souvent de respecter cette obligation de transmission, d'autant que le procès-verbal rédigé par l'agent de l'exploitant, en cas d'impossibilité pour le contrevenant de payer immédiatement, n'indique pas clairement la possibilité qui est offerte à ce dernier de former la réclamation de l'article 530 C.pr.pén. auprès du ministère public[743].

535. Si la procédure de l'article 529-5 C.pr.pén. confère une certaine efficacité de l'indemnisation de la victime en prévoyant le paiement par l'auteur directement entre les mains de celle-ci, tel est le cas également en matière de transaction administrative.

La mise en œuvre de la transaction de l'article 6 al. 3 C.pr.pén. est fondée, comme l'indemnité forfaitaire, sur la constatation de l'infraction par les agents de l'administration lésée. L'application du processus transactionnel

---

[743] J.H. Robert, Amende forfaitaire et indemnité forfaitaire *J. Cl. Procédure pénale, op.cit.*, n°43.

entraîne les mêmes doutes quant à l'impartialité de l'organe d'exécution de la procédure dès lors que la transaction se déroule directement entre l'auteur des faits et l'administration lésée. Toutefois, à la différence de la procédure de l'indemnité forfaitaire, l'administration ne se voit pas imposer le « tarif » de l'indemnisation du préjudice.

536. Si les victimes exerçant une mission de service public disposent d'une maîtrise effective de la procédure alternative dès lors que le législateur consacre une possibilité de règlement extrajudiciaire à la disposition de la seule victime[744], les personnes privées victimes d'une infraction, auxquelles le parquet propose l'application d'une procédure alternative, n'en conservent pas moins également une réelle maîtrise du processus, ce qui permet de la même manière de douter de la garantie d'impartialité offerte par ces processus. En effet, l'écueil relatif à l'impartialité des procédures restitutives réside dans la personne même de l'organe chargé de l'exécution du processus.

Malgré les exigences de l'article R. 15-33-33 C.pr.pén. relatives aux qualités requises du médiateur pénal ou du délégué du procureur, il nous a été possible de considérer que ces exigences ne s'imposent pas au magistrat du parquet qui conserve à leur égard un pouvoir de subordination. Le médiateur doit apparaître aux yeux des parties à la médiation comme un tiers au litige indépendant et impartial. Toutefois, on peut formuler plusieurs remarques quant à la réalité de ces conditions à l'égard des parties et particulièrement de la victime.

La première concerne la condition d'extériorité au monde judiciaire (art R. 15-33-33 ; 1°C.pr.pén.). Celle-ci exige de l'organe délégué de ne pas exercer de fonctions judiciaires à titre professionnel. Elle résulte des premières expériences de médiation déléguée[745] pour lesquelles l'exercice d'une activité judiciaire était perçu négativement et faisait redouter un simulacre de procès et une confusion dans l'esprit des justiciables sur la nature exacte de la mesure.

Ainsi, les fonctions de médiateur étaient dans la plupart des cas tenues par des personnes n'ayant jamais exercé ou n'exerçant plus de fonctions judiciaires. Aussi, il n'était pas rare de rencontrer des personnes retraitées exerçant les fonctions de médiateur pénal : ancien professeur des écoles, militaire à la retraite, ancien avocat, ancien juge, ancien notaire ou huissier, etc.

---

[744] L'exception, en matière fiscale, d'un déclenchement du processus transactionnel à la demande du contribuable n'affecte pas le caractère exclusif de sa mise en œuvre, l'administration disposant toujours de la faculté de refuser.

[745] G. Apap, la conciliation pénale à Valence, *Rev.sc.crim.*, 1990, p. 633.

Le succès de la médiation pénale résidant avant tout dans l'indépendance et l'impartialité annoncées du médiateur, on ne peut que saluer le refus des parquets de confier les missions de médiation à des personnes exerçant des fonctions judiciaires. Cependant, l'exercice de la médiation par d'anciens acteurs du monde judiciaire a pu choquer et les écueils évoqués n'étaient pas toujours évités.

Le doute quant à la réelle indépendance des médiateurs du procureur de la République est toutefois moins alarmant aujourd'hui. En effet, l'essor de la médiation pénale depuis sa consécration par la loi du 4 janvier 1993 et l'investissement des plus importantes associations d'aide aux victimes a permis une formation plus précise à l'exercice de la médiation jusqu'à l'arrivée en fonction de véritables médiateurs professionnels souvent issus de l'I.N.A.V.E.M.[746]. On tempérera toutefois l'argument d'une réelle indépendance des médiateurs en se souvenant que l'I.N.A.V.E.M., s'il permet une formation plus complète des médiateurs, n'en reste pas moins une émanation des associations de défense des droits des victimes.

Egalement, l'indépendance du médiateur a été renforcée par le pouvoir réglementaire qui, par le décret du 27 septembre 2004[747], pris en application de la loi n°2004-204 du 9 mars 2004, a ajouté à l'article R. 15-33-33 C.pr.pén. deux conditions supplémentaires restrictives de l'accès aux fonctions de médiateur. En effet, l'article R. 15-33-33 C.proc.pén. est complété par un 4°et un 5° qui, d'une part édictent une limite d'âge fixée à 75 ans pour demander à exercer les fonctions de médiateur ou délégué du procureur et, d'autre part, interdisent à tout « conjoint, concubin, parent ou allié jusqu'au degré d'oncle ou de neveu inclusivement d'un magistrat ou d'un fonctionnaire de la juridiction ou lié avec l'un d'entre eux par un pacte civil de solidarité »[748] d'exercer ces fonctions.

537. Si la question de l'indépendance des médiateurs ne semble plus justifier de vives critiques, une interrogation subsiste quant à la réelle impartialité du médiateur. La condition d'impartialité, édictée par l'article R. 15-33-33 C.pr.pén., doit tout d'abord être interprétée au regard du texte lui-même. L'impartialité ayant été définie comme l'absence de préjugé ou de parti pris, par la Cour européenne des droits de l'homme, dans son arrêt « Piersack » du 1er octobre 1982 puis dans sa décision « De Cubber » du 26

---

[746] Institut national d'aide aux victimes et de médiation

[747] Décret n°2004-1021 du 27 septembre 2004 modifiant le Code pénal et le Code de procédure pénale et, relatif notamment au stage de citoyenneté, à la composition pénale, aux sûretés prononcées dans le cadre d'un contrôle judiciaire et à la juridiction de proximité

[748] Décret n°2004-1021 du 27 septembre 2004, *op.cit.*, art. 2.

octobre 1984[749]. Cette notion doit être appréhendée ici dans un sens restreint. En effet, à la lecture de l'article R. 15-33-33 C.pr.pén., la condition de l'impartialité du médiateur doit s'entendre des relations de celui-ci avec les parties à la procédure tout en ne s'appliquant pas à celles avec le procureur de la République. Cette condition ne s'applique pas s'agissant du parquet car le Code de procédure pénale fait du procureur l'organe principal de l'habilitation et que celle-ci, une fois acquise au médiateur, subordonne celui-ci au procureur de la République duquel il reçoit ses missions[750].

On peut tout d'abord douter de la réalité de l'impartialité du médiateur par rapport à la personne de la victime. D'une part, si la formation des médiateurs s'est développée dans un sens favorable à leur indépendance, les nouveaux médiateurs professionnels restent formés bien souvent par l'Institut national d'aide aux victimes et de médiation qui, même s'il fournit une meilleure formation à la pratique de la médiation, n'en reste pas moins une association, qui depuis 1986, a permis la création d'un réseau important de protection et d'aide apportées aux victimes. Ainsi, l'accent mis par l'I.N.A.V.E.M. sur la protection de la victime de l'infraction dans la formation peut faire naître un doute sur la réalité de l'impartialité du médiateur.

D'autre part, tous les médiateurs habilités ne sont ni professionnels ni issus d'une formation « I.N.A.V.E.M.», il n'en reste pas moins que ceux-ci travaillent bien souvent pour une association d'aide aux victimes adhérant elle-même au réseau I.N.A.V.E.M.

Ce doute s'est accru depuis le décret du 3 mai 2002[751] créant la possibilité pour les associations d'aide aux victimes habilitées de charger une personne physique elle-même non habilitée d'une mission de médiation. En ne cantonnant l'exercice des missions de médiation par des personnes non habilitées personnellement qu'à la simple condition de dresser une liste des personnes qui se verront confier ces missions, lors de la demande d'habilitation par la personne morale, le décret du 3 mai 2002[752] facilite certainement la pratique de la médiation pénale. Cependant, cette

---

[749] « Si l'impartialité se définit d'ordinaire par l'absence de préjugé ou de parti pris, elle peut, notamment sous l'angle de l'art. 6 §1 (...) s'apprécier de diverses manières. On peut distinguer (...) entre une démarche subjective essayant de déterminer ce que tel juge pensait dans son for intérieur en telle circonstance, et une démarche objective, amenant à rechercher s'il offrait des garanties suffisantes pour exclure tout doute légitime ». Nous retiendrons la démarche objective établie par la C.E.D.H. pour illustrer notre propos.

[750] La subordination du médiateur au procureur a été renforcée par le décret 2004-1021 du 27 septembre 2004 qui confie l'ensemble de la procédure d'habilitation au magistrat du parquet sous réserve de recueillir l'avis de l'assemblée générale des magistrats du siège et du parquet.

[751] Confirmé par la loi n°2004-204 du 9 mars 2004, *op.cit.*

[752] Et l'article. R. 15-33-32 7° C.pr.pén.

habilitation par ricochet de l'exercice de la médiation entache la condition d'impartialité, d'une part, parce que la personne physique non habilitée exercera ses missions en fonction de la politique adoptée par l'association habilitée, elle entache la condition de compétence de l'article R. 15-33-33, 3° C.pr.pén., d'autre part, en n'imposant pas au procureur qu'il veille au respect des conditions d'exercice de la médiation pénale.

La présence importante de l'I.N.A.V.E.M. dans la formation à la médiation et dans la pratique de celle-ci entraîne inévitablement un doute quant à la réelle impartialité du médiateur du procureur et confirme la maîtrise effective des victimes sur les mesures alternatives en leur ensemble, dès lors que les fonctions de médiateur et de délégué du procureur peuvent faire l'objet d'une habilitation accordée à la même personne ou à la même association d'aide aux victimes.

S'il est possible de douter de l'existence d'une garantie d'impartialité pour l'ensemble des procédures réparatrices en raison de la proximité ou de la confusion des rôles d'exécution de la procédure et de victime, il est possible par ailleurs de contester le caractère négocié de l'accord découlant de leur mise en œuvre.

B - Le rôle accru permettant de douter du caractère négocié de l'accord

538. Confirmant l'évolution de la justice pénale vers un affaiblissement du rôle autoritaire et répressif de l'Etat[753], les procédures réparatrices ont permis l'entrée de la notion de négociation et de consensualisme[754] en matière de traitement pénal de la délinquance. En effet, dès ses origines, la possibilité de voir le litige né d'une infraction réglée par une solution extrajudiciaire, on a considéré l'accord des parties au litige comme un facteur important pour la résolution des différends. Toutefois, s'il existe bien une forme de consensualisme au sein des procédures réparatrices, il faut reconnaître que seule la victime en bénéficie pleinement, ce qui conduit à douter de la valeur juridique de l'accord.

1 - Un consensualisme déséquilibré

539. En effet, s'agissant de l'auteur de l'infraction, l'acceptation du recours à une mesure alternative à la poursuite doit s'analyser plus comme

[753] X. Pin, La privatisation du procès pénal, *Rev.sc.crim.*, 2002, p. 245.
[754] J-P. Ekeu, *op.cit.*

un acte de renonciation que comme la démonstration d'une participation active à une justice négociée. En effet, l'acceptation de la mesure constitue un consentement substitutif ne permettant pas à l'auteur d'en négocier la nature ou le quantum. L'intensité du consentement de l'auteur de l'infraction à la mise en œuvre de la procédure alternative aux poursuites peut être comparée à celui donné par le prévenu lors du prononcé par le juge pénal d'une peine alternative à l'emprisonnement telle que le travail d'intérêt général. De la même manière, le consentement à une procédure alternative ne peut être considéré comme donné librement dès lors que le refus d'y participer rend possible la mise en œuvre de l'action publique par le ministère public ou par la victime elle-même.

A l'inverse, l'acceptation par la victime de participer à une telle mesure entraîne un avantage particulièrement important pour elle. En effet, outre le fait que la mise en œuvre d'une procédure restitutive ou rétributive lui permet d'obtenir une indemnisation rapide de son préjudice, la preuve de celui-ci se trouve facilitée par le principe même des processus alternatifs reposant sur la reconnaissance préalable de la commission de l'infraction par l'auteur.

Au-delà de la question d'une preuve facilitée du dommage résultant de l'infraction, l'idée d'un consentement unilatéral à la disposition de la seule victime se trouve encore confortée par la possibilité que celle-ci conserve de mettre en échec à tout moment les négociations en saisissant la juridiction pénale. Cette possibilité, contraire à la volonté du législateur du 9 mars 2004 de désengorger les tribunaux, a entraîné un droit nouveau pour la victime, personne privée, d'être informée de la volonté du ministère public de mettre en œuvre une procédure alternative, ce qui permet de s'y opposer dès l'origine de la procédure[755].

En effet, si l'auteur comme la victime peuvent en principe faire échouer la mesure par leur refus de continuer les négociations, cette faculté ne peut être réellement exercée par la personne qui a causé le dommage dès lors que l'échec de la mesure alternative laisse sauve la possibilité pour le parquet ou la victime de déclencher l'action publique.

Ainsi, l'accord résultant de ces procédures risque fort de se résumer à une acceptation sans condition des volontés de la victime dès lors qu'en cas de refus de la part de l'auteur des faits d'y consentir, celle-ci dispose du pouvoir de mettre en œuvre l'action publique. Il faut donc relativiser l'argument selon lequel l'indemnisation du préjudice résultant de la mise en

---

[755] Art. 40-2 C.pr.pén. issu de l'art. 68 de la loi n°2004-204 du 9 mars 2004, *op.cit.*

œuvre d'une procédure alternative ne peut être qu'approximative et non satisfaisante[756].

La même situation peut être découverte à l'occasion de l'application d'autres mesures dans lesquelles la victime dispose d'un rôle plus effacé. En effet, lorsque le procureur de la République décide de proposer à l'auteur des faits un classement sans suite sous condition de réparation du dommage causé à la victime[757], celle-ci dispose des mêmes possibilités de refus de l'indemnisation proposée par le parquet à l'auteur des faits en mettant en mouvement l'action publique par le biais de la constitution de partie civile, et ce, de la même manière qu'à l'occasion d'une médiation non satisfaisante.

Cette faculté, appartenant à la seule victime, de faire échouer la procédure alternative laisse entendre une persistance de l'encombrement des tribunaux répressifs saisis par l'action des victimes. Le palliatif résultant de la loi du 9 mars 2004 d'ouvrir la possibilité pour la victime de demander le recouvrement des dommages et intérêts que l'auteur des faits s'est engagé à verser par la procédure d'injonction de payer n'enrayera pas l'encombrement des tribunaux répressifs, dès lors que cette possibilité est conditionnée à la réussite de la procédure. La jurisprudence de la Cour de cassation confirme ce constat. Ainsi, dans son arrêt du 17 janvier 2012, la chambre criminelle a rappelé, en visant l'article 41-1 C.pr. pén. dans son ensemble, que l'exécution d'un rappel à la loi ne fait pas obstacle à la mise en mouvement de l'action publique par la victime[758].

De même encore, bien que la victime ne dispose pas du pouvoir de faire échouer le processus, la mise en œuvre d'une composition pénale assortie de l'obligation de réparer le dommage causé à la victime ne garantit pas un désengorgement certain des tribunaux correctionnels. En effet, l'article 41-2 alinéa 2 C.pr.pén. laisse sauve la possibilité pour la victime de délivrer citation directe devant le tribunal correctionnel statuant sur les seuls intérêts civils[759].

Cette absence d'équilibre entre les des deux parties à la négociation rejaillit nécessairement sur la valeur juridique de l'accord, tant en matière transactionnelle qu'en en matière restitutive, et en particulier sur la valeur de l'accord de médiation pénale.

---

[756] F. Alt-Maes, Le concept de victime en droit civil et en droit pénal, *ibid,* p. 48. Cette situation est d'autant plus vraie que la circulaire du 11 juillet 2001 relative à la procédure de composition pénale prévoit une indemnisation fixée par le procureur à laquelle est associée la victime de l'infraction afin d'éviter toute mise en œuvre d'une action judiciaire de sa part.

[757] Art. 41-1, 4° C.pr.pén.

[758] Cass. crim. 17 janvier 2012, n° 10-88.226, *LPA* 2013, chron. Droit et risque n°4, *op.cit.*, note F. Ludwiczak.

[759] Cass. crim., 24 juin 2008, *Gaz.Pal.* 28 et 30 septembre 2008, p. 7, note S. Detraz

2 - La valeur juridique incertaine de l'accord

540. En constituant la seule mesure faisant participer l'auteur à la détermination de sa sanction, la médiation pénale a entraîné l'inquiétude de la doctrine quant à une contractualisation de la sanction en matière pénale qui pose la question de la valeur juridique de l'accord de médiation. L'absence de solutions préfixées par le législateur ou par le parquet, associée au consentement obligatoire de l'auteur des faits et de la victime, donnent à la mesure de médiation un caractère consensuel aboutissant à l'issue de la procédure à une grande diversité de solutions. Ce caractère consensuel, permettant aux parties à un conflit de nature pénale et plus particulièrement à l'auteur de participer au choix de la sanction qui lui sera appliquée, a suggéré très vite l'idée d'une contractualisation voire d'une privatisation de la sanction pénale.

541. En effet, la médiation pénale reste encore aujourd'hui, postérieurement à l'effort de synthèse de la loi du 23 juin 1999, la seule mesure alternative permettant en principe une participation active de l'auteur de l'infraction à la détermination de la sanction dont il est l'objet. La médiation pénale s'avère être un système de résolution des conflits simple quant à ses objectifs et souple quant à ses solutions mais continue de susciter des interrogations relatives à la contractualisation de la matière pénale qu'elle engendre et particulièrement quant à la valeur juridique de l'accord de médiation.

C'est tout d'abord dans une conception civiliste que la valeur de l'accord a été recherchée. Ainsi, on a tiré la valeur juridique de cet accord de l'article 2044 du Code civil disposant que *« la transaction est un contrat par lequel les parties terminent une contestation née ou préviennent une contestation à naître »*. D'après ce seul article, l'accord de médiation entre bien dans les prescriptions du Code civil car le recours à la médiation traduit à lui seul l'existence d'une contestation.

Certains auteurs ont toutefois cherché à préciser la valeur de l'accord à travers les intérêts de la victime. Ainsi, pour Mme M.-C. Desdevises[760], l'accord de médiation fait de la victime une partie à une transaction sur ses intérêts civils. Le Code civil n'entre pas en contradiction avec cette opinion. En effet, l'article 2046 C. civ. dispose à cet égard que *« l'on peut transiger sur l'intérêt civil qui résulte d'un délit »*. La médiation pénale entre une fois de plus dans le cadre établi par le Code civil. Ainsi, la faculté de transiger sur des intérêts

[760] M-C. Desdevises, Réparer ou punir : la médiation pénale, *L.P.A*, 1997, n°102.

civils se trouve justifiée même si le trouble d'origine provient d'un délit pénal, le Code précisant d'ailleurs à l'alinéa 2 de l'article 2046 C.civ. que *« la transaction n'empêche pas la poursuite par le ministère public »*.

Enfin, l'accord de médiation se voit appliquer l'ensemble des conséquences attachées à la reconnaissance de la valeur juridique de transaction et emporte pour la victime renonciation à l'exercice de l'action civile devant les tribunaux ordinaires en vertu de l'article 2052 du Code civil[761]. Il lie, en effet, les parties pour l'exécution de leurs engagements mais n'oblige en rien les tiers à la transaction à la respecter.

542. Certains auteurs ont donc pris le parti d'adhérer totalement à l'idée selon laquelle l'accord de médiation a une valeur juridique absolue[762]. Cependant cette conception ne fait pas l'unanimité. Ainsi, Mme J. Leblois-Happe[763] estime qu'une réserve doit être apportée en raison de l'impossibilité d'obtenir en jurisprudence la nullité de la transaction, même si l'une des parties n'a pas saisi la portée de l'acte souscrit. Selon elle, la difficulté provient du lien indissociable qui unit, dans les affaires donnant lieu à médiation, l'aspect civil et l'aspect pénal du litige. Toujours selon cet auteur, la médiation pénale constitue une mesure alternative de nature pénale. Il serait donc, en définitive, réducteur de cantonner la validité de l'accord aux seuls règles régissant le droit civil.

543. Si la doctrine est loin d'être unanime sur le problème de la valeur juridique de l'accord de médiation, certains auteurs, comme M. G. Blanc, accordent à celui-ci une valeur de transaction, au sens juridique, tout en émettant un certain nombre de réserves, dès lors que la médiation pénale n'éteint pas l'action publique en vertu de l'article 6 al. 3 C.pr.pén. Un dernier groupe d'auteurs, enfin, se prononce pour une absence totale de valeur juridique.

C'est ainsi que Madame C. Lazerges s'est penchée sur la valeur de l'accord par rapport au principe énoncé par le Code de procédure pénale. Elle estime ainsi que, si les parties ne peuvent transiger sur l'action publique que dans les cas où la loi en dispose expressément[764], ce n'est pas le cas de

---

761 « Les transactions ont, entre les parties l'autorité de la chose jugée en dernier ressort ».

762 G. Blanc, La médiation pénale, commentaire de l'article 6 de la loi n°93-2 du 4 janvier 1993 portant réforme de la procédure pénale, *JCP G.*, 1994, I, 3760, n°20. Pour l'auteur, l'accord conclu n'a de valeur de contrat qu'entre l'auteur et la victime mais ne constitue qu'une mesure d'administration judiciaire pour le parquet.

763 J. Leblois-Happe, La médiation pénale comme mode de réponse à la petite délinquance : Etat des lieux et perspectives, *op.cit.*

764 Article 6 al. 4 C.pr.pén.

la médiation pénale, et elle dénie donc toute assimilation à une transaction de l'accord de médiation.

544. La question de la valeur de l'accord est d'importance car elle a un impact sur l'utilité de la médiation pénale, cette valeur réelle de l'accord étant différente selon le type d'engagement. Ainsi pour les engagements de nature morale, l'accord revêt lui-même une nature morale, par exemple, la rédaction d'une lettre d'excuses s'apparente à un engagement d'honneur.

C'est donc pour les réparations purement matérielles et pécuniaires que la question de la valeur juridique de l'accord se pose. Il est donc préférable pour ce type d'engagement que la pratique définisse des clauses particulières visant à conférer la valeur d'une variété de transaction à l'accord ou à opter pour la valeur de véritable convention « *sui generis* »[765].

545. Face aux divisions de la doctrine et à l'absence de précision de la pratique sur la valeur de l'accord de médiation, la Chancellerie est intervenue afin de trancher le débat. Ainsi, dès 1992, le ministère de la Justice est intervenu pour définir la valeur juridique de l'accord de médiation. C'est avec la circulaire du 2 octobre 1992[766] que la Chancellerie a, pour la première fois, opté pour la valeur juridique de transaction pour l'accord de médiation.

La question de la valeur juridique de l'accord a donc fini par être tranchée par le ministère de la Justice lui-même. Cependant, la doctrine semble être unanime sur un point relatif à la valeur de l'accord. En effet, chaque auteur estime que la plus grande force de l'accord de médiation pénale repose sur l'aspect obligatoire que les parties vont bien vouloir lui donner. L'accord repose, en effet, entièrement sur le volontarisme, c'est-à-dire sur la volonté des parties de voir les objectifs de la médiation atteints. Ainsi, la vraie valeur de l'accord de médiation ne ressort pas du champ du droit mais d'un champ purement social.

546. La jurisprudence, quant à elle, a toujours accepté la validité de la transaction et des obligations qui en découlent en matière civile. Elle a notamment estimé que l'inexécution des engagements par une des parties permet à l'autre d'agir en exécution forcée ou en résolution pour inexécution[767]. Cette solution doit pouvoir s'appliquer en matière de

---

[765] C. Lazerges, Médiation pénale, justice pénale et politique criminelle, *Rev.sc.crim.*1997, p. 186.

[766] Circulaire CRIM. 92-13 SD-JC du 2 octobre 1992, *op.cit.*

[767] Cass. com., 2 juin 1970, Bull. civ. IV, n°186.

médiation pénale même si une partie de la doctrine a pu émettre une réserve en estimant que l'exécution forcée d'un accord de médiation pénale semble difficile à réaliser s'agissant de l'exécution d'une obligation de faire.

Cet argument, déjà pertinent à l'époque, a pu prospérer après l'adoption de la loi du 9 mars 2004, bien qu'elle se focalise sur les seuls engagements pécuniaires nés de la médiation et laisse de côté les engagements d'une autre nature. En effet, depuis cette loi, l'article 41-1, 5° C.pr.pén. dispose qu'en cas d'engagement de la part de l'auteur de l'infraction au versement de dommages et intérêts à la victime, celle-ci, au vu du procès-verbal de médiation, peut en demander le recouvrement suivant la procédure d'injonction de payer applicable en matière civile.

Si le texte ne se prononce pas sur la recevabilité d'une action en exécution forcée des engagements issus de la médiation de nature extra-patrimoniale, la loi nouvelle permet toutefois d'avancer que, lorsqu'il contient des obligations de nature pécuniaire, l'accord de médiation bénéficie du régime de la transaction en matière civile. Cette position a finalement été consacrée par la première chambre civile de la Cour de cassation dans un arrêt du 10 avril 2013[768]. La haute juridiction vient affirmer clairement que « *le procès-verbal signé à l'occasion d'une médiation pénale (…) constitue une transaction qui, en dehors de toute procédure pénale, tend à régler les différends s'y trouvant compris et laisse au procureur de la République la libre appréciation des poursuites en considération du comportement du mis en cause* ». Il résulte de cet arrêt que, si l'accord de médiation dispose de la nature d'une transaction en matière civile, il n'emporte pas la même valeur en matière pénale.

547. Dès lors, bien que la Cour de cassation, à l'occasion de l'arrêt précité énonce que le procès-verbal de médiation a pour objet notamment d'assurer la réparation des conséquences dommageables de l'infraction et d'en prévenir la réitération, il demeure que la mesure de l'article 41-1, 5° C.pr.pén. ne doit pas être considérée comme une sanction répressive, alors que son recours contribue à démontrer le dévoiement du traitement pénal de l'infraction ainsi qu'un amenuisement de celui-ci à un aspect purement réparateur[769]. L'exclusion du caractère répressif des mesures réparatrices se retrouve également en matière rétributive et pose de la même manière le problème de la valeur juridique des transactions en matière pénale.

---

[768] Cass. 1ère civ., 10 avril 2013, n° 12-13.672, publié au bulletin ; *JCP* G., 2013, somm. 467 ; D. actu, 22 avril 2013, obs. S. Fucini ; *LPA*, 26 septembre 2013, p. 12, note F. Ludwiczak.

[769] F. Ludwiczak, La qualification de transaction appliquée à l'accord de médiation pénale : entre consécration et imperfections, *LPA*, 26 septembre 2013, p. 12.

En effet, les transactions administratives et l'indemnité forfaitaire, auxquelles le qualificatif de procédures rétributives a été attribué, mettent à la charge de l'auteur des faits une obligation purement pécuniaire. Une doctrine majoritaire s'accorde pour considérer que la transaction qui en découle ne doit pas être assimilée à une peine, dès lors que la mise en œuvre de la transaction écarte toute volonté d'intimidation du délinquant, ne présente aucun caractère afflictif et infamant et suppose l'acceptation de ce dernier à la mesure qui lui est proposée[770]. Cette exclusion de la qualification de peine des mesures découlant de la mise en application d'un processus alternatif n'est pas propre aux seules procédures rétributives. La même réflexion peut être menée à propos d'autres processus alternatifs aux poursuites de type restitutifs tels que la médiation pénale. Le rejet du qualificatif de peine, et par conséquent celui de la mise en œuvre d'une justice imposée, laisse supposer l'existence d'une justice négociée de laquelle découle la question de leur valeur contractuelle de la mesure proposée.

Puisqu'elles entraînent l'intervention de l'administration ou d'une personne de droit privé, les procédures transactionnelles mises en œuvre en raison de la commission d'une infraction pénale posent la question de savoir par quelles règles elles sont régies. En effet, les transactions en la matière disposent bien, *a priori*, d'un caractère contractuel dès lors que la proposition de transaction (la signature du procès-verbal d'indemnité forfaitaire ou le projet de transaction administrative) constitue une promesse synallagmatique de transaction dont la valeur sera parfaite le jour du paiement.

Cependant, s'agissant de la transaction administrative, la procédure restant toute entière entre les mains de l'administration, celle-ci disposant de prérogatives exorbitantes de droit commun[771], elle peut être régie par le droit administratif[772] dès lors qu'elle relève de la juridiction gracieuse. Elle est donc susceptible d'un recours pour excès de pouvoir si l'acte peut être considéré comme faisant grief[773]. Cependant, deux limites à l'appartenance de la transaction rétributive au droit administratif peuvent être avancées.

---

[770] E. Gherardi, L'ambiguïté des relations entre droit administratif et droit pénal, *R.F.D.A.*, 1999, p. 910 ; M. Dobkine, La transaction en matière pénale, D. 1994, Chron., p. 139. M. Van de Kerchove, *Le droit des peines*, Bruxelles, p. 320. A. Cissé, Justice transactionnelle et justice pénale, *Rev.sc.crim.*, 2001, p. 512. ; J. Leblois-Happe, De la transaction pénale à la composition pénale *JCP G.*, 2000, I. 198, n°9.

[771] J.F. Dupré, *La transaction en matière pénale*, *op.cit.*, p. 192.

[772] E. Gherardi, L'ambiguïté des relations entre droit administratif et droit pénal, *R.F.D.A.*, 1999, *op.cit.*, p. 916.

[773] CAA Douai, 15 juin 2000, *Droit et patrimoine*, 2001, n°91, p.126, note Duchon-Doris.

D'une part, si la réussite de la procédure transactionnelle entraîne l'extinction des poursuites, son échec laisse le champ libre à l'administration agissant au titre de l'article 1 al. 1er C.pr.pén., ou au parquet de mettre en mouvement l'action publique à l'encontre du délinquant[774]. D'autre part, la transaction, intervenant dans le cadre de la procédure de l'indemnité forfaitaire, résulte pour sa mise en œuvre de l'initiative d'une personne privée même si celle-ci poursuit une mission de service public.

548. A côté de la qualification de contrat administratif, l'appartenance de la transaction aux règles du droit civil a été avancée et s'appuie sur les articles 2044 et suivants du Code civil. En effet, en matière civile, la transaction constitue un moyen de terminer des contestations nées ou à naître. Cependant, on peut douter, à l'instar des procédures restitutives, de l'égalité des parties au contrat et de l'existence de concessions réciproques, d'autant que, bien que la transaction civile dispose d'une force de chose jugée, les transactions rétributives n'ont aucun caractère exécutoire et reposent entièrement sur la volonté de l'auteur de l'infraction qui y consent.

549. L'absence de caractère exécutoire a, enfin permis d'avancer l'idée d'un contrat pénal[775]. Bien que la transaction pénale ne constitue pas une sanction administrative, elle ne peut être analysée strictement comme une sanction administrative librement acceptée tenant lieu de peine[776] dès lors que la transaction nécessite le consentement des deux parties.

Ainsi, M. Dobkine considère en la matière la transaction comme un contrat pénal indemnitaire non exécutoire. Toutefois, pour rejoindre l'opinion de X. Pin, le contrat pénal ne peut être analysé que comme une coquille vide dès lors que le caractère contractuel ne permet pas de justifier la compétence du juge pénal pour en connaître[777].

Si donc le consentement est requis en matière de transaction rétributive, il ne permet pas de la considérer comme un véritable contrat au sens administratif ou civil du terme, en raison de l'atteinte à la liberté individuelle qui en est la cause, justifiant la compétence du juge répressif.

---

[774] X. Pin, *Le consentement en matière pénale*, L.G.D.J. *op.cit.*, n°686.

[775] M. Dobkine, La transaction en matière pénale, D. 1994, *op.cit.*

[776] M. Boitard, La transaction pénale en droit français, *Rev.sc.crim.*, 1941, p. 162 (X. Pin, *Le consentement en matière pénale*, L.G.D.J., *op.cit.*, n°687 et s.)

[777] Pour une étude plus approfondie du consentement en matière de transaction pénale, X. Pin, *Le consentement en matière pénale*, L.G.D.J., *op.cit.*, et J.F. Dupré, *La transaction en matière pénale*, Litec, *op.cit.*

En tout état de cause, les procédures rétributives ne peuvent être définies quant à leur valeur juridique que comme des moyens bilatéraux d'extinction des poursuites[778] de type substitutif[779] qui contiennent un acte de renonciation et un acte d'option de la part de l'auteur de l'infraction qui, en consentant, choisit l'évitement du juge pénal.

L'application des procédures alternatives réparatrices confère en pratique un rôle accru aux victimes. Toutefois, cette prédominance des intérêts de la victime n'entraîne qu'un caractère consensuel imparfait des modes de traitement de l'infraction, dès lors que la contractualisation annoncée ne s'applique que pour les victimes. Ainsi, l'attachement prononcé des procédures alternatives évoquées au seul objectif de réparation du dommage subi par la victime s'accompagne de l'oubli d'un traitement véritable de l'infraction dès lors que celle-ci est censée avoir troublé même faiblement l'ordre public, ce qui amène à craindre un certain dévoiement, sinon de la justice pénale, de la procédure pénale.

SECTION II - UNE PROCÉDURE PÉNALE « DÉVOYÉE »

550. L'existence de procédures alternatives fondées sur le seul objectif de réparation des conséquences de l'infraction pour la victime de celle-ci a permis de découvrir l'intégration des intérêts purement privés comme un des fondements possibles de l'exercice du principe de l'opportunité des poursuites. Ce principe reflétant la notion d'ordre public dont il procède, cela permet d'entrevoir une véritable segmentation de celle-ci. Ce morcellement du traitement pénal de l'infraction conduit dès lors à regarder les procédures alternatives comme désorientant la procédure pénale toute entière (§ I).

Toutefois, si les processus alternatifs visent à remplir une mission de justice, une remise en valeur de la notion d'ordre public s'avère nécessaire par une distinction plus précise des objectifs de répression et de réparation (§ II).

§ I - Une procédure pénale segmentée

551. Bien que la procédure pénale recherche l'application des textes répressifs dans le but d'en garantir l'effectivité, elle vise comme le droit

---

[778] R. Merle et A. Vitu, *Traité de droit criminel*, t. 2, Procédure pénale, éd. Cujas, n°61.

[779] X. Pin, *Le consentement en matière pénale*, *op.cit.*, n°696.

pénal un objectif d'ordre public en tentant d'assurer l'applicabilité d'une sanction pénale lors de la commission d'une infraction. Ainsi, le Code de procédure permettant la mise en œuvre des processus alternatifs réparateurs, il devient alors légitime de se poser la question du contenu réel de la sanction pénale.

Toutefois, la procédure pénale doit veiller à régler des intérêts souvent contradictoires[780]. La prévalence nouvelle de la réparation augure dès lors un démantèlement de la sanction pénale faisant craindre une réponse pénale insuffisante.

A - Une sanction pénale démantelée

552. Les procédures alternatives réparatrices assurent une réparation la plus large possible des conséquences de la commission de l'infraction dommageable pour la victime. Si la victime ne souffre pas *a priori* du recours à ces procédures, leur application constitue un avantage non négligeable pour l'auteur qui bénéficie à la fois de l'évitement du juge et de celui de la peine prévue par la loi pénale, ce qui favorise le sentiment d'impunité[781]. L'objectif de ces procédures entraîne donc une interrogation sur le contenu de la sanction pénale.

On a pu observer précédemment que la notion d'ordre public domine entièrement le processus d'application de la peine en droit pénal. Toutefois, il peut sembler raisonnable de s'interroger sur la pertinence d'un traitement pénal de l'infraction s'attachant aux seules conséquences d'ordre civil de la commission de celle-ci.

Selon P. Jestaz[782], la notion de sanction peut tour à tour signifier la consécration de la règle de droit, être synonyme de contrainte et, assurer la mise en œuvre autoritaire de la règle ou encore permettre de déterminer les conséquences précises attachées à la règle. Seules les deux dernières définitions peuvent nous être utiles afin de rechercher si la réparation constitue en soi une réponse pénale à la commission d'une infraction.

D'après le même auteur, la sanction, comme conséquence attachée à l'inobservation de la règle, doit être analysée comme un tarif résultant du prononcé ou de l'application d'une peine ou d'une récompense, mais aussi

---

[780] J-C. Soyer, *Droit pénal et procédure pénale*, L.G.D.J., Paris, 21e éd., 2012.
[781] P. Conte, Remarques sur la conception contemporaine de l'ordre public pénal, *op.cit.* p. 148, n°13.
[782] Ph. Jestaz, La sanction ou l'inconnue du droit, *op.cit.* p. 198.

de la mise en œuvre même de la procédure. Ainsi, selon l'auteur, la mise en mouvement autoritaire d'une procédure débouchant ou non sur une peine constitue dès le départ une sanction juridique. En conséquence, la mise en œuvre par le ministère public d'une procédure de médiation ou son accord donné à une résolution du litige par voie de transaction administrative constitue déjà une forme de sanction infligée à l'auteur d'une infraction.

553. Egalement, la fixation par le juge ou par les parties à un accord d'un montant d'indemnisation constitue une sanction de l'inobservation de la règle. La réparation du dommage causé à la victime constitue bien une sanction légitime, un tarif de la violation de la loi pénale par le délinquant.

Bien qu'il n'y ait pas de doute que la réparation du dommage causé à la victime contribue à la sanction de la violation de la loi, l'indemnisation des conséquences privées de la commission d'une infraction pénale est toujours attachée lors du procès pénal au prononcé d'une peine ou, à tout le moins, à la reconnaissance de la responsabilité pénale de l'auteur des faits. Or, tel n'est pas le cas lors de l'application d'une procédure alternative à la poursuite pénale.

Tout d'abord, la mise en œuvre de ces procédures se situant en amont de toute poursuite, l'auteur de l'infraction ne se voit pas reconnu comme responsable de l'infraction par le juge pénal mais consent à un tel règlement du litige en reconnaissant lui-même sa culpabilité. Ensuite, les procédures alternatives réparatrices n'accompagnent pas l'indemnisation de la victime de mesures répressives telles que celles pouvant être prononcées par le ministère public lors de la mise en œuvre d'une composition pénale.

Cependant, les sanctions issues de l'application de ces procédures entretiennent, pour certaines d'entre elles, des rapports ambigus avec la notion de peine. Lors d'une médiation, la réparation du préjudice causé ne se concentre que sur les intérêts personnels de la victime et la distinction entre réparation et peine n'apparaît pas.

554. Toutefois, cette question s'avère plus délicate s'agissant des transactions pénales réalisées par l'administration. En effet, la sanction résultant des processus rétributifs correspond, *a priori*, pleinement à l'idée de réparation, la cessation du dommage causé à la victime par le paiement du montant d'une transaction permettant l'évitement de la justice pénale traditionnelle et le prononcé d'une peine par le juge. Elle vise donc de façon particulière un objectif de justice restauratrice[783].

---

[783] F. Carsola, La justice pénale à l'épreuve du concept de « *restaurative justice* », *Rev.pénit.*, 2000, p. 32 et s.

Ces processus sont applicables quelle que soit l'infraction commise. Ils visent tout d'abord à sanctionner un manque à gagner pour l'administration ; le Code des douanes prévoit, en effet, la transaction portant sur la commission de l'infraction énoncée à l'article 414 C. douanes relatif à la contrebande, l'importation ou l'exportation sans déclaration. Le livre des procédures fiscales permet de façon générale de transiger, en vertu de l'article L. 247, 3°, sur toutes les infractions trouvant leur source dans le non-paiement de l'impôt.

Ces processus ont, ensuite, pour but de sanctionner un comportement prohibé par les textes qui, s'il reste souvent appréciable en argent, constitue principalement une inconduite sociale. Ainsi, les coupes de bois abusives prévues par les articles L. 223-3 et L. 223-4 C.for. et le fait de souiller ou de détériorer le matériel dans les gares, les voitures, les wagons et toute dépendance des chemins de fer, incriminé à l'article 74, 10° du décret du 22 mars 1942, peuvent faire l'objet d'une transaction évaluant en argent la violation de la règle. De même, les transactions réalisées par la D.G.C.C.R.F. en application du décret n°2006-513 du 4 mai 2006 ou encore, celles en matière de discrimination, en application de la loi n°2004-1486 du 30 décembre 2004 puis de celle n°2011-333 du 29 mars 2011, constituent des moyens de punition de l'auteur de l'inconduite sociale par un biais principalement indemnitaire.

Egalement, en matière restitutive, l'injonction thérapeutique du procureur de la République correspond d'abord à une volonté de remise en état du toxicomane et donc pleinement à une réparation pour la victime de l'infraction. Cependant, cette procédure sanctionne aussi l'usager de substances prohibées par la contrainte que le parquet exerce ainsi sur l'auteur de l'infraction.

Si la sanction de la règle de droit peut s'analyser à la fois comme la contrainte issue de l'application autoritaire d'une procédure et/ou de l'existence d'une réparation ou d'une récompense, les procédures réparatrices visent effectivement à la sanction de l'individu sans toutefois que celle-ci puisse être qualifiée de sanction pénale. En effet, le but de la procédure pénale réside bien en la garantie de l'application des sanctions prévues par le texte d'incrimination et, si la commission d'une infraction lèse les intérêts particuliers, la réponse de la justice pénale doit avant tout répondre à la sauvegarde de l'intérêt général.

En effet, c'est l'ordre public, émanation de la cohésion du corps social, qui se trouve avant tout troublé par le comportement contraire à sa sauvegarde. Ainsi, la possibilité prévue par la loi de restreindre la procédure pénale à la mise en œuvre de processus ne visant qu'à l'effacement du dommage causé aux particuliers ne permet pas de remplir l'œuvre de justice dès lors que la loi pénale violée n'a pas vu la sanction qu'elle prévoit s'appliquer afin que le trouble causé à l'ensemble de la société soit éteint.

B - Une réponse pénale insuffisante

555. La concentration des procédures réparatrices sur la seule détermination du montant de la réparation ne semble pas correspondre à une volonté de traitement pénal de l'infraction. L'existence de procédures alternatives réparatrices associe l'absence de sanction à l'évitement du juge pénal et ainsi la rapidité du traitement de l'infraction à l'absence de traitement des causes de celle-ci.

Les procédures entraînent effectivement une sanction de l'auteur des faits. Toutefois, celle-ci se cantonne à une réparation du dommage au sens de l'article 1382 C. civ., qu'il s'agisse d'une réparation purement pécuniaire et indemnitaire ou d'une réparation morale.

Si donc ces processus permettent de sanctionner l'individu, il ne s'agit pas d'une réelle répression de l'auteur d'un fait contraire à la préservation de l'ordre social. Or, tout comportement troublant suffisamment l'ordre public doit, en principe, engendrer l'application de la peine prévue par le texte légal. On assiste dès lors à un dévoiement de la procédure dans le sens du seul traitement des conséquences civiles ou personnelles issues de la violation de la loi pénale.

En effet, l'existence d'un trouble causé à l'ordre public commande une réflexion de l'appareil judiciaire en son ensemble sur l'opportunité de la peine, pour le parquet chargé de déterminer si l'acte commis est bien contraire aux prescriptions de la loi pénale, ainsi que pour le juge de jugement ayant à apprécier la nécessité de prononcer une peine et à déterminer la nature et le quantum de celle-ci.

Si le déclenchement de l'action publique constitue, dès l'origine, une forme de sanction de la règle pénale, l'absence d'application de la peine prévue par la loi n'est pas pour autant synonyme d'absence de sanction répressive. La peine dispose en effet d'un objectif d'intimidation et d'exemplarité visant à prévenir la violation ultérieure de la loi pénale[784]. Cet objectif d'intimidation s'adresse naturellement à l'auteur de l'infraction mais

---

[784] B. Bouloc et H. Matsopoulou, *Droit pénal général et procédure pénale*, *op.cit.*, n°33 ; G. Stefani, G. Levasseur et B. Bouloc, *Droit pénal général*, *op.cit.*, n°464 et s. ; F. Desportes et F. Le Gunehec, *Droit pénal général*, *op.cit.*, n°47 et s.

également à l'ensemble de la société. Il est, d'une part, accompli lors du prononcé de la peine elle-même, mais d'autre part, n'est nullement négligé en cas de décision par le juge d'une dispense ou d'un ajournement de peine dont les conditions fixées aux articles 132-59 et s. ont servi de fondement à l'alinéa 1er de l'article 41-1 C.pr.pén.

556. Les mesures issues des modes réparateurs de résolutions des litiges constituent des sanctions insuffisantes sur plusieurs points.

Bien que la peine contienne un objectif d'intimidation général et spécial, elle dispose également d'une fonction de rétribution permettant de concevoir la peine comme une juste punition en raison de la gravité des faits commis. Ensuite, elle doit remplir un rôle d'amendement de l'individu et contient, alors, nécessairement un aspect moral fondé sur la volonté d'une prise de conscience par l'individu de la faute commise[785]. Enfin, la peine doit viser un but de réadaptation de manière à réinsérer l'individu dans la société.

Ces trois objectifs de la peine se retrouvent dans le mécanisme des procédures alternatives. Toutefois, il nous a été possible de dégager pour chaque procédure un objectif dominant justifiant sa mise en œuvre.

En recherchant la seule réparation du préjudice causé à la victime, les procédures alternatives ne permettent pas de considérer que les mesures qui en ressortissent soient assimilables à des peines ni qu'elles favorisent le rôle d'intimidation et d'exemplarité que la procédure pénale doit mettre en pratique. Ainsi, la focalisation de ces mesures sur les simples intérêts privés conduit à les envisager, sinon comme une pratique de justice privée, proche d'un système vindicatoire[786], recevant l'aval du représentant de la société, au moins comme un moyen d'éviter l'engorgement des tribunaux répressifs par les plaintes des victimes d'infractions que le classement sans suite pur et simple ne permet pas d'enrayer.

557. Les procédures réparatrices témoignent, par leur essor, d'une segmentation de la notion d'ordre public permettant d'observer clairement à l'intérieur de celui-ci une scission entre les intérêts purement privés et les valeurs supérieures nécessaires à la conservation de la société. Ces valeurs privées sont, en principe, contenues dans la notion même d'ordre public qui les transcendent. Mais, leur émergence entraîne une scission des

[785] G. Stefani, G. Levasseur et B. Bouloc, *ibid.*
[786] Sur la distinction entre vengeance et peine, V. M. Delmas-Marty, *Les grands systèmes de politique criminelle*, Thèmis, Paris, PUF, 1992, n°196 et s.

objectifs de la sanction pénale préférant à sa mission d'intimidation, d'exemplarité et de réadaptation un but de rétribution limité à la réparation la plus entière possible du dommage causé à la victime.

Toutefois, la focalisation des procédures alternatives sur un seul des objectifs de la peine résulte de la rédaction même de la disposition légale qui en est le fondement juridique. En effet, une modification de l'article 41-1 al. 1er devient nécessaire afin de veiller à une consolidation de la notion d'ordre public.

§ II - Une procédure pénale dévalorisée

558. La situation créée par le développement des procédures alternatives réparatrices entraîne, outre une scission des valeurs contenues dans la notion d'ordre public, une dévalorisation de la notion elle-même. En effet, la faiblesse de la sanction issue de ces processus permettant une absence de réponse pénale classique induit l'idée d'un recours à une sous-justice, fondée sur la notion de faible trouble causé à l'ordre public, privilégiant exclusivement l'aspect purement civil et indemnitaire des conséquences de la commission de l'infraction. Le fondement du recours à ces procédures entraîne, par lui-même, une dévalorisation de la notion d'ordre public auquel il devient possible de porter atteinte et satisfaire à la volonté du législateur de lutter contre le sentiment d'impunité.

A - Une réponse pénale insuffisante en raison du recours à la notion de faible trouble causé à l'ordre public

559. La segmentation de la notion d'ordre public évoquée correspond à une spécialisation des objectifs de la réponse pénale fondés sur une appréciation divisée des intérêts lésés effectuée par le parquet. En effet, la mise en œuvre de l'ensemble des procédures alternatives, y compris des processus uniquement réparateurs, est limitée aux infractions dites de faible gravité ne troublant donc que faiblement l'ordre public.

Toutefois, les réformes successives opérées par le législateur relativement à l'ouverture de ces procédures ont étendu leur domaine d'application aux infractions pourtant punies de cinq ans d'emprisonnement.

Ainsi, la notion de faible trouble causé à l'ordre public a rendu possible un traitement rapide d'infractions pour lesquelles le législateur prévoit initialement des peines relativement sévères sans avoir à prononcer ici de peine d'emprisonnement.

Dès lors, le recours aux procédures alternatives réalise un double objectif de désengorgement des tribunaux et d'allègement de la population carcérale. Pourtant, il ne peut pas y avoir de doute sur la volonté du législateur d'assigner à certaines procédures un but exclusivement répressif visant à la cessation du trouble causé à l'ordre public.

Tel est le cas, notamment, de la composition pénale qui permet la proposition de mesures comportant des sanctions proches des peines restrictives de droits et d'une amende dite de composition pouvant atteindre le montant maximum de la peine pécuniaire prévue par le texte d'incrimination. Egalement, s'agissant de la procédure de C.R.P.C., permettant pourtant le déclenchement de l'action publique, le législateur a prévu la possibilité pour le parquet de proposer une peine d'emprisonnement d'une durée allant jusqu'à un an maximum en cas de commission d'une infraction troublant assez sérieusement l'ordre public.

560. Ainsi, la détermination de la procédure applicable dépend, sinon complètement, du moins en grande partie, de l'appréciation par le ministère public du trouble causé à l'ordre public. Ce choix de la procédure opportune résulte du pouvoir qu'il détient en vertu de l'article 40 C.pr.pén. relayé, depuis la loi du 23 juin 1999, par l'article 41-1 C.pr.pén. L'agencement de ce dernier permet de justifier l'existence d'une notion d'ordre public segmentée dès lors que la commission d'une infraction ne lésant que les intérêts de la victime est appréciée comme ne troublant que faiblement l'ordre public.

L'existence de ce faible trouble offre au parquet le choix de l'une quelconque des mesures édictées par l'article 41-1 C.pr.pén., ce qui ouvre la possibilité de mettre en œuvre une procédure ne remplissant une mission de justice qu'*a minima*.

En effet, si l'article 41-1 al. 1er C.pr.pén. tire son inspiration des conditions posées par les articles 132-59 et s. C.pén. relatifs à l'ajournement et à la dispense de peine, sa rédaction issue de la loi précitée prévoit expressément une application alternative des objectifs devant être visés par les mesures qu'il institue.

Ainsi, la mise en œuvre d'une médiation ne permet de remplir que l'objectif principal de réparation du dommage causé à la victime en laissant de côté la cessation du trouble, certes faible, causé à l'ordre public et le reclassement de l'auteur.

Or, l'application dans ces conditions des mesures alternatives ne traite pas l'ensemble des conséquences de la commission de l'infraction et renforce le sentiment de sous-justice ou celui d'impunité de l'auteur des faits.

Egalement, la possibilité d'un traitement de l'infraction par le seul biais de la réparation du préjudice causé à la victime démontre un réel dévoiement de la procédure pénale, dès lors qu'un faible trouble causé à l'ordre public justifie une mesure de traitement pénal particulier, alors même que les intérêts supérieurs du groupe social ne semblent pas menacés.

Ainsi, s'agissant de la mise en œuvre des procédures réparatrices, l'exigence d'une peine nécessaire et proportionnée, en vertu de l'article 8 de la Déclaration des Droits de l'homme et du citoyen, se trouve détournée dès lors que c'est la seule réparation du préjudice causé qui est susceptible d'être proportionnée. La disparité de qualité de la justice pénale rendue, provenant du caractère alternatif des objectifs de mise en œuvre des mesures de l'article 41-1 al. 1er C.pr.pén., peut être évitée par une modification de la rédaction de cette disposition.

En effet, un traitement pénal prenant en compte l'ensemble des intérêts présents peut être facilité par l'adoption d'un texte présentant les objectifs, non plus de façon alternative, mais de manière cumulative à l'instar de la rédaction de l'article 6 de la loi du 4 janvier 1993 duquel est résulté l'alinéa 7 à l'article 41 C.pr.pén. consacrant le recours par le parquet à la médiation pénale[787].

Si donc, l'on a pu envisager le rôle des victimes dans les procédures réparatrices comme participant d'une privatisation, sinon de l'action publique, au moins de la mise en œuvre d'un traitement pénal, il faut reconnaître que le parquet conserve le contrôle *a priori* du déroulement des procédures alternatives quelles qu'elles soient, ce qui permet un contrôle par l'appareil judiciaire lui-même de l'engorgement des tribunaux répressifs. Cependant, l'utilisation des procédures alternatives aux poursuites ne parvient qu'à un déplacement des contentieux issus de la commission d'infractions en raison de l'insuffisance du recours aux modes purement civils d'extinction des litiges.

B - Une réponse pénale déformée par l'insuffisance du recours à la voie civile

561. Le choix de l'application d'une mesure purement réparatrice démontre l'importance de l'intérêt porté aux victimes d'un dommage en

[787] Art. 41 al. 7 C.pr.pén. issu de l'article 6 de la loi n°93-2 du 4 janvier 1993 portant réforme de la procédure pénale : « Le procureur de la République peut enfin, préalablement à sa décision sur l'action publique et avec l'accord des parties, décider de recourir à une médiation s'il lui apparaît qu'une telle mesure est susceptible d'assurer la réparation du dommage causé à la victime, de mettre fin au trouble résultant de l'infraction et de contribuer au reclassement de l'auteur de l'infraction. »

procédure pénale et l'existence d'une segmentation de la notion d'ordre public. Ainsi, la prise en compte des seuls intérêts privés comme mode de traitement pénal, en vertu de la rédaction actuelle de l'article 41-1 al. 1er C.pr.pén., pose la question de l'opportunité de la réponse pénale dans les rapports sociaux.

En effet, l'appréciation de la gravité du trouble causé à l'ordre public par la commission de l'infraction dépend du parquet quelle que soit la mesure envisagée. Or, la décision de mettre en œuvre une procédure ne visant qu'à la simple réparation du dommage causé à la victime démontre l'inexistence d'un trouble réel à l'ordre public nécessitant une réflexion sur l'opportunité d'une peine.

Une telle observation provient en réalité du domaine de ces procédures quant aux infractions auxquelles elles sont applicables. En effet, l'essor de la médiation pénale a permis de constater une tendance à la spécialisation de cette mesure qui, à l'origine, pouvait concerner une grande variété d'infractions, mais constitue aujourd'hui le mode privilégié de traitement des infractions commises à l'occasion d'une relation de proximité.

La circulaire déjà citée du 16 mars 2004[788] témoigne de l'ampleur du phénomène d'immixtion du traitement pénal dans les différends sociaux. En effet, s'agissant de la médiation pénale, la circulaire prévoit la mise en œuvre de celle-ci comme mode de traitement des infractions commises à l'occasion d'une relation de proximité et pour lesquelles notamment, il n'existe pas de trouble significatif à l'ordre public.

Cette situation se retrouve, à la lecture du texte de la Chancellerie à propos de la mesure voisine de réparation du dommage causé par l'infraction figurant au 4° de l'article 41-1 C.pr.pén. De la même manière, le critère de sa mise en œuvre réside dans l'absence de trouble causé à l'ordre public dès lors que l'infraction a été commise sans violence contre les personnes ou contre les forces de l'ordre.

Enfin, en matière de traitement de la consommation de stupéfiants, la circulaire prévoit pareillement l'inexistence d'un tel trouble lors de la commission de l'infraction mais indique comme condition de l'application de la mesure de l'article 41-1, 2° C.pr.pén., la découverte chez l'auteur de l'infraction d'une conduite addictive.

Si l'on assiste donc, par l'existence de ces mesures, à une spécialisation de la réponse pénale quant aux infractions, cela témoigne non pas d'une mise en valeur des intérêts personnels à l'intérieur de la notion d'ordre public amorcée par l'ordonnancement nouveau des infractions par le Code

[788] Circulaire CRIM, 2004-03 E5, relative à la politique pénale en matière de réponses alternatives aux poursuites et de recours aux délégués du procureur, *op.cit.*

pénal de 1994, mais d'un abaissement de la réponse pénale par l'intervention de l'appareil judiciaire pour les faits ne remettant pas en cause la cohérence du groupe.

562. L'appréciation de l'existence ou non d'un trouble pouvant être qualifié d'infraction résulte avant tout de l'appréciation qui en est faite par le magistrat du parquet mais provient également du législateur lui-même. En effet, la rédaction de l'article 41-1 C.pr.pén. révèle, à elle seule, l'insuffisance de la gravité du comportement de l'individu pour pouvoir être considéré comme infraction justifiant une peine dès lors que celui-ci n'est pas qualifié d'auteur « de l'infraction » mais simplement d'auteur « des faits ». Ainsi, dans le cas où classiquement le principe d'opportunité des poursuites permettrait un classement sans suite de la part du parquet, le législateur, depuis la loi du 4 janvier 1993, instaure un traitement pénalisé des troubles sociaux privés, en raison notamment de la pression des victimes d'infractions ayant la possibilité de mettre en œuvre l'action publique afin de voir le dommage qu'elles ont subi pleinement réparé.

563. Ce glissement lent de la procédure pénale vers une procédure entièrement accusatoire se retrouve au-delà des procédures alternatives lors de l'exercice de l'action publique. La procédure de C.R.P.C., déjà évoquée et permettant une pénalisation de l'individu facilitée par la reconnaissance par ce dernier, avant le déclenchement des poursuites, de la commission de l'infraction, montre un recul de l'accès au juge pour l'auteur des faits[789] et une sauvegarde corrélative des intérêts privés de la victime[790].

En effet, si cette dernière est identifiée, elle se voit invitée à comparaître devant le juge pénal statuant alors sur les seuls intérêts civils. Ce système proche dans son fonctionnement de la procédure de composition pénale accomplit ainsi une double modification de la procédure pénale dans un esprit de faveur pour les seuls intérêts privés lésés par la commission de l'infraction.

D'une part, l'office du juge pénal se trouve diminué à l'égard de l'auteur des faits, faute de débat ni sur la culpabilité ni sur la peine. D'autre part, le rôle du juge pénal se trouve de plus en plus cantonné à la fixation de la réparation du dommage causé à la victime.

---

[789] C. Schouler, Entretien avec J. Danet, Le premier pas vers la réduction de l'office du juge, *Justice*, n°177, p. 10.

[790] J. Pradel, Défense du plaidoyer de culpabilité, à propos du projet de loi sur les évolutions de la criminalité, *JCP G.*, 2004, act. 58.

Il est donc possible de découvrir les indices d'une « civilisation » progressive du traitement de l'infraction par l'appareil répressif entrevoyant la sanction pénale comme la conséquence du dommage causé à la victime. Or, si l'infraction entraîne certainement un préjudice aux intérêts privés, il appartient à l'appareil répressif de se concentrer d'abord sur le trouble causé à la société, dès lors que celui-ci est apprécié comme suffisamment grave pour justifier l'application d'une peine.

564. Le recours aux procédures permettant une détermination d'une sanction pénale en amont de l'action publique et chargeant le juge pénal de l'appréciation des conséquences de l'infraction sur le dommage causé aux personnes privées est illogique dès lors que ces procédures recherchent un désengorgement des tribunaux répressifs. En effet, l'existence pour la victime de la voie purement civile qui lui est ouverte parallèlement à la voie pénale peut contribuer au désengorgement des juridictions répressives en allégeant le rôle du juge pénal de la charge de déterminer le montant de la réparation à allouer. De la même manière, si la médiation pénale remplit le seul objectif de réparation du dommage pour des faits ne troublant pas l'ordre public, il reste préférable de lui substituer un classement sans suite entraînant un renvoi de l'appréciation des conséquences des faits pour les particuliers au juge civil.

Cependant, s'il est possible de découvrir dans une réécriture de l'alinéa 1er de l'article 41-1 C.pr.pén. la possibilité pour le parquet de mettre en œuvre une mesure permettant la prise en compte de l'ensemble des intérêts présents dans le litige né de la commission de l'infraction, la question reste posée de la nécessité d'un traitement pénal dès lors qu'en l'absence de telles procédures alternatives, le parquet aurait envisagé un classement sans suite pur et simple.

565. Malgré la prise en compte des intérêts privés à l'intérieur de la notion d'ordre public, celle-ci demeure le fondement de l'action du parquet. La mutation de cette notion permet ainsi d'envisager la réparation de la victime comme un mode à part entière de traitement de l'infraction à côté des réponses classiques de classement sans suite et de déclenchement de l'action publique saisissant le juge pénal.

Toutefois, si les procédures alternatives tentent de lutter contre le sentiment d'injustice et d'impunité résultant d'une décision de classement sans suite et de mieux gérer le flux des contentieux entraînant la saisine des tribunaux répressifs, le choix essentiel entre classement sans suite et poursuite conserve toute sa vigueur malgré l'essor de ces alternatives. En effet, malgré la précision des modalités de mise en œuvre et d'application de celles-ci, le choix binaire fondé sur le principe d'opportunité découlant de l'article 40 C.pr.pén. s'est vu réaffirmé et l'intégration desdites procédures se fait au sein même de ce principe. Ce constat a pour conséquence un élargissement corrélatif des pouvoirs du ministère public. Cette association des procédures alternatives au choix classique entre classement sans suite et poursuite permet ainsi de montrer l'émergence d'un système de légalité procédurale du traitement pénal de l'infraction entraînant une redéfinition du principe d'opportunité des poursuites lui-même.

TITRE II

L'ÉMERGENCE D'UN SYSTÈME DE LÉGALITÉ PROCÉDURALE DU TRAITEMENT PÉNAL

566. La naissance d'un véritable système de légalité procédurale du traitement pénal de l'infraction est le fruit d'un long et important travail de mutation de la notion d'ordre public, fondement du principe de l'opportunité des poursuites. Si les règles de procédure pénale tendaient à assurer l'application d'une sanction dont le but visait à la fois la cessation du trouble causé à la société et la resocialisation de l'auteur, l'impératif de réparation du dommage causé à la victime est apparu plus tardivement comme un des objets du procès pénal.

Les victimes d'infractions ayant acquis la possibilité de déclencher de plus en plus largement l'action publique dans le but de défendre leurs intérêts, l'action publique aux fins d'application d'une peine s'est vue partiellement privatisée et détournée de son but initial, contribuant, au même titre que la montée de la délinquance, à l'engorgement des tribunaux, ce qui rend inadaptées les réponses classiques alors limitées au choix binaire entre action publique et classement sans suite. Ainsi, la création des mesures alternatives, d'abord dans un objectif de réparation du dommage causé à la victime, s'est avérée une arme efficace au service du parquet pour mieux gérer le flux des contentieux mais également, se réapproprier l'entière maîtrise de l'initiative du traitement pénal de l'infraction.

567. Toutefois, l'ensemble des litiges issus de la commission d'une infraction ne pouvant pas toujours se résoudre par la seule indemnisation de la victime, le législateur, en prenant acte bien souvent d'expériences parquetières locales, a multiplié les formes nouvelles de processus alternatifs à la poursuite pénale, *a priori*, plus satisfaisantes que le seul classement sans suite pur et simple. Cependant, si le principe d'opportunité des poursuites se trouve, aujourd'hui, totalement métamorphosé par la pléiade des procédures se substituant au choix binaire classique, lequel n'a pas pour autant disparu en raison de leur grand développement. Au contraire, il contribue à la définition d'une légalité procédurale réaffirmant le principe de l'article 40 C.pr.pén. tout en plaçant la procédure pénale française dans une situation charnière entre opportunité et légalité des poursuites, afin de satisfaire une volonté de réponse pénale systématique (Chapitre I).

Au-delà, si l'on peut hésiter à reconnaître aux procédures alternatives l'accomplissement d'une mission de justice pleine et entière, en raison du choix qu'elles imposent entre réparation du dommage, cessation du trouble causé à l'ordre public et reclassement de l'auteur, l'émergence d'un système de légalité procédurale permet l'interaction des divers modes de réponse à la délinquance résultant d'un critère de réitération de l'infraction et assurant une mise en œuvre graduée des ces derniers (Chapitre II).

CHAPITRE I

DÉFINITION DU PRINCIPE DE LÉGALITÉ PROCÉDURALE

568. L'existence d'un véritable système de légalité du traitement procédural de l'infraction impose une relecture du principe de l'opportunité des poursuites en raison de l'intégration des procédures alternatives comme mode de traitement à part entière de l'infraction commise. Si donc ces dernières voient leur utilisation favorisée afin de réaliser une réponse systématique à la délinquance (Section II), l'opportunité des poursuites est réaffirmée avec la persistance du recours au déclenchement de l'action publique et au classement sans suite comme modes de traitement de l'infraction et se trouve renouvelée par l'encadrement de leur mise en œuvre (Section I)

SECTION I - RÉAFFIRMATION DU PRINCIPE D'OPPORTUNITÉ DES POURSUITES

569. Le constat de l'existence d'un système de légalité du traitement procédural de l'infraction résulte du recours aux procédures alternatives. Toutefois, l'option classique découlant du principe d'opportunité des poursuites est réaffirmée. En effet, le législateur consacre, d'une part, la mise en œuvre de l'action publique comme mode de réponse de principe (§ I) et, d'autre part, conserve la possibilité d'un classement sans suite pur et simple (§ II).

§ I - Persistance de l'action publique comme réponse pénale de principe

570. L'essor des procédures alternatives disposant d'un champ d'application large quant aux infractions introduit un risque de recul de la mise en mouvement de l'action publique et de la saisine du juge pénal traditionnel offrant aux justiciables les garanties du procès pénal. Néanmoins, le législateur, dans un souci de diversification des réponses pénales à la délinquance, a confirmé le déclenchement de l'action publique comme mode de réponse de principe face à la commission de l'infraction.

Le déclenchement de l'action publique reste en principe entre les mains du ministère public. Toutefois, l'exercice effectif des poursuites, au relai des procédures alternatives, traduit une mutation de la notion d'ordre public.

En effet, si la segmentation du concept d'ordre public a permis, en matière de procédures alternatives, d'envisager la réparation du dommage comme mode de réponse à la commission de l'infraction en raison de la pénétration des intérêts privés et de confier en grande partie la détermination de la sanction pénale au représentant du parquet, la mise en œuvre effective de l'action publique subi également cette double influence.

Ainsi, l'action publique, réaffirmée comme mode de réponse de principe à la commission d'une infraction, se voit étendue, tout d'abord, dans le sens d'un renforcement des possibilités de contraindre le ministère public à son déclenchement et, ensuite, dans celui d'un accroissement de la détermination de la peine par le magistrat du parquet lui-même.

A - Extension de la possibilité d'exercice de l'action publique

571. L'étude de la notion d'ordre public nous a permis de considérer celle-ci comme le fondement du principe de l'opportunité des poursuites. La perte de son caractère monolithique au profit d'une intégration des intérêts purement privés a été l'occasion de découvrir une multiplication de « sous-ministère public »[791] en raison de l'augmentation consacrée par le législateur des possibilités pour les victimes plus ou moins directes d'un dommage causé par l'infraction de former une action civile entraînant le déclenchement de l'action publique.

Si cette situation révèle un éparpillement de l'action publique[792], elle montre surtout le dévoiement de l'action régie par l'article 1er C.pr.pén. visant avant tout la sauvegarde de l'intérêt général. Cela est particulièrement clair en matière de procédures alternatives n'ayant pour objectif que de veiller à la réparation la plus entière possible du dommage causé à la victime. Mais il est possible de retrouver cette évolution dans le déclenchement de l'action publique, ce qui fait craindre une réelle privatisation de cette dernière, voire d'assister à l'émergence d'une action populaire.

---

[791] F. Sarda, Le procureur : l'éparpillement et la privatisation de l'action publique, *in Le dévoiement pénal*, *op.cit.*, p. 15.

[792] *ibid.*

En effet, bien que la doctrine ait déjà dénoncé à maintes reprises l'idée d'une privatisation rampante de l'action publique[793], la loi du 9 mars 2004 portant adaptation de la justice aux évolutions de la criminalité n'a pas eu pour effet de ralentir cette tendance. En pratiquant une réforme particulièrement profonde de la procédure pénale, ce texte a étendu, au titre d'une volonté de traitement pénal systématique des infractions[794], la possibilité pour l'appareil judiciaire de connaître l'existence de comportements contraires aux prescriptions de la loi pénale en consacrant le recours aux dénonciations. En effet, la loi précitée a intégré au Code de procédure pénale un article 40-3 permettant à la personne ayant dénoncé des faits contraires à la loi d'être tenue informée des mesures prises par le parquet pour leur traitement.

Si cette disposition confirme une privatisation de l'action publique dès lors que la dénonciation émane de la victime de l'infraction, elle alimente, en outre, la crainte d'une dérive de la procédure pénale vers la consécration d'une véritable action populaire permettant à tout citoyen même non victime de déclencher l'action publique.

De plus, si l'article 40-3 C.pr.pén. ne limite pas sa portée aux seules victimes de l'infraction, il donne surtout au dénonciateur la possibilité de voir l'action publique mise en mouvement malgré la résistance initiale du parquet. Effectivement, la victime dispose, depuis la loi précitée, de l'obligation pour le ministère public de la tenir informée de la mesure mise en œuvre et peut former un recours contre la décision de classement sans suite du procureur de la République relativement aux faits dénoncés.

Le recours prévu par l'article 40-3 C.pr.pén. renforce la hiérarchisation du parquet et la possibilité de contraindre le procureur de la République de mettre en œuvre la réponse pénale voulue par son supérieur hiérarchique. Ainsi, se voit confirmé le pouvoir de dénonciation mais aussi d'injonction du ministre de la Justice[795] et également des procureurs généraux en vertu de l'article 36 C.pr.pén. L'article 40-3 C.pr.pén. permet à l'auteur de la dénonciation de former un recours auprès du procureur général contre la décision de classement sans suite du procureur de la République.

---

[793] J. Volff, La privatisation rampante de l'action publique, *op.cit. ;* X. Pin, La privatisation du procès pénal, *op.cit.* ; *Le dévoiement pénal*, Journée d'études organisée par l'institut de Criminologie de Paris, *op.cit.*

[794] B. de Lamy, La loi n°2004-204 du 9 mars 2004 portant adaptation de la justice aux évolutions de la criminalité (suite et fin), *op.cit.*, p. 1982.

[795] Art. 30 C.pr.pén.

572. Cette disposition, tendant de prime abord à renforcer l'action de l'appareil judiciaire, confie finalement la défense de l'intérêt général aux citoyens eux-mêmes, jusqu'à brouiller encore un peu plus la distinction entre intérêt général et intérêts particuliers lorsqu'elle favorise la mise en œuvre de l'action publique en l'absence de préjudice personnel et direct. Cet effet de l'article 40-3 C.pr.pén. entraîne, de fait, un affaiblissement de l'article 2 du même Code limitant en principe la possibilité d'une action portée devant les juridictions répressives par la victime et contribue à l'obscurcissement de la distinction entre action publique et action civile.

Comme dans les procédures alternatives réparatrices, la mise en œuvre élargie de l'action publique par la seule victime, et en son seul intérêt, ne favorise pas l'objectif premier du juge pénal qui est d'appliquer une peine afin de faire cesser le trouble causé à la société et d'œuvrer à la réinsertion du délinquant. L'extension de la possibilité pour la victime de demander réparation auprès des juridictions pénales ne peut que défavoriser le traitement pénal des faits. Pour celui-ci, seule serait bénéfique une distinction plus nette entre les contentieux relatifs au préjudice causé à la société et ceux concernant le dommage subi par la victime. Cette dérive de la procédure pénale vers un accroissement des pouvoirs confiés à la victime de l'infraction démontre un désinvestissement de l'Etat contribuant à l'ascension d'un système procédural essentiellement vindicatoire.

Parallèlement à la montée en puissance des victimes dans le déclenchement de l'action publique, la loi du 9 mars 2004 a confirmé la mise en œuvre de celle-ci comme le mode essentiel de réponse à la délinquance, tout en favorisant une spécialisation des modalités procédurales de son exercice dans le sens d'une augmentation des pouvoirs du parquet.

B - Progression d'une spécialisation de l'action publique

573. La procédure de comparution sur reconnaissance préalable de culpabilité, insérée aux articles 495-7 et suivants C.pr.pén., constitue un mode nouveau de traitement de l'infraction. Elle s'inspire pour beaucoup de la procédure alternative de composition pénale des articles 41-2 et 41-3 C.pr.pén. Toutefois, ce procédé n'en est pas une variété dès lors que la reconnaissance des faits par l'auteur entraîne le déclenchement de l'action publique saisissant le juge pénal aux fins d'homologation de la peine acceptée par l'auteur de l'infraction.

Ainsi, cette procédure se situe dans une position particulière à la charnière entre les simples procédures alternatives et l'action publique proprement dite. Il s'agit, comme nous l'avons déjà indiqué, d'une poursuite alternative et non d'une alternative à la poursuite car elle emprunte aux deux systèmes de répression.

Elle dispose, en effet, d'un domaine quant aux infractions identique à celui de la composition pénale depuis la retouche législative issue de la loi du 9 mars 2004 mais également à celui de la comparution immédiate, régie par l'article 395 C.pr.pén., permettant le jugement de l'auteur de l'infraction à délai rapproché dès lors que le quantum de la peine prévue pour l'infraction commise est supérieur à deux ans ou d'au moins six mois d'emprisonnement en cas de délit flagrant.

La C.R.P.C. constitue un mode de réponse pénale par une voie particulière, visant au désengorgement des tribunaux, notamment saisis de la procédure de l'article 395 C.pr.pén., en facilitant la preuve de l'infraction incombant en principe au parquet. Ainsi, c'est l'auteur de l'infraction qui reconnaît sa responsabilité pénale, soit en amont de toute poursuite lors du déferement de l'individu devant le procureur lorsqu'il lui propose le recours à cette procédure, soit postérieurement au déclenchement de l'action publique.

En effet, l'article 495-7 C.pr.pén. permet le déclenchement de la procédure sur la demande de l'auteur lui-même. Cet aspect de la procédure la différencie nettement soit de la composition pénale soit encore des procédures de convocation sur procès-verbal ou de comparution immédiate dont la mise en œuvre n'appartient qu'au seul représentant du parquet.

574. Une partie de la doctrine française a reconnu en cette nouvelle procédure l'avènement de la négociation et du consensualisme en droit pénal d'un niveau supérieur à celui existant déjà en matière de procédures alternatives, sans faire de l'aveu la reine des preuves en procédure pénale. En effet, selon certains auteurs[796], la C.R.P.C. respecte entièrement les droits de la défense en permettant à l'auteur des faits soit de refuser la proposition de mise en œuvre de la procédure soit encore, à tout moment, de se rétracter y compris au moment de l'homologation devant le juge du siège de la proposition de peine initialement acceptée devant le procureur.

Egalement, en tant que procédure déclenchant l'action publique, elle revêt un caractère purement juridictionnel ouvrant la possibilité pour l'auteur des faits, initialement condamné en vertu du jugement d'homologation, d'interjeter appel.

---

[796] F. Molins, Le procureur de la République, nouveau pivot de la justice pénale ?, Le nouveau procès pénal après la loi Perben II, dossiers journées d'études Dalloz, 2004, p. 365 et s. J. Pradel, Défense du plaidoyer de culpabilité, *op.cit.*

L'existence de cette voie de recours n'est pas surprenante et offre la garantie d'une dernière possibilité de rétractation[797] tout en confirmant le caractère juridictionnel de la procédure. Egalement, la procédure de l'article 495-7 C.pr.pén. offre une garantie supplémentaire au prévenu qui bénéficie d'un délai de réflexion de dix jours avant de refuser ou d'accepter la proposition du procureur. Toutefois, cette possibilité peut être encadrée par une mesure de contrôle judiciaire ou de détention provisoire dès lors que la peine proposée est supérieure à deux mois d'emprisonnement. Mais, cette possibilité se voit cantonnée à la saisine du juge des libertés et de la détention (J.L.D.) qui seul peut avaliser cette requête[798] et elle ne retire pas la crainte d'une absence totale de négociation de la mesure dès lors que l'usage de ses pouvoirs par le parquet peut tendre à un aveu forcé, ou un faux aveu[799], peu compatible avec le principe de présomption d'innocence[800].

575. Enfin, la procédure de C.R.P.C. constitue effectivement une avancée en matière de garantie des droits de la défense dès lors que le ministère d'avocat est obligatoire. Elle se distingue de la composition pénale où il ne l'est nullement. L'intervention de l'avocat entraîne le droit pour celui-ci d'accéder directement au dossier dès le début de la procédure et de s'entretenir confidentiellement avec son client.

Toutefois, l'exercice des droits de la défense s'avère difficile dans cette procédure face à un procureur omnipotent et un juge du siège qui voit son action limitée à veiller à ce que les peines soient justifiées au regard des circonstances de l'infraction et de la personnalité de l'auteur (art. 495-9 al. 2 et 495-11 C.pr.pén.). Ainsi, la procédure de C.R.P.C. laisse craindre de graves déséquilibres des pouvoirs[801].

Bien que certains auteurs voient dans le plaider coupable un parfait respect du principe de proportionnalité inauguré par la loi du 15 juin 2000[802], d'autres ont mis en garde avocats et juges de remplir pleinement leur rôle[803].

---

[797] F. Molins, *op.cit.*

[798] V. not. sur l'essor du J.L.D : H. Dalle, Juges et procureurs dans la loi Perben II, Le nouveau procès pénal après la loi Perben, II, dossiers journées d'études Dalloz, 2004, p. 458 et s.

[799] C. Schouler, Entretien avec Jean. Danet, *op.cit.* p. 11.

[800] J. Pradel, Défense du plaidoyer de culpabilité, *op.cit.*

[801] R. Badinter, « *Un procureur tout puissant, un avocat suppliant et un juge contrôleur, voilà, pour des dizaines de milliers d'affaires, ce qu'on qualifie de « plaider coupable » à la française, Le Monde, 28 janvier 2004* »; F. Saint–Pierre, Les droits de la défense dans la loi Perben II, *Le nouveau procès pénal après la loi Perben, II*, dossiers journées d'études Dalloz, 2004, p. 439.

[802] M. Dobkine, La constitutionnalité de la loi portant adaptation de la justice aux évolutions de la criminalité, D., 2004. 956.

[803] C. Schouler, *op.cit.*

Il appartient à l'avocat de vérifier la qualification pénale retenue et la réalité des faits. Le juge homologateur, quant à lui, ne doit pas se cantonner à accepter ou à refuser les peines proposées mais peut, en vertu du texte, ouvrir un débat sur la peine.

Toutefois, la C.R.P.C., en tant que prolongement des procédures alternatives à la poursuite, est avant tout un outil de gestion des contentieux de masse[804]. L'éventualité d'un débat semble faible et fait craindre, chez d'autres auteurs, l'apparition d'un tarif, voire de peines automatiques[805]. La mise en œuvre de la C.R.P.C. entraîne les mêmes réflexions quant à l'automaticité de la sanction de nature pénale, d'autant que cette procédure, à l'instar de la composition pénale, donne au parquet la maîtrise de la détermination de la sanction en ne laissant que peu de place, dans le processus sanctionnateur, au magistrat du siège.

Si le législateur a, avant tout, recherché dans la création de la C.R.P.C. un moyen nouveau et plus efficace de parvenir à une gestion, alliant rapidité et moindre coût des contentieux de masse, la faiblesse de la garantie des droits de la défense lui retire beaucoup d'intérêt dès lors que notre droit consacre déjà un certain nombre de procédures simplifiées[806].

576. La C.R.P.C. démontre la modification du pouvoir d'opportunité des poursuites. Elle offre, au-delà de l'action publique, au parquet la faculté de disposer d'une grande marge de manœuvre dans la détermination de la sanction. Au-delà, les réserves émises quant à l'égalité des armes dans la procédure ne concernent pas que les rapports du représentant du ministère public avec l'auteur des faits. La victime de l'infraction voit son droit à être indemnisée pleinement respecté par la nouvelle procédure[807]. En effet, l'article 495-13 C.pr.pén. lui permet, lorsqu'elle est identifiée, de se joindre à la procédure.

De manière générale, le parquet a l'obligation, en vertu de l'article 40-2 al. 1er C.pr.pén., de tenir informée la victime de la mise en œuvre d'une réponse pénale quelconque ou du déclenchement de l'action publique. A l'occasion de la mise en œuvre d'une C.R.P.C., le droit à réparation de la victime est préservé par la procédure elle-même qui lui permet de comparaître en même temps que le prévenu devant le juge de l'homologation afin de se constituer partie civile.

---

[804] G. Ayache, A quoi bon !!! (à propos du plaider coupable), D. 2004, point de vue, p. 356.

[805] C. Schouler, *ibid.*

[806] D. Charvet, Réflexions autour du plaider coupable, D., 2004, Chron., p. 2517.

[807] F. Fourment, La place de la victime dans la procédure de comparution sur reconnaissance préalable de culpabilité, Gaz-Pal., 31 décembre 2011, p. 14.

A l'inverse, si elle n'a pas pu exercer ce droit, l'article 495-13 dernier alinéa prévoit l'obligation pour le procureur de l'informer de la possibilité de saisir le tribunal correctionnel statuant alors sur les seuls intérêts civils.

Si la C.R.P.C. organise une possibilité de réparation du dommage causé à la victime (dans les mêmes conditions que la composition pénale), elle permet de distinguer l'objectif de détermination de la peine de celui de réparation du préjudice subi par la victime.

La procédure de l'article 495-7 C.pr.pén. entretient ainsi la distinction entre détermination de la peine et réparation du dommage. Elle confirme une modification de la procédure pénale qui attache l'ensemble des garanties juridictionnelles à la réparation du dommage tout en atténuant la possibilité d'un débat sur la responsabilité de l'auteur et la détermination de la peine, en confiant l'appréciation de celles-ci au parquet, en amont de toute saisine du leur juge naturel.

Si l'action publique s'est vue réaffirmée comme le mode de réponse de principe face à la commission d'une infraction, le législateur n'a pas, pour autant, supprimé la possibilité pour le parquet de décider d'un classement sans suite. Toutefois, à l'image de l'exercice de l'action publique, cette décision s'effectue en harmonie avec le droit des victimes.

§ II - Persistance du classement sans suite pur et simple

Les nouvelles dispositions du Code de procédure pénale confirment la possibilité de classer sans suite purement et simplement. Toutefois, cette faculté se voit strictement encadrée par une obligation de motivation.

A - La possibilité confirmée du classement sans suite

577. La réaffirmation de la poursuite comme mode de réponse pénale de principe face à la commission d'une infraction et le recours de plus en plus élargi aux procédures alternatives ont permis, avec l'adoption de la loi du 9 mars 2004, la constatation d'une volonté de réponse pénale systématique du législateur. Toutefois, celui-ci n'est pas allé jusqu'à remplacer le principe d'opportunité des poursuites, fondement de l'activité du parquet, par un principe de légalité obligeant ce dernier à mettre en œuvre l'action publique à chaque fois qu'il a connaissance de la commission d'une infraction. Ainsi, la loi précitée a réaffirmé l'existence de la possibilité pour le représentant du parquet de choisir la réponse pénale la plus adaptée à l'infraction, en prenant en compte non seulement la gravité des faits commis mais aussi les circonstances de leur commission.

Cette confirmation du principe de l'article 40 C.pr.pén. s'accompagne naturellement de la possibilité pour le procureur de la République de classer sans suite, notamment lorsque l'auteur de l'infraction n'est pas identifié. Ainsi, la substance du principe ci-dessus rappelé persiste : le parquet reçoit les plaintes et les dénonciations et apprécie la suite à leur donner.

Si la loi a organisé un recours élargi à la dénonciation, celle-ci vise avant tout la certitude et la rapidité de la réponse pénale permettant de réconcilier l'appareil judiciaire avec l'ensemble des citoyens, mais cela ne doit pas avoir pour effet d'aggraver l'engorgement des tribunaux. La persistance de la possibilité pour le parquet de classer sans suite s'intègre complètement dans la volonté nouvelle du législateur d'un traitement pénal systématique en permettant l'effectivité de cette dernière. L'absence de déclenchement d'une procédure quelconque, action publique ou alternative, constitue en réalité une réponse à l'infraction commise ou à la plainte ou la dénonciation effectuée auprès des services de police ou du parquet dès lors que la mise en œuvre d'une procédure s'avère coûteuse et aléatoire quant aux résultats[808].

578. En effet, l'objectif d'une réponse pénale systématique ne peut se concevoir, dès lors que le législateur lui assigne des objectifs de rapidité et de désengorgement des tribunaux répressifs, que si les faits portés à la connaissance du parquet méritent un tel traitement. Tout d'abord, si l'élargissement du recours à la dénonciation constitue un moyen supplémentaire de répression des auteurs d'infractions, cela ne retire pas le travail nécessaire du magistrat du parquet de vérification du caractère infractionnel des faits signalés afin de lutter contre les dénonciations mensongères ou abusives.

Ensuite, le principe d'opportunité des poursuites permet un filtrage des plaintes et dénonciations reçues par le parquet. Il l'autorise à ne pas donner de réponse aux faits qui lui sont soumis parce qu'ils ne constituent pas une infraction, le classement sans suite demeure la seule réponse possible face aux plaintes contre X, particulièrement lorsque le dommage subi par la victime de l'infraction se trouve réparé par son assurance.

Enfin, la volonté d'un traitement pénal de l'ensemble des infractions commises constitue pour une bonne part un leurre puisqu'une grande partie

---

[808] L. Simmat-Durand, Le parquet et l'opportunité des poursuites, *Gaz.Pal.* 1996, 1, Doctr. p. 649.

des faits ayant entraîné une plainte ou une dénonciation sont en premier lieu filtrés par l'appareil policier lui-même.

Si la pratique du classement sans suite est ainsi conservée dans la conception nouvelle de l'opportunité des poursuites, celui-ci se voit particulièrement encadré par une obligation nouvelle de motivation.

B - L'obligation nouvelle de motivation du classement sans suite

579. Si le représentant du parquet conserve *a priori* toute latitude, malgré la volonté du législateur d'une plus grande répression de classer sans suite purement et simplement les faits dont il a connaissance et qui peuvent constituer une infraction, la prise en compte accrue des intérêts de la victime dans le cadre du traitement pénal de l'infraction a motivé la mise en place d'une restriction importante à la possibilité pour le ministère public de ne pas donner de suite aux faits dénoncés ou ayant fait l'objet d'une plainte.

En effet, si la place nouvelle de la victime dans le traitement pénal de l'infraction implique de la tenir informée sur le mode procédural choisi par le représentant du parquet, ce qui lui permet notamment de se constituer partie civile, l'article 40-2 al. 2 C.pr.pén., issu des articles 68 et 207-VII de la loi de 2004, fait naître également l'obligation pour ce magistrat de l'informer de son intention de classer les faits sans suite.

Cette prescription peut s'avérer lourde de conséquences tant en ce qui concerne l'objectif de désengorgement des tribunaux que pour le procureur de la République lui-même. Cette information obligatoire pour le parquetier permet à la victime de saisir elle-même le juge répressif en mettant en œuvre l'action civile. Elle entraîne aussi certaines conséquences pour le magistrat du ministère public lui-même dès lors que le législateur a associé à l'obligation d'information une obligation de motivation du classement sans suite pur et simple. En conséquence, le procureur de la République doit, en vertu de l'article 40-2 al. 2 C.pr.pén., porter à la connaissance de la victime les raisons d'opportunité, de droit et de fait, qui justifient un classement sans suite.

L'obligation d'aviser du classement sans suite existait déjà avant l'entrée en vigueur de la loi du 9 mars 2004 mais était limité aux infractions de nature sexuelle par l'ancien article 40 al. 2 C.pr.pén. et ne comportait aucune obligation de motivation.

En outre, l'obligation de l'ancien article 40 al. 2 C.pr.pén. s'adressait aux auteurs de la dénonciation ou de la plainte et aux victimes lorsque celles-ci étaient identifiées.

La loi étend cette obligation à l'ensemble des infractions et lui associe une motivation des raisons de droit ou de fait qui justifient le classement sans suite.

Toutefois, le législateur de 2004 a préféré agir en deux temps afin d' « *étrangler la pratique du classement sans suite*[809] » en ne limitant pas cette obligation aux seuls cas dans lesquels l'auteur de l'infraction est identifié[810]. Depuis le 31 décembre 2007, l'obligation de l'alinéa second de l'article 40-2 se verra étendue à l'ensemble des décisions de classement sans suite, que l'auteur de l'infraction soit identifié ou pas.

Si cette obligation nouvelle mise à la charge du parquet vise à apporter plus de clarté dans l'activité de la justice et à restaurer la confiance des justiciables en l'appareil judiciaire[811], elle tend à confirmer l'absence d'indépendance des magistrats du parquet.

Bien que la concrétisation d'un parquet indépendant apparaît souhaitable[812], l'obligation d'avertissement et de motivation de sa décision de classement sans suite constitue sans aucun doute un affaiblissement de sa position et ajoute à la dépendance du parquet par rapport au pouvoir exécutif une dépendance du représentant de la société par rapport aux intérêts purement privés.

Si la définition renouvelée du principe d'opportunité laisse subsister l'action publique comme réponse pénale de principe et autorise une pratique atténuée du classement sans suite, seul l'élargissement du recours aux procédures alternatives peut permettre d'atteindre l'objectif de réponse pénale systématique.

SECTION II - LE RECOURS AUX PROCÉDURES ALTERNATIVES CONTRIBUANT À UNE VOLONTÉ DE RÉPONSE PÉNALE SYSTÉMATIQUE

580. Si le recours aux procédures des articles 41-1 et suivants C.pr.pén. traduit la volonté d'une réponse de l'appareil judiciaire à l'ensemble des

---

[809] J. Pradel, Vers un aggiornamento des réponses de la procédure pénale à la criminalité, *op.cit.*, p. 822.

[810] F. Le Gunehec, La loi n°2004-204 portant adaptation de la justice aux évolutions de la criminalité, *op.cit.*, p. 598.

[811] J. Pradel, *ibid.*

[812] J. Pradel, La procédure pénale à l'aube du troisième millénaire, D., 2000, chron., p. 1 et s. ; J. Pradel et J-P. Laborde, Du ministère public en matière pénale, à l'heure d'une éventuelle autonomie ?, D. 1997, Chron., p. 141 ; M. Jeol, « Le parquetier nouveau est arrivé », *Gaz.Pal.*, 1994, 1, Doctr., p. 1363.

infractions commises, associées à l'exercice de l'action publique et à une pratique du classement sans suite atténué, elles ne permettent pas d'aboutir à un réel principe de légalité des poursuites en raison de l'existence d'échappatoires évitant au parquet d'avoir à rapporter une réponse pénale pour chaque infraction.

Toutefois, l'ensemble des procédures alternatives confirme un durcissement du principe d'opportunité des poursuites et favorise la naissance d'un principe de légalité du traitement procédural,

§ I - Une mise en valeur des procédures des articles 41-1 et 41-2 du Code de procédure pénale

581. Afin de concrétiser son objectif d'une réponse pénale systématique, le législateur a largement confirmé le recours aux procédures alternatives à la poursuite pénale. Cela confère un réel pouvoir d'opportunité au parquet lui permettant de mettre en œuvre la procédure alternative la plus adéquate en fonction, d'une part, de l'infraction commise et, d'autre part, de l'importance de la violation de la loi pénale.

A - Le recours aux procédures alternatives comme fondement du renforcement du principe d'opportunité

582. La volonté d'apporter une réponse pénale à chaque infraction commise et connue des services du parquet a permis au législateur de préciser le contenu du principe d'opportunité. En effet, jusqu'à la loi du 9 mars 2004, l'expression de celui-ci figurait dans le seul article 40 C.pr.pén. chargeant le procureur de la République d'apprécier la suite à donner à la commission d'une infraction. Si les procédures alternatives sont nées d'expériences purement parquetières, le Code de procédure pénale permet une systématisation de leur mise en œuvre. L'article 40-1 C.pr.pén. intègre le recours aux mesures alternatives en les érigeant en un mode de réponse à part entière dans les cas ou l'action publique est envisageable.

Ainsi, le caractère alternatif de ces procédures se voit pleinement confirmé dès lors qu'elles contribuent à une restriction de la pratique du classement sans suite, d'une part, et à un désengorgement des tribunaux, d'autre part.

583. La pratique du classement sans suite entraînant, outre un sentiment d'impunité et d'injustice aux yeux des délinquants et des victimes, une perte de confiance des citoyens en l'appareil judiciaire se voit cantonnée aux plaintes dans lesquelles l'auteur des faits n'est pas identifié. A l'inverse, lorsque l'identité et le domicile de l'auteur des faits sont connus, les procédures alternatives constitueront une réponse concrète à la commission de l'infraction et permettront une réparation du dommage causé à la victime. Cependant, le législateur fait du recours à ces procédures une véritable alternative au procès pénal dans un but de désengorgement des tribunaux, en prévoyant leur application dans des cas pour lesquels un déclenchement de l'action publique est envisageable.

Ainsi, le pouvoir d'opportunité du procureur de la République se trouve précisé dans l'obligation pour lui d'examiner au cas par cas l'importance de la violation commise.

Si les dispositions de l'article 40-1 C.pr.pén. laissent un grand choix au parquet, celui-ci n'est pas exempt d'un risque d'arbitraire, résultant de la sévérité de tel ou tel parquet territorialement compétent, ce que la Chancellerie a tenté d'éviter.

En effet, la circulaire du 16 mars 2004 relative à la politique pénale en matière de réponses alternatives aux poursuites et de recours aux délégués du procureur[813] permet de faire une lecture synthétique des cas dans lesquels la mise en œuvre d'une procédure alternative est opportune. Si le choix d'une telle procédure peut être décidé en vertu de l'article 40-1 C.pr.pén. dans les cas dans lesquels l'action publique est envisageable, l'analyse de la circulaire précitée fait prendre la mesure du renforcement du pouvoir d'opportunité dans un sens répressif.

En effet, si l'action publique doit en principe être mise en œuvre toutes les fois où l'ordre public est troublé par la commission d'une infraction, la circulaire du 16 mars 2004 préconise les alternatives à la poursuite comme traitement des violations de la loi ne troublant pas l'ordre public de manière significative et lorsque existe une prétention de la victime.

Ainsi, la circulaire confirme l'intérêt porté par la loi à la réparation du trouble causé aux ordres privés mais s'inscrit en contradiction avec la lettre même du texte de l'article 40-1 C.pr.pén. prévoyant la mise en œuvre des processus alternatifs dans les cas pour lesquels le déclenchement de l'action publique est envisageable.

En définitive, l'article 40-1 C.pr.pén. corrobore la dilution de la notion d'ordre public servant de fondement à la mise en œuvre de l'action aux fins d'application d'une peine.

---

[813] Circulaire CRIM 2004-03 E5, *op.cit.*

En effet, la gradation des réponses pénales effectuée par l'article 40-1 C.pr.pén. entre exercice de l'action publique, application d'une procédure alternative et classement sans suite traduit la segmentation déjà évoquée de la notion d'ordre public.

Si le parquet peut envisager la mise en œuvre d'une procédure alternative comme mode de traitement de l'infraction alors même que la poursuite est possible, il ne voit en rien sa mission encadrée strictement par la loi mais au contraire celle-ci lui permet de devenir le pivot de la procédure pénale[814]. En effet, le recours aux procédures alternatives en lieu et place du déclenchement de l'action publique lui permet de déterminer seul le traitement pénal de l'infraction pour l'ensemble des infractions commises et quelle que soit la gravité du trouble causé à l'ordre public. La jurisprudence ne contredit pas cette analyse. Les décisions précitées des 21 juin 2011[815] et 17 janvier 2012[816], en énonçant que le recours à une procédure de l'article 41-1 C. pr.pén. n'éteint pas l'action publique mais ne constitue qu'un préalable à la décision du procureur de la République sur celle-ci, retirent le caractère alternatif aux poursuites des procédures visées[817]. De plus, le déclenchement toujours possible de l'action publique présente cette dernière comme une purge de la mauvaise appréciation initiale du parquet de la gravité du trouble causé à l'ordre public[818].

La volonté d'une réponse pénale systématique favorise, outre le renforcement du principe d'opportunité, une véritable spécialisation procédurale complémentaire des procédures simplifiées disposant de régimes spécifiques quant aux infractions auxquelles elles s'appliquent.

B - Le recours aux procédures alternatives comme fondement d'une réponse pénale systématique

584. A la lecture de l'article 40-1 C.pr.pén., les procédures alternatives concourent à l'apport d'une réponse pénale systématique et permettent de

---

[814] Pour reprendre l'expression employée par F. Molins, *op.cit.*

[815] Cass. crim. 21 juin 2011, n° 11-80.003, *Rev.sc.crim.* 2011, 660, obs. J. Danet ; D. 2011, 2379, note F. Deprez et 2379, note J.-B. Perrier; *Gaz-Pal.* 17-19 juillet 2011, p. 18, note S. Detraz ; *JCP* G. 2011, 1453, note F. Ludwiczak.

[816] Cass. crim., 17 janvier 2012, n° 10-88.226, *LPA* 14 janvier 2013, Chron. Droit et risque n° 4, p. 5, note F. Ludwiczak.

[817] S. Detraz, Clarification du régime applicable à la procédure de l'article 41-1 du Code de procédure pénale, op.cit. ; J.-B. Perrier, *Rép. Pén.* Médiation pénale, 2013, n°70 et s.

[818] F. Ludwiczak, Alternatives aux poursuites : dérive procédurale par victime interposée, *LPA* 2013, Chron Droit et risque n°4, *op.cit.*

préciser le contenu de la volonté du législateur. En effet, ces procédures peuvent être mises en œuvre alors même que l'action publique est envisageable. Ainsi, elles disposent d'un domaine quant aux infractions large dès lors que la composition pénale notamment est applicable aux infractions délictuelles punies jusqu'à cinq ans d'emprisonnement. Toutefois, les articles 41-1et 41-2 C.pr.pén. ne précisent pas les infractions pour lesquelles ils trouvent application et la mise en œuvre effective de chaque procédure alternative peut s'avérer variable en fonction de chaque parquet compétent.

Cependant, afin d'assurer la cohérence dans l'application de ces procédures, en l'absence de précision par la loi, la circulaire du 16 mars 2004 a circonscrit pour chaque procédure un domaine particulier en fonction des critères généraux relatifs à l'importance du trouble causé à l'ordre public et à la présence ou non d'une victime identifiée de l'infraction.

585. Ainsi, il est possible de déterminer les cas dans lesquels le procureur de la République se voit conseillé d'appliquer une procédure alternative en fonction du domaine de celle-ci quant aux infractions. Toutefois, en l'absence de définition par le législateur d'un domaine précis quant aux infractions pour chacune des procédures des articles 41-1 et suivant C.pr.pén., la circulaire du 16 mars 2004 contribue à la possibilité de faire correspondre une procédure alternative à un type particulier d'infraction.

La procédure réparatrice de médiation pénale peut se voir appliquée en présence d'une victime, pour les infractions issues d'une relation sociale préexistante et particulièrement en matière de contentieux familial ou de voisinage ou encore de relation de travail. D'autres procédures restitutives trouvent ensuite à s'appliquer en matière de contentieux pour lesquels la victime a fait valoir certaines prétentions tendant à son indemnisation mais en l'absence d'une telle relation de proximité (vol, escroquerie, abus de confiance ou destruction de biens).

D'autres procédures disposent d'un domaine encore plus spécialisé notamment en matière sanitaire. En effet, les procédures de l'article 41-1, 2° C.pr.pén. permettent au parquet de traiter les consommations de stupéfiants ne nécessitant pas la mise en œuvre d'une injonction thérapeutique.

Les procédures sanctionnatrices admonestatives sont mises en œuvre en matière de contentieux variés pour lesquels le parquet pouvait décider d'un classement sans suite. Il s'agit pour l'essentiel des infractions de peu de gravité ne troublant pas de manière significative l'ordre public, telles que les vols simples en l'absence de prétentions de la victime ou de port d'arme prohibée.

Enfin la procédure répressive de l'article 41-2 C.pr.pén. dispose d'un champ d'application particulièrement large permettant une gradation de la réponse pénale, la circulaire précitée préconisant son application aux infractions de gravité plus importante ou pour lesquelles les procédures de l'article 41-1 ont échoué.

586. Les indications apportées par la circulaire permettent de circonscrire de façon assez claire le domaine d'application de ces procédures mais confirment la possibilité d'une application disparate des procédures alternatives d'un parquet à l'autre[819]. Cette situation renforçant le pouvoir d'opportunité du procureur de la République quant au choix du traitement procédural et à la prévision de la sanction pénale peut alors être source d'inégalités entre les justiciables devant la Justice pénale, tant pour l'auteur de l'infraction que pour la victime.

Ainsi, le législateur recherchant une pérennisation du recours aux procédures alternatives afin de conforter sa volonté d'une réponse systématique à l'infraction, il est regrettable de constater une absence totale de définition légale du domaine de ces procédures quant aux infractions alors même que leurs critères d'application sont calqués sur ceux permettant la mise en œuvre de l'action publique.

En définitive, le recours aux procédures alternatives comme favorisant l'objectif d'une réponse pénale donnée à l'ensemble des infractions commises et connues de l'appareil judiciaire démontre un certain glissement de la procédure pénale vers un système de légalité procédurale du traitement pénal des infractions supprimant la possibilité pour le parquet de classer sans suite dès lors que l'auteur de l'infraction est identifié.

Toutefois, malgré les indices de l'émergence d'un tel système, aux frontières du principe de légalité des poursuites, le principe actuel de l'opportunité des poursuites n'est pas supprimé. Le parquet dispose, en effet, d'un certain nombre d'échappatoires à la volonté d'une réponse pénale systématique.

§ II - L'existence d'échappatoires : Un principe de légalité inabouti

587. Le renforcement par le législateur du principe d'opportunité des poursuites dans le but d'apporter une réponse pénale systématique peut

---

[819] Tel est le cas par exemple d'une médiation pénale destinée à inviter l'auteur des faits à régulariser sa situation au regard de la loi ou des règlements, alors même que la mesure de l'art. 41-1, 3° C.pr.pén. semblait plus indiquée, Cass. crim. 6 novembre 2012, n° 11-88.301, non publié.

faire craindre un bouleversement de la procédure pénale toute entière. En effet, l'idée d'une réponse systématique à l'ensemble des infractions commises et connues du parquet semble rapprocher le principe d'opportunité renforcé du principe de légalité des poursuites contraignant le représentant du parquet à mettre en œuvre une poursuite pénale ou une procédure alternative dans tous les cas où les faits commis constituent une infraction.

Le système de légalité empêche donc d'envisager le recours au classement sans suite comme mode de réponse à la commission d'une infraction. Le législateur de 2004 n'est pas allé jusqu'à mettre en œuvre un tel système particulièrement rigide.

Cependant, si le recours au classement sans suite se trouve considérablement réduit, le principe d'une réponse systématique comporte un certain nombre d'exceptions conservant au parquet un réel pouvoir d'opportunité quant à la nécessité d'un traitement pénal de l'infraction permettant ainsi d'assouplir le principe de légalité des délits et des peines.

Les indices permettant au parquet d'utiliser pleinement la possibilité de classer sans suite apparaissent tant dans le cadre du principe d'opportunité renforcé lui-même que dans l'application des procédures alternatives.

A - Les échappatoires ressortissant du principe d'opportunité lui-même

588. Le principe d'opportunité des poursuites trouvant sa source dans l'article 40 C.pr.pén. a été retouché par la loi du 9 mars 2004. En effet, l'article 74 de cette loi réaffirme le principe tout en guidant l'activité du parquet. Ainsi, le ministère public apprécie la suite à donner aux plaintes et aux dénonciations conformément à l'article 40-1 C.pr.pén. Ce dernier prévoit, en effet, une gradation de la réponse pénale en fonction notamment de la gravité des faits et des circonstances de l'infraction en permettant au parquet de mettre en mouvement l'action publique ou d'appliquer une procédure alternative.

Egalement, le représentant du ministère public peut opter pour un classement sans suite même si sa mise en œuvre apparaît limitée dès lors que le législateur y attache une obligation de motivation. Toutefois, le principe d'opportunité renforcé autorise assez largement la possibilité pour le procureur de la République d'y recourir.

En effet, le législateur a multiplié les formules vagues laissant au parquet une marge de manœuvre importante afin de classer sans suite tout en assurant l'obligation nouvelle de motivation de sa décision. Ainsi, la lecture de l'article 40-1 peut *a priori* donner l'impression d'une possibilité particulièrement restreinte de classement sans suite. Cependant, les dispositions relatives à celui-ci le permettent « dès lors que les circonstances particulières liées à la commission de l'infraction le justifient »[820]. Cette formule assez imprécise confirme la possibilité large pour le parquet de classer sans suite et de fonder sa décision sur des motifs juridiques ou de pur fait.

Ainsi, le classement sans suite peut être décidé dès lors que les faits commis, bien que constituant une infraction, ne troublent que peu voire pas l'ordre public et ne justifient pas la mise en œuvre d'une procédure particulière. De même, la prise en compte par le magistrat du parquet de la situation personnelle de l'auteur peut aussi justifier sa décision de ne pas poursuivre.

L'article 40-1, 3° C.pr.pén. n'est pas la seule disposition à démontrer la possibilité large offerte au parquet de classer sans suite. En effet, l'article 40-2 al. 2 C.pr.pén., relatif à l'obligation faite au parquet de motiver sa décision en cas de classement sans suite, permet une application large de cette dernière. Le législateur a pris soin de préciser les motifs recevables tendant à justifier le classement sans suite. Toutefois, le parquet peut arguer de toutes les « *raisons juridiques ou d'opportunité* » justifiant une telle décision. Il peut, ainsi, informer la victime ou le plaignant de l'existence d'une amnistie, de la prescription de l'action publique mais aussi de la modicité du préjudice, des regrets de l'auteur ou encore de l'indemnisation de la victime[821].

589. Ces indices permettent de préciser le renforcement du principe d'opportunité des poursuites. En effet, si le législateur a exprimé sa volonté de voir attachée à toute commission d'une infraction une réponse pénale, le parquet conserve une possibilité large de décider d'un classement sans suite, devant dès lors être considéré comme un mode de réponse à part entière. Cependant, en raison de l'obligation, nouvelle mais légère, de motivation incombant au procureur, il tendra à apporter une réponse non pas à l'auteur de l'infraction mais au plaignant ou à la victime, afin d'éviter que ces derniers provoquent la mise en mouvement de l'action publique.

L'utilisation des procédures alternatives comme mode de réponse à la délinquance confirme également la permanence du pouvoir d'opportunité

---

[820] Art. 40-1, 3° C.pr.pén. V. B. Bouloc, Loi du 9 mars 2004 portant adaptation de la justice aux évolutions de la criminalité, *op.cit.*

[821] J. Pradel, Vers un aggiornamento des réponses de la procédure pénale à la criminalité, *op.cit.*, n°11.

offert au parquet. Ainsi, même dans les cas pour lesquels un traitement pénal de l'infraction a été mis en œuvre, le ministère public conserve le pouvoir d'y mettre un terme.

B - Les échappatoires ressortissant des procédures alternatives

590. L'article 40-1 C.pr.pén. préconise la mise en œuvre d'une réponse pénale graduée en fonction notamment de l'importance de la violation commise et de la personnalité de l'auteur[822]. Toutefois, lorsque l'infraction commise et les circonstances de celle-ci justifient la mise en œuvre d'une procédure alternative, l'échec de celle-ci doit, selon les vœux du législateur, entraîner une réponse pénale plus forte, l'auteur de l'infraction ayant confirmé son intention de violer la loi.

La loi du 9 mars 2004 a rappelé la persistance du principe d'opportunité même lorsqu'une procédure alternative est mise en œuvre. En effet, le dernier alinéa de l'article 41-1 C.pr.pén. et l'alinéa 20 de l'article 41-2 C.pr.pén. prévoient que le procureur doit mettre en œuvre une composition pénale ou déclencher l'action publique en cas d'échec de l'une des mesures des articles 41-1 ou 41-2 et 41-3 C.pr.pén.

Cette disposition tendant à assurer une réponse systématique se voit toutefois tempérée, le parquet disposant d'une échappatoire équivalente à celles des articles 40-1, 3° et 40-2 al. 2nd C.pr.pén. En effet, le représentant du ministère public peut éviter la mise en œuvre d'une procédure plus répressive « *en raison du comportement de l'auteur* » sauf « *élément nouveau* ».

Ces formules vagues peuvent, comme les échappatoires des articles 40-1 et 40-2 C.pr.pén., favoriser une justification tirée des circonstances de fait.

Ainsi, la simple réparation du dommage causé à la victime permettra à l'auteur des faits de ne pas voir l'action publique déclenchée à son encontre alors même qu'il n'a pas exécuté totalement les mesures de composition pénale initialement acceptées.

591. Derrière la rigidité annoncée de la volonté d'une réponse pénale systématique, le parquet conserve une assez grande marge de manœuvre confirmant la vigueur du principe d'opportunité des poursuites. Cependant, le recours aux procédures alternatives facilite l'apport d'une réponse pénale en fonction du degré de gravité de l'infraction commise et confirme

---

[822] B. Bouloc, Loi du 9 mars 2004 portant adaptation de la justice aux évolutions de la criminalité, *op.cit.*

l'existence d'un véritable système de légalité procédurale du traitement pénal en permettant une réponse graduée, fondée sur l'interaction des procédures alternatives et de la poursuite pénale proprement dite. Ainsi, le déclenchement de l'action publique n'est envisageable directement que s'agissant de la commission des infractions criminelles. Les procédures alternatives tendent, quant à elle à se substituer au traitement classique de l'infraction par l'exercice de la poursuite pénale. Cette substitution au déclenchement des poursuites permet une organisation interne des procédures alternatives, entre elles et avec de l'action publique, fondée sur la notion de réitération d'un comportement de l'individu contraire aux prescriptions légales.

CHAPITRE II

ESSAI DE SYSTÉMATISATION DE LA LÉGALITÉ PROCÉDURALE

592. Le renforcement du principe d'opportunité des poursuites doit permettre d'assurer une réponse pénale systématique à la commission de l'ensemble des infractions, y compris celles pour lesquelles, classiquement, le procureur de la République aurait envisagé un classement sans suite. Ainsi, en l'absence même de tout trouble significatif à l'ordre public, le législateur manifeste sa volonté d'un traitement des infractions en amont de toute saisine du juge répressif en vue d'aboutir à un désengorgement effectif des tribunaux[823]. Les procédures alternatives aux poursuites pénales contribuent largement à atteindre cet objectif.

Toutefois, leur essor ne se limite pas à assurer le désencombrement des juridictions pénales. Il propose de remplir l'ensemble des rôles traditionnellement dévolus à ces dernières en prévenant, notamment, la réitération du comportement délictueux de l'auteur de l'infraction.

Cette notion a d'abord été dégagée par la doctrine[824]. Elle est d'ailleurs régulièrement appréciée par les tribunaux et permet la prise en considération du renouvellement de l'infraction dans l'application de la sanction pénale en dehors de toute la récidive légale[825]. La réitération d'infractions contribue à l'effectivité d'une réponse pénale graduée en tenant compte de la gravité des faits commis et de la personnalité de l'auteur de l'infraction. La notion de réitération, consacrée récemment par le législateur, est cantonnée aux cas dans lesquels l'agent commet une nouvelle infraction distincte ou identique aux faits initiaux avant toute condamnation définitive. Malgré une définition classique de la notion circonscrite à la commission d'une nouvelle infraction, la réitération peut présenter un sens plus large dès lors qu'elle est entendue dans un sens procédural.

Précisément, à l'occasion de la mise en œuvre des procédures alternatives aux poursuites pénales, la réitération constitue le fondement

---

[823] Circulaire CRIM 2004-03 E5 du 16 mars 2004, *op.cit.*

[824] R. Merle et A. Vitu, *Traité de droit criminel*, t.1, 7e éd., Cujas, 1997, n°824 ; J-H. Robert, Les murailles de silicium, loi n°2005-1549 relative au traitement de la récidive des infractions pénales, *JCP G.*, 2006, I. 116 ; A. Darsonville, La réitération, ou la consécration légale d'une notion hybride, D. 2006, point de vue, p. 2116.

[825] Cass. crim., 26 septembre 2007, *Dr. pén.* 2008, comm. n°3, note M. Véron ; *Rev.pénit*, 2008, p. 93, obs. J.-Y. Chevallier.

d'une hiérarchie interne de celles-ci. Cette organisation de la voie procédurale alternative en système concrétise l'effectivité de la réponse pénale mais également le pouvoir nouveau du procureur de la République de voir une sanction de nature pénale appliquée sans recours au juge de jugement intervenant dans son rôle traditionnel.

L'introduction de la notion de réitération permet de concevoir le système procédural alternatif comme une « autre procédure pénale » réalisant le déplacement du pouvoir de sanctionner sans toutefois exclure la possibilité d'appliquer, en dernier ressort, les règles procédurales classiques. Ainsi, en apparaissant comme le fondement nouveau d'une répression accrue de l'ensemble des auteurs d'infractions au-delà même des procédures alternatives (Section I), la réitération constitue le moteur de l'interaction de celles-ci, non seulement entre elles, mais aussi dans leurs rapports avec le déclenchement toujours possible de l'action publique (Section II).

SECTION I - LA NOTION DE RÉITÉRATION : FONDEMENT DU SYSTÈME DE LÉGALITÉ PROCÉDURALE

La réitération a fait l'objet d'une consécration légale récente la définissant strictement comme un mode d'aggravation de la peine en cas de renouvellement de l'activité infractionnelle de l'agent (§ I). Toutefois, cette notion peut être rencontrée également à propos des procédures alternatives aux poursuites pénales. Elle revêt alors un rôle sensiblement différent l'érigeant en fondement d'un système de légalité procédurale du traitement pénal de l'infraction (§II).

§ I - La réitération, mode nouveau d'aggravation des sanctions pénales

A l'opposé de la récidive[826] qui dispose d'une définition légale ancienne[827], la réitération n'a reçu qu'une consécration légale récente. Afin de faire le départ entre les deux notions, une définition de la réitération s'avère nécessaire pour percevoir le rôle que le législateur entend lui faire jouer comme mode d'aggravation de la sanction pénale.

---

[826] D. Thomas, Récidive, *J.-Cl., pénal*, Fasc.20 ; M. Herzog-Evans, Récidive, *Rép.pén., Dalloz*.
[827] M.-H. Renaut, *Une technique juridique appliquée à un problème de société, la récidive*, Rev.sc.crim., 2000, p. 319 et s.

A - Définition de la notion légale de réitération

593. En droit pénal, la récidive constitue une circonstance aggravante générale[828] permettant à la juridiction pénale d'appliquer une peine dépassant le quantum initial de celle-ci, dès lors que l'auteur de l'infraction a déjà été condamné pénalement et définitivement pour des faits antérieurs par une juridiction française[829]. La loi encadre précisément les cas de récidive et exige une condamnation antérieure définitive, c'est-à-dire pour laquelle toutes les voies et délais de recours ont été épuisés.

Toutefois, la notion juridique de récidive, qui revêt un sens particulièrement étroit par rapport aux définitions sociologiques ou criminologiques[830], distingue les effets d'aggravation de la peine en fonction de l'infraction initiale, premier terme de la récidive. Celle-ci est générale et perpétuelle s'agissant des crimes et des délits punis de dix ans d'emprisonnement. Ainsi, le *quantum* de la peine pourra être dépassé par la juridiction de jugement lorsque l'individu aura commis de nouveau un crime. La récidive peut ensuite être générale et temporaire ; la possibilité d'une aggravation de la peine applicable est alors limitée dans le temps. Ainsi, en vertu de l'article 132-9 al. 1er C.pén., l'individu, déjà condamné définitivement pour un crime ou un délit puni de dix ans d'emprisonnement, peut voir sa peine doublée lorsqu'il commet dans le délai de dix ans un nouveau délit puni de dix ans d'emprisonnement. Enfin, la récidive peut être spéciale et temporaire. La loi attache, en vertu de l'article 132-10 C.pén., le doublement de la peine à l'individu qui commet dans les cinq ans le même délit puni d'une peine inférieure à dix ans d'emprisonnement ou un délit assimilé.

Ainsi, la notion de récidive confère au juge de jugement le pouvoir de déterminer la dangerosité de l'individu résultant de la commission antérieure d'une infraction. Cette application de la circonstance aggravante des articles 132-8 et suivants du Code pénal permet au juge pénal de s'affranchir du maximum de la peine prévue par la loi en dépassant la peine normalement applicable[831] pour l'infraction considérée. Toutefois, l'application de la

---

[828] F. Desportes et F. Le Gunehec, *Droit pénal général, op.cit.* n°923 et s.

[829] J-C. Soyer, *Droit pénal et procédure pénale, op.cit.*, n°434 et s.

[830] Au sens large, la récidive correspond au fait, pour une personne « *qui a commis un premier crime, de recommencer son activité criminelle, que le premier crime ait été détecté ou non* », V. not. G. Kellens, *Éléments de criminologie*, 1998, Bruylant, Erasme, p. 212 et s. ; M. Herzog-Evans, Récidive, *op.cit.*, n°3 et s.

[831] En principe, la récidive entraîne le doublement du maximum de la peine applicable sauf, en matière de crimes punis de trente ans de réclusion ou de détention criminelle pour lesquels la loi prévoit la perpétuité.

récidive trouve ses limites dans la définition qui lui a été donnée par le législateur. Le juge ne saurait ignorer cette dernière en vertu du principe de l'interprétation stricte de la loi pénale de l'article 111-4 C.pén.

Ainsi, en dehors des cas de récidive de crime à crime ou de délit puni de plus de dix ans d'emprisonnement à crime auxquels la loi confère un caractère général et perpétuel en vertu de l'article 132-8 C.pén., l'application de ce mode d'aggravation des peines est limité par les cas de récidives temporaires ou spéciales.

Tout d'abord, la récidive est dite temporaire dès lors que le législateur assigne à l'application de ce mode d'aggravation de la peine une exigence d'ordre temporel. Ainsi, il ne peut y avoir de récidive légale que si la nouvelle infraction est commise avant l'expiration d'un délai de dix ou cinq ans à compter de l'expiration ou de la prescription de la peine[832]. Ensuite, le caractère spécial de la récidive vient encadrer l'application de celle-ci en imposant que le second terme de la récidive soit soumis à une condition matérielle résidant dans l'identité des infractions commises constituant les deux termes de la récidive.

L'opinion de certains auteurs tempère cependant les distinctions entre, d'une part, caractère général et spécial et, d'autre part, caractère temporaire et perpétuel de la récidive. En effet, la nature de la seconde infraction n'est « *pas totalement indifférente à l'existence d'un état de récidive* »[833]. Ainsi, le caractère général ou spécial de la récidive n'aurait qu'une influence limitée sur le domaine d'application de la notion.

Egalement, le caractère temporaire ne serait pas de nature à limiter l'application de la récidive dès lors que le délai ne court qu'à compter, non pas du prononcé de la peine, mais de l'expiration ou de la prescription de la peine.

594. Avant les lois du 12 décembre 2005 relative au traitement de la récidive et du 10 août 2007 renforçant la lutte contre la récidive des majeurs et des mineurs[834], la portée de la récidive était limitée dès lors qu'elle ne constituait qu'une faculté pour le juge de dépasser le maximum de la peine applicable pour l'infraction nouvellement commise. Cependant, cette liberté du juge est, aujourd'hui, largement encadrée par la volonté du législateur d'associer à la commission d'une nouvelle infraction une peine plus forte se traduisant en premier lieu par la multiplication récente des peines assimilées en matière délictuelle permettant le jeu de l'article 132-10 C.pén.

---

[832] Art. 132-9 et 132-10 C.pén.

[833] F. Desportes et F. Le Gunehec, *Droit pénal général*, *op.cit.* n°925.

[834] Loi n°2007-1198 du 10 août 2007, JO du 11 août 2007, p. 13466.

En effet, la loi n°2005-1549 du 12 décembre 2005 relative au traitement de la récidive des infractions pénales[835] a étendu la liste des infractions assimilées énumérées par le Code pénal aux articles 132-16, 132-16-1[836] et 132-16-2[837]. Ladite loi de 2005, en insérant au Code pénal les articles 132-16-3 et 132-16-4 issus de son article 1er, vient ainsi compléter les possibilités de mise en œuvre de la récidive[838].

Au-delà, du point de vue des procédures alternatives aux poursuites, l'apport législatif réside dans l'introduction, à l'article 132-16-7 C.pén., de la notion de réitération d'infractions, laquelle, bien que proche de la récidive et visant à entraîner un durcissement dans le prononcé de la peine en cas de commission nouvelle d'infractions, n'est pas inédite[839].

En effet, la commission d'une nouvelle infraction, intervenant après jugement définitif par une juridiction de jugement, entraîne non pas un doublement de peine mais le cumul des peines, dès lors que les règles strictes de la récidive ne sont pas applicables[840].

La réitération d'infractions entraîne donc une aggravation arithmétique de la répression de l'agent qui n'avait pas été consacrée juridiquement par le législateur. Elle constitue dès lors une « *récidive de fait*[841] » et démontre l'existence d'une position intermédiaire entre récidive et concours réel d'infractions. Ce concours ou cumul d'infractions est la situation dans laquelle l'individu a commis plusieurs infractions sans encore avoir fait l'objet, pendant le temps de la commission de celles-ci, d'une condamnation définitive. Cette situation est, en principe, favorable au délinquant car le Code pénal écarte le cumul des peines de même nature[842].

---

[835] Loi n°2005-1549 relative au traitement de la récidive des infractions pénales (JO 13 décembre 2005, p. 19152).

[836] Article 10 de la loi n°98-468 du 17 juin 1998 relative à la prévention et à la répression des infractions sexuelles ainsi qu'à la protection des mineurs (JO 18 juin 1998, p. 9255). Cette disposition assimile, au regard de la récidive, les délits d'agressions sexuelles et d'atteintes sexuelles comme une même infraction.

[837] L'article 4 de la loi n°2003-495 du 12 juin 2003 renforçant la lutte contre la violence routière (JO 13 juin 2003, p. 9943) est venu compléter la liste des infractions assimilées en matière de délits non intentionnels d'homicide involontaire ou d'atteinte à l'intégrité physique involontaire commis à l'occasion de la conduite d'un véhicule terrestre à moteur.

[838] M. Herzog-Evans, Les dispositions relatives à la récidive dans la loi n°2005-1549 du 12 décembre 2005, D. 2006, chron., p. 182 et s. ; M. Herzog-Evans, Récidive : surveiller et punir plus plutôt que prévenir et guérir, *in Récidive : quelles réponses judiciaires* ?, *A.J. Pénal*, Dossier, p. 305 et s. ; M. Herzog-Evans, Récidive, *Rép.pén. Dalloz*, n°6 et s.

[839] J-F. Seuvic, Loi n°2005-1549 du 12 décembre 2005 sur la récidive. Pluralité d'infractions : concours, récidive, réitération, *Rev.sc.crim.*, 2006, p. 353.

[840] A. Darsonville, La réitération, ou la consécration légale d'une notion hybride, *op.cit.*

[841] R. Merle et A. Vitu, *Traité de droit criminel*, t.1, 7e éd., Cujas, 1997, n°824.

[842] Art. 132-3 et 132-4 C. Pén. ; V. J.-H. Robert, *Droit pénal général, op.cit.,* p. 401.

Jusqu'à l'adoption de la loi n°2005-1549 du 12 décembre 2005[843], la réitération d'infractions ne constituait qu'une conséquence des effets qu'attache le droit pénal aux situations dans lesquelles un individu confirme son activité délictueuse. Toutefois, le législateur, dans sa volonté d'une réponse pénale systématique et adaptée aux circonstances de l'infraction, a introduit dans le Code pénal la réitération comme une modalité de prononcé des peines complémentaire de la récidive[844].

B - Une notion complémentaire de la récidive

596. Le constat de la nécessité de recourir à une solution complémentaire à l'application de la récidive découle des conditions strictes posées par les articles 132-8 et suivants C.pén[845]. En effet, pour une partie de la doctrine, la notion de récidive, ne jouant pas pour toutes les infractions, « *dispose d'un champ d'application étendu quoiqu'elle ne reçoive pas, en pratique, toute l'ampleur que les textes laisseraient attendre* »[846]. Toutefois, la volonté de répression accrue amorcée notamment par les lois du 9 septembre 2002 et du 9 mars 2004, ajoutée à celle d'un déplacement du pouvoir d'opportunité de la sanction pénale du magistrat du siège à celui du parquet, n'a pas opté pour une réforme des conditions d'application de la récidive.

En effet, une première proposition de loi, déposée sur le bureau de l'Assemblée Nationale le 4 février 2004[847], a souhaité une réforme de la récidive visant notamment à instaurer un caractère automatique de l'aggravation des peines lors de la commission d'infractions en état de récidive. La proposition des parlementaires prévoyait l'application de peines minimales de trois ou cinq ans d'emprisonnement en matière criminelle et l'introduction d'une échelle de récidive en matière délictuelle. Egalement, le texte proposé tendait à l'inapplicabilité des règles relatives au non-cumul et à la confusion des peines aux récidivistes ainsi que des aménagements

---

[843] Loi n°2005-1549 relative au traitement de la récidive des infractions pénales, *op.cit.*

[844] La réitération a été également qualifiée de « *récidive avortée* » par la doctrine (J-H. Robert, Les murailles de silicium, loi n°2005-1549 relative au traitement de la récidive des infractions pénales, *op.cit.*).

[845] P. Conte et P. Maistre du Chambon, *Droit pénal général,* Coll. U., 7e éd., Paris, Armand Colin, 2004, n°508 et s. ; J. Pradel, *Droit pénal général*, 159e éd., Paris Cujas, 2012, n°656 et s.

[846] B. Bouloc et H. Matsopoulou, *Droit pénal et procédure pénale, op.cit.*, n°959. G. Stefani, G. Levasseur et B. Bouloc, *Droit pénal général*, Coll. Précis Dalloz, 19e éd., Paris, Dalloz, 2005, n°658 et s. ; Sur la question du récidivisme : V. B. Bouloc, Le récidivisme, *Rev.sc.crim.*, 1983, p. 199 et s.

[847] Proposition de loi n°1399 tendant à instaurer des peines minimales en matière de récidive, sur l'initiative de C. Estrosi et G. Léonard, Assemblée nationale, 4 février 2004.

de peine prononcés par le juge de l'application des peines[848]. Cette proposition, jugée trop proche du système judiciaire américain, ne fut pas examinée par l'Assemblée Nationale et le Sénat mais entraîna la mise en œuvre d'une mission parlementaire. Un rapport fut déposé au bureau de l'Assemblée Nationale le 16 décembre 2004[849], lequel renonce à une réforme profonde de la récidive et à l'instauration de peines planchers[850].

Les parlementaires furent également saisis, à l'occasion de ce rapport, de l'examen d'une proposition de loi visant à l'introduction de la notion de réitération, définie comme complémentaire de la récidive et permettant de concrétiser l'apport d'une réponse pénale systématique à la commission de toute infraction[851]. Cette solution visait, d'après les travaux parlementaires, à s'affranchir des règles strictes de la récidive tout en entraînant des effets plus radicaux que cette dernière. En effet, la proposition de loi, telle qu'adoptée par l'Assemblée nationale, énonçait l'application des conséquences liées à la mise en œuvre de la réitération en dehors de l'existence d'une condamnation pénale définitive. Egalement, son application ne se trouvait pas subordonnée au pouvoir d'appréciation du juge répressif dans la détermination de la peine, mais était automatique.

Le texte, prévoyant l'intégration au Code pénal d'une nouvelle section relative à la réitération, a également été adopté par le Sénat, ce dernier lui apportant un certain nombre de correctifs[852]. Ainsi, la proposition de loi prévoyait la création d'un nouvel article 132-16-6 du Code pénal définissant la réitération comme *« la situation de la personne ayant déjà été condamnée définitivement pour un crime ou un délit et qui commet une nouvelle infraction ne répondant pas aux conditions de la récidive légale »*.

Le deuxième alinéa[853] de cette disposition tendait à encadrer la mission du rôle du juge lors de la détermination de la sanction pénale en empêchant le jeu de la confusion de peines tendant à décrédibiliser l'action de la justice pénale.

---

848 P. Poncela, La question de la récidive, *Rev sc. crim.*, 2005, p. 613.

849 Rapport d'information n°1718 sur le traitement de la récidive des infractions pénales, déposé par P. Clément et G. Léonard, 7 juillet 2004.

850 Cette renonciation sera toutefois de courte durée. En effet, la loi n°2007-1198 du 10 août 2007, renforçant la lutte contre la récidive des majeurs et des mineurs instaure l'obligation, presque incontournable, pour le magistrat du siège d'appliquer une peine minimale en cas de récidive.

851 Proposition de loi n°1961 relative au traitement de la récidive des infractions pénales à l'initiative de P. Clément et G. Léonard, Assemblée nationale, 16 décembre 2004.

852 La proposition de loi a été adoptée par le Sénat le 10 février 2005.

853 Art. 132-16-6 projeté : *« Il y a réitération d'infractions pénales lorsqu'une personne a déjà été condamnée pour un crime ou un délit et commet une nouvelle infraction sans que les*

Lors de son adoption le 10 février 2005, le Sénat, craignant une dérive *« du système pénal français vers un régime à l'américaine*[854] *»*, a supprimé du projet initial la possibilité d'un cumul des peines sans limites attaché à la prise en compte par la juridiction de la situation de réitération de l'individu. Cependant, cette disposition fut réintégrée au texte définitif lors de son adoption définitive.

597. La loi du 12 décembre 2005 insère ainsi la notion de réitération d'infractions au sein même du Code répressif comme une modalité d'application des peines. En conséquence, la commission d'une nouvelle infraction entraîne une aggravation du sort de l'individu[855]. Intégrée finalement dans un nouvel article 132-16-7 du Code pénal, elle concrétise l'orientation du législateur vers une conception largement répressive de la confirmation par l'individu de son activité délictueuse. Elle conforte aussi l'idée d'un recul du pouvoir du juge dans la détermination de la sanction pénale, amorcé par les lois des 9 septembre 2002 et 9 mars 2004.

En effet, l'alinéa second du nouvel article 132-16-7 C.pén. prévoit expressément l'impossibilité de la mise en œuvre de la confusion des peines pour lui substituer le cumul des peines sans limitation de quantum. Le recul du pouvoir de détermination de la sanction pénale par le juge du siège se trouve encore accentué par la modification amorcée par l'article 4 de la loi du 12 décembre 2005, de l'article 132-24 C.pén. relatif au principe de personnalisation de la sanction pénale.

Ainsi, au principe de la personnalisation des peines, cette loi a ajouté un second alinéa disposant que *« la nature, le quantum et le régime des peines prononcées sont fixés de manière à concilier la protection effective de la société, la sanction du condamné et les intérêts de la victime avec la nécessité de favoriser l'insertion ou la réinsertion du condamné et de prévenir la commission de nouvelles infractions »*[856].

---

conditions de la récidive légale ne soient remplies. La juridiction saisie prend en considération les antécédents du prévenu pour prononcer la peine et en déterminer le régime. »
« Les peines prononcées pour des infractions commises en situation de réitération se cumulent sans limitation de quantum et sans qu'il soit possible d'ordonner leur confusion. »

[854] Rapport G. Léonard n°2452 au nom de la commission des lois, sur la proposition de loi modifiée par le Sénat, enregistré à la Présidence de l'Assemblée Nationale le 6 juillet 2005, p. 19.

[855] Il convient de préciser qu'il n'est pas nécessaire que l'infraction nouvellement commise en état de réitération soit de même nature que celle pour laquelle l'individu a déjà été condamné, A. Kensey, Définir et mesurer la récidive : nécessité d'éclairer le débat, *A.J. Pénal*, 2007, p. 393.

[856] Art. 4 de la loi n°2005-1549 du 12 décembre 2005 précitée.

Cette disposition, depuis reconduite au sein du nouvel article 130-1 C. pén. issu de la loi du 15 août 2014[857], apporte un tempérament important au principe de l'individualisation de la peine. Les dispositions désormais applicables encadrent l'activité du juge pénal dans la détermination de la sanction en l'invitant à prendre en considération les trois objectifs, déjà intégrés aux articles 41-1 et 707 C.pr.pén., c'est-à-dire lès intérêts de l'ordre public au sens strict, ceux de l'auteur et de ceux de la victime.

Ainsi, depuis la loi du 12 décembre 2005, ces trois objectifs président à la détermination de la réponse pénale à apporter tant au moment du choix procédural qu'à celui de la détermination de la sanction et de l'exécution de celle-ci.

Au-delà de sa définition légale comme mode d'aggravation de la peine, complémentaire de la récidive, la réitération n'est toutefois pas ignorée des procédures mises en œuvre en amont de tout déclenchement de l'action publique. Elle peut, ainsi, être découverte à l'occasion de l'application des procédures alternatives aux poursuites et conserver son caractère d'aggravation du sort de l'auteur des faits. Toutefois, s'agissant des procédures alternatives, la réitération est sensiblement différente de la notion usuelle définie par la doctrine et le législateur. Elle s'affranchit de l'exigence d'une condamnation définitive pour jouer à l'intérieur même de l'interaction qui apparaît entre les processus alternatifs et démontre l'existence d'une légalité procédurale organisée en système.

§ II - L'incidence de la réitération en matière de procédures alternatives

598. L'existence d'un système général organisant les procédures alternatives entre elles repose en effet sur le concept de réitération. Le recours à celui-ci entraîne un certain nombre de conséquences sur la situation personnelle de l'auteur de l'infraction lors de l'application des procédures alternatives aux poursuites. Pourtant, bien que le législateur ne l'ait pas consacré expressément, des indices permettent de découvrir une sorte de réitération du comportement délictueux que l'on peut qualifier en abrégé de « procédurale », utilisée comme mécanisme organisant les procédures alternatives entre elles et avec la poursuite classique. Ainsi, le concept de réitération délictueuse procédurale présente des caractères et

---

[857] Loi n° 2014-896 du 15 août 2014 relative à l'individualisation des peines et renforçant l'efficacité des sanctions pénales, *op.cit.*

des effets différents de la notion instituée par le législateur du 12 décembre 2005. Cependant, comme avec cette dernière, le sort pénal de l'auteur de l'infraction se trouve ici durci.

A - L'existence d'une réitération spécifique au sein des procédures alternatives

599. La réitération d'ordre procédural appliquée aux alternatives aux poursuites dépasse la simple circonstance du renouvellement par l'auteur des faits de son activité délictuelle. Elle se sépare donc *a priori* de la simple commission d'une nouvelle infraction et s'attache à la prise en compte du comportement de l'auteur. Il faut, pour s'en convaincre, se livrer à une interprétation du dernier alinéa de l'art. 41-1 C.pr.pén.[858], relatif à la non-exécution de la mesure par l'auteur des faits, ce texte pouvant donner lieu à deux analyses.

600. D'une part, le terme de « mesure » peut signifier, dans l'esprit du législateur, la sanction résultant du déroulement d'un processus de nature alternative quel qu'il soit. Le refus de l'auteur des faits de participer à une procédure de médiation pénale, par exemple, n'est alors pas susceptible d'entraîner l'application du dernier alinéa de l'art. 41-1 C.pr.pén. En ce cas, le parquet recouvre l'intégralité de son pouvoir d'opportunité résultant de l'art. 40 C.pr.pén. et peut décider de la mise en œuvre d'une autre mesure alternative énoncée à l'art. 41-1 C.pr.pén. Dans l'hypothèse d'une telle interprétation du dernier alinéa de l'art. 41-1 C.pr.pén., le parquet devrait, dans un souci de cohérence du traitement à apporter à l'infraction commise, choisir la mesure de l'art. 41-1,4° C.pr.pén. consistant en la demande faite à l'auteur des faits de réparer le dommage causé à la victime, revêtant, comme la médiation pénale, une nature restitutive.

D'autre part, le terme de « mesure » de l'art. 41-1 al. 8 C.pr.pén. peut faire l'objet d'une autre interprétation. En effet, il peut être considéré comme étant aussi relatif à la notion de procédure alternative elle-même. Dans cette hypothèse, le refus, par l'auteur des faits, de voir une telle procédure mise en œuvre peut lui être reproché et entraîne les effets de l'art. 41-1 al. 8 C.pr.pén. Cette interprétation du texte doit être préférée à la précédente.

---

[858] « En cas de non-exécution de la mesure en raison du comportement de l'auteur des faits, le procureur de la République, sauf élément nouveau, met en œuvre une composition pénale ou engage des poursuites »

L'article 41-1 al. 1 C.pr.pén. fait référence à la notion de mesure pour désigner l'ensemble de l'arsenal alternatif offert au procureur de la République. Ainsi, dans un souci de cohérence du texte dans son ensemble, le dernier alinéa de l'article 41-1 C.pr.pén. doit être compris comme concernant, outre la sanction résultant de l'application d'une procédure alternative, le processus mis en œuvre lui-même.

Le choix de cette dernière analyse de l'art. 41-1 al. 8 C.pr.pén. n'est pas sans conséquence. En effet, le refus de l'auteur des faits d'agréer la résolution alternative du conflit né de l'infraction commise doit être considéré comme une non-exécution du processus en raison de son comportement. En application du dernier alinéa de l'art. 41-1 C.pr.pén., ce refus empêche la mise en œuvre d'une autre des mesures alternatives figurant au même article.

601. En conséquence de cette analyse, cette réitération « *en cas de non-exécution de la mesure en raison du comportement de l'auteur des faits* », c'est-à-dire procédurale, se distingue clairement de la réitération d'infraction définie à l'article 132-16-7 C.pén. Le concept de réitération présentement utilisé s'affranchit d'une condamnation pénale définitive. En effet, la réitération procédurale ne requiert, pour jouer, qu'une confirmation des faits délictueux résultant d'une obstination de l'auteur dans son refus du règlement alternatif[859].

La réitération ne se limite donc pas à l'hypothèse de la commission d'une nouvelle infraction. Elle dispose d'un sens procédural pour être comprise comme une « réitération-confirmation » définie comme l'obstination de l'auteur des faits traduisant une persistance dans la violation de la loi pénale[860]. Cette circonstance, tirant son existence de la notion de « *consuetudo deliquendi* »[861] justifie alors l'aggravation du sort de l'individu tant au regard des exigences procédurales qu'à celui des sanctions applicables.

La réitération appliquée aux procédures alternatives s'inscrit dans la volonté du législateur d'un traitement pénal systématique. Elle produit ses effets dès lors que l'application d'une procédure alternative a été décidée et que celle-ci a échoué à cause du comportement de l'auteur de l'infraction.

---

[859] F. Ludwiczak, Essai de conceptualisation nouvelle d'une notion ancienne : la récidive, *Rev.pénit.* 2009. 305.

[860] Sur la définition de la réitération, V. G. Cornu, *Vocabulaire juridique*, Puf, 6e éd., 2004, p. 780. Cette notion y est également définie comme la persévérance dans la violation d'un devoir.

[861] M.-H. Renault, De la notion de *consuetudo deliquendi* au concept de dangerosité, *Rev.sc.crim.* 2000, p. 319.

Ainsi, les indices de l'existence d'une réitération en matière de procédures alternatives se découvrent au stade du déroulement procédural lui-même et non par la succession de deux infractions.

602. Les indices relatifs à l'existence de la réitération procédurale peuvent être tirés des articles 41-1 et 41-2 C.pr.pén. En effet, ces procédures alternatives, bien que présentées comme des mesures favorables au délinquant, entraînent néanmoins certaines conséquences en cas d'échec dû à son comportement. Ainsi, en vertu de l'article 41-1 al. 8 C.pr.pén., l'échec de la procédure entraîne, en principe, la mise en œuvre d'une composition pénale ou le déclenchement de l'action publique. De la même manière, le refus pour l'auteur de l'infraction d'exécuter les mesures de composition pénale qu'il a initialement acceptées permettent au parquet de déclencher l'action publique.

Ces dispositions démontrent la volonté d'une réponse systématique et graduée face à la commission d'une infraction et confirment l'introduction d'une forme particulière de réitération au sein même de l'application des procédures alternatives.

603. Au-delà des indices de l'existence du concept procédural de réitération issus des articles 41-1 et 41-2 C.pr.pén. eux-mêmes, d'autres sources rendent effective l'incidence d'une réitération procédurale lors de l'application des procédures alternatives. Il s'agit tout d'abord de la circulaire du 16 mars 2004 par laquelle la Chancellerie précise expressément que la mise en œuvre d'un stage de citoyenneté, décidée par le parquet en application de l'article 41-1, 2° C.pr.pén., doit tendre notamment à la prévention de la réitération.

L'existence de la réitération-confirmation peut, ensuite, être découverte à l'occasion d'autres mesures alternatives extérieures aux articles 41-1 et 41-2 C.pr.pén. En effet, en matière contraventionnelle, la mise en œuvre de la procédure de l'amende forfaitaire, prévue par les articles 529 et s. C.pr.pén., fournit une réponse pénale graduée. Là encore, la seule attitude de l'auteur s'avère déterminante. Dès lors que l'individu paie immédiatement ou dans les délais fixés le montant de l'amende, la procédure va rapidement à son terme. Cependant, la résistance, passive ou active, de l'auteur de la contravention entraîne l'application de l'amende forfaitaire majorée, correspondant à une réponse pénale plus sévère en dehors de toute commission d'une nouvelle infraction[862].

---

[862] On constate les mêmes effets en matière de contraventions au Code de la route, pour lesquelles le refus de payer le montant de l'amende est pris en compte. L'amende forfaitaire est d'abord minorée, puis simple, puis enfin majorée.

La même observation peut être faite à propos de la procédure, voisine de la précédente, de l'indemnité forfaitaire régie par les articles 529-3 et s. C.pr.pén. En l'absence de commission d'une nouvelle infraction, le refus par le contrevenant de payer le montant de la transaction entraîne, en vertu de l'article 529-5 al. 2 C.pr.pén., la mise en œuvre de la procédure de l'article 529 C.pr.pén. et rend le contrevenant redevable de l'amende forfaitaire majorée.

Un jeu identique de la réitération procédurale se retrouve lors de la mise en œuvre des alternatives thérapeutiques. La procédure d'injonction thérapeutique, instituée par l'article L. 3423-1 C. santé pub. ne constitue plus la seule réponse pénale en matière de toxicomanie. En effet, depuis la loi du 5 mars 2007[863] relative à la prévention de la délinquance, le parquet dispose de la faculté, au titre de l'article 41-1, 2° C.pr.pén. de proposer au consommateur de stupéfiants de suivre un stage de sensibilisation aux dangers de l'usage de tels produits. En cas de non-exécution de la mesure en raison du comportement de l'auteur des faits, le procureur de la République peut mettre en œuvre une composition pénale et dispose d'une option procédurale. Il peut décider de soumettre l'auteur de l'infraction, soit à l'accomplissement d'un stage de nature identique à celui de l'article 41-1, 2° C.pr.pén.[864], soit à une injonction thérapeutique en vertu de l'article 41-2, 17° C.pr.pén. L'échec de la mesure de composition pénale entraînera la mise en mouvement de l'action publique[865].

Enfin, la réitération procédurale peut encore être découverte en matière de transactions administratives. S'agissant de ces dernières, le non-paiement du montant déterminé par transaction entraîne le déclenchement des poursuites par l'administration elle-même.

604. La réitération-confirmation revêt certains caractères qui la rapprochent de la récidive légale ou de la réitération d'infractions telle que celle-ci résulte de l'article 132-16-7 C.pén. Ainsi, elle a avant tout un caractère personnel attaché exclusivement au comportement de l'auteur de l'infraction. En application du dernier alinéa de l'article 41-1 C.pr.pén., le

---

[863] Loi n°2007-297 du 5 mars 2007 relative à la prévention de la délinquance.

[864] Article 41-2, 15° C.pr.pén.

[865] Outre son introduction au sein des mesures d'orientation vers une structure sanitaire, sociale ou professionnelle et de composition pénale par la loi n°2007-267 du 5 mars 2007, l'injonction thérapeutique peut, en vertu de l'article L. 3423-1 C. santé pub., être décidée indépendamment de l'application des articles 41-1, 2° et 41-2, 17° C.pr.pén. Toutefois, le refus du consommateur de stupéfiants d'y participer peut, lui aussi, entraîner le déclenchement des poursuites (art. L. 3423-1 al. 3 C. santé pub).

législateur ne fait dépendre la mise en œuvre d'une procédure plus répressive que du seul comportement de l'auteur de l'infraction. Celui de la victime, bien qu'il puisse entraîner l'échec de la mesure, ne conduit pas à une répression accrue de l'auteur. Ainsi, en cas d'échec d'un processus alternatif dû au comportement de la victime, la mise en mouvement d'une poursuite pénale résultera le plus souvent de la volonté de celle-ci plus que de celle du parquet.

La réitération-confirmation a aussi un caractère matériel. Il ne s'agit pas strictement d'une réitération d'infractions, mais d'un comportement rendant plus sérieux les faits initiaux reprochés à l'auteur. Il permet de conférer à cette réitération procédurale un effet d'aggravation du sort de l'individu proche de la récidive. En effet, le refus par l'auteur d'exécuter les mesures auxquelles il s'est préalablement engagé renforce la gravité des faits initiaux vu qu'il tente, par sa mauvaise foi, de s'affranchir à nouveau des prescriptions de la loi. La concrétisation de l'aggravation du sort de l'auteur des faits résultera de la mise en œuvre d'une procédure plus répressive substituant ou ajoutant aux effets initialement envisagés une ou plusieurs sanctions plus sévères.

B - Les effets de la réitération-confirmation sur l'application des procédures alternatives

605. La réitération-confirmation a un rôle proche de la récidive. Malgré l'absence de jugement préalable définitif, par définition inenvisageable en la matière, la réitération entraîne une aggravation de la situation pénale de l'individu en raison de son attitude. Ainsi, la mauvaise foi de l'auteur autorise le parquet à opter pour une procédure plus répressive permettant l'application d'une sanction pénale plus sévère, car proche d'une peine, voire le prononcé d'une véritable peine par le déclenchement de l'action publique.

La réitération procédurale joue, à l'instar de la récidive, un rôle de répression mais aussi de prévention de la commission d'une nouvelle infraction. Elle contribue au caractère admonestatif des mesures alternatives en recherchant la prise de conscience par l'auteur des faits que son attitude au cours de la procédure peut, soit justifier un traitement plus doux, soit entraîner le déclenchement d'une solution plus répressive. Dès lors, la réitération-confirmation substitue aux circonstances de l'infraction devant être prises en compte par le juge pénal dans la détermination de la peine, le comportement de l'auteur découlant, en raison de sa mauvaise foi, de son refus d'exécuter volontairement les mesures alternatives.

606. Le domaine de la réitération procédurale s'avère particulièrement large. Il ne se cantonne pas à la non-exécution des sanctions décidées dans le cadre du processus, mais recouvre l'ensemble des situations dans lesquelles le comportement de l'auteur est déterminant quant au succès de la procédure : ainsi, le refus de l'auteur de participer à une médiation pénale ou encore l'arrêt du traitement dans le cadre d'une injonction thérapeutique a pour conséquence d'entraîner, à l'encontre de l'auteur, une aggravation de sa situation qui s'ajoute à la gravité des faits initialement commis. Cette réitération-confirmation ne s'arrête donc pas, à l'inverse de la récidive, à la commission d'une nouvelle infraction mais prend en compte l'attitude même de l'auteur pendant le déroulement procédural des mesures alternatives.

Toutefois, cette prise en compte du comportement de l'auteur des faits présente des effets limités. Les procédures alternatives ne peuvent, en principe, avoir aucun effet sur l'action publique pouvant être déclenchée ultérieurement. Dès lors, les faits avoués ou révélés à l'occasion d'une procédure alternative ne peuvent servir de base au procès qui s'ensuit en cas d'échec.

607. La réitération-confirmation emprunte, au moins partiellement, à la récidive en ce qu'elle permet d'établir un premier terme procédural de la réitération, lequel a pour objet d'éviter le renouvellement d'une même procédure alternative pour l'individu réitérant.

Ainsi, la conclusion d'une transaction administrative entraîne pour certaines administrations l'inscription du transigeant sur une liste particulière remplissant en quelque sorte le rôle de casier judiciaire, permettant à l'administration d'être plus sévère en cas de réitération de l'infraction, ce qui peut alors déboucher sur le déclenchement de l'action publique[866]. De la même manière, les parquets disposent d'une gestion automatisée des mesures d'injonction thérapeutique permettant de ne pas renouveler la mesure pour l'individu réitérant. Un système de mémoire procédurale avait également été élaboré concernant les injonctions pénales. Cependant, ce registre national des injonctions fut abandonné lors de la censure de la loi par le Conseil constitutionnel dans sa décision du 2 février 1995.

La composition pénale, inspirée de cette mesure avortée, n'a pas reconduit la création d'un casier judiciaire *bis* envisagé alors[867]. Toutefois, la loi du 9 septembre 2002 prévoit l'inscription des compositions pénales exécutées au bulletin n°1 du casier judiciaire, ce qui confirme l'existence

---

[866] E. Gherardi, L'ambiguïté des relations entre droit administratif et droit pénal, *op.cit.*, p. 916.
[867] J. Volff, Un coup pour rien !, l'injonction pénale et le conseil constitutionnel, *op.cit.*, p. 203.

d'une mémoire des procédures dont a déjà bénéficié un individu et qui constituent un premier terme de la réitération procédurale. Cependant, ce premier terme ne peut être assimilé à celui requis pour la récidive.

En effet, ce dernier ne peut être constitué que par « *la condamnation pénale définitive et toujours existante prononcée par une juridiction française* »[868] ou par une juridiction pénale d'un Etat membre de l'Union européenne[869]. En effet, la composition pénale, quoique proche de la mise en mouvement de l'action publique en raison de l'intervention d'un magistrat du siège chargé de la valider, ne peut pas être assimilée à une condamnation au sens juridique du terme, laquelle ne peut provenir que d'une autorité ayant juridiction et imposant à un individu une sanction à raison des agissements qui lui sont imputés[870]. Or, de même que l'exemption de peine, l'ajournement et la dispense de peine, consécutifs à une déclaration de culpabilité faite devant le juge, ne peuvent constituer le premier terme de la récidive, la reconnaissance de la commission de l'infraction faite devant le ministère public ou son représentant à l'occasion d'une procédure alternative n'a pas davantage d'effet.

Cependant, l'inscription de cette mesure au bulletin n°1 du casier judiciaire constitue une mémoire judiciaire mise à la disposition du parquet qui s'interdit la proposition d'une nouvelle mesure de composition pénale en cas de réitération d'une infraction par un individu ayant déjà bénéficié d'une telle mesure, cette dernière devant être réservée, en vertu de la circulaire du 11 juillet 2001[871], aux primo-délinquants.

Ce dernier aspect de la composition pénale s'est vu confirmé par la loi dite du 9 mars 2004, laquelle ordonne désormais au parquet de mettre en œuvre l'action publique en cas de non-exécution de la mesure de composition pénale mais également en cas de refus de la mesure proposée. Ainsi, en vertu de l'article 41-2 C.pr.pén., la non-exécution, mais aussi le refus de la mesure proposée doivent être analysés, comme une réitération entendue dans son acception procédurale, dès lors qu'ils sont imputables à l'auteur de l'infraction.

Enfin, la réitération procédurale permet d'ériger les procédures alternatives au rang des processus remplissant une véritable mission de justice. En vertu de l'article 41-1 al. 1er C.pr.pén., les procédures alternatives visent soit la réparation du dommage causé à la victime, soit la cessation du

---

[868] F. Desportes et F. Le Gunehec, *op.cit*, n°924 et s.
[869] Article 132-16-6 C.pén. issu de la loi n°2005-1549 du 12 décembre 2005, *op.cit.*
[870] G. Cornu, *Vocabulaire juridique*, 6e éd, 2004, p. 198.
[871] Circulaire CRIM 01-14 F1, du 11 juillet 2001, *op.cit.*

trouble causé à l'ordre public, soit enfin, le reclassement de l'auteur de l'infraction. Dès lors, parce qu'aucune d'entre elles ne permet d'assurer l'ensemble des buts d'une véritable mission de justice, il peut être fait grief à ces procédures de ne pas remplir pleinement le rôle de remplacement de la justice traditionnelle qui leur est attribué.

Toutefois, le concept de réitération procédurale contourne cet obstacle en offrant la possibilité d'atteindre successivement l'ensemble de ces objectifs. En effet, le dernier alinéa de l'article 41-1 C.pr.pén. prévoit la possibilité de mettre en œuvre une composition pénale en cas d'échec de la mesure initiale. Ainsi, l'échec d'un rappel à la loi, auquel on a affecté un caractère admonestatif tendant au reclassement de l'auteur de l'infraction, ou d'une médiation pénale, tendant à la réparation du dommage causé à la victime, entraînera l'application d'une mesure recherchant en priorité la sanction de l'individu et la cessation du trouble causé à l'ordre public.

En dehors des procédures des articles 41-1 et suivants C.pr.pén., l'échec de la procédure de l'indemnité forfaitaire, visant, elle aussi, à la seule réparation du dommage subi par la victime, entraîne le déclenchement de la procédure voisine de l'amende forfaitaire, ne cherchant, à l'exemple de la composition pénale, que la sanction de l'individu.

Enfin, s'agissant de certaines procédures, telles que les transactions administratives ou l'injonction thérapeutique, pour lesquelles aucune autre solution alternative n'est prévue en cas d'échec, l'ensemble des objectifs du traitement classique de l'infraction doit être pleinement rempli par la saisine des juridictions répressives. Cette possibilité reste d'ailleurs toujours ouverte. Le parquet n'est jamais tenu de mettre en œuvre un processus alternatif et peut toujours lui préférer le déclenchement de l'action publique.

Ainsi, le concept de réitération entendu dans un sens procédural joue un rôle essentiel en matière de procédures alternatives et permet d'établir un véritable régime juridique graduel de ces dernières, lequel montre les différentes interactions de ces processus entre eux et avec l'action publique.

SECTION II - INTERACTION DES PROCÉDURES ALTERNATIVES ET MISE EN ŒUVRE DE L'ACTION PUBLIQUE

608. Le concept de réitération-confirmation explique l'organisation des procédures alternatives en système autonome recherchant l'accomplissement d'une réelle mission de justice. Ainsi, bien que l'ensemble des procédures alternatives existantes à l'intérieur et à l'extérieur du Code de procédure pénale ne bénéficie pas d'un régime unique, le concept proposé permet d'élaborer un classement graduel des procédures alternatives n'excluant pas un traitement final de l'infraction par la voie classique de la poursuite pénale.

§ I - Interaction des procédures alternatives entre elles

609. La diversité des procédures alternatives rend le classement opéré par les articles 41-1 et 41-2 C.pr.pén. incomplet dès lors que la procédure pénale connaît d'autres modes de résolution des litiges issus de la commission d'une infraction en amont de l'action publique.

Il est tout de même possible de découvrir un principe directeur applicable à l'ensemble des procédures alternatives permettant de les organiser en degrés.

A - La détermination d'une articulation des procédures alternatives

610. La recherche d'une organisation des procédures alternatives a permis de les classer en fonction de l'objectif dominant visé lors de leur application. En effet, il a alors été possible de découvrir le rôle fondamental du premier alinéa de l'article 41-1 C.pr.pén. relatif aux objectifs pouvant justifier la mise en œuvre des mesures alternatives de cette disposition.

Toutefois, ces trois objectifs de réparation du dommage résultant de l'infraction, de cessation du trouble à l'ordre public et de reclassement de l'auteur ont une portée plus vaste que celle relative à l'application des seules mesures de l'article précité. En effet, la qualification de mesure restitutive dépasse les simples procédures de médiation pénale ou d'injonction de réparer de l'article 41-1, 4° C.pr.pén. et peut être attribuée à la mesure d'injonction thérapeutique pourtant extérieure à l'énumération contenue dans l'article 41-1 C.pr.pén.

De même, la nature essentiellement répressive de la mesure de composition pénale est revêtue aussi dans le domaine contraventionnel, par la procédure de l'amende forfaitaire.

D'autres procédures, enfin, assurent une réparation particulière du dommage causé à la victime, tout en correspondant à l'impératif de réparation du premier alinéa de l'article 41-1 C.pr.pén.

611. Cependant, les procédures alternatives ne répondant qu'à un seul des objectifs de l'article 41-1 C.pr.pén., l'idée d'une justice alternative proche de la justice pénale classique ne peut être effective que s'il existe une organisation interne des procédures alternatives permettant l'application successive de plusieurs d'entre elles visant des objectifs différents. Le législateur a consacré la possibilité d'une interaction des procédures alternatives entre elles afin d'éviter la saisine dans tous les cas du juge pénal lors de l'échec d'une mesure alternative initiale. En effet, l'amende forfaitaire permet de prendre le relais en cas d'échec de la mise en œuvre antérieure d'une procédure d'indemnité forfaitaire.

Toutefois, si à une mesure réparatrice succède un processus sanctionnateur, l'existence de ce dernier, intervenant tant pour des infractions de très faible importance que pour des infractions plus graves entraînant la détermination d'une sanction pénale par le procureur de la République, permet d'écarter l'objectif de réparation du dommage causé à la victime comme constituant à lui seul un premier degré de répression alternative.

Ainsi, la Chancellerie, dans la circulaire du 16 mars 2004[872] relative à la politique pénale en matière de réponses alternatives, a consacré pleinement l'existence d'une organisation interne des procédures alternatives à l'occasion de la détermination des critères d'application de chacune d'elles. En effet, dès lors que l'article 41-1 al. 8 C.pr.pén. renvoie, en cas d'échec, le traitement de l'infraction à la mise en œuvre de la composition pénale ou au déclenchement de l'action publique, la circulaire précitée invite les parquets à privilégier cette procédure en cas de non-exécution de la mesure initiale ne revêtant pas exclusivement un caractère réparateur.

Ainsi, le critère directeur de l'organisation interne des procédures alternatives se révèle être celui de la proximité la plus immédiate du déclenchement de l'action publique en cas d'échec imputable à l'auteur de l'infraction. En effet, l'échec d'une indemnité forfaitaire ne permet pas d'engager les poursuites mais oriente la procédure vers celle de l'amende forfaitaire. Seule cette dernière débouche sur la mise en œuvre de l'action publique en cas de résistance de l'auteur de la contravention.

De même, la non-exécution d'un stage alternatif ou d'une médiation pénale autorise le parquet certes à saisir le juge répressif, mais aussi à mettre en œuvre une composition pénale lui permettant de conserver l'entière maîtrise de la procédure et le pouvoir de déterminer la nature et le quantum de la sanction.

Cependant, si certaines procédures alternatives ne révèlent pas la même existence d'une organisation interne, c'est en raison de leur caractère très spécialisé résultant de la situation particulière de l'auteur de l'infraction ou de la victime de celle-ci. Toutefois, la présence d'exceptions ne remet pas en cause l'existence de deux degrés de répression alternative.

---

[872] Circ. crim. 2004-03 E5, du 16 mars 2004, *op. cit.*

B - La distinction de deux degrés de procédure alternative

612. L'organisation en deux degrés permet à ces procédures de s'efforcer d'accomplir une véritable mission de justice. Elles restent toutefois fondées, quant à leur mise en œuvre, sur une appréciation des faits et de la personnalité de l'auteur par l'organe disposant de l'initiative procédurale. Ainsi, les deux degrés de répression alternative sont de nature variée et ne se bornent pas toujours à la sanction de l'auteur de l'infraction ; ils reflètent la segmentation de la notion d'ordre public intégrant en son sein la défense d'intérêts particuliers.

1 - Les procédures de premier degré

613. Les procédures de premier degré sont diverses et transcendent la distinction entre alternatives réparatrices et sanctionnatrices. Ainsi, il peut, d'abord, s'agir de certaines mesures restitutives. En effet, la médiation pénale ou, la mesure proche, édictée par l'article 41-1, 4° C.pr.pén. consistant en l'injonction faite par le procureur à l'auteur des faits de réparer le dommage causé à la victime de l'infraction, constituent une faveur pour l'auteur de voir l'infraction qu'il a commise traitée sans entraîner de sanction pénale autre que celle consistant à indemniser la victime de l'infraction.

Ensuite, la mesure d'indemnité forfaitaire de nature rétributive doit être considérée comme constituant un premier degré de répression alternative dès lors qu'elle ne vise qu'à l'indemnisation pécuniaire de la victime disposant du pouvoir d'initiative de la procédure.

Il y a lieu d'y ajouter les autres mesures de l'article 41-1 C.pr.pén. de nature admonestative et n'entraînant en cas de réussite qu'un simple classement sans suite.

Il est possible de reconnaître à ces mesures un caractère de premier degré de répression alternative dès lors que leur échec laisse l'auteur de l'infraction assez éloigné du déclenchement de l'action publique.

614. Toutefois, il est nécessaire d'apporter des précisions particulières s'agissant des mesures alternatives thérapeutiques prévues par les articles 41-1, 2° et L. 3423-1 C. santé pub. L'alternative thérapeutique issue de l'article L. 3423-1 C. santé pub. voit son domaine d'application considérablement restreint par les circulaires du 16 mars 2004 et du 9 mai 2008 qui la cantonnent au traitement des consommateurs de drogues dures. La distinction nouvelle entre consommateurs de drogues douces et dures ne semble pas se justifier même si elle ne va pas jusqu'à remettre en cause la nature restitutive de l'injonction thérapeutique. Bien que ces textes aient pour effet de restreindre l'application de l'injonction thérapeutique en lui préférant pour une large part le recours au processus alternatif de l'article 41-1, 2° C.pr.pén. dont les modalités apparaissent plus légères, les deux mesures visent de façon similaire à la remise en état de cet individu particulier, victime de sa propre infraction. Il faut toutefois regretter l'hypocrisie de ce sous-système alternatif résultant de la mise en œuvre d'une mesure alternative de lutte contre la toxicomanie constituée par un simple stage de sensibilisation, alors que la véritable mesure médicale ne sera envisagée qu'après réitération de la conduite répréhensible. En effet, les circulaires précitées n'envisagent le traitement de la consommation occasionnelle de drogues dures que par la mise en œuvre de la mesure de l'article 41-1, 2° C.pr.pén. Or, l'injonction thérapeutique ne trouvera application qu'en cas de répétition de l'usage de stupéfiants caractérisant alors une réitération.

En définitive, ces mesures emportant les mêmes conséquences sur l'action publique, démontrent à tout le moins une différence de traitement des consommateurs de stupéfiants fondée sur une distinction entre usage occasionnel, habituel et répété de drogues douces et drogues dures sans réel fondement et appréciée par un organe sans compétence médicale. Ainsi, la circulaire du 16 mars 2004 permettant à l'évidence une passerelle entre la mise en œuvre de la mesure de l'article 41-1, 2° C.pr.pén. et celle de l'article L. 3423-1 C. santé pub., cette dernière doit être envisagée comme une procédure de second degré de répression alternative.

2 - Les procédures de second degré

615. Les procédures de second degré de répression par la voie alternative concernent, comme des mesures de premier degré, un ensemble de nature assez hétéroclite. De plus, elles ne disposent pas d'un effet commun quant à l'extinction de l'action publique, certaines entraînant par leur application l'extinction de celle-ci, d'autres au contraire ne comportant qu'un effet suspensif. Egalement, elles ne visent pas toutes à l'application d'une sanction de nature pénale, proche de la peine prononcée par une juridiction répressive.

Enfin, leur déclenchement ne réside pas dans le seul pouvoir d'opportunité des poursuites dont l'exercice est confié au représentant du parquet. Toutefois, leur mise en œuvre est autonome et concerne un certain nombre d'infractions précisées par le législateur mais également les situations dans lesquelles le comportement de l'auteur démontre une aggravation de l'infraction commise, témoignant de la confirmation de celle-ci et permettant alors de considérer l'attitude de l'individu sinon comme une réitération au sens classique, à tout le moins comme une résistance au traitement pénal de l'infraction.

616. Ce second degré de répression est, tout d'abord, constitué par la procédure de composition pénale. En effet, elle a vocation à traiter la majorité des mesures de l'article 41-1 C.pr.pén. quelle que soit leur nature restitutive ou admonestative. Cette mesure constitue un véritable second degré de répression en amont de toute saisine du juge pénal dès lors que la Chancellerie prévoit expressément la possibilité pour le parquet de l'appliquer en cas d'échec des mesures alternatives initialement mises en œuvre au titre de l'article 41-1 C.pr.pén.

Ainsi, même si elle revêt d'une nature essentiellement répressive, la Chancellerie lui confère la mission de résolution des conflits familiaux non réglés par la médiation pénale. Cette possibilité induite par la circulaire du 16 mars 2004 était d'ailleurs, expressément prévue par celle du 11 juillet 2001 relative à la présentation des dispositions de la loi du 23 juin 1999 relative à l'efficacité de la procédure pénale[873].

Ensuite, la procédure de l'amende forfaitaire constitue également une mesure alternative de second degré. Elle a, comme la composition pénale, une nature répressive et sert de relais à la procédure de l'indemnité forfaitaire, en vertu de l'article 529-5 al. 2 C.pr.pén. De la même manière, cette procédure permet de sanctionner l'auteur qui, par son attitude, aggrave l'infraction commise du fait de son refus d'indemniser la victime.

617. Les procédures alternatives de second degré ne disposent pas, tout comme celles du premier degré, d'un régime commun. La composition pénale et l'amende forfaitaire, entraînant toutes deux la détermination d'une sanction pénale aux vertus répressives et proche dans sa forme de la peine, ont pour effet d'éteindre l'action publique. Toutefois, à l'image des procédures de premier degré, les procédures de second degré ne visent pas toutes, d'une part, la simple répression de l'auteur de l'infraction et n'emportent pas unanimement, d'autre part, l'extinction de l'action publique.

Ainsi, la Chancellerie tentant d'affecter la mesure d'injonction thérapeutique au traitement des usages répétés de drogues dures, celle-ci doit être considérée comme une procédure de second degré dès lors que la réitération d'un usage occasionnel des mêmes produits ayant fait l'objet d'un traitement par le biais de la mesure de l'article 41-1, 2° C.pr.pén. permet

---

[873] Circ. CRIM 2001-14 F du 11 juillet 2001, *op.cit* ; J-P. Céré, Vers une peine négociée ? *A.J. Pénal*, 2003, p. 45.

de qualifier la consommation de répétée[874]. La procédure de l'article L. 3423-1 C. santé pub. fait ainsi pleinement partie des mesures de second degré parce qu'elle trouve une partie de son application fondée sur la réitération de l'activité délictuelle.

618. Enfin, la pratique de la transaction administrative doit aussi être considérée comme une procédure de second degré. Toutefois, elle constitue une exception à l'application de la réitération dès lors que sa mise en œuvre ne se fonde pas sur une confirmation de l'attitude délictueuse de l'individu. Egalement, elle ne vise pas, à l'instar de l'injonction thérapeutique, à la répression de l'auteur de l'infraction mais à la réparation du dommage causé à la victime.

Néanmoins, en raison de ses effets et du caractère dérogatoire de sa mise en œuvre, il reste possible de l'affecter au second degré de répression alternative. Tout d'abord, elle permet, en vertu de l'article 6 al. 3 C.pr.pén., de voir attachée à son exécution une extinction de l'action publique la rapprochant de la composition pénale. Ensuite, elle dispose d'une place dérogatoire dans l'ordonnancement des phénomènes alternatifs résultant de la nature particulière de la victime de l'infraction et de la possibilité de confondre cette dernière avec l'organe disposant de l'initiative procédurale. En effet, les transactions administratives voient leur mise en œuvre réalisée par un pouvoir d'opportunité exceptionnellement exercé par les administrations elles-mêmes.

619. L'existence de deux degrés de répression alternative fondée sur la notion de réitération tend à démontrer la volonté attachée à ces procédures d'une substitution à la justice ordinaire. En effet, la loi du 9 mars 2004, en renforçant le recours aux modes alternatifs en matière pénale, a assuré la cohérence de l'interaction des procédures entre elles en organisant une véritable mémoire procédurale par la création, à l'article 48-1 C.pr.pén., d'un bureau d'ordre national automatisé des procédures judiciaires constitué par un fichier relevant notamment les plaintes et dénonciations et destiné à gérer le suivi des procédures judiciaires par les juridictions compétentes[875]. Ce nouvel outil au service des juridictions et des parquets permet en outre de

---

[874] De même l'article 41-2, 17° C.pr.pén., issu de la loi n°2007-297 du 5 mars 2007 relative à la prévention de la délinquance, ne remet pas en cause cette observation. La faculté offerte au parquet de proposer, dans le cadre de la composition pénale, une mesure d'injonction thérapeutique confirme cette analyse.

[875] B. Bouloc, Loi du 9 mars 2004 portant adaptation de la justice aux évolutions de la criminalité, *Rev.sc.crim.*, 2004, p. 678.

prouver la réitération des faits par un même individu et d'éviter que celui-ci bénéficie une nouvelle fois de la même mesure alternative.

Ces procédures confiant majoritairement au parquet le soin de remplir les rôles traditionnels du juge répressif ne retirent pas la possibilité pour ce dernier ou pour la victime de saisir la juridiction pénale compétente. Ainsi, s'il a été possible de démontrer une interaction des procédures alternatives entre elles, la notion de réitération consacre également la possibilité d'une interaction des voies alternatives avec le déclenchement de l'action publique.

§ II - Interaction des procédures alternatives et de l'action publique

620. Le système de légalité procédurale va au-delà des simples alternatives à la poursuite. En effet, les procédures alternatives présentant une interaction entre elles qui les organise en deux degrés d'intervention, l'échec de ces diverses mesures entraîne le déclenchement de l'action publique. Cette faculté de mettre en œuvre la poursuite pénale constitue, d'une part, une manifestation du pouvoir d'opportunité et, d'autre part, permet à l'ensemble du système de légalité procédurale d'être en conformité avec l'article 6 §1er C.E.S.D.H. garantissant pour tout justiciable l'accès au tribunal et le droit d'être jugé. Toutefois, l'existence de procédures dérogatoires au domaine d'application encadré par le législateur constitue parfois un frein à l'accès du justiciable à son juge naturel.

A - La réitération-confirmation comme fondement de la mise en œuvre de l'action publique

621. L'existence d'une organisation interne en raison de l'interaction des procédures alternatives entre elles consacre l'idée d'un glissement de la procédure pénale vers un système d'opportunité des poursuites renforcé établissant, par la volonté du législateur d'une réponse pénale systématique, un nouveau principe de légalité du traitement procédural de l'infraction à l'intérieur duquel le recours aux procédures alternatives est optimisé. En effet, le recours à la notion de « réitération confirmation » appliquée aux procédures alternatives permet à ces dernières de s'efforcer de remplir les missions traditionnelles de justice, tout en assurant un traitement effectif, rapide et simplifié des infractions, dans un but de désengorgement des tribunaux.

Toutefois, le rôle nouveau du ministère public semblant à première vue encadré par le législateur lui permet de conquérir les pouvoirs du juge pénal en matière de détermination de la sanction pénale et d'exécution de celle-ci.

L'existence d'un système procédural alternatif à l'intérieur même de la légalité du traitement procédural reste souple en raison de la permanence du principe d'opportunité des poursuites. En effet, la possibilité de mettre en œuvre les procédures alternatives ne constitue qu'une faculté pour le représentant du parquet qui peut toujours en raison de la personnalité de l'auteur ou des circonstances de l'infraction, décider de classer sans suite ou de déclencher l'action publique.

Toutefois, si la mise en œuvre des poursuites ne constitue qu'une possibilité lors de l'échec de l'une des mesures de l'article 41-1 C.pr.pén., elle s'avère obligatoire en vertu de l'alinéa 20 de l'article 41-2 C.pr.pén.

Devenant une conséquence de l'échec d'un processus alternatif, elle n'est pas sans susciter quelques hésitations quant à son organisation effective dès lors que les procédures alternatives reposent dans leur principe sur la reconnaissance de l'infraction.

En effet, en matière de composition pénale, la non-exécution de la mesure ou le refus de validation rend la procédure caduque. Toutefois, si le parquet recouvrait, avant l'entrée en vigueur de la loi du 9 mars 2004, l'ensemble de son pouvoir d'opportunité des poursuites, ce texte prévoit expressément qu'en cas d'échec, le procureur de la République met en œuvre l'action publique, sauf élément nouveau.

Cette situation, similaire à l'échec d'une C.R.P.C., est susceptible d'entraîner un certain nombre de difficultés. Ainsi, le principe demeure celui de l'absence d'évocation devant la juridiction nouvellement saisie des aveux faits antérieurement à la caducité et de la non transmission du procès-verbal relatant la composition pénale. D'après la circulaire du 2 septembre 2004[876] relative à l'application de la C.R.P.C., l'objectif n'est pas de parvenir à ce que la juridiction ignore totalement la procédure antérieure et les aveux qui en ont découlé. Cependant, l'absence d'évocation doit permettre une préservation de l'ensemble des droits de la défense du prévenu mais aussi d'éviter le risque d'une inspiration par la juridiction pénale des peines acceptées antérieurement.

Toutefois, la situation en matière de composition pénale laisse persister quelques doutes quant à la réalité de l'indépendance des deux procédures. L'échec de la composition pénale devant entraîner, de la même manière que pour la C.R.P.C. une non-évocation de la procédure précédente devant la juridiction saisie, ce silence ne peut être total. En effet, l'article 41-2 al. 20 C.pr.pén. prévoit qu'en cas de poursuites et de condamnation, il est tenu

[876] Circulaire CRIM, 2004-12 E8 du 2 septembre 2004, *op.cit.*

compte du travail déjà accompli ou des sommes déjà versées. Cette disposition issue de la loi du 9 mars 2004 fait l'aveu d'une connexion, certes partielle, entre les deux procédures et fait courir le risque d'une sévérité accrue de la juridiction. Dès lors, l'absence d'un total cloisonnement entre les deux procédures permet à la reconnaissance de l'infraction effectuée dans le cadre de la procédure alternative de rejaillir de manière indirecte sur la mise en œuvre de l'action publique. Ainsi, l'échec de la procédure alternative en raison du comportement de l'auteur de l'infraction, en ce qu'il permet le déclenchement des poursuites, entraîne un phénomène de réitération ayant une influence directe sur la sévérité de la sanction pénale prononçable.

622 La même situation d'une aggravation de la peine en cas de saisine de la juridiction consécutivement à l'échec de la procédure alternative a été consacrée par le législateur.

En effet, en cas de résistance de l'auteur des faits en matière d'amende forfaitaire, l'O.M.P. doit saisir, en vertu de l'article 530-2 C.pr.pén., la juridiction de jugement compétente en la matière conformément aux articles 524 à 528-2 C.pr.pén.

Or, lorsque l'infraction poursuivie résulte de la violation du Code de la route, la juridiction saisie se trouve dans l'obligation de prononcer une amende augmentée de dix pour cent.

Cette situation particulièrement répressive permet de prendre la mesure de la notion de réitération appliquée aux procédures alternatives permettant d'aggraver la peine applicable sur le seul fondement du comportement de l'auteur des faits et, en l'occurrence, par l'utilisation du droit fondamental à être jugé.

Enfin, l'absence d'évocation de la procédure antérieure devant le tribunal doit être considérée comme illusoire dès lors que la victime dispose, lorsque la composition pénale mais aussi l'ordonnance pénale ne règlent pas les intérêts civils, du pouvoir de saisir la juridiction ne statuant alors que sur ces derniers. L'évocation n'aura certes pas d'incidence sur la situation pénale de l'individu, mais l'appréciation par le juge de la gravité de la faute commise entraîne le risque d'une estimation majorée des dommages subis.

623. La notion de réitération nouvellement introduite par le législateur dans le Code pénal trouve à s'appliquer en matière de procédures alternatives a pour conséquence une aggravation de la répression de l'auteur de l'infraction sans toutefois entraîner les effets radicaux de l'article 132-16-7 C.pén. Pour autant, le déclenchement de l'action publique consécutivement à l'échec des procédures alternatives, en raison du comportement de l'auteur, constitue une pénalisation accrue de ce dernier et participe à l'effectivité d'une réponse pénale systématique.

La confirmation d'une activité contraire aux prescriptions de la loi pénale, résultant du son refus de participer à une procédure alternative ou d'exécuter une sanction résultant de la mise en œuvre de cette dernière, permet à l'auteur des faits d'accéder à son juge naturel. Toutefois, cet accès au juge pénal n'entraîne pas systématiquement une comparution devant la juridiction pénale compétente composée ordinairement. En effet, la loi prévoit l'existence de procédures accélérées de jugement, tant en matière contraventionnelle qu'en matière délictuelle, disposant d'un domaine précis quant aux infractions et constituant un mode de poursuite cohérent en cas d'échec de certaines procédures alternatives de second degré. Néanmoins, si ces modes de poursuites accélérées prennent logiquement la suite des procédures alternatives qui ont échouées et offrent un accès du justiciable au juge pénal, ils sont aussi synonymes d'économie de certaines garanties procédurales.

Toutefois, leur mise en œuvre, postérieurement à l'échec d'une procédure alternative, résulte non seulement de l'infraction initialement commise ayant motivé un tel mode de règlement du litige, mais aussi des prévisions de la loi. Ainsi, elles peuvent se présenter comme de véritables modes alternatifs au jugement de l'infraction intervenant consécutivement aux procédures alternatives, soit en raison des prévisions de la loi elle-même, soit en raison du contexte procédural propice à leur application.

B - Les procédures simplifiées comme alternative au jugement de l'infraction

624. Les procédures alternatives aux règlements des conflits en matière pénale permettent pour une large part le traitement de l'infraction en amont de toute poursuite. Cependant, le législateur réserve toujours la possibilité d'une mise en œuvre de l'action publique. Cette option offerte, en principe au seul parquet, peut toutefois se présenter à l'auteur des faits comme une stratégie de défense. Tel est le cas en matière d'amende forfaitaire pour laquelle l'utilisation d'une voie de recours résultant de la procédure elle-même permet à terme le déclenchement de l'action publique sous une forme particulière, en vertu du premier alinéa de l'article 530-1 C.pr.pén[877].

[877] Le représentant du ministère public peut en effet saisir le tribunal de police par la voie de la procédure de l'ordonnance pénale des articles 524 et suivants du Code de procédure pénale, nonobstant le droit pour la partie lésée de procéder par voie de citation directe.

Néanmoins, les poursuites, engagées consécutivement à l'échec des procédures alternatives, n'ont pas systématiquement pour effet de présenter l'auteur de l'infraction devant sa juridiction naturelle composée ordinairement. Bien au contraire, la loi permet la mise en œuvre de procédures simplifiées s'accommodant de certaines règles de forme applicables au cours du procès classique[878].

Dès lors, à la diversité des procédures alternatives existantes correspond un chemin procédural particulier dont fait partie intégrante le déclenchement de l'action publique lui-même. En cas d'échec de la procédure de l'amende forfaitaire, la juridiction compétente en matière de contravention doit être saisie, en vertu de l'article 530-1 al. 2 C.pr.pén., selon les procédures des articles 524 à 528-2 C.pr.pén. Tout d'abord, la mise en œuvre de la poursuite peut être faite sous la forme de l'ordonnance pénale en matière contraventionnelle. L'auteur d'une contravention, après avoir subi une procédure entièrement administrative, se voit jugé selon une procédure sans débat et non motivée pouvant entraîner le prononcé de peines complémentaires telles que la suspension ou l'annulation du permis de conduire. Cependant, en vertu de l'alinéa second de l'article 525 C.pr.pén., seulement lorsqu'il estime un débat nécessaire, le juge compétent peut renvoyer le ministère public à saisir la juridiction selon la voie ordinaire.

Egalement, depuis l'entrée en vigueur de la loi du 26 janvier 2005[879], la possibilité pour le contrevenant d'accéder à un juge s'éloigne un peu plus encore en raison de la compétence des juges de proximité pour les contraventions des quatre premières classes[880].

Enfin, si le jugement des contraventions après l'échec d'une procédure alternative ne permet pas au justiciable d'être jugé par la voie ordinaire, la même situation apparaît en matière de délit lors de l'échec d'une composition pénale.

625. Le législateur du 9 mars 2004, en créant la procédure de C.R.P.C., a étendu le domaine de la procédure de composition pénale aux infractions

---

[878] La procédure de l'ordonnance pénale pouvant notamment être déclenchée à la suite de l'échec de l'amende forfaitaire entraîne, en effet, une décision rendue non contradictoirement sauf si, en vertu du 3e alinéa de l'article 525 C.pr.pén., le juge du tribunal de police ou de la juridiction de proximité estime le débat contradictoire utile.

[879] Loi n°2005-47 relative aux compétences des tribunaux de police, des juridictions de proximité et des tribunaux de grande instance, *op.cit.*

[880] La loi n° 2011-1862 du 13 décembre 2011 relative à la répartition des contentieux et à l'allègement de certaines procédures juridictionnelles ne supprimera pas cette critique dès lors que si ce texte supprime la juridiction de proximité, il maintient les juges la composant.

punies de cinq ans d'emprisonnement conférant aux deux procédures un régime commun quant aux infractions et à leur fondement sur le principe de la reconnaissance de sa responsabilité par l'auteur. S'il a déjà été possible de comparer les deux procédures, la faculté, pour le parquet, de déclencher l'action publique en cas d'échec de la composition pénale désigne naturellement la C.R.P.C. comme procédure de jugement en interaction avec le processus alternatif de l'article 41-2 C.pr.pén.

Destinées toutes deux au traitement d'infractions de gravité équivalente, l'application de l'une ou de l'autre dépend, pour l'essentiel, de la volonté du procureur de la République, de son appréciation de la gravité des faits commis et de la sanction qu'il entend voir appliquée. Il y a lieu de s'interroger sur la pertinence de la coexistence de ces deux procédures et sur le risque d'inégalité entre les justiciables.

En effet, pour une infraction similaire, les auteurs concernés pourront se voir proposer deux procédures voisines, l'une ne pouvant entraîner qu'un certain nombre de mesures énumérées par la loi, l'autre pouvant au contraire permettre le prononcé d'une peine d'emprisonnement ferme d'un an maximum[881]. S'agissant de l'appréciation par le parquet de la gravité des faits, répondant à la volonté du législateur de 2004 d'une réponse pénale systématique, venant réinterpréter le principe de l'opportunité des poursuites par l'introduction d'un article 40-1 C.pr.pén., il reste possible de douter de son effectivité.

626. Ainsi, la tentative de distinction entre la gravité des faits commis justifiant la mise en œuvre d'une composition pénale ou d'une C.R.P.C. n'est pas convaincante. Malgré l'invitation faite par le législateur au parquet à apporter une réponse pénale systématique à chaque infraction dont il aura connaissance, la question du critère justifiant la mise en œuvre de l'une ou de l'autre procédure ne peut se poser qu'à travers l'appréciation du trouble causé à l'ordre public. Or, à la question posée, les réponses apportées ne sont pas décisives tant la frontière entre les deux procédures est mince. En effet, réserver la mise en œuvre de la composition pénale aux affaires moyennement sérieuses et la C.R.P.C. aux affaires assez sérieuses n'est pas satisfaisant dès lors que le degré de gravité entre les deux types d'affaires est impalpable, s'agissant de deux procédures applicables en théorie aux mêmes faits, sans distinction par le législateur ni par la Chancellerie[882] quant

[881] Article 495-8 al. 2 C.pr.pén.

[882] Circulaire CRIM 2004-12 du 2 septembre 2004 relative à la présentation des dispositions de la loi n°2004-204 du 9 mars 2004 portant adaptation de la justice aux évolutions de la criminalité relatives à la procédure de comparution sur reconnaissance préalable de culpabilité.

à l'importance de ceux-ci[883]. La coexistence dans le Code de procédure pénale de ces deux procédures ne peut se justifier dès lors que la procédure nouvelle de l'article 495-7 C.pr.pén. permet le prononcé de peines similaires aux mesures de l'article 41-2 C.pr.pén.

Ainsi, la mise en œuvre de l'une ou de l'autre procédure sera décidée non plus simplement en fonction de la gravité de l'infraction mais en fonction de l'importance de l'affaire dans tous ses éléments, c'est-à-dire par rapport à l'appréciation par le magistrat du parquet des circonstances dans lesquelles l'infraction a été commise, de la personnalité de l'auteur et de l'importance du préjudice causé à la victime. Ainsi, l'enchevêtrement des deux procédures permet d'assister à un traitement avancé et renforcé de l'infraction commise. La recherche du traitement le plus approprié à apporter à l'infraction et à son auteur se trouve déplacée du stade de l'appréciation de la sanction pénale la plus adéquate, faite classiquement à l'audience, à celui du choix de la procédure la plus propre à entraîner une sanction efficace.

627. Toutefois, le choix laissé au parquet de déterminer la mesure la plus prompte à entraîner une sanction efficace ne se place pas obligatoirement au stade de la décision sur l'opportunité des poursuites. En effet, si l'on a pu dire que la mise en œuvre de la composition pénale accorde un effet juridique à l'aveu[884] par la reconnaissance de l'infraction, la Chancellerie n'a pas hésité à mettre à profit la proximité des deux procédures en organisant, par la voie de la circulaire du 2 septembre 2004, une véritable passerelle entre la procédure de l'article 41-2 C.pr.pén. et celle du « plaider coupable » des articles 495-7 et suivants du même Code. Toutefois, le Conseil d'Etat, dans sa décision du 26 avril 2006[885], a annulé la circulaire précitée prévoyant notamment la mise en œuvre de la passerelle entre les deux procédures dès lors que le délégué du procureur se voit chargé de proposer directement la peine. Le Conseil d'Etat a en effet considéré que la proposition de la peine par le délégué et non par le procureur de la République est contraire aux dispositions de l'article 495-8 C.pr.pén. Néanmoins, l'existence même d'une passerelle entre les procédures des articles 41-2 et 495-7 et suivants C.pr.pén. ne se voit pas censurée dans son principe par le juge administratif.

---

[883] J. Pradel, Vers un aggiornamento des réponses de la procédure pénale à la criminalité, apports de la loi n°2004-204 du 9 mars 2004 dite Perben II, *JCP G.*, 2004, I. 132

[884] J. Pradel, une consécration du « *plea bargaining* » à la française, la composition pénale instituée par la loi n°99-515 du 23 juin 1999, D. 1999, *op.cit.* J. Volff, La composition pénale : Un essai manqué !, *op.cit.*, p. 559.

[885] CE, 26 avril 2006, *Droit pénal*, 2006, comm. n°22.

Ainsi, la proposition du parquet de recourir à la composition pénale ne constitue pas une garantie pour le justiciable que l'action publique ne sera pas déclenchée. Cette mesure peut intervenir tant que l'action publique n'a pas été mise en mouvement, le parquet conserve la maîtrise effective de la procédure lui permettant de revenir sur le principe de la composition pénale même une fois celle-ci mise en œuvre.

C'est en raison de cette maîtrise effective du parquet sur la procédure que la circulaire a prévu la possibilité, lors de la mise en œuvre initiale d'une composition pénale, de proposer à l'auteur de l'infraction de recourir à la procédure de C.R.P.C.

628. Cette technique mise en place par le Ministère de la Justice constitue un moyen efficace de promotion[886] de cette procédure de poursuite alternative au jugement classique. Cependant, l'utilisation de la composition pénale comme tremplin à la mise en œuvre d'une espèce particulière de poursuite constitue un contournement de la composition pénale qui doit permettre l'évitement de toute poursuite. De la même manière, elle peut constituer une manipulation de l'aveu de l'auteur des faits qui peut n'avoir consenti à reconnaître sa culpabilité que dans le cadre de la procédure qui lui a été initialement proposée, c'est-à-dire avec l'espoir d'éviter le procès et la peine d'emprisonnement encourue, ce que n'offre pas la procédure de « plaider coupable ».

Cette possibilité offerte par les textes de mettre ces deux procédures en interaction permet de prendre toute la mesure de l'augmentation des pouvoirs du parquet en matière d'apport d'une réponse pénale systématique, par la capacité que lui offre le législateur d'évincer le juge de jugement et de déterminer en grande partie la nature et le quantum de la sanction pénale. La proximité des deux procédures de composition pénale et de C.R.P.C., permettant à la première de succéder à la seconde en cas d'échec, confirme l'organisation systémique des procédures alternatives et des procédures simplifiées de jugement. Ainsi, elle doit écarter tout risque d'affaiblissement de la procédure de composition pénale face à celle de comparution sur reconnaissance préalable de culpabilité[887].

Bien que revêtant la nature d'une procédure simplifiée de jugement, la C.R.P.C. dispose d'une certaine nature alternative. Celle-ci découle, en premier lieu, de l'article 495-12 C.pr.pén. qui régit les conséquences de

---

[886] La C.R.P.C. a pu ainsi être qualifiée de procédure à vocation générale et transversale, F. Molins, Contribution pour un premier bilan de la C.R.P.C. dans une grosse juridiction, *A.J. Pénal*, 2005, p. 443.

[887] J-P. Céré, Vers une peine négociée ?, *op.cit.*, p.46.

l'échec de la procédure. En effet, en cas de refus de la peine proposée au prévenu par celui-ci ou par le juge du siège lors de l'homologation, le procureur de la République doit, sauf élément nouveau, saisir le tribunal correctionnel par citation directe, convocation par O.P.J. ou par comparution immédiate. En second lieu, elle découle de l'article 495-15-1 C.pr.pén. Celui-ci consacre la pratique de la double convocation. Celle-ci fut d'abord condamnée par la chambre criminelle dès un arrêt du 4 octobre 2006[888], selon lequel, la saisine du tribunal correctionnel selon l'un des modes prévus par l'article 388 C.pr.pén. ne peut intervenir avant que le prévenu ait déclaré ne pas accepter la ou les peines proposées ou que le président du tribunal ait rendu une ordonnance de refus d'homologation[889]. L'objectif recherché par la Haute juridiction consistait à limiter les effets de l'aveu fait lors de la procédure de C.R.P.C.[890]. Cependant, la Cour de cassation décida, lors d'un arrêt du 29 octobre 2008[891], d'assouplir sa position en reconnaissant au parquet le pouvoir de saisir le tribunal correctionnel sur le fondement de l'article 388 C.pr.pén., lorsqu'après avoir mis en œuvre une C.R.P.C., il renonce à proposer une peine dans les conditions prévues par l'article 495-8 C.pr.pén. La loi du 12 mai 2009 de simplification du droit[892], avalisant les dispositions de la circulaire du 2 septembre 2004[893], entérine cette solution et autorise, sur le fondement de l'article 495-15-1 c.pr.pén., le procureur de la République à procéder concomitamment à la mise en œuvre d'une C.R.P.C. à une convocation en justice en application de l'article 390-1 C.pr.pén. Cette pratique, dorénavant légale a été réaffirmée par la Cour de cassation dans un arrêt du 24 novembre 2009[894]. Cette position jurisprudentielle est d'ailleurs renforcée par celle du juge constitutionnel qui, saisi d'une question prioritaire de constitutionnalité relative à la conformité de l'article 495-15-1 C.pr.pén. à l'article 9 de la Déclaration des droits de l'homme et du citoyen, a estimé que la pratique de la double

---

[888] Cass. crim. 4 octobre 2006, D. 2007, p. 58, note P.-J. Delage. V. également, Y. Joseph-Ratineau, Contractualisation de la procédure pénale et liberté procédurale du parquet, D. 2008, p. 1035 ; Petites incohérences pratiques résultant de la double convocation dans le cadre de la comparution sur reconnaissance préalable de culpabilité, D. 2009, p. 2815 ; J. Leblois Happe, C.R.P.C. et citation devant un tribunal : pas de concomitance possible, *A.J. Pénal*, 2007, p. 79.

[889] Cass. crim., 14 octobre 2008, *Bull. crim.*, n° 208.

[890] Cass. crim., 17 septembre 2008, *JCP* G., 2008, II, 10194, note Y. Joseph-Ratineau

[891] P.-J. Delage, « Plaider coupable » : le pragmatisme contre la lettre ?, D. 2009, p. 533.

[892] Loi n° 2009-526 du 12 mai 2009 de simplification et de clarification du droit et d'allègement des procédures, JO 13 mai 2009, p. 7920.

[893] Circulaire CRIM. 2004.12 E8, du 2 septembre 2004, *BO Min. Jus.*, n°95.

[894] Cass. crim, 24 novembre 2009, D. 2010, p. 875, note Y. Joseph-Ratineau.

convocation n'est pas contraire à la Constitution. Malgré la décision du 10 décembre 2010[895], tout doute n'est pas écarté quant à la possibilité d'une atteinte aux droits de la défense lors de la procédure de C.R.P.C. En effet, comme l'ont rappelé certains auteurs[896], le prévenu n'a aucun intérêt à contester cette procédure dès lors qu'elle ouvre la voie à une peine plus sévère prononcée par la juridiction de jugement saisie sur le fondement de l'article 390-1 c.pr.pén. Par ailleurs, la recommandation faite au procureur de la République par le Conseil Constitutionnel de choisir une date de convocation devant le tribunal correctionnel suffisamment lointaine pour garantir qu'au jour fixé, la C.R.P.C. a échoué ou que les peines proposées ont été homologuées apparaît aussi contraire à l'impératif d'efficacité et de célérité de la réponse pénale qu'est illusoire l'interdit rappelé par la même décision d'évoquer devant le tribunal correctionnel la procédure initiale mise en échec.

En tout état de cause, malgré les risques persistant pour la garantie des droits de la défense de l'individu mis en cause, la position intermédiaire de la C.R.P.C. entre procédure simplifiée et alternative à la poursuite est confirmée, ainsi que sa nature, déjà évoquée, de poursuite alternative[897].

---

[895] C. const., décision n°2010-77 QPC du 10 décembre 2010, JO 11 décembre 2010, p. 21711.
[896] Y. Joseph-Ratineau, De quelques difficultés issues de la légalisation de la double convocation dans le cadre de la comparution sur reconnaissance préalable de culpabilité, *JCP* G., 2009, 230, P.-J. Delage, Plaider-coupable : la clarification par l'entérinement des pratiques, D. 2009, p. 1650 ; F. Defferrard, La dénaturation du « plaider coupable », *Dr.pén.*, 2009, étude 13.
[897] *Supra* n°60.

CONCLUSION DE LA SECONDE PARTIE

629. Les procédures alternatives découlent de l'exercice de l'opportunité des poursuites. Ce principe, énoncé par l'article 40 C.pr.pén., tire son fondement de la notion d'ordre public. Celle-ci, par la découverte d'une classification des alternatives aux poursuites pénales révèle une mutation profonde concrétisée par une segmentation de son contenu.

Rapproché au principe d'opportunité des poursuites, l'ordre public constitue traditionnellement la justification du pouvoir de réprimer l'individu. Le développement des procédures alternatives sanctionnatrices démontre un déplacement du pouvoir de sanctionner vers le ministère public qui lui permet, par l'appréciation du trouble que cause l'infraction, de proposer la sanction pénale et d'en surveiller l'exécution.

En outre, la mutation de l'ordre public se réalise par l'inclusion de valeurs différentes de celles classiquement protégées. Ainsi, les intérêts particuliers composent un élément nouveau de la notion au même titre que les valeurs, qu'il a été possible de qualifier d'intermédiaires, défendues par certaines victimes chargées d'une mission de service public.

630. Cette intégration de valeurs nouvelles au sein de la notion d'ordre public se réalise par un rôle nouveau de la victime de l'infraction au sein des processus alternatifs qui lui permet d'exiger la réparation du préjudice qu'elle a subi et qui prend sa source dans la commission de l'infraction. Toutefois, le choix entre la réparation du dommage et la répression de l'auteur des faits n'est pas absolu. Parfois, comme en matière d'alternatives rétributives, la réparation contient un aspect punitif destiné à lutter contre la réitération de l'activité délictueuse. La sanction réparatrice issue de l'application de ces processus se rapproche de la notion de peine privée placée en marge de la réparation civile pure et de la peine prononcée par le juge pénal.

631. Dès lors, par le truchement des procédures alternatives aux poursuites et des sanctions qui en découlent, c'est l'appréciation de l'existence d'une infraction qui apparaît. Celle-ci justifie à la fois la faculté d'appliquer une sanction pénale et l'obligation de réparer le préjudice causé à la victime. Ces deux aspects permettent d'entrevoir les hésitations de la procédure pénale entre deux conceptions distinctes et nettement affirmées à propos des procédures alternatives.

Lorsque les faits qualifiés d'infraction sont considérés comme causant avant tout un trouble à l'ordre public, ils supposeront la mise en œuvre d'un processus qui, de manière anticipée, donnent tous les pouvoirs au magistrat du parquet pour décider de la sanction de l'auteur. Dans ce cas, l'infraction, et la sanction répressive qui en découle, suppose une persistance du caractère inquisitoire de la procédure pénale. Au contraire, lorsque les faits commis causent principalement un préjudice à la victime, l'alternative mise en place recherchera avant tout la réparation du dommage et confiera à la victime un rôle central dans la découverte d'une solution au litige. Dans ce cas, la réponse au fait qualifié malgré tout d'infraction, sera entièrement centrée sur la protection des intérêts particuliers et supposera une conception accusatoire de la procédure pénale.

Ces deux impératifs de protection ne sont cependant pas antinomiques. Ils découlent de la mutation de la notion d'ordre public. Ainsi, le traitement de l'infraction contient intrinsèquement une réponse devant sauvegarder les intérêts fondamentaux nécessaires à la conservation de la société mais il constitue aussi, et certaines procédures alternatives le révèlent, le fondement de la protection des intérêts particuliers.

CONCLUSION GÉNÉRALE

632. L'étude des procédures alternatives à la poursuite pénale est révélatrice de l'évolution profonde du système pénal français. Leur classement en deux grandes catégories permet de distinguer, d'une part, celles qui recherchent la sanction de l'auteur de l'infraction et tendent ainsi à se substituer à la procédure de poursuite classique et, d'autre part, celles qui n'entrevoient la résolution du conflit issu de la commission d'une infraction que par la réparation du dommage causé à la victime. Toutefois, la classification proposée de ces procédures quant à leur objectif n'est pas apparue comme devant être comprise strictement. Au contraire, l'étude particulière de chacune d'entre elles démontre une interpénétration des objectifs sanctionnateur et réparateur permettant d'appréhender les procédures alternatives comme un signe, propre à la procédure pénale, de la modification de la nature du critère de l'ordre public fondant la mise en œuvre de la réponse judiciaire.

633. En effet, la notion d'ordre public ne doit plus être envisagée de façon monolithique comme transcendant l'ensemble des intérêts fondamentaux devant garantir la sauvegarde de la société mais comme la somme de tous les intérêts présents à l'intérieur même de l'ordre social devant être protégés à l'occasion de la violation d'une règle pénale. Ainsi, l'ordonnancement des procédures alternatives a permis de mettre en exergue un ordre public segmenté présidant à leur mise en œuvre et n'ayant alors plus comme rôle de représenter les intérêts fondamentaux de la société toute entière. Ce fractionnement de la notion d'ordre public a pu être démontré particulièrement à propos des procédures réparatrices pour lesquelles le conflit né de la commission d'une infraction peut se voir résolu par le simple accord intervenant entre l'auteur de l'infraction et la victime. Si la notion d'ordre public conserve encore les atours de sa définition classique dès lors que la résolution du conflit fait intervenir une victime particulière disposant d'une mission d'intérêt général, elle montre son éclatement lorsque cette victime ne recherche que la réparation de la lésion de ses intérêts privés.

634. Les procédures alternatives mettent en lumière le morcellement de la notion d'ordre public et rendent perceptible, au-delà, une modification certaine de la procédure pénale dérivant vers une privatisation, sinon entière, au moins partielle des modalités de règlement des litiges prenant naissance dans une infraction. Cette dérive de la procédure pénale se constate par l'intervention toujours croissante de la victime dans le processus pénal et ce, même lorsque le législateur, ou les organes auxquels ce dernier enjoint d'intervenir, considère que la mise en œuvre de l'action publique n'est pas nécessaire quoiqu'une réponse aussi légère soit-elle de l'appareil judiciaire soit estimée indispensable. L'intervention de la victime ne préside cependant pas à la mise en œuvre de l'ensemble des procédures alternatives. Mais, son rôle ne cesse de grandir à un point tel qu'il a été possible de découvrir une prise en compte élargie des intérêts de celle-ci à l'occasion du déroulement de procédures recherchant avant tout une répression de l'auteur de l'infraction. Egalement, la prise en compte élargie des intérêts de la victime dépasse le simple cadre des processus alternatifs et se constate au stade du jugement pénal notamment lors du prononcé d'une peine et de l'exécution de cette dernière. Cette prise en compte des intérêts privés dans le cadre du traitement de l'infraction pénale démontre une privatisation réelle de la procédure pénale.

635. Toutefois, cette dérive ne doit pas être confondue avec une contractualisation de la procédure pénale, du reste contestable car par trop éloignée des objectifs fondamentaux du droit pénal. En effet, l'essor des procédures alternatives a pu être maintes fois analysé comme annonçant l'avènement de l'introduction du contrat en procédure pénale dès lors que certaines modalités de résolution des conflits pénaux laissaient une place potentielle à la négociation. Cette analyse a pu être relativisée. D'une part, le consensualisme affirmé de certains processus n'offre pleinement une faculté de négocier qu'à la victime de l'infraction et non à l'auteur de cette dernière qui n'a d'autre choix que d'accepter la proposition de résolution du conflit ou de la refuser au risque de voir déclencher contre lui l'action publique. D'autre part, l'effort de diversification par le législateur des procédures alternatives, depuis la loi du 23 juin 1999, montre la création de processus ne plaçant pas la négociation au centre de leur mise en œuvre.

Au-delà, la prise en compte des seuls intérêts découlant des ordres privés, sous couvert d'un principe de protection de l'ordre public, n'empêche pas un rapprochement de ce système pénal en pleine mutation avec certains systèmes vindicatoires des sociétés moins développées ou d'un autre âge. Il est dès lors possible de rappeler qu'au Bas-Empire, pour ce qu'il appelait les délits privés, le droit romain, et ce, jusqu'au deuxième siècle avant J.C., ne distinguait pas entre les délits pénaux et les délits civils mais prévoyait une procédure mélangeant peine et vengeance mise en œuvre à la demande de la victime elle-même et devant avoir pour conséquence de livrer le coupable au demandeur. La distinction romaine entre crime et délit ne recoupait toutefois pas notre distinction contemporaine. Ainsi, le *crimen* du droit romain ne concernait que les atteintes à la souveraineté de la cité, alors que le délit privé s'entendait de toutes les infractions ayant lésé des intérêts privés et concernait le viol et le meurtre notamment.

L'exemple des procédures alternatives réparatrices démontre ce rapprochement. Certes, il n'est plus question de livrer l'auteur de l'infraction à la vengeance de la victime mais, l'évolution de notre droit pénal vers une mise en avant de la réparation des intérêts privés comme mode de résolution privilégié des conflits pénaux démontre un effacement progressif de la distinction entre infraction pénale et délit civil.

636. Les procédures alternatives permettent dès lors d'expliquer un phénomène de dépénalisation-repénalisation qui préside à leur développement. Ainsi, à un principe initial de dépénalisation fondé sur une volonté élargie du législateur d'ôter à l'appareil judiciaire classique la connaissance et l'appréciation des conséquences de la commission d'une infraction par le biais de l'action publique, succède une repénalisation effective par le truchement des procédures alternatives.

L'effectivité de cette repénalisation peut revêtir tout d'abord une nature purement civile, dès lors que la sanction du non-respect de la règle pénale postule une prise en compte élargie des intérêts de la victime sans entraîner *a priori* une répression de l'auteur par le prononcé d'une peine. Ensuite, elle peut recouvrer une nature répressive renouvelée entraînant une sanction proche de la peine en cas d'échec de l'objectif civil de résolution du conflit initialement envisagé ou, en raison de l'appréciation de la gravité de l'infraction mais sans jamais oublier cependant les intérêts de la victime.

L'articulation entre la repénalisation par voie civile et la repénalisation de nature répressive ne peut être expliquée que par le recours à la notion de réitération entendue dans un sens purement procédural et, dès lors distinct de celle, prétorienne et doctrinale[898], consacrée par le législateur[899] en matière de lutte contre la récidive[900]. Même si elle se voit cantonnée par le texte nouveau à un rôle de mode d'aggravation de la peine prononcée

---

[898] B. Bouloc, *Droit pénal général*, Dalloz, 2005, n°655 ; F. Desportes et F. Le Gunehec, *Droit pénal général*, *op.cit.*, n°893.

[899] Art. 132-16-7 C.pén. « Il y a réitération d'infraction pénale lorsqu'une personne a déjà été condamnée définitivement pour un crime ou un délit et commet une nouvelle infraction qui ne répond pas aux conditions de la récidive légale.

Les peines prononcées pour l'infraction commise en réitération se cumulent sans limitation de quantum et sans possibilité de confusion avec les peines définitivement prononcées lors de la condamnation précédente »

[900] Loi n°2005-1549 du 12 décembre 2005 relative au traitement de la récidive des infractions pénales (JO 13 décembre 2005, p. 19152).

par le juge répressif, c'est à dire lorsque l'action publique est mise en œuvre, la notion de réitération intervient en matière de procédures alternatives, et notamment dans l'articulation existant entre celles-ci, en permettant un durcissement de la réponse pénale. Celle-ci évolue ainsi d'une simple obligation de réparation civile des conséquences de l'infraction à une sanction purement répressive. Par le jeu de cette réitération particulière, la décision du parquet sur l'opportunité de l'action publique devient temporaire. Elle donne, en effet, à la nature des conséquences découlant de la commission d'une infraction un caractère fluctuant. Cette imprévisibilité découle *ab initio* de l'appréciation faite par le magistrat du parquet de l'existence du trouble causé à l'ordre public. Ce trouble pouvant alors être faible ou fort voire non significatif, l'ordre public ne constitue plus une notion à l'origine même de la définition de l'infraction pénale. Il devient une condition de nature procédurale justifiant la mise en œuvre de la mesure alternative la plus adéquate.

637. Le contenu de la notion ne sort qu'altéré de ce dévoiement et rend équivoque l'objet d'une diversité de la réponse pénale révélant l'attraction du droit pénal, par essence répressif, vers le droit civil, par nature réparateur. Or, si l'évolution sociale et juridique cherche ce rapprochement, il n'en reste pas moins que les notions de droit pénal et de procédure pénale, essentielles en dernier recours contre les violations du pacte social, doivent être sauvegardées en tentant de conserver la signification fondamentale de l'ordre public et de son instrument procédural : l'action publique.

Le moyen de concilier, dans le domaine pénal, réparation et répression, tout en prenant acte d'une nécessité de désengorgement des tribunaux, existe au sein même du Code de procédure pénale. En effet, déjà sous l'Ancien Régime, les ordonnances royales avaient permis de transiger en matière pénale, empêchant toute poursuite dans un domaine large excluant les crimes capitaux ou ceux punis de peine afflictive[901]. La notion d'ordre public faisait dès lors partie intégrante de la définition de l'infraction. La transaction ne pouvait empêcher la poursuite pour les infractions du grand criminel c'est-à-dire pour les contentieux dépassant les seuls intérêts particuliers.

638. Cette disposition peut être retrouvée dans l'article 6 al. 3 C.pr.pén. énonçant l'extinction de l'action publique en cas de transaction lorsque la

---

[901] Ordonnance criminelle de Saint Germain-en-Laye du 26 août 1670, titre XXV, art. 19 (Isambert, Decrusy et Taillandier, Recueil général des anciennes lois françaises, tome XVIII, 1829, Belin-Leprieur, p. 418).

loi le prévoit expressément. Une extension du domaine d'application de l'alinéa 3 de l'article 6 C.pr.pén., étudié à propos des procédures alternatives réparatrices de nature rétributive, permettrait de concilier l'ensemble des intérêts en jeu à l'occasion de la commission d'une infraction. L'impératif de réparation des conséquences privées de l'infraction ne troublant pas de façon significative l'ordre public serait rempli par le moyen d'un accord contractuel, purement civil, pouvant être instrumenté par le biais de la conciliation ou de la médiation civile et offrant l'accès à la voie judiciaire civile en cas de contestation. De plus, cette solution présenterait l'avantage de supprimer l'appréciation de la force du trouble causé à l'ordre public décrédibilisant la notion elle-même, et permettrait à l'impératif de répression d'être pleinement satisfait dès lors que les conséquences de l'infraction dépassent les seuls intérêts privés. Elle traduirait ainsi une partition du principe de l'opportunité des poursuites. Tantôt l'exercice en serait subordonné à la volonté des parties à la réparation de ne pas voir l'action publique mise en œuvre pour certaines infractions énumérées par la loi et faisant l'objet des contentieux de masses. Tantôt à l'inverse, le parquet recouvrerait pleinement son pouvoir d'opportunité s'agissant de la commission d'infractions entraînant un trouble effectif à l'ordre public distinct des seuls intérêts de la victime. Cette solution offrirait également la possibilité à la justice pénale de ne se focaliser que sur la nécessité du prononcé d'une peine et sur l'objectif de réadaptation sociale de l'auteur de l'infraction, mais également d'apprécier souverainement l'évaluation du préjudice subi par la victime dans le cas où une solution transactionnelle aurait été préalablement refusée.

La réaffirmation de la transaction comme substitut à la poursuite pénale permettrait d'adapter la réponse judiciaire aux évolutions sociales en respectant les volontés individuelles et en réprimant effectivement les troubles causés à l'ordre public définis comme dépassant la simple somme des intérêts particuliers. Dégagée de toute prise en compte des intérêts privés dont il est réclamé réparation, la poursuite pénale s'en trouverait d'autant plus légitimée que, pour reprendre la thèse d'un auteur américain[902], l'intervention d'un juge se trouve justifiée lorsque les conflits mettant en cause des valeurs sociales appellent au respect des normes publiques.

Cette thèse a été critiquée[903] car elle ne définit ni la valeur sociale en jeu dans chaque litige, ni l'organe compétent pour déterminer l'existence de celle-ci pour chaque différend. Toutefois, elle permet de rejoindre la solution

---

[902] Fiss, *Forward : the forms of Justice*, 93 Harv. La Rev.1 (1979) *in*, J. Verin, Le règlement extra-judiciaire des litiges, *Rev.sc.crim.*, 1982, p. 182.

[903] J. Verin, Le règlement extra-judiciaire, des litiges, *idem*.

proposée d'un recours plus grand à l'article 6 al. 3 C.pr.pén., pour le règlement des intérêts privés.

Bien que la volonté de désengorger les tribunaux, ainsi que le souci de rapidité de la réponse pénale, constituent des objectifs devant favoriser la confiance des justiciables en l'appareil judiciaire, le caractère incomplet des alternatives aux poursuites ne permet pas de remplir ces buts.

En effet, l'émergence de la légalité procédurale, organisant les procédures alternatives entre elles, souffre d'abord d'une concentration excessive des pouvoirs procéduraux entre les mains du parquet. Dès lors, l'intervention d'autres acteurs, chargés d'exécuter ces processus n'est pas un modèle d'indépendance et d'impartialité. Ensuite, elle n'évite pas l'écueil de l'incohérence de la législation, qui crée une proximité trop importante entre certaines procédures, laissant supposer une concurrence entre elles et une inégalité devant la justice pénale.

Il doit enfin être fait grief à ce système de ce que son développement disparate en matière administrative résulte de la création de processus transactionnels épars laissant craindre un traitement discrétionnaire des justiciables.

Ce système proche de la légalité des poursuites bien que se développant au sein même du principe d'opportunité est encore trop significatif d'une altération du modèle procédural dans lequel il a pris naissance.

La légalité procédurale doit évoluer pour être le synonyme d'une juste altérité.

TABLEAU CHRONOLOGIQUE DE LA LÉGISLATION SUR LES PROCÉDURES ALTERNATIVES

DATE DU TEXTE	**PROCEDURES ALTERNATIVES *ADMONESTATIVES***	**PROCEDURES ALTERNATIVES *REPRESSIVES***	**PROCEDURES ALTERNATIVES *RESTITUTIVES***	**PROCEDURES ALTERNATIVES *RETRIBUTIVES***
Loi du 18 juin 1859				- Crée la *transaction en matière d'eaux et forêts*
Loi du 28 décembre 1926		- Crée *l'amende de composition* (future amende forfaitaire)		
Décret-Loi du 30 juin 1934				- Crée *l'indemnité forfaitaire*
Loi du 6 juillet 1966		- Etend l'amende de composition à *toutes les contraventions au Code de la route*		
Loi n°70-1320 du 31 décembre 1970			- Crée *l'injonction thérapeutique* (art. L. 628 C. santé pub.)	
Loi n°72-5 du 3 janvier 1972		- Crée *l'ordonnance pénale* pour le traitement des amendes de composition. - Crée *l'amende pénale fixe* pour les contraventions au stationnement		
Loi n°77-1453 du 29 décembre 1977				- Crée le recours à *la transaction en matière fiscale et douanière*
Loi n°85-1273 du 4 décembre 1985				- Modifie le régime de la transaction en matière d'eaux et forêts *(art. L. 153-2 C. for.)*

DATE DU TEXTE	**PROCEDURES ALTERNATIVES *ADMONESTATIVES***	**PROCEDURES ALTERNATIVES *REPRESSIVES***	**PROCEDURES ALTERNATIVES *RESTITUTIVES***	**PROCEDURES ALTERNATIVES *RETRIBUTIVES***
Loi n°85-1407 du 30 décembre 1985		- Remplace l'amende pénale fixe par *l'amende forfaitaire* (art. 529 et s. C.pr.pén.)		- Insère *l'indemnité forfaitaire* aux articles 529-3 et s. C.pr.pén.
Décret n°89-554 du 2 août 1989				- Crée *la transaction en matière de pêches maritimes*
Loi n°93-2 du 4 janvier 1993			- Crée *la médiation pénale* à l'art. 41 C.pr.pén.	
Loi n°99-515 du 23 juin 1999	- Crée la mesure de *rappel à la loi* et *les mesures d'orientation et de régularisation* (article 41-1, 1°, 2° et 3°)	- Crée *la composition pénale* aux articles 41-2 et 41-3 C.pr.pén.	- Insère la *médiation pénale à l'article 41-1, 5° C.pr.pén.* - Crée la *mesure de réparation* (art. 41-1, 4° C.pr.pén.)	
Ordonnance n°2000-548 du 15 juin 2000			- Remplace l'article L. 628 C. santé pub. par un *article L. 3423-1 C.santé pub.*	
Loi n°2002-1138 du 9 septembre 2002		- Ajoute *l'infraction de l'art. 321-1 C.pén. au domaine de la composition pénale.* - Etend à *6 mois le délai maximal de remise du permis de conduire.* - Crée une nouvelle *mesure de stage ou formation dans un service sanitaire, social ou professionnel.*		
Loi n°2003-495 du 12 juillet 2003	- Introduit à l'article 41-1, 2° C.pr.pén. *la mesure de stage de sensibilisation à la sécurité routière.*			

DATE DU TEXTE	**PROCEDURES ALTERNATIVES *ADMONESTATIVES***	**PROCEDURES ALTERNATIVES *REPRESSIVES***	**PROCEDURES ALTERNATIVES *RESTITUTIVES***	**PROCEDURES ALTERNATIVES *RETRIBUTIVES***
Loi n°2004-204 du 9 mars 2004	- Crée *le stage de citoyenneté* comme mesure ressortissant de l'art. 41-1, 2° C.pr.pén.	- Etend *le nombre de mesures de composition pénale de 5 à 13.* - Le montant de *l'amende de composition pénale peut être égal au maximum encouru.* - Etend *le champ d'application de la composition pénale à tous les délits punis jusqu'à cinq an d'emprisonnement,* et à toutes les contraventions (art. 41-3 C.pr.pén.) - Crée *la C.R.P.C.*		
Loi n°2004-1486 du 30 décembre 2004			- Crée la *médiation en matière de discrimination (HALDE)* (art. 7 de la loi)	
Loi n°2005-47 du 26 janvier 2005		- Permet la *validation des compositions pénales par un juge de proximité.*		
Ordonnance n°2005-1086 du 1er septembre 2005 (et décret n°2006-513 du 4 mars 2006)				- Crée *la transaction en matière de concurrence et de consommation.*
Loi n°2005-1549 du 12 décembre 2005		- Crée la *mesure de lutte contre les violences au sein du couple* à l'article 41-2, 14° C.pr.pén	- Crée la *mesure de lutte contre les violences au sein du couple* à l'article 41-1, 6° C.pr.pén	
Loi n°2006-396 du 31 mars 2006 (et décret n°2006-641 du 1er juin 2006)				- Crée *la transaction pénale en matière de discrimination* (art. 11-1 de la loi du 30 décembre 2004) - Crée la *transaction décidée par le maire* à l'article 44-1 C.pr.pén.

DATE DU TEXTE	PROCEDURES ALTERNATIVES *ADMONESTATIVES*	PROCEDURES ALTERNATIVES *REPRESSIVES*	PROCEDURES ALTERNATIVES *RESTITUTIVES*	PROCEDURES ALTERNATIVES *RETRIBUTIVES*
Loi n°2006-399 du 4 avril 2006		*- Etend la mesure de l'article 41-2, 14° C.pr.pén.*	*- Etend la mesure de l'article 41-1, 6° C.pr.pén.*	
Loi n°2007-297 du 5 mars 2007	- Crée *le stage de responsabilité parentale* et celui *de sensibilisation aux dangers de l'usage de produits stupéfiants* comme mesures ressortissant de l'art. 41-1, 2° C.pr.pén.	- Crée *le stage de sensibilisation aux dangers de l'usage de produits stupéfiants* à l'article 41-2 ; 15° C.pr.pén. - Crée *la mesure d'activité de jour* à l'article 41-2 ; 16° C.pr.pén. - Etend *l'injonction thérapeutique* au titre des mesures de composition pénale à l'article 41-2 ; 17° C.pr.pén. - Rend *applicable la composition pénale aux mineurs d'au moins treize ans.* - Crée *l'article 7-2 de l'ordonnance du 2 février 1945* définissant les modalités d'application de la composition pénale aux mineurs de treize ans.		
Loi n° 2011-267 du 14 mars 2011		*- Crée un 4°bis à l'art. 41-2 C.pr.pén.* relatif au suivi d'un programme de réhabilitation et de sensibilisation comportant l'installation d'un éthylotest anti-démarreur sur le véhicule		
Loi organique n° 2011-333 du 29 mars 2011			*- Transfère au défenseur des droits* la compétence relative à la médiation en matière de discrimination (art. 26 de la loi)	*- Transfère au défenseur des droits* la compétence relative à la transaction en matière de discrimination (art. 28 de la loi)
Ordonnance n° 2012-92 du 26 janvier 2012				*-Abroge l'art. L. 153-2 du Code des forêts* et crée l'art. L. 161-25 du Code forestier.
Loi n°2014-58 du 27 janvier 2014		*- Dépénalise* Le stationnement payant		

BIBLIOGRAPHIE

1. OUVRAGES GENERAUX

1.1. TRAITES, MANUELS

AUBERT (J.-L.)
- Introduction au droit et thèmes fondamentaux du droit civil, 14e éd., Paris, Sirey, 2012.

BOULOC (B.)
- Droit de l'exécution des peines, coll. précis Dalloz, 4e éd., Paris, Dalloz, 2011.
- Procédure pénale, coll. Précis Dalloz, 23e éd., Paris, Dalloz, 2012.

BOULOC (B.), MATSOPOULOU (H.)
- Droit pénal et procédure pénale, coll. intégral concours, 18e éd., Paris, Sirey, 2011.

BRUN (P.)
- Responsabilité civile extracontractuelle, Paris, Litec, 2005.

CABALLERO (F.), BISIOU (Y.)
- Droit de la drogue, coll. précis Dalloz, 2e éd., Paris, Dalloz, 2000.

CARBONNIER (J.)
- Droit civil, Introduction, 25e éd., Paris, PUF, 1997.

CŒURET (A.), FORTIS (E.)
- Droit pénal du travail, 5e éd., Paris, Litec, 2012.

CONTE (P.), MAISTRE DU CHAMBON (P.)
- Droit pénal général, 7e éd., Paris, Armand Colin, 2004.
- Procédure pénale, 5e éd., Paris, Armand Colin, 2012.

CORNU (G.)
- Vocabulaire juridique, 9e éd., Paris, PUF, 2012.

DEBOVE (F.), FALLETTI (F.), JANVILLE (T.)
- Précis de droit pénal et de procédure pénale, 4e éd., Paris, PUF, 2012.

DEROUIN (P.), TIXIER (G.)
- Droit pénal de la fiscalité, Paris, Dalloz, 2002.

DESPORTES (F.), LE GUNEHEC (F.)
- Droit pénal général, 16e éd., Paris, Economica, 2008.

FLOUR (F.), AUBERT(J.-L.), SAVAUX (E)
- Les obligations, l'acte juridique, 15e éd., Paris, Sirey, 2012.

FOURMENT (F.)
- Procédure pénale, Paris, Paradigme, 2012.

GUINCHARD (S.), BUISSON (J.)
- Procédure pénale, manuel, 7e éd., Paris, Lexis-Nexis, 2013.

LARGUIER(J.), CONTE (PH.)
- Droit pénal des affaires, coll. U, 11ème éd., Paris, Armand Colin, 2004.

MAYAUD (Y.)
- Droit pénal général, 4e éd. Paris, PUF, 2013.

MERLE (R.), VITU (A.)
- Traité de droit criminel, t.1, 7e éd., Paris, Cujas, 1997.

PONCELA (A.)
- Droit de la peine, coll. Thémis Droit privé, 2e éd., Paris, PUF, 2001.

PRADEL (J.)
- Droit pénal général, 19e éd., Paris, Cujas, 2012.
- Procédure pénale, 16e éd., Paris, Cujas, 2011.

RASSAT (M.-L.)
- Droit pénal général, Cours magistral, éd. Ellipses, Paris, 2006.

RENOUT (H.)
- Droit pénal général, 16e éd., coll. Paradigme, Paris, 2012.

ROBERT (J.-H.)
- Droit pénal général, coll. Thémis droit, 6e éd., Paris, PUF, 2005.

SOYER (J.-C.)
- Droit pénal et procédure pénale, 21e éd, Paris, L.G.D.J., 2012.

STARCK (B.), LAURENT (H.), BOYER (L.)
- Obligations, I, Responsabilité délictuelle, 15e éd., Paris, Litec, 1996.

STEFANI (G.) LEVASSEUR (G.), BOULOC (B.)
- Droit pénal Général, coll. précis Dalloz, 19e éd., Paris, Dalloz, 2005.
- Procédure pénale, coll. précis Dalloz, 23e éd., Paris, Dalloz, 2012.

1.2. DICTIONNAIRES, ENCYCLOPEDIES, REPERTOIRES

Dictionnaires

LOPEZ (G.), TZITZIS (S.)
- Dictionnaire des sciences criminelles, Paris, Dalloz, 2004.

CADIET (L.)
- Dictionnaire de la Justice, Paris, PUF, 2004.

Juris-classeur Pénal

THOMAS (D.)
- Récidive, Fasc.20.

Juris-classeur Procédure pénale

ESCANDE (P.), URBANSKY (P.)
- Action publique, Fasc. 10.

LEMOINE (P.)
- Ministère public, Fasc.30.

ROBERT (J.-H.)
- Tribunal de police, Amende et indemnité forfaitaires, Fasc.20.

Répertoire pénal, Dalloz

PERRIER (J.-B.)
- Médiation pénale.

CÉRÉ (J.-P.)
- Composition pénale.

ENDERLIN-MORIEULT (C.-S.)
- Juridiction de proximité.

HERZOG-EVANS (M.)
- Récidive.

MOLINS (F.)
- Action Publique
- Comparution sur reconnaissance préalable de culpabilité.
- Ministère Public.

REDON (M.)
- Transaction.

Répertoire civil, Dalloz

HAUSER (J.), LEMOULAND (J.-J.)
- Ordre public et bonnes mœurs.

2. OUVRAGES SPECIAUX, THESES, MONOGRAPHIES

2.1. MONOGRAPHIES ET THESES

ANCEL (M.)
- La défense sociale nouvelle, 3e éd., Paris, Cujas, 1991.

ARCHER (F.)
- Le consentement en droit pénal de la vie humaine, thèse, Paris, L'Harmattan, 2003.

BRUSCHI (C.)
- Parquet et politique pénale depuis le XIXe siècle, Paris, Ronéo, 2001.

CARVAL (S.)
- La responsabilité civile dans sa fonction de peine privée, préf. Viney, thèse, t. 250, Paris, L.G.D.J., 1995.

CASTAN (N.)
- Justice et répression en Languedoc à l'époque des lumières, Paris, Flammarion, 1980.

CAZE-GAILLARDE (N.)
- L'ordre public pénal, essai sur la dimension substantielle de la notion, thèse dactyl., Lyon III, 2003.

DELMAS-MARTY (M.)
- Les grands systèmes de politique criminelle, Thémis, Droit privé, Paris, PUF, 1992.

DUPRÉ (J.-F.)
- La transaction en matière pénale, thèse, Paris, Litec, 1977.

EKEU (J.-P.)
- Consensualisme et poursuite en droit pénal comparé, Travaux de l'institut des sciences criminelles de Poitiers, Paris, Cujas, 1992.

ESMEIN (A.)
- Histoire de la procédure criminelle en France, Paris, Constant-Laguerre, 1978.

FAGET (J.)
- La médiation pénale, essai de politique pénale, Eres, 1997.

GOUTTON (J.-P.)
- La sociabilité villageoise dans l'ancienne France, Paris, Hachette, 1979.

HOGUET (J.-H.)
- Eléments de base du contentieux répressif en matière de douanes ou de changes, Paris, E.N.D. 1980.

ISAMBERT, DECRUSY, TAILLANDIER
- Recueil général des anciennes lois françaises depuis 420 jusqu'à la Révolution de 1789, Paris, 1829.

JOSSERAND (S.)
- L'impartialité du magistrat en procédure pénale, préf. J. Francillon, Bibl.sc.crim., thèse, t.33, Paris, L.G.D.J., 1998.

MALAURIE (M.)
- L'ordre public et le contrat, thèse, Paris, 1953.

MESTRE (J.)
- L'ordre public dans les relations économiques, L'ordre public à la fin du vingtième siècle, Paris, Dalloz, 1996.

PEREZ-DIAZ (C.), LOMBARD (F.)
- Les contraventions routières : De la constatation à l'exécution des sanctions, CESDIP, Déviance et contrôle social, Paris, 1992, n°58.

PIN (X.)
- Le consentement en matière pénale, Bibl. sc. crim., thèse, t.36, Paris, L.G.D.J., 2002.

PLANQUE (J.-C.)
- La détermination de la personne morale pénalement responsable, thèse, Paris, L'Harmattan, 2003.

ROULAND (N.)
- Aux confins du droit, Paris, Odile Jacob, 1991.

SERVERIN (E.), LASCOUMES (P.), LAMBERT (T.)
- Transactions et pratiques transactionnelles, Paris, Economica, 1987.

VAN DE KERCHOVE (M.)
- Le droit des peines, Bruxelles.

VINCENT (J.), GUINCHARD (S.), MONTAGNIER (G.), VARINARD (A.)
- Institutions judiciaires, 8e éd., Paris, Dalloz, 2005.

VINCENT-LEGOUX (M.-C.)
- L'ordre public, étude de droit comparé interne, Paris, PUF, 2001.

2.2 TRAVAUX COLLECTIFS

BUREAU (A.), A. GIUDICELLI (A.)
- Les premières applications de la composition pénale dans le ressort de la cour d'appel de Poitiers, mission de recherche droit et justice, synthèse n°105, *http ://www.gip-recherche-justice.fr* , 2003.

CARIO (R.) (DIR.)
- La médiation pénale : entre répression et réparation, L'Harmattan, 1997.

CHEVALIER (P.), DESDEVISES (Y.), MILBURN (P.)
- Les modes alternatifs de règlement des litiges : Les voies nouvelles d'une autre justice, Paris, La Documentation française, 2003.

DANET (J.), GRUNVALD (S.)
- Une première évaluation de la composition pénale, mission de recherche Droit et Justice, synthèse 109, *http://www.gip-recherche-justice.fr*, 2004.

MILBURN (P.), MOUHANNA (C.), PERROCHEAU (V.)
- Enjeux et usages de la composition pénale. Controverses et compromis dans la mise en place d'un dispositif inédit, mission de recherche Droit et Justice, synthèse 127, *http://www.gip-recherche-justice.fr* , 2005.

REDOR (M.-J.) (DIR.)
- L'ordre public : Ordre public ou ordres publics ? Ordre public et droits fondamentaux, Actes du colloque de Caen des 11 et 12 mai 2000, Bruxelles, 2001.

REVET (T.) (DIR.)
- L'ordre public à la fin du XXe siècle, Paris, Dalloz, 1996.

GÉRARD (PH.), OST (F.), VAN DE KERCHOVE (M.) (DIR.)
- Droit négocié, droit imposé ?, Bruxelles, Publications des facultés universitaires Saint Louis, 1996.

2.3. NUMEROS SPECIAUX DE REVUES

Droit pénal
- Le dévoiement pénal, journée d'étude organisée par l'Institut de Criminologie de Paris, Palais du Luxembourg, 16 janvier 1995, avril 1995.

Actualité juridique Pénal et Encyclopédie juridique Dalloz
- Le nouveau procès pénal après la loi Perben II, journée d'études du 8 mars 2004, 2004.

Revue pénitentiaire et de droit pénal
- Le plaider coupable, journée d'études organisée par la société générale des prisons et de législation criminelle, 2005.

Bulletin d'information de la Cour de cassation
- La médiation, hors-série n°4, 2006.

3. ARTICLES, CHRONIQUES

ALT-MAES (F.)
- Le concept de victime en droit civil et en droit pénal, *Rev.sc.crim.*, 1994, p. 44.
- La contractualisation du droit pénal mythe ou réalité ?, *Rev.sc.crim.*, 2002 p. 501.

AMRANI-MEKKI (S.)
- Rapport « Magendie » : Le temps des délibérations, *Droit et patrimoine*, 2005, n°133, p. 6.

APAP (G.)
- La conciliation pénale à Valence, *Rev.sc.crim.*, 1990, p. 633.

AYACHE (G.)
- A quoi bon !!! (à propos du plaider coupable), D. 2004, point de vue, p. 356.

BLANC (G.)
- La médiation pénale, Commentaire de l'article 6 de la loi n°93-2 du 4 janvier 1993 portant réforme de la procédure pénale, *JCP.G.*, 1994, I, 3760.

BOITARD (M.)
- La transaction pénale en droit français, *Rev.sc.crim.*, 1941, p. 162.

BONFILS (Ph.)
- La réforme de l'ordonnance de 1945 par la loi prévention de la délinquance, *A.J. Pénal*, 2007, p. 209

BORDISSET (P.)
- Hypothèses particulières de transactions, *Annales des loyers*, 2002, n°4, p. 825.

BOULOC (B.)
- Le récidivisme, *Rev.sc.crim., 1983,* p. 199.
- Loi du 9 mars 2004 portant adaptation de la justice aux évolutions de la criminalité, *Rev.sc.crim.,* 2004, p. 675.
- Etude de la loi n°2004-204 du 9 mars 2004 portant adaptation de la justice aux évolutions de la criminalité, *Rev.sc.crim.*, 2005, p. 107.

BOULOC (B.), MARIANI (L.)
- La C.R.P.C., une procédure à revoir ?, *Gaz.Pal.*, 2006, 1, Doctr., p. 3756.

BUISSON (J.)
- Les présomptions de culpabilité, *R.G.D.P.*, décembre 1999, p. 3.

BUSSY (F.)
- L'attraction exercée par les principes directeurs du procès civil sur la matière pénale, *Rev.sc.crim.* 2007, p. 39.

CADIET (L.)
- Une justice contractuelle : l'autre, *in* le contrat au 21e siècle, *Mélanges Ghestin*, LGDJ, 2004, p. 189.

CARBONNIER (J.)
- Réflexion sur la médiation, Communication au colloque de l'Institut suisse de droit comparé, La médiation : un mode alternatif de résolution des conflits ? Lausanne, 14-15 novembre 1991, Zürich, Schuthess Polygraphister Verlag, 1992.

CARIO (R.)
- La justice restaurative : vers un nouveau modèle de justice pénale ?, *A.J. Pénal*, 2007, p. 372.

CARTIER (M.E.)
- Les modes alternatifs de règlement des conflits en matière pénale, *R.G.D.P.*, 1998, p. 1.

CASANOVA (D.), MISSISTRANO (D.)
- Le plaider coupable, Journée d'études organisée par la société générale des prisons et de législation criminelle (15 novembre 2004), Le point de vue de l'avocat, *Rev.pénit.*, p. 393.

CÉRÉ (J.-P.)
- Vers une peine négociée ? *A.J.Pénal*, 2003.45.
- Le sort procédural de la contestation de l'amende forfaitaire, *A.J. Pénal*, 2012, p. 401.
- Le rejet d'une requête en exonération d'une amende forfaitaire viole l'article 6 de la Convention EDH, D. 2012, p. 984.

CERF (A.)
- Ordre public, Droit pénal et Droits fondamentaux, *in L'ordre public : Ordre public ou ordres publics ? Ordre public et droits fondamentaux*, Actes du colloque de Caen des 11 et 12 mai 2000, Dir. M.J. Redor, Bruxelles, 2001, p. 68.

CHAGNY (M.)
- La notion de dommages et intérêts punitifs et ses répercussions sur le droit de la concurrence. Lectures plurielles de l'article 1371 de l'avant-projet de réforme du droit des obligations, *JCP G.*, 2006, I. 149.

CHARVET (D.)
- Réflexion autour du plaider coupable, D., 2004, chron., p. 2517.

CHEVALLIER (J.-Y.)
- Le parquetier et la troisième voie, *Rev.pénit.*, 2003, p. 629.

CINAMONTI (S.)
- L'ordre public et le droit pénal, *L'ordre public à la fin du XXe siècle,* dir. Th. Revet, Paris, Dalloz, 1996, p. 89.

CISSÉ (A.)
- Justice transactionnelle et justice pénale, *Rev.sc.crim.*, 2001, p. 513.

CONTE (Ph.)
- Remarques sur la conception contemporaine de l'ordre public pénal, *Mélanges offerts à J. Béguin*, lexis Nexis, 2005, p. 141.
- Les propositions du pré-rapport du comité de réflexion sur la justice pénale, *Dr. Pén.*, 2009, étude 11.

CARSOLA (F.)
- Le concept de « *restaurative justice* », *Rev.pénit.*, 2000, p. 32.
- La loi de procédure pénale du 15 juin 2000 « reseignare, répugnare et reclystérisare », *Rev.pénit.*, 2000, p. 423.

COUVRAT (P.)
- Dispositions générales et nouvelle organisation judiciaire de l'application des peines, *Rev.sc.crim.*, 2004, p. 682.

DALLE (H.)
- Juges et procureurs dans la loi Perben II, Le nouveau procès pénal après la loi Perben, II, dossiers journées d'études Dalloz, 2004, p. 458.

DANET (J.)
- Bref commentaire de quelques chiffres de l'annuaire 2008, *A.J.Pénal*, 2009, p. 262.
- Le rappel à la loi, préambule ou « alternative » aux poursuites, au choix du ministère public, *Rev.sc.crim.* 2011, p. 660.
- Rappel à la loi, culpabilité et STIC : mise au point, *Rev.sc.crim.* 2012, p. 188.

DANET (J.), GRUNVALD (S.)
- Brèves remarques tirées d'une première évaluation de la composition pénale, *A.J.Pénal*, 2004, p. 196.

DANTI-JUAN (M.)
- Le consentement et la sanction, *La sanction du droit, Mélanges offerts à P. Couvrat*, PUF, 2001, p. 376.
- Les nouvelles orientations de la phase exécutoire du procès pénal, *Rév. Pénit.*, 2006, p. 713.

DARSONVILLE (A.)
- La réitération, ou la consécration légale d'une notion hybride, D. 2006, point de vue, p. 2116.

DAUMAS (V.)
- La transaction en matière fiscale : le genre de proposition qu'on ne peut pas refuser ?, *RJF*, 2009, Chron, p. 387.

DE LAMY (B.)
- La loi n°2004-204 portant adaptation de la justice aux évolutions de la criminalité, 1ère partie, D., 2004, chron., p. 1910.
- La loi n°2004-204 portant adaptation de la justice aux évolutions de la criminalité, 2e partie, Efficacité et diversification de la réponse pénale, D., 2004, chron., p. 1982.
- Les évolutions récentes de la procédure pénale, *Gaz.Pal.*, 2005, 1, Doctr., p. 194.
- Procédures et procédés, propos critiques sur la contractualisation du droit pénal, *Le système juridique à l'ère de la contractualisation*, Rencontres Demogue, Lille II, 2005.
- Principe d'individualisation des peines : la personnalité du condamné n'est qu'un critère parmi d'autres, *Rev.sc.crim.* 2008, p. 136 et s.

DEBOVE (F.)

- La contractualisation du procès pénal, *Droit et économie*, 2005, n° 94, p. 22.
- La justice pénale instantanée, entre miracles et mirages, *Dr. Pén.*, 2006, chron. 19.

DEFFERRARD (F.)

- La dénaturation du « plaider coupable », *Dr. Pén.*, 2009, étude 13.

DEHARO (G.)

- Médiation : une justice équitable et durable ?, *Gaz.Pal.*, 18 août 2006, Doctr., p. 2 et s.

DELAGE (P.-J.)

- Les obscures pratiques du plaider-coupable, D. 2007, p. 58
- « Plaider coupable » : le pragmatisme contre la lettre, D. 2009, p. 533.
- Plaider-coupable : la clarification par l'entérinement des pratiques, D. 2009, p. 1650.

DELPRAT (L.)

- La Cour de cassation et le Conseil d'Etat doivent-ils plaider coupable ?, *Droit pénal*, 2005, chron., n°10.

DESDEVISES (M.-C.)

- L'évaluation des expériences de médiation entre délinquants et victimes : l'exemple britannique, *Rev.sc.crim.*, 1993, p. 45.
- Les associations d'aide aux victimes, *Rev.sc.crim.* 1985, p. 541.
- Le pouvoir d'appréciation du parquet dans la mise à exécution de la sanction, *Mélanges offerts à P. Couvrat*, PUF, 2001, p. 431.
- Les fondements de la médiation pénale, *Mélanges en l'honneur de H. Blaise*, 1995, p. 177.
- Réparer ou punir : La médiation pénale, *L.P.A.*, 1997, n°102, p. 4.

DESPREZ (F.)

- L'illustration d'une insuffisance juridique à propos des alternatives aux poursuites, D. 2011, p. 2379.

DETRAZ (S.)

- Clarification du régime applicable à la procédure de l'article 41-1 du Code de procédure pénale, Gaz-Pal. 17-19 juillet 2011, p. 18

DI MARINO (G.)
- Le ministère public et la victime, *Rev.pénit.*, 2001, p. 451.

DINTHILLAC (J.-P.)
- Rôle et attributions du procureur de la République, *Rev.sc.crim.*, 2002, p. 265.

DOBKINE (M.)
- La transaction en matière pénale, D.1994, Chron., p. 139.
- La constitutionnalité de la loi portant adaptation de la justice aux évolutions de la criminalité, D. 2004, Chron., p. 956.

DREYER (E.)
- La médiation pénale, objet juridique mal identifié, *JCP* G. 2008, I. 131.

DUFOUR (O.)
- Le « plaider-coupable » à la française inquiète le monde judiciaire, *LPA,* 25 mai 2004, p. 3.

ESTEVENON (C.)
- Les expériences françaises de médiation, *Gaz.Pal.*,1993, 1, Doctr., p. 119.

FAGET (J.)
- Médiation et violences conjugales, *champ pénal*, vol. I, juillet 2004, *http:www.champpenal.revues.org/document50.html* .

FASQUELLE (D.)
- L'existence des fautes lucratives en droit français, *L.P.A.*, 20 novembre 2002, p. 27.

FELTZ (F.)
- La nouvelle action publique, *Rev.pénit.*, 2003, p. 461.

FERRAND (L.)
- Les nouveaux pouvoirs de la H.A.L.D.E. et l'exercice des droits de la défense, *Avocats et Droit*, 2007, n°19, p. 10.

FILIPPI (P.)
- Les spécificités de la poursuite des infractions douanières, *A.J. Pénal*, 2009, p. 213.

FOURMENT (F.)
- La place de la victime dans la procédure de comparution sur reconnaissance préalable de culpabilité, Gaz-Pal., 31 décembre 2011, p. 14.

FOYER (J.)
- Réalisme, idéologie et politique dans le droit de la procédure pénale, *Rev.pénit.*, 2000, p. 12.

FRICERO (N.)
- Rendre la justice plus lisible et plus proche du justiciable, l'adapter aux évolutions de la société, *JCP* G., 2008, I, 162.

G'SELL-MACREZ (F.)
- Vers la justice participative ? Pour une négociation à l'ombre du droit, D. 2010, p. 2450.

GHERARDI (E.)
- L'ambiguïté des relations entre droit administratif et droit pénal, *R.F.D.A.*, 1999, p. 905.

GIACOPELLI (M.)
- La médiation en matière pénale en France, l'exemple de la médiation réparation, *Rev.pénit.*, 2006, p. 37.
- Les procédures alternatives aux poursuites. Essai de théorie générale, *Rev.sc.crim.* 2012, p. 505.

GIUDICELLI (A.)
- Repenser le plaider coupable, *Rev.sc.crim.*, 2005, p. 592.

GUILBOT (M.), ROJARE (S.)
- La participation du ministère public à la médiation, *Arch.pol.crim.*, 1992, p. 46.

GUILLERMIN (P.)
- Droit de la consommation : l'absence d'une véritable alternative à la voie pénale, *A.J. Pénal*, 2008, p. 73.

GRUNWALD (S.)
- Casier judiciaire et effacement des sanctions : quelle mémoire pour la justice pénale ?, *A.J. Pénal*, 2007, p. 416.

HADIDI (F.)
- Les enjeux de la médiation pénale pour l'avocat, *in* R.Cario, *la médiation pénale : entre répression et réparation*, L'Harmattan, 1997, p. 127.

HERDERER (J.)
- Un an d'expérimentation de la composition pénale dans un tribunal de grande instance ; *A.J.Pénal*, n°2, novembre 2003, p. 53.

HERZOG-EVANS (M.)
- Les dispositions relatives à la récidive dans la loi n°2005-1549 du 12 décembre 2005, D. 2006, chron., p. 182.
- Récidive : surveiller et punir plus plutôt que prévenir et guérir, *in* Récidive : quelles réponses judiciaires ?, *AJ Pénal,* n°9 septembre 2005, p. 305 et s.

JAWORSKI (V.)
- Abandon pécuniaire de famille et coparentalité, *JCP.* G., 2004, I. 102.

JEAMMAUD (A.)
- La règle de droit comme modèle, D.S.,1990, Chron., p. 208.

JEOL (M.)
- « Le parquetier nouveau est arrivé », *Gaz.Pal.*, 1994, 2, Doctr., p. 1363.

JESTAZ (PH.)
- La sanction ou l'inconnue du droit, D. S. 1986, Chron., p. 197.

JOSEPH-RATINEAU (Y.)
- Contractualisation de la procédure pénale et liberté procédurale du parquet, D. 2008, p. 1035.
- L'aveu de culpabilité fait au cours de la procédure de comparution sur reconnaissance préalable de culpabilité ne peut être repris devant la juridiction de jugement, *JCP* G., 2008, II. 10194.
- Petites incohérences pratiques résultant de la double convocation dans le cadre de la comparution sur reconnaissance préalable de culpabilité. Il est des vices de procédure dont il vaut mieux s'accommoder, D. 2009, p. 2815.
- De quelques difficultés issues de la législation de la double convocation dans le cadre de la comparution sur reconnaissance préalable de culpabilité, *JCP* G., 2009. 230.
- Comparution sur reconnaissance préalable de culpabilité : à nos actes manqués…, D. 2010, p. 875.

KENSEY (A.)
- Définir et mesurer la récidive : nécessité d'éclairer le débat, *A.J. Pénal*, 2007, p. 393.

LAGARDE (X.)
- Transaction et ordre public, D. 2000, p. 217.

LAVRIC (S.)
- Répartition des contentieux et allègement des procédures : projet de loi, D. 2010, p. 566.

LAZERGES (C.)
- Essai de classification des procédures de médiation, *Arch.pol.crim.*, 1992, p. 17.
- Médiation pénale, Justice pénale et Politique criminelle, *Rev.sc.crim.*, 1994, p. 525.
- Typologie des procédures de médiation pénale, *Mélanges offerts à A. Colomer*, 1996, p. 222.
- La dérive de la procédure pénale, *Rev.sc.crim.*, 2003, p. 644.

LEBLOIS-HAPPE (J.)
- La médiation pénale comme mode de réponse à la petite délinquance : état des lieux et perspectives, *Rev.sc.crim.*1994, p. 525.
- De la transaction pénale à la composition pénale, *JCP.G.*, 2000, I.198.
- C.R.P.C. et citation devant un tribunal : pas de concomitance possible, *A.J.Pénal*, 2007, p. 79.

LIENHARD (C.), COPIN (J.-P.)
- Médiation pénale familiale : un mode alternatif au contentieux pénal familial, *AJ.P.F.*, 2002, p. 254.

LE GUNEHEC (F.)
- Commentaires des dispositions de la loi du 8 février 1995 : réformettes, réformes d'ampleur et occasions manquées, *JCP.G.*, 1995, I. 3862.
- Présentation de la loi n°99-515 du 23 juin 1999, *JCP.G.*, 1999. 1325.
- La loi d'orientation et de programmation pour la justice réformant la justice pénale des mineurs, loi n°2002-1138 du 9 septembre 2002, deuxième partie : Poursuite du « rééquilibrage » de la procédure pénale, *JCP.G.*, 2002, A.R., 507.
- Loi n°2004-204 du 9 mars 2004 portant adaptation de la justice aux évolutions de la criminalité, première partie : dispositions de procédure pénale immédiatement applicables : pragmatisme, cohérence, sévérité et simplifications, *JCP.G.*, 2004. 177.

LIGIER (D.)
- Fonction de la Justice : mieux juger ou traiter les flux policiers ?, *Gaz.Pal.*, 2004, 1, Doctr., p. 1554 et s.

LUCIANI (D.)
- Les alternatives aux poursuites pénales, *in* P. Chevalier, Y. Desdevises, P. Milburn, *Les modes alternatifs de règlement des litiges : Les voies nouvelles d'une autre justice*, La Documentation française, 2003, p. 117 et s.

LUDWICZAK (F.)
- Essai de conceptualisation nouvelle d'une notion ancienne : la récidive, *Rev.pénit.* 2009, p. 305.
- Procédures alternatives aux poursuites et action publique : entre apparence de conformité et quête de cohérence, *JCP* G. 2011. 1453.
- Alternatives aux poursuites : dérive procédurale par victime interposée, *LPA*, Chron. Droit et risque n°4, 14 janvier 2013, p. 4.
- Des mésusages de la médiation pénale, *LPA*, Chron. Droit et risque n°5, 2 décembre 2013, p. 7.
- La qualification de transaction appliquée à l'accord de médiation pénale : entre consécration et imperfections, *LPA*, 26 septembre 2013, p. 12.

LYON-CAEN (A.)
- Sur la transaction en droit administratif, *A.J.D.A.*, 1997, p. 48.

MARTIN (R.)
- Quand le grain ne meurt… de conciliation en médiation, *JCP* G., 1996, I, 3977.

MATHIAS (E.)
- Alternatives punitives consensuelles : leurres et travers de la répression volontaire, *Gaz.Pal.*, 1er septembre 2006, Doctr., p. 2.

MATSOPOULOU (H.)
- A propos du rapport d'étape du comité de réflexion sur la justice pénale, *J.C.P*, G. 2009, act. 156.

MAYER (D.)
- Les « infractions de comportement » : Une nouvelle catégorie d'infractions ?, D.S., 1996, chron., p. 117.

MOLINS (F.)
- Plaidoyer pour le « plaider coupable » : des vertus d'une peine négociée, *A.J. Pénal*, 2003, p. 61.
- Le procureur de la République, nouveau pivot de la justice pénale ?, *Le nouveau procès pénal après la loi Perben II*, dossiers journées d'études Dalloz, 2004, p. 365.
- Contribution pour un premier bilan de la C.R.P.C. dans une grosse juridiction, *A.J. Pénal*, 2005, p. 443.

MOQUET-ANGER (M.-L.)
- Ordre public et santé publique, *in L'ordre public : Ordre public ou ordres publics ? Ordre public et droits fondamentaux*, Actes du colloque de Caen des 11 et 12 mai 2000, Bruxelles, 2001.

NIORÉ (V.)
- La HALDE : ni partie ni témoin, la recherche de son statut dans le procès pénal, *Gaz.Pal.*, 28 et 29 septembre 2007, p. 2.

OLIVIER (M.)
- La conciliation et la médiation judiciaires en matière civile, *Gaz.Pal.*, 1996, 2, Doctr., p. 1257 et s.

OTTENHOF (R.)
- Les techniques de conciliation en matière pénale, *Arch. Pol.Crim.*, 1984, p. 124

PEREIRA (B.)
- Justice négociée : Efficacité répressive et droits de la défense, D. 2005, Chron., p. 2041.

PERRIER (J.-B.)
- Alternatives aux poursuites : l'orthodoxie juridique face à l'opportunité pratique, D. 2011, p. 2349.

PETIT (J.)
- La dépénalisation du stationnement payant, AJDA. 2014, p. 1134.

PEYRAT (D.)
- Le rappel à l'ordre, modèle de la nouvelle prévention ? Remarques critiques sur le projet de loi relatif à la prévention de la délinquance, *A.J. Pénal*, n°9, septembre 2006, p. 350 et s.

PIN (X.)
- La privatisation du procès pénal, *Rev.sc.crim.*, 2002, p. 245.

PLANQUE (J.-C.)
- Plaidoyer pour une suppression réfléchie de la spécialité de la responsabilité pénale des personnes morales, *L.P.A.*, 2004, n°5, p.3.
- Faute de loi… se contentera-t-on de circulaires ?, D. 2006, point de vue, p. 1836.

POLLAUD-DULIAN (F.)
- De quelques avatars de l'action en responsabilité civile dans le droit des affaires, *RTD. Com.*, 1997, p. 352.

PONCELA (P.)
- Quand le procureur compose avec la peine, *Rev.sc.crim.*, 2002, p. 638.
- Quand le procureur compose avec la peine *(bis)*, *Rev.sc.crim.*, 2003, p. 139.
- La question de la récidive, *Rev.sc.crim.*, 2005, p. 613.

PRADEL (J.)
- D'une loi avortée à un projet nouveau sur l'injonction pénale, 1995, chron., p. 171.
- « Une consécration du *plea bargaining* à la française », La composition pénale instituée par la loi n°99-515 du 23 juin 1999, D. 1999, chron., p. 379.
- La procédure pénale française à l'aube du troisième millénaire, D. 2000, Chron., p. 1 et s.
- Le ministère public : brèves remarques sur son évolution depuis 1959, *Rev.pénit.*, 2001, p. 29.
- Le ministère public, autorité omnipotente ou colosse aux pieds d'argile, *Rev.pénit.*, 2001, p. 464.
- Vers un aggiornamento des réponses de la procédure pénale à la criminalité, *JCP.G.*, 2004, I. 132.
- Défense du plaidoyer de culpabilité, *JCP.G.*, 2004, A.R. 58.
- Le ministère public à l'audience d'homologation, D. 2005, p. 1200.

PRADEL (J.), LABORDE (J.-P.)
- Du ministère public en matière pénale, à l'heure d'une éventuelle autonomie ?, D. 1997 Chron., p. 141.

PRADEL (X.)
- Le plaider coupable, Journée d'études organisée par la société générale des prisons et de législation criminelle (15 novembre 2004), Présentation théorique, *Rev.pénit.*, 2002, p. 379.

RAKOTOMAHANINA (L.), GRÉGOIRE (B.), AUBERT (M.), CARNINO (F.), FORNES (P.), SOUSSY (A.)
- Réflexions sur l'efficacité de la médiation pénale dans les violences conjugales faites aux femmes, Gaz-Pal, 29 décembre 2005, p. 5.

RÉGNAULT (J.-D.)
- Composition pénale : l'exemple du tribunal de Cambrai, *A.J.Pénal*, n°2, novembre 2003, p. 55.

RENAULT (M.- H.)
- De la notion de consuetudo deliquendi au concept de dangerosité, *Rev.sc.crim.* 2000, p. 319.

ROBERT (J.H.)
- Les murailles de silicium, loi n°2005-1549 relative au traitement de la récidive des infractions pénales, *JCP.G.*, 2006, I.116.

ROETS (D.)
- Contraventions routières et droit d'accès au tribunal : le Conseil constitutionnel épaulé par la Cour européenne des droits de l'homme, *Rev.sc.crim.*, 2012, p. 690.

ROJARE (S.)
- Une politique criminelle participative : l'exemple de la participation des associations à la variante de médiation, *Arch.pol.crim.*, 1990, p. 107.

ROUMIER (W.)
- Remise du rapport Léger sur la justice pénale, *Dr.pén.*, 2009, alerte 38.

ROUSSEL (G.)
- Les originalités du droit pénal douanier, *A.J. Pénal*, 2009, p. 201.

RUELLAN (F.)
- Les modes alternatifs de résolution des conflits : Pour une justice plurielle dans le respect du droit, *JCP.G.*, 1999, I.135.

SAAS (C.)
- Les procédures simplifiées de traitement des délits en France et en Allemagne : un jugement sans procès ?, *Rev. Pénit.*, 2008, p. 17.

SAINT–PIERRE (F.)
- Les droits de la défense dans la loi Perben II, le nouveau procès pénal après la loi Perben, II, dossiers journées d'études Dalloz, 2004, p. 439.

SAMSON (F.)
- Le système de l'amende forfaitaire : Une sanction pénale sans juge, *Gaz.Pal.*, 1995, 2, Doctr., p. 1035.

SARDA (F.)
- Le procureur : L'éparpillement et la privatisation de l'action publique, *in* Le dévoiement pénal, journées d'études organisées par l'Institut de criminologie de Paris le 16 janvier 1995, *Droit pénal*, 1995 suppl. au n°4.

SCHOULER (C.)
- La loi Perben II fait du chantage un mode de procédure, *Justice*, n°177, p. 7 et s.
- Entretien avec J. Danet, Le premier pas vers la réduction de l'office du juge, *Justice*, n°177, p. 11.

SEURIN (M.)
- Le plaider coupable, Journée d'études organisées par la société générale des prisons et de législation criminelle (15 novembre 2004), Le point de vue du magistrat du parquet, *Rev.pénit.* p. 386.

SEUVIC (J.-F.)
- Loi n°2005-1549 du 12 décembre 2005 sur la récidive. Pluralité d'infractions : concours, récidive, réitération, *Rev.sc.crim.*, 2006, p. 353.

SPIELMANN (A.)
- Le principe de l'opportunité de l'exécution des peines, *R.D.P.C.*, 1974-1975, p. 316.

SIMMAT-DURAND (L.)
- Le parquet et l'opportunité des poursuites, *Gaz.Pal.*, 1996, 1, Doctr., p. 649.

STASI (M.)
- La médiation, le point de vue des avocats, *Arch.pol.crim*, 1992, p. 85.

STOLOWY (N.)
- La disparition du principe de spécialité dans la mise en cause pénale des personnes morales, *JCP.G.*, 2004, I.138.

TALLEC (Y.)
- Le parquet des mineurs et la cité, *Arch.pol.crim.,* 1999, p. 61 et s.

VALOTAU (A.)
- Le jugement sur reconnaissance préalable de culpabilité : une autre procédure de jugement ou une autre manière de juger ?, *Droit pénal,* 2006, Chron., n°8.

VAN DE KERCHOVE (M.)
- Eclatement et recomposition du droit pénal, *Rev.sc.crim.*, 2000, p. 5.

TULKENS (F.), VAN DE KERCHOVE (M.)
- La justice pénale : justice imposée, justice participative, justice consensuelle ou justice négociée ?, *in, Droit négocié, droit imposé ?*, sous la direction de Ph. Gérard, F Ost, et M. Van de Kerchove, Bruxelles, Publications des facultés universitaires Saint Louis, 1996.

VÉRIN (J.)
- Le règlement extrajudiciaire des litiges, *Rev.sc.crim.*, 1982, p.174.
- La médiation pénale à San Francisco, à New York et à Kitchener (Ontario), *Rev.sc.crim.* 1983, p. 293.

VÉRON (M.)
- La loi du 9 mars 2004 dite loi « Perben II », remarques sur les dispositions relatives au droit pénal général et au droit pénal spécial, *Dr.pén.*, 2004, Chron., n°5.
- Adieu veaux, vaches, moutons et chèvres, *Dr.pén.*, 2008, comm. n° 3

VOLFF (J.)
- Un coup pour rien, l'injonction pénale et le Conseil constitutionnel, D.1995, Chron., p. 201.
- La composition pénale : Un essai manqué !, *Gaz.Pal.*, 2000, 1, doctr., p. 559.
- Les délégués du procureur au secours de la composition pénale, *Gaz.Pal.*, 2001, 2, doctr., p. 1584.
- La privatisation rampante de l'action publique, *JCP.G.*, 2004, I.146.

WYVEKENS (A.)

- Entre médiation et justice pénale, l'activité judiciaire des maisons de justice du Rhône, *Arch.pol.crim*, 1997, p. 67.
- Les maisons de justice : sous la médiation, quelle troisième voie ? *in* R. Cario, *La médiation pénale : entre répression et réparation*, L'Harmattan, 1997, p. 61.

4. NOTES, CONCLUSIONS, OBSERVATIONS

BONFILS (P.), GIACOPELLI (M.)

- Note sous Cass. avis, 5 mars 2007, D. 2007, p. 1764.

BUISSON (J.)

- Note sous Cass. crim., 4 juin 1998; *R.G.D.P.*, octobre 1998, p. 17.

CÉRÉ (J-P)

- Note sous C.E.D.H., 21 mai 2002, D. 2002, jur., p. 2968.
- Note sous Cass. crim., 9 novembre 2005, *A.J. Pénal*, 2006, p. 80.

COSTA (J.-L.)

- Note sous Cass. crim., 22 janvier 1970, D. 1970, p. 166.

COUVRAT (P.), MASSÉ (M.)

- Obs. sous Cass. crim., 19 janvier 1994, D. 1994, somm. p. 262.

DAUMAS (V.)

- Note sous CE 4 mars 2009, *R.J.F.*, 2009, p. 387.

DELAGE (P.-J.)

- Note sous Cass. crim., 4 octobre 2006, D. 2007, p. 58.

DELON (F.)

- Concl. sous CE. 28 février 1986, D. 1986, p. 394.

DESPREZ (F.)

- Note sous C ass. crim. 21 juin 2011, D. 2011, p. 2379.

DETRAZ (S.)

- Note sous Cass. crim. 20 Novembre 2007, *Gaz-Pal.* 6 et 8 avril 2008, p. 17.
- Note sous Cass. crim. 24 juin 2008, *Gaz-Pal.* 28 et 30 septembre 2008, p. 7.
- Note sous Cass. crim., 21 juin 2011, Gaz-Pal. 17-19 juillet 2011, p. 18.

DUCHON-DORIS (J.-C.)
- Note sous CAA Douai, 15 juin 2000, *Droit et patrimoine*, 2001, n°91, p. 126.

F. T.
- Note sous Cass. crim. 8 décembre 1906, DP. 1907.1.207.

GAL (H.)
- Note sous Cass. crim. 12 mai 1959, *JCP.G.*, 1959, II, 11216.

JOSEPH-RATINEAU (Y.)
- Note sous Cass. crim. 20 novembre 2007, D. 2008, p. 1035.
- Note sous Cass. crim. 17 septembre 2008, *JCP* G., 2008, II 10194.
- Note sous Cass. crim. 24 novembre 2010, D. 2010, p. 875.

LUDWICZAK (F.)
- Note sous Cass. crim. 21 juin 2011, *JCP* G. 2011, 1453.
- Note sous Cass. crim. 17 janvier 2012, *LPA*, Chron. Droit et risque n°4, 14 janvier 2013, p. 4.
- Note sous Cass. crim. 6 novembre 2012 et Cass. 2e civ. 17 janvier 2013, *LPA*, Chron. Droit et risque n°5, 2 décembre 2013, p. 7.
- Note sous Cass. 1ère civ. 10 avril 2013, *LPA* 26 septembre 2013, p.12.

PERRIER (J-B.)
- Notes sous Cass. crim. 21 juin 2011, D. 2011, p. 2349.

ROYER (G.)
- Note sous Cass. avis, 5 mars 2007, *A.J. Pénal*, 2007, n°5, p. 228.

VERMELLE (G.)
- Note sous Cass. crim., 9 novembre 2005, *Rev.sc.crim.*, 2006, p. 311.

ZARKA (C.)
- Note sous C. const., déc. n°2004-492 DC, du 2 mars 2004, *JCP.G.*, II, 10048.

TEXTES ET DOCUMENTS

1. LOI ET DÉCRETS

2. CIRCULAIRES

3. RAPPORTS, DOCUMENTS PARLEMENTAIRES

4. DÉCISIONS JURIDICTIONNELLES

5. AVIS

1. LOIS ET DÉCRETS

1926

Décret-loi du 28 décembre 1926, JO du 30 décembre 1926, S.1929, législ., p. 1983.

1942

Décret n°42-730 du 22 mars 1942 portant règlement d'administration publique sur la police, la sûreté et l'exploitation des voies ferrées d'intérêt général et local, JO 23 août 1942, p. 423.

1945

Ordonnance n°45-174 du 2 février 1945 relative à l'enfance délinquante, JO 4 février 1945, rectificatif JO 21 mars 1945, p. 530.

1948

Décret n°48-1985 du 8 décembre 1948 portant refonte du Code des douanes, JO 1er janvier 1949.

1958

Ordonnance n°58-1270 du 22 décembre 1958 portant loi organique relative au statut de la magistrature, JO 23 décembre 1958, p. 11551.

1970

Loi n°70-1320 du 31 décembre 1970 relative aux mesures sanitaires de lutte contre la toxicomanie et à la répression du trafic et de l'usage illicite de substances vénéneuses, JO 3 janvier 1971, p. 174.

1972

Loi n°72-5 du 3 janvier 1972 relative à la procédure applicable en matière de contravention, JO 4 janvier 1972, p. 153.

Loi n°72-1226 du 29 septembre 1972, complétant et simplifiant certaines dispositions relatives à la procédure pénale, aux peines et à leur exécution, JO du 30 décembre 1972, p. 13783.

1977

Loi n°77-1453 du 29 décembre 1977 accordant des garanties de procédure aux contribuables en matière douanière et fiscale, JO 30 décembre 1977, p. 6279.

1978

Décret n°78-381 du 20 mars 1978 relatif aux conciliateurs de justice, JO 23 mars 1978, p. 1265.

1981

Décret n°81-859 du 15 septembre 1981 portant codification des textes législatifs concernant les procédures fiscales, JO 18 septembre 1981, p. 2494.

1983

Loi n°83-466 du 10 juin 1983 portant abrogation ou révision de certaines dispositions de la loi n°81-82 du 2 février 1981 et complétant certaines dispositions du Code pénal et du Code de procédure pénale, JO 11 juin 1983, p. 1755.

1985

Loi n°85-10 du 3 janvier 1985 portant diverses dispositions d'ordre social, JO 4 janvier 1985, p. 94.

Loi n°85-772 du 25 juillet 1985 portant diverses dispositions d'ordre social, JO 26 juillet 1985, p. 8471.

Loi n°85-1407 du 30 décembre 1985, relative au droit pénal et à la procédure pénale, JO 31 décembre 1985, p. 15505.

1986

Loi n°86-1019 du 9 septembre 1986 relative à la lutte contre la criminalité et la délinquance, JO 10 septembre 1986, p. 10954.

Décret n°86-1045 du 18 septembre 1986 relatif à la police des services publics de transports ferroviaires, JO 19 septembre 1986, p. 12283.

1990

Loi n°90-589 du 6 juillet 1990 modifiant le Code de procédure pénale et le Code des assurances et relative aux victimes d'infractions, JO 11 juillet 1990, p. 8175.

1991

Loi n°91-364 du 15 avril 1991 relative à la partie législative du Code forestier, JO 17 avril 1991, p. 5041.

Loi n°91-647 du 10 juillet 91 relative à l'aide juridique, JO 13 juillet 1991, p. 9170.

Décret n°91-1266 du 19 décembre 1991 portant application de la loi du 10 juillet 1991 relative à l'aide juridique, JO 20 décembre 1991, p. 16609.

1992

Décret n°92-559 du 25 juin 1992 pris en application des articles L. 11 à L. 11-6 du Code de la route, JO 28 juin 1992, p. 8522.

1993

Loi n°93-2 du 4 janvier 1993 portant réforme de la procédure pénale, JO 5 janvier 1993, p. 215.

1995

Loi n°95-125 du 8 février 1995 relative à l'organisation des juridictions et à la procédure civile, pénale et administrative, JO du 9 février 1995, p. 2175.

1996

Décret n°96-305 du 10 avril 1996 modifiant le Code de procédure pénale et relatif à la médiation pénale, JO 12 avril 1996, p. 5931.

Décret n°96-1091 du 13 décembre 1996 modifiant le décret n°78-381 du 20 mars 1978 relatif aux conciliateurs, JO 15 décembre 1996, p. 18424.

1997

Décret n°du 4 février 1997relatif à l'aide à l'intervention de l'avocat au cours de la garde à vue et modifiant le décret n°91-1266 du 19 décembre 1991 portant application de la loi n°91-647 du 10 juillet 1991 relative à l'aide juridique, JO 11 février 1994, p. 2352.

1998

Loi n°98-468 du 17 juin 1998 relative à la prévention et à la répression des infractions sexuelles ainsi qu'à la protection des mineurs, JO 18 juin 1998, p. 9255.

Loi n°98-1163 du 18 décembre 1998 relative à l'accès au droit et à la résolution amiable des conflits, JO 22 décembre 1998, p. 19343.

1999

Loi n°99-515 du 23 juin 1999 renforçant l'efficacité de la procédure pénale, JO 24 juin 1999, p. 9247.

2000

Décret n°2000-344 du 19 avril 2000 modifiant le décret n°91-1266 du 19 décembre 1991 et relatif à la composition et au fonctionnement du Conseil national de l'aide juridique et des conseils départementaux de l'accès au droit, JO 21 avril 2000, p. 6097.

Loi n°2000-516 du 15 juin 2000 renforçant la présomption d'innocence et le droit des victimes, JO du 16 juin 2000, p. 9038.

Ordonnance n°2000-548 du 15 juin 2000 relative à la partie législative du Code de la santé publique, JO 22 juin 2000, p. 9337 et 9340.

Ordonnance n°2000-930 du 22 septembre 2000 relative à la partie législative du Code de la route, JO 24 septembre 2000, p. 15053 et 15056.

2001

Décret n°2001-71 du 29 janvier 2001 relatif aux délégués et médiateurs du procureur et à la composition pénale, JO 30 janvier 2001, p. 1595.

Décret n°2001-512 du 14 juin 2001 modifiant les décrets n°91-1266 du 19 décembre 1991 et n°96-887 du 10 octobre 1996 et relatif à l'aide juridique, JO 15 juin 2001, p. 9475.

Loi n°2001-1062 du 15 novembre 2001 relative à la sécurité quotidienne, JO 16 novembre 2001, p. 18215.

2002

Loi n°2002-305 du 4 mars 2002 relative à l'autorité parentale, JO 5 mars 2002, p. 4161.

Décret n°2002-801 du 3 mai 2002 modifiant le Code de procédure pénale et relatif à l'habilitation des délégués et médiateurs du procureur de la République, des contrôleurs judiciaires et des enquêteurs de personnalité et à l'amende forfaitaire, JO 5 mai 2002, p. 8715.

Décret n°2002-1108 du 30 août 2002 relatif aux articles R. 247-4 et R. 247-5 du livre des procédures fiscales et abrogeant l'article R. 247-5 A du même livre relatif aux règles de compétence en matière de transaction ou remise d'impôts à titre gracieux, JO 1er septembre 2002, p. 14529.

Loi n°2002-1138 du 9 septembre 2002 d'orientation et de programmation pour la justice, JO 10 septembre 2002, p. 14934.

2003

Loi organique n°2003-153 du 26 février 2003 relative aux juges de proximité, JO 27 février 2003, p. 3479.

Décret n°2003-293 du 31 mars 2003 relatif à la sécurité routière et modifiant le Code de procédure pénale, JO 1er avril 2003, p. 5702.

Loi n°2003-495 du 12 juin 2003 renforçant la lutte contre la violence routière, JO 13 juin 2003, p. 9943.

Décret n°2003-542 du 23 juin 2003 relatif aux juridictions de proximité, JO 25 juin 2003, p. 10632.

Décret n°2003-642 du 11 juillet 2003 portant application de certaines dispositions de la loi n°2003-495 du 12 juin 2003 renforçant la lutte contre la violence routière, JO 12 juillet 2003, p. 11885.

Décret n°2003-839 du 29 août 2003 modifiant diverses dispositions relatives au Conservatoire de l'espace littoral et des rivages lacustres, JO 15 septembre 2003, p. 15059.

2004

Loi n°2004-204 du 9 mars 2004 portant adaptation de la justice aux évolutions de la criminalité, JO 10 mars 2004, p. 4567.

Décret n°2004-243 du 17 mars 2004 relatif au placement sous surveillance électronique et modifiant le Code de procédure pénale, JO 20 mars 2004, p.5396.

Loi n°2004-439 du 26 mai 2004 relative au divorce, JO 27 mai 2004, p. 9319.

Décret n°2004-1021 du 27 septembre 2004 portant modification du Code pénal et du Code de procédure pénale (deuxièmes parties ; Décrets en Conseil d'Etat) et relatif notamment au stage de citoyenneté, à la composition pénale, aux sûretés prononcées dans le cadre d'un contrôle judiciaire et à la juridiction de proximité, JO 29 septembre 2004, p. 16718.

Décret n°2004-1025 du 29 septembre 2004 modifiant le décret n°59-327 du 20 février 1959 relatif aux juridictions des pensions et le décret n°91-1266 du 19 décembre 1991 portant application de la loi n°91-647 du 10 juillet 1991 relative à l'aide juridique, JO 30 septembre 2004, p. 16809.

Loi n°2004-1486 du 30 décembre 2004 portant création de la haute autorité de lutte contre les discriminations et pour l'égalité, JO 31 décembre 2004, p. 22567.

2005

Loi n°2005-47 du 26 janvier 2005, relative aux compétences du tribunal d'instance, de la juridiction de proximité et du tribunal de grande instance, JO 27 janvier 2005, p. 1409.

Ordonnance n°2005-805 du 18 juillet 2005 portant simplification, harmonisation et adaptation des polices de l'eau et des milieux aquatiques, de la pêche et de l'immersion des déchets, JO 19 juillet 2005, p. 11760.

Loi n°2005-847 du 26 juillet 2005 précisant le déroulement de l'audience d'homologation de la comparution sur reconnaissance préalable de culpabilité, JO 27 juillet 2005, p. 12224.

Ordonnance n°2005-1086 du 1er septembre 2005 instaurant un règlement transactionnel pour les contraventions au Code de commerce et au Code de la consommation et portant adaptation des pouvoirs d'enquête et renforcement de la coopération administrative en matière de protection des consommateurs, JO 2 septembre 2005, p. 14255.

Loi n°2005-1549 du 12 décembre 2005 relative au traitement de la récidive des infractions pénale, JO du 13 décembre 2005, p. 19152.

2006

Loi n°2006-396 du 31 mars 2006 pour l'égalité des chances, JO 2 avril 2006, p. 4950.

Loi n°2006-399 du 4 avril 2006 renforçant la prévention et la répression des violences au sein du couple ou commises à l'encontre des mineurs, JO 5 avril 2006, p. 5097.

Décret n°2006-513 du 4 mai 2006 pris en application des articles L 470-4-1 du Code de commerce et L141-2 et L216-11 du Code de la consommation relatifs au règlement transactionnel et modifiant le Code de la consommation (partie réglementaire), JO 6 mai 2006, p. 6723.

Décret n°2006-641 du 1er juin 2006 modifiant le Code de procédure pénale et relatif aux transactions proposées par la Haute Autorité de lutte contre les discriminations et pour l'égalité, JO 2 juin 2006, p. 8335.

Ordonnance n°2006-673 du 8 juin 2006 portant refonte du Code de l'organisation judiciaire et modifiant le Code de commerce, le Code rural et le Code de procédure pénale, JO 9 juin 2006, p. 8710.

2007

Loi n°2007-297 du 5 mars 2007 relative à la prévention de la délinquance, JO 7 mars 2007, p. 4297.

Loi n°2007-1198 du 10 août 2007 renforçant la lutte contre la récidive des majeurs et des mineurs, JO 11 août 2007, p. 13466.

2008

Décret n°2008-364 du 16 avril 2008 relatif au suivi des mesures d'injonction thérapeutique et aux médecins relais, JO 18 avril 2008, p. 6449.

2009

Loi n°2009-526 du 12 mai 2009 de simplification et de clarification du droit et d'allègement des procédures, JO 13 mai 2009, p. 7920.

2010

Ordonnance n° 2010-177 du 23 février 2010 de coordination avec la loi n° 2009-879 du 21 juillet 2009 portant réforme de l'hôpital et relative aux patients, à la santé et aux territoires, JO 25 février 2010, p. 3585.

Décret n°2010-344 du 31 mars 2010 tirant les conséquences, au niveau réglementaire, de l'intervention de la loi n°2009-879 du 21 juillet 2009 portant réforme de l'hôpital et relative aux patients, à la santé et aux territoires, JO 1er avril 2010, p. 6289.

Loi n° 2010-769 du 9 juillet 2010 relative aux violences faites spécifiquement aux femmes, aux violences au sein des couples et aux incidences de ces dernières sur les enfants, JO 10 juillet 2010, p. 12762.

Loi n° 2010-788 du 12 juillet 2010 portant engagement national pour l'environnement, JO 13 juillet 2010, p. 12905.

2011

Loi n° 2011- 267 du 14 mars 2011 d'orientation et de programmation pour la performance de la sécurité intérieure, JO 15 mars 2011, p. 4582.

Loi organique n° 2011-333 du 29 mars 2011 relative au Défenseur des droits, JO 30 mars 2011, p. 5497.

Loi n° 2011-525 du 17 mai 2011 de simplification et d'amélioration du droit, JO 18 mai 2011, p. 8537.

Décret n° 2011-904 du 29 juillet 2011 relatif à la procédure applicable devant le Défenseur des droits, JO 30 juillet 2011, p. 13020.

Loi n°2011-1862 du 13 décembre 2011 relative à la répartition des contentieux et à l'allégement de certaines procédures juridictionnelles supprimant la juridiction de proximité en matière pénale, JO 14 décembre 2011, p. 21105.

2012

Ordonnance n° 2012-92 du 26 janvier 2012 relative à la partie législative du Code forestier, JO 27 janvier 2012, p. 1549.

Décret n° 2012-688 du 7 mai 2012 relatif à l'enseignement de la conduite et à l'animation des stages de sensibilisation à la sécurité routière, JO 8 mai 2012, p. 8269.

2014

Loi n° 2014-58 de modernisation de l'action publique territoriale et d'affirmation des métropoles, JO 28 janvier 2014, p. 1532.

Loi n° 2014-896 du 15 août 2014 relative à l'individualisation des peines et renforçant l'efficacité des sanctions pénales, JO 17 août 2014, p. 13647.

2. CIRCULAIRES

Circulaire **JUS 69 F 389 du 17 janvier 1978**.

Circulaire **CRIM 84-15-E2 du 19 septembre 1984**, BOASS n°52 du 21 février 1985.

Circulaire **CAB 87-02 du 12 mai 1987** BO du ministère de la Justice, n°26.

Circulaire **CRIM 92-13 SD-JC du 2 octobre 1992**.

Circulaire conjointe **DGLDT/CRIM/DGN n°20C du 28 avril 1995** relative à l'harmonisation des pratiques relatives à l'injonction thérapeutique, BO du ministère de la Justice n°58 (30 juin 1995).

Circulaire **CRIM 2001-14 F1 du 11 juillet 2001** relative à la présentation des dispositions concernant la composition pénale issue de la loi du 23 juin 1999 renforçant l'efficacité de la procédure pénale et du décret du 29 janvier 2001, BO du ministère de la Justice, n°83 (1er juillet au 30 septembre 2001).

Circulaire **CAB 99-01 du 17 juin 1999** relative aux réponses judiciaires aux toxicomanes, BO du Ministère de la Justice n°74 (1er avril au 30 juin 1999).

Circulaire **CRIM.99-16/F1 du 31 décembre 1999** relative à la présentation de la loi n°99-515 renforçant l'efficacité de la procédure pénale, BO du ministère de la Justice n°76 (1er octobre au 31 décembre 1999).

Circulaire **CRIM 2004-03 E5 du 16 mars 2004** relative à la politique pénale en matière de réponses alternatives aux poursuites pénales et de recours aux délégués du procureur, BO du ministère de la Justice n°93 (1er janvier au 31 mars 2004).

Circulaire **CRIM 2004-04 E8 du 14 mai 2004** présentant les dispositions de procédure immédiatement applicables de la loi 2004-204 du 9 mars 2004 portant adaptation de la justice aux évolutions de la criminalité, BO du ministère de la Justice n°94 (1er avril au 30 juin 2004).

Circulaire **CRIM 2004-08 E1 du 28 juillet 2004** relative au renforcement de la lutte contre la délinquance routière, BO du ministère de la Justice n°95 (1er juillet au 30 septembre 2004).

Circulaire **CRIM 2004-12 E8 du 2 septembre 2004** relative à la procédure de comparution sur reconnaissance préalable de culpabilité, BO du ministère de la Justice n°95 (1er juillet au 30 septembre 1995).

Circulaire **DACG 2005-08 G4 du 8 avril 2005** relative à la lutte contre les toxicomanies et les dépendances, BO du Ministère de la Justice n° 98 (1er avril au 30 juin 2005).

Circulaire **DACG 2008-11 G4 du 9 mai 2008** relative à la lutte contre la toxicomanie et les dépendances, BO du Ministère de la Justice n° 2008/03 (30 juin 2008).

3. RAPPORTS, DOCUMENTS PARLEMENTAIRES

CLÉMENT (P.), LÉONARD (G.)
Rapport d'information n°1718 sur le traitement de la récidive des infractions pénales, 7 juillet 2004.
Proposition de loi n°1961 relative au traitement de la récidive des infractions pénales, Assemblée Nationale, 16 décembre 2004.

ESTROSI (C.), LÉONARD (G.)
Proposition de loi n°1399 tendant à instaurer des peines minimales en matière de récidive, Assemblée Nationale, 4 février 2004.

GÉLARD (P.)
Office parlementaire d'évaluation de la législation, Rapport n°3166 du 15 juin 2006 sur les autorités administratives indépendantes, tome 1, consultable sur *http://www.assemblee-nationale.fr/12/rap-off/i3166-tI.asp* .

GUINCHARD (S.)
Commission sur la répartition des contentieux, l'ambition raisonnée d'une justice apaisée. Rapport au Garde des Sceaux, la Documentation française, juin 2008,
http://lesrapports. ladocumentationfrancaise.fr /BRP/084000392/0000.pdf).

LÉGER (Ph.)
Rapport du comité de réflexion sur la justice pénale remis au Président de la République, septembre 2009. (Consultable sur
http://www.justice.gouv.fr/art_pix/1_sg_rapport_leger2_20090901.pdf).

LÉONARD (G.)
Rapport n°2452, au nom de la commission des lois, sur la proposition de loi relative au traitement de la récidive des infractions pénales modifiée par le Sénat, enregistré à la présidence de l'Assemblée Nationale le 6 juillet 2005, p. 19.

MAGENDIE (J.-C.)
Célérité et qualité de la justice, Rapport au Garde des Sceaux, juin 2004. (Consultable sur *www.justice.gouv.fr/publicat/rapport-magendie.pdf*).

TRUCHE (P.)
(Audition), Commission des lois du Sénat le 8 octobre 1997 dans le cadre du projet de loi sur l'action publique, rapport n°11, 13 octobre 1999.

VINEY (G.)
Exposé des motifs du sous- titre III « de la responsabilité civile » dans le cadre de l'avant-projet de réforme du droit des obligations, p. 143. (Consultable sur *http//:www.justice.gouv.fr/doc.fr*).

WARSMANN (J.-L.)
Mission parlementaire du 23 avril 2003 auprès du ministre de la Justice, « les peines alternatives à la détention, les modalités d'exécution des courtes peines, la préparation des détenus à la sortie de prison », Rapport de la commission des lois, 14 mai 2003, Doc. AN, n°856, I, p. 305.

ZOCCHETTO (F.)
Rapport relatif aux procédures accélérées de jugement en matière pénale, 12 octobre 2005, Commission des lois du Sénat n°441, 2002-2003, I, p. 409.

4. DÉCISIONS JURIDICTIONNELLES

Cass. crim., 26 mars 1830, Bull. crim. n°80.

Cass. crim., 9 mai 1885, DP, 1886, 1, 89.

CA Besançon, 9 novembre 1904, *Gaz.Pal.*1905, 2, 509.

Cass. crim. 8 décembre 1906, DP. 1907.1.207, note F. T., rapp. Laurent-Atthalin.

Cass. crim., 29 novembre 1929, *Gaz. Pal.*, 1930, 1, 11.

Cass. crim., 12 mai 1959, *JCP G.*, 1959, II, 11216, note H.Gal.

CA. Pau, 15 novembre 1962, D.1963, p. 276.

Cass. crim., 22 janvier 1970, D. 1970, p. 166, note Costa.

Cass. com., 2 juin 1970, Bull. civ., IV, n°186.
Cass. crim., 4 février 1971, Bull. crim. n°42.

Cass. crim., 15 décembre 1972, Bull. crim., n°375.

C.E.D.H., 27 février 1980, *Deweer c/ Belgique,* série A, n°35.

Cass. crim., 10 décembre 1984, Bull. crim. n°32.

CE. 28 février 1986, D. 1986, p. 394 conclusions Delon.

Cass. crim., 30 janvier 1989, Bull, n°33.

Cass. crim., 6 novembre 1991, Bull. crim. n°397.

Cass. crim., 20 janvier 1992, Bull. Crim. n°18.

Cass. crim., 10 février 1992, Bull. crim. n°62.

Cass. crim., 9 avril 1992, Bull. crim. n°155.

Cass. crim., 12 mai 1992, D., 1992, Jur., p. 427.

Cass. crim., 11 juin 1992, Bull n°231.

Cass. crim., 6 octobre 1993, *Gaz. Pal.* 1994, I, somm. p. 14.

Cass. crim., 19 janvier 1994, D. 1994, somm. p. 262, obs. P. Couvrat et M. Massé.

Cass. crim., 9 mars 1994, Bull, crim., n°95.

Cass. crim., 30 mai 1994, Bull. crim. n°210.

C. const., décision n°95-360 DC du 2 février 1995, JO 7 février 1995, p. 2097.

Cass. crim., 16 juin 1995, Bull. crim., n°19.

Cass. crim., 4 juin 1998, Juris-Data n°003211 ; *R.G.D.P.*, octobre 1998, p. 17, note Buisson.

Cass. crim., 16 juin 1999, n° 98-87.454, Jurisp. auto 1999. 501

Cass. crim., 1er février 2000, Bull. crim. n°51; *Droit pénal*, 2000, comm.61.

CAA Douai, 15 juin 2000, *Droit et patrimoine*, 2001, n°91, p. 126, note Duchon-Doris.

Cass. crim., 28 février 2001, Juris-Data n°2001-008993 ; *Droit pénal*, 2001, comm., 95.

Cass. crim., 12 mars 2002, D.2002, I.R. p. 1531.

C.E.D.H., 21 mai 2002, Peltier c/ France, D. 2002, jur., p. 2968, note J.-P. CÉRÉ.

C. const., décision n°2004-492 DC du 2 mars 2004, JO 10 mars 2004, p. 4637; Loi Perben II: Le Conseil constitutionnel a prononcé deux censures et émis diverses réserves d'interprétation, *JCP.G.*, 2004, II, 10048, note Zarka.

CE, 5 janvier 2005; D.2005, I.R., p. 521.

Cass. crim., 2 septembre 2005, *JCP.G.*, 2005, IV.3192 ; D. 2005, IR, p. 2408.
Cass. crim., 9 novembre 2005, D. 2006, I.R., p. 11 ; *Rev. Sc. Crim.*, 2006, p. 311, note G. Vermelle ; *A.J. Pénal*, 2006, p.80, obs. J.-P. Céré.

Cass. crim., 1er mars 2006, Bull. crim., n°61.

CE, 26 avril 2006, *Droit pénal*, 2006, comm. n°22, D. 2006, I.R., p. 2207.

CE, 7 juillet 2006, *JCP.G.*, 2006, IV, 2708 ; D. 2006, IR, p. 1985.

Cass. crim., 4 octobre 2006, D. 2007, p. 58, note P.-J. Delage.

Cass. crim., 12 septembre 2007, Bull. crim., n°206.

Cass. crim., 26 septembre 2007, *Dr. pén.* 2008, comm. n°3, note M. Véron ; *Rev.pénit*, 2008, p. 93, obs. J.-Y. Chevallier.

Cass. crim. 20 novembre 2007, Bull. crim., n° 287 ; D. 2008, p. 1035, note Y. Joseph-Ratineau.

Cass. crim., 24 juin 2008, *Gaz.Pal.* 28 et 30 septembre 2008, p. 7.

Cass. crim., 17 septembre 2008, Bull. crim., n°192; *JCP* G., 2008, II 10194, note Y. Joseph-Ratineau.

Cass. Crim., 14 octobre 2008, Bull. crim., n° 208

CE, 4 mars 2009, Société Réseaux Publics et Services, *RJF*, 2009, Chron., p. 387, note V. Daumas.

Cass. crim., 24 novembre 2009, Bull. crim., n°192, D. 2010, p. 875, note Y. Joseph-Ratineau.

C. const., décision n° 2010-77 QPC du 10 décembre 2010, JO 11 décembre 2010, p. 21711.

Cass. crim. 21 juin 2011, n° 11-80.003, *Rev.sc.crim.* 2011, 660, obs. J. Danet ; D. 2011, p. 2379, note F. Deprez et p. 2379, note J.-B. Perrier; *Gaz-Pal.* 17-19 juillet 2011, p.18, note S. Detraz ; *JCP* G. 2011. 1453, note F. Ludwiczak.

Cass. crim., 6 décembre 2011, *Rev.sc.crim.* 2012, p. 188, obs. J. Danet.

Cass. crim., 17 janvier 2012, n° 10-88.226, *LPA* 14 janvier 2013, Chron. Droit et risque n° 4, p. 4, note F. Ludwiczak.

CEDH, 8 mars 2012, Cadène c/France, n° 12039/08, D. 2012, p. 984, note J.-P. Céré.

CEDH, 8 mars 2012, Célice c/ France, n° 14166/09, D. 2012, p. 984, note J.-P. Céré.

Cass. crim. 6 novembre 2012, n° 11-88.301, *LPA*, Chron. Droit et risque n°5, 2 décembre 2013, p. 7, note F. Ludwiczak.

Cass. 2e civ. 17 janvier 2013, n° 11-28.660, *LPA*, Chron. Droit et risque n°5, 2 décembre 2013, p. 7, note F. Ludwiczak.

Cass. 1ère civ., 10 avril 2013, n° 12-13.672, publié au bulletin ; *JCP* G., 2013, somm. 467, D. actu 22 avril 2013, obs. S. Fucini ; *LPA*, 26 septembre 2013, p. 12, note F. Ludwiczak.

5. AVIS

Réponse ministérielle n°42-282, JOAN 7 octobre 1991, p.4130 ; *JCP.G.*, 1992, info., p. 2.

Cass. avis, 18 avril 2005, *JCP.G.*, 2005, act., 232.

Cass., avis, 5 mars 2007, D. 2007, p. 1764 ; *A.J. Pénal*, 2007, n°5, p. 228.

INDEX ALPHABÉTIQUE DES MATIÈRES

(Les numéros renvoient aux paragraphes)

– V –

L'HARMATTAN ITALIA
Via Degli Artisti 15; 10124 Torino

L'HARMATTAN HONGRIE
Könyvesbolt ; Kossuth L. u. 14-16
1053 Budapest

L'HARMATTAN KINSHASA
185, avenue Nyangwe
Commune de Lingwala
Kinshasa, R.D. Congo
(00243) 998697603 ou (00243) 999229662

L'HARMATTAN CONGO
67, av. E. P. Lumumba
Bât. – Congo Pharmacie (Bib. Nat.)
BP2874 Brazzaville
harmattan.congo@yahoo.fr

L'HARMATTAN GUINÉE
Almamya Rue KA 028, en face
du restaurant Le Cèdre
OKB agency BP 3470 Conakry
(00224) 657 20 85 08 / 664 28 91 96
harmattanguinee@yahoo.fr

L'HARMATTAN MALI
Rue 73, Porte 536, Niamakoro,
Cité Unicef, Bamako
Tél. 00 (223) 20205724 / +(223) 76378082
poudiougopaul@yahoo.fr
pp.harmattan@gmail.com

L'HARMATTAN CAMEROUN
BP 11486
Face à la SNI, immeuble Don Bosco
Yaoundé
(00237) 99 76 61 66
harmattancam@yahoo.fr

L'HARMATTAN CÔTE D'IVOIRE
Résidence Karl / cité des arts
Abidjan-Cocody 03 BP 1588 Abidjan 03
(00225) 05 77 87 31
etien_nda@yahoo.fr

L'HARMATTAN BURKINA
Penou Achille Some
Ouagadougou
(+226) 70 26 88 27

L'HARMATTAN SÉNÉGAL
10 VDN en face Mermoz, après le pont de Fann
BP 45034 Dakar Fann
33 825 98 58 / 33 860 9858
senharmattan@gmail.com / senlibraire@gmail.com
www.harmattansenegal.com

L'HARMATTAN BÉNIN
ISOR-BENIN
01 BP 359 COTONOU-RP
Quartier Gbèdjromèdé,
Rue Agbélenco, Lot 1247 I
Tél : 00 229 21 32 53 79
christian_dablaka123@yahoo.fr

Achevé d'imprimer par Corlet Numérique - 14110 Condé-sur-Noireau
N° d'Imprimeur : 119468 - Dépôt légal : juin 2015 - *Imprimé en France*

www.ingramcontent.com/pod-product-compliance
Lightning Source LLC
LaVergne TN
LVHW011224061026
849535LV00001BA/173